大清律例講義三種校釋

蘇亦工 栗銘徽 等 整理

清華大學出版社 北京

圖書在版編目(CIP)數據

大清律例講義三種校釋 ／ 蘇亦工等整理. -- 北京：
清華大學出版社，2024. 8. --（律例叢刊）. -- ISBN
978-7-302-66935-7

Ⅰ. D929.49

中國國家版本館 CIP 數據核字第 20249GW130 號

責任編輯：李文彬
封面設計：傅瑞學
責任校對：歐　洋
責任印製：宋　林

出版發行：清華大學出版社
　　　　　網　　　址：https://www.tup.com.cn，https://www.wqxuetang.com
　　　　　地　　　址：北京清華大學學研大廈 A 座　　郵　　編：100084
　　　　　社　總　機：010-83470000　　　　　郵　　購：010-62786544
　　　　　投稿與讀者服務：010-62776969，c-service@tup.tsinghua.edu.cn
　　　　　質量反饋：010-62772015，zhiliang@tup.tsinghua.edu.cn
印　裝　者：涿州匯美億濃印刷有限公司
經　　銷：全國新華書店
開　　本：170mm×240mm　　　印　　張：30.25　　字　　數：522 千字
版　　次：2024 年 10 月第 1 版　　　印　　次：2024 年 10 月第 1 次印刷
定　　價：168.00 元

産品編號：069264-01

全國高等院校古籍整理研究工作委員會資助項目

"律例叢刊" 發刊旨趣

中國是擁有五六千年悠久文明史的東方古國，中國的法制傳統源遠流長，獨具特色。自先秦李悝"撰次諸國法，著《法經》六篇以迄明清，歷經兩千餘年的發展演變，其間雖代有增損，但卻前後相隨，綿延流潤，終於形成了以律例爲代表的中國固有法典的最後形態。如果說，律彰顯了法律的穩定、統一和簡明的必要性，例則展現了法律的變通、歧異和繁複的必然性；同時也隱喻了宇宙自然廣狹恒暫與人類理智情感交織並在的光彩多姿，充分印證了《周易》所揭示的不易、變易、易簡的辯證統一哲理。

要言之，我國的傳統律例，深蘊歷代法制之精粹，凝結國族數千年文化之真髓，堪稱"無上之家珍""曠世之瑰寶"，理當與時俱進，發揚光大。惜乎晚清以降，國人自暴自棄，甘居下劣，置中國固有律例簡易、通權、持久之三諦於不顧，取西洋之土苴緒餘，奉爲神聖。如今，西法東漸業已百年有奇，考其成效，雖不無可取之處，但其蔑棄人倫、偏逐物利、標榜繁苛之流弊亦已暴露無遺，貽害深重！

是知中西法律，寸有所長，尺有所短，不可不慎加採擇、棄惡從善、取精用弘，方是正道！太史公有言曰："居今之世，志古之道，所以自鏡也，未必盡同。"朱子亦有詩云："問渠那得清如許，爲有源頭活水來。"我們編纂《律例叢刊》之目的，既非返古，亦非泥古；而是述古、知古，著意於從中國固有文化的源頭活水中發掘自新自強之動力。

"律例叢刊"選輯作品不拘形式，專著、譯著、論文集、古籍整理等，凡與中國固有法律及其文化相關者，皆在收錄之列；惟以前沿性、學術性爲首要考量。本《叢刊》將以開放的心態，寬闊的視野，廣邀海內外學人，尤其年輕學子加盟共建，以文會友、以質取文，不以作者之聲名地位爲限！

《詩·大雅·文王》不有言乎："周雖舊邦，其命維新"！"律例叢刊"編纂之旨趣，在此！

編委會同仁謹識

丙申年四月初九日

西元 2016 年 5 月 15 日

"律例叢刊"編委會

（以姓氏拼音爲序）

黄　海　　黄山杉　　姜　歆　　栗銘徽

李文彬　　劉之楊　　茆　巍　　邱玉强

索　甯　　蘇亦工　　王奥運　　王承山

王榮堂　　王帥一　　王蕭羽　　王一義

王稚芸　　吳　傑　　肖　飛　　謝　晶

姚　宇　　袁翔珠　　張曉慶　　趙博揚

校勘自敘

一、整理緣起

本書收入徐象先的《大清律講義》、吉同鈞的《大清律例講義》和蔣楷的《大清律講義前編》共三種。

徐氏講義刊行於"丁未仲冬",即光緒三十三年,亦即西元 1907 年底或 1908 年初之際。吉氏講義大抵刊行於光緒三十四年至宣統元年冬春之際,即 1908 年底或 1909 年初。蔣氏講義刊行於宣統二年三月,即 1910 年四五月間。這個時期,正是清廷變法修律的關鍵階段,也是西方法律和法學知識湧入中國的第一波高潮。受此時代背景影響,三部講義存在著一些共同特點:均爲撰著於清末變法修律之際的新式講義體著作,[①]均以清末法律改革或剛剛出臺的《大清新刑律草案》爲參照,同時又均保持了比較鮮明的傳統律學色彩。換言之,這三部講義皆出自具備了一定西方知識,甚至對新輸入的西方法學有了相當瞭解和認知的舊式士大夫之手。上述這些共同特點使得這三部講義既不同於西元 20 世紀以後出生的、以西學爲主導的新式法學家的著述,但又與傳統的律學著述——若沈之奇的《大清律輯注》、吳壇的《大清律例通考》大不相同,與清末律學大家若薛允升之《讀例存疑》《唐明律合編》、沈家本之《歷代刑法考》《律例偶箋》《律例校勘記》等書也多有不同,甚至與其後程樹德的《九朝律考》亦復差別不小。可以說,這三部講義無論是在內容和形式上都兼具新舊、中西的雙重屬性,即一方面在基本價值觀上仍堅持中國文化的傳統,咸以"中學"和"舊學"爲體;而另一方面,在著作體裁、形式和術語上,也適當融入了一些清季新輸入的外來文化元素,即以"西學"或"新學"爲用,堪稱是張之洞"中學爲體,西學爲用"思想在"律學"或"法學"[②]

---

① 講義體著作至遲在宋代已經出現。〔宋〕邢昺:《〈孝經〉注疏序》:"會合歸趣,一依講說,次第解釋,號之爲講義也。"見〔清〕阮元校勘:《十三經注疏》,第 2538 頁。
② 注意:此處所說之"律學"非謂其與西方法學有任何實質性差別,僅指受中國傳統價值觀和思維方式影響而形成之中國傳統法學;此處所說之"法學",乃廣義之法學,不限於外來輸入之西方法學或受西方法學思想影響下而形成之法學。

領域的代表性著作。用陳寅恪先生的說法，即“新瓶舊酒”①。

筆者以爲，正是這種“中體西用”“新瓶舊酒”的特點，使得這三部講義具有了鮮明的末代律學色彩；相應地，這三部講義的作者都可被視爲中國最後的律學家。

上述三部講義中的前兩部，即徐象先的《大清律講義》和吉同鈞的《大清律例講義》，筆者早在西元 1980 年代中期攻讀研究生期間，就曾在北京大學圖書館見到過，並成爲我當時撰寫碩士論文的重要參考書。彼時我就意識到這兩部講義不僅僅是理解清代法制，特別是《大清律例》的初學入門之作，對於理解中國傳統法律體系之整體也有重要的價值。1987 年秋季，我分配到中國社科院法學所法制史研究室從事研究工作，又有幸在法學所圖書館看到了這兩部講義。由於自己這时已是法學所的工作人員，借閱使用這些古籍一直十分方便，并沒有感到有將這些古籍整理出版的必要。2010 年離開法學所後，過去常用的許多古籍圖書一下子便失之交臂，再也不能像過去那樣信手拈來，隨意使用了，頓時感到了无比的失落。也就是從這個時候起，我才意識到，對於專業從事研究的人來说，材料不凑手是多麽煎熬難耐，於是開始萌生了將這兩種講義整理出版的念頭。2014 年，當時還在清華法學院就讀研究生學位的王榮堂先生去海峽對岸的台灣政治大學作了一個學期的交換學生，返校後他告訴我該校圖書館有一套蔣楷的《大清律講義前編》的復製件，並幫我復印了回來，這就進一步激發了我此前想將那兩部講義點校整理成書的念頭，於是決定索性將這三部講義合編一處，命其名爲《大清律例講義三種》。其後幾年裹，我懇請當時在校的博士後王志雲和博碩士生如吳傑、趙博揚、王承山、王榮堂、姚宇等同學陸續去北大圖書館和國圖做了抄錄工作。2015年秋季，栗銘徽先生自中國社科院法學所博士畢業後來到清華法學院從事博士後研究，我就請他將仍在進行中的抄錄工作接手過來，加以整合通校。翌年，全國高校古籍整理研究工作委員會批准了我申報的“《大清律例讲义》三種點校”的立項。一年之後，栗銘徽在完成了通校和初步的標點工作後將書稿移交給了我。但是其後幾年裹，因窮於應付手頭的調研項目和修訂再版《明清律典與條例》一書，整理講義的工作就被我一拖再拖地擱置了下來。直到 2020 年初春，疫情封控持續三年，無法外出調研，我才開始有時間坐下來閱讀經栗銘徽初步整理過的書稿。

本書收入的這三部清律講義，雖然都是印本，但編輯加工都很粗疏，刊板之前，顯然均未經作者認真校對，有的近乎稿本付印，錯誤極多。尤其是三部書中

---

① 蘇亦工：《文化與法——也談賀麟先生的文化體用觀》，載《中國高校社會科學》2014 年第 3 期。

都有大量的引文，脫訛倒衍之處更比比皆是，如果不對這些引文加以必要的叢對校正，勢必會給讀者的正常閱讀帶來很大障礙，甚至可能會誤導許多國學根底比較單薄的年輕學子們，那樣的話，點校出版此書的意義也就不大了。於是，我從2020年3月開始，用了整整兩年時光，查找到了絕大多數引文的出處，并逐一加以叢對校正。每次校叢一遍之後，我都請栗銘徽先生幫我再加核對。經過這樣三番五次地循環校叢，直至夏历壬寅年春节時分（2022年2月初），終於完成了第三遍的校叢。由於校叢後的三種《講義》增入了不少訂補過的文字，若依舊名之爲《大清律例講義三種》，名實似已不盡相符，於是乃決定易其名爲《大清律例講義三種校叢》。

二、最後的律學家

清末咸同光宣之際（西元1850年代—1880年代）應該是中國最後一代律學家生成的年代，其中同治末葉迄光緒初元（1870年代）的出生者，可能身兼傳統律學家和現代西式法學家的雙重角色，徐象先和程樹德堪爲代表。這以後則只能產生新派的西式法學家，而不再可能出現傳統的律學家了。本书所收三部講義的作者，皆屬傳統意義上的律學家，唯其中最晚生的徐象先亦兼通現代西式法學。茲將三位作者的生平事跡略加介紹。

（一）徐象先

《大清律講義》的作者徐象先，字暮初，浙江溫州永嘉縣人，係清末民初永嘉著名鄉賢、溫州近代史上著名的政治家、教育家，同時也是知名中醫的徐定超（西曆1845—1918）先生的第三子。關於象先之生卒年，記載不同，《永嘉縣志》謂其生於清光緒三年（西元1877），卒於1950年；[①]《民國人物大辭典》及《浙江民國人物大辭典》則謂其生於光緒六年（西元1880），卒年不詳。[②]未知孰是。光緒二十八年（1902）冬，象先考入是年剛剛開始招生的京師大學堂（北京大學前身），成爲該校首屆學生，初學數學，後轉學法律。[③]京師大學堂檔案中收錄的光緒二十九

---

① 徐順旂主編：《永嘉縣志》（永嘉縣地方志編纂委員會編，方志出版社2003年版，第1357頁）謂生於西元1877年。此處關於徐象先先生平而未另注明出處者，皆據此書。
② 見徐友春主編：《民國人物大辭典》，河北人民出版社1991年版，第720頁；林呂建主編：《浙江民國人物大辭典》，浙江大學出版社2013年版，第529頁。
③《溫籍數學家群體傳略·徐賢儀》，載胡毓達：《數學家之鄉》，上海科學技術出版社2011年版，第166頁。

年（1903）十月分兩館員生月考應得各獎清單內就有徐象先獲得三元獎勵的記錄。[①]
《浙江民國人物大辭典》稱其"早年就讀于京師大學堂仕學館"。光緒三十二年
（1906）春畢業後，[②]歷任京師警務學堂（後更名爲民政部高等巡警學堂）[③]教員、
順天法政學堂教務長及郵船部主事等職。[④]《大清律講義》刊行於"丁未仲冬"，
亦即西元 1907 年年底或 1908 年年初之際，應該就是他任教於民政部高等巡警學
堂時期撰寫的講義。其時他也不過三十歲。宣統三年（1911），武昌首義，浙江宣
佈脫離清廷"光復"，徐定超就任溫州軍政分府都督，象先出任軍政分府秘書處處
長。[⑤]民國二年（1913）春，象先當選中華民國首屆國會衆議院議員。但袁世凱爲
追求獨裁集權，自始即極力干擾國會的正常運作，先於同年 11 月 4 日下令解散國
民黨，撤銷國民黨籍國會議員，[⑥]翌年 1 月又下令停止其餘議員職務，國會遂遭解
散。[⑦]迨民國五年（1916）6 月袁氏殂落，8 月 1 日黎元洪恢復國會，繼續制憲。象
先仍爲議員，在民國六年（1917）1 月召開的憲法會議上，象先獨立提出了《憲法
草案第十二條修正案》（關於人民財產不受侵犯條），並與衆議院議員魏肇文和唐
寶鍔共同提出了《憲法草案第十一條修正案》（關於自由信仰孔子之道）[⑧]，他還
連署了由衆議院議員何雯提出的憲法第五章《國會委員會之修正案》。[⑨]同年 6 月，
張勛復辟，國會再遭解散。民國十一年（1922），重開國會，象先三任議員，[⑩]與
呂復等聯名提出了《憲法教育章草案》。[⑪]此外，他還參與了《六法全書》的編
纂工作。民國十七年（1928），象先舉家返回溫州故鄉，以律師爲業。抗戰爆發時，
象先已年逾花甲，仍出任浙江省賑濟署總幹事長，積極救濟漁民。民國三十年
（1941），永嘉縣城淪陷，象先攜眷避難至江心嶼，漢奸逼令島上居民懸掛太陽旗，
象先因拒不服從而遭到漢奸毆打，事後象先仍強調"做人要有骨氣"。至於象先此
後的結局，由於史料失載而無從知曉。

---

① 北京大學、中國第一歷史檔案館編：《京師大學堂檔案選編》，北京大學出版社 2021 年版，第 217 頁。
② 《永嘉縣志》，第 1357 頁。
③ 《永嘉縣志》作"北京巡警學堂"，不確。參見韓延龍、蘇亦工等著：《中國近代警察史》，社會科學文獻出版社 2000 年版，第 239 頁。
④ 戴岩梁：《徐定超行略及家世序》，載陳繼達主編：《監察御史徐定超》，學林出版社 1997 版，第 410 頁。
⑤ 梅冷生：《徐定超組織溫州軍政分府經過》，載《監察御史徐定超》，第 335 頁。
⑥ 朱宗震、楊光輝編：《中華民國史料叢稿：民初政爭與二次革命》，上海人民出版社 1983 年版，第 819-821 頁。
⑦ 蔣碧昆：《中國近代憲法史略》，法律出版社 1988 年版，第 156 頁；陳茹玄：《中國憲法史》，世界書局民國二十二年版，第 46、65 頁。
⑧ 分見《憲法會議公報》第 24 冊，1917 年第 24 期，第 12-14 頁、28-29 頁。陳茹玄：《中國憲法史》第 93-94 頁有關於此修正案背景之議論。
⑨ 《憲法會議公報》第 37 冊，第 95-97 頁。
⑩ 參見《民國議憲人名表》，載吳宗慈：《中華民國憲法史》，于明、王捷、孔晶點校，法律出版社 2013 年版，第 99 頁。
⑪ 《憲法會議公報》第 57 冊，第 24-27 頁。

關於象先的思想傾向，氏著講義已略有反映。由於《新刑律》草案總分則分別發布於光緒三十三年（1907）8 月和 11 月，其時象先講義已先期完成，未及直接參考。不過從《講義》中引證的許多修訂法律館有關修律的摺奏及若干光緒新章來看，他對清末新輸入之西學持開放和歡迎的態度，也積極支持參酌西方法律修訂《大清律》。在討論清律中的"天文生"條時，作者即明確表示："若今則科學大明，此律殊屬可廢。"在談到《尚書·呂刑》中記載的"金作贖刑"時，他說："然自新法理言之，實有大不然者，蓋財產本權利之一，定罪無容疑之理者也。"①

從民國年間，象先以國會議員身份參與的幾項憲法提案中，不難看出他後來對西學，尤其是西方法學乃至西方文化的認識和接受仍在持續深化之中。民國六年（1917），象先獨立提出了《憲法草案第十二條修正案》（關於人民財產不受侵犯條），認爲《憲法草案》第十二條原案規定的"人民之財產所有權不受侵犯，但公益上必要之處分依法律之所定"不夠嚴謹，範圍也過於狹隘，很容易受到侵害。該條修正案理由書指出：

本條爲保護人民私有財產之規定。夫所謂私有財產者，除人類外，凡一切事物皆包含在內。原案"人民之財產所有權"一語範圍未免過狹，且政府干涉人民權利之手段，財產爲其最要部分，如租稅、公用徵收及搜查、扣押等事，皆與人民財產有直接關係。然此諸端，將來必定有各種法律，故僅用非依法律不受侵犯，已可概括原案，"但公益上必要之處分依法律之所定"二語洵屬贅斿，且詞意冗鈍，儘可刪除。蓋一切法律，無一非爲公益起見，即無一非公益上必要之處分也。是否有當，敬乞公決。②

象先的這一提案，確實富有遠見。他說"私有財產者，除人類外，凡一切事物皆包含在內""且政府干涉人民權利之手段，財產爲其最要部分"。這種對私有財產廣汎性的強調及對政府以"公益"爲藉口剝奪私人財產權的警惕防範之心，決非杞人憂天，無的放矢。試觀中國近世民生飽受摧殘之歷史，無一不與私有財產權的喪失有關。

象先對私有財產權的重視，符合儒家一貫倡導的"富民"主張。《論語·子路》云："子適衛，冉有僕。子曰：'庶矣哉！'冉有曰：'既庶矣，又何加焉？'曰：'富之。'曰：'既富矣，又何加焉？'曰：'教之。'"《孟子·梁惠王上》說得更透徹："明君制民之產，必使仰足以事父母，俯足以畜妻子，樂歲終身飽，凶年免於死亡。"

---

① 徐象先：《大清律講義·緒論》，第三章第三款。
②《憲法會議公報》第 24 冊，《修正案十九》，第 28-29 頁。

必須使民衆"有恆產"而後"有恒心"。《孟子·滕文公上》謂:"民之爲道也,有恆產者有恒心,無恆產者無恒心。苟無恒心,放僻邪侈,無不爲已。及陷乎罪,然後從而刑之。是罔民也。"

　　在昔傳統時代,居於政治主導地位的儒家思想要求"爲人君,止於仁",主張君官要"爲民父母",要讓民衆"有恆產",反對官府"與民爭利";而"使民以時""養民也惠""使民也義""使民如承大祭""使民養生喪死無憾",至少在理論上皆爲身膺民牧者時時都要牢記的箴言炯誠。凡屬勞民傷財、興師動衆橫徵暴斂的行爲,無論是出自地方官府還是中央朝廷,均非理直氣壯之事。但自清季舶來西方法律及學說以後,形勢驟變。政府動輒可以"公益"爲正當藉口,假借憲法法律授權許可的"暴力行爲",隨心所欲地剝奪人民的私有財產及其他一切權利,而"憲法"和"法律"正是政府得以理直氣壯地爲所欲爲和胡作非爲的保護傘和遮羞布。民賊獨夫們一旦掌握了法治或法制這塊冠冕堂皇的金字招牌,人民非但不敢言,亦已不敢怒不能怒了!設若民衆當年能對象先的這一提案誠心接受並堅守不移,則中國近現代的歷史可能完全是另一番景象。可知國人在學習和引介西方文化的時候,多隻片面地關注和炫耀其民主、法治和科學等積極的一面,忽視抑或完全沒有意識到這三者也存在着嚴重副作用的另一面。民主很容易由最初的名義上的多數人集權蛻變爲少數人的專權和暴政,[1]憲法和法治固然可以形塑政府並構築穩定的社會秩序,但也可以造就強權政府並維護恐怖秩序;[2]而科學在造福人類的同時完全可能異化爲束縛和鉗制衆生的枷鎖。[3]中國自引入西方的民主、法治和科學以後,其正面的、積極的意義固然不可全否,但此類作用更常常爲其負面的、消極的作用所折抵和湮滅。從歷史經驗看,西學的輸入,更多地是在爲獨夫民賊們以公益之名剝奪他人私益提供貌似正當的理論支援、無限的法律強制力和背離人道的科學控制力,而中國近現代社會的重重災難竟往往由此而生,惜乎普羅大衆習焉不察耳!

---

① 霍韜晦先生指出:"民主政治自身缺少自我完善的力量",其"最受批評的可能是運作上的多數原則問題"。參見氏著:《論民主政治平面化的危機》,載《法燈》第258期,2006年3月20日。在西方近現代歷史上,民主政治也曾支持帝國主義的殖民擴張和對外戰爭,並曾頻頻引發種族屠殺。美國學者邁克·曼指出:"凶殘的種族清洗已經成爲了我們的文明、我們的進步觀念以及我們試圖引入的民主的核心癥結,它是我們的陰暗面。"見 Michael Mann, *The Dark Side of DEMOCRACY: Explaining Ethnic Cleansing*, New York: Cambridge University Press, 2005, Preface, p. vii.

② 關於法律的局限性,可參見〔美〕埃德加·博登海默:《法理學——法哲學及其方法》,鄧正來、姬敬武譯,華夏出版社1987年版,第388-392頁;李壽初:《法治的局限性及其克服·緒論》,法律出版社2009年版;蘇亦工:《辨證地認識"法治"的地位和作用》,載《山東社會科學》,2015年第12期。

③ 至於科學的負效應及其所造成的災難,凡是瞭解西元20世紀的兩次世界大戰及經歷了最近三年新冠疫情防控的人們應該都有切身的體會。

同年，象先還與魏肇文和唐寶鍔兩位眾議員共同提出了針對憲法草案第 11 條的修正案，即關於自由信仰孔子之道的修正案。該草案第 11 條原案規定："中華民國人民有信仰宗教之自由，非依法律不受制限"；修正後改爲："中華民國人民有信仰孔子之道及其他宗教之自由，非依法律不受制限；其尊孔典禮別以法律定之。"其理由書寫道：

本員以爲，孔子之道並非強迫的，乃係自由的……本員用本此旨，提出十一條修正案，使人民得自由信仰，不猶愈於強迫者之感化尤深耶?! 此修正之理由一。孔子是否宗教家，學者聚訟紛紜……以此種種證之，孔子之爲宗教家，殆無疑義，唯孔子不僅宗教家而已也。查各宗教家均以改良社會人心爲務，而孔子則兼有國家政治之觀念，世界大同之眼光，此不同之點一。各宗教家均有入主出奴，唯我獨尊之成見，孔子之道則大無不包，通而無礙，故曰"萬物並育而不相害，道並行而不相悖"，此不同之點二。各宗教家或主張一神說或主張多神說，均屬迷信。孔子則破除迷信，注重人道……此不同之點三。有此三點，故本員以爲，與其謂孔子之教不若謂爲孔子之道。孟子曰："楊墨之道不息，孔子之道不著。"故規定孔子之道對於"教"字之義較爲通博且有本原。此修正之理由二。總之，孔子之道非片面的，乃集大成的。孔子之道以德化人者，非以力制人者……故本員以爲，定孔教爲國教，而滋各教之煩言，何如使人民自由信仰之爲得耶?! 如此，則人民將奉爲宗教家也，可奉爲教育家、政治家、道德家、哲學家也亦可。至尊孔典禮爲數千年來歷史相沿之成例，值茲民國初建，允宜由法律規定以定人心。[①]

象先主張"自由信仰孔子之道"，無論在當時還是今日，都可能會被視爲"保守""落後"，甚至"倒退"。民初以來，圍繞孔教入憲問題一直爭訟不斷，反對的聲浪始終占據著壓倒性的優勢。這裏筆者想要強調兩點。

其一，象先等人之所以推尊"孔子之道"，在於"孔子之道以德化人，非以力制人。"檢討清季以來引入之西學、西政、西法以及整個西方文化，多爲"以力服人"者；鮮有"以德服人"者，縱有之，亦往往與西人之實際行爲不符，可謂口是心非，名實相背。

其二，象先等人的修正案並非是要將孔教或孔子之道定爲國教，強加於人；而只是要求保證中國人民享有自由信仰孔子之道的憲法權利。儘管這項權利具有的只是消極的、否定性自由（Negative Liberty）的性質，即不受干擾的和不受侵

---

① 《憲法會議公報》第二十四冊，《修正案二》，第 12 頁。

犯的性質；而非積極的、要求或強制他人必須信仰的權利。[①]但是回首其後數十年的中國歷史，象先等人提出的這條修正案不啻爲一言成讖。自"五四新文化"運動提出了"打倒孔家店"之後，中國人民果真在相當長的時間裏喪失了自由信仰孔孟之道的權利，如今這項權利是否真的得以恢復也仍成疑問。雖然自辛亥革命以來的一個多世紀的時間裡，我國歷屆政府均將西方"信教自由"或"宗教信仰自由"的概念納入到歷次制定的憲法性文件和相關的法律條文之中，[②]但是中國人民信仰自己文化傳統中所固有的孔子之道卻是一種奢望，甚至一度成爲莫大的罪惡，受到全社會的口誅筆伐乃至武器的批判。以此我們不得不承認象先等人的先見之明。時至今日，象先等人當年提出的憲法修正案仍有不可估量的價值和緊迫的現實意義！

從理由書中我們還可看出，象先雖然熟稔近代西方法學，但依然是孔孟之道的傳承者和傳統文化的捍衛者。高恆先生認爲，中國傳統律學興起於秦漢之際，最初研究律學者主要有兩類人，一類是儒者，"他們提倡以儒家經義作爲研究律學和審理案件的理論依據"，"另一類是律學家，多出身文吏。他們解釋法律，著重於闡明條文本義，探討名詞、術語的含義。這類律學，濫觴於西漢中期，至東漢後期已非常盛行"。而這兩類律學，從西漢起就逐漸合流，到東漢曹魏時期有重大發展，至兩晉時代"已成爲獨立學科的中國古代律學"。這種律學的基本特徵是"以儒家思想爲理論基礎"。[③]如此説來，象先的《大清律講義》仍屬於典型的傳統律學，與純西式的法學著作在價值觀和方法論上皆有根本的不同。筆者以爲，象先和與他同庚的程樹德一樣，既是一位精通西學的法學家，同時又是堅守傳統的律學家！

（二）吉同鈞

《大清律例講義》的作者吉同鈞，陝西韓城人，字石笙，晚號頑石，生於清咸豐四年二月二十八日（1854 年 3 月 26 日），卒於民國三十四年六月二十五日或二十六日（1945 年 6 月 25 日/26 日）。同鈞早年生活坎坷，七歲（咸豐十年，1860）

[①] 關於"消極自由"及"積極自由"等概念，可參見〔英〕以賽亞‧柏林：《自由論》，胡傳勝譯，譯林出版社2011 年版，第 170-182 頁；Maria Dimova-Cookson, *Rethinking Positive and Negative Liberty*, London, Routledge, 2020, p. 3.

[②] 譬如 1912 年的《中華民國臨時約法》第 6 條、1923 年的《中華民國憲法》（即"曹錕憲法"）第 12 條、1947 年的《中華民國憲法》第 13 條、1949 年的《中國人民政治協商會議共同綱領》第 5 條、第 53 條以及 1954 年《憲法》第 88 條、1975 年《憲法》第 28 條、1978 年《憲法》第 46 條和現行《憲法》（1982 年《憲法》）第 36 條。

[③] 高恆：《沈家本與中國古典律學終結》，載氏著《中國古代法制論考》，中國社會科學出版社 2013 年版，第 380-382 頁。

開始讀書，十歲（同治二年，1863）遭逢回捻兵燹，四處奔逃避難；亂後返鄉，先後從兩位塾師受學啓蒙。同治十一年（1872）十九歲時以縣試第一中秀才，入縣學。[①]次年鄉試不第，入省城關中書院求學。光緒元年（乙亥，1875）、二年（丙子，1876）兩科鄉試又再三落敗。其間在省城西安作塾師，賣文糊口，適遇丁丑大饑荒（光緒三年，1877），女兒、妻子先後因飢病去世。光緒五年（己卯，1879）又一次鄉試落榜，自謂“嘗生平難堪之楚苦，歷人間未有之艱危”。乃返回故鄉起起寨開設私塾，授徒謀生。光緒八年（1882）第五次參加鄉試，始中壬午科舉人，時年已29歲。翌年（癸未，1883）進京初應會試未就。其後數年，入河東道唐咸仰幕下爲西席，隨其輾轉於運城、洛陽、開封等地，並講學授徒。[②]光緒十二年（丙戌，1886）、十五年（己丑，1889）又兩次會試落第，至光緒十六年（1890，庚寅）第四次會試終於考中進士，時年三十七歲，獲授刑部主事。[③]因其父身故，同鈞未即赴京就任，居家三年。據其同事定成記述：“石翁爲愚同司老友，榜下分刑部，三年未入署供職，在家埋頭讀律，手抄《大清律》全部，皆能成誦。旁搜《律例根源》數千卷，並遠紹漢唐元明諸律，參考互證，必求融會貫通而後已。”[④]他自己也説：“自庚寅榜下分部，閉門三年，潛心讀律。”[⑤]約在光緒二十一年（1894），[⑥]同鈞啓程赴京就任。由於律學功底紮實，做事認真，“未出三月，即派主稿”“歷充總看、減等、秋審處坐辦、律例館提調及提牢廳總管各要差”。[⑦]劉敦謹撰《韓城吉石笙先生德教碑記》謂其“凡刑部要差如主稿、掌印、秋審處坐辦、律例館提調、提牢廳管理、承政廳督辦，先生歷任之”。[⑧]

　　在清代的中央六部裡，刑部具有一定的特殊性，與其他各部相較，更注重官員們的專業水準和業務素養，乃至到清末一度形成了近乎專家掌部的風尚。[⑨]在刑部內部，提牢廳和秋審處又是兩個事權較重，提拔快，但風險和責任也較大的部門。[⑩]

---

① 閆曉君整理：《樂素堂文集》，法律出版社 2014 年版（以下簡稱“閆本”），第 55 頁。

② 同鈞嘗謂“余雖未作州縣，然作縣幕五年，做臬幕二年，頗知外官利弊”。見氏著《論作令宜先崇儉告及閆諸子》，載《樂素堂文集》卷 4，北平中華印書局民國二十一年版，第 7a 頁（以下凡以 a、b 頁表示者皆指此本，不復注明）；閆本第 72 頁。

③〔民國〕趙本蔭修、程中昭纂：《韓城縣續志》卷 1，中國臺北成文出版社 1976 年影印版，第 58、60 頁作“刑部郎中”。據蕭之葆《壙志銘》“庚寅成進士，授刑部主事”。

④《樂素堂文集》卷 7，第 23a 頁；閆本第 130 頁。

⑤《樂素堂文集》卷 7，第 16b 頁；閆本第 127 頁。

⑥ 同鈞謂“時餘年四十有一。既聯秦晉，乃逼幽燕。加以葬親事畢，從茲入仕心專”。見《樂素堂主人自敍賦》，載《樂素堂文集》卷 3，第 14b 頁；閆本第 57 頁。

⑦《樂素堂文集》卷 7，第 16b 頁；閆本第 127 頁。

⑧〔清〕劉敦謹撰：《韓城吉石笙先生德教碑記》，國家圖書館藏。

⑨ 參見拙文《官制、語言與司法——清代刑部滿漢官權力之消長》，載《法學家》，2013 年第 2 期。

⑩ 趙舒翹謂該職“事繁責重，稱難治焉”，稍有閃失，“處分綦重”，“即失官矣”。見張秀夫等譯注、〔清〕趙舒翹原撰：《提牢備考譯注》，法律出版社 1997 年版，第 1 頁。

"提牢總管兩監，乃刑部要差。一年任滿，即得優敘。""秋審處乃一部總匯，天下刑名群決於此。其職有總辦、減等、坐辦、提調各名目，至提調已到極地，雖堂官將以賓禮之"。①

同鈞能歷任上述要職，固然不排除人際關係的因素。當時先後主持刑部部務的分別是清季著名律學家薛允升和趙舒翹。薛、趙二人的籍貫都是陝西長安，對同鈞這位關中同鄉都很賞識和栽培。尤其是薛允升，對同鈞"特刮目"，同鈞"亦虛心領受，得盡傳其衣缽"。②但歸根究源，同鈞能夠受到兩位同鄉上司的賞拔，主要還是憑藉他個人的業務水準、工作態度和人格人品。清末新政時期，薛、趙二人均已謝世，沈家本主持部政，也十分重用同鈞，③此即明證。

劉敦謹稱同鈞"生平精於法學，遇事能斷，歷任長官咸倚任之。凡疑獄、巨案必待先生審定。大學士裕公德奏調隨往蒙古查辦事件。蒙王激變蒙眾，被逼自盡，株連數百人，案積季不決。先生連訊三次即定獄，僅誅渠魁四人，餘皆分別責釋，全活無數。又蒙奏派脩訂法律館，總纂《現行律》一部。先生詳加案語，揔集大成"。④清末新政時期曾任大理院正卿暫署法部副大臣滿洲人定成亦稱其"名重一時，部中疑難案件及秋審實緩皆待君審定，雖職屬候補主政，而事權則駕實缺員郎之上"。⑤

光緒三十一年（1905）十一月，刑部朝審冊內奏請爲絞犯李氏毆斃養女一案施恩，遭到上諭斥駁，刑部堂司各官以人命重案"失出"將受處分，⑥其中律例館提調共有5人，首座饒提調主持擬稿，同鈞雖名居末位，但以自己曾附議贊成，並念饒某家有老母，如受議處，必影響其升遷，乃代任主稿受過，降一級調用爲光祿寺署正。此舉足見同鈞爲人仗義擔當之品格。同鈞在其日記中亦曾自道：

同念供職刑曹十年，除因公畫稿外，從未私往堂官宅門投刺請安，其謝得差、拜年節，不過堂上一揖而已。在我安守本分，在人群笑迂拘，知我者又或以簡傲相規，謂非仕路所宜。然性情所偏，不可轉移，雖因此開罪上臺，亦所不辭。乃數年以來，不惟差免罪戾，間有一二堂官反因此格外垂青，迭派優差，較諸朝夕

---

① 《樂素堂文集》卷3，第14b頁；鬥本第57頁。按："減等、坐辦"鬥本訛作"減等總辦"。
② 〔清〕蕭之葆撰：《壙銘》，國家圖書館藏。
③ 《壙志銘》謂："繼薛公者爲浙江歸安子敦沈公，待先生尤倚重。其開館修訂法律，任先生爲總纂。先生刪汰繁（尤）冗，成《現行刑律》一部。凡減輕刑法諸奏議，皆先生主之。"
④ 《韓城吉石笙先生德教碑記》。
⑤ 《樂素堂文集》卷7，第23a頁；鬥本第132頁。
⑥ 〔清〕朱壽朋編：《光緒朝東華錄》，總第5443頁，光緒三十一年十一月戊寅（九日）。

奔走，苞苴鑽營者，亦不見十分沉滯。可見立品砥節，雖屬流俗非笑，終爲賢哲賞識。古人不我欺，一任世揶揄而已。①

　　光緒末葉，清廷實施新政，改革官制，又模仿西法，制定新律。刑部改爲法部，掌司法行政並監督大理院及京內外審判、檢察機關；大理寺改爲大理院，專司審判業務。法部主政者爲戴鴻慈、紹昌、張仁黼等人，"皆翰林起家，不諳刑法"，在與大理院爭權時常陷於被動，因奏調同鈞回法部，"委以京畿科主稿，專核大理院稿件"，深受倚重，年內即先升員外郎，繼升郎中。時沈家本調任大理院正卿並任修訂法律大臣，延同鈞爲修訂法律館總纂，與饒昌麟一道負責刪削舊律，於宣統二年（1910）編成《大清現行刑律》，由沈家本、俞廉三領銜入奏頒行。

　　光緒三十二年（1906）八月初四，清廷諭令廢止科舉，改設學堂，法律始成專門學科。當時京城共設有四處法律學堂，即修訂法律館設立之法律學堂，學部之法政學堂，法部之律學館及大理院講習所，同鈞曾先後在這四個學堂兼任教習，專講《大清律例》，歷時六年，"前後學成率業者二千餘人"。《大清律例講義》即完成於這個時期。同鈞於文化上力主保留國粹，認爲《大清律》並非起自清朝，而是薈萃了中國歷代法律的精華：

　　夫《大清律》者，乃歷代相傳之法典，斟酌乎天理人情，以治中華禮教之民，猶外國之有習慣法、普通法也。②

　　爲此，同鈞堅決反對盡廢舊律，主張"治中華之人須用中華之法"：

　　統觀以上律例，足徵刑法因人因地而異，風俗不同、嗜好各殊，若概治以普通之法，必多扞格不入，非但中國立法如此，即考之泰西各國，如德之刑法，帝京柏林即與各聯邦少異，英之倫敦三島即與印度少異，俄之歐洲地方即與西比利亞少異，美則各省自爲一法，不必盡同。惟東瀛三島地勢狹小，現行刑法整齊畫一，然新屬之台灣，其治法亦有與本島不同之處。此可見因利而利，以人治人，修其教不易其俗，齊其政不易其宜，法律所垂悉本經傳遺義，即外國法律日新月異，矜言改良，然亦不外此因地制宜之道，期於變通宜民而已。今之墨守舊法者，無足論矣；而新學變法，則又盡棄所學，依樣葫蘆，不特離經背本，恐反爲外國法學家所竊笑矣！總之，形下之器我固不如彼巧，而形上之道彼實不如我精，法律之學固形而上者之道，非形而下者之器也。中律義理精深，文詞簡奧，實足包

---

① 〔清〕古同鈞撰：《東行日記》，杜春和、耿來金整理，載近代史資料編輯部編：《近代史資料》總 87 號，中國社會科學出版社 1996 年版，第 78 頁，光緒二十八年（1902）三月初九。
② 《樂素堂文集》卷 7，第 20b 頁；閆本第 130 頁。

含萬象，彼法所刺刺不休矜爲創獲者，皆我古律所吐棄之、刪除之而不屑載諸簡冊者也，世有知律之士竊願以此說證之。[1]

這樣的主張，肯定會與新派人物產生尖銳的分歧。不過，客觀公允地說，在清末變法修律過程中，同鈞並非極端的守舊者，仍屬於"調和其間"的中庸派。對於外來文化和法律，他也絕非毫無原則的排斥、拒絕，而是經過比較鑒別後的擇善而從。辛亥以後，同鈞以清朝遺老自居，辭官歸隱不仕。

除本講義外，同鈞尚著有《樂素堂文集》《樂素堂對聯織錦全集》《樂素堂詩存》《東行日記》《大清現行刑律講義》《新訂秋審條款講義》《審判要略》等多種。

（三）蔣楷

《大清律講義前編》的作者蔣楷，字則先，一字仲則，湖北荊門州（今荊門市）人，清咸豐二年（1853）生，民國二年（1913）卒。光緒十一年（1885），蔣楷以荊門直隸州州學優廪生資格中鄉試第二十六名，選爲光緒乙酉科拔貢，時年 32歲。光緒十六年（1890）閏二月起代理山東莒州知州，光緒二十二年（1896）黃河利津段決口，楷奉命參與河工，撰成《河上語》一卷。楷去世多年以後，該書獲得民國著名水利專家李儀祉先生的讚賞，謂之"其文佳，其注詳，而苦無圖"，因囑人附之以圖，更名爲《河上語圖解》，收入"黃河水利委員會叢刊第二種"，於民國二十三（1934）年刊行，至今猶爲研究我國水工名詞之重要參考資料。[2]光緒二十三年（1897）六月，楷補授莒州知州，二十五年（1899）調署山東平原縣知縣。時山東各地民教關係緊張，教眾多恃洋人勢力橫行鄉裡，鄉民亦不甘屈辱，群起抗爭。於是教案迭興，民教勢同水火。蔣楷身爲地方官，主張安撫教民，平息衝突，以避免貽外人以干涉之口實，因與時任山東巡撫毓賢意見相左，動輒得咎，竟被其"奏准革職，永不敘用""驅逐回籍"。翌年，蔣楷據其親歷撰成了《平原拳匪紀事》一卷，本意在爲自己辯冤，不期日後竟被中國史學會作爲記錄義和團暴動初起的第一手重要史料之首篇，全文收入"中國近代史資料叢刊第九種"——《義和團》。[3]

蔣楷罷官回鄂，時張之洞總督湖廣，深悉蔣楷之冤而又頗重其才，乃"致之幕下"，委以"稽查武備學堂"差事。光緒二十八年（1902）六月，經張之洞奏請開復原官。光緒三十二年（1906）冬十一月，楷獲授山東濮州知州，次年（1907）

---

[1] 《大清律例講義》卷 2。
[2] 〔清〕蔣楷撰，〔民國〕陳汝珍、劉秉鎮附圖：《河上語圖解·序》，黃河水利委員會民國二十三編印，第 1 頁。
[3] 見中國史學會主編：《義和團》第 1 冊，上海人民出版社 1957 年版，第 351-362 頁。

十二月以記名御史調任張之洞主政的學部，爲候補員外郎。宣統元年（1909）六月二十九日楷奉旨派充山東青島特別高等學堂總稽察。《大清律講義前編》即其在此任上撰成的講義。①

蔣楷《大清律講義前編》的所謂"前編"，從內容看，約略相當於徐氏講義的緒論和總論。全書分爲四編，即《聖訓》《經義》《歷代律目沿革表》和《律服疏證》。前編一爲《聖訓》，輯錄有清歷朝皇帝頒發律典條例之御制序言及上諭共8道，並加案語，以揭示當朝立法之要領。前編二爲《經義》，彙集《尚書》《周禮》等儒家經典中關涉刑罰治法之文字，以闡明中國固有法制之價值基礎。前編三爲《歷代律目沿革表》，清晰地梳理了歷代律典篇目之沿革。前編四之內又分爲四個部分。前三部分以五服爲序，盡展作者研究律服之收穫；第四部分則可區分爲補遺和答問兩方面，抒發作者之心得。蔣楷博學多識，經學功底深厚，其講義從《聖訓》《經義》至《律服疏證》三編，皆圍繞經學闡發義理，顯現了作者對法律內在機理的深刻洞見，也說明人類文化在終極價值層面無分西東，殊多共通之處。

譬如在疏證《尚書·康誥》："用其義刑義殺，勿庸以次汝封"一句時，楷加案語：

日本論國際法之性質，曰：凡判事之性質，惟在確守既定之權利、義務而非刱設變更其權利義務。申言之，即固有之權利不能奪，凡所未有之權利不能與，固有之義務不能免，凡所未有之義務不能加。判事某嘗謂餘曰："訴訟之勝敗不因裁判而決，當勝者勝，當敗者敗，故判事無權使之一勝而一敗也。"與此合。②

西方素有法律是人類的發現而非創制之說，③蔣氏所言正是此意。

光緒三十三年（1907），修律大臣沈家本等上奏提出刪除舊律中的"比附"，④蔣楷指出：

今修律大臣疏請刪除比附而引《周禮》縣刑象布刑禁各條，以爲法者與民共信之物，故不憚反復申告，務使椎魯互相警戒，實律無正條不處罰之證。又引漢制"附所當比"爲比附之始。竊謂律無正條不處罰最爲駁議口實。據法學之理，有當聲明者三：法律所無，而可訴訟、可裁判者，民法；不能訴訟、不能裁判者，

---

① 參見王健泉：《蔣楷年表》，載陳廣珍、張國梁等編：《蔣楷文集》，香港銀河出版社 2002 年版，第 224-227 頁。
② 《大清律講義前編二》。
③ 〔美〕愛德華·考文著：《美國憲法的高級法背景》，強世功譯，李強校，生活·讀書·新知三聯書店 1996 年版，第 1 頁。
④ 高漢成：《〈大清新刑律〉立法資料彙編》，第 21 頁。

刑法。刑事變幻不如民事之多，當聲明者一也。法律既定，許引伸，如原禁釣魚，投網甚於垂釣，可以釣魚之罪罪之。不許附會，如原禁童子吃煙，遇童子飲酒，不得以吃煙之罪罪之。當聲明者二也。歐洲用成文法之國亦不廢習慣法，和朗曰：習慣法之有法律效力不始於判事據以裁判之時，故判事適用習慣法與成文法初無分別。①

這段文字真可謂言簡意賅，畫龍點睛。在論及財產繼承問題時，蔣氏又云：

竊謂民法者，刑律之母也。《法蘭西法典》以親族居首，《日本舊民法》因之，《新民法》四曰《親族》、五曰《相續》。近來所主法典，《總則》之次即曰《親族》，次曰《財產》，而以《相續》爲闋於親族、闋於財產，爲之殿焉。竊願當事者與民政部、禮部速定民法以立其基也。又願遲回審顧，於數千年相沿之禮教，數萬里習慣之人情，不蹈習故常，不改錯規矩，考諸三王而不謬，質諸百世而無疑也。若但點纂他國之民法爲編纂我國之民法，其能行與否，非所敢知已！②

蔣氏出語未久便不幸言中了！中國日後的民事立法一依日本之先例，以法德民法典爲聖經，東施效顰而至今未悟。可哀可歎！

蔣楷一生仕途坎坷，但才華橫溢，撰述甚豐，影響亦不可謂小。除前述各書外，氏尚著有《經義亭疑》《那處詩鈔》等數種。2002 年香港銀河出版社出版了由陳廣珍、張國梁等主編的簡體字版《蔣楷文集》，收錄了《河上語》《平原拳匪紀事》《經義亭疑》《那處詩鈔》等蔣楷氏著作多種，並輯佚了部分蔣楷詩文，爲學界進一步研究蔣氏的生平提供了重要史料。

民國二年臘月三十日（1913 年 2 月 5 日），蔣楷以鬱悶成疾，病逝於任上。

三、共性與特色

總體説來，本書收入的這三部講義，因撰著刊行時間相近，處於同一時代大潮之下，書中都採用了不少受外來法律和法學影響而新生的且至今依然廣泛使用的名詞和術語，如"主權""時效""管轄範圍""名譽""自由""權利""義務"等；且因均以《大清律例》爲講解對象，故有許多共同特色。但是三者又各有千秋，絕不雷同。

徐氏講義成書最早，相較其他兩部講義而言，在體例上更接近現代著述，更

---

① 《大清律講義前編二》。
② 《大清律講義前編一》。

具概括性和系統性，也更便於今人理解。這一點我們觀其目錄便可了然。該講義分爲編、章、節三級結構。緒論編分爲"律例""律目"和"律附"三章。首章介紹律典結構和律例關係；次章敍述律典篇目的歷代沿革。末章內容最爲豐富，但也略顯駁雜。作者分爲"總說""律母律眼""諸圖""服制""各部則例及《中樞政考》《會典》""注釋""比引律條""檢屍圖格""《督捕則例》""五軍道裡表""三流道裡表""秋審期限定例""秋審實緩比較律例相關"等共13節，俱爲理解《大清律例》乃至整體把握清代法制的津梁。總論編分爲"法例""刑名""處決期限""矜疑緩決""減輕、原免、贖罪""宥赦""數罪俱發""再犯""共犯""加減罪例"10章，略似當代刑法學講義的總論部分。惜乎作者未能完成講義"總目"[①]中原計劃撰寫的後兩編——《各論》和《餘論》。

吉氏講義影響最大、流傳最廣，蔣楷在其講義中即曾參考引證。[②]比較而言，該講義有兩大特點，一是最重中外刑事實體規則的比較，且殊多精闢之見，譬如關於數罪并罰原則的中外比較，關於盜竊罪和強盜罪刑罰重輕的中外比較，至今讀來，仍能發人警醒。二是該講義多爲經驗之談。蓋以作者身居清代司法中樞——刑部——多年，閱歷豐富，故能對清代律例及其相關規範之細節和運作實況有極爲直觀真切之瞭解，其中多有非僅憑邏輯推演可知者。笔者曩尝剖析清代律例間之關係，雖旁徵博引，實仍基於邏輯演繹。若無親歷者現身說法，終難徵信。譬如關於"盜園陵樹木"門律例：

此條律文雖較《唐律》少有參差，而渾括簡當，自足包掃一切。但現在條例紛繁，有例而不引律，自應律例合參，辦理方無歧誤。如律止渾言"園陵"，現例於陵內分出"紅椿""白椿""青椿"三層；律止渾言"盜砍樹木"，例又補出"開山取土、取石、燒窯"及"在陵寢打牲畜、宄人參"數項，且於樹木內分出"盜砍枝杈"一項。至於"盜砍他人墳樹"一項，現例分別初犯、再犯、次數、株數，較律加詳而治罪從嚴。且律止言"他人盜砍"，例又補出"子孫盜賣"一層，律止言盜賣之罪，例又補盜買者之罪，皆爲律所未及，爲判案者不可不知之端。[③]

蔣氏講義體例最爲奇特，結構畸重畸輕，各編內容簡繁不等。前三編簡明扼要，合計篇幅僅及第四編之半強。第四編《律服疏証》篇幅最重，最能體現該講

---

① 北京大學圖書館藏本有《總目》，他本或闕。
② 《大清律講義前編一》（宣統二年石印本，下同），"德宗景皇帝上諭"條下提及"京師法律館《講義》"。"京師法律館"即"修訂法律館"，當指吉氏講義"廿卷本"。參見拙文《吉同鈞清律講義的版本、成書過程及其價值》，載《法律科學》，2023年第5期。
③ 《大清律例講義》卷3。

義之風格，也最見功力。該編以《大清律例》正文前的《服制》[1]爲詮釋對象，以朱熹"喪禮須當以《儀禮》爲正"[2]爲價值基準，評點律服及其所依從之現行禮制——古禮迭經修改後之當朝禮制，重在指摘此二者之内在邏輯混亂。蔣氏重視法律之内在價值，喪服制度即固有法律所植基之中國傳統倫理的顯性存在。

明清兩代律學發達，著述堪稱繁盛，但是專門針對律典服制的研究卻極罕見。薛允升生前曾撰有《服制備考》一書稿本[3]，著名古籍版本學家顧廷龍先生言其嘗於 1935 年在北京某市肆上購得，惜乎未曾刊刻傳世，今已不知所蹤，[4]蔣氏《律服疏證》或爲清代律服研究的僅存碩果。據顧氏對薛稿之簡要描述，其書之主旨似與蔣氏《律服疏証》極爲相近。若然，則蔣氏講義的存世，多少可補薛稿失傳之憾[5]。

四、版本及校纂原則

本書所收徐象先氏《大清律講義》爲光緒三十三年（1907）京華印書局鉛印本，2 冊，國家圖書館、北京大學圖書館、中國社科院法學所圖書館及日本東京大學大木文庫皆有藏，版本相同，國家圖書館出版社 2015 年出版之高柯立、林榮輯《明清法制史料輯刊》第三編第 54 冊收入該書之影印本。本次校訂以國家圖書館藏本爲底本。

本書所收吉同鈞氏《大清律例講義》，爲光緒三十四年（1908）法部律學舘鉛印本，2 冊 3 卷，京師擷華書局印刷（以下簡稱"三卷本"），北京大學圖書館、中國社會科學院法學研究所圖書館有藏。本次校訂以中國社會科學院法學所圖書館藏本爲底本。

吉同鈞另撰有《大清律講義》和《大清現行刑律講義》。這裏須要稍作解釋的是，吉氏所著《大清律講義》有兩種版本，一爲 20 卷本，修訂法律館宣統元年（1909）下半年或二年初鉛印；一爲 17 卷本，上海朝記書莊宣統二年五月石印。這兩種版本内容相同，前者近乎稿本付印，後者則疑爲前者的盜印本。這兩種版本雖然刊印時間晚於三卷本，但實際撰成時間卻似較三卷本爲早，加之文字訛誤較多，内容駁雜，論完備不及氏著《大清現行刑律講義》，論精煉又不及《大清律例講義》。

---

[1] 田濤、鄭秦點校本《大清律例》卷 3 為服制；《大清律例會通新纂》在卷 2《諸圖》之後。
[2] 〔宋〕黎靖德編：《朱子語類》卷 89，第 2283 頁。
[3] 沈家本：《薛大司寇遺稿序》，載《歷代刑法考》，第 2213 頁。
[4] 顧廷龍：《薛允升〈服制備考〉稿本之發見》，載氏著顧廷龍：《顧廷龍文集》，上海科學技術文獻出版社 2002 年版，第 405 頁。筆者按：文字、標點似有訛誤，此處據文意酌改。
[5] 參見蘇亦工：《最後的律学家：徐象先、蔣楷的清律講義及其生平志趣》，載《華東政法大學學報》，2004 年第 1 期。

目前，17 卷本《大清律講義》已收入《明清法制史料輯刊》第三編（國家圖書館出版社 2015 年影印版），閆曉君先生點校本亦於 2017 年由知識產權出版社出版。《大清現行刑律講義》則有兩個點校本出版，一爲栗銘徽點校，清華大學出版社2017 年 1 月版；一爲閆曉君點校，知識產權出版社 2017 年 4 月版。本書所收之《大清律例講義》亦有閆曉君點校本，知識產權出版社 2018 年版。但該點校本爲簡體字版，所用底本亦常與其他版本混淆，略失原著風貌。這也是本書收入吉氏《大清律例講義》時重加校廑之意義所在。關於吉氏清律講義的各種版本，可參考附錄《吉同鈞氏清律講義的版本、成書過程及其價值》，茲不贅述。

本書所收蔣楷的《大清律講義前編》，爲宣統二年（1910）三月石印本，國家圖書館及日本東京大學東洋文化研究所大木文庫有藏，亦收入《明清法制史料輯刊》第三編，本次校訂以大木文庫本爲底本，並參考國圖藏本。

本書校廑整理的原則是在力求保持原作本來面目的前提下，對原版中存在的脫訛倒衍予以全面校正。由於本書所收三種講義原版皆存在著校訂不細之疵，有些甚至近乎手稿付印，故錯訛極多。加之這三部講義均曾大量徵引歷代文獻典籍，但引文又多有省改脫漏，尤其是蔣楷之《大清律講義前編》，其主體部分爲《律服疏證》，係圍繞《儀禮·喪服》而展開，廣征博引，幾乎遍採歷代《喪服》研究論著而辯駁之，對於當今讀者而言，理解本極困難；況古人引書，多有改芟，如不將其所漏略之文字補足，則尤難讀懂。故本次校訂，除矯正文字訛誤以外，重點在於校廑各書所徵引之典籍原文，並竭盡全力將其所錯訛脫漏或省改之文字加以校正補足，以期方便讀者。本書之以《大清律例講義三種校廑》命名者，意即彰顯此整理之宗旨也。

本書得以順利付梓，要感謝清華大學法學院同事劉晗、程嘯、聶鑫等先生的鼎力相助，清華大學出版社李文彬編審也付出了艱辛的努力，清華大學法學院博士研究生劉浩田先生協助我對清樣稿做了最後的校正！在此一並致謝！

蘇亦工

夏曆癸卯年七月初八日

西元 2023 年 8 月 3 日初筆

夏曆八月廿日

西元 10 月 4 日改訂

於京北天通苑寓所

校斅凡例

1. 本書校勘文字徑用當頁脚注。

2. 原文有訛誤倒衍用圓括號"（）"標出，補正文字在方括號"〔〕"内標明。

3. 原文行文採用大小字格式者概予保留。原文異體字，譬如"渲"字原則上皆予保留。又，"據""於"等字，行文或引文中亦時或用爲"据""于"等與時下簡體字相同者，通常亦仍之不改，以存原貌。但個別怪異的異體字則不予刻意保留：譬如"歷"字，作者常用"厯"，今統一改用"歷"。另外，清人公文書寫格式，如"臣"小字偏右等行文格式，校斅本一概不予保留。

4. 三種講義引證他書者頗多，其中引文與原文文字多有出入，若僅文言虛詞稍有異同，不礙文意或與句意差距不大，無礙理解者，或不逐一校正，或雖加校正而不特注明出處。

5. 古人引書，多有省改，其引文中間有省略者，今或用省略號外加方括號（〔……〕）表示，或予以補足（補足文字外加方括號），並注明所依據之出處。其引文末尾有省略者原則上不補。引文凡加校正者，通常在最後校正之處注明出處。某些引文雖無須校正，亦在句末注明出處，以便讀者查斅。

6. 原文（如徐象先《大清律講義》）中偶用括號或英文字母作序號，引用其他文獻時，抑或用引號（『』），今皆予保留，並加注明。其原文本無引號而由校訂者補加引號者，原則上皆經與所引文獻斅對。

7. 凡有改訂補正，必注明出處。部分引文雖未經改訂而仍注明出處者，或因引文起止不易判斷，或因所引文獻較爲少見之故，亦特加注明，以便讀者斅驗。

8. 校勘引證古籍時，盡量採用新出校點本或影印本。如徵引綫裝古籍，頁碼以阿拉伯數字爲序，正反面分別用 a、b 表示；如爲新出影印古籍，先注明影印本頁碼，其後用括號注明原綫裝古籍頁碼。

9. 凡對原文或引文有所改訂補正而未注明出處者，皆據文意理校。

10. 原文是繁體竪排，故常用"如左"之類術語，與今橫排版"如下"意同，今仍其舊，不予變更。

校勘徵引書目

1.〔元〕敖繼公:《儀禮集說》(簡稱摛藻堂本),摛藻堂四庫全書薈要第 50 冊,中國臺北:世界書局影印,1988 年版。

2.〔元〕敖繼公:《儀禮集說》(簡稱點校本),孫寶點校,上海古籍出版社,2017 年版。

3.〔漢〕班固撰:《漢書》,北京:中華書局點校本,1962 年版。

4.〔宋〕蔡沈:《書經集傳》,摛藻堂四庫全書薈要第 19 冊。

5. 蔡汝堃編著:《慎子集說》,國學小叢書,上海:商務印書館民國二十九年版。

6.〔宋〕車垓:《內外服制通釋》,文淵閣四庫全書第 111 冊,台灣商務印書館影印,1986 年版。

7.〔清〕陳立:《白虎通疏證》,吳則虞點校,十三經清人注疏,北京:中華書局 1994 年版。

8.〔元〕陳櫟撰:《書集傳纂疏》,摛藻堂四庫全書薈要第 19 冊。

9.〔清〕陳喬樅:《今文尚書經說考》,續修四庫全書第 49 冊,上海古籍出版社,2002 年影印版。

10. 陳頤點校:《欽定大清現行刑律(點校本)》,北京大學出版社,2017 年版。

11.〔晉〕陳壽撰、〔南朝宋〕裴松之注:《三國志》,北京:中華書局點校,1959 年版。

12.〔清〕程瑤田撰:《儀禮喪服文足徵記》,陳冠明點校,《程瑤田全集》第 1 冊,合肥:黃山書社,2008 年版;續修四庫全書第 95 冊。

13.〔清〕褚寅亮撰:《儀禮管見》,續修四庫全書第 88 冊。

14.〔清〕戴震撰,張岱年主編:《戴震全書》,黃山書社,1995 年版。

15.〔宋〕竇儀等撰:《宋刑統》,吳翊如點校,北京:中華書局,1984 年版。

16.〔南朝宋〕范曄等撰、〔唐〕李賢等注:《後漢書》,北京:中華書局點校,1965 年點校本。

17.〔唐〕房玄齡等撰：《晉書》，北京：中華書局點校，1974 年版。

18. 高漢成主編：《〈大清新刑律〉立法資料彙編》，北京：社會科學文獻出版社，2013 年版。

19. 高亨：《周易古經今注》，北京：清華大學出版社，2004 年版。

20. 高亨：《周易大傳今注》，北京：清華大學出版社，2010 年版。

21. 湖北讞局彙輯：《大清律例彙輯便覽》，同治十一年刻本，早稻田大學圖書館藏。

22. 胡奇光、方環海撰：《爾雅譯注》，上海古籍出版社，2004 年版。

23.〔後晉〕劉昫等撰：《舊唐書》，北京：中華書局點校，1975 年版。

24.〔唐〕杜佑：《通典》，王文錦等點校，北京：中華書局，1988 年版。

25.〔清〕段玉裁撰：《經韻樓集》，鐘敬華點校，上海古籍出版社，2008 年版。

26.〔宋〕范祖禹，呂祖謙註：《唐鑑》，摛藻堂四庫全書薈要第 150 冊；文淵閣四庫全書第 685 冊。

27.〔清〕方苞撰：《儀禮析疑》，文淵閣四庫全書第 109 冊。

28.〔清〕馮景：《解春集文鈔》，續修四庫全書第 1418 冊。

29.〔清〕顧炎武著、黃汝成集釋：《日知錄集釋》，秦克誠點校，長沙：嶽麓書社，1994 年版。

30.〔南朝梁〕顧野王原撰：《宋本玉篇》，北京：中國書店據張氏澤存堂本影印，1983 年版。

31.〔清〕郭慶藩撰：《莊子集釋》，王孝魚點校，北京：中華書局，1961 年版。

32.〔晉〕郭璞注，〔宋〕邢昺疏：《爾雅注疏》，李傳書整理，徐朝華審定，北京大學出版社，1999 年版。

33. 胡星橋、鄧又天主編：《讀例存疑點注》，北京：中國人民公安大學出版社，1994 年版。

34.〔漢〕韓嬰：《韓詩外傳》，許維遹校釋，北京：中華書局，1980 年版，2009 年印本。

35.〔明〕郝敬撰：《儀禮節解》，續修四庫全書第 85 冊。

36.〔清〕胡培翬撰，〔清〕楊大堉補：《儀禮正義》，續修四庫全書第 91-92 冊。

37. 懷效鋒點校：《大明律》，北京：法律出版社，1999 年版。

38.〔宋〕黃榦：《儀禮經傳通解續》，文淵閣四庫全書第 131-132 冊。

39. 黃善洪主編：《黃宗羲全集》，杭州：浙江古籍出版社，1992 年版。

40.〔宋〕黃震：《黃氏日鈔》，文淵閣四庫全書第 707-708 冊。

41.〔清〕黃宗羲原著，全祖望補修：《宋元學案》，陳金生、梁運華點校，北京：中華書局，1986 年版，2009 年印本。

42.〔清〕黃宗羲編：《明文海》，文淵閣四庫全書第 1454 冊。

43.〔清〕惠棟：《古文尚書考》，續修四庫全書第 44 冊。

44.〔清〕惠士奇：《禮说》，文淵閣四庫全書第 101 冊。

45.〔清〕吉同鈞撰：《大清律講義》，明清法制史料輯刊，第三編第 54-55 冊，北京：國家圖書館出版社影印，2015 年版（簡稱十七卷本）。

46.〔清〕吉同鈞撰：《大清現行刑律講義》，栗銘徽點校，北京：清華大學出版社，2017 年版。

47.〔清〕吉同鈞纂：《大清現行刑律講義》，閆曉君整理，北京：知識產權出版社，2018 年版。

48.〔清〕吉同鈞：《大清現行刑律講義》，法部律學館宣統二年版，國立台灣大學圖書館藏本。

49.〔清〕江聲：《尚書集注音疏》，續修四庫全書第 44 冊。

50.〔清〕江永：《周禮疑義舉要》，叢書集成初編本，上海：商務印書館，1935 年版。

51.〔清〕姜兆錫注疏參議：《儀禮經傳外編》，續修四庫全書第 87 冊。

52.〔漢〕孔安國傳、〔唐〕孔穎達疏：《尚書正義》，廖明春、陳明整理，呂紹剛審定，北京：北京大學出版社，1999 年版，（簡稱點校本）。

53.〔清〕李光坡：《周禮述注》，文淵閣四庫全書第 100 冊。

54.〔宋〕李昉等奉敕撰：《太平御覽》，文淵閣四庫全書第 898 冊。

55.〔宋〕李昉編纂：《太平御覽》，夏劍欽等校點，石家莊：河北教育出版社，1994 年版，2000 年印本。

56.〔唐〕李涪：《刊誤》，文淵閣四庫全書第 850 冊。

57.〔宋〕黎靖德編：《朱子語類》，北京：中華書局，1986 年版。

58.〔唐〕李林甫等撰：《唐六典》，陳仲夫點校，北京：中華書局，1992 年版。

59. 李柟訂、蔡方炳校：《大清律集解附例箋釋》，康熙刻本，日本東京大學東洋文化研究所藏。

60.〔宋〕李如圭：《儀禮集釋》，文淵閣四庫全書第 103 冊。

61.〔清〕淩廷堪撰:《禮經釋例》,載《淩廷堪全集》第 1 冊,紀健生點校,黃山書社,2009 年版。

62.〔清〕淩廷堪撰:《禮經釋例》,續修四庫全書第 90 冊。

63.〔唐〕李延壽撰:《北史》,北京:中華書局點校,1974 版。

64.〔宋〕林之奇撰:《尚書全解》,摛藻堂四庫全書薈要第 17 冊。

65. 劉琳、刁忠民、舒大剛、尹波等點校:《宋會要輯稿》,上海古籍出版社,2014 年版。

66.〔清〕劉錦藻:《皇朝續文獻通考》,續修四庫全書第 819 冊。

67. 劉文典:《淮南鴻烈集解》,馮逸、喬華點校,北京:中華書局,1983 年版,1987 年印本。

68.〔漢〕劉熙:《釋名》,文淵閣四庫全書第 221 冊。

69.〔元〕馬端臨撰:《文獻通考》,上海師範大學古籍所、華東師範大學古籍所點校,北京:中華書局,2011 年版。

70.〔元〕馬端臨:《文獻通考》,北京:中華書局,1986 年影印本。

71.〔宋〕歐陽修、宋祁撰:《新唐書》,北京:中華書局點校,1975 年版。

72.〔宋〕歐陽修撰、〔宋〕徐無黨注:《新五代史》,點校本二十四史修訂本,北京:中華書局,2016 年版。

73.〔清〕皮錫瑞撰:《尚書大傳疏證》,續修四庫全書第 55 冊。

74.〔清〕錢維城:《茶山文鈔》,載《錢文敏公全集》,續修四庫全書第 1443 冊。

75.〔清〕秦蕙田:《五禮通考》,文淵閣四庫全書第 135-142 冊。

76. 清朝官修:《清實錄》,中華書局影印本,1985 年起陸續出版。

77.《清代詩文集彙編》編纂委員會編:《清代詩文集彙編》,上海古籍出版社,2010 年影印版。

78. 清高宗勅撰:《清朝通典》,萬有文庫本,上海:商務印書館,民國二十四年版。

79. 清高宗勅撰:《清朝通志》,萬有文庫本,上海:商務印書館,民國二十四年版。

80. 清高宗敕撰:《欽定周官義疏》,文淵閣四庫全書第 98-99 冊。

81. 清高宗勅撰:《欽定儀禮義疏》,文淵閣四庫全書第 106 冊。

82. 清高宗敕撰:《欽定禮記義疏》,文淵閣四庫全書第 124 冊。

83. 清高宗勅撰：《續通典》，萬有文庫本，上海：商務印書館，民國二十四年版。

84. 清高宗勅撰：《大清律例》，文淵閣四庫全書第 672 冊。

85. 清世宗勅撰：雍正《大清會典》，近代史料叢刊三編，臺北：文海出版社有限公司，1994 年影印版。

86. 〔清〕阮元校刻：《十三經注疏》，北京：中華書局 1980 年影印本。簡稱"十三經注疏影印本"。

87. 上海商務印書館編譯所編纂：《大清新法令》第一卷，李秀清、孟祥沛、汪世榮點校，北京：商務印書館，2010 年版。

88. 上海商務印書館編印：《大清光緒新法令》第 15-16 冊，上海：商務印書館，宣統二年第五版。

89. 〔清〕沈家本：《歷代刑法考》，鄧經元、駢宇騫點校，北京：中華書局，1985 年版。

90. 〔清〕沈家本輯：《秋審條款附案》，光緒三十二年刻本，載楊一凡編《清代秋審文獻》第 11 冊、第 12 冊，北京：中國民主法制出版社，2015 年版。

91. 〔宋〕沈括撰：《夢溪筆談》，文淵閣四庫全書第 862 冊。

92. 〔清〕沈彤：《儀禮小疏》，文淵閣四庫全書第 109 冊。

93. 〔梁〕沈約撰：《宋書》，中華書局點校，1974 年版。

94. 〔清〕沈之奇撰：《大清律輯註》，懷效鋒、李俊點校，法律出版社，2000 年版。

95. 〔清〕盛世佐撰：《儀禮集編》，文淵閣四庫全書第 110-111 冊。

96. 〔日〕穗積陳重著：《法律進化論》，黃尊三、薩孟武等譯，王健校勘，北京：中國政法大學出版社，1998 年版。

97. 〔宋〕孫奭等撰：《律音義》，續修四庫全書第 861 冊。

98. 〔清〕孫星衍：《尚書今古文注疏》陳抗、盛冬玲點校，北京：中華書局 2004 年第 2 版。

99. 〔清〕孫星衍等輯，郭沂校補：《孔子集語校補》，濟南：齊魯書社，1998 年版。

100. 〔清〕孫詒讓撰：《周禮正義》，王文錦、陳玉霞點校，北京：中華書局，1987 年版。

101.〔清〕孫詒讓撰：《墨子間詁》，孫啓治點校，新編諸子集成，北京：中華書局，2001 年版。

102.〔清〕陶駿、陶念霖增修：《大清律例增修統纂集成》，宣統元年上海文淵山房刻本。

103. 田濤、鄭秦點校：《大清律例》，北京：法律出版社，1999 年版。

104.〔元〕脫脫等撰：《宋史》，北京：中華書局點校，1977 年版。

105.〔清〕萬斯大：《儀禮商》，文淵閣四庫全書第 108 冊。

106.〔唐〕魏徵、令狐德棻撰：《隋書》，北京：中華書局點校，1973 年版。

107.〔宋〕王安石：《周官新義》，文淵閣四庫全書第 91 冊。

108.〔宋〕王安石：《王文公文集》，唐武標校，上海：上海人民出版社，1974 年版。

109. 王鈞林，周海生译注：《孔叢子》，北京：中華書局，2009 年版。

110.〔漢〕王符著、〔清〕汪繼培箋：《潛夫論箋》，彭鐸校正，北京：中華書局，1979 年版。

111.〔清〕王闓運：《尚書大傳補注》，續修四庫全書第 55 冊。

112.〔清〕王明德撰：《讀律佩觽》，何勤華、張伯元、程維榮、洪丕謨點校，北京：法律出版社，2001 年版。

113.〔清〕王鳴盛：《尚書後案》，清刻本。

114.〔清〕王聘珍：《大戴禮記解詁》，王文锦點校，北京：中華書局，1983 年版。

115.〔宋〕王溥：《唐會要》，北京：中華書局，1960 年版。

116.〔清〕王世讓撰：《儀禮紃解》，續修四庫全書第 88 冊。

117. 王世舜：《尚書譯注》，山東師範學院聊城分院中文系古典文學教研室，1979 鉛印本。

118.〔清〕汪琬：《堯峰文鈔》，文淵閣四庫全書第 1315 冊。

119.〔清〕王先謙撰：《漢書補注》，北京：中華書局，1983 年影印本。

120.〔清〕王先謙：《東華錄》，續修四庫全書第 371 冊。

121.〔清〕王先謙：《荀子集解》，沈嘯寰、王星賢點校，新編諸子集成，北京：中華書局，1988 年版。

122.〔清〕王頊齡等奉敕撰：《欽定書經傳說彙纂》，文淵閣四庫全書第 65 冊。

123.〔宋〕王應麟纂:《玉海》,江蘇古籍出版社、上海書店聯合出版,1987 年影印本。

124.〔清〕吳嘉賓撰:《喪服會通說》,續修四庫全書第 95 冊。

125.〔清〕吳廷華撰:《儀禮章句》,文淵閣四庫全書第 109 冊。

126.〔清〕謝誠鈞撰:《秋審實緩比較條款》,光緒四年刻本,載楊一凡等編《秋審文獻》第 7 冊,北京:中國民主法制出版社,2015 年版。

127. 續修四庫全書編纂委員會編:《大清(光緒)會典事例》,續修四庫全書第 809、810 冊。

128.〔汉〕徐幹:《中論》,叢書集成新編第 19 冊,中國臺北:新文豐出版有限公司,1985 年影印版。

129.〔清〕徐乾學撰:《讀禮通考》,文淵閣四庫全書第 112 冊。

130.〔清〕徐元誥撰:《國語集解》,王樹民、沈長云點校,北京:中華書局,2002 年版。

131. 楊伯峻:《春秋左傳注》,北京:中華書局,1990 年第 2 版,1995 年印本。

132.〔清〕姚潤、胡璋:《大清律例會通新纂》,《近代中國史料叢刊三編》第 22 輯,中國臺北:文海出版社,1987 年版。

133.〔唐〕姚思廉撰:《梁書》,北京:中華書局點校,1973 年版。

134.〔清〕佚名輯:《秋審比較條款》,光緒六年悔不讀書齋刻本,載楊一凡等編《清代秋審文獻》第 8 冊,北京:中國民主法制出版社,2015 年版。

135.〔清〕佚名輯:《秋審實緩比較條款》,清抄本,載楊一凡等編《秋審文獻》第 14 冊,北京:中國民主法制出版社,2015 年版。

136.〔唐〕虞世南編撰:《北堂書鈔》,日本東京大學東洋文化研究所大木文庫藏萬曆二十八年序刊本。

137.〔唐〕虞世南編撰:《北堂書鈔》,光緒十四年南海孔氏刊本,中國書店,1989 年影印版。

138.〔清〕俞正燮:《俞正燮全集》,于石、馬君驊、諸偉奇校點,合肥:黃山書社,2005 年版。

139. 岳純之點校:《唐律疏議》,上海:上海古籍出版社,2013 年版。

140. 臧庸:《拜經堂文集》,清代詩文集彙編第 484 冊,上海古籍出版社影印漢陽葉氏寫本,2010 年版。

141. 張建國：《帝制時代的中國法》，北京：法律出版社，1999 年版。

142. 〔清〕張爾岐撰：《儀禮鄭注句讀》，摛藻堂四庫全書薈要第 50 冊。

143. 〔唐〕長孫無忌等撰：《唐律疏議》，劉俊文點校，北京：中華書局，1983 年版。

144. 〔宋〕張載撰：《張載集》，北京：中華書局，1978 年版。

145. 〔漢〕趙歧注、〔宋〕孫奭疏：《孟子注疏》，廖名春、劉佑平整理，錢遜審定，北京：北京大學出版社，1999 年版。簡稱點校本《孟子注疏》。

146. 〔漢〕鄭玄注，〔唐〕賈公彥疏：《周禮注疏》，趙伯雄整理、王文錦審定，北京：北京大學出版社，1999 年版。

147. 〔漢〕鄭玄注，〔唐〕賈公彥疏：《儀禮注疏》，彭林等整理、王文錦審定，北京：北京大學出版社，1999 年版。

148. 〔漢〕鄭玄注，〔唐〕孔穎達疏：《禮記正義》，龔抗雲整理，王文錦審定，簡稱點校本《禮記正義》，北京：北京大學出版社，1999 年版。

149. 〔清〕鄭珍撰：《儀禮私箋》，續修四庫全書第 93 冊。

150. 〔清〕鄭珍撰：《儀禮私箋》，載黃萬機等點校：《鄭珍全集》第一冊，上海古籍出版社，2012 年版。

151. 中華書局編輯部編：《清會典》，北京：中華書局，1991 年影印光緒二十五年石印本。

152. 周東平主編：《晉書·刑法志譯注》，北京：人民出版社，2017 年版。

153. 〔清〕曾國藩：《求缺齋讀書錄》，續修四庫全書第 1161 冊。

154. 〔清〕朱彬：《禮記訓纂》，中華書局，饒欽農點校，十三經清人注疏，北京：中華書局，1996 年版。

155. 朱傑人、嚴佐之、劉永翔主編：《朱子全書》，上海古籍出版社、安徽教育出版社，2002 年版。

156. 〔清〕朱壽朋編輯：《光緒朝東華錄》，張靜廬等校點，北京：中華書局，1958 年版，1984 第二次印刷本。

157. 〔周〕左丘明傳、〔晉〕杜預注、〔唐〕孔穎達正義：《春秋左傳正義》，浦衛忠等整理，楊向奎審定，北京大學出版社，1999 年版。

158. 〔宋〕司馬光編著、〔元〕胡三省音註：《資治通鑑》，"標點資治通鑑小組"校點，北京：中華書局，1956 年版。

大清律例講義三種藏本圖片索引

大清律例講義三種校覈

總　目　錄

大清律講義

〔清〕徐象先　編撰

目　錄

大清律講義藏本圖片

國家圖書館藏本

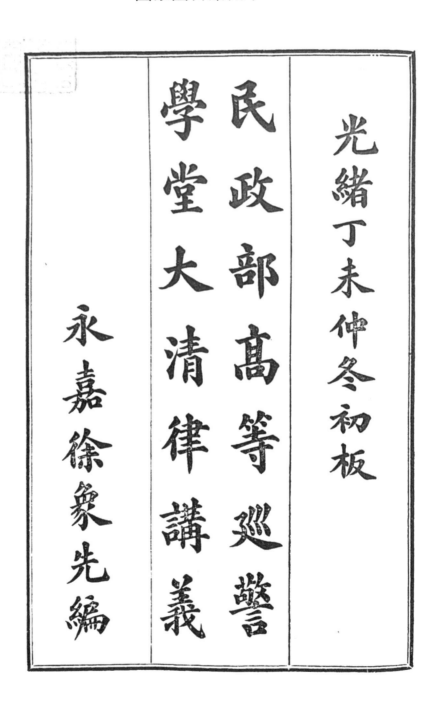

光緒丁未仲冬初板

民政部高等巡警學堂大清律講義

永嘉徐象先編

國家圖書館藏本

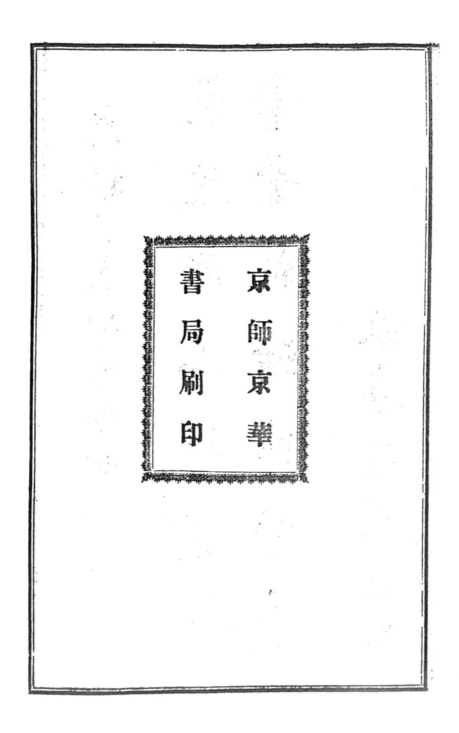

京師京華

書局刷印

國家圖書館藏本

一

京師京華印書局刷印

國家圖書館藏本

大清律講義　　　　　　　　　　所著書第二種

永嘉慕初徐象先編

第一編　緒論

第一章　律例

國朝刑法一本前明

按依國初律例令重罪惟斬絞輕罪惟鞭撲撰曰順治元年始猶定同刑科給事中孫襄疏曰利之有律猶定物之有規矩準繩也今法司所道中外俾明知畫一就遵守庶煩簡不情形屢俗移易往疏上憲乃合論法令法布告道乃故俾明知畫一就遵守

二卷官吏律同廷臣詳驗制明律公式酌戶律八卷年曰制人命曰兵律五卷曰宮衛曰軍政曰關曰受贓

矩準繩也今法司所道中外俾明知畫一就遵守庶煩簡不情形屢俗移易往疏上憲乃合論法令乃下曰名例

程曰詐偽一曰犯姦四十七曰捕亡二百二十六曰賊盜上祭祀儀下曰儀人命曰兵律五卷上曰宮衛曰軍政曰訴訟曰受贓牧曰郵驛刑律

引律例一日犯姦四十七日捕亡二百二十六日賊盜二日上祭祀儀下工律二卷上曰宮衛至四百五十七曰營造曰河防正雍五年始定此

明律凡四十七門其文有二曰律與例是也律以定罪歷代相承共分四百三十六

迄今尚仍其舊三百三十六門

例則以輔律所不及因時制宜重輕不一係歷年欽奉

上諭及議准內外臣工條奏累積而成昔日修纂於每條之上列載原例增例

大清律彙纂　　第一編　緒論　　一

北京大學圖書館藏本

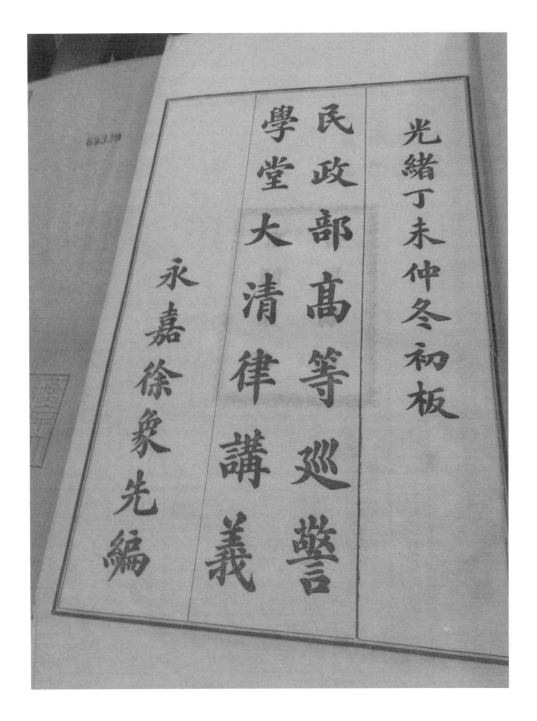

光緒丁未仲冬初板

學堂大清律講義

民政部高等巡警

永嘉徐象先編

北京大學圖書館藏本

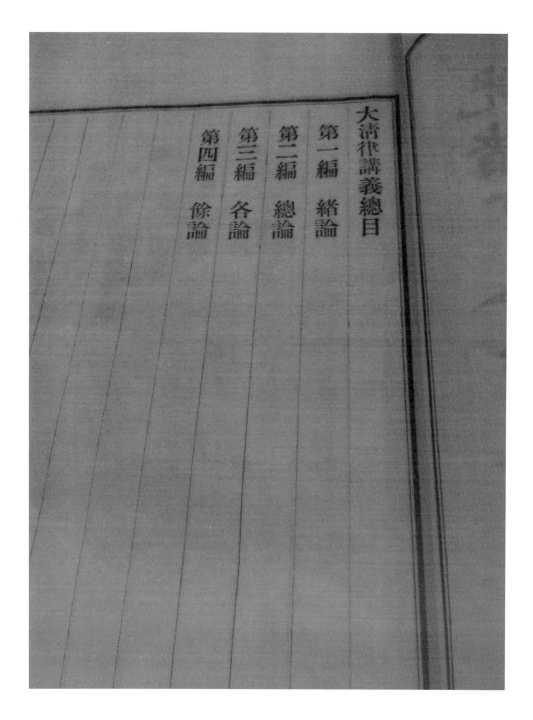

北京大學圖書館藏本

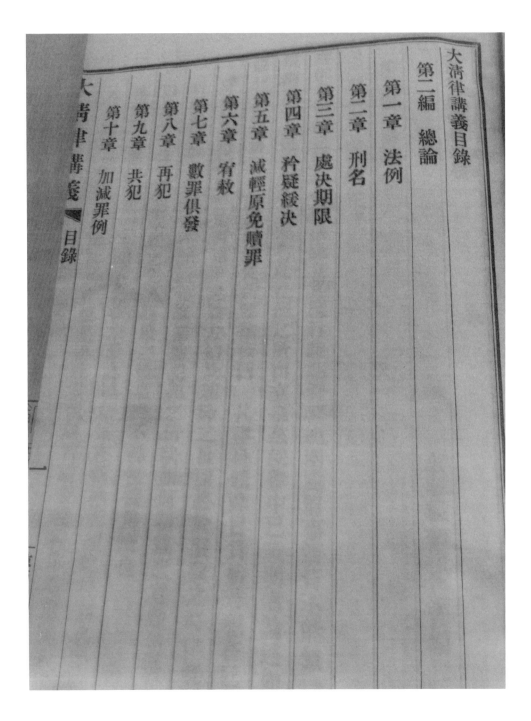

日本東京大學東洋文化研究所大木文庫藏本

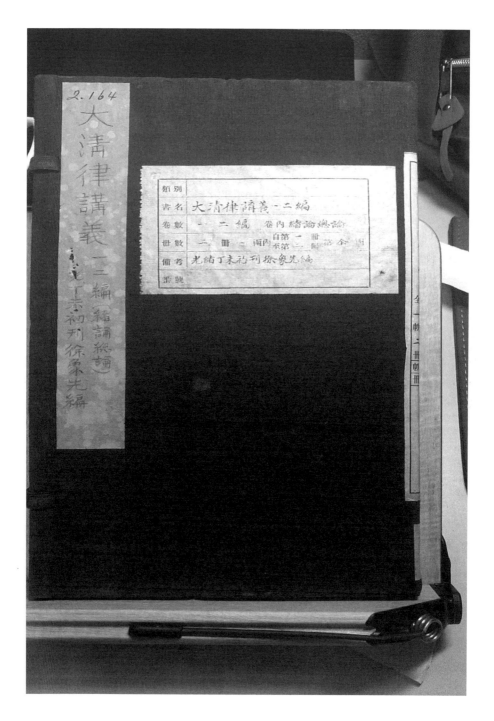

日本東京大學東洋文化研究所大木文庫藏本

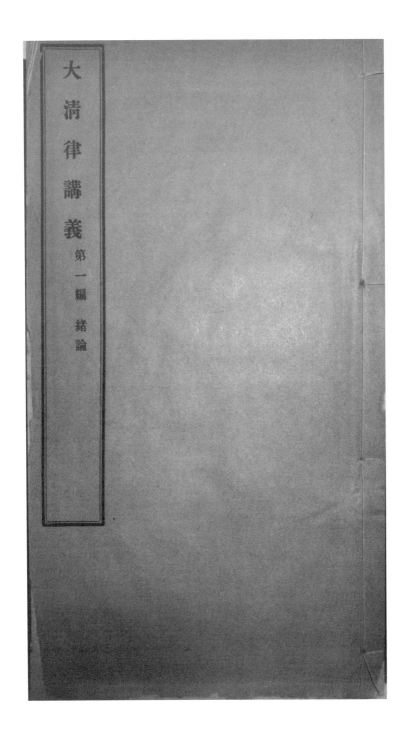

日本東京大學東洋文化研究所大木文庫藏本

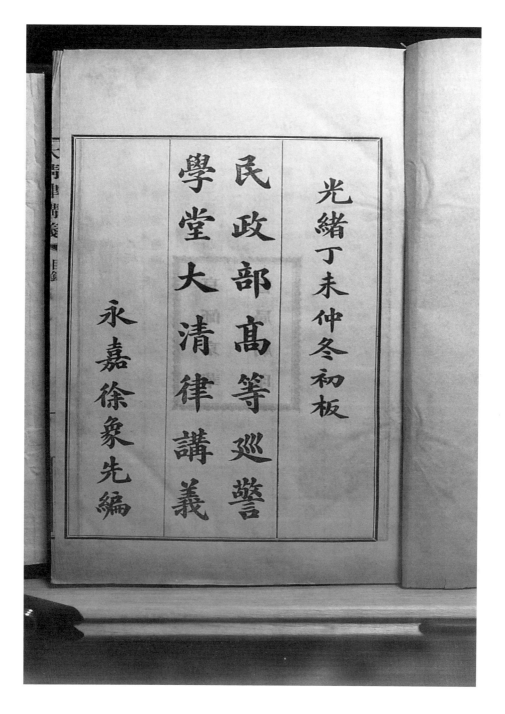

日本東京大學東洋文化研究所大木文庫藏本

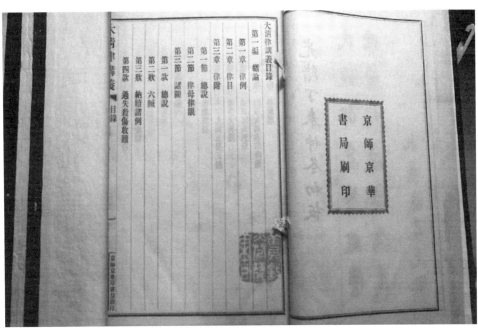

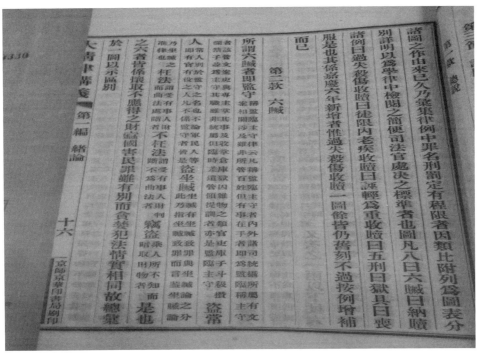

日本東京大學東洋文化研究所大木文庫藏本

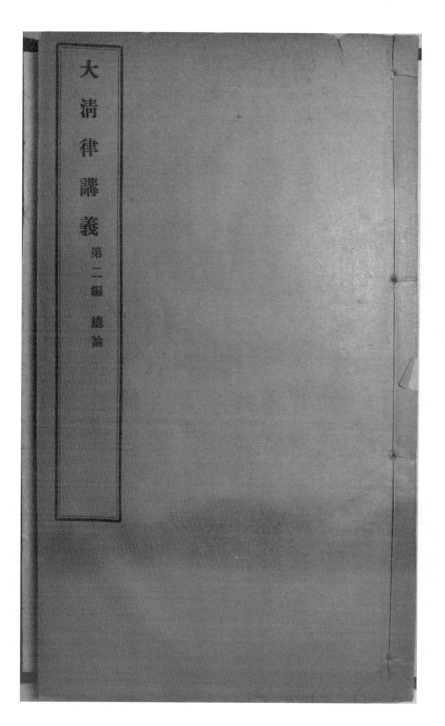

大清律講義　第二編　總論

大清律講義

（第一編　緒論）

光緒丁未仲冬初板

（民政部高等巡警學堂大清律講義）

永嘉　徐象先　編

京師京華書局刷印

大清律講義總目①

---

① 據北京大学圖書館藏本《總目》補，他本或闕。原書僅有第一編《緒論》和第二編《總論》。第三、四兩編原缺。

大清律講義目錄

大清律講義

（所著書第二種　永嘉慕初徐象先編）

第一編　緒論

第一章　律例

國朝刑法一本前明，按：國初律令，重罪惟斬，輕罪惟鞭撲。順治元年，始定問刑衙門準依《明律》治罪。刑科給事中孫襄疏曰：“刑之有律，猶物之有規矩準繩也。今法司所遵，乃故明律令，就中科條煩簡，情法輕重，當稽往憲，合時宜，斟酌損益，刊定成書，布告中外。俾知畫一遵守，庶奸慝不形，風俗移易。”①疏上，乃諭令法司官會同廷臣，詳繹《明律》，參酌時宜。翌年書成。計《律目》一卷，《圖》一卷，《服制》一卷，《名例》二卷，《吏律》二卷，曰《職制》、曰《公式》，《戶律》八卷曰《戶役》、曰《田宅》、曰《婚姻》、曰《倉庫》上下、曰《課程》、曰《錢債》、曰《市廛》，《禮律》二卷，曰《祭祀》、曰《儀制》，《兵律》五卷，曰《宮衛》、曰《軍政》、曰《關津》、曰《廄牧》、曰《郵驛》，《刑律》十五卷曰《賊盜》上中下、曰《人命》、曰《鬬毆》上下、曰《罵詈》、曰《訴訟》、曰《受贓》、曰《詐偽》、曰《犯姦》、曰《雜犯》、曰《捕亡》、曰《斷獄》上下，《工律》二卷（曰《營造》、曰《河防》，《總例》七卷，比引條例一卷。凡四十七卷，分二百二十六門，後增至四百五十七條。雍正五年始定爲四百三十六門，迄今尚仍其舊。其文有二，曰律與例是也。律以定罪，歷代相承，共分四百三十六門。《明律》凡四百六十條。例則以輔律所不及，因時制宜，重輕不一，係歷年欽奉上諭及議准內外臣工條奏累積而成。昔日修纂，於每條之上列載原例、增例、欽定例各名目，據雍正三年所頒《大清律集解》，原例繫累朝舊例，凡三百二十一條；增例繫康熙年間所編《見行則例》（康熙十六年編修《見行則例》，二十八年盛符升奏請按門載入律內，四十六年成，未頒行）②，凡二百九十條；欽定例繫歷年欽奉上諭及內外臣工條奏，凡二百有四條。共八百十有五條。以時代爲先後。乾隆五年修律，因其不依類編

---

① 清《世祖實錄》卷7，第74頁。
② 括號爲原文本有。

輯，檢閱較難，遂概行刪除，並擇律文後大字總註，雍正三年《大清律集解》，每篇正文後有總註，或標舉大意，或逐節分疏，或釋正文而兼及小註，或詮本條而旁及別義，異同條貫，眉目井然。有足以發明律意者，別立專條，著爲成例。見行者係同治九年修輯，計共千有數百餘條。按：雍正三年《大清律集解》，附例八百十五條；五年，例一千四十九條。乾隆五年《大清律例》，例有一千四十二條；嘉慶六年，例有一千五百七十三條。至近年新出各例，未經編入，爲數甚多，難以枚舉。光緒三十一年，修訂法律館奏刪律、例內凡係一時權宜、今昔情形不同，或業經奏定新章而舊例無關引用，或本條已經賅載而別條再行複叙，與舊例久已停止而例內仍然存載者，凡三百四十四條，故見行律例條數實無可指。惟律、例二者有體用之關係，律爲體而例爲用。凡鞫案決獄，皆可依以爲斷。是其成立雖異而效力則同，不能秦越相視。惟條例概指一人、一時、一事而言，不若律文所包者廣，故本講義專就律文發揮，條例中有必待言及者，並略述之。誠迫於教授之時期有限，不得不然故也。

第二章　律目

律傳自古，既於上述之，然亦非純係古律也。每代之興，必有損益，編纂次序，分章節目，各有不同。兹列舉歷代之律目，以備參攷。

第一，李悝《法經》六篇。

一、《盜法》，二、《賊法》，三、《囚法》，四、《捕法》，五、《雜法》，六、《具法》。《唐律疏議》云：“一、《盜法》，今《賊盜律》是也；二、《賊法》，今《詐僞律》也；三、《囚法》，今《斷獄律》是也；四、《捕法》，今《捕亡律》是也；五、《雜法》，今《雜律》是也；六、《具法》，今《名例律》是也。”[1]

按：《晉書·刑法志》載：“李悝撰次諸國法，著《法經》，以爲‘王者之政，莫急於盜賊’，故其律始於《盜》、《賊》。盜賊須劾捕，故著《囚》、《捕》二篇。其輕狡、越城、博戲、借假不廉、淫侈、踰制，以爲《雜律》一篇。又以（其）〔《具》[2]律》具其加減。是故所著六篇而已。”《法經》編纂之次序如此。

第二，漢律《九章》。

漢相蕭何更加悝所造《戶》《興》《廐》三篇，謂之《九章》之律。《唐律疏議》云：“戶者，《戶婚律》。興者，《擅興律》。廐者，《廐庫律》。漢相蕭何又撰《戶》、《興》、《廐》三篇”，[3]加悝所造《法經》六篇，共爲《九章》之律。

---

①③《唐律疏議》卷 1，第 26 頁《校勘記》2 引此山貫冶子《唐律釋文》。
②《晉書》卷 30，第 922 頁。

按：漢律久亡，而律目之見於魏《新律》序略者，如《盜律》有劫略、恐猲、和買賣人、受所監臨受財枉法、勃辱強賊、還贓畀主。《賊律》有欺謾、詐僞、踰封、矯制、賊伐樹木、殺傷人畜產、諸亡印、儲峙不辦、但①以言語及犯宗廟園陵。《囚律》有：詐僞生死、告劾、傳覆、繫囚、鞫獄、斷獄。《雜律》有假借不廉。《具律》有出賣呈。《興律》有上獄、擅興徭役、乏徭稽留、烽燧。《廐律》有告反訊②受、乏軍之興、上言變事、驚事告急。其可攷者如此。又謂舊律因秦《法經》，就增三篇，而《具律》不移，因在第六，是篇次亦尚可攷也。

第三，魏律十八篇。

魏增漢律《劫掠》《詐僞》《毀亡》《告劾》《（係）〔繫〕③訊》《斷獄》《請賕》《驚事》《償贓》等九篇，合爲十八篇。《唐六典》。

按：《魏志·劉劭傳》："明帝即位〔……〕④徵拜騎都尉與議郎庾嶷、荀詵等定科令，作《新律》十八篇。"《晉書·刑法志》載："其《序略》曰：'舊律因秦《法經》，就增三篇，而《具（法）〔律〕》不移，因在第六，罪條例既不在始，又不在終，非篇章之義，故集罪例以爲刑名，冠於律首。《盜律》有劫掠、恐猲、和買賣人，科有（特）〔持〕質，皆非盜事，故分以爲《劫略律》。《賊律》有欺謾、詐僞、踰封、矯制，《囚律》有詐僞生死，《令（景）〔丙〕》有詐自復免，事類衆多，故分爲《詐〔僞〕⑤律》。《賊律》有賊伐樹木、殺傷人畜產及諸亡印，《金布律》有毀傷亡失縣官財物，故分爲《毀亡律》。《囚律》有告劾、傳覆，《廐律》有告反逮⑥受，科有登聞道辭，故分爲《告劾律》。《囚律》有繫囚、鞫獄、斷獄之法，《興律》有上獄之事，科有考事報讞，宜別爲篇，故分爲《繫訊》、《斷獄》律。《盜律》有受所監〔臨〕⑦受財枉法，《雜律》有假借不廉，《令乙》〔有〕呵人受錢，科有使者驗賂，其事相類，故分爲《請賕律》。《盜律》有勃辱強賊，《興律》有擅興徭役，《具律》有出賣呈，科有擅作修舍事，故分爲《興擅律》。《興律》有乏徭稽留，《賊律》有儲峙不辦，《廐律》有乏軍之興，及舊典有奉詔不謹、不承用詔書，漢氏施行有小愆之反不如令，輒劾以不承用詔書乏軍要斬，又減以《丁酉詔書》，《丁酉詔書》，漢文所下，不宜復以爲法，故別爲之《留律》。⑧秦世舊有廐置、

---

① 《晉書·刑法志》（卷30，第925頁）有此"但"字而《通典》（卷163，第4204頁）則無。
② 校按：《晉書》卷30第924頁、《通典》卷163第4203頁皆作"逮"，此係據《玉海》改。參見《晉書》卷30，第943頁《校勘記》第〔十二〕。
③ 《通典》卷163，第4203頁。
④ 《三國志》卷21，第618頁。
⑤ 《唐六典》卷6，第181頁；沈家本：《歷代刑法考·律目考》，第1349頁。
⑥ 同書卷末《校勘記》〔十二〕（第943頁）引沈家本《律目考》謂："'逮'，《玉海》引作'訊'"。
⑦ 校按：《晉志》此處似漏"臨"字，據《通典》卷163，第4203頁補。
⑧ 沈家本：《歷代刑法考·律目考》第1348頁謂"別爲之《留律》"中之"之"當爲"乏"之訛，該句應爲"別爲《乏留律》"。

乘傳、副車、食廚，漢初承秦不改，後以費廣稍省，故後漢但設騎置而無車馬，律猶著其文，則爲虛設，故除《廐律》，取其可用合科者，以爲《郵驛令》。其告反（達）〔逮〕驗，別入《告劾律》。上言變事，以爲《變事令》，以驚事告急，與《興律》烽燧及科令者，以爲《驚事律》。《盜律》有還贓畀主，《金布律》有罰贖入責以呈黃金爲價①，科有平庸坐贓事，以爲《償贓律》。'"又曰："凡所定增十三篇，就〔故〕五篇，合十八篇，於正律九篇爲增，於旁章科令爲省矣。"②是與《六典》所言增九篇之說③不合，未詳孰是。

第四，晉律二十篇。

一、《刑名》，二、《法例》，三、《盜律》，四、《賊律》，五、《詐偽》，六、《請賕》，七、《告劾》，八、《捕律》，九、《繫訊》，十、《斷獄》，十一、《雜律》，十二、《戶律》，十三、《〔擅〕興律》，十四、《毀亡》，十五、《衛宮》，十六、《水火》，十七、《廐律》，十八、《關市》，十九、《違制》，二十、《諸侯》。《唐六典》。

按：《晉書・刑法志》："賈充定法律〔……〕④就漢九章增十一篇，仍其族類，正其體號，改舊律爲《刑名》、《法例》，辨《囚律》爲《告劾》、《繫訊》、《斷獄》，分《盜律》爲《請賕》、《詐偽》、《水火》、《毀亡》，因事類爲《衛宮》、《違制》，撰《周官》爲《諸侯律》，合二十篇。"又載張斐注律，表曰："律始於《刑名》者，所以定罪制也；終於諸侯者，所以畢其政也。王政布於上，諸侯奉於下，禮樂撫於中，故有三才之義焉，其相須而成，若一體焉。《刑名》所以經略罪法之輕重，正加減之等差，明發衆篇之多義，補其章條之不足，較舉上下綱領。其犯盜賊、詐偽、請賕者，則求罪於此。作役、水火、畜養、守備之細事，皆求之作本名。告訊爲之心舌，捕繫爲之手足，斷獄爲之定罪，名例齊其制⑤。自始及終，往而不窮，變動無常，周流四極，上下無方，不離於律法之中'。"晉律之次序如此。

第五，梁律二十篇。

一、《刑名》，二、《法例》，三、《盜劫》，四、《賊叛》，五、《詐偽》，六、《受賕》，七、《告劾》，八、《討捕》，九、《繫訊》，十、《斷獄》，十一、《雜》，十二、《戶》，十三、《擅興》，十四、《毀亡》，十五、《衛宮》，十六、《水火》，十七、《倉庫》，十八、《廐》，十九、《關市》，二十、《違制》。

---

① 《通典》卷163，第4203頁"價"作"賈"。
② 此兩段《晉書・刑法志》引文中凡有所校正而未特別注明出處者皆據《晉書》卷30，第924-925頁，并可參見周東平主編：《晉書・刑法志譯註》，第154-187頁。
③ 見《唐六典》卷6，第181頁。
④ 《晉書》卷30，第927頁。
⑤ 校按：《通典》卷164，第4216頁作"名例齊其法制"，此處疑漏"法"字。

按：《隋書·刑法志》：梁武帝得齊時，齊舊郎濟陽蔡法度云："齊武時，刪定郎王植之集注張、杜舊律，合爲一書，凡一千五百三十條，事未施行。"① 晉張裴、杜預共註律三十卷。自泰始以來用之，律文簡約，或一章之中，兩家所處生殺頓異，② 臨時斟酌，吏得爲姦，齊武留心法令，詔獄官詳正舊註。永明七年，尚書刪定郎王植乃集定二註，表奏之。詔公卿八座參議〔考〕③ 正，竟陵王子良總其事，衆議異同不能宜者，制旨平決。九年書成。廷尉山陰孔稚珪上表，以爲：律文雖定，苟用失其平，"則法書徒明於（表）〔帙〕裏，冤魂猶結於獄中"，竊"尋古之名流，多有法學〔……〕今之士子，莫肯爲業，縱有習者，世議所輕"，將恐此書永淪走吏之手矣。今若（直）〔置〕律〔學〕助教，依五經例，國子生有欲讀者，策試（上過）高第，即（加）〔便〕擢用"，④ 以補內外之官，庶幾士流有所勸慕。崔祖（恩）〔思〕言："漢（時）〔來〕（習）〔治〕律有（官）〔家〕，子孫並〔世〕（傳）其業〔……〕今廷尉律生，乃令史門戶〔……〕刑之不措，〔抑〕（乃）此之由。"⑤ 詔從其請，事竟不行。於是以法度爲兼尚書刪定郎，使損益植之舊本，以爲梁律。天監初，又令王亮等定爲二十篇，凡定罪二千五百二十九條。是承晉律改定者。

第六，北齊律十二篇。

一、《名例》，二、《禁衛》，三、《婚戶》，四、《擅興》，五、《違制》，六、《詐僞》，七、《鬭訟》，八、《賊盜》，九、《捕斷》，十、《毀損》，十一、《廏牧》，十二、《雜》。

按：《隋書·刑法志》：齊"河清三年，尚書令、趙郡王叡等，奏上《齊律》十二篇〔……〕⑥ 其定罪九百四十九條"。當亦承晉律改定者也。

第七，周《大律》二十五篇。

一、《刑名》，二、《法例》，三、《祀享》，四、《朝會》，五、《婚姻》，六、《戶禁》，七、《水火》，八、《興繕》，九、《衛（禁）〔宮〕》，⑦ 十、《市廛》，十一、《鬭競》，十二、《劫盜》，十三、《賊叛》，十四、《毀亡》，十五、《違制》，十六、《關津》，十七、《諸侯》，十八、《廏牧》，十九、《雜犯》，二十、《詐僞》，二十一、《請求》，二十二、《告言》，二十三、《逃亡》，二十四、《繫訊》，二十五、《斷獄》。

按：《隋志》：周文帝以趙肅爲廷尉卿，撰定法律。武帝保定三年三月庚子，司憲大夫（拓）〔託〕拔迪奏新律，謂之《大律》，凡二十五篇，定罪千五百三十

---

① 《隋書》卷 25，第 697 頁。
② 校按：《南齊書》卷 48，第 835 頁，《孔稚珪傳》原作："臣尋《晉律》，文簡辭約，旨通大綱，事之所質，取斷難釋。張斐、杜預同注一章，而生殺永殊。"
③ 《南齊書》卷 48，第 835-386 頁，《孔稚珪傳》。
④ 《南齊書》卷 48，第 835-838 頁。"律"後之"學"字句該卷第 845 頁勘記〔十九〕補。
⑤ 《南齊書》卷 28，第 519 頁，《崔祖思傳》。
⑥ 《隋書》卷 25，第 705 頁。
⑦ 《隋書·刑法志》作"衛宮"。

〔七〕^①條。

第八，隋《開皇律》十二卷。

一、《名例》，二、《衛禁》，三、《職制》，四、《戶婚》，五、《廄庫》，六、《擅興》，七、《賊盜》，八、《鬥訟》，九、《詐偽》，十、《雜律》，十一、《捕亡》，十二、《斷獄》。

按：《隋志》：開皇元年更定新律，凡十二卷。乃仍北齊改定者也。

第九，隋《大業律》十八篇。

一、《名例》，二、《衛宮》，三、《違制》，四、《請求》，五、《戶》，六、《婚》，七、《擅興》，八、《告劾》，九、《賊》，十、《盜》，十一、《鬥》，十二、《捕亡》，十三、《倉庫》，十四、《廄牧》，十五、《關市》，十六、《雜》，十七、《詐偽》，十八、《斷獄》。

按：《隋志》：煬帝即位，敕修律令，三年新律成，凡五百條，爲十八篇，謂之《大業律》。蓋就《開皇律》分增者也。

第十，唐律。

與隋《開皇律》同。

按：《唐·刑法志》：高祖受禪，"詔納言劉文靜與當朝通識之士，因開皇律令而損益之，盡削大業所（定）〔用〕^②煩峻之法。又制五十三條格，務在寬簡，取便於時。尋又敕尚書左僕射裴寂、尚書右僕射蕭瑀及大理卿崔善爲、給事中王敬業、中書舍人劉林甫、顏師古、王孝遠、涇州別駕靖延、太常丞丁孝烏、隋大理丞房軸、上將府參軍李桐客、太常博士徐上機等，撰定律令。大略以開皇爲準。於時諸事始定，邊方尚梗，救時之弊，有所未暇，惟五十三條格入於新律，餘無所改。至武德七年五月奏上"，詔頒行天下。"及太宗即位，又命長孫無忌、房（元）〔玄〕^③齡與學士法官，更加釐改。（元）〔玄〕齡等遂與法司定律五百條，分爲十二卷。"《唐律疏議》記其次序，曰：一、《名例》，凡五十七條，計六卷。"名者，五刑之罪名；例者，五刑之體例。名訓爲命，例訓爲比，命諸篇之刑名，比諸篇之法例。但名因罪立，事由犯生，命名即刑應，比例即事表，故以《名例》爲首篇。"二、《衛禁》，凡三十三條，計二卷。"衛者，言警衛之法；禁者，以關禁爲名。但敬上防非，（爲）〔於〕^④事尤重，故次《名例》之下，居諸篇之首。"三、《職制》，凡五

---

① 《隋書》卷 25，第 707 頁。
② 《舊唐書》卷 50，第 2134 頁。
③ 《舊唐書》卷 50，第 2135-2136 頁。
④ 《唐律疏議》卷 7，第 149 頁。

十八條^①，計三卷。"言職司法制，備在此篇，宮衛事了，設官爲次，故在《衛禁》之下。"四、《戶婚》，凡四十六條，計三卷。"既論職司事訖，卽戶口、婚姻，故次《職制》之下。"五、《廐庫》，凡二十八條，計一卷。"廐者，鳩聚也，馬牛之所聚；庫者，舍也，兵甲財帛之所藏。戶事既終，廐庫爲次，故在《戶婚》之下"。六、《擅興》，凡二十四條，計一卷。"大事在於軍戎，設法須爲重防。廐庫事訖，須備不虞，故此論兵次於《廐庫》之下。"七、《賊盜》，凡五十四條，計四卷。"前禁擅發兵馬，此須防止賊盜，故次《擅興》之下。"八、《鬪訟》，凡五十九條，^②計四卷。"賊盜之後，須防鬪訟，故次於《賊盜》之下。"九、《詐僞》，凡二十七條，計一卷。"鬪訟之後，須防詐僞，故次《鬪訟》之下。"十、《雜律》，凡六十二條，計一卷。^③"諸篇罪名，各有條例。此篇拾遺補闕，錯綜成文，班雜不同，故次《詐僞》之下。"十一、《捕亡》，凡一十八條，計一卷。"此篇以上，質定刑名。若有逃亡，恐其滋蔓，故須捕繫，以實疏網，故次《雜律》之下。"十二、《斷獄》，凡三十四條，計二卷。"諸篇〔罪〕^④名各有類例，訊捨出入，各立章程。此篇錯綜一部條（規）〔流〕，以爲決斷之法，故承衆篇之下。"是唐律一準《開皇律》也。唐律細目詳《唐律疏議》。

第十一，《宋刑統》。

與唐律同。

按：《玉海》載：宋"《刑統》"凡三十一卷，二百十三門，律十二（卷）〔篇〕，^⑤五百二條。《宋・刑法志》載：宋律一依唐律，其篇目亦當與唐同。

第十二，金律。

與唐律同。

按：《金史・刑法志》：泰和元年十二月，"所修律成，凡十〔有〕二篇〔……〕實（卽）^⑥唐律也"。

第十三，元律。

一、《名例》，二、《衛禁》，三、《職制》，四、《祭令》，五、《學規》，六、《軍律》，七、《戶婚》，八、《食貨》，九、《大惡》，十、《姦非》，十一、《盜賊》，十二、《詐僞》，十三、《訴訟》，十四、《鬪毆》，十五、《殺傷》，十六、《禁令》，十七、《雜犯》，十八、《捕亡》，十九、《恤刑》，二十、《平反》。

---

① 校按：叢之當爲五十九條。
② 校按：叢之當爲 60 條。
③ 校按：誤，當爲"計二卷"
④ 《唐律疏議》卷 29，第 545 頁。
⑤ 《玉海》卷 66，第 1254 頁。
⑥ 《金史》卷 45，第 1024 頁。

按：《元史·刑法志》載元代律條極其完備，學者自行取閱可也。

第十四，《明律》。

篇目與本朝律同。下詳。

有明已前，歷代律目繁簡雖異，而編次皆一貫直下，其最有裒[①]序者，當首推《開皇》篇，史稱其"刑網簡要，疏而不失"，[②]庶或然歟？！唐、宋以下，相承不改，良非無因。明初篇目亦與相同。劉惟謙進《大明律》表，洪武六年冬十一月受詔，明年二月書成，篇目一準之於唐。迨洪武十三年，罷丞相不設，〔柝〕〔析〕中書省之政歸六部，故二十二年修律，遂亦分爲《吏》《戶》《禮》《兵》《刑》《工》六律，而以《名例》冠其首，始獨開一生面。本朝官制，亦仍明舊，以其便於檢閱，因之不加損益，非別有意解也。厥目次維何，列舉於左：

首曰《名例》。

按：此卽《法經》之《具法》，古者序例皆在全書之末，故《具法》居終。商君相秦，改"法"字爲"律"字。《說文》：律，均布也。注曰：所以範不一而歸於一，故曰均布。又詁法字，從水，從去，謂如水之流下，皆得其平。又，《爾雅》：法作常字解。郭璞注：法、律，皆所以詮量輕重也。《唐律疏議》：律，法也。是法與律二字不同，而其義實無異。漢增三章，而六法之次序未移。魏以罪名條例，既不在始，又不在終，洵非篇章之義，因集罪例改用"刑名"二字，列於律首。晉〔柝〕〔析〕爲《刑名》、《法例》二篇，北齊合爲一，曰《名例》。後周復分爲二，隋仍合爲一，唐以後相承不改，實爲諸律之綱領，故列爲首。《明律》凡四十七條。國朝刪"軍官有犯""吏卒犯死罪""殺害軍人""在京犯罪軍民"各條，增"犯罪免發遣"一條，又於"工樂戶及婦人犯罪"條，分出"天文生有犯"一條，今計四十有六條。

次曰《吏律》，凡二篇，計二十有八條。

甲、《職制》。

按：此卽《法經·雜法》之"踰制"，漢《賊律》有"違[③]封、矯制"，魏改入《詐律》。《晉志》言："因事類""爲違制"，疑卽踰制及違封矯制之事。梁、齊因之。隋《開皇律》改爲《職制》，謂百官職任之制度也。唐以下相承不改，《明律》凡十五條。國朝以"官員襲廕"條爲首，又移入《公式》篇"信牌"一條，後更刪去"選用軍職""官吏給由"二條，今計十有四條。

---

① 校按："裒"同"峡"，此處似借作"秩"。
② 校按：《隋书·刑法志》語。
③ 校按：據《晉書》卷30，第924頁，《刑法志》，"違封"作"逾封"。

乙、《公式》。

按：古無此目，惟隋、唐令有《公式》篇，實亦不同。明始立《公式》"謂可爲公共之體式也"。①一篇，乃從《職制》中分出，凡十八條。國朝移"信牌"一條入《職制》，"泄漏軍情"一條入《軍政》，并"棄毀制書印信"二條爲一，刪"漏用鈔印"一條，今計十有四條。

三曰《戶律》，凡七篇，計八十有二條。

甲、《戶役》。

按：漢《戶律》爲蕭何所增事律之一，魏、晉、梁承之。北齊附以婚事，曰《婚戶》。後周分爲《戶禁》《婚姻》二篇。隋《開皇律》以戶應在婚姻之前，易爲《戶婚》，唐、宋、元皆承用之。明乃分爲《戶役》《田宅》《婚姻》三律，國朝因之。初有"隱匿滿洲逃亡新舊家人"一條，今亦刪去，另編《督捕則例》，今計十有五條。

乙、《田宅》。

按：唐、宋、元律，此皆混在《戶婚律》之中，明始專立一篇，國朝因之。曰田，則山、園、陂、蕩之類在其內；曰宅，則碾、磨、店、肆、車、船之類在其內。今計十有一條。

丙、《婚姻》。

按：北齊律，此混在《戶律》，曰《婚戶》。後周分爲《婚姻》，隋《開皇律》又併於《戶》，《大業律》分出曰《婚》。唐用《開皇律》曰《戶婚》，宋、元因之。明復分立一篇，凡十八條。國朝仍之，惟刪"外藩色（自）〔目〕（大）〔人〕婚姻"一條。今計十有七條。

丁、《倉庫》。

按：漢律有"儲峙不辦"，蓋即倉庫之事，魏在《留律》。《留律》不在正律之內。梁律始有"倉庫"之名。隋《開皇律》併庫於廄，曰《廄庫》。《大業律》分爲《倉庫》、《廄牧》二篇。唐用《開皇律》，故仍曰《廄庫》，宋與唐同。元無其目。明分之，廄入《兵律》，而庫在《戶律》，曰《倉庫》，收米穀曰倉，收財帛曰庫。凡二十有四條。今計二十有三條。

戊、《課程》。

按：古無此目，唐則散見於各律之中，然亦無鹽茶諸法。元有《食貨》一篇，凡私茶、私鹽皆入之。明改曰《課程》，課者，稅物之錢；程者，謂物有貴賤。課有多寡，如地利之有程限也。凡十九條。今計八條。

---

① 《大清律輯註》卷3，第160頁。

己、《錢債》。

按：古無此目，唐在《雜律》之中，"凡六條。明併爲三條，增官吏、豪强之因私債而准折强奪者，其法加詳，今無損益"，①計三條。

庚、《市廛》。

按：晉律有《關市》，梁因之。後周律分爲《關津》、《市廛》。隋《開皇律》刪之，《大業律》復之，亦名《關市》。唐用《開皇律》，故關津之事在《衛禁律》中，而市廛之事在《雜律》。明始分出，凡牙儈所犯者，皆在《市廛》之中，"貿易之地曰市，市之邸舍曰廛。"②凡五條。今同。

四曰《禮律》，凡二篇，計二十有六條。

甲、《祭祀》。

按：古無專篇，後周有《祀享律》。元有《祭令》。唐則散見於各律之中。明始類爲一篇，凡六條，今同。

乙、《儀制》。

按：後周律有《朝會》篇。唐則散在各律之中。明始立此專篇，凡二十條。國朝去私習天文之禁，并詳定服舍違式之例，今計二十條。

五曰《兵律》，凡五篇，計七十有一條。③

甲、《宮衛》。

按：晉律始有"衛宮"之名，梁及後周皆沿用之。北齊附以關禁，更名《禁衛》。隋《開皇律》改爲《衛禁》，《大業律》復曰《衛宮》。唐、宋、元與《開皇律》同。明改爲《宮衛》，而關禁事別入《關津律》，凡十九條。國朝惟刪去"縣④帶關防牌面"一條，今計十有六條。⑤

乙、《軍政》。

按：此即漢之《興律》也。魏附以擅事，曰《擅興》。晉復去擅爲《興》。梁仍曰《擅興》。北齊改爲《興擅》。後周合併繕事，曰《興繕》。隋開皇復爲《擅興》。唐承之。元改爲《軍律》。明始改今名，凡二十條。國朝惟移入《公式》內"漏泄軍情大事"一條，今計二十有一條。

丙、《關津》。

按：梁爲《關市》。後周分爲《關津》《市廛》二篇。隋《開皇律》入《衛禁》，

---

① 《大清律輯註》卷9，第364頁。
② 《大清律輯註》卷10，第373頁。
③ 校按：核之當爲70條。
④ "縣"即"懸"之借字。
⑤ 校按：核之當爲15條。

《大業律》復曰《關市》。唐、宋、元皆與《開皇律》同。明分《市廛》入《戶律》，《關津》入《兵律》，凡七條。今同。

丁、《廄牧》。

按：此卽漢之《廄律》，魏除之，而別爲《郵驛令》。《唐律疏議》云："晉以牧事合之，名爲《廄牧〔律〕》。《唐六典》僅曰廄律，無牧字。自宋及梁，復名《廄律》。後魏太和年名《牧產律》，至正始年復名《廄牧律》。〔歷〕北齊、後周（皆）〔更〕無改〔作〕。隋開皇（律）以庫事附之，（易曰）〔更名〕《廄庫〔律〕》。"① 《大業律》分作《倉庫》《廄牧》二律。唐、宋皆與《開皇律》同。元無其目。明復分爲二，而以廄牧屬《兵律》，凡十二條。今計十有一條。

戊、《郵驛》。

按：《魏律·序略》謂："秦世舊有廄置、乘傳、副車、食廚，漢初"仍之，後以費用過浩，故後漢只設騎置，而無車馬，律猶著其文，"故除《廄律》，取其可用合科者，以爲《郵驛令》"。此郵驛之名起於魏也。唐律在《職制律》中。元律同。明始類而爲一，曰《郵驛》，步遞曰郵，馬遞曰驛。凡十八條。今計十有六條。

六曰《刑律》，凡十一篇，計百有七十條。

子、《賊盜》。

按：《法經》，《盜法》、《賊法》分爲二篇，賊、盜二字，義本不同，故《法經》分爲二篇。《左氏·文十八年傳》：周公"作《誓命》曰：'毀則爲賊〔……〕竊賄爲盜。'"杜注："毀則，壞法也。"《昭〔十〕②四年傳》：叔向曰："〔……〕己惡而掠美爲昏，貪以敗官爲墨，殺人不忌爲賊。《夏書》曰：'昏、墨、賊，殺'，皋陶之刑也。"此皆法家言之最古者。《說文》："賊，敗也，從戈，則聲"；"敗，毀也"，與"毀則爲賊"之義合，乃諧聲兼會意字。盜，"（私）〔厶〕利物也，從次〔皿〕；次，欲〔也，欲〕皿〔爲盜〕③"者，乃會意字。二字之本義如此，初不相通也。《荀子·修身篇》："害良曰賊"，"竊貨曰盜"。晉張斐《律注》："無變斬擊謂之賊"，"取非其物謂之盜"。《周禮·朝士》疏："盜賊並言者，盜謂盜取人物，賊謂殺人曰賊"。二字連文，唐以前人分別甚明，絕不相蒙也。其賊、盜單言者，賊爲賊害，如《孟子》："賊仁者謂之賊。"以及漢言《呂覽》《淮南》《楚辭》諸書之注釋皆同。殺人乃賊害之甚者，故叔向曰："殺人不忌爲賊。"又《大戴記·曾子立事篇》："殺人而不戚者，賊也。"以及《尚書·舜典》《呂覽》《後漢書》注，並言殺人曰賊，與賊害之義相引伸也。盜爲竊盜，如《穀梁傳·定八年》："非其所取而取之，謂之盜。"《莊子·山木篇》注："盜竊者，私取之謂也。"④ 足與《說文》之義相發明，其餘諸書不勝枚舉。至《玉篇》《廣韻》，"賊"

---

① 《唐律疏議》卷 15，第 275 頁。
② 《春秋左傳正義》卷 47，第 1338 頁。
③ 《段注說文解字》八篇下，第 414 頁。
④ 《莊子集釋》卷 7 上，第 693 頁。

下始有"盜也"①一訓，蓋二書爲宋人所亂，已失顧野王、孫緬之舊，非古義也。盜法、賊法，李悝本爲二事，漢律因之。盜則盜竊、劫略之類，賊則叛逆、殺傷，北齊合爲一篇，大失古律之本義，立法者其注意焉。自漢以下因之，惟魏分劫略等項爲《劫略》②。晉無此篇，蓋仍入盜律。梁曰《盜劫》《賊叛》，北齊始合二篇爲一，曰《賊盜》。後周仍分爲《劫盜》、《賊叛》，隋《開皇律》又合之，《大業律》復分之，唐、宋以下皆用今名，相承未改。今計二十有八條。

丑、《人命》。

按：古無此目，其事皆混於《賊律》之中。元將殺人之事分出，別標《殺傷》一篇，明始改用今名，凡二十條。今同。

寅、《鬭毆》。

按：秦、漢、晉皆無此目。至後魏太和年，分《繫訊律》爲《鬭律》。北齊以訟事附之，名爲《鬭訟律》。後周爲《鬭競律》。隋《開皇律》復名《鬭訟》，《大業律》分鬭訟爲二，曰《告劾》、曰《鬭》。唐、宋與《開皇律》同。元始分爲《訴訟》、《鬭毆》相爭爲鬭，相打爲毆。二篇。明因之，凡二十有二條。今同。

卯、《罵詈》。

按：前代罵詈謂以穢惡之言相凌辱也。概混在"鬭毆"律中，明始分立此篇，凡八條。今同。

辰、《訴訟》。

按：漢《囚律》有告劾之事，魏分立《告劾律》，晉、梁因之。北齊合於《鬭律》，曰《鬭訟》。後周曰《告言》。隋《開皇律》復名《鬭訟》。《大業律》復分之。唐、宋與《開皇律》同。元始分爲《訴訟》。有冤抑之事而陳告曰訴，有爭論之事而陳告曰訟。明因之，凡十有二條。今同。

巳、《受贓》。

按：漢《盜律》有"受所監臨受財枉法"之條。魏分爲《請賕律》，晉因之。梁曰《受賕》。後周曰《請求》。北齊無此目。隋《開皇律》因之。《大業律》復曰《請求》。唐、宋與《開皇律》同，故無此篇，其事皆在《職制律》中，元同。明乃立此篇，凡十有一條。今無損益，惟改枉法、不枉法贓皆死，復釐正其前後次序而已。

---

① 《玉篇·戈部》釋"賊"曰："在則切，盜也，傷害人也。"見《宋本玉篇》第316頁。
② 見《晉書·刑法志》，《唐六典》卷六注（第181頁）作《劫掠》。

午、《詐偽》。

按：漢《囚律》有"詐偽生死"之條。魏分爲《詐律》，亦曰《詐偽》。《唐六典》曰《詐偽》，《晉·刑法志》曰《詐律》。晉又分《盜律》爲《詐偽》，嗣後歷代相承不改。《明律》凡十二條。國朝刪去"偽造寶鈔"一條，今計十有一條。

未、《犯姦》。

按：前代此皆混在《雜律》之中，元始獨立《姦非》一篇。明改爲《犯姦》，凡十條。今同。

申、《雜犯》。

按：《法經》有《雜法》一篇，歷代相承。後周始名《雜犯》，隋仍爲《雜律》，元又爲《雜犯》。明因之不改，凡十有一條。今無損益。

酉、《捕亡》。

按：《法經·捕法》歷代相因。梁曰《討捕》。北齊附以斷獄事，曰《捕斷》。後魏始名《捕亡律》。後周曰《逃亡》。《唐律疏議》作《逃捕》。隋復名《捕亡》，嗣後相承不改。《明律》凡八條。今同。

戌、《斷獄》。

按：漢《囚律》有斷獄之法。魏分爲《斷獄律》。晉、梁因之。北齊合於《捕律》，曰《捕斷》。後周仍名《斷獄》，隋、唐、宋相承不改。元改爲《恤刑》、《平反》二篇。明復爲《斷獄》，凡二十有九條。今同。

七曰《工律》，凡二篇，計十有三條。

甲、《營造》。

按：漢作《興律》，本係造作之事，唐在《擅興律》中。明始分立此篇，凡九條。今同。

乙、《河防》。

按：古無此目，唐在《雜律》之中。明始立此篇，凡四條。今同。

以上總凡三十篇，計共四百三十六條。

第三章　律附

第一節　總說

同治九年纂修之《大清律例彙輯便覽》，即今通行律也。除同治九年以後新增各例及光緒三十一年刪除各例之外。正律之外，附載各種圖表及吏、戶、禮、兵、工各部《則例》，與《會典》、通行成案等件，爲款甚多，或有關於援用，或僅存以備攷，雖與法理無關，而編纂之時，誠亦費盡苦心，蓋深恐讀律、用律者誤人性命、名譽、財產、自由也。茲總其名曰"律附"，因非正律故也。並列陳其大略，以爲學律者助。

第二節　律母、律眼

律首載有"以""准""皆""各""其""及""卽""若"八字，各爲註釋，標曰"例分八字之義"，自古卽然，相傳謂之"律母"。蓋漢唐已降，律學寖衰，世態人情，變幻難盡，每爲上下比罪，求不僭亂其辭者，實非易得，因於正律之外，立此八字，詳加徵釋，界綫精嚴，令閱者融會貫通，引用之時，自不致忽略失當，此先賢制律明義之大旨也。茲爲廣著其義如左[①]：參觀原註。

一曰"以"。

按：律內凡用"以"者，如："以盜論""以枉法論""以常人盜倉庫論""以謀叛論"等，皆非真犯盜、枉法、謀叛也。非真犯盜罪，而其情實與真盜無異，故以真盜之罪罪之，蓋惡其跡而重懲之也。此凡"以某罪論"者，卽以某罪論，並除名、刺字，罪至斬絞，皆全科。然此之用"以"，則由輕而重之刑，律中用"以"之處，尚有由重而輕者，如"鬪毆"律載"因公務急速馳驟傷人者"及《廐牧律》載如馬"拴繫不如法〔……〕因而〔殺〕傷人者"[②]均以過失論，此處"以"字乃矜其失而寬貸之。總之，"以"字用"卽同真犯"四字解之，最合正義，"以"則無所不"以"矣。稱"以枉法論""以盜論"之類，皆與正犯同。刺字、絞、斬皆依本律科斷，見"稱與同罪"律。

二曰"准"。

按："准"字與"以"字有別。"以"者，以其罪並以其刑，"准"者，准其罪而不准其刑也。如"准枉法論""准盜論"等，所犯之罪非枉法、非盜也，且犯情亦異，惟跡實相涉而已，故刑止杖一百、流三千里，不在除名、刺字之例。然此解釋亦惟與"准盜論""准竊盜論""准凡盜論"等之"准"字相合，若《人命律》所載"過失殺傷人者，各准鬪毆殺傷（人）罪，依律收贖"[③]之"准"字，則但"准"其罪名，不加刑罰，止合如數收贖而已，此又其一義也。稱"准枉法論"、"准盜論"之類，則但准其罪，亦罪止杖一百、流三千里，並免刺字，見"稱與同罪"律。

三曰"皆"。

按："皆"字亦有二義，其曰"皆斬""皆絞""皆流""皆徒""皆杖"之類，

---

① 原書豎排，故"如左"卽如下，下同。
② 校按：《廐牧律》系篇名，此句應在"畜產咬踢人"律。
③ 校按：《人命律》亦篇名，此句在"戲殺誤殺過失殺傷人"律。

乃如原註所云："不分首從，一等科罪是也。"至若"給沒贓物"條曰"餘皆徵之"及"增減文書"條曰"若無規避錯誤者，皆勿論"之"皆"字，則非一等科罪，奚待分首從乎？若本條言"皆"者，罪無首從，不言"皆"者，依首從法，見"共犯罪分首從"律。

四曰"各"。

按："各"字之意義極雜，原註以"彼此同科此罪"釋之，誠未透徹。嘗覈律中凡用"各"字之處，有因所犯事同、情同而其人不同者，如"舉用官吏"條載"凡官吏曾經斷罪罷職不敘，諸衙門不許朦混保舉，違者，舉官及匿過之人，各杖一百，罷職不敘"是〔也〕。有因所犯事異、人異而其情不同者，如"無故不朝參公座"條載"凡大小官員，無故在內不朝參，在外不公座〔署事〕，及官吏〔給〕假〔限〕滿，無故不還職役者，〔一〕日笞一十，每三日加一等，各罪止杖八十，並（附過還）〔留〕職〔役〕"[1]是也。至如"親屬相姦"條載"姦緦麻以上親及緦麻以上親之妻，若妻前夫之女，同母異父姊妹者，各杖一百、徒三年"及"私借官畜產"條載"凡監臨主守將係官馬、牛、駝、贏、驢私自借用或轉借與（他）[2]人，及借之者，各笞五十"之"各"字，則係所犯情同事異或情異事同，法無分別，人非齊等，條難共貫，而義實同辜者也。其有所犯之人與事，小大攸分，科條不一，而情無或異，或法應屢加，而律難賅載，或罪無死律而法應齊等，與或各有科條而文難復述，用"各"字以別之者，如"謀殺祖父母、父母"條載"其尊長謀殺卑幼，已行者，各依故殺罪減二等"與"誣告"條載各"罪止杖一百、流三千里""略人略賣人"條載"各從凡人和略法"及"發塚"條載"各遞加一等"之類是也。

五曰"其"。

按："其"者，更端之詞也。然詞雖更，而事與情實不離乎本條，故凡承上文以竟其意者，皆用"其"字發揮之，與後"若"字似同而實異。如"謀叛"條載"其拒敵官兵者，以謀叛已行論"，又"親屬相盜"條載"其同居（僱工、）奴婢〔、雇工人〕[3]盜家長財物"，"減凡盜一等"之類，皆承上以起其下，罪之與否，皆從"其"字分別之。間或有事非本律而附之者，則亦用"其"字以承之，如《職制律》[4]載"其現任在朝官員，面諭差遣及改除，託故不行〔者〕，並杖一百，罷職不敘"，此本與"大臣專擅選官"無涉，而欲附於本條之下，不得不用"其"字收屬之也。

---

① 《大清律例》卷 6，第 153 頁；《大清律例會通新纂》卷 5，第 741 頁。
② 《大清律例》卷 21，第 350 頁；《大清律例會通新纂》卷 20，1795 頁。
③ 《大清律例》卷 25，第 401 頁；《大清律例会通新纂》卷 24，第 2155 頁。
④ 見《職制·大臣專擅選官》門律文。

六曰"及"。

按："及"字乃聯屬語也。律內用"及"字，如"及因人連累""及其役日滿""及有過之人"等，凡係人與事各有不同，而罪無分別者，皆用"及"字聯屬之。

七曰"即"。

按："即"字義亦不一。如《儀制律》載"（凡）軍民人等，〔於街市〕遇見官員引導經過，即（時）〔須〕下馬躲避"，[①]此"即"字有不容遲緩之勢，而"〔共〕[②]謀爲盜"律載"但係造意〔者〕，即爲竊盜從"及《職制律》載"凡諸衙門官吏及士庶人等，〔若有〕[③]上言宰執大臣美政才德者，即是奸黨"等之"即"字，則爲顯信不疑。其《名例》內載"賣放充軍人犯，即抵充軍役"[④]，是不俟再計之意矣。

八曰"若"。

按：此亦更端之詞，但作者命意凡於可指證者，則用"其"，而設爲懸擬者，則用"若"。又凡異乎上文，而實不離乎上文者，則用"其"。至意雖本乎上文，而實異乎上文者，則用"若"爲多，如"謀反"條載"若女許嫁已定，歸其夫。子孫過房與人，及聘妻未成者，俱不追坐"，則懸設之例也。又如"謀叛"條載"若謀而未行，爲首者，絞；爲從者，杖一百、流三千里"與"謀殺人"條載謀殺人"若因而得財者，同强盜不分首從論，皆斬"，是爲本乎上文，而實異乎上文之例。

律母之次，更有所謂"律眼"者，亦以示律文之界限也。其語十三，曰"但"、曰"同"、曰"俱"、曰"依"、曰"並"、曰"從"、曰"從重論"、曰"累減"、曰"遞減"、曰"聽減"、曰"得減"、曰"罪同"、曰"同罪"是也。原注甚明，茲從略。

第三節　諸圖

第一款　總說

諸圖之作，由來已久，乃彙集律例中罪名、刑罰定有程限者，因類比附，列爲圖表，分別詳明，以爲學律中檢閱之簡便，司法官處決之標準者也。圖凡八，曰"六贓"、曰"納贖諸例"、曰"過失殺傷收贖"、曰"徒限內老疾收贖"、曰"誣輕爲重收贖"、曰"五刑"、曰"獄具"、曰"喪服"是也。其係嘉慶六年新增者，惟"過失殺傷收贖"一圖，餘皆仍舊刻，不過按例增補而已。

---

① 校按：此句在《儀制律》篇"禁止迎送"門下之條例中，非律文也。見《大清律例》卷 17，第 285 頁。
② 《大清律例》卷 25，第 417 頁。
③ 校按：此句在"上言大臣德政"律。見《大清律例》卷 7，第 156 頁。
④ 校按：此句係明代舊例，乾隆五年修律時刪改後，納入"稱與同罪"門下條例內。見《大清律例通考校注》第 302 頁；《大清律例根源》第 214 頁。

第二款 六贓

所謂"六贓"者，即監守"稱監臨主守"律云："凡稱'監臨（主守）'者，內外諸司統攝所屬，有文案相關涉，及雖非所管百姓，但有事在手者，即爲監臨。稱'主守'者，該管文案，吏典專主掌其事，及收掌倉庫、獄囚、雜物之類，官吏、庫子、斗級、攢攔、禁子並爲主守。其職雖非統屬，但臨時差遣管領提調者，亦是監臨主守。"盜、常人常人，別於監守之名也，不論軍民人等，即有官有役之人，凡不係監守者，皆是。盜、坐贓、坐贓，有坐贓致罪與坐贓論之分，此乃指坐贓致罪而言。蓋坐贓論，乃坐贓之准律也。枉法、謂受有事人財而曲法處斷者。不枉法、謂受有事人財，判斷不爲曲法者。竊盜乘人所不知而暗取財物者。是也。之六者，皆係攘取不應得之財，蠹國害民，罪雖有別而貪婪犯法情實相同，故總彙於一圖，以示區別。

監守自盜，"監守自盜倉庫錢糧"律云："凡監臨主守，自盜倉庫錢糧等物，不分首從，併贓論罪。"○倉庫設有監臨主守之人，即盜所監守之錢糧官物，故曰自盜。其罪最重，不分首從，併贓論罪。謂將所盜之贓統而計之，人各科以應得之罪也。如盜倉庫錢糧滿四十兩，即斬，設十人節次共盜四十兩，雖各分四兩而算作一處，十人皆斬是也。一兩以下，杖八十，每二兩五錢加一等，至滿流以上，始五兩加一等，四十兩，斬。常人盜官之財、"常人盜倉庫錢糧"律云："凡常人盜倉庫錢糧等物，不得財，杖六十，但得財者，不分首從，併贓論罪。"枉法盜官之法，"〔官〕吏〔官〕受財"律云："枉法贓，各主者，通算全科。"其罪相等，一兩以下，杖七十，每五兩加一等，五十五兩即滿流，八十兩及無祿人凡月俸不及一石者。枉法贓一百二十兩以上，絞。此罪之次者也。不枉法"官吏受財"律云："不枉法贓，各主者通算折半科罪。"與竊盜"竊盜"律云："凡竊盜，已行而不得財，笞五十，免刺；但得財，以一主爲重，併贓論罪。爲從〔者〕②各減一等。初犯並於右小臂膊上刺'竊盜'二字，再犯刺左小臂膊，三犯者絞。以曾經刺字爲坐，掏摸者罪同。"又次之，一兩以下杖六十，每十兩加一等，至一百二十兩以上，絞。坐贓"坐贓致罪"律云："凡官吏人等，非因事而受財，坐贓致罪，各主者，通算折半科罪；與者，減五等。"最輕，各主者通算折半科罪，一兩以下笞二十，每十兩加一等，至徒罪，則百兩一加刑，止杖一百、徒三年，係折半五百兩之贓，實則有贓千兩矣。此六贓分四等科罪之大略也。然監守、常人皆係雜犯，流則總徒四年，斬絞准徒五年，惟監守入己之數在一百兩以上、嘉慶六年修併監守自盜倉庫錢糧例。常人盜至八十五以上者乾隆三十五年修常人盜倉庫錢糧例。始問實犯三流、斬、絞，至枉法、不枉法之有無祿人及竊盜首犯，全定實犯。餘若竊盜例再犯、三犯分別加重及盜馬牛畜產"計匹"科罪與盜園陵樹木計株科罪、枉法不枉法之蠹役詐贓分別加重治罪等例，皆不依本律辦理。蓋以監守、常人爲害於國，其害小；貪吏竊盜爲害於民，其害大，故特嚴重其法，使知所畏懼云。

---

① 《大清律例》卷5，第125頁。
② 《大清律例》卷24，第391頁。

按：光緒二十一年四月初二日刑部奏准[①]：凡犯竊盜擬笞杖者，改作罰工。笞罪發習藝所工作一月，杖六十者，兩月，七十至一百，每等遞加兩月，徒罪以上，仍照向章辦理。此外"以竊盜論""准竊盜論"及各項因盜問擬笞杖，並搶奪強盜案內擬杖者，俱准此辦理。至未設習藝所之處，照應得工作期限，暫予監禁。是見行通例也。

第三款　納贖諸例

金作贖刑，見於《虞書》，至《呂刑》以贖爲罰，曰罰鍰，蔡傳議之，孔穎達疏曰：意善功惡，令出金贖罪，是於其本應罪者，而予贖以荅其意。總之，皆以濟律法之權耳。然自新法理言之，實有大不然者，蓋財產本權利之一，定罪無容疑之理者也。有漢以降，代有更革，其例不同。國朝初制，用於放牧、天聰五年定畜入田罰例。用於獵射、崇德五年定獵罰例。用於軍旅、順治五年定軍營罰例。用於王公大臣及諸貝勒，天聰五年定諸貝勒犯罪罰例，康熙六年定王公縱容家人累商罰例。罰贖並行。順治元年定罰贖無完免追之例。後因王公職官罪應贖者，改作罰俸，贖與罰始分兩途，致有捐銀、輸米、河工、邊墻諸例，康熙二十九年定邊口輸米贖罪例，三十三年定修理邊牆納贖罪例，三十八年停河工捐贖例。因時補綴，洵非常經。五刑有贖，定於順治三年，准《明律》也。乾隆年間，以停止捐納，兼及贖罪，旋即復舊，自是歷朝相承迄今。罰金例行，光緒三十一年刑部奏准，詳下五刑款。是圖半歸無用矣。納贖之法，前人議駁之者，史不多見，惟漢蕭望之、貢禹二人力辨之。漢宣帝〔時〕，西羌反，遣兵征之，京兆尹張敞議：國兵在外，吏民並給轉輸，田事頗廢，雖羌虜已破，來春民食必乏，縣官穀度不足以振之，願令（各）諸有罪，非盜受財殺人及犯法不得赦者，皆得以差入穀此八郡贖罪。務益致穀以豫備百姓之急。事下有司。少府〔李強〕、蕭望之等以爲不可，言："今欲令民量（穀）〔粟〕以贖罪，如此則富者得生，貧者獨死，是貧富異刑而法不壹也。人情，貧窮，父兄囚執，聞出財得以生活，爲人子弟者將不顧死亡之患，敗亂之行，以赴財利，求救親屬。一人得生，十人以喪，如此，伯夷之行壞，公綽之名滅，政教一傾，雖有周召之佐，恐不能（服）〔復〕。古者藏（富）於民，不足則取，有餘則與，《詩》曰：'爰及矜人，哀此鰥寡'，上惠下也。又曰：'雨我公田，遂及我私'，下急上也。今有西邊之役，民（夫）〔失〕作業，雖戶賦口斂以贍其困乏，古之通義，百姓莫以爲非。以死救生，恐未可也。"於是復下議兩府，丞相、御史以難問張敞，敞曰："少府左馮翊所言，常人之所守耳。昔先帝征西夷，兵行三十餘年，百姓不加賦，而軍用給。今羌虜一隅小夷，跳梁於山谷間，漢但令臯人出財減罪以誅之，其名賢於煩擾良民橫興賦斂也。又諸盜及殺人犯不道者，百姓所疾苦也，皆不得贖。首匿、見知縱、所不當〔得〕爲之屬，議者或頗言其法可蠲除，今因此令贖（罪），其便明甚，何化之所亂？《甫刑》之罰，小過赦，薄罪贖，有金選之品，所從來久矣，何賊之所生？敞備皂衣二十餘年，嘗聞罪人贖矣，未聞盜賊起也。竊憐涼州被寇，方秋饒時，民尚有饑乏，病死於道路，況至

---

① 校按：時間有誤，似當爲光緒三十一年四月，參見《刑部奏擬請將州縣自理刑名案內笞杖改爲罰金一項酌提解部摺》，載《大清新法令》卷1，第294-296頁。

來春將大困乎？不早慮所以振救之策，而引常經以難，恐後爲重責。常人可與守經，未可與權（變）也。"望之、（復）强〔復〕對曰："先帝聖德，賢良在位，作憲垂法，（永）爲無窮之規，〔永〕惟邊境之不贍，故《金布令甲》曰：'邊郡數被兵，離飢寒，夭絕天年，父子相失，令天下共給其費'，固爲軍旅卒暴之事也。聞天漢四年，常使死罪人入五十萬錢，減死罪一等，豪彊吏民請奪假貸，至爲盜賊以贖罪。其後姦邪橫逆，羣盜並起，至攻城邑，殺郡守，充滿山谷，吏不能禁，明詔遣繡衣使者以興兵擊之，誅者過半，然後衰止。愚以爲此使死罪贖之敗也。故曰不便。"時丞相魏相、御史大夫丙吉亦以爲羌虜且破，轉輸略足相給，遂不施敵議。① 又元帝時，貢禹請除贖罪之法，疏曰："孝文皇帝時，貴廉潔，賤貪污，賈人贅壻及吏坐贓者皆禁錮不得爲吏，賞善罰惡，不阿親戚，罪白者伏其誅，疑者以與民，亡贖罪之法，故令行禁止，海內大化，天下斷獄四百，與刑措無異。武帝始臨天下，尊賢用士，闢地廣境數千里，自見功威大行，遂從嗜欲，用度不足，乃行一切之變，使犯罪者贖罪，入穀者補吏，是以天下奢侈，官亂民貧，盜賊並起，亡命者衆。郡國恐伏其誅，則擇便巧史書習於計簿能欺上府者，以爲右職，姦軌不勝，則取勇猛能操切百姓者，以苛暴威服下者，使居大位，故亡義而有財者顯於世，欺謾而善書者尊於朝，誖逆而勇猛者貴於官。故俗皆曰：'何以孝弟爲？財多而光榮。何以禮義爲？史書而仕宦。何以謹慎爲？勇猛而臨官。'故黥劓而髡鉗者猶復攘臂爲政於世，行雖犬彘，家富勢足，目指氣使，是爲賢耳。故謂居官而置富者爲雄傑，處姦而得利者爲壯士，兄勸其弟，父勉其子，俗之壞敗，乃至於是！察其所以然者，皆以犯法得贖罪，求士不得（直）〔眞〕②賢，相守崇財利，誅不行之所致也。今欲興至治，致太平，宜除贖罪之法。相守選舉不以實，及有贓者，輒行其誅，亡但免官，則爭盡力爲善，貴孝弟，賤賈人，進眞賢，舉實廉，而天下治矣。"又，宋仁宗深憫民之無知，詔或冒刑犯禁、奢侈違令，或過誤可憫，別立贖法，鄉民以穀麥，市人以錢帛。詔下時，論者皆以爲富人得贖，而貧者不能免，非朝廷用法之意，事遂寢。

圖中折贖之法凡分三項，如左：

一曰"納贖"。

別爲無力、有力、稍有力。無力者，依律決配，笞杖的決，徒則發本省驛遞，流則定地發配。有力者，照例贖罪，銀米並收，折銀上庫，折穀上倉，每穀一石折米五斗，每米一石折銀五錢。笞一十，贖銀二錢五分，每等遞加之數如之；入杖，照滿笞加等倍數納贖。以上每等遞加五錢，徒以上每等加二兩五錢，三流、總徒四年，贖銀二十兩。是以流爲一等。斬絞、雜犯五年，贖銀二十五兩。是絞斬照二等折贖。稍有力者，笞起三錢，照作工一月例也。每等加銀一錢五分，杖罪加等數同，惟由笞入杖，照笞加等之數倍收，徒則照滿杖加倍納贖，每等加一兩八錢。即作工半年例。〔三〕③流、總徒四年，贖銀十四兩四錢。是以流爲二等。斬絞、雜犯五年，贖銀十八兩，例雖如此，而律中某罪准贖與不准贖皆無明文，自來惟官員犯笞、杖、徒、流、雜犯，

① 《漢書》卷78，《蕭望之傳》，第3275-2378頁。
② 《漢書》卷72，《貢禹傳》，第3077-3078頁。
③ 據前後文意加，以下不注明出處者同。

照有力折贖。其貪贓官役流、徒、杖罪概不照辦，並除實犯死罪，干涉十惡常赦不原、干名犯義、貪贓枉法、受財故縱、一應犯姦、犯盜、殺傷人者外，若有出於不幸爲人連累，事可矜憫、情可原諒者，方准折贖也。

二曰"收贖"。

惟老幼廢疾、天文生、婦人用之，所以憫老幼矜不成人，寬藝（土）〔士〕而憐婦人也，其數甚微。笞杖每等遞加七釐五毫，徒流初級俱加銀七分五釐，以上，折半遞加。_{三分七釐五毫。}斬絞，贖銀五錢二分五釐。_{亦照流、徒二等。}遷徙准徒二年，贖銀四錢五分。_{此與流三千里銀數同，未詳其義。}

三曰"贖罪"。

乃爲律應決杖一百，收贖餘罪者而設，圖中銀數，前重後輕，因有例贖與律贖之分也。例贖者，照贖刑例"婦人犯笞杖幷徒、流、充軍、雜犯死罪該杖一百者，與命婦、官員正妻俱准納贖"之條辦理。蓋犯笞、杖等之杖一百之罪，原該的決，但念其爲婦人及命婦正妻，故從寬，許其贖罪，其數以多笞杖以一錢爲一等，杖一百者，贖銀一兩。律贖者，乃照"工樂戶及婦人犯罪"律"若犯徒流者決杖一百，餘罪收贖"之文辦理。蓋徒、流幷雜犯絞、斬准徒，非婦人所能勝任，原應收贖，故除決杖一百外，所餘徒、流折杖贖銀，其數乃少徒一年者，折銀七分五釐。_{圖中載杖六十，連徒共折杖一百二十，其一百正罪贖銀一兩，二十餘罪折銀七分五釐，與（樂）工〔樂〕戶及婦人犯罪律所載餘罪收贖例折算之法不同。}以上至絞、斬，每等加銀三分七釐五毫，惟由徒入流與由流入雜犯絞、斬加等之數各倍之。

納贖、收贖、贖罪折算之法，大概如上所述矣。至歷來擬贖之案，皆係斟酌情罪有可原者，在內由部臣奏請，在外由督撫奏請，候旨定奪，於矜恤之中寓慎重之意，實屬曠代所無。此外婦人枷號收贖之法，亦附於本圖之內[1]，起二十日，贖銀一錢零五釐，每五日加一等，贖銀三分，遞加至枷號六十日爲止。其折算之法，以枷號日月查照軍、流折枷之例，將枷號分別准作徒流，核計徒流連杖應贖銀數，除去各該杖數之贖銀若干外，餘銀依照收贖。_{如該犯應杖一百、枷號一月，查本圖收贖項下，杖一百，應贖銀七分五釐，其枷號一月，據軍、流折枷例，准徒二年，即於杖八十、徒二年，收贖銀二錢二分五釐內，除去杖八十之贖銀六分外，該贖銀一錢六分五釐，連本杖一百，共應贖二錢四分也。餘照此類推。}而枷至二月以上者，本係軍、流所加之例，據五軍收贖銀數仍照滿流辦理，則此亦應照二月之法收贖也。_{老幼、廢疾、天文生亦照此收贖。}

按：光緒三十一年九月初二刑部奏准：婦女犯罪，除笞杖照新章一律改作罰

---

① 校按：見《大清律例會通新纂》卷2，第140頁。

金外，如犯遣、軍、流、徒，係不孝及姦盜詐僞等項，舊例應實發者，改爲留於本地習藝所一體工作，以十年爲限。應監禁者，照原定年限，亦收入本地習藝所工作。其尋常各案，准其贖罪，徒一年折銀二十兩，每五兩爲一等，五徒准此遞加，由徒入流每一等加十兩，三流准此遞加，遣、軍照滿流科斷。如無力完繳，將應罰之數照新章按銀數折算時日，改習工藝。其犯該枷號，不論日數多寡，俱酌加五兩，以示區別。至老幼廢疾有犯流徒等罪，勢難使之工作，應仍照舊例收贖銀數科斷。其尚未設立女犯習藝所以前所有女犯，卽照舊得工作期限，暫予監禁。是見在內外問刑衙門通行例也。

納贖諸例圖下附有常赦所不原律例一圖，乃捐納例也。不拘旗、民，凡非常赦所不原之斬、絞，以及軍、流、徒、笞、杖罪犯，皆可自行呈請贖罪，由刑部核其情節，分別准贖、不准贖二項擬定，奏明請旨，不得用"可否"字樣雙請入奏。如蒙准贖，將應贖銀兩送交戶部收納，一律准其免罪。此圖由諸例湊合而成，其捐贖銀數，五刑各自爲一等，附以發遣，共合六等。斬、絞非常赦所不原者，三品以上官員捐銀一萬二千兩，四品五千兩，五、六品四千兩，七品以下及進士、舉人二千五百兩，貢監生員二千兩，平人一千二百兩，軍、流罪犯各減其十分之四，徒罪減其十分之六。以上係乾隆八年例。杖則三品以上一千二百兩，以下各遞減二百，至貢監生員改（法）①捐二百兩，平人半之。笞則三品以上六百兩，以下各遞減一百，至貢監生員又改捐一百兩，平人半之。以上係乾隆十七年例，蓋准穀價也。發遣三品以上六千兩，以下至貢監生員各遞減十分之二，平人照貢監生員數之半捐銀贖免，俟准贖文到一月之內，銀須交庫，逾限不繳者，將具呈家屬，減三等治罪，蓋以防無力欺妄者也。

按：光緒二十九年四月初三刑部奏准：笞、杖、徒、流各犯捐贖免罪之例，銀數過鉅，擬請酌量變通，除犯罪係常赦所不原者，仍照舊不准捐贖，及官員贖罪銀數毋庸議減外，凡貢監及平人犯罪，呈請捐贖者，卽照乾隆年間奏定贖罪銀數減半科算，仍按笞、杖、徒、流罪名分別等數辦理。如有貢監犯笞、杖，定例笞罪贖銀一百兩，酌減爲五十兩，杖罪贖銀二百兩，酌減爲一百兩，按笞五等、杖五等分作十成，以十兩爲一等，凡貢監犯笞一十，贖銀十兩，笞二十，贖銀二十兩，至杖六十，贖銀六十兩，以次遞加。平人犯笞杖，定例笞罪贖銀五十兩，酌減爲二十五兩；杖罪贖銀一百兩，酌減爲五十兩。亦照前分作十成，以五兩爲一等，凡平人犯笞一十，贖銀五兩；笞二十，贖銀十兩；至杖六十，贖銀三十兩，

---

① 校按：此字據前後文疑衍。

以次遞加。貢監犯徒罪，定例贖銀八百兩，酌減爲四百兩，按徒五等，以二百兩起，每一等加五十兩。凡貢監犯杖六十、徒一年，贖銀二百兩；杖七十、徒一年半，贖銀二百五十兩，以次遞加。平人犯徒罪，定例贖銀四百八十兩，酌減爲二百四十兩，按徒五等，以一百兩〔起〕，每一等加三十五兩，凡平人犯杖六十、徒一年，贖銀一百兩；杖七十、徒一年半，贖銀一百三十五兩，以次遞加。貢監犯軍、流，定例贖銀一千二百兩，酌減爲六百兩，按流三等，以四百六十兩起，每一等加七十兩。凡貢監犯流二千里者，贖銀四百六十兩；流二千五百里者，贖銀五百三十兩；流三千里者，贖銀六百兩。軍罪即照滿流銀數捐贖。平人犯軍、流，定例贖銀七百二十兩，酌減爲三百六十兩，按流三等，以二百七十兩起，每一等加四十五兩。凡平人犯流二千里者，贖銀二百七十兩；流二千五百里者，贖銀三百十五兩；流三千里者，贖銀三百六十兩。軍罪亦照滿流銀數捐贖。其緩決減等人犯，仍照原議贖罪，准其一體減半科算。此項贖銀暫由各省存儲，撥歸習藝所充用，作正開銷，隨時彙案報部，仍令年終彙奏，俟各省習藝所出息稍豐，足資用度，再行規復舊制辦理。其事犯在新章以前之笞、杖、徒、流各犯，如有呈請贖罪者，即照新章辦理，以歸畫一云。

第四款　過失殺傷收贖

過失殺傷有贖，以其係無意犯也，圖中分四層：

一曰（殺）〔過〕失殺，是係殺人至死之罪，律應絞，"戲殺誤殺過失殺〔傷人〕"律云："若過失殺傷人者，各准鬥殺傷罪，依律收贖，給付其家。"又"鬥毆及故殺人"律云："凡鬥毆殺人者，不問手足、他物、金刃，並絞。"贖銀十二兩四錢二分。

二曰廢疾、篤疾。篤疾者，如"瞎人兩目，折人兩肢，損人二事以上，及因舊患令至篤疾，（與）〔若〕①斷人舌及毀敗人陰陽者"。杖一百、流三千里，贖銀十兩六錢四分五釐。廢疾者，如"折跌人肢體及瞎人一目者"。杖一百、徒三年，贖銀七兩九分（二）〔七〕②釐。

三曰折傷以上，分三等。杖八十、徒二年者，凡"折人肋、眇人兩目、墜人胎及刃傷人者"。贖銀五兩三錢二分二釐。杖六十、徒一年者，折人"二齒、二指以上及髡髮者"。贖銀三兩五錢四分八釐。杖一百者，"折人一齒及手足一指、眇人一目，抉毀人耳鼻，〔若破人骨，〕③及用湯火、銅鐵汁傷人者"。贖銀一兩七錢七分四釐。

四曰折傷以下，分五等。杖八十爲最重，"血從耳目中出，及內損吐血"，與"以穢物污人頭面者"。贖銀一兩四錢一分九釐。次爲笞五十，"拔髮方寸以上"者。贖銀八錢八分七

---

① 見《鬥毆》律，載《大清律例》卷27，第444頁。
② 《大清律例》卷2，第53頁；《大清律例會通新纂》卷2，第147頁。
③ 見《鬥毆》律，載《大清律例》卷27，第443頁。

釐。笞四十者，以他物毆人成傷者。贖銀七錢九釐。三十者，以手足毆人成傷，及他物不成傷者。贖銀五錢三分二釐。二十者爲最輕，"以手足毆人不成傷者"。贖銀三錢五分四釐。三者本係鬥毆傷人之罪，依"過失殺"律云："若過失殺傷人者，各准鬥殺傷罪，依律收贖"，故援照鬥毆律而比附之。至其銀數折算之法，各按《明律》，以二分錢數、八分鈔數，合計而成。《明律》收贖之法，笞一十起，贖該六百①，遞加至滿杖，贖該六貫，由杖入徒、由徒入流、由流入斬絞，各加六貫。徒、流每等加三貫，故絞罪贖該四十二貫，以二八分之，其二分錢數，應得八貫四百，八分鈔數，得三十三貫六百文。明時每鈔一貫折銀一分二釐五毫，每錢七百文值銀一兩，故錢八貫四百應合銀一十二兩，鈔三十三貫六百應（申）〔合〕銀四錢二分，二數相加，共得十二兩四錢二分，爲過失殺收贖銀數，餘照此類推。蓋老疾收贖，僅以示罰，無取罰鍰之多。前歀老疾收贖，亦照《明律》鈔數合銀，故絞斬贖銀五錢二分五釐。茲則給於被殺傷者之家，作爲營葬及醫藥之貲，若照鈔數按貫折算，未免失之太輕，此用錢鈔兼收之法云。

第五款　徒限內老疾收贖

此爲處五徒及總徒四年、五年者，至老疾未滿役之贖例，不及杖也。_{"犯罪時未老疾"}律云："若在徒年限內老疾，亦如之。"蓋當發配時，年未老、身無疾，杖已身受，故收贖，銀兩照婦女、老疾收贖例，②除去杖數及已服役之數外，計其未滿徒之年月收贖而已。如徒一年杖六十者，應共贖銀一錢五分，設已服役一月，則未滿徒十一月，除杖六十贖銀四分五釐與已役一月贖銀八釐七毫五絲外，應贖銀九分六釐二毫五絲，爲徒限內老疾收贖之數也。（類）〔餘〕類推。

第六款　誣輕爲重收贖

"誣告"律云："告二事以上，輕事告實，重事招虛；或告一事，誣輕爲重者，皆反坐所剩。若已論決，全抵剩罪；未論決，笞、杖收贖，徒、流止杖一百，餘罪亦聽收贖。"是凡誣告人犯笞、杖、徒、流者，除得實外，餘皆反坐。如告人一百杖，內止四十杖得實，所誣六十杖，告誣者應反坐。如被誣者已經受決，告誣者杖決六十，不准收贖，否則笞杖每十贖銀七釐五毫，照數核計，徒、流折杖，除的決一百外，亦照笞杖銀數計算收贖者也。

第七款　五刑

笞、杖、徒、流、死，謂之五刑，自漢以來即然矣。笞、杖每一十爲一等，各五等，起一十而止於一百；徒亦五等，起一年、杖六十，每等半年、杖一十，遞加至三年、杖一百爲止；流分三等，起二千里止三千里，每等五百里遞加，各

---

① 校按：指銅錢六百文。見懷效鋒點校本《大明律》卷1，第1頁。
② 校按：即《納贖諸例圖》中之"收贖"。

附杖一百。此生刑十八等者也，並死刑絞、斬二等，共成二十等。至徒、流外之遷徙、充軍、發遣、枷號，絞、斬外之凌遲、梟示、戮屍，皆係後起者矣。

按：光緒三十一年三月二十日修訂法律大臣奏准：笞杖等罪仿照外國罰金之法，"凡律例內笞五十以下者，改爲罰銀五錢以上、二兩五錢以下；杖六十者，改爲罰（銀）五兩，每一等加二兩五錢，以次遞加，至杖一百，改爲罰十五兩〔而止。如無力完納者，折爲作工。應罰一兩，折作工四日，以次遞〕①加至十五兩，折作工六十日而止"。

此由廢刑訊而推及笞杖者也。

又，同日欽奉上諭：（前略）②"我朝入關之初，立刑以斬罪爲極重。順治年間修訂律例，沿用前明〔舊制〕，始有凌遲等極刑，雖以懲儆兇頑，究非國家法外施仁之本意。現在改定法律，嗣後凡死罪至斬決而止，凌遲及梟（示）〔首〕、戮屍三項，着即永遠刪除。所有現行律例內凌遲、斬、梟各條，俱改爲斬決，其斬決各條，俱改爲絞決，絞決各條，俱改爲絞監候，入於秋審情實，斬監候各條，俱改爲絞監候，與絞候人犯仍入〔於〕③秋審，分別實、緩辦理"（後略）。

第八款　獄具

獄具有五，曰板、曰枷、曰杻、曰鐵索、曰鐐是也。板以竹爲之，長五尺五寸，大頭闊二寸，小頭闊一寸五分，重二觔。此即條例所謂大板。削去粗節毛根，應決者，執小頭，臀受。枷、杻，俗名手套。皆係乾木爲之。枷以圈頸，長三尺，闊二尺九寸，重二十五觔。杻以拘手，長一尺六寸，厚一寸，死罪重囚用之。鐵索及鐐，以鐵爲者，索長七尺，重五觔，輕重罪囚俱用。鐐連環共重一觔，徒罪以上罪囚用之。此皆係歷代相傳者。本朝律例別作小板，大小頭各減五分，輕半觔，長同，以爲杖決、笞罪之用。又改枷號爲二等，曰尋常，重二十五觔；曰重枷，重三十五觔；面各長二尺五寸，闊二尺四寸。監禁人犯，止用細鍊，不用長枷。至若命盜重案，供辭不實者，酌用夾棍、椓指訊究，重輕有別。法似周詳，然當路負枷，人亡廉恥，判廷刑嚇，強逼招冤，害理傷和，孰此爲甚。笞杖已改，是亦不容緩也。

按：光緒三十一年三月二十日修訂法律館奏准：嗣後除罪犯應死，證據已確，而不肯供認者，准其刑訊外，凡初次訊供時，及徒流以下罪名，概不准行刑訊，以免冤濫。是夾棍、椓指之爲用，仍未廢也。

獄具圖下附有徒、流、軍折枷例，計五徒、總徒、准徒、三流、五軍，共十

---

① 《光緒朝東華錄》，總第5329頁。
② 括號及括號內文字均爲原文本有，引文後之括號及括號內文字亦然。
③ 《光緒朝東華錄》，總第5328頁。

四等。起徒一年者，折枷二十日，至極邊烟瘴，折枷九十止，除准徒（四）〔五〕①年與流二千里同折五十日，與極邊、烟瘴同折九十日，及由流入充軍，由邊遠入極邊、烟瘴，各加十日外，餘皆每一等遞加五日，此蓋爲旗人犯徒流軍犯得免發遣，分別折枷懲示，乃律之變法也。"犯罪免發遣"律云："凡旗人犯罪，笞、杖各照數鞭責。軍、流、徒免發遣，分別枷號。徒一年者，枷號二十日，每等遞加五日，總徒、准徒，亦遞加五日，流二千里者，枷號五十日，每等亦遞加五日，充軍附近者，枷號七十日，近邊者七十五日，邊遠、沿海、邊外者，八十日，極邊、烟瘴者，九十日。"

第九款　喪服

第一項　總說

人以受恩之厚薄分親疏，服以麻布之精粗明禮節，年月異等，隆殺攸關，刑罰殊途，重輕以定，此喪服圖之設所由來也。圖凡八，曰"喪服總圖"、曰"本宗九族五服正服"、曰"妻爲夫族服"、曰"妾爲家長族服"、曰"出嫁女爲本宗降服"、曰"外親服"、曰"妻親服"、曰"三父八母服"是。此外附有《元典章》三父八母服一圖，蓋以備參攷者也。

第二項　喪服總圖

斬衰、齊衰、大功、小功、緦麻，總稱之曰五服，爲喪而服之衣名也。斬衰，用至粗麻布爲之，不縫下邊，服限三年。齊衰，用稍粗麻布爲之，縫下邊，服有期年、五月、三月三限，期服又分爲二，其兼用杖者，曰杖期，不用杖者，曰不杖期，是齊衰之服共四等。其用粗熟布爲之者，曰大功，係九月之服。用稍粗熟布爲之者，曰小功，五月服也。緦麻則用稍細熟布爲之，服凡三月。五服之色皆用素，遇喪須照禮成服而後可。此外尚有袒免一制，因其未嘗成服，故不在喪服之列。

五服之制如此，其所以爲服之理由，則有四焉，卽：正服、義服、加服、降服是也。正服者，於情於分皆不能不爲之服，如子爲父母服斬，是其類也。義服者，情固異於所生，而其分却不容間別，如婦爲舅姑亦服斬，則以義爲之服，是之爲義服。至本非其所服，而禮主乎進，如嫡孫爲祖父母亦服斬，乃自輕以從重者，故謂之加服。反是者，如已嫁女子爲父母服降期，蓋其情雖不可殺，而分有以限之，不得不自重以從輕，因名曰降服。此服制差等之所由來也。

以下各項僅按圖中所載有服之人一一詳述，無服者皆不載，其應服何服，俟服制章詳之。

第三項　本宗九族五服正服

自本身以上曰父、祖、曾、高，自本身以下曰子、孫、曾、元，則謂之本宗

---

①《大清律例會通新纂》卷2，第169-170頁。

之九族。遇有喪事，服雖不等，然皆係正服，爲情所不能自己，亦禮所不容或缺者也。本支之外，其伯叔堂從有服之人，曾伯叔祖父母、在室曾祖姑、伯叔祖父母、堂伯叔祖父母、祖姑、_{在室、出嫁皆有服}，以下凡不言在室、出嫁者，同此。在室堂祖姑、伯叔父母、堂伯叔父母、族伯叔父母、姑、堂姑、在室族姑、兄弟、兄弟妻、堂兄弟、堂兄弟妻、再從兄弟、族兄弟、姊妹、堂姊妹、再從姊妹、在室族姊妹、長子、長婦、衆子、衆婦、嫡孫、嫡孫婦、衆孫、衆孫婦、姪、姪婦、堂姪、堂姪婦、再從姪、姪女、堂姪女、在室再從姪女、姪孫、姪孫婦、堂姪孫、姪孫女、在室堂姪孫女、曾姪孫、在室姪曾孫女等皆在五服之內，餘若同五世祖族屬，在緦麻絕服之外，皆爲袒免，遇喪葬，則服素服，尺布纏頭而已。

第四項　妻爲夫族服

妻爲夫族服，義服也。凡夫之九族，夫有服者，除曾伯叔祖父母、曾祖姑、堂伯叔祖父母、堂祖姑、族伯叔父母、族姑、再從兄弟、族兄弟、再從姊妹、族姊妹外，餘皆有服者也。

第五項　妾爲家長族服

妻與夫敵體，故夫有服之人，妻亦有服。若妾，則取乎侍側之義，故僅爲家長祖父母、家長父母、家長正妻、家長長子、衆子、嫡孫、衆孫、孫〔婦〕，及其子、其孫而有服，[①]餘俱無服，蓋以嚴名分、別貴賤者也。

第六項　出嫁女爲本宗降服

出嫁之女爲本宗有服，全係降服。其有服之人，曰高祖父母、曾祖父母、祖父母、祖兄弟、祖姊妹、父母、伯叔父母、父堂兄弟、父姊妹、父堂姊妹、兄弟、堂兄弟、姊妹、堂姊妹、兄弟子、堂姪、兄弟女、堂姪女而已，服皆降在室一等，故曰爲本宗降服。

第七項　外親服

外親有服之人，曰外祖父母、母之兄弟、母之姊妹、母舅之子、兩姨之子而已，若妻爲夫外親服，則各降一等。

第八項　妻親服

妻親有服，惟爲妻之父母、爲婿、爲女之子，餘之妻親皆無服。

第九項　三父八母服

三父者，同居繼父、不同居繼父、從繼母嫁是也；養母、嫡母、繼母、慈母、

---

① 校按：乾隆三十九年十月禮部會同刑部議覆江西按察使歐陽永禧條奏，乾隆四十三年律例館奏准列入服制，妾爲家長族服制圖相應有變，見《大清律例通考校注》第84-85頁。然《大清律例會通新纂》第177-178頁，雖載此例，而仍言妾爲嫡孫、衆孫無服。點校本《欽定大清現行刑律》第23頁亦言無服。未知何者爲確，待考。

嫁母、出母、庶母、乳母則謂之八母。《元典章》圖如此，本朝則庶祖母亦有服，是八母之外又增一母矣。

第四節　服制

遇喪有服之人，既於前述之。茲將其應服何服，列舉如左：

第一，服斬衰三年者，如左：

子爲父母，在室幷已許嫁者，及已嫁被出而反在室者同，子之妻同。

子爲繼母、爲慈母、爲養母，子之妻同。繼母，父之後妻。慈母，謂母卒，父命他妾養己者。養母，謂自幼過房與人者。

庶子爲所生母、爲嫡母，庶子之妻同。

爲人後者爲所後父母，爲人後者之妻同。

嫡孫爲祖父母及曾高祖父母承重，嫡孫之妻同。

妻爲夫，妾爲家長同。

第二，服齊衰杖期者，如左：

嫡子、衆子爲庶母，嫡子、衆子之妻同。庶母，父妾之有子女者。父妾無子女，不得以母稱。

子爲嫁母。親生母，父亡而改嫁者。

子爲出母。親生母，爲父所出者。

夫爲妻。父母在，不杖。

第三，服齊衰不杖期者，如左：

祖爲嫡孫。

父母爲嫡長子，及嫡長子之妻，及衆子，及女在室，及子爲人後者。

繼母爲長子、衆子。

前夫之子從繼母改嫁於人，爲改嫁繼母。

姪爲伯叔父母，及姑、姊妹之在室者。

爲己之親兄弟及親兄弟之子、女在室者。

孫爲祖父母，孫女在室、出嫁同。

爲人後者爲其本生父母。

女出嫁爲父母。

女在室及雖適人而無夫與子者，爲其兄弟姊妹及姪與姪女在室者。

女適人，爲兄弟之爲父後者。

婦爲夫親兄弟之子及女在室者。

妾爲家長之正妻。

妾爲家長父母。

妾爲家長之長子、衆子與其所生子。

爲同居繼父，而兩無大功以上親者。

第四，服齊衰五月者，如左：

曾孫爲曾祖父母，曾孫女同。

第五，服齊衰三月者，如左：

元孫爲高祖父母，元孫女同。

爲同居繼父，而兩有大功以上親者。

爲繼父，先曾同居今不同居者。自來不曾同居者無服。

第六，服大功九月者，如左：

祖爲衆孫，孫女在室同。

祖母爲嫡孫、衆孫。

父母爲衆子婦及女已出嫁者。

伯叔父母爲姪婦及姪女已出嫁者。姪婦，兄弟子之妻也。姪女，兄弟之女也。

婦爲夫之祖父母。

婦爲夫之伯叔父母。

爲人後者爲其兄弟及姑姊妹之在室者。既爲人後，則於本生親屬服皆降一等。

夫爲人後，其妻爲夫本生父母。

爲己之同堂兄弟、姊妹在室者。即伯叔父母之子女也。

爲姑及姊妹之已出嫁者。姑即父之姊妹，姊妹即己之親姊妹也。

爲己兄弟之子爲人後者。

出嫁女爲本宗伯叔父母。

出嫁女爲本宗兄弟及兄弟之子。

出嫁女爲本宗姑姊妹及兄弟之女在室者。

第七，服小功五月者，如左：

爲伯叔祖父母。祖之親兄弟。

爲堂伯叔父母。父之堂兄弟。

爲再從兄弟及再從姊妹在室者。

爲同堂姊妹出嫁者。

爲同堂兄弟之子及女在室者。

爲祖姑在室者（即）。〔即〕祖之親姊妹。

爲堂姑之在室者。即父之同堂姊妹。

爲兄弟之妻。

祖爲嫡孫之婦。

爲兄弟之孫及兄弟之孫女在室者。

爲外祖父母。即親母之父母。○爲在堂繼母之父母。庶子嫡母在，爲嫡母之父母。庶子爲在堂繼母之父母。庶子不爲父後者，爲己母之父母。爲人後者，爲所後母之父母。以上五項，均與親母之父母同。外祖父母報服亦同。其母之兄弟姊妹服制及報服亦與親母同。姑舅兩姨兄弟姊妹服亦同。爲人後者爲本生母之親屬，降服一等。再，庶子不爲父後者，爲己母之父母服一項，若己母係由奴婢家生女收買爲妾，及其父母係屬賤族者，不在此列。

爲母之兄弟姊妹。兄弟，即舅；姊妹，即姨。○其義服詳載"爲外祖父母"條下。

爲姊妹之子即外甥。及女之在室者。其義服詳載"爲外祖父母"條下。

婦爲夫兄弟之孫即姪孫。及夫兄弟之孫女在室者。即姪孫女。

婦爲夫之姑及夫姊妹。在室、出嫁同。

婦爲夫兄弟及夫兄弟之妻。

婦爲夫同堂兄弟之子及女在室者。

女出嫁爲本宗堂兄弟及堂姊妹之在室者。

爲人後者爲其姑及姊妹出嫁者。

嫡孫、衆孫爲庶祖母。女在室者同。

生有子女之妾爲家長之祖父母。

第八，服緦麻三月者，如左：

祖爲衆孫婦。

曾祖父母爲曾孫、元孫，曾孫女、元孫女同。

祖母爲嫡孫、衆孫婦。

爲乳母。

爲曾伯叔祖父母。即曾祖之兄弟及曾祖兄弟之妻。

爲族伯叔父母。即父再從兄弟及再從兄弟之妻。

爲族兄弟及族姊妹在室者。即己三從兄弟姊妹所與同高祖者。

爲曾祖姑在室者。即曾祖之姊妹。

爲族祖姑在室者。即祖之同堂姊妹。

爲族姑在室者。即父之再從姊妹。

爲族伯叔祖父母。即祖同堂兄弟及同堂兄弟妻。

爲兄弟之曾孫及兄弟之曾孫女在室者。

爲兄弟之孫女出嫁者。

爲同堂兄弟之孫及同堂兄弟之孫女在室者。

爲再從兄弟之子及女在室者。

爲祖姑及堂姑及己之再從姊妹出嫁者。 祖姑，即祖之親姊妹；堂姑，即父之堂姊妹。

爲同堂兄弟之女出嫁者。

爲姑之子。 即父姊妹之親子。○其義服詳載"爲外祖父母"條下。

爲舅之子。 即親母兄弟之子女。○其義服詳載"爲外祖父母"條下。

爲兩姨兄弟。 即親母姊妹之子。○其義服詳載"爲外祖父母"條下。

爲妻之父母。

爲婿。

爲外孫，男女同。 即女之子女。○其義服詳載"爲外祖父母"條下。

爲兄弟孫之妻。 即姪孫之妻。

爲同堂兄弟之子妻。 即堂姪之妻。

爲同堂兄弟之妻。

婦爲夫高曾祖父母。

婦爲夫之伯叔祖父母及夫之祖姑在室者。

婦爲夫之堂伯叔父母及夫之堂姑在室者。 夫之堂姑，即夫之伯叔祖父母所生也。

婦爲夫之同堂兄弟姊妹及夫同堂兄弟之妻。

婦爲夫再從兄弟之子，女在室同。

婦爲夫同堂兄弟之女出嫁者。

婦爲夫同堂兄弟子之妻。 即堂姪婦。

堂姪婦爲夫同堂兄弟之孫及孫女之在室者。

婦爲夫兄弟孫之妻。 即姪孫之妻。

婦爲夫兄弟之孫女出嫁者。

婦爲夫之曾孫、元孫，及曾孫女、元孫女之在室者。

婦爲夫兄弟之曾孫，即曾姪孫。曾孫女同。

婦爲夫之小功服外姻親屬。

女出嫁爲本宗伯叔祖父母及祖姑在室者。

女出嫁爲本宗同堂伯叔父母及堂姑在室者。

女出嫁爲本宗堂兄弟之子，女在室者同。

第五節　各部《則例》及《中樞政攷》《會典》

律例之上，載有各部《則例》及《中樞政考》《會〔典〕》等書。據凡例云：
"吏、戶、禮、兵、工等部《則例》，固各有專書，毋庸雜出於刑例之中。惟查律
例內有應議罪款，兼及文武官處分，聲明交部照例議處，或交部分別議處者，外間
不知應照何例議處，即不知應得處分輕重，每多忽略，無所顧忌。今將《吏部處
分則例》考證明確，逐一摘出，錄入上層。至戶、禮、兵、工各部《則例》，及《中
樞政考》《會典》等書，有與刑例交涉者，亦即摘錄分列上中兩層，以便稽考。"又
云："至於附載各部《則例》《會典》、通行成案等件，外省俱不引用，僅備察攷。"①
是上中兩層所載者，外省不准引用，僅備察攷，已有明文，至部中准用與否，雖
未題及，而議處之案，各有專書，可無庸執此爲據者也。此之所謂上層者，即由上而下之
第二層。所謂中層者，即第三層。其第一層，係指摘本律例中某條與本條有相關者，以便閱者互相參觀，如五刑
律載貼杖法，見"二罪俱發以重論"律註，及加杖一百徒一年法，見"徒流人又犯罪"律，乃上層上之上層也。

第六節　註釋

律文之中襯有註釋，所以解達未足之語氣、申詳不明之意義者也。但此註釋，
凡例定明"是書以律文條例註釋爲宗"②。是與律例有同一效力，治獄之時可以隨
意引用，非他種學說可比，學者注意焉。

第七節　比引律條

比引律條，計一卷，凡三十條，即順治三年所纂律例之第四十七卷是也。此
據"斷罪無正條"律云："凡律令該載所不盡事理，若斷罪無正條者，引律比附，
應加應減，定擬罪名，議定奏聞。"是律無正條之罪，既準比引科斷，設無一定準
則，與律定主義相違，故彙集一篇，以便引用，如左：

一、僧道徒弟與師共犯罪，徒弟比依家人共犯律，免科。

一、強、竊盜犯，捕役帶同投首，有教令及賄求故控情弊，比照受財故縱律治罪。

一、發賣豬、羊肉灌水，及米麥等插和沙土貨賣者，比依客商將官鹽插和沙
土貨賣律，杖八十。

一、男女定婚未曾過門，私下通姦，比依子孫違犯教令律，杖一百。

一、打破信牌，比依毀官文書律，杖一百。

一、運糧一半在逃，比依凡奉制書有所施行而違者律，杖一百。

---

① 校按：此兩處引文均見《湖北讞局彙輯〈大清律例便覽〉·凡例》，載《大清律例彙輯便覽》。
② 引文見《湖北讞局輯〈大清律例便覽〉·凡例》，載《大清律例便覽》。

一、既聘未娶子孫之婦，罵舅姑，比依子孫違犯教令律，杖一百。

一、遺失京城門鎖鑰，比依遺失印信律，杖九十、徒二年半。

一、妻之子打庶母傷者，比依弟妹毆兄姊律，杖九十、徒二年半。

一、殺義子，比依殺兄弟之子律，杖一百、徒三年；故殺者，杖一百、流二千里。

一、考職貢監生假冒頂替者，比照詐假官律治罪。

一、姦義子婦，比依姦緦麻以上親之妻律，杖一百、徒三年；強者，斬。

一、姦乞養子婦，比依姦妻前夫之女律科斷，其子與婦斷還本宗；強者，斬。

一、姦（養）〔義〕①妹，比依姦同母異父姊妹律，杖一百、徒三年；強者，斬。

一、姦妻之親生母者，比依母之姊妹論。

一、姦義女，比依姦妻前夫之女律，杖一百、徒三年；強者，斬。

一、偷盜所挂犯人首級，丟棄水中，比依拆毀申明亭板榜律，杖一百、流三千里。

一、夫棄妻之屍，比依尊長棄毀緦麻以（下）〔上〕②卑幼之屍律，杖一百、流三千里。

一、兄調戲弟婦，比依強姦未成律，杖一百、流三千里。

一、拖累平人致死，比依誣告人因而致死一人律，絞。

一、官吏打死監候犯人，比依獄卒非理陵虐罪囚致死律，各絞。

一、弓兵姦職官妻，比依奴及雇工人姦家長期親之妻律，絞。

一、伴當姦舍人妻，比依奴及雇工人姦家長期親之妻律，絞。

一、奴婢誹謗家長，比依罵家長律，絞。

一、奴婢放火燒主房屋，比依奴婢罵家長律，絞。

一、棄毀祖宗神主，比依棄毀父母死屍律，斬。

一、義子罵義父〔母〕，比依子孫罵祖父母〔律〕，立絞。

一、罵親（生）〔王〕，比依罵祖父母律，立絞。

一、義子姦義母，比依雇工人〔姦家長妻律，立斬〕。

一、謀殺義父之期服兄弟，比依雇工人謀殺家長之期親律，已行者，立斬；已殺者，凌遲。

按：《明律》，律例之外，有比附律六十餘條，係嘉靖年間奏准纂入，以備例無專條，援以定罪之用，國朝仍之。查順治、康熙年間律載凡六十九條。按：即

---

① 《大清律例》卷 47，第 908-910 頁；《大清律例會通新纂》卷 38，第 3819-3825 頁，本節所有文字校正皆據此兩書，不逐一注明。

② 校按：各本此處皆爲"下"字，然其意不通。核之《發塚》律，僅有"毀棄緦麻以上卑幼"之文，未見"緦麻以下卑幼"字樣。且律文云"毀棄緦麻以上卑幼死屍，各依凡人"，而凡人"發掘他人墳塚見棺槨者"之刑正是"杖一百、流三千里"。可知各本"下"字皆誤也。作者下文按語《輯註》語或均未悟及此乃"下"字之訛也。

明舊例也。併於比附律條四字下註有：「比附各條，經久不用，今亦存留備攷」字樣，並旁批：「或有萬無可引者，然後從此」等語。雍正三年，律例館奏准刪去四十一條，另錄附後，僅存二十八條，又增入「強、竊盜犯，捕役帶同投首，有教令及賄求故捏情弊，比照受財故縱律治罪」一條，及「考職貢監生假冒頂替者，比照詐假官律治罪」一條，共計三十條，迄今相仍。然此三十條內，有已經定爲正條列入本律，毋庸比照者，有與現行定例不符者，均應刪除。如「強、竊盜犯捕役帶同投首」一條，已列入《名例》「犯罪自首」條內作爲正條。又「考職貢監生假冒頂替」一條，已列入《吏律‧職制》「貢舉非其人」例作爲正條。又「拖累平人致死」一條（內），列《刑律‧訴訟》「誣告」條下作爲正條，俱毋庸比依字樣。又「妻之子打庶母傷者」一條，查《刑律‧鬥毆》「妻妾與夫親屬相毆」律內已附有乾隆二十一年定例，仍依律分別科斷，則此處比依「弟妹毆兄姊」律，杖九十、徒二年半之處，與現行定例不符。又「夫棄妻之屍」一條，查「發塚」律「毀棄緦麻以上卑幼死屍，各依凡人毀棄，依服制遞減一等」，《輯註》云：「律無夫棄妻屍之文」，註添「棄毀夫屍，依『緦麻以上尊長』律上請，則夫毀棄妻屍者，當比照期親卑幼定擬」等語，此處比依「尊長棄毀緦麻以下卑幼之屍」律，杖一百、流三千里之處，無論律無棄毀緦麻以下卑幼之屍之文，且不問失與不失，一律滿流，尤與現在定律不符。又「奴婢放火燒主房屋」一條，查《刑律‧雜犯》「放火故燒人房屋」律，註云：「若奴婢雇工人犯者，以凡人論。」又例載：「凡兇惡棍徒圖財放火者，現在分別斬絞立決、監候以及軍徒枷號杖責，各按其情罪輕重定擬。」此處比依「奴婢罵家長」律擬絞之處，不特較之凡人本律罪名反輕，且與分別辦理之附例不符矣。再，「運糧在逃」一條，查「旗丁不拘重運、回空，如有無故潛逃棄船，中途不顧者，照『守禦官軍在逃』律治罪，仍於面上刺『逃丁』二字。」此例已載入《兵律‧軍政》「從征守禦官軍逃」律後。又，乾隆二十七年兵部議覆漕運總督楊條奏：「嗣後旗丁不論重運、回空，如有中途棄船潛逃者，除再犯仍照律分別問擬軍絞外，其有初次潛逃之丁，拏獲之日，將該丁杖一百，再加枷號一箇月，滿日重責四十板。照例於面上刺『逃丁』二字，交與各本衙管束」等語，現在通行，立有正條，此處比依「凡奉制書有所施行而違者」律，杖一百之處，似可毋庸比照定擬。以上七條均應刪除，以歸簡淨而免互歧。

第八節　檢屍圖格

檢屍之法，詳於《洗冤錄》中。茲所舉者，特檢骨之一端，與檢骨應用器具及仰面、合面、人形、周身骨節全圖，乃乾隆三十五年頒定者也。

第九節 《督捕則例》

《督捕則例》上、下二卷，計百有十條，乃旗人、旗奴逃亡之罪例也。

按：國初旗下家奴多係俘虜，或令種地、或令牧畜、或供雜役苦差，困苦難堪，衆皆逃亡。原得人口，什不獲一，旗人苦之。順治年間，特設兵部督捕衙門，專掌緝逃捕寇事務。康熙三十八年裁撤，併其事歸刑部管理。順治十年十二月癸未，設兵部督〔補〕〔捕〕滿、漢侍郎各一，增設員各六，另設公署，專理緝逃捕寇事務。十一年正月壬寅，增兵部督捕衙門，滿洲主事、繕繹、滿漢字主事各一，他赤哈哈番、筆帖式哈番各八。甲辰，增督捕衙門滿洲理事官、漢軍理事官、（員）郎中、員外郎各一，主事四。五月壬辰，設督捕司獄司，司獄二。康熙三十八年十一月庚子，裁兵部督捕衙門，督捕事務歸併刑部掌理。定例綦嚴，大抵窩匿之罪，俱較逃人爲重，時有議者，輒遭訓斥。順治十年九月甲申諭："隱匿逃人者，止令本犯家產給主，其分家父子兄弟不知情者，不得株連。十二年三月初，戶部右侍郎趙開心以饑民流離可憫，請暫（開）〔寬〕逃人之禁，以靖擾累，（而）〔以〕救民命。奉旨：'逃人甚多，緝獲人甚少，何策而令不累民，又能速獲逃人，著令回奏。'至是，開心（疏）奏：'嚴逃人者，一定之法；救流民者，權宜之計。聞近畿流民載道，地方有司懼逃人法嚴，不敢容留，勢必聽其轉徙，若將逃人解督捕衙門，暫寬其隱匿之罪，以免株連，則有司樂於緝逃，即流民亦樂於舉發，而逃人無不獲矣。'得旨：'逃人之多，因有窩逃之人，故立法不得不嚴，若隱匿者，自當治罪，何（得）〔謂〕株連？趙開心兩經革職，特與赦宥擢用，不思實心爲國，輒沽譽市恩，〔殊〕失大臣之誼，著降五級調用。'"[1]是月壬辰，諭兵部："朕承皇天眷命，統一寰區，滿、漢〔人〕民（人），皆朕赤子，豈忍使之偏有苦樂？近見諸臣條奏，於逃人一事，各執偏見，未悉朕心，但知漢人之累，不知滿洲之苦。在昔太祖、太宗時，滿洲將士征戰勤苦，多所俘獲，兼之土沃歲稔，日用充饒。玆數年來，迭遭饑饉，又用武退（荒）〔方〕，征調四出，月餉甚薄，困苦多端，向來血戰所得人口，以供種地、牧馬諸役，乃逃亡日衆，十不獲一，究厥（所）〔由〕（來），姦民窩隱，是以立法不得不嚴。若謂法嚴則漢人苦，然法不嚴則窩者無忌，逃者愈多，驅使何人？養生何賴？滿洲人獨不苦乎？歷代帝王，大率專治漢人，朕兼治滿、漢，必使各得其所，家給人足，方愜朕懷。往時寇陷燕京，漢官、漢民何等楚毒？自我朝統率將士入關，剗除大害，底於敉寧。即今邊隅遺孽，殘虐百姓，亦藉滿洲將士馳驅埽蕩。滿人既救漢人之難，漢人當體滿人之心，乃大臣不宣上意，致小臣不知，小臣不體上心，致百姓不知，及奉諭條奏民疾苦，反藉端瀆陳，外博愛民之名，中無爲國之實。若使法不嚴而人不逃，豈不甚便？爾等又無此策，將任其逃而莫之禁乎？朕雖涼德，難幾上理，然夙夜焦思，不遑暇逸，惟求惠〔養〕滿、漢，一體霈恩，以副皇天（鑒）降〔鑒〕[2]、祖宗委託。爾等諸臣當曉諭愚民，咸知朕意，方是實心報主，毋得執迷不悛，自干罪戾。爾部即傳諭各官，刊示中外。"又，甲午諭吏部："朕愛養諸臣，視同一體，原欲其實心爲國，共圖治安，是以屢次訓誡，常恐爾等胸懷偏私，陷於罪戾，至訓誡不改，則愛養之道亦窮，國憲具存，豈能曲貸？即如逃人一事，屢經詳議，立法不得不嚴。昨頒諭旨，備極明切，若（仍）（似此）[3]執迷違抗，偏護漢人，欲令滿人困苦。謀國不忠，莫此爲甚，朕

---

[1] 清《世祖實錄》卷90，第705頁。
[2] 同上書，第705-706頁。
[3] 同上書，第707頁。

雖欲宥之弗能矣！茲再行申飭：自此諭頒發之日爲始，凡奏章中再有干涉逃人者，定寘重典，決不輕恕。"其後亟經修改，始漸減輕，然其初所謂逃人者，不過專指旗下家奴而言，並不包含正身旗人在內。迨乾隆十八年，修纂添入"另戶旗人逃走"各條，於是旗人亦有督捕之例，實大失立法之初意。蓋旗人有犯，原有"犯罪免發遣"律治罪，且旗人斷無脫逃之理，間或有之，亦不過萬分之一，無庸立此專條，不言自喻。若時至今日，旗下家奴皆安其居，既乏逃亡之人，復何有隱匿之戶？雖有此例，實等具文，今昔情形不同若是，誠刑制中一大關鍵，學者不可不知者也。

第十節　五軍道里表

此爲各省府屬編發軍犯地方之道里表也。如直隸順天府屬編發附近充軍，律定山東、山西、江南、湖廣、陝西，皆係附近，而東至奉天，律不編發，北抵邊境，里數不足，故南以安徽鳳陽府靈璧縣、宿州、江蘇淮安府之清河縣、山陽縣及揚州府之寶應縣，與西以山西解州夏縣、安邑縣，蒲州府之猗氏縣、絳州之聞喜縣，適足二千里爲限，故除東北不編發外，即於西南各處，擇地安置可也。餘類推。

第十一節　三流道里表

此爲各省府屬配發流犯地方之道里表。如直隸順天府屬發二千里流犯，檢表：犯流二千里者，發山西直隸解州屬安邑等縣安置，即發解州安邑等縣安置可也。餘類推。

第十二節　秋審期限定例

據《斷獄》篇"有司決囚（次）〔等〕第"例云："凡秋審時，督撫將重犯審擬情實、緩決、可矜具題，限五月內到部。"是各省秋審人犯，須於五月以前定擬，始無遲延之弊。故就各省離京之遠近，以定各省截止之期限。雲南、貴州、廣東、廣西、四川，年前封印截止；福建，正月三十日截止；奉天、陝西、湖廣、浙江、江西、江南，二月初十月截止；河南、山東、山西，三月初十日截止；直隸，三月三十日截止；新疆、察哈爾以六月三十日截止。逾限者，即歸次年秋審也。

又云："刑部現監重犯，每年一次朝審。刑部堂議後，即奏請特派大臣覆核，俟核定具奏後，摘敍絜要情節，刊刷招冊，送九卿、詹事、科道各一冊，於八月初間在金水橋西，會同詳審，擬定情實、緩決、可矜具題，請旨定奪。"[1]故朝審亦必在八月初間以前截止，始不誤金水橋會審之期，此以七月十五爲朝審截止期限也。每逢閏十月，以三、七日截止。

---

[1] 引號爲原文本有。此例係康熙七年定，乾隆二十三年修改，嘉慶二十三年改定。見《讀例存疑點注》第845-846頁。

第十（二）〔三〕節　秋審實緩比較彙案

此係秋審定擬情實、緩決比較之彙案，其中擬實、擬緩、由實改緩、由緩准留，出入毫釐，生死懸絕，因彙輯成案格式以備參攷云。

又於前附有秋審加批式及秋審事由、標首條規，爲辦秋審所不可不知之件，茲備錄如左：

秋審加批式：

一、金刃傷老人、幼孩、婦女，須加批。

一、汝屬兇徒聽糾倚衆共毆之案，不論傷之多寡輕重，仍加批。

一、潁屬及回民結夥與汝屬兇徒，加批同。

一、擅殺二命，不加批，入緩。

一、緊勒咽喉致死以鬭殺論者，應批。

一、穿透一傷非致命部位，不加批。

一、手搭咽喉要害致斃七十老人，總看各堂，均加批，記緩，仍核秋審事由、標首條規。

一、秋審仍按鬭殺問擬者，標首不用“共毆”“及”等字。

一、秋審有移屍圖賴等字，刪。

一、秋審刃斃事主之案，事由內另有傷平復者，刪。凡案皆然。

一、案內有格殺例得勿論者，及死罪不應擬抵之犯事由內，不列入。

一、正犯業已正法，應將現犯事由先提，後點正犯事由，旗人毆死民人案首須標民人。回民同。

一、毆死妻前夫子，標首處須點明。

一、兇犯年貌以初供爲憑，眉上須點初供核對。

一、因戲推跌身死，不用內損字樣。

一、羞忿投河、井身死，改令羞忿自盡。

一、近老近幼之犯，須查核動兇之年是何年紀，扣准填寫，不必入初供爲憑。如十二月毆死，犯時十五歲，次年到案，初供十六，以十五填寫。

大清律緒論終

大清律講義

（第二編　總論）

大清律講義目錄

第二編 總論

大清律總論目錄終

第二編　總論

第一章　法例

法例者，律法之體例也。律法既立，其施行時期、管轄範圍、處罰事情，皆不能無一定規則，以便人民遵守、有司奉行，此法例之所由立也。茲就律中已載明者，論述如左：

第一，施行時期。

此據“斷罪依新頒律”條曰：“凡律自頒降日爲始，若犯在已前者，並依新律擬斷。”是可知律之效力始於頒降之日，而終於廢改之時。律既頒行，即應遵奉，律經廢改，不宜適從。故無論犯罪之情狀如何，制裁之寬嚴奚若，一以見行律法爲準。其未頒之先與既廢之後者，決不得依據爲斷也。

律之效力固然如此，而事犯在舊律未廢之前，結案在新律既頒之後，刑名罪例寬嚴相殊，一依新律擬斷，則新律較舊律輕者，似無可議，若較舊律爲重，實未足以貼服人心，此小註云：新律輕、舊律重者，則從新；舊律輕、新律重者，則從舊。總以從輕爲準。則理之至正，亦法之周密也。

按：舊律指舊有正條之律而言，若特旨斷罪，臨時處治，不爲定律，與歷來處決成案未經頒行著爲成例者，皆不得以律論。見“刑律·斷罪引律令”條。律文如此，條例亦然。或則以律文爲舊律，以條例爲新律，實未明律法性質也。

見行律例係同治九年頒布，其凡例載明：“從前條例，此次彙輯所不登入者，皆經奏准刪除之條，以同治九年部頒新律爲准，毋得以曾經通行仍復援引，以致貽誤。至同治九年以後所頒新律，容俟逐年增入，庶便奉行。”[1]是同治九年以前律例，既經刪除者，一概不准援用，不言可知。至同治九年以後刪除、增改各律，雖未經刪除、編入，亦當以新律爲准，不得因未加修改，仍然援引擬斷，誤人性命、名譽、財產、自由也。

按：歷來通行條例，據“棄毀制書印信”律〔後附例〕[2]云：“大小衙門將奉

---

① 引號爲原文本有，出處未詳。

② 參見《大清律例會通新纂》卷6，第773-774頁。

行條例彙齊造冊，於新舊交盤之時，一體交盤，如有遺漏，將典吏照'遺失官文書'律治罪，該管官交部議處。"是可知新增條例雖未編入律中，而彙冊具在，援用之時自可據以爲斷也。

第二，管轄範圍。

一國律法僅行於一國版圖以內，此東西各邦所同然，可無論矣。而一國之間，往往因有歷史不同，不能一概論者。斯管轄範圍所由急宜定明也。茲分人與地二者，略述如左：

甲、人

據近世各國律法言之，除君主、攝政及有治外法權之人外國君主、大統領、攝政、公使及其隨從官員、僕人與外國軍隊、軍艦等。非律法所能及者外，餘無不在管轄範圍之中，內外國人皆然。且皆平等相待。

國律於此缺點殊多，茲姑不贅，惟就解釋一面，述之如左：

一、本國人

除八議、職官犯罪奏請定擬之外，無論軍民，一律依（據）〔律〕擬斷。

八議者何？即：議親、謂皇家袒免以上親及太皇太后緦麻以上親、皇后小功以上親、皇太子妃大功以上親是也。○《大清會典》載：天（演）〔潢〕宗派以顯祖宣皇帝本支爲宗室，伯叔兄弟之支爲覺羅，宗室束金黃帶，覺羅束紫金帶，以罪黜爲庶人者，黃改爲紅，紫金改爲紫。凡議罪，王以下及宗室有犯，或奪所屬人丁，或罰金，非叛逆重罪，不擬死刑，不鞭責，不監禁，不革去宗室。宗室、覺羅犯笞杖等罪，有品秩者，照"職官降級罰俸"例議處，無品秩者，笞一十至二十，皆罰養贍銀一月，三十者，二月，四十者，三月，五十者，四月，杖六十者，罰六月，七十者，七月，八十者，八月，九十者，十月，一百者，一年。犯軍、流、徒罪者，照旗人折荷校日期，以二日抵一日，犯徒罪者，於空室拘禁，犯軍、流者，於空室鎖禁，皆於滿日省釋，犯重罪者，請旨定擬。議故、謂皇家故舊之人，素得待見，特蒙恩待日久者。議功、謂能斬將搴旗、摧鋒萬里，或率衆來歸、寧濟一時，或開擴疆宇、有大勳勞、銘功太常者。議賢、謂有大德行之賢人君子，其言行可以爲法則者。議能、謂有大才業，能整軍旅、治政事，爲帝王之良輔佐者。議勤、謂有大將吏謹守官職，早夜奉公，或出使遠方、經涉艱難、有大勤勞者。議貴、謂爵一品及文武職事官三品以上、散官二品以上者。議賓、謂承先代之後，爲國賓者。是也。應議之人及應議者之祖父母、父母、妻及子孫犯罪，實封奏聞取旨，不許擅自勾問。若奉旨推問者，開具所犯罪名及應議之狀，先奏請議，議定之後，將議過緣由奏聞，其有罪致死者，惟云依律合死，不敢正言絞、斬。取自上裁。

若皇親國戚及功臣之外祖父母、伯叔父母、姑、兄弟姊妹、女婿、兄弟之子，若四品、五品文武同。之父母、妻及應合襲廕子孫犯罪，從有司依律追問，議擬奏聞；取自上裁。

若應議之人犯十惡及應議者之祖父母、父母、妻及子孫，與皇親國戚，及功臣之外祖父母、伯叔父母、姑、兄弟姊妹、女婿、兄弟之子，四品、五品官之父母、妻及應合襲廕子孫犯十惡、反逆緣坐今除。及姦盜殺人、受財枉法者，不用此取旨奏裁之律。

按：雍正（三）〔六〕年欽奉上諭："朕覽律例舊文，〔於《名例》內〕載有八議之條，其詞曰：議親、議故、議功、議賢、議能、議勤、議貴、議賓，〔此〕歷代相沿〔之文，其來〕已久，我朝律例〔於此條〕雖仍載其文，而實未嘗照此〔例〕行者，蓋有深意〔存〕焉，不可不察〔，載而未用之故，亦不可不明〕也。夫刑罰之設，〔所以奉天罰罪，〕乃天下之至公至平，無容意爲輕重者也。若於親、故、功、賢等人，故爲屈法以示優容，〔則〕是可以意〔爲〕低昂，而律非一定者矣，尚（得）〔可謂〕之公平乎？且親、故、功、賢等人，或以效力宣勞，爲朝廷所倚眷；或以勳門戚畹，爲國家所優崇，〔其人既異於常人，則〕尤當〔制節謹度，〕秉禮守義，〔以〕爲士民〔之〕倡率，乃不知自愛，而致罹於法，是其違（禮）〔理〕而蹈愆，尤非蚩蚩之（民）〔氓〕，無知〔誤〕犯（法）者〔可〕比〔也〕。倘執法者又曲爲之宥，何以懲惡而勸善乎？如所犯〔之罪，果〕（實）出於無心，而情有可原，則爲之（隨）〔臨〕時酌量，特予加恩，〔亦〕未爲不可。若欲著爲律，是於親、故、功、賢等人未有過之先，即以不肖待之，名爲從厚，其實乃出於至薄也。且使恃有八議之條，或任意爲非，漫無顧忌，必有自干大法而不可止者，是又以寬恤之虛文，而轉陷之於罪戾。姑息之愛，尤不可〔以〕爲優恤矣。今修輯律例各條，俱〔務〕詳加斟酌，以期至當。惟此八議之條，若概爲刪去，恐人不知其非理而害法，故仍令載入，特〔爲〕頒示諭旨，俾天下曉然於此律之不可爲訓，而親、故人等亦各知（所）①儆惕而重犯法，是則朕欽恤之至意也。"

職官者，在京、在外大小官員及任滿得代、改除致仕等官，與見任官同。封贈官與正官同。與婦人犯夫及義絕而其子有官者犯罪，所司開具事由，實封奏聞請旨，不許擅自勾問，若許准推問，依律議擬奏聞區處，仍候覆准方許判決。所犯公罪、私罪皆然。

---

① 光緒《大清會典事例》卷725，第22頁。

按：律中除八議、職官犯罪有特別辦理外，凡當差旗人及世隸軍籍者有犯，亦與常人不同。今旗人律稍有更改，俟下詳述。至軍籍有犯一律，亦於光緒三十一年三月十三日奏刪，蓋自衛所裁撤之後，無所歸附故也。惟各國海陸軍人犯罪，皆有特別刑法管理，將來立法，其注意焉。

二、外國人

各國領事裁判之權，今尚未撤，則管轄外人可無庸議擬於其間矣。惟據"化外人有犯"律云："凡化外人犯罪者，並依律擬斷。"則外國人亦應在管轄範圍之內，成憲昭然，允宜遵守者也。

按：《唐律疏議》云："'化外人'，謂蕃夷之國，別立君長者。"是化外人指外國人而言，且決非係無國籍之人，不辯自明。乃律襯註於"化外"下加"來降"二字，作爲化外來降人釋之。又曰化外人既來歸附，即是王民。盍亦思既係王民，詎有本律所勿及之理而曰並依律擬斷乎？一語疏忽，主權攸關，可不慎哉！

又"化外人有犯"律云："隸理藩院今爲理藩部。者，仍照原定蒙古例。"則隸理藩院之蒙古等人，既有特定蒙古律治罪，自非本律所能及者矣。

按：《大清會典》載：蒙古律例，死刑之外，罪止鞭責，不及流徒，統於罰例。茲附錄於左，以備參攷。

一、凡罰例，以五論者：犍牛一，乳牛一，牸牛二歲牛。一，犙牛三歲牛。二；以九論者：馬二，犍牛二，乳牛二，牸牛二，犙牛一，去二馬爲一七。至九九而止。罰馬者，自五至百而止。[1]

一、因公犯罪，蒙古王等應罰馬百或九九牲畜，貝勒、貝子、公應罰馬七十或七九牲畜，台（志）〔吉〕應罰馬五十或五九牲畜者，皆罰俸一年；王等應罰馬四十或五九牲畜，貝勒、貝子、公應罰馬三十或四九牲畜，台吉應罰馬二十或三九牲畜者，皆罰俸九月；王等應罰馬（二）〔三〕十及二十或三九牲畜，貝勒、貝子、公應罰馬二十及十有五或二九牲畜，台（志）〔吉〕[2]應罰馬十或一九牲畜者，皆罰俸六月；王等應罰馬十或一九牲畜，貝勒、貝子、公應罰馬七或一七牲畜，台吉應罰馬五或一五牲畜者，皆罰俸三月。如犯私罪及所犯雖公而本秩無俸者，仍依本法。

一、應罰馬匹，除給主外，餘交扎薩克辦公充賞，每年彙奏一次。

一、凡死罪，由扎薩克審明報院，由院會三法司刑部、都察院、大理寺。定擬具奏。

---

[1] 參見《清會典》卷68，第629頁。
[2] 參見《清會典》卷65，第604頁。

其應監候秋後處決者，刑部秋審時，會滿九卿議奏。減等者，僉發鄰近盟長，給效力台吉爲奴。

一、凡重囚，繫科爾沁、扎賴特、杜爾伯特、郭爾羅斯、敖漢、奈曼、扎魯特、喀爾喀左翼、土默特、喀喇沁旗分者，送（入）〔八〕[①]溝理事同知監禁；繫翁牛特、巴林、阿祿科爾沁、克西克騰、烏朱穆秦、阿霸垓、蒿齊忒、蘇尼特、阿霸哈納爾，及喀爾喀土謝圖汗、車臣汗、西套厄魯特旗分者，送多倫諾爾理事同知監禁；繫歸化城土默特、四子部落、喀爾喀右翼、吳喇忒、毛明安、鄂爾多斯，及喀爾喀扎薩克圖汗、賽因諾顏部落親王旗分者，送歸化城理事同知監禁。

一、凡聽訟，邊內人在邊外犯罪者，依刑律；邊外人在邊內犯罪者，依蒙古律；八旗游牧察哈爾有犯，依蒙古律治罪。

一、凡疑獄及犯罪應罰而無力者，均令設誓完結。

乙、地

據凡例云："頒發之後，內外問刑衙門，凡有問擬，悉令遵照辦理。"[②]是內地各省，初無二律，可無論矣。其隸理藩院之蒙古等地，據《大清會典》所載："邊內人在邊外犯罪者，依刑律；邊外人在邊內犯罪者，依蒙古律；八旗游牧察哈爾有犯，依蒙古律治罪。"則亦劃然分明。惟內外國人在外國犯罪者，在本律管轄範圍之內與否，未曾定有明文，誠屬缺點，將來立法最宜注意者也。

第三，處罰事情。要凡三端，如左：

甲、律定罪名，始得處罰。

此據《刑律》"斷罪引律令"律云："凡斷罪，〔皆〕須具引律（令）〔例，違者，笞三十；〕[③]若數事共一條，止引所犯罪者，聽。"是可知斷罪須以律定爲准，凡律令未定罪名，則無所謂犯罪，即不得處以刑罰。蓋犯罪爲刑罰之原因，刑罰乃犯罪之結果也。

又，"斷罪無正條"律云："凡律令該載不盡事理，若斷罪無正條者，引律比附，應加、應減定擬罪名，議定奏聞。若輕斷決，致罪有出入，以故失論。"誠以法制有限，情變無窮，律所已定罪名，自應具引擬斷，若律令該載不盡事理，舍之，則難以服衆；罰之，則律無專條。爰於不得已之中，除律定之外，而許其援引比附，復恐承審官專擅自用，以致罪有出入，故比附罪名，議定奏聞之後方准處決，以有限之法待難盡之情，雖與律定主義稍有相違，然究非全無罪名而任意

---

① 參見《清會典》卷68，第630頁。
② 《大清律例·凡例》，第29頁。
③ 《大清律例》卷37，第595頁。

科斷者可比也。

罪分輕罪、重罪爲二。重罪者，即常赦所不原之罪是也，餘則皆爲輕罪。據"常赦所不原"律所載，重罪之類如左：

一、十惡。即：謀反、謂謀危社稷。謀大逆、謂謀毀宗廟、山陵及宮闕。謀叛、謂謀背本國，潛從他國。惡逆、謂毆及謀殺祖父母、父母，夫之祖父母、父母；殺伯叔父母、姑、兄姊、外祖父母及夫者。不道、謂殺一家非死罪三人，及支解人，若採生折割、造畜蠱毒、魘魅，兇忍殘賊，背棄正道等是也。大不敬、謂盜大祀神御之物、乘輿服御物；盜及偽造御寶，合和御藥誤不依本方，及封題錯誤，若造御膳誤犯食禁、御幸舟船誤不（堅）〔牢〕固。不孝、謂告言咒罵祖父母、父母，夫之祖父母、父母，及祖父母、父〔母〕在，別籍異財；若奉養有缺，居父母喪身自嫁娶，若作樂、釋服從吉，聞祖父母、父母喪，匿不舉哀，詐稱祖父母、父母死。不睦、謂謀殺及賣總麻以上親，毆告夫及大功以上尊長、小功尊屬。不義、謂部民殺本屬知府、知州、知縣，軍士殺本管官，吏卒殺本部五品以上長官，若殺見受業師及聞夫喪匿不舉哀，若作樂、釋服從吉及改嫁。內亂謂姦小功以上親、父祖妾及與和者。是也。

二、殺人。殺有七等：一曰謀殺，二曰故殺，三曰戲殺，四曰誤殺，五曰鬬殺，六曰劫殺，七曰過失殺是也。七殺之中以謀、故殺爲最重，律中並未分別何殺，或當指謀、故言也。

三、盜官財物。此分監守盜、常人盜二種，已詳緒論六贓款。

四、強盜。凡先定有強謀、執有器械、帶有火光，公然直至事主之家搶奪殺人者，曰強盜。

五、竊盜。凡乘人所不知而暗取財物者，曰竊盜。

六、放火。凡故意放燒官民房屋及積聚之物者，曰放火，與無心失火者不同。

七、發塚。謂發掘墳塚也。

八、受枉法、不枉法贓。說見前。

九、詐偽。凡詐爲制書、詐傳詔旨、偽造印信、時憲書等，私鑄銅錢、詐假官等皆是，即《刑律·詐偽篇》罪也。

十、犯姦。此即《刑律·犯姦篇》罪。

十一、畧人畧賣。凡設方畧而誘取良人爲己之奴婢、妻妾、子孫者，曰畧人；誘取轉賣於人者，曰畧賣。

十二、和誘人口。此亦畧人之一種，不過此則和同相誘耳。

十三、姦黨。即在朝官員交結朋黨，紊亂朝政者是也。

十四、讒言左使殺人。謂姦邪不出正理，借引別事以激怒人主，將不應死之人殺之以快己意者是也。

十五、故出入人罪。此專係問刑官之罪名。

十六、知情故縱，聽行藏匿、引送。

十七、說事過錢。

以上一應實犯，俱不原宥。此外，如殺死尊長番役、誣陷無辜致死人命，及誣告已決、誣告致死三人以上，與捕役誣良、關係軍機兵餉等罪，亦不准援免，是皆得以重罪論也。

若官吏犯罪，則分公罪、私罪處罰。公罪者，即不係私己，而因公事得罪也。其不因公事而己所自犯者，皆爲私罪。至何罪爲私，何罪爲公，詳《六部處分則例》，律中未曾註明者也。

乙、律定刑名，始得處罰。

此據《刑律·斷獄篇》“故禁、故勘平人”例云：“凡問刑各衙門，一切刑具，除例載夾棍、杻指、枷號、竹板，遵照題定尺寸式樣，官爲印烙頒發外，其擰耳、跪鍊、壓膝、掌責等刑，准其照常行用。如有私自創設刑具，致有一、二、三號不等，及私造小夾棍、木棒捶、連根帶鬚竹板，或擅用木架撐執、懸吊、敲踝、針刺手指，或數十斤大鎖並聯枷，或用荊條互擊其背，及例禁所不及賅載一切任意私設者，均屬非刑，仍即嚴參，照違制律杖一百。其有將無辜干連之人濫刑拷訊，及將應行審訊之犯恣意陵虐，因而致斃人命者，照非法毆打致死律治罪。上司各官不即題參，照徇庇例議處。”[1] 及“官司出入人罪”律云：“凡官司故出入人罪，全出全入者，以全罪論；若增輕作重，減重作輕，以所增減論；至死者，坐以死罪。若斷罪失於入者，各減三等，失於出者，各減五等，並以吏典爲首，首領官減吏典一等，佐貳官減首領官一等，長官減佐貳官一等科罪。”與“有司決囚（次）〔等〕第”“決罰不如法”“斷罪不當”諸律例核之，則每犯一罪，必有應得刑罰，所處刑罰，律皆定有明文，問刑官只准遵律而行。凡律所已定之刑，不許少有出入，若律所未定之刑，不得私有動用也。

丙、犯罪之人，始得處罰。

本律昔有緣坐之制，即非犯罪之人亦有科以刑罰者，今此律已刪，故惟本身犯罪之人始得處以刑罰也。

按：光緒三十一年三月二十日（攷）〔修〕訂法律館奏刪見行律例三事，一曰緣坐，其詞曰：“緣坐之制，起於秦之參夷及收司連坐法。漢高后除三（夷）〔族〕令，文帝除收孥相坐律，當時以爲盛德。惜夷族之誅，猶間用之，故魏晉以下，

---

① 《大清律例會通新纂》卷34，第3512-3513頁。

仍有家屬從坐之法。唐律惟反叛、惡逆、不道，律有緣坐，他無有也。今律則姦黨、交結近侍諸項（皆）〔俱〕緣坐矣，反獄、邪教諸項亦緣坐矣，一案株連動輒數十人。夫以一人之故，而波及全家；以無罪之人，而科以重罪。漢文帝以爲不正之法反害於民。北魏崔挺嘗曰：‘一人有罪，延及闔門，則司馬牛受桓魋之罰，柳下惠膺盜（跡）〔跖〕之誅，不亦哀哉？’其言皆篤論也。罰（勿）〔弗〕及嗣，《虞書》所美，罪人以族，《周誓》所譏。今世各國咸主持刑罰止及一身之義，與‘罪人不孥’之古訓實相符合，洵仁政之〔所〕[1]當先也。擬請將律例緣坐各條，除知情者仍治罪外，其不知情者悉予寬免，餘條有科及家屬者准此。”

又，同年四月十七日刑部奏稱：凡強竊盜案內，父兄不能禁約子弟爲強盜，應杖一百，不能禁約子弟爲竊盜，應笞四十，現在緣坐各條，悉予寬免，此項不知情之父兄，若仍照舊傳責，未免輕重倒置，且請廢緣坐摺內聲明：“餘條有科及家屬者准此。”自應一律推廣辦理。擬請將來不能禁約子弟爲強竊盜之犯父兄，應得笞杖概予寬免，毋庸傳責議罰，以免參差云。

按：“流囚家屬”律云：“凡犯流者，妻妾從之，〔父、祖、子、孫欲隨者，聽。〕[2]遷徙安置人家口亦准此。”此之所謂妻妾從之者，非犯流及遷徙安置之人罪及其妻妾也。蓋因流置遠方，終身不返，若無家室，難使安居，故令妻妾從之，團聚天樂，免起還鄉之念，除絕禍害之根，憐恤罪人，正所以安謐地方也，不得與緣坐同視，學者注意焉。

又，“流囚家屬”例云：“凡罪應緣坐及造畜蠱毒、採生折割人、殺一家非死罪三人等項犯屬仍照例僉發外，其餘一應軍、流、遣犯，及應發烏魯木齊等處人犯家屬，均無庸僉配。如有情願隨帶妻室子女者，聽其自便，不得官爲資送。”[3]是現行律例，除例應僉發罪犯外，餘俱無庸僉發矣。此係乾隆二十四年定例。然流犯究係終身不返，欲其安居應役，非有家室不可。昔日流犯鮮有逃亡者，此也。自乾隆二十四年以後，僉妻之法廢，逃亡者紛紛皆是，可見僉妻並非苛法，惟按之刑罰止及犯人一身主義，終未盡合耳。

第二章　刑名

五刑之制既於上略述之，茲將見行刑名詳述於左：

第一，主刑。凡以之定罪之刑曰主刑，約分二類如左：

---

① 《光緒朝東華錄》，總5326頁。
② 《大清律例》卷4，第95頁。
③ 《大清律例會通新纂》卷3，第301-302頁。

甲、生刑。凡七：曰笞、曰杖、曰徒、曰遷徙、曰流、曰充軍、曰發遣是也。

一、"笞者，擊也，又訓爲恥，言人有小愆，法須懲戒，故加捶撻以恥之。"①共五等，起一十而止於五十，每十爲一等，用小竹板折責，此刑之最輕者也。

二、杖，重於笞，用以懲頑梗勿率之徒。亦五等，起六十而止於一百，每十爲一等，用大竹板折責。

板制已於前述之。凡內外問刑衙門，皆遵照題定尺寸式樣製造，官爲印烙頒發。應決者，執小頭，臀受，照律折責，每一十折四板，有零除之。以十與五爲整數。笞二十者折五板，三十者十板，四十者十五板，五十者二十板，杖六十者二十板，七十者二十五板，八十者三十板，九十者三十五板，一百者四十板，用板之數止於此。

按：《唐律疏議》云：漢文帝改肉刑爲笞三百，"景帝以笞者已死而笞未畢，改三百曰二百，二百曰一百，奕代沿流，曾微增損〔爰泊隨室，以杖易鞭〕。②今律云'累決笞、杖者不得過二百'，蓋循漢制也"。《明律》杖罪不得過一百，國朝仍之，復用折責之法。康熙年間始定以四折十，並除不及五之零數，故杖一百者，止折四十板，國初律笞杖數目下原註以五折十。是較前代減輕多多矣。

又，唐律杖粗細長短不依法者，笞五十。《疏議》曰："杖皆削去節目，長三尺五寸。訊囚杖，大頭徑三分二釐，小頭二分二釐；常行杖大頭二分七釐，小頭一分七釐；笞杖大頭二分，小頭一分五釐。"③是唐板分寸較本朝律爲小。

內外大小文武官員犯該笞杖者，改用罰俸、降級。公罪該笞者，一十罰俸一個月，二十、三十各遞加一月，四十、五十各遞加三月。該杖者，六十罰俸一年，七十降一級，八十降二級，九十降三級，俱留任，一百，降四級調用。私罪該笞者，一十罰俸兩個月，二十罰俸三個月，三十、四十、五十各遞加三月。該杖者，六十降一級，七十降二級，八十降三級，九十降四級，俱調用；一百，革職離任。旗人及旗奴犯笞杖罪名者，以鞭代之，各照律數鞭責不折。

按：光緒三十一年三月二十日修訂法律館奏議：兩江總督劉坤一、湖廣總督張之洞會奏變法第二摺省刑責一條稱："查笞杖仿於《虞書》鞭扑，不過以示薄懲，故律內杖罪至一百而止，其刑本輕。厥後變本加厲，問案率用刑訊，動輒盈千累百，血肉濺飛，誠如原奏所云，最爲傷和害理。居今日而欲救其弊，若僅（空）〔宣〕言禁用刑訊，而笞杖之名因循不去，必至日久仍復弊生，斷無實效；然邊如

①《唐律疏議》卷1，第3頁。
②《唐律疏議》卷1，第4頁。
③《唐律疏議》卷29，第557頁。

原奏，改爲羈禁數日、數旬，立法過輕，又不足以示懲警。臣等公同酌議，擬請嗣後除罪犯應死、證據已確而不肯供認者，准其刑訊外，凡初次訊供時，及徒流以下罪名，槪不准（行）刑訊，以免冤濫。其笞杖等罪，仿照外國罰金之法，〔凡律例內笞五十以下者，〕改（作）〔爲〕罰銀”，其數已詳前五刑款。“無力〔完納〕者折爲工作”，“旗人有犯，照民人一律科斷。”又云：“此項罰金折爲工作之犯，嗣後卽應〔按〕[1]照新章收所習藝。”是律例中犯該笞杖罪名者，不拘民人、旗人，今當一體改作罰銀，或收習藝所作工矣。

三、“徒者，奴也”，拘繫其身心，使力供乎勞役，所以“奴辱之”也。凡五等，起一年、杖六十，每半年杖一十，遞加至三年、杖一百爲止。夫罪浮於杖一百者，非加倍重罰，恐不足以示懲警，而杖數旣多，受刑者又有難保生全之慮，故特設此減杖加徒之法。每杖六十折徒一年，則入徒之級照杖數加倍、加等，應杖一百二十，半徒半杖以上，照此遞加，至滿徒仍杖一百，終不違用杖之制。此徒五等之所由來也。

凡犯該徒者，發本省驛遞，各依年限應役，役滿回籍。

正徒之外犯遷徙者，准徒二年；雜犯三流，准徒四年；雜犯斬絞，總徒五年，並杖一百。五徒及准徒、總徒，皆於充徒之所，照應杖之數折責，亦每十折四板，除零。

旗人、旗奴犯徒者，並折枷示，徒一年者折枷二十日，一年半折二十五日，二年折三十日，准徒二年者同。二年半折三十五日，三年折四十日，准徒四年者五十日，總徒五年折六十日，各按杖數鞭責。

四、遷徙者，移此置彼之謂。該遷徙者，遷離鄉土一千里之外安置，不得復歸本籍，亦流屬之一，較五徒爲重而視三流則輕之刑，如土、蠻、猺、獞、苗人犯讎殺、劫掠及聚衆捉人（靴）〔勒〕[2]禁者，本犯依律處決，一應家口俱遷徙別地安插；及徒流再犯者，本犯照例處決，仍同家口各就土流所轄，一併遷徙安插是也。

五、流者，不忍刑殺，流之遠方，終身不返，即所謂投之四裔不與同中國者是也。凡三等，起二千里，止三千里，每五百里加一等，三流並杖一百，亦至配所照數折責。

犯流罪者照依本犯地方，計所犯該流道里，定發各處荒蕪及瀕海州縣安置，

---

① 《光緒朝東華錄》，總 5329 頁。
② 校按：此條係《徒流遷徙地方》門下條例，見光緒《大清會典事例》卷 741，第 185 頁。

不得復歸本省。兹據“徒流遷徙地方”律所載，流三等地方，列舉如左：

　　直隸布政司府分流陝西。

　　江南布政司府分流陝西。

　　安徽布政司府分流山東。

　　山東布政司府分流浙江。

　　山西布政司府分流陝西。

　　河南布政司府分流浙江。

　　陝西布政司府分流山東。

　　甘肅布政司府分流四川。

　　浙江布政司府分流山東。

　　江西布政司府分流廣西。

　　湖北布政司府分流山東。

　　湖南布政司府分流四川。

　　福建布政司府分流廣東。

　　廣東布政司府分流福建。

　　廣西布政司府分流廣東。

　　四川布政司府分流廣西。

　　貴州布政司府分流四川。

　　雲南布政司府分流四川。

　　以上爲各省流犯定配之地，其府縣分距離里數，詳三流道里表。

　　旗人該流者，亦折枷鞭責，二千里折枷五十日，二千五百里折五十五日，三千里折六十日，並鞭一百。旗奴犯流，發駐防兵丁爲奴。

　　六、充軍者，謂本非軍人，今罰之以充其數，故以名，亦流屬之一，重於流者也。該充軍者均發衛所，其改州縣之地，即發州縣，各量地遠近發之。凡五等：曰“附近”，二千里；曰“近邊”，二千五百里；曰“邊遠”，三千里；曰“極邊”、曰“烟瘴”，均四千里。如無烟瘴地方，即以極邊爲烟瘴。

　　五軍並杖一百，至戍所折責。兹據“充軍地方”律所載充軍定配省分，列舉如左：

　　直隸布政司府分發山東、附近。山西、附近、近邊。江南、附近、近邊、邊遠。湖廣、附近、近邊、邊遠。陝西、附近、近邊、邊遠、極邊。浙江、近邊、邊遠、極邊。江西、極邊。廣東烟瘴。地方。

江南布政司府分發湖廣、附近。山東、附近、近邊。浙江、附近、近邊。陝西、附近、近邊、邊遠、極邊。直隸、附近、近邊、邊遠。山西、近邊、極邊。廣東邊遠、極邊、烟瘴。地方。

山東布政司府分發登州府、附近。直隸、附近、近邊。江南、附近、近邊、邊遠。山西、附近、近邊、邊遠。浙江、附近、近邊、邊遠、極邊。陝西、近邊、邊遠、極邊。廣東烟瘴。地方。

山西布政司府分發山東、附近、近邊。江南、附近、近邊、邊遠。陝西、附近、近邊、邊遠、極邊。湖廣、附近、近邊、邊遠、極邊。浙江、邊遠、極邊。江西、邊遠。廣東極邊、烟瘴。地方。

河南布政司府分發山東、附近。山西、附近、近邊。湖廣、附近、近邊。直隸、附近。江南、附近、近邊、邊遠、極邊。陝西、附近、近邊、邊遠、極邊。浙江、附近、近邊、邊遠、極邊。廣東邊遠、極邊、烟瘴。地方。

陝西布政司府分發寧夏衛、河州衛、附近。直隸、附近。山西、附近。本都行都司、附近、近邊、邊遠。山東、附近、近邊、邊遠。湖廣、附近、近邊、邊遠、極邊。江南、近邊、邊遠、極邊。廣東邊遠、極邊、烟瘴。地方。

浙江布政司府分發江南、附近、近邊、邊遠。山東、附近、近邊、邊遠、極邊。湖廣、附近、近邊、邊遠。直隸、近邊、邊遠、極邊。山西、極邊。陝西、極邊。廣東烟瘴。地方。

江西布政司府分發山東、附近。浙江、附近。湖廣、附近、近邊。廣東、附近、近邊、邊遠。直隸、近邊、邊遠、極邊。山西、極邊。陝西、極邊。四川極邊。地方。

湖廣布政司府分發襄陽、附近。江西、附近、近邊。浙江、附近、近邊、邊遠。四川、附近、邊遠。江南、附近、近邊、邊遠、極邊。山西、附近、近邊、邊遠、極邊。陝西、附近、近邊、邊遠、極邊。直隸、近邊、邊遠。廣東附近、近邊、邊遠、極邊、烟瘴。地方。

福建布政司府分發浙江、附近。江西、附近。江南、附近、近邊、邊遠。廣東、附近、近邊、邊遠。湖廣、附近、（近）〔極〕①邊。山東、近邊、邊遠、極邊。直隸、邊遠、極邊。四川極邊。地方。

廣東布政司府分發潮州府、附近。湖廣、附近、近邊、邊遠、極邊。山西、極邊。四川、極邊。山東極邊。地方。

廣西布政司府分發江西、附近、近邊、邊遠。湖廣、附近、近邊、邊遠。四川、近邊、邊遠、極邊。山西、極邊。陝西、極邊。浙江、極邊。廣東附近、近邊、邊遠、極邊、烟瘴。地方。

四川布政司府分發越巂衛、附近。陝西、附近、近邊、邊遠、極邊。湖廣、附近、近邊、邊遠、極邊。江南、近邊、邊遠、極邊。山西、極邊。浙江、極邊。廣東近邊、邊遠、極邊、烟瘴。地方。

---

① 《大清律例》卷 5，第 136 頁；《大清律例會通新纂》卷 4，第 644 頁。

貴州布政司府分發四川、附近。江西、附近、近邊。湖廣、附近、近邊。陝西、附近、近邊、邊遠、極邊。江南、近邊、邊遠、極邊。浙江、近邊、邊遠、極邊。山西、極邊。廣東附近、近邊、邊遠、極邊、烟瘴。地方。

雲南布政司府分發廣東、附近、近邊、邊遠、極邊、烟瘴。湖廣、近邊、邊遠。陝西、邊遠、極邊。江西極邊。地方。

以上爲各省充軍定發之地，其府縣分距離里數，詳五軍道里表。

旗人犯附近充軍，折枷七十日，近邊七十五日，邊遠八十日，沿海邊外同。極邊、烟瘴九十日，並鞭一百。旗奴犯軍，發邊省給駐防兵丁爲奴，若發遣邊外爲民者，杖與軍等，旗人折枷，如近邊充軍，旗奴亦發駐防給兵丁爲奴。

按：光緒十一年刑部奏稱：五軍本係三流以上罪名，而附近、近邊、邊遠三軍乃與三流道里相等，擬於五軍內節去此三層，以示區別，奏令直省督撫詳議。茲據直隸等省先後復奏，均稱：刪去附近、近邊、邊遠三軍，較爲簡當核寔，且無慮重轉輕之弊。吉林、湖北、山西三省則稱：不必刪裁，擬加枷號。均不爲無見。查軍、流之設，一係入軍籍當差，一係入民，本自有別，自裁撤邊衛之後，軍、流始無分，而充軍之名仍相沿至今不改，一旦刪去附近、近邊、邊遠三層，律例內條目紛雜，誠多窒礙，即添加枷號，不特與例內改發各項重複，且軍犯本罪加枷者甚多，若再行加枷，更屬太重。臣等詳加斟酌：附近、近邊、邊遠三軍，雖與三流道里相同，然各從本罪加等，尚係由近及遠，惟軍、流交關之際，滿流三千里加一等，發附近二千里充軍，則反較本罪近一千里，未免輕重倒置，現在軍犯既無軍差可當，而各省安置軍犯亦與流犯無異，欲從今日而區畫軍、流，祇有以道里遠近分輕重，即謂五軍罪名沿襲已久，未便全行節刪，而滿流加等之犯懸絕太甚，有失情法之平，應請嗣後凡係由流三千里加一等者，均改發極邊足四千里充軍，其餘均從其舊，似此量加變通，庶不必盡更成法，已足稍示區別矣。

七、發遣之刑重於充軍，亦流屬之一，如強盜發甯古塔、吉林、黑龍江等處給兵丁爲奴是也。其以他罪犯遣者，旗人正身當差，旗奴爲奴；民犯，視其情稍可原或無妻妾者，改發雲、貴、川、廣烟瘴地方安置。

至安置軍、流、徒犯之法，向無一定專章，《大清會典》及戶、刑二部《則例》與歷（成）〔年〕①通行條例所載亦不完全。光緒十一年刑部因軍、流、徒犯配逃日衆，奏令各省督撫就地方情形妥籌安插良法，於是始有定例，然亦終未劃一。茲附錄原奏，以供參攷。

---

① "歷成"似不甚通，据文意酌改。

刑部謹奏：爲彙覈各省安置軍、流、徒犯章程恭摺仰祈聖鑒事。竊查臣部前因軍、流、徒犯配逃日衆，法制幾成虛設，恐滋隱憂，奏令各省督撫就地方情形妥籌安插良法以憑臣部彙覈，分別辦理在案。茲據直隸等省陸續具奏到部。據直隸總督稱：例不安插軍、流，惟徒犯每年約有百數十名，由犯所州縣發交吏目、典史轉發，防夫管束，其中人命、鬬毆等犯，多有親屬恆業，每冀徒滿遞回，逃者無幾。惟竊盜、搶奪等犯，類皆游惰之民，且向無口糧，饑寒交迫，往往乘間脫逃，若加重防夫罪名、官吏處分，恐致相率諱匿，不若酌給口糧，分別充差學藝。直隸大治州縣每處徒犯十餘名，小治數名，此項口糧，每人每日不過制錢五十文，計核爲數無多，應令州縣捐給各屬，曾有捐給者，但僅授食，尚無以維繫身心。此後凡徒犯到配，應察其本係良民，派充鋤草打更等項夫役，如係游惰，應收入自新所，責令學習織帶編筐等事，例應鎖帶鐵桿者，仍暫行鎖帶，俟知悔悟，酌量開去，以便習藝。冬令捐給棉衣以禦寒，俾無凍餒之虞。馴良者自能安心供役，游惰者漸使悔罪遷善，如能學成一藝，在配時已可略得工資，迨徒滿還家，亦得就此餬口，不致終身廢棄。設立自新所安置竊賊等犯，而徒犯亦有棲身之地，不致散漫無稽，逃者自可日少，其餘事宜悉循舊例辦理。熱河都統稱：向無編發軍、流，卽徒犯一項，只有定發內地充徒，並無定發口外拘役之犯。奉天府府尹稱：奉省向不安置軍、流人犯，與各省情形不同，僅有本省定發徒罪人犯，係由配所各州縣轉發，巡典等衙門專管，飭令充當水、火夫，日給口糧，按月點卯，防守綦嚴，較諸他省任其閒散不給口糧者有間，是以各州縣充徒報逃之案不常經見，立法已極密，無須再事更張。吉林將軍稱：吉省向辦遣、軍、流各犯，均解赴奉省，分別定地充配，其至配所，該管官員平日不嚴約束，及有差役又剋扣工食，使之觖望，以致困苦無聊、鋌而走險者，此各犯在配脫逃之實在情形也。目下欲加整頓，亦宜稍事變通。如前項遣、軍、流各犯於起解時，責令各地方官認真刺字，務當清楚顯明，不使模糊，違者議處；添加腳鐐、驗明鎖銬，均須堅固；經過各地方按站撥給車輛，不准解役折價，違者，地方官議處，解役照不應重律發落。卽有脫逃者，面上刺字清楚，兵役人等易於辨認捉獲。及到配所，令各地方官造具年貌清冊，五日（總）〔點〕卯一次，如遇有修城、挑河、負糧、運炭及一切力作之事，全在州縣官設法防束，令其服役，酌給工食，無凍餒之憂，其心自安。倘無前項工程，應責所在各州縣，令其充當署內夫役，監伴同其起作，不使脫逃，間有一二脫逃，有能指報飭拿前項中途及配所遣、軍、流一名者，賞銀二兩，能獲送一名者，賞銀四兩，准其各該州縣於雜款項下動支報銷。地方官能拿獲鄰境逃軍、逃流及尋常遣犯，應請從優議敘，每一名准其加一級，係例應正法之逃遣，每一名准其加二級，如此俾免嘯聚藪澤，致滋隱憂，似亦維持成法之一道也。黑龍江將軍稱：發遣人犯向皆分派各城效力。係宗室覺羅，例發錢糧，官犯分別留署派卡當差，至為奴人犯，則派交協佐領家服役，徒犯擺站充夫，均有衣食。其軍、流安置各犯，係旗人，交旗約束，民人，交水師營編管，按朔望日點卯一次。軍興後，應發邊遠者，均皆改發，來江人數既多，屢經嚴飭，各管官認真稽察。近年以來，報逃之案尚少。間有潛行脫逃者，不盡由飢寒所迫，緣邊地寬曠人稀，易謀生計，析薪刈草，採買傭工，即可自食其力。篤疾之人，歷來寄食各廟，藉香火以資養贍，亦免凍餒之虞。邊塞地方，罕遇修城、挑河各項工作可以充當夫役，量給工食，各犯但知勤作，則在配謀生，自有衣食之路，就江省情形而論，可毋庸另籌工食。江蘇巡撫稱：徒罪人犯，均發本省驛站、州縣充當雜差，如無驛站之處，亦交巡典等管束拘役，是以脫逃尚少。至各省安置軍、流人犯，有地處衝途，商賈雲集，充當腳夫以餬口者，有就地紳董籌集損資配給工本，令作小販，或雇充巡更等項夫役以謀生者，尚可少報脫逃。然此係指原犯人命、鬥毆、誆騙、拐帶一切雜案等項人犯而言，如本犯盜刦及搶竊等案，若輩非獷悍性成，即習於游惰，大率不遵約束，往〔往〕朝到配而夕報逃，比比皆是。以前定例，凡遇強盜免死發遣新疆給官兵為奴人犯在配脫逃，拿獲後即行正法。以網開一面之人，處邊塞萬里之外，一經逃逸，不特遠道難歸，且恐首領莫保，是鮮有脫逃。乃自嚴辦強盜，無論法無可貸，情有可原，不分首從以來，遇有別故不行，事後分贓，定發新疆，改發足四千里人犯，各省較前愈多。其實今日之所謂別故不行，即昔年之所謂情有可原者也，其亦盡非承讞者之有心開脫，蓋盜犯到案，非加刑訊，不肯招承，分贓首從未確，或供詞反覆，勢難一概駢豁，亦有逸犯眾多，弋獲無期，不得不就其現供先行定讞，聲請監候待質，即後有獲犯，或先已狡供，從而不行，未經上盜，慮其報復，往往不敢招認，轉致續獲者得以漏網。是以此項待質人犯，續經獲犯，審正者亦復甚少；一經十年限滿，即照擬發配，如有脫逃，亦祇仍發內地加枷，較之以前免死盜犯監禁待質，必須二十年後遇有恩赦方准查辦，及發遣後在配脫逃即須正法者，又覺類重轉輕也。此等改發充軍人犯，雖有繫帶鐵杆石墩之例，無如到配者日眾，而逃脫者益多，該兼、專各官，例止罰俸，亦復習以為常。此近年來各省軍犯脫逃之多，其原犯盜案者十居其七八也，以後應如何酌量變通，應否仍復舊例，或將待質者加以監禁年限，改發充軍者實發新疆或黑龍江給官兵為奴之處，應聽彙纂辦理。安徽巡撫稱：自例發新疆及應發烟瘴人犯改發内地以來，各省到配之犯日衆，其中率多游手無藉不安本分之徒，而挾有貲財手藝自叼謀生者殊不多有，例給口糧向只一年爲止，各州縣中如修城、挑作等工，亦非常有之事，而驛站暨公用一切夫役又皆各有定額，不能悉以罪犯充當，人數旣多，安插匪易，勢不能不發交地保雇充巡更等項夫役，俾日藉資餬口。此輩非頑梗未除，不受約束，即游惰性成，難耐勞苦，往往防範稍疎，即多逃遁。綜核近年各處情形，徒犯脱逃尚少，軍、流較多。軍、流之中，又以賊盜案犯及外遣改爲内地者爲尤甚，雖經逐案參處，而專、兼各官例止罰俸，亦復視爲故常，積習相沿，亟宜力求整頓。竊維欲求變通除弊，非妥籌在配各犯之生計不足以杜其逃，非嚴核專、兼各官之功過不足以儆其玩，惟當飭令各該州縣妥爲稽察經理，除年老殘廢各犯，仍照例撥入養濟院，給與孤貧口糧；並有貲財手藝者，交保看管，仍聽各自謀生。餘擬飭各州縣各籌欵項，查其守分安靜、貧苦無力者，酌給工本資斧，小販營生，其强梗未化、（索）〔素〕性不馴者，即令撥派各驛充當水草夫役苦差，嚴加約束，不任（間）〔閒〕散，仍量與口糧，使無凍餒。每月由該管官按期點卯，不得視爲具文，如有脱逃，除分案照例參處外，擬每屆年終責成臬司彙查一次，將各州縣一年逃犯數目造冊呈核。如該專、兼各官於軍、流、徒犯管束得法，一年内並無疎脱，核其在配人犯多寡，請即仿照管獄官並無疎失人犯議敘之例，分別量於獎敘。倘於一年内有疎脱情重遣、軍案犯三名以上、尋常流、徒案犯五名以上者，即專案參請，嚴加議處。其處分應如何酌量定擬，應請由部酌改。閩浙總督會同福建巡撫稱：軍、流到配後，照例給予一年口糧，多因窮苦難度，紛紛脱逃，今欲設法整頓，惟有量加變通，擬嗣後軍、流等犯到配，查有隨帶家口貲財者，循舊辦理。如遇年老殘病之人，歸入養濟院，給予孤貧口糧，以貲餬口，少壯窮苦者，仍照例給一年口糧，即由配所州縣查明，無論正佐文武衙門應用動作夫役，隨時分撥充當，量給工食，並時加編管，毋許遠離衙署。倘有不服約束，仍送該州縣責懲示儆。如怙惡滋事，照例嚴辦，徒犯亦可照此辦理。浙江巡撫稱：徒犯定例，專管有官，主守有役，撥給口糧，派充夫役，立法本已周詳，而脱逃仍所不免者，固由防範之不嚴，亦由若輩狡黠游惰，習與性成，兼之犯多事少，無計謀生，收管員役，旣不能計口管食，又不能形影相隨，偶一疎防，恆易颺逸，於此而求整頓之方，惟有籌彼生計、嚴加約束兩端。第葺室棲流，無此經（長）〔常〕之欵，城河濬築，亦非常有之工，此外開山、墾地、駕船、挑脚，一切力作之事，民間各有專業，更多窒礙，未可垂爲定章。悉心體察，仍以遵照向例，量加變通，較爲簡當易行。擬於到配軍、流等犯，除攜有家口資財自能營生者不計外，其年老殘疾之人，歸入養濟院，按名發給，例支孤貧口糧，俾免失所；少壯貧苦又無手藝各犯，照例發給一年口糧，即在配所文武各衙門一體分派頭役、月兵，爲之主守，勤加編管，〔嚴〕督操作，不許遠離衙署。如有不服約束，怙惡滋事者，即報（名）〔明〕地方官從重懲治。遇有脫逃，州縣收管者，以州縣爲專管；佐雜營汛收管者，以州縣爲兼轄，佐雜營汛爲專管，照例題參議處，本省拘役進犯亦可照行。湖南巡撫稱：截至光緒十年五月止，通計各屬在配軍犯二十七名，流犯一百二十名，徒犯近在本省，惟飭各屬照章拘役，毋庸另議變通。其置軍、流之法，似不必論罪，而論案由，如命案減等之犯，本係良民，誤於一朝之忿，似照部議當夫一層最爲妥協，而當夫亦惟在配所各衙門分派水火，打掃巡更等事，不離衙署，日給口食，易於約束。至於官夫之驛遞文書、搬運餉鞘，關係匪輕，未便付之若輩；而商民之雇夫挑擡，如湖南，則各有碼頭，各有行戶，此輩不能容也。如盜案免死之犯，本係匪人，先防其作奸，而其中亦或有手段高強之人，如晉國裴豹名在丹書，亦可立功。擬此等盜犯到配，飭地方官加意體察，仍使先當夫役，如有其膽氣、有心思、有技藝，半年後地方情形較熟，試以捕盜，如能立功，另行存記，以此等熟於盜情，似可用其所長也，倘故智復萌，破案似可立寘重典，本係免死怙惡，復何足惜？！留之徒多一亂人耳！統計安置軍、流人犯，若照每年酌給數千文之法，使之營生，則所費更輕而其謀食更便。有制錢五千，即可謀一人之食，未知果有當否，若照在各衙門當夫之役，則當夫口糧應准各州縣歸入坐支開銷，在何衙門當夫，即先報明在案，如有脫逃，其處分惟本衙門是問，而處分亦似應以逃犯之案由爲准，如免死之盜犯逃則有害於人，處分似應較重；如減等人犯，似照舊例足矣。惟有懲即當有勸，如一年之內無逃犯，專管官似應照獄囚無疏失例給獎，以昭公允。其犯人有老疾者，例給孤貧口糧養之，勿使失所，餘案人犯可以類推。湖廣總督會同湖北巡撫稱：除徒罪人犯，惟有嚴飭地方官，認真拘役毋庸另議外，其軍、流人犯，或因外遣改發，或由命案減等，或罪不及死，酌定等差。就湖北一省而論，在配脫逃者無歲不有，近年尤多，蓋因光緒七年五月十四日、八月二十二日恭逢恩詔：各省軍、流人犯發配湖北者，不下數百名，逃者甚多，湖北省嚴定章程，將兼管及專管各官於照例咨部議處之外，由記過加至撤參。於是各官稍知儆畏約束，（隨）〔遂〕逃者漸少，然不能遽無，又通飭所屬，查明配犯之年老有疾者，給與孤貧口糧，少壯各犯酌派充當夫役，因時立法，適與部臣現議相合。惟充夫一層，有不能概論者，如部議修城、挑河、負糧、運炭等事，非各處所常有者，惟濱臨江漢之隄工，皆用土著民人，使本處力作之徒，藉資謀食，以工代賑，不便以外省罪犯插身其間。此外充夫之事，或官差、或民雇肩擡者，每有財物餉鞘等役，關係更重，勢不能遣一夫而派數差押之，設竊負而行，爲民害、爲官累，何可勝言？酌核其宜，擬請嗣後人犯到配，由配所衙門於輿、轎、傘、扇、水、火、巡更等夫，量爲役使，日給口食。同知、通判以及巡檢、典史等署，亦由州縣酌量分派，老病者照孤貧口糧之例酌量發給，並飭該州縣將某犯到配後派充何役、日給口食工價若干、發交何衙門，分晰具報，歸入坐支開銷。其在配日久，已有生業者，不必更改，責成專管、兼轄各官督飭看役認真稽查，總須以本管官時常見面，不許遠離散處。既已派充夫役，官吏之處分不嚴，則日久之奉行必懈。查配犯脫逃，州縣官往往以充夫爲名，規避處分。今既實令充夫，應由部臣將州縣官處分酌量議改：免死之強、竊各犯疏脫，必爲民害，議處應重；減等之命案人犯，似可循舊議處。派在何衙門者，即爲專管官，不得專歸佐雜等官。惟既懲其過，亦當敘其功。如一年以內犯無疏失，專管官似應照獄無疏失例，記其名數給予獎敘。至軍罪人犯，可否於到配後，由該配所地方官移交城守營汛，酌量派充夫役，給與工食，責成兵目看管，如有脫逃，該汛弁與看管之兵目，各照文職專管官及保甲例分別議處治罪，以符名實。河南巡撫稱：豫省安置軍、流等犯，宜分命、盜兩途，凡命案各犯，本係良民，一朝鬭很，致罹法網，但使資生有計，尚可不致脫逃，若搶刦姦拐等案人犯，獷悍性成，不能悉受約束，雖予以口糧，亦難望其守法。擬請嗣後命案軍、流、徒犯到配，查係貧苦並無手藝之人，照例請給一年口糧，限滿由官捐給資本，俾之小貿營生，或撥充文武衙門，巡更、守門、挑水、炊爨各項夫役，藉資餬口。其因搶刦等案問擬軍、流、徒犯到配，即收入自新所嚴行管束，官給飯食。一二年後，察其野性漸馴，不致復萌故態，始行釋出，與尋常軍、流等犯一體安頓；倘怙惡不悛，仍應在所看管，俟稍知改悔，再行照章辦理。山東巡撫稱：東省安置徒犯，凡有驛州縣照例令其充當鍘草、挑水等夫，即無驛之州縣，亦必於各衙署驅使人（人）內設法安置。該犯等係在本省拘役，例有年限，尚能安分在配，以望限滿釋回，逃者尚少，自應責成各地方官認真稽查約束，似毋庸另議更張。其軍、流人犯，欲令安分守法，不致疏脫，固宜先有以養其生，尤當設法以拘其體，惟修城、濬河、負糧、運炭事，非各處常有，難爲經久之圖，計惟有將流犯除年逾六十者照例給與孤貧口糧，其少壯或有手藝者，由州縣捐廉，酌給資本，令在城內，或有分防佐雜人員駐紮之市鎮營生，責成州縣及分防衙門頭役管束，按朔望，官爲點卯，不准遠離。軍犯一律勻發有驛州縣，轉發驛站，給與白夫口糧，充當鍘草、喂馬、挑水等役，責成鈔棚頭役管束；如無驛站而地處衝途，里甲、馬正較多者，亦可酌量撥發，倘有強橫不受拘束，准鈔棚頭役隨即稟明州縣，查訊屬實，詳明立案，暫行監禁，以消其獷悍之氣，俟至五年後察看，如能改悔，仍報明提禁充役，庶例內充當軍役之意亦相胹。山西巡撫稱：晉省徒犯一項，每年尚屬無多，且限滿即予施放，安插既易，逃者亦鮮。至軍、流各犯，從前奉發較少，防範易周，亦尚不甚疏脫。光緒七年兩次恭逢恩詔，查辦減等，解晉人犯紛至沓來，分撥各州縣安置，多者至數十名，約束稍疏，脫逃遂眾，而究其犯事之由，或逞其私鬥，或迫於饑寒，以致身蹈刑章，屏諸異地，遠離鄉井，乏術謀生，羈其身而不安其心，何以責其奉公守法？此誠亟宜變通設法安置者。部議一切令其身作、令其充當夫役，量予工食，時加編管，洵足補救時局。惟各省情形不同，晉省地瘠俗儉，修城、挑河，事非恒有，負糧、運炭，居民賴以自存，且視此輩非可與伍之人，孰肯雇其耦耕合作？計惟由官設法安置，或可羈縻。查各州縣以及佐雜衙署，如把門巡更聽事等項夫役，每處多者數十名，少亦數人，以及雇募鄉勇巡緝，向均由官發給工食；又肩挑負販，亦足營生。若將到配人犯，除老疾者仍照例撥入養濟院發給口糧外，餘者核其原犯情節輕重，分為兩途：其命盜案內人犯令其充當各項夫役，鄉勇佐雜衙署亦一體撥充，由官照章給發工食，仍令誠實頭役及勇目管束，並於印收內聲明派充何署、何役，以憑稽考；其雜案內人犯則發交鄉保管束，由官每名酌給本錢數千，令其即在衙前小販謀生，仍於朔望按名點驗，庶令各安生業，不致仍前脫逃。陝西巡撫稱：陝省安置軍、流各犯，截至光緒十年九月止，軍犯二百五十一名，流犯三百九十一名，今欲設法整頓，惟有推廣舊章，力求核實，以期消隱患而飭紀綱。查部議，修城、挑河、負糧、運炭等事，本不常有，兼多隨時雇夫應用，若遞交文書、轉運餉鞘，關係綦重，亦難遽令充當，致有貽誤。酌核其宜，擬請嗣後軍、流人犯到配，如無手藝資財者，酌派各廳州縣及佐雜衙門充當輿、轎、傘、扇、水、火、巡更等夫，日給口食，其能自謀生理及有手藝者，全給一年孤貧口糧，准令糶賣易錢，再由地方官按名酌量捐給，令其作本營生；盜案內免死人犯有武藝出眾者，半年後令隨快役捕盜，有功給賞；如敢妄為，從重治罪；年老篤疾者，仍照舊永給孤貧口糧。各項人犯，編立名冊，概令住居署前，不准遠離，該管官朝夕督飭看役，認真稽查，五日點名一次，其中有生事為非者，看役稟官，繫帶鎖項鐵圈，不礙操作，察看能否改悔，隨時疏釋，仍將各犯到配及派充何衙門夫役與貿易等事，分晰報查，如有脫逃，原派衙門無論正佐，即將該員作爲專管官由部臣視其罪名之輕重，從嚴酌定處分，併將主守加等治罪。至本省徒犯，陝章向僅南北二山遞發，其途稍隘，自後應仍均勻定地分撥，照舊管束。陝甘總督稱：甘肅現已安置軍、流徒犯共八百七十餘名，繁庶州縣至四十餘名，偏僻之區或十餘名、六七名不等，前年因脫逃日衆，嚴定章程，州縣於照例議處外，加以記過，主守提責革役，而逃者如故，固由主守拘束不嚴，實因配所窮苦，無以爲生。檢查犯冊，未見配所有家而逃者，若分別情罪，如屬尋常命案，情有可原者，發配之初，概令攜帶家口，或充衙門夫役，或聽備趁，自食其力，其無家者，或籌給資本若干，貿易爲生，日在署前，不令遠離；如係積猾盜賊、兇惡棍徒，本難望其遷善改過，令州縣添造軍、流所，常川鎖禁，加帶腳鐐，責成主守嚴加管束，再有疏脫，將該管官加重處分，主守加等治罪。四川總督稱：五刑之中設有徒流，加以軍遣，所以權衡於出死入生之際，以廣其悔罪遷善之途，法至善、意至良也。迄今奉行日久，本意浸失，軍、流、徒犯既無差役以拘其身，又無月糧以餬其口，安置未有良法，此種罪犯，大率素不安分，竊盜之徒尤多，處此凍餒交加，欲其循分安守，勢有不能。誠如部云，有不能不逃之勢，更有可以脫逃之機，洵爲探源的論。茲經悉心籌畫，成法具在，未敢妄議更張，欲縻其身，莫若不令散處，欲束其志，莫若給以口糧。就川省各屬安置人犯計之，大處不過二十名，中處十五名，小處十名，每名日給口糧銀三分計，大處每日銀六錢，中處每日銀四錢五分，小處每日銀三錢，爲數無多，籌款尚易，擬飭通省各廳州縣，每處於城內設立徒流所一處，每犯五名選派妥實看役一名，在所常川看管各犯，朝出夕歸，不准在外散處，並令各犯或編草鞋，或織篾席，准其售賣。仍照例由該典史吏目等專管其事，十日往查一次，稟報該管廳州縣，每日點卯一次，當經散給口糧，不經看役之手，免其剋扣，禁止勒派紳糧，以杜擾累，不准動用公費，以節公項。仍造具月冊造報院司，按季彙報刑部查考。如有能執生業之犯，聽其自便，應給口糧，卽由各該州縣按月捐廉散發。其創設徒流所一款，應飭現任各廳州縣墊款建置，以墊款之多寡定記功之上下，總期事不煩而民不擾，方可垂諸永久。如此一調劑間，在畏法者，固可從容執業；卽懶惰者，亦可敬且偷安。倘復在配脫逃，是朝廷布寬大之恩，該犯冥然罔覺，嚴懲之不爲過；主守之人，亦屬咎無可辭，應將脫犯及主守看役與專管、兼管各官照例分別加等治罪議處。兩廣總督會同廣東巡撫稱：軍、流各犯年年篤疾，例許撥入養濟院給與孤貧口糧，少壯者，有驛州縣發站當差，無驛州縣勻撥各衙門充當水草夫役，給與應得工食，俾資度日。其挾有微資、習有手藝者，交地保管束，聽其自爲謀生，如實係貧窮，但犯非盜及脫逃改發者，到配後，由該管官察其人尚安靜，酌借孤貧口糧一年，俾爲小販生理。以上各條，散見戶、刑二部則例及歷年通行條例，誠能酌加纂輯，定爲成法，責成各州縣於各犯到配點驗後，詳加體察，分別老病少壯、有無資財、手藝，妥爲安置，（如）〔勿〕使失所，並將如何安置情形，於收管文內切實聲敍，報部查考。如是老病有養，少壯有役，習藝者自食其力，貧苦者藉本營生，凍餒無虞，防範自易。再能嚴飭夫頭、甲長慎密看守，官仍依期查點，時將脫逃被獲加等治罪各專條剴切曉諭，以消各犯逸脫之念，而逃案或可期於日少。雲南巡撫稱：各省解滇安置人犯，現計流犯十名，遣犯、軍犯四十七名，爲數無多，向由地方官發交鄉約管束，按月點卯，藉以稽查。滇省兵燹之餘，地方瘠苦，各犯尚知守法，自尋力作謀生，脫逃者少。部臣議令編官各犯使之充當夫役，量予工食，以安其身，自係變通之一法。現計各屬墾荒開礦，原本需人，似可安置。惟銅廠砂丁千百爲群，皆由頭人自行招募，以便約束。開墾荒蕪田地，業各有主，男子耕餽，勞苦躬親，亦無須外至流人爲貸其力。現查滇省開化府邊界緊接越南，向設有卡六十餘處，由開化鎮派兵守禦，以固藩籬，軍興後，邊備空虛，卡堡頹廢，將來大軍入關後，建碉設卡，整飭邊防，似可預將解滇之軍、流等犯，除年逾六十及已成篤廢疾者照例撥入養濟院外，除皆發往開化鎮，酌撥赴邊（瓜）〔派〕守一處，卽責成汛弁管束，仍酌依犯無資財手藝之例給與口糧，附近荒地並准自行墾種。如能安分守法、勤慎當差，十年期滿，准予查辦釋回，願留邊效力者聽。至徒犯一項，前因犯易脫逃，尋仇報復，曾將搶刦徒犯毋庸解配，在籍鎖帶鐵杆石墩五年，奏准通行。此外雜案徒犯人數寥寥，應仍照舊發交各屬安插，似毋庸另擬變通。貴州巡撫稱：羈管配犯，歷係府、廳、州、縣轉發，所屬之經歷、州同、州判、縣丞、主簿、吏目、巡檢、典史等官收管，以收管之員爲專管，轉發之員爲兼轄，該管官果能認真管束，何致脫逃？然欲防逃，亦祗有加嚴官吏處分、籌畫配犯生計兩端。查軍、流、徒犯，同日脫逃在一、二名及四名以上者，專管、兼轄各官例止罰俸，五名及五名以上，則分別降留罰俸，均係公罪，例准抵銷，處分既不甚重，官吏自不經心，應請由部核議，加重處分。軍、流到配，黔處邊徼，土瘠民貧，若不爲籌畫生計，恐仍無以杜潛逃之路。查軍、流到配實係貧窮又無手藝者，例給口糧，徒犯則無之，擬請嗣後軍、流、徒犯到配，有年逾六十及已成篤疾，遵照定例撥入養濟院，按名給與孤貧口糧，以本犯在配病故或釋回之日止。少壯軍、流、徒犯初到配所，無論是否實係貧窮、有無手藝，亦遵定例，按名給與口糧，自到配日起，以一年爲止，一年之內及一年後，或有工程力作之事，先儘配犯充當夫役，照章給發工食；如無工作，由印佐各官在於本署所需把門、聽事各役及挑水、炊爨、更夫等類，酌量充當；如再無可充之事，飭令（理）〔里〕保代覓雇主領去傭工，仍取印佐各官印收及里保領保存案以專責成，並由兼轄、專管各官，於朔望日親自點卯查問勤惰，分別獎懲。各等因，先後奏奉諭旨交臣部彙核辦理。查刑法之設，原爲禁暴懲奸，使強橫者知畏懼而不敢犯，所謂辟以止辟也。自肉刑廢而代以徒流，已屬寬典，乃在配者不思安靜守法，動輒乘間脫逃，彼此紛紛效尤，立法本以懲惡，而伊轉得逃乎法之外，不特憲典幾成虛設，亦不足以懲兇頑而昭炯戒。今詳查各該省所議，或代爲籌給口糧，或責令學習手藝及小貿營生，或分別罪犯之老壯強弱妥爲安插，或撥給正佐文武衙門充當雜役及戍邊、捕盜等事，無非束縛之使不能逃，維繫之使不欲逃之意，所奏均不爲無見。臣等統加詳核，直隸、熱河、奉天等省，向不安插軍、流，衹有徒犯，熱河徒犯均發內地。吉林、黑龍江從前遣犯最多，後經停止，惟旂人及宗室有犯，俱照例發往，每年亦不多見，約束甚易。該處及奉天徒犯，據該將軍等奏稱，報逃者少，且向有口糧，謀生亦易，核與江蘇、安徽、湖廣、山東、山西等省所奏徒犯情形相同，俱可毋庸另籌。直隸徒犯較他省多至數倍，其報逃者亦倍於他省，且多係搶、竊、游、惰等犯。據該督稱：嗣後收入自新所，責令學習織帶、編筐等項手藝，自可照辦，仍飭令各該州縣，認真稽查，無得徒託空言，有名無實。河南、甘肅二省，則以命案各犯給資營生當差，搶刦各犯收入自新所、軍、流所看管，河南省並稱一二年後，察其情形再一體安頓，甘肅似亦可仿照行之。四川省則擬設徒流所，令各犯學藝謀生，與直隸同意相合。河南、甘肅既開設有專所，與其徒加看管，似不如亦責令學習手藝，則各犯勤而習勞，遷善更易。山東、山西二省，則按軍、流各犯原案輕重分別營生當差。貴州、陝西、雲南、安徽、福建、浙江、廣東七省則以老病（老）入養濟院，餘或給資營生，或隨同捕盜屯邊，均係按地方情形辦理。安徽並稱年終造冊歸臬司彙查，更屬周密，各省亦皆可仿行。湖南、湖北則擬令應役充夫及捕盜立功，大致略同貴州等省相同。至江蘇省稱命案脫逃者少，盜案擬加待質監禁年限，或改發新疆、黑龍〔江〕爲奴，殊不思待質之盜犯可加年限，不待質之盜犯又將如何？該省既慮盜犯不易約束，新疆、黑龍江豈無擁擠滋事之虞？未免窒礙難行，應由該撫另籌安插之法。至甘肅省所稱檢查犯冊，未見配所有家而逃者，如尋常命案，情有可原〔者，擬令〕[1]攜帶家口充役營生等語，係屬安插軍、流第一良法，惟僉妻之例，乾隆年間業經停止，今

---

① 參見光緒《大清會典事例》，卷 746，續修四庫全書本第 209 冊，上海古籍出版社，2002 年版，第 241 頁。

已〔百〕^①有餘年，若一旦遽行議復，不特地方沿途資送需費浩繁，即各犯家室亦未必盡願到配，似不如就現行條例稍加變通，於定案之時，詢明各犯是否情願攜帶家室，如有願帶而無力者，地方官可量爲資送，以示體恤；其不願者，聽，庶情法兩得其便，應先由各省督撫斟酌辦理，俟各犯願帶家室者多，再由臣部修復舊例。總之，軍、流犯到配，定例載明年逾六十及篤疾不能謀生者，撥入養濟院，給與口糧；其少壯各犯實係貧苦又無手藝者，按本身及妻室子女，每名給一年口糧，交各州縣充當夫役，兼之管轄有官弁、主守有役保，層層周詳，如果實力奉行，則懦弱者得免飢寒，強梗者加以拘束，何至逃亡纍纍？此次各省所議有與成例相符者，有於成例之外量加變通者，無非因地制宜，求其有濟，以維持憲典於不敝。如貴州、河南二省，徒犯亦撥入養濟院，陝西徒犯均勻分撥，不必拘定南北二山遞發，均與更張成法不同，臣部未便遙爲懸度，強歸一致，應由各該督撫按照所奏，自行定立詳細章程，飭屬認真整頓，該督撫時加訪查，如有辦理甚善者，酌予鼓勵；其陽奉陰違，視爲具文者，輕則記過，重則撤參，自足以肅刑章而挽積弊。若必嚴立一定處分，反開諱匿之門，誠有如直隸總督所云者，所有各省請重州縣處分之處，應毋庸議，仍照安徽、四川等省所議，飭令各該州縣將逃犯數目按季造冊詳報，由該督撫年終咨部以便查考。再，江西、廣西二省尚未據覆奏，應由該督撫妥速奏明，再行辦理。所有臣等彙核緣由，謹恭摺具奏請旨。光緒十一年六月十三日奏。奉旨："依議，欽此。"

按：光緒二十九年四月刑部奏議護理山西巡撫趙爾巽奏請各省通設罪犯習藝所，軍、流、徒犯即在犯事地方收所習藝一摺原奏稱："軍、流、徒等犯罪名，本意全失，流弊滋多，有不得不亟請釐定者。查定例，軍、流各犯，實係貧窮又無手藝，初到配所，按該犯本身及妻室子女，每名每日照孤貧給與口糧，自到配日起以一年爲止，於各州縣存儲倉穀項下動用報銷。各州縣有驛遞之處，一切應用人夫，酌派軍、流中少壯無資財手藝人犯充當，給與應得工食，無驛遞之州縣，公用夫役均令一體充當，逐日給與工價。又，徒犯不拘有驛、無驛，均勻酌配。各等語。詳繹例意，是軍、流、徒各犯原有應當之差、應供之役，並非令其坐成游手，無業可營，今祇重看守之科條，嚴逃亡之處分，州縣懼管束之不密，豈肯令充驛差？該各犯既無役可充，復（無）〔何〕^②從給與工價，此失本意者一也。又，徒犯昉於周之圜土、漢之城旦，流則本宥棄投裔之文，軍則原補兵贖咎之意。今則徒犯並不執役，流犯均有定配省分，儻有優於故土，樂於本邦，已非徒、遷之意，軍自衛所裁汰，雖多烟瘴諸條，更無執戟荷戈之事。是即實力安置，亦不過爲地方添一罪人，更爲州縣增一罣累，而於懲懸省愆之法，殊無所裨，此失本意者二也。往昔界限嚴明，道途遼遠，戶籍清楚，逃人無

---

① 按：參見前文言，自乾隆二十四年以後，僉妻之法廢。
② 校按：據北京大學圖書館藏《刑部奏底》內收趙爾巽奏摺校訂，下同。

從插足，故近者追蹤即得，遠者海捕無遺，不必多爲之備，自不慮有逃亡之犯，所以軍、流、徒之法可行；今則海禁大開，輪船火車，交通四達，游民貧丐，隨處溷迹，徒以舊法繩之，循例追捕，即同銷案，此失本意者三也。

三失之外又有四弊：民僞日滋，犯法日衆，各省軍、流、徒及發遣各犯，逐（減）〔漸〕增多，凡在衝途州縣，每歲經過不下數百起，一獄之成並護解各費，計之耗於公利者，歲費遂成鉅款，即爲州縣虧累之大宗，多糜一分無益之款，即少辦一分有益之事，此又一弊也。軍、流各犯，現在上無差役可供，下無工藝可執，又無看管之地、工食之資，因之潛逃之案，層見迭出，緝獲之犯，什無一二。該各犯或罪由誤蹈，或本非善良，議配之初，未始無悔過之心，自定爰書正名之日，徒、流、充軍，復經歷各地監卡，所見所聞，無非囚繫，廉恥潛喪，悔懼全無，不惟坦然忘自作之辜，更有自命爲官人之勢，纔登隸籍，即仰食於縣官，一著赭衣，便稱雄於亡命，一旦逃逋還鄉，益得彰其兇橫，罔知畏憚，鄰里畏其報復而不舉發，豪猾引爲黨援而生事端，劣胥蠹吏與之狼狽而不肯查緝，其至聚衆之匪、倡亂之民，多出於此，此又其一弊也。軍、流各犯，其安於配所而不逃者，州縣以其素習兇頑，難於驅役，或任開押自給，或靠商鋪攤供，遇有賽會婚喪，該各犯更以身係罪囚，恣意需索，徒長兇暴之風，絕無悛改之望，甚至串通盜賊，倚爲囊橐，包庇娼賭，流毒閭閻，以及唆訟抗官各事，亦多出其搆煽。昔投豹虎於四裔，今以稂莠易嘉禾，是因一罪人之導引，更爲流徒地方添無數罪人矣，此又一弊也。又或屬弱之軀，驟經播徙，愚柔之質，不慣營爲，非顛踣於道路，即死亡於異鄉，歸骨無望，鬼其餒而！朝廷本有宥死之恩，該犯反無貪生之樂，罪固由自取，而揆諸好生之德，必有惻然難安者，此又一弊也。竊維周重司寇，只列任收，漢易肉刑，不設流徒，梁、陳以下，有歲刑及髡鉗，亦少徒、流之制。近來東西各國，多以禁繫爲懲罪之科，工作爲示罰之辟，彼誠謂加以拘執足啓悔心，責以工備更稗要務，執業足供所食，則上無耗費；收犯皆有定所，則下少逋逃，而侵染良氓、滋長奸慝諸弊更不禁而自止，揆之經訓、定例尚無刺謬，擬請仿漢時輪作之制，飭下各省通設罪犯習藝所，以後將命盜雜案遣、軍、流、徒各罪審明定擬後，即在犯事地方收所習藝，不拘本省、外省，分別年限之多寡，以爲工藝之輕重，精而鏤刻鎔冶諸工，粗而布縷縫織之末，皆分別勤惰，嚴定課程，其愚劣過甚者，令作舉重等項苦工，徒犯自半年至三年，加重至四年。軍、流自非所犯常赦不原者，似均可酌定年限，期滿察看作工分數，及有無悛悔、有無切保，再行釋放。流罪自五年至九年，軍罪自十年至二十年，皆令常帶刑鐐在所工作。文弱不能工作者，即令服所中書識司賬之役，桀驁不服約束，則加以鞭扑督責之刑。是有十益：拘繫本地，衆知儆惕，一也；管束有所，不致逃亡，二也；見聞不廣，習染不深，三也；各營工役使生善心，四也；力之所獲，足以自給，五也；與人隔絕，不滋擾害，六也；繫念鄉土，易於化導，七也；（獲）〔護〕解無庸，經費可省，八也；本籍保釋，的確可靠，九也；即或疾病、死亡，仍獲首邱，法中有恩，十也。惟設習藝所，雖不無小費，然較之原來招審遞解之費、外來寄監安置之費，所省已多，則把彼注茲，固州縣所禱祀以（來）〔求〕者也，踴躍奉行，尤可操券。此外尚有鎖帶桿礅人犯，平日遊行街市，多半以攫物訛人爲生活，及釋放之後，或尋報復，或犯別案，既釋重負，轉能身輕步快，更難追捕，且該犯等特帶有桿礅，需索倚爲生產，久且私行逃避，翻將桿礅別售於人，滋累無已，種種流弊，皆爲地方之害，擬請以後此項人犯亦併入習藝所內一律辦理，懇請飭下政務處會同刑部、修律大臣妥議章程，〔行〕令各〔省〕一體遵辦”云。稱：“臣等查刑法之設，原爲禁暴懲奸，使小民知畏懼而不敢犯，所謂'辟以止辟'也。自徒、流列爲五刑之正，歷代遵行已千餘年，立法本極周備，至五軍沿自前明，雖邊衛裁而名實未符，然其初法令森嚴，流弊尚多，乃近年軍、流、徒各犯，在配不思守法，紛紛脫逃，是以臣部於光緒十一年間奏令各省督撫就地方情形妥籌安插之法，各該省所議，或爲籌給口糧，或責令學習手藝，或給資小貿營生，或分別罪犯之老壯強弱，妥爲安置，或撥給正佐文武衙門充當差役及戍邊、捕盜等事。當經臣部彙核，議如所奏辦理。乃奉行不力，日久弊生，十餘年來仍復逃亡纍纍，幾有法窮當變，不可終日之勢，茲據該護撫奏稱擬請各省通設罪犯習藝所，將命盜雜案遣、軍、流、徒各罪犯審明定擬後，卽在犯事地方收所習藝，不拘本省、外省，分別年限之多寡，以爲工藝之輕重，徒犯自半年至三年，加重至四年，軍、流自非所犯常赦所不原者，均可酌定年限，流犯自五年至九年，軍犯自十年至二十年，皆令常帶刑鐐在所工作，文弱不能工作者，卽令服所中書識司賬之役，桀驁不服約束者，則加以鞭扑督責之刑等語。係爲因時制宜起見，惟變法原以救弊，名實尤不可稍乖，犯事各有不同，安置豈能歸一致？如徒犯充役不出本省，限滿卽應釋回，此項人犯卽在犯事地方收所習藝，固屬可行，若如所奏軍、流人犯亦概不解配，竊恐此後不法匪徒有恃無恐，益將肆行兇橫，無所不爲。犯案到官，不過收所習藝而止。昔則投諸異域，今則萃處鄉關，有犯法之名，無遷徙之實，是立法適以長奸，閭閻愈將不靖。如謂軍、流發配省分儘多優於故土，樂於本邦，並謂近日輪船火車交通四達，一經脫逃，追捕不易，雖亦有此等情形，然不能因此一端遂將情重軍、流概行停遣。至謂一獄之成並護解各費，計之耗於公利，歲成鉅款，卽爲州縣虧累之大宗，在各州縣審解命盜重案由府而司而院，所費固屬不少，若尋常遞解之犯，則自有公費，不致累及州縣，亦不能惜此區區解囚經費，任令法紀蕩然。又如所稱鎖帶桿墩人犯平日遊行街市，多半以攫物訛人爲生活，久且私行逃避，翻將桿墩別售於人等語，是此項人犯在配尚不思守法，豈在籍反能工作耶？此遣、軍、流罪人犯未可概就犯事地方收所習藝之顯而易見者也。""臣等總核該護撫所陳各節，用意非不甚善，尚待參酌變通，方能推行盡利，且該護撫所議及者，僅在工作一端，臣等則謂居今日而欲變通軍、流徒辦法，工作之外，尚有足資懲勸者，曰監禁，曰罰贖，必三者相輔而行，乃能垂諸久遠。禁錮以濟工作之窮，罰（緩）〔鍰〕以開自新之路。稽諸國家憲典，復參以近日東西各國刑制，原可並行不悖，惟事關變通成例，不特圖始，尤貴要終，且必確有依據，庶與妄議更張者不同。查工作之罰，必以年限多寡分輕重，如徒役年限，定例昭然，毋庸另議。

軍、流人犯應如何酌定工作年限，及應否照例發配，似應以所犯是否常赦所不原爲斷；而經理此項工作，尤賴得人。夫聚羣不逞之徒於一處，倘非約束嚴明，難保不滋生事端，且昔能逃於配所者，今豈不能逃於工所？此又在各督撫嚴飭所屬，認真整頓，庶不致日久弊生，若監禁之法既足消囚犯桀驁之氣，又禁錮之使不能逃。臣部從前奏定京城棍徒及天津鍋匪酌加監禁章程，行之已久，尚無窒礙，所有嗣後各省強盜搶奪、會匪、棍徒等項罪應軍、流及軍、流由工所脫逃被獲各犯，似應仿照辦理，俾昭懲創。至金作贖刑，始於上古，現在收贖、納贖之例，銀數甚微，係專爲老、幼、廢疾及命婦、官員正妻等項有犯從寬准其贖罪者而設，至乾隆八年、十七年先後奏准官員貢監及平人捐贖免罪之條，在內由臣部奏請，在外由督撫奏請，必斟酌情形，實非常赦所不原者，方准捐贖。查貢監犯笞罪贖銀一百兩，杖罪贖銀二百兩，徒罪贖銀八百兩，軍、流贖銀一千二百兩，平人犯笞罪贖銀五十兩，杖罪一百兩，徒罪贖銀四百八十兩，軍、流贖銀七百二十兩，爲數過鉅，虛懸一贖罪之典，而呈請贖罪之案，往往累歲不獲一見，未免有名無實，似應酌減銀數，俾貢監及平人偶蹈法網者易於贖罪自新，勸懲之方莫善於此。以上三端必須釐訂章程，方足以資遵守。臣等公同商議，軍、流、徒各項法制不妨變通規畫，總期盡善。既據該護撫奏請，各省通設罪犯習藝所係屬安插軍、流、徒第一良法，應如所奏辦理，擬請嗣後各省徒罪人犯，毋庸發配，概行收入習藝所，按照所犯徒罪年限，責令工作，限滿釋放，如有脫逃被獲，從新收所工作，遣、軍、流罪各犯，如係強盜、搶奪、會匪、棍徒等項，仍照定例發配；罪應遣、軍者，到配加監禁十年，罪應擬流者，到配加監禁五年。其有例內應鎖帶鐵桿、石墩之犯，既加監禁，免其鎖帶桿、礅，應加枷號者，並免其枷號。俟監禁限滿，概行收入習藝所，皆令身帶重鐐，充當折磨苦工。遣軍以二十年爲限，流犯以十年爲限，限滿分撥各州縣安置，聽其各自謀生，仍令地方官按月點卯嚴加管束。其非上項致罪而爲常赦所不原者，無論軍、流，亦照定例發配，到配一律收所習藝，流二千里者限工作六年，流二千五百里者限工作八年，流三千里者限工作十年，軍犯即照滿流工作年限科斷，限滿即行釋放，聽其自謀生計，並准其在配所地方入籍爲民。若爲常赦所得原者，其罪既有減免之時，即其人終有釋回之日，無論軍、流，俱毋庸發配，即在本省收所習藝，軍、流工作年限亦照前科算，限滿即行釋放。至軍、流徒犯如在所不安工作，復行滋事犯法，除罪應斬絞監候立決，仍照定例問擬，及犯笞杖者，各照應得之數折責發落外，如徒罪人犯復犯徒、流，即照後犯罪名科斷。其軍、流人犯復犯徒罪，原犯係強盜等項，加監禁五年，此外加監禁三年；復犯軍、流，原犯係強盜等項，加監禁十年，此外加監禁六年，限滿果能悔過，再行收所分別工作；倘怙惡不悛，即令永遠監禁。如軍、流脫逃被獲，按例應加等調發者，仍照光緒二十年奏定章程，無論脫逃次數，軍犯加監禁十年，流犯加監禁五年，係由犯所脫逃者，仍發原配監禁，原犯得免解配者，即在犯事地方監禁，俟限滿查看情形，如能悔過，再行收所從新分別工作；倘收所後仍怙惡不悛，即令永遠監禁。至笞、杖、徒、流各犯捐贖免罪之例，銀數過鉅，擬請酌量變通，除犯罪常赦所不原者仍照舊不准捐贖及官員贖罪銀數毋庸議減外，凡貢監及平人犯罪呈請捐贖者，即照乾隆年間奏定贖罪銀數減半科算，仍按笞、杖、徒、流罪名分別等數辦理（銀數見緒論納贖諸例，從畧）①。此項贖銀暫由各省存儲，撥歸習藝所充用，作正開銷，隨時彙案報部，仍令年終彙奏。俟各省習藝所出息稍豐，足資用度，再行規復舊制辦理。以上軍、流、徒各犯，事犯在未定新章以前已經到配者，徒犯扣除役過年月照章補足，工作限滿即行釋放，軍、流各犯無論新章應否解配，即由配所一律收所習藝，工作年限俱照新章科斷，限滿分別辦理，其事犯在新章以前之笞、杖、徒、流各犯，如有呈請贖罪者，即照新章辦理，以歸畫一。似此酌量變通，庶於因時制宜之中，仍寓分別等差之意，如蒙俞允，臣部即通行各省督撫、將軍、都統、府尹一體遵照。至直隸、熱河、奉天等省，向不安插軍、流，此項罪犯非常赦所不原，免其解配之軍、流各犯應否即在該省收所工作，或仍照定例發配，由該督等體察情形，迅速奏明辦理。所有臣部現審案內軍、流各犯，應俟該督等具奏到日，再按新章核辦。再，該護撫奏請各省通設此項習藝所，似係指一州一縣分設一所而言，此等辦法散漫無稽，難收實效，原奏既稱精而鏤刻镕冶諸工，粗而布缕縫織之末，分別勤惰，嚴定課程，是必設立工廠，募雇教習，購置器具，但使規模稍具，用費當必不貲。竊恐各州縣非藉口無款可籌，即相率虛應故事，原奏謂州縣禱祀以求，踴躍奉行，恐未必盡然。且一州一縣之中，向來安置軍、流、徒犯本屬無多，就令州縣實力奉行，工作之所雖成，而習藝之犯無幾，鋪張揚厲，款項究屬虛糜。且從前各省何嘗不以責令此項罪犯學習手藝爲詞，卒至徒託空言，有名無實；似不如先就省城並該管巡道，各設罪犯習藝所一區，凡軍、流徒犯，不必分撥州縣，即在省城及巡道所駐地方收所習藝，俾專責成。如此則創辦尚不爲難，收效自當較易。惟各省情形不同，未便遙爲懸度，應由各該督撫等體察地方情形，議定開辦詳細章程，妥速奏明辦理。再，臣部現在纂修則例，逐條均須詳細查核，如此次所擬章程，

---

① 校按：括號爲原文本有。

以後遇有應行酌改之處，當隨時具奏請旨遵行等因。光緒二十九年四月初三日。"奉旨："依議，欽此。"是現行律例，除遣、軍、流罪情重〔各〕犯仍照舊例發配外，其徒罪人犯及軍、流爲常赦所得原者，皆得在犯事地方收入習藝所工作矣。又，光緒三十一年四月十七日刑部奏稱："定（例）〔律〕五徒、三流、五軍到配俱應加杖並准徒、總徒亦有至配杖一百之文，現在笞杖一律改爲罰金，此項人犯應得杖罪未便議罰，且遣犯到配，並不加杖，〔自〕①應仿照辦理，擬請將軍、流、徒人犯應得加杖，概予寬免，到配毋庸決責議罰，以昭畫一"云。

兹將光緒三十一年刑部會議奏定通行習藝所章程附錄於左，以供參攷。

"〔謹〕奏爲遵旨議奏事。內閣抄出署理山東巡撫胡廷幹奏遵設罪犯習藝所酌擬辦法一摺，光緒三十一年正月二十五日奉硃批：'該部議奏，單併發。欽此。'鈔出到部。該臣等議得：據山東巡撫胡廷幹奏稱：'刑部奏定新章，行令各省通設罪犯習藝所，由督撫體察情形妥議具奏，等因。當經正任撫臣周馥分行轉飭各府州縣遵照辦理。去後旋據藩臬兩司彙詳，以東省一百四十州縣，不如逐由十府三直隸州各設工所，安插本省遣、軍、流、徒各犯，建置房屋，購備器具，開辦之初，約計共需銀一萬五六千兩，常年經費，如委員、司事、繕書、匠人、夫役薪資，各犯口糧、資本，亦非有二萬兩不敷開支。應建工所房屋，就閒署、倉廠、廟宇酌量修葺，期於合用。咨行各州縣查明境內或積存款項，或就地籌捐，如非司庫正雜款目，俱准動用報銷，再有不足，概由牧令籌解。現在濟南等十府，先由首縣代爲措墊，濟寧等三直隸州自行墊給，並飭派同城實缺佐貳一員，以爲工所專管官，直隸州與附郭之縣爲兼轄官，每月工所用項，由專管之員核實開支，牒送兼轄官造冊詳報。至各犯學習工藝，不外編織竹器、條筐、布帶、毛巾、草蓆、帽纓之類，責成專管官督飭工匠妥爲教導，或人犯原有手藝，聽其所能，一併發給材料，製成貨物，按照市價出售，收回成本酌給各犯餘利，獎勤罰惰，用示懲勸。但收所各犯類乏馴良，防範不容稍疏，管束尤爲非易，疏脫收所各犯之專管官處分及看守兵役罪名，均照舊例辦理；如並無疏脫，自應量予甄敘，俾免偏枯。應請嗣後收所習藝人犯，扣足一年，並無疏脫六名以上，專管官紀錄一次，每六名加一等，二十四〔名〕以上加一級，再有數多者，依次遞加紀級，於整飭之中寓體恤之意'，等因，並將開辦章程繕單具奏前來。查創設習藝工所教養各項罪犯，既可約束之使不能逃，復授以謀生之術，則各犯勤而習勞，遷善更易，法至良，意至美也。是以臣部於光緒二十九年四月間議覆（護理）〔升任〕山（東）

---

① 校按：據北京大學圖書館藏《刑部奏底》內收刑部山西司奏底。

〔西〕巡撫趙爾巽奏請變通軍、流、徒摺內議令各省先就省城並該管巡道各設罪犯習藝所一區，應由督撫體察情形，妥議具奏，嗣復請旨飭催，並議令變通，或就一府一州各設一區，亦無不可，總期善政必行。各等因。先後奏准通行各省，遵照在案。今據該署撫奏稱：'東省濟南等十府、濟寧等三直隸州，各設習藝工所一區，安插本省遣、軍、流、徒等犯，派員專管稽察彈壓，督飭工匠妥爲教導，製成貨物，按照市價出售，收回成本酌給各犯餘利，獎勤罰惰，用示懲勸，並據議定章程，一律開辦。'臣等詳加查核定章，均屬妥協，應如所奏辦理。該署撫又稱：'飭〔派〕同城實缺佐貳一員，以爲工所專管官，設有人犯脫逃等事，吏議綦嚴，若並無疏失，自宜量予甄敘，應請〔嗣〕後收所習藝人犯，扣足一年，並無疏失六名以上，專管官紀錄一次，每六名加一等，二十四名以上加一級，數多依次遞加紀級。'等語。吏部查習藝所教養各犯，既責成專管官專司稽察，如扣足一年，並無疏失，應如該署撫所擬，分別予以加級紀錄。至該署撫奏稱'疏脫收所各犯之專管〔官處〕分照舊例辦理'等因。查習藝所人犯，本係按照各犯發配年限收所習藝，如有疏脫，其專管官處分，自應比照在配脫逃定例核議。惟查臣部光緒二十〔八〕年遵旨奏定軍、流等犯在配脫逃嚴定處分新章，係照舊例加等定議，歷經遵辦在案，擬請嗣後習藝所專管官疏脫各犯處分，亦應查照新〔章〕辦理，以歸畫一。至原奏開辦罪犯習藝所章程十條，實屬籌維周密，如果力求實際，定當日起有功，各省似皆可仿行，且善政期於逐漸擴充，如能推及於一州一縣各設習藝工所一區，則教養之所被者愈廣，擬請飭下各省督撫一體遵照，仍令體查情形，因地制宜，期歸妥善，迅速奏明辦理。再，此摺係刑部主稿，合併聲明，所有臣等會議緣由，理合恭摺具奏請旨。"光緒三十一年四月二十四日奉旨："依議，欽此。"

附錄《山東原奏開辦章程十條》：

一、各知府、直隸州治，無論城內關廂，擇其原有閒署、倉廠、廟宇，或購買民宅，各立工藝所一區，至少須屋四五十間，外築堅厚圍牆，內立廠棚柵欄，留備委員司書辦公及人役各犯棲（留）〔宿〕（工作）之所，遇有桀驁不馴之犯，嚴行監禁，以免滋生事端。

一、所內事務紛繁，兼轄之州縣，勢難常（時）〔川〕赴所照料，必須酌派該府州同城之經歷、州同或州判、縣丞一員，爲專管官，稽查工匠、夫役及罪犯工作等事，隨時督率彈壓，毋使生事滋弊。再設司事一人，管理出入銀錢、貨品料物、散放工食口糧。書吏一名，繕寫公牘及登記號簿。每人犯十名，設看役一名，雇匠人一名傳授工藝，仍以人犯多寡定匠人、看役名數。又門役二名，專司啟閉，不准擅離，違者責革。更夫八名，輪轉守夜巡更，兼充一切雜差。

一、工所專管官一員，每月酌給津貼銀二十兩，以爲夫馬工食之需，司事每名月支薪工火食銀十兩，匠人每名月支工食制錢六（吊）〔千〕文，繕（寫）〔書〕一名，月支工食制錢三（吊）〔千〕五百文，門役更夫，每月給工食制錢三（吊）〔千〕文，人犯每名日給口糧制錢六十文。其餘筆墨紙張油燭等費及墊發購料資本，約計一府每年需銀一千五六百兩，各直隸州需銀一千二三百兩，統由所屬州縣動用本境無關司庫正雜存款，或就地籌勸捐助養廉，按月報解工所收用，概不准請頒庫款，以杜推諉。

一、專管之員防守一府一州習藝人犯，多則百餘名，少亦不下數十名，設有脫逃等事，例應開參，如無疏失，似宜酌給紀錄加級，以昭平允，已於正摺內聲請聽候部議。至該員辦理工所諸事，或勤或惰，應責成該管知府、直隸州隨時查察，酌記功過，詳報院司，核其一年之內記功多者，給予外獎，其積記大過三次以上，無功可抵者，撤去差使，另（派）〔行〕委員接辦。

一、司事、匠人，如能教督有方，成效昭著，夫役人等辦事勤慎並無貽誤，統由專管官隨時記功，倘有怠玩偷安，亦即記過，年底彙核。積記大功三次者，聲敘事由，酌獎花紅，仍會同兼轄官報道府備查，其記大過三次以上，無功可抵，即行更換，情節重者，分別究懲。

一、各犯每日早作晚歇，不給燈燭，亦不得怠玩偷安，及無故毀棄料物，違者責懲。計一歲休息之日：恭逢慶典，並每月朔望，暨冬夏至、端午、中秋，（冬）〔各〕停工作一日，歲底、新年各停工二十日。倘值嚴寒盛暑，或風雨異常，或該犯患病，並准停工，由專管官臨時酌定。並於朔望之日由書吏宣講《聖諭廣訓（演）〔衍〕說》，並各種善書，務使人犯環聽領會，以發其悔過安分之心。

一、收所各犯類皆粗魯之人，能爲鏤刻鎔冶諸工未必多有，且功精費鉅，造就亦難，開辦伊始，宜以工本稍輕易於銷暢者，責成匠人悉心教導，將來各犯中習藝有成，如堪拔充匠目，即令輾轉傳授，酌給匠人一半工食，毋庸另雇匠（人）〔工〕，庶節經費以昭激勸。

一、收所遣、軍、流、徒人犯，類多不逞之徒，羣居一處，難保無口角鬬毆逞兇生事，應責成專管官嚴加約束，每日早晚點名一次。各犯於習藝之時，解去手銬，收宿之際，仍帶刑具。如有該犯親〔屬〕赴所探視，除實係本人父母妻子，祇准一人進所，（在）於柵欄之外，對衆敘話，片時即令出去，其餘無論何人，如有擅自（攔）〔闖〕入者，立即拘（問）〔訊〕，提同看役一併嚴究。

一、工所人犯，除係强盜、搶奪、會匪、棍徒等項之外，工作年限既滿，准在釋放之列者，屆時由專管官冊報州縣轉詳府、道、司報院核明咨部，一面取保省釋，並將本犯名下衣物及積存餘利（存）〔全〕數點交領訖。倘司事書役人等需索留難，或平日凌虐罪犯，剋扣工食口糧，以及買賣工料貨物，查有浮冒侵漁等弊，係司事，追款撤換，情節重者，照例究辦；係書役，分別責革嚴懲。

一、各犯收所之初，由專管官詢其曾習何項手藝，察其質性，約核資本，多則值錢五千文，少則二三千文，督同司事發給匠人料物轉交該犯學習。初（習）〔學〕之時最易折耗材料，全在匠人教調得力，俾知慎惜。俟製貨售錢，扣還成本，再有餘利，先以三成發給該犯添（製）〔置〕①衣履，五成由工所收存登記，二成歸公，備充獎賞。將來該犯限滿出所，查其積存錢物，如數發還，俾爲營生之資。至工作年限未滿以前積存餘利，遇有新收習藝之犯，暫存借作資本，庶免另籌。如人犯在所病故，其餘利遺物移傳屍屬具領，倘查無屍親，除將該犯殮埋之外，所遺財物歸公登記備用，不准司事人役隱射侵佔，違者究處。

（甲）〔乙〕、死刑。凡二（日）〔曰〕：曰絞、曰斬是也。

一、絞者，畢其生命而保其全體，爲死刑之最輕者。

二、斬者，身首異處，血濺原壤，古之所謂大辟者是。

絞、斬二死，皆分監候、立決。該死罪者，三法司覈擬定當，如應行監候，卽監錮候秋審、朝審，按：朝審之例，起於前明英宗，天順二年九月二十五日奉旨：“人命至重，死者不可復生，自天順三年爲始，每至霜降後，但有該決重囚，著三法司奏請會多官人等，從實審錄，庶不冤枉，永爲定例。”當將所奉旨意纂爲條例遵行。秋審始於康熙年間，本仿照明制朝審之例辦理。今以審錄直省獄囚爲秋審，以審錄刑部獄囚爲朝審，每年各舉行一次，乃秋曹中一大典也。分別情實、緩決、矜疑奏請定奪。若應行立決者，不待時日，立卽上奏，得旨迺行。絞、斬之外，其有罪大惡極者，處梟示、凌遲、戮屍，皆決不待時。今此律已刪，故死刑惟絞、斬而已。

按：光緒三十一年三月二十日修訂法律館奏刪見行律例三事，一曰凌遲、梟示、戮屍，其詞曰：“查凌遲之刑，唐以前無此名目，始見於《遼史·刑法志》。遼時（慘）（行）〔刑〕多〔慘〕毒（甚），〔其〕重刑有車環、礦擲諸名，而凌遲列於正刑之內。宋自熙寧以後，漸亦沿用，元、明至今，相仍未改。梟首在秦漢時惟用諸夷族之誅，六朝梁、陳、齊、周諸律始於斬之外別立梟名，至隋而刪除其法，自唐迄元皆無此名。今之斬梟，仍明制也。戮屍一事，惟秦時成（僑）〔蟜〕軍反，其軍吏皆斬，戮屍，見於《始皇本紀》，此外無聞，歷代《刑法志》並無此法。《明律》亦無戮屍之文，至萬曆十六年始定此例，亦專指謀殺祖父母、父母〔者〕

---

① 校按：本摺及附錄章程文字校訂皆據北大圖書館藏《刑部奏底·山東司奏底》。

而言，國朝因之，（復）〔後〕更推及於强盜案件，凡斬梟之犯，監（錮）〔故〕者無不戮屍矣。凡此酷重之刑，固所以懲戒凶惡。第（行）〔刑〕至於斬，身首分離，已爲至慘，若命在頃忽，菹醢必令備嘗，氣久消亡，刀鋸猶難倖免。揆諸仁人之心，當必慘然不樂。謂將以懲（罰）本犯，而被刑者魂魄何知？謂將以警戒衆人，而習見習聞，轉感召其殘忍之性。故宋真宗時，御史臺請臠（刳）〔剮〕殺人賊，帝曰：‘五刑自有常刑，何爲慘毒也？’陸游嘗請除凌遲之刑，亦謂肌肉已盡，而氣息未絕；肝心聯絡，而視聽猶存，感傷至和，虧損仁政，實非聖世所宜遵。隋時頒律，詔云：‘梟首義無所取，不益懲肅之理，徒表安忍之懷。’洵皆仁人之言也。且刑律以唐爲得中，而唐律並無凌遲、梟首、戮屍諸法。國初律令，重刑惟有斬刑，（准）〔準〕以爲式，尤非無徵。擬請將凌遲、梟首、戮屍三項，一概刪除，死罪至斬決而止。凡律內凌遲、斬、梟各條，俱改斬決，斬決俱改絞決，絞決俱改絞候，入於秋審情實，斬候俱改絞候，與絞候人犯仍入於秋審，分別實緩。將來應否酌量變通，再由臣等妥議核定。或謂此等重法，所以處窮凶極惡之徒，一旦裁除，恐無以昭炯戒。顧有唐三百年不用此法，未聞當日之凶惡者獨多，且貞觀四年斷死罪二十九，開元二十五年（才）〔方〕[1]五十八，其刑簡如此。乃自用此法以來，凶惡者仍接踵於世，未見其少，則其效可睹矣。化民之道，固在政教，不在刑威也。”奏上當日，欽奉諭旨。已於五刑欵述之。

第二，附刑。

一、監禁。凡分三類，如左：

A．[2]現審監禁。此爲現審未結案者之監禁。

B．待質監禁。此爲案犯未獲、證據未齊，監而禁之，以待鞫問之監禁也。

C．候決監禁。此爲罪名已定，監錮候決之監禁。

據“故禁故勘平人”例云：“凡內外大小問刑衙門設有監獄，除監禁重（罪）〔犯〕[3]外，其餘干連並一應輕罪人犯，即令地保保候審理。”又“因應禁而不禁”律註云：“男子〔犯〕[4]徒罪以上，婦人犯姦及死罪，皆應收禁。軍民杖以下、婦人流以下及老幼廢疾者，皆散收押禁。官犯私罪，除死罪外，徒流鎖收，杖以下散禁。公罪自流以下，皆散收。”是除輕罪及干連人犯保釋之外，凡一切監禁人犯，不問其現審、待質、候決，皆視其罪名輕重、體氣強弱、身分貴賤，而區別收禁、散禁矣。

---

① 《光緒朝東華錄》總第 5325-5326 頁。

② 英文字母序号係原文如此。

③ 《大清律例》卷 36，第 562 頁。

④ 《大清律例會通新纂》卷 34，第 3500-3501 頁。

用以拘禁獄囚之具，鐵鎖、杻鐐是也，其制已於獄具款詳之。據"凌虐罪囚"例云："除强盜、十惡、謀、故殺重犯用鐵鎖、杻鐐各三道，其餘鬬毆人命等案罪犯以及軍、流、徒罪等犯止用鐵鎖、杻鐐各一道；笞杖等犯止用鐵鎖一道。"是收禁之法又視罪名輕重而分別寬嚴矣。

二、刺字。刺字有二法：一刺面，一刺臂是也。凡犯逃亡、强盜、竊盜、謀殺、故殺及拒捕殺人，與死囚決不待時者，皆刺字，旗人刺臂。民人犯杖以下者，同。奴僕刺面。民人犯徒以上及再犯者，同。刺面在鬢之下、頰之上，刺臂在腕之上、肘之下，字各一寸五分，劃開一分五釐。逃犯刺左，餘犯刺右。初犯刺左者，再犯、累犯刺右。初犯刺右者，再犯累犯刺左。罪名刺左者，地名刺右，罪名刺右者，地方刺左。該刺字人犯照律起刺，立決者獄成卽刺，監候者奉旨始刺，餘犯悉於起解責釋之前刺之，並不得逾限。

官員犯侵盜、旗人正身脫逃及准盜論罪，與婦人有犯者，不論，皆免刺字。

兹將刺字清、漢字樣附錄如左：

（一）[1]事由字樣：

逃人　、强盜　、兇犯　、搶奪　、竊盜　、回賊　、積匪猾賊　、

發塚　、脫逃餘丁　、逃兵　、逃軍　、逃流　、蠱役　、盜棺　、盜官

物　、盜官銀　、盜官糧　。

（二）地名字樣：

安西　、哈密　、巴里坤　、烏魯木齊　、伊犂　、烏什　、葉爾羌　、

阿克蘇　、喀什噶爾　、和闐　、黑龍江　、吉林　、甯古塔　。

---

① 此處及下"地名字樣"原序號亦爲"一""二"，易與其他"附刑"序號混淆，均加括號以示區別。

按：光緒三十一年三月二十日修訂法律館奏刪見行律例三事，一曰刺字。其詞曰："刺字乃古墨刑，漢之黥也。文帝廢肉刑，而黥亦廢。魏晉六朝雖有逃奴劫盜之刺，旋行旋廢。隋唐皆無此法，至石晉天福間始創刺配之制，相沿至今。其初不過竊盜、逃人，其後日加繁密，刺事由、刺地名、〔刺〕改發，①有例文不著而相承刺字者，有例文已改而刺字未改者，其事極爲紛糅。在立法之意，原欲使莠民知恥，庶幾悔過而遷善。詎知習於爲非者，適予以標識，助其兇惡；而偶罹法網者，則黥刺一膺，終身僇辱。誠如《宋志》所謂'面目一壞，誰復顧（籍）〔藉〕②？'強民適長威力，有過無由自新也。夫肉刑久廢，而此法獨存，漢文所謂刻肌膚痛而不德者，正謂此也。未能收弼教之益，而徒留此不德之名，豈仁政所宜出此？擬請將刺字款目概行刪除，凡竊盜皆令收所習藝，按罪名輕重定以年限，俾一技能嫻，得以餬口，自少再犯、三犯之人，一切遞解人犯，嚴令地方官認真僉差押送，果能實力奉行，逃亡者自少也。"

三、枷號。枷以圈頸，其制已於上述之。凡罪重於杖者，枷示發落，起二十日，止於三月，各從本法處斷，惟再犯例有枷號至一年、二年、三年及永遠枷號者，乃特別法也。

按：前明枷號有重至百餘斤，日期以半年爲限，本朝改重爲三十五斤，日期至多不得過三月，何等仁厚。乃後來條例愈煩，竟有加至一年及二、三年，且有永遠枷號者，大失從前定例之意，幸未再加斤數耳。

四、抄沒財產。謂將犯人所有財產抄沒入官也。如犯謀反、大逆及謀叛者，正犯所有財產皆抄沒入官者是。

五、追贓。贓分三類：一曰還官贓，如侵盜倉庫錢（精）〔糧〕等贓是；二曰入官贓，如犯禁之物及與受同罪等贓是；三曰給主贓，如公取、竊取及求索等贓是也。

據"給沒贓物"律云："若以贓入罪，正贓見在者，還官、主；已費用者，若犯人身死，勿徵，餘皆徵之；若計雇工賃錢爲贓者，亦勿徵。"又云："其估贓者，皆據犯處當時中等物價估計定罪。若計雇工錢者，一人一日爲銀八分五釐五毫，其牛、馬、駝、贏、騾、車、船、碾、磨、店舍之類，照依犯時雇工賃值，賃錢雖多，各不得過其本價。"又云："其贓罰金銀，並照犯人原供成色，從實追徵入官、給主，若已費用不存者，追徵足色。"是因贓入罪，除正贓已費用、犯人身死

---

① 參見《大清新法令》第一卷，第287頁。
② 校按：《宋史·刑法志》（卷201，第5020頁）作"籍"，《光緒朝東華錄》（總5327頁）作"惜"。

者，不追正贓外，餘則皆追徵正贓。若估計贓值，則以犯時、犯地中等物價估計，總不得過原物本價，爲通例者也。

六、革職罷役。此爲官吏犯罪之附刑，職官則曰革職，吏役則曰罷役。

七、除名還俗。職官除去仕籍曰除名，僧道令還本俗曰還俗，亦係官吏犯罪之附刑。

此外，尚有摘去頂戴、革去頂戴、摘印委署、離任調用、開缺褫革、削去本籍、銷除旗（擋）〔檔〕[1]、嚴加管束、不准出戶、追收度牒、追奪封贈、追奪誥敕、鎖繫巨石、鎖繫鐵桿、圈禁、閹割、充警服役諸附刑，不勝枚舉。

正刑、附刑之外，尚有所謂贖刑者，乃剝奪財產刑也。自笞杖以至於絞斬皆有贖，凡老幼、廢疾、篤疾、婦女及天文生、工樂戶、官員、舉貢生監、冠帶官犯罪，各視其情罪，較輕者，分別收贖、納贖、贖罪、捐贖，准予免除，已於納贖諸例款述之，茲不復贅。

第三章　處決期限

議定罪名，依律科斷，是曰處決，卽施行刑罰之謂也。夫罪有小大之分，刑有輕重之別，論斷以事，加減因時，一息之差，生死懸絕，此訊鞫之所以有期限，處決亦不容不定期限也。律中於此一端未曾定有專條，而據《斷獄》篇"淹禁"律載："凡獄囚情犯已完，法司督撫審錄無冤，別無追勘事理，應斷決者，限三日內斷決，應起發者，限一十日內起發。"是凡應行處決之罪，自笞杖以至於死，在文到三日之內，一律實行正法，爲五刑處決期限之通例。至若徒流發配，則以十日之內起解爲限者也。

按："淹禁"律註釋云："所犯笞、杖、徒、流、死罪，奉文應斷決者，限三日內卽行斷決，其徒、流、〔遷徙〕應發遣者，限十日內〔卽行〕發遣。"[2]是三日內斷決之徒、流，乃指徒、流到配後所附杖決而言，若徒、流發配起解之期，則用十日內起發之律。徒、流如此，遷徙、充軍、發遣當亦同也。

又，"死囚覆奏待報"律云："凡死罪囚，不待覆奏回報而輒處決者，杖八十，若已覆奏回報，應決者，聽三日乃行刑。若限未滿而刑，及過限不行刑者，各杖六十。"是死罪人犯，則應照（廳）〔聽〕三日行刑之律，不得在三日之內處決也。

按：死囚俟覆奏回報，聽三日行刑，乃死囚之通例。今例除恭請王命先行正法人犯外，凡監候，朝、秋審情實，經御筆勾除者，一律於霜降後、冬至前擇日

---

① 《大清律例會通新纂·督捕則例》卷上，第3836、3864頁。
② 《大清律例會通新纂》卷34，第3522頁，并見沈之奇《大清律輯註》，第992頁。

正法。見"有司決囚（次）〔等〕第"例。至立決人犯，則於奉到部文之日，卽時處決。見"有司決囚（次）〔等〕第"例。是此律仍歸無用矣。

又"稱日者以百刻"律云："凡稱一日者，以百刻。"此明曆然也。明曆每日分爲百刻十二時，子午二時十刻，丑、寅、卯、辰、巳、未、申、酉、戌、亥十時各八刻，故合爲百刻，今憲書子午亦作八刻，故每日共九十六刻，理應改正，不得拘泥舊文。

處決期限大略如上所述矣。而據"五刑"及"死囚覆奏待報""有司決囚（次）〔等〕第"諸律例觀之，則停刑日期，內外問刑衙門除兇盜逆犯、干涉軍機應行立決及須刑鞫者，均卽隨時辦理，聲明咨部，毋庸拘泥停刑舊例外，見"有司決囚（次）〔等〕第"例。其餘尋常案件與其他立決人犯，俱不得決理刑罰。茲將停刑日期列舉如左：

一、每年正月、六月；其五月內交六月節及七月立秋之前同。

二、每月初一、初二日；

三、四月初八日；

四、上元、端午、中秋、重陽等節；

五、封印日；

六、慶賀穿朝服日；

七、祭享齋戒日；

八、冬至前十日、後七日；

九、夏至前五日、後三日；

十、京師祈雨、祈雪期內，及雨澤愆期、清理刑獄之時。外省不用此例。

若起解徒、軍、流、遣犯，據"徒流遷徙地方"例云："（凡）直省軍、流、遣犯及實發新疆並由《新疆條款》改發內地人犯，未起解者，十月至正月終及六月，俱停其發遣，若已至中途，初冬十月經過州縣，照常接遞，至十一月初一日，方准停遣，俟次年二月轉解，如遇六月，照前停遣，〔倘抵配不遠，並發往東南省分各項人犯有情願前進赴配者，取具本犯確供，一體起解，並將不行停遣緣由移咨前途接遞，仍報刑部。惟雲南省并無盛暑嚴寒，各省解往軍、流、遣犯已入該省邊境者不必停遣。其起解之時有情願前進者，亦照解往東南省分之例辦理。其軍、流、遣犯在配脫逃，例應解回原配及改調他省者，雖遇隆冬盛暑不准停遣。〕[1]其民人在外省犯徒，例應遞回原籍發配之犯，若離籍在一千里外者，時遇隆冬盛暑，亦准停解。"是軍、流、遣犯發配遞解之時，遇隆冬盛暑，一體截留停遣。若徒罪，

---

① 《大清律例會通新纂》卷4，第568-569頁。

則惟由外省遞回原籍，發配在一千里以外者，並准停解，餘則否也。至笞、杖、枷罪人犯，據五刑例載：“每年於小滿後十日起至立秋前一日止，如立秋在六月內，以七月初一〔日〕爲止。內外問刑衙門，除竊盜及鬭毆傷人，罪應杖笞人犯不准減免（外），其餘罪應杖責人犯各減一等，遞行八折發落，笞罪寬免。〔如犯案審題在熱審之先，而發落在熱審期內者，亦照前減免。倘審題雖在熱審期內，而發落已逾熱審者，概不准其減免。至熱審期內〕監禁重犯，令管獄官量加寬恤。（至）〔其〕①枷號人犯，俱暫行保釋，俟立秋後，再行照例減等補枷，滿日發落。”此爲熱審之減免。又“婦人犯罪”律載：“（凡）〔若〕婦人懷孕，犯〔罪〕（該）〔應〕拷決（及死罪）者，”“皆待産後一百日（處）〔拷〕②決。”亦處決期限內所不可不知者也。

第四章　矜疑緩決

朝審、秋審情實各犯照律處決，既於上述之，而可矜、可疑、緩決人犯如何處置之法，律未定有專條，惟例中有矜、疑減爲軍、流及緩決仍行監固之文，至何爲可矜、何爲可疑、何爲緩決，條例所載亦未完備。茲據《秋審實緩比較條款》，③取其議矜、議緩者以爲標準焉。

一、違犯恩養已久義父母致令自盡，照親子取問，如律擬絞之犯，不入服制，仍照常犯辦理。嘉慶十八年直隸省有改緩案。

一、誤殺期（親）〔功〕④尊長，犯時不知，照鬭殺者應擬緩決。盜官犯等項，犯時不知，亦可照辦。

一、毆死本宗緦麻尊屬之案，如救親情切，或致斃莅倫尊長，並情急搪抵傷輕及刃戳止一傷死非徒手者，雖係刃傷，刃傷者向入情實。亦可酌量入緩。其理直，手足他物傷輕者，應入緩決。近年金刃三傷以下，亦有入緩者。

一、毆本宗緦麻尊長至篤疾之案，究無人命，亦與刃傷期親尊〔長〕不（問）〔同〕，其情節略有可原者，（俱）入緩決。

一、毆死外姻緦麻尊長，視常人止差一間，不得與本宗並論。如刃傷及他物傷多，俱應核其情傷輕重，分別實緩，較常鬭略爲加嚴。

一、毆死同居繼父及毆死小功母舅之案，〔應入情實，〕如係救父、救母，並

---

① 《大清律例會通新纂》卷3，第221-222頁。
② 《大清律例》卷37，第599頁。
③ 未知作者據何底本。薆之謝誠鈞撰《秋審實緩比較條款》（以下簡稱“謝本”）、佚名輯《秋審比較條款》（以下簡稱“佚名本”）、佚名輯清抄本《秋審實緩比較條款》（以下簡稱“抄本”）、沈家本輯《秋審條款附案》（以下簡稱“沈本”）四書雖句意相近，然文字多有出入。
④ 謝本第397頁；佚名本，第305頁。

傷近於誤，及情（同）〔因〕①抵格，適傷致斃者，亦可緩決。

一、毆死妻父母之案，如〔係負恩昧良，逞忿行凶者，應入情實；其餘〕②理直情急，金刃一二傷及他物無損折者，亦可緩決。

一、姦夫謀、故殺及拒捕致斃本夫，姦婦不知情之案，如〔事後仍與姦夫續姦，或跟隨同逃，俱以戀姦忘讎論，並此外又致其父、兄被殺，及另釀多命者，俱入情實。其餘〕（係）畏罪支飾不首，或被姦夫恐嚇隱忍，無〔前項〕③戀姦忘仇情事及僅釀旁人一命，無關服制者，均可緩決。

一、因姦殺死子女滅口之案，親母不論有無子嗣。入於緩決，永遠監禁；嫡母、繼母、（慈）〔嗣〕母〔如〕致夫〔絕嗣者，俱入情實；〕未絕嗣者，入於緩決，永遠監禁。其嫡母、繼母非（理）〔因姦事〕毆殺庶生及前妻之子，（致夫絕嗣，）應絞候者俱入緩決；如係故殺及爲己子圖占財產、官職而殺者，嫡母緩決〔，繼母情實。例內已有明文，應查例照辦〕④。

一、姑〔其〕⑤因姦致死伊媳滅口之案，親姑、嫡姑、繼姑均入緩決，永遠監禁。

一、謀、故殺期親以下卑幼及卑幼之婦各案，〔如圖詐、圖賴、爭繼、爭產、畏累、憎嫌，並因錢債、田土、口角細故逞忿殘殺，或非理欺凌者俱入情實。〕⑥若情因管教，一時觸忿并死者理曲情兇及致斃爲匪、玷辱祖宗卑幼者，俱可緩決。其毆死功緦卑幼應絞候者，非情節實在慘忍，不必遽行議實。

一、謀、故殺義子並雇工及白契所買恩養未久奴婢，（除）〔如〕有圖詐、圖賴、憎嫌、畏累等情，〔因〕而殘殺，及〔死〕太幼稚，恩養未久者（外）〔應入情實，其餘〕⑦俱可緩決。

一、妻謀、故殺妾之案，如無圖詐、圖賴及妬慘重情者，俱可緩決。

一、婦女毆死緦麻以上尊長之案，理直情急或傷輕者，俱〔可〕⑧緩決。

一、婦女謀、故殺夫卑幼之案，如〔圖詐、圖賴、憎嫌、畏累並細故非理殘殺者，應入情實，若〕（係）⑨釁起管教及死者理曲犯尊，亦可緩決。

一、夫謀、故殺妻之案，如（無）〔因〕圖詐、圖賴及圖姦他人，因妻礙眼而

---

① 沈本卷 1 第 379 頁。
② 沈本卷 1 第 383 頁。
③ 謝本第 405 頁；沈本卷 1 第 389 頁。校按：沈本有訛字。
④ 謝本第 408 頁；沈本卷 1 第 396-397 頁。
⑤ 校按：本條爲正文"姑抑媳同陷邪淫，致斃媳命者，應入情實"條之小字注文。"〔其〕"以下文字與"其"字相同，本爲小字注文。見佚名本，第 310 頁；抄本第 169-170 頁。
⑥ 謝本第 409 頁；佚名本第 310 頁。
⑦ 謝本第 412 頁；佚名本第 311 頁。
⑧ 謝本第 413 頁。
⑨ 謝本第 414 頁；佚名本第 311-312 頁。

殺，（及）逼妻賣姦不從而殺，憎嫌病妻而殺，並妻無大過（而）逞忿殘殺〔者，俱應情實，其餘無前項殘忍〕情事與或係事後圖賴者，應入緩決。①

一、僧尼及諸色匠藝人等優伶不在內。毆死弟子之案，如〔因姦挾嫌、畏累等情，逞忿殘殺者，俱入情實，其〕②衅起管教，無殘暴重情者，可以緩決。

一、服制以凡鬬定罪之案，如毆死功緦以上尊長、尊屬，因本犯與死者並父祖出繼降為無服，又賣休買休等項妻妾毆死夫與翁姑，又毆死繼母係〔伊〕父賣休買休之妻，此等人犯定罪雖同凡鬬，秋審則不可概以凡論，非實在理直情輕，不得輕議緩決。至毆死賣休買休之妻，一則曾有夫妻名分，一則（既）〔現〕③有夫妻之情，似應較毆死尋常婦女稍寬。

一、各項立決人犯或奉旨改監候，或原情奏請改為監候者，俱應（入）④情實，間有情節實可矜宥，臨時酌量入緩，但不宜過寬。

一、謀殺加功之案，〔無論被逼勉從或僅幫同揿按，並止代為買藥，未曾下手，俱應情實。〕⑤從前間有因被父母家長嚇逼幫按或先代求饒及死者係姦淫並應死罪人酌入緩決者，近來一概入實。如死者自願畢命，因而聽從加功及聽從謀殺，應抵正兇等項，尚可酌入緩決。

一、凡鬬火器殺人之案，〔無論疑賊誤殺、因鬬誤殺，俱應情實。〕間有情切救親及無心點放，亦可酌入緩決。嘉慶十八年刑部議駁御史嵩安條奏，一概入實。其間有情罪可原之案，於黃冊出語聲敘，惟無心點放照鬬殺定擬者（，近來均）入緩（決）⑥。

一、男子拒姦無據，審無起衅別情，仍照謀、故、鬬殺定擬之案，例內已載明入緩，應查例辦理。⑦

一、非應許捉姦之人殺死姦夫，仍依謀、故、鬬殺定擬各案，嘉慶⑧十五年奏明，果係本宗情好素密，實出一時義忿，並無起衅別情，仍入緩決。如有挾嫌訛詐等情，應照尋常謀、故、鬬殺酌核情節，分別實緩。

一、為父報仇故殺，國法已伸人犯之案，乾隆五十八年曾奉諭旨入於緩決，永遠監禁，後即纂為定例，係專指謀、故殺致死伊父正兇而言，後又有因尋殺伊父正兇未遇，適逢正兇弟兄，即係彼時在場同毆伊父餘人，被其惡言毒罵觸忿故殺之案，雖殺非正兇，而報仇之心則一，亦可酌入緩決，監禁。為兄報仇殺死正兇者亦同。⑨

① 謝本第 414 頁；佚名本第 312 頁。
② 謝本第 416 頁；佚名本第 312 頁。
③ 謝本第 417 頁；佚名本第 314 頁。
④ 謝本第 419 頁。
⑤ 謝本第 421-422 頁。
⑥ 佚名本第 317 頁，並參見謝本第 424 頁。
⑦ 抄本與此全同，其他各本文字皆小有出入。
⑧ 謝本第 426 頁無 "嘉慶" 2 字，餘無異；抄本第 175 頁 "依" 作 "以"，餘同。
⑨ 各本文字小有出入。如佚名本第 319 頁、抄本第 175 頁，"故殺" 前皆有 "謀" 字。

一、連斃（三）〔二〕命之案，〔無論一故一鬭，及二命俱係鬭毆，並內有一命即係當場殺人之犯，或係正餘限外身死，律不應抵者，俱應入情實，〕①如內有一命係姦盜罪人，兇犯有應捕之責，只應核其另斃一命之情節輕重，分別實緩。倘死者俱係姦盜罪人，兇犯無應捕之責，或僅係追趕落河，或追逐致令跌斃等項，以及其餘各案，理直情輕，實可矜原者，亦可酌核入緩，但不宜過寬。

一、連斃二命之案，如毆溺一人，又一人因撈救溺斃者，近年亦有實案，惟此項一命係毆跌所致，一命則非其意料，似只可以另釀一命論，究與連斃二命者有間。〔如另釀一命係死者之父子夫妻兄弟叔侄，因非毆死一家二命，仍依鬭殺絞候者自應入實。〕②

一、瘋病連斃二命之案，〔俱入情實。〕如內有一命不應抵者，可以緩決，即另斃二命俱不應抵（者），〔究由瘋發無知〕③，亦可入緩。

一、擅殺二三命及火燒活埋者，俱入緩決。

一、聽糾毆斃一家二命下手傷重從犯應絞候者，不論傷之多寡輕重，俱入情實。〔嘉慶〕十（六）〔八〕年④議覆御史嵩安條陳，如實在被毆危急，一傷適斃或死近罪人、死由跌溺者，酌量入緩，是年四川有照緩案。

一、各斃一命之案，從前無論情節輕重，俱入情實，近年則仍按其起釁曲直、兩造人數之多寡強弱，無論兩比互斃二三命及致斃彼造二三命，俱可分別辦理。如釁起理直，或當時並未在場，後至攔勸（戒），⑤情切救親父子共毆者不在此內。並身先受傷，死非徒手及金刃他物抵戳一二傷者，若各兇犯俱有前項可原情節，則俱可緩決。若內有一二兇犯可原，則分案入緩。再，二三命之案，如兩造均係父子弟兄叔侄，自應較兩造均非同姓及雖同族而非有服親屬者為重，若情節尚有可原亦可分別入緩，不必因此加重，概入情實，倘至四五命以上，則斷不可輕議分案入緩矣。

一、各斃一命之案，有彼此鬭不同地、先後鬭不同時者，各就尋常鬭毆分別實緩。惟廣東等省〔常〕⑥有遇事爭鬭，實係一釁相因者，若至四命以上，斷不可輕議緩決。

一、毆斃人命復另釀一命，亦可按其當場之起釁曲直、毆情輕重分別實緩，比常鬭稍為加嚴，不必盡入情實。⑦

---

① 各本"三"皆作"二"，其餘文字小有出入。參見謝本第 430 頁；佚名本第 320 頁。
② 謝本第 432 頁。佚名本第 321 頁、抄本第 177 頁文字小有出入。
③ 抄本第 178 頁；謝本第 434 頁；佚名本第 323 頁。
④ 沈本卷 2 第 458 頁；佚名本第 323 頁；抄本第 178 頁；謝本第 435 頁。校按：各本皆作"嘉慶十八年"。
⑤ 抄本第 179-180 頁；沈本卷 2 第 459 頁。
⑥ 抄本第 180 頁、沈本卷 2 第 460 頁皆有"常"字；謝本第 442 頁、佚名本第 328 頁與此文字出入較大。
⑦ 謝本第 442 頁。佚名本第 329 頁、抄本第 181 頁、沈本卷 2 第 472 頁文字小有出入。

一、毆斃人命後故殺子女圖賴卸罪者，應入情實。如無詐賴別情，亦止按當場之鬥情輕重分別實緩。①

一、奴婢毆死良（家）〔人〕，仍照（凡）〔常〕②鬥核其情節，分別實緩。

一、毆斃人命後或焚屍、移屍滅跡，或至屍身漂沒無獲，或賄囑仵作匿傷捏〔報〕，或〔誣〕卸他人，或狡供不認，致屍遭蒸檢，此與誣告致屍遭蒸檢者不同。並賄（囑）〔買〕③頂兇未成等項，有一於此，訊係畏罪起見者，仍按其當場鬥情輕重分別實緩。倘狡供致屍一再蒸檢，又有賄囑舞弊誣賴圖卸種種狡詐情節並釀成巨案，即鬥情尚輕，應酌入情實。

一、毆死祖妾、父妾，仍分別有無子女，及是否年老並情傷輕重，酌定實緩。

一、殺人免死赦回或在配復行殺人之案，嘉慶十六年奏准，如兩犯均係鬥殺、共毆，無論情節輕重，概入情實。若前案係鬥（毆）〔殺〕、共毆，後犯係擅殺、戲殺、誤殺、毆死妻及卑幼，或前案係擅殺等項，後犯鬥（毆）〔殺〕、共毆實係理直情輕者，酌入緩決。至前後兩犯中或有一案係竊盜等項，並非殺人，止按其後犯情節定擬實緩。嘉慶十八年本部議覆御史嵩條奏，除前後兩犯鬥（毆）〔殺〕④、共毆均係應緩者仍擬情實外，如前後兩犯均應可矜，或前犯緩決、後犯應入可矜者，俱酌議緩決，若前犯可矜、後犯情節係例不應矜之案，即不可輕議緩決。

一、遣、軍、（徒）流、〔徒〕各犯在配殺人及赦回（可）復行殺人者，究與免死復犯不同，無論殺死係同配罪犯，或係在配在籍平人，均照常鬥署為加嚴。其理直（輕）傷〔輕〕，無兇暴情（狀）〔形〕⑤者，俱可緩決。

一、尋常鬥殺案內用熱水（澆）〔燙〕潑致斃者，亦可核其情節分別實緩。此（案）〔等〕情傷較慘，如係伏暑時候有心用滾水澆淋，連片（多）傷〔多〕⑥者，不可輕議緩決。

一、毆斃人命後或乘便攫取財物，或臨時起意移屍圖詐、圖賴，仍按其當場鬥情輕重，分別實緩。

一、在押人犯毆斃人命，仍按其本案情傷輕重，分別實緩。

一、尋常鬥毆殺人之案，最難參酌畫一，有金刃一二傷應入情實者，如洞胸貫脇，情近於故之類。有金刃八九傷，情尚可緩者，如身受多傷，理直情急，及死非徒（於）〔手〕、死近罪人之類。有他物二三傷而應入實者，如理（直）〔曲〕逞兇，鐵器傷在要〔害〕，骨斷、骨裂之類。

---

① 謝本第443頁；佚名本第329頁；沈本卷2第478頁。抄本文字略異。
② 謝本第444頁；佚名本第329頁；抄本第181頁。
③ 謝本第445頁；佚名本第330頁；抄本第181-182頁；沈本卷2第482頁。校按：各本個別文字小有出入。
④ 沈本卷2第484-485頁；謝本第446-447頁；佚名本第331頁；抄本第182-183頁。
⑤ 佚名本第332頁；抄本第183頁；沈本卷2第487頁。校按：惟獨謝本第499頁"免死"後有"減等"二字。
⑥ 謝本第450頁；抄本第186頁；佚名本第332頁。

有他物二十餘傷而尚可緩者。如受傷抵禦，理直情急並傷無損折，死近罪人之類。起釁情節，有以索欠、負欠分曲直者，亦未平允。如先係重利盤剝，後復強取牲畜什物抵欠，則索欠者反理曲矣，如窮民尾欠無幾，央緩不允，被債主陵逼不堪，因（此）〔而〕抵毆致斃，則負欠者其情大有可原矣。又倒地迭毆情節固重，然亦不可概入情實。北方風氣剛勁，其一按一毆，並架至空地扳倒行毆之案，不一而足，倘〔起〕釁（起）理直，尚無兇殘情狀者，亦可酌量入緩。大約鬥殺之案，或理曲情兇，（及）〔刃〕斃徒手，或倒地迭毆、迭扎，至死方休，或死未還手，肆行毒毆狠砍，或姦、盜、賭匪逞兇行毆，此等之類，情無可原，俱應入實，其餘理直情急傷輕者，入緩無疑，但係理直情急，傷〔雖〕多，金刃他物在內。或僅止一二傷，損折穿透，並僅係手足傷，俱可畧傷而衡情，擬入緩決。論傷痕，鐵器比他物爲重，金刃比鐵器爲重，若用大石碰壓並用竹籤、木桿等物插入耳鼻穀道致斃，及雖不用器械，或以毒物置入口鼻，或用鹽滷灌入口內致斃者，此等之類，情近於故，其情節非大有可原者，斷難（入）〔議〕緩。以上各項，歷年成案均不盡一，總須〔臨時〕[1]平心參核，先衡情，後論傷，彙比辦理。

一、原謀共毆下手傷重之案，如理曲人衆，情兇傷重者，多入情實。若釁起理直，尚無兇暴情形，亦可酌入緩決。

一、聽糾共毆致死之案，多係事不干己，如黨惡兇殘，刀械毆（打）〔扎〕多傷，死未還手者，應入情實。其餘以後下手擬抵，並同時共毆之人，亦有重傷者，罪疑（維）〔惟〕[2]輕，本犯尚可入緩。

一、尋常共毆人致死之案，如非原謀，（又）〔亦〕非聽糾，係釁起一時，並無心撞遇，拉勸幫護，因而爭毆，須看兩比之人數多寡強弱、傷之多少輕重、共毆之是否同時、此造之有無受傷，一一詳（校）〔核〕比較，（之）〔至〕[3]區區理之曲直，竟可不必深論。如死者先被餘人毆傷，兇犯未曾目覩，迨後經見幫毆，傷痕無多，只應就本傷論。或兇犯先毆數傷，即行歇手，餘人後復幫毆，非其所及知；或兇手及餘人身受多傷，或死者持有刀械，毆由抵禦，勢非得已；或餘人亦有致命重傷，以該犯後下手並比較分寸擬抵；或義忿激於衆怒，或死類棍徒，本不足惜，此等之類，既有可原可疑情節，均應緩決。

一、尋常共毆之案，定擬時，共毆傷輕之餘人有病故者，亦屬（一）[4]命有一

---

① 謝本第452-454頁；佚名本第333-335頁；抄本第184-186頁。
② 謝本第457頁；佚名本第336頁。
③ 謝本第458頁；佚名本第337頁；抄本第187頁；沈本卷2第509頁。
④ 抄本第188頁；沈本卷2第515-616頁；他本文字稍有異同。

抵，雖正兇情傷畧重，亦可酌量入緩。

一、亂毆不知先後、輕重罪坐初鬥及原謀未動手罪坐原謀之案，皆罪疑（維）〔惟〕①輕，俱應緩決。

一、威力主使毆人致死之案，較凡鬥爲重。如釁起理直，傷亦不多，無恃強兇暴情形者，可以緩決。

一、威力制縛人拷打致死之案，較之威力主使尤重。如〔挾嫌藉事拷打，或非刑凌虐，或妄拷平人，一切兇暴不法情節，俱入情實。其餘〕②釁起理直，並疑竊有因，及制縛而未拷打，或邂逅傷輕致斃者，亦可緩決。

一、一死一傷及二三傷〔並另傷一人成廢〕之案，如係情急抵禦，或被傷之人係奪刀致劃，俱不必因此加重入實。至一死而又另傷四人以上（案），③則應入情實，而有釁起理直，實係以寡敵衆，情急可原者，亦可酌量入緩。

一、金刃傷穿透之案，如係〔胸前透脊背，或肚腹透腰眼，或左脇透右脇，及一切要害致命處所穿透者，皆情兇近故，應入情實。倘〕理直情急，受傷回（戳）〔抵〕，④僅止一二傷者，雖至洞胸貫脇，亦可緩決。其餘腿脚胳膊等處穿透者，亦照尋常鬥殺傷痕，分別實緩。

一、扳倒割筋剜眼致斃人命之案，〔多入情實，〕⑤如釁起理直，死非善類，並情節不甚兇殘者，亦可緩決。

一、旗人⑥殺死旗人之案，〔從前俱入情實，嘉慶八年本部奏明，〕⑦照民人鬥殺〔一律〕⑧分別情傷輕重，定擬實緩。

一、致斃老人、幼孩之案，〔有欺凌情狀者，俱應入情實。〕如事本理直，傷由抵格，及手足他物傷輕，並（全）〔金〕刃一二傷〔情〕⑨輕者，亦可入緩。

一、十五歲以下幼孩殺人之案，除謀故等項應入情實外，如係鬥殺，必〔實〕⑩有兇暴情節，傷多近故，無一可原，及死更幼稚、死係雙瞽篤疾、理曲欺陵、迭毆多傷者，方入情寔，餘俱緩決。至老人殺人，有彼此強弱不同，如以弱敵強，雖傷多亦可緩決。

---

① 抄本第 188 頁；沈本卷 2 第 516-517 頁。他本文字略有出入。
② 佚名本第 339 頁；沈本卷 2 第 521 頁。他本文字稍有出入。
③ 謝本第 467 頁；佚名本第 340 頁；抄本第 189-190 頁。各本略有出入。
④ 謝本第 469 頁；佚名本第 341 頁；抄本第 190 頁；沈本卷 2 第 537 頁。各本略有出入，謝本有訛字。
⑤ 謝本第 471 頁；沈本卷 2 第 540 頁；抄本第 190 頁；佚名本第 341 頁 “多” 作 “均”。
⑥ 佚名本第 342 頁、沈本卷 2 第 543 頁、抄本第 191 頁作 “旗人”；惟謝本第 473 頁作 “滿洲”。
⑦ 謝本、抄本、沈本同作 “嘉慶八年”，惟佚名本作 “嘉慶十八年”。
⑧ 佚名本、沈本作 “鬥殺”，謝本、抄本作 “鬥毆”。各本皆有 “一律” 二字。
⑨ 謝本第 473 頁；佚名本第 342 頁；抄本第 191 頁；沈本卷 2 第 543 頁。各本文字稍有出入。
⑩ 謝本第 475 頁；佚名本第 343 頁；抄本第 191 頁；沈本卷 2 第 554 頁。

一、（毆）〔致〕斃婦女之案，如〔恃强凌弱，情兇傷重及他物迭毆七八傷、金刃四五傷以上者，俱應入情實；其餘〕①係尋常互鬭，理直情輕者，可以緩決。

一、致斃兄妻之案，例②凡論，亦與致斃尋常婦女一律分別實緩，畧爲加嚴。弟妻究與兄妻有間，應同尋常婦女論。

一、毆死雙瞽篤疾及病人之案，情傷稍重者，多③入情實，如理直傷輕，亦可緩決。至篤疾殺人，稍有可原情節，卽入緩決。

一、僧人殺斃人命之案，向多以其犯殺戒入實，如理直傷輕及僅止（全）〔金〕刃一二傷者，④亦可緩決。若犯姦而又犯殺，則不可輕議緩決矣。

一、姦匪、竊匪致斃人命之案，如〔係爭贓、爭姦，毆戳傷多者，俱應入情實。其餘〕⑤釁非因姦因盜，係尋常口角爭毆，或係死者懷妬忿爭，此等之類，情急傷輕者，亦可緩決。至姦匪毆死縱姦本夫一項，死者亦屬無恥，如非因姦起釁，亦可與尋常鬭毆一律辦理。

一、續姦不遂，（致）〔毆〕⑥死悔過拒絕之姦婦者，應入情實。如死者雖非悔過拒絕，因他故不允續姦而殺，及非因姦起釁，致斃姦婦者，照尋常毆斃婦女之案，略爲加嚴。

一、回民殺斃人命之案，如〔結夥持械兇鬭者，俱應入情實，若〕⑦僅係尋常鬭毆，不必加重。

一、兵丁差役〔及糧船水手〕毆斃人命之案，（除）〔如〕索詐、索賄、倚勢滋事，情節兇暴〔者〕，俱應入情實（外），〔其〕餘〔亦〕照（尋）常鬭（毆）⑧分別實緩。

一、毆斃兵丁差役之案，（除）〔如〕情同拒捕〔者俱〕應入情實外，餘亦照（尋）常鬭（毆）⑨分別實緩。

一、平民⑩致斃番民，及番民致斃平民，俱照常鬭，分別實緩。

一、乞丐斃命並賭匪致斃賭匪之案，俱照常鬭分別實緩。若賭匪因賭起釁，

---

① 謝本第478頁；佚名本第343頁；抄本第192頁；沈本卷2第556頁。校按："毆斃"各本皆作"致斃"。
② 各本文字互有出入。"例"抄本第192頁、沈本卷2第559頁作"律"，"以"謝本第478頁作"同"。
③ 謝本第479頁、抄本第192頁、沈本卷2第561頁同，佚名本第344頁"多"作"俱"。
④ 佚名本第344頁同。謝本第481頁"一二傷"作"二三傷"。沈本卷2第563頁、抄本第193頁均無"及僅止金刃一二傷者"等字。
⑤ 謝本第482頁；佚名本第345頁；抄本第193頁；沈本卷2第565頁。各本文字小有出入。
⑥ 謝本第485頁；佚名本第345頁；抄本第193頁；沈本卷2第572頁。
⑦ 謝本第486頁；佚名本第345頁。"兇鬭"抄本第194頁、沈本卷2第580頁作"情兇傷重"。
⑧ 謝本第488頁；佚名本第346頁；抄本第194頁；沈本卷2第582頁。
⑨ 謝本第489頁；佚名本第346頁；抄本第194頁；沈本卷2第585頁。各本文字小有出入。
⑩ 佚名本第346頁同。謝本、抄本"平民"皆作"平人"。

致斃平民，應①略爲加嚴。

一、屛去人服食致死之案，如情節不甚兇暴者，亦酌量擬緩。②

一、聚衆共毆致死一家二命，爲從下手傷重之犯，除實在被毆危急一傷適斃，或死近罪人、死由跌溺者，酌量入緩。③

一、鬥毆、共毆並各項命案，或父母肇釁，或父母囑令毆打致斃人命，父母因被毆氣忿，及畏罪畏累痛悔等情自盡，並非子孫犯罪致（令）④父母愁急輕生，仍照各本律例定擬者，旣不在加擬立決之例，應核其本案情節，分別實緩，毋庸加重辦理。

一、姦職官妻（之案）〔者〕，〔姦夫、姦婦俱應情實〕⑤如姦婦係再醮者，將姦婦入緩，至姦夫係平人，姦婦亦係再醮，則姦夫似亦可酌緩。

一、〔輪姦爲從及強姦已成，無論有無傷人並誘姦幼女、幼童，雖和同強之案，俱應入情實。若〕冒姦已成之案，〔究與強姦不同，〕⑥可以緩決。

一、與夫弟兄通姦（之案）〔者，應入情實〕⑦，如始終俱係被逼無奈，亦可酌擬緩決。

一、姦夫圖脫拒捕，刃傷、折傷者，亦與竊盜圖脫（距）〔拒〕⑧捕一律分別實緩。

一、因姦拒傷捕人案內，或致姦婦被殺，或致姦婦自盡，該犯本罪俱止擬徒者，仍核其拒捕情形，分別實緩，不必加重。

一、姦夫擬抵之案，（除）〔如〕係通姦有服親屬，有關內亂，（及他物拒傷本夫，）並僧人犯姦者，俱應情實（外）⑪，餘俱緩決。

一、圖財強賣疏遠親屬，如〔圖吞產業，釀成人命，或強嫁孀婦與人爲妻妾，致被姦污者，俱入情實。若〕僅圖財禮，尚未釀命，及被賣之人未被（賣）〔姦〕⑨污者，可以緩決。

一、誘拐畧賣人口，被誘之人不知情案件，（除）〔如〕係用藥迷拐，及被誘之人尚無下落，或誘拐二三案同時並發，內有一人尚無下落，並拐（同）〔回〕姦

---

① 各本文字小有出入。謝本第492頁"致斃"作"毆斃"，佚名本第347頁無"應"字。
② 謝本第494頁；抄本第195頁。
③ 此條各本均不載。
④ 謝本第497頁；佚名本第349頁；抄本第196頁。
⑤ 佚名第350頁；抄本第197頁；沈本卷3第3頁。各本文字略有出入。
⑥ 沈本卷3第4頁；抄本第197頁。謝本第499頁、佚名本第350頁文字小有出入。
⑦ 謝本第503頁；佚名本第353頁；沈本卷3第13頁。
⑧ 謝本第504頁；佚名本第354頁；抄本第198頁；沈本卷3第20-21頁。
⑪ 謝本第506頁；佚名本第355頁；抄本第199頁；沈本卷3第25頁。各本文字小有出入。
⑨ 謝本第507頁；佚名本第355頁；抄本第199頁；沈本卷3第26頁。

宿暨轉〔賣〕爲娼，及拐後又從而毆逼〔者，俱應入情實，如無前項〕諸情節（外），雖誘拐多次，被拐之人均已（結）〔給〕①親完聚，俱可緩決。

一、搶奪良家婦女姦（污）②占爲妻妾之案，如本婦先經願嫁，從中被人阻撓，該犯奪回姦污者，酌入緩決。

一、夥衆搶奪婦女爲從及搶奪路行婦女爲從之案，〔道光五年奏定章程：嗣後聚衆夥謀搶奪路行婦女已成案内從犯，如〕（除）業經入室，或雖未入室而事後姦污，或幫同架拉，或夥搶不止一次，或被搶數至三人，或係致釀人命案内幫同逼迫之犯，或係拒捕〔殺人〕案内在場助勢之犯，或本犯自行拒捕傷人，或由本犯領賣致被搶之人尚無下落者，（外餘皆）〔擬入情實。其無前項情事〕擬入緩決。至聚衆搶奪路行婦女已成之從犯，則以曾否動手爲斷，〔但經動手搶奪之犯均入情實；其〕（如）未（經）動手搶奪，（及無）〔而有〕姦污〔及前項〕情（節）〔事者〕（查）亦〔入情實。如無前項情事，〕③擬入緩決。

一、搶奪逾貫，雖未至五百兩俱應情實（之案）④，如係一人乘間搶奪，尚無兇暴情狀者，可以緩決。

一、搶奪拒捕刃傷及折傷者，〔無論傷之多寡輕重，俱應情實。〕如（係實在情急）〔被扭〕圖脫〔情急〕，（金）刃（帶）劃一二傷者，〔亦〕可（以）酌入⑤緩決。

一、搶奪有服親屬，⑥及先經借貸不遂，糾搶有因者，可以緩決。

一、蒙古搶奪傷人照蒙古例擬絞之案，如傷非金刃、傷輕平復，按照刑例，罪止擬軍者，可以緩決。⑦

一、竊臟滿貫之案，乾隆五十七年刑部面⑧奉諭旨，〔逾五百兩者情實，〕未至五百兩者，緩決。

一、跟蹤行竊逾貫之案，〔從前不問是否臟逾五百兩，俱入情實。〕嘉慶⑨十六年奏准，如獨自起意及僅止一二人暫時跟隨，乘便攫取者，仍與尋常鼠竊一體分別實緩。

---

① 佚名本第 356 頁與此條文字最接近，今即以該本爲主校正。謝本第 508 頁、抄本第 199 頁、沈本第 27 頁均出入較大。
② 佚名本第 357 頁；抄本第 200 頁；沈本第 32 頁。謝本第 510 頁與此條出入較多。
③ 謝本第 512 頁；佚名本第 358 頁；抄本第 201 頁；沈本卷 3 第 39 頁。各本文字有出入。
④ 謝本第 517 頁；抄本第 202 頁；沈本卷 3 第 47 頁。佚名本與各本不同，"五百兩"後有"嘉慶年間"4 字；"可以緩決"作"可以入緩"。其後尚有"近來聽糾同夥三四人，搶奪逾貫，除起意之犯未同行外，夥犯又他物拒傷事主，亦入緩決"。
⑤ 佚名本第 360 頁；抄本第 203 頁。謝本第 518 頁、沈本卷 3 第 52 頁文字略有出入。
⑥ 佚名本第 518 頁、佚名本第 360 頁同。抄本第 202 頁、沈本卷 3 第 51 頁均有"計臟逾貫"4 字。
⑦ 抄本第 203 頁。佚名本第 361 頁文字稍異。謝本、沈本不載此條。
⑧ 謝本第 522 頁、佚名本第 362 頁無"刑部面"3 字，抄本第 204 頁作"本部堂官面"，沈本卷 3 第 54 頁作"軍機大臣面"。
⑨ 佚名本第 363 頁、抄本第 204 頁同。謝本無"嘉慶"2 字。

一、夥眾丟包行竊，例應照搶奪定罪之案，〔但經逾貫，雖不至五百兩，俱應情實。〕如係潛縱掉（包）〔竊〕，并非公然攫取，應照竊盜辦理者，嘉慶十六年奏准，仍與尋常鼠竊以是否贓逾五百兩，分別實緩，其有跟蹤情事者，亦照跟蹤行竊例，分別跟蹤（之）〔久〕[1]暫、夥犯多寡辦理。

一、竊贓二三次滿貫同時並發，及積匪行竊一次逾貫，俱未至五百兩者，可入[2]緩決。

一、糾竊未至五百兩，而夥賊臨時行强，該犯仍照滿貫擬絞者，亦可緩決。

一、窩竊滿貫之案，〔例係併贓論罪，俱應情實；〕若係暫時窩竊，非同積匪巨窩者，〔亦〕[3]可酌入緩決。

一、竊盜得免併計〔後〕，三犯計贓擬絞，免死減釋，〔或〕[4]在配復犯竊，計贓五十兩以上，仍以三犯擬絞之案，與竊盜免死〔後〕[5]復至三犯者不同，可入緩決。

一、因竊問擬遣、軍、流、徒赦回，並別項遣軍、流、徒赦回，復行竊逾貫或至三犯，及刃傷事主者，仍按贓數及刃傷多寡辦理，不必加重。

一、首犯贓逾五百兩，從犯因三犯擬絞者，仍入緩決。

一、（因）〔回〕民糾夥三人以上行竊逾貫，如糾夥未及（之）〔三〕人或雖糾夥（傷）〔三〕[6]人，並未執持兇器，贓亦未至五百兩者，均可酌入緩決。

一、船戶、車夫、店家〔有主客相依之義，但經〕行竊〔逾貫，雖未至五百兩，實屬為害商旅，俱應實。〕（之案，除）〔如〕係船上水手、店內雇工及一切挑腳人等乘間鼠竊，贓未至五百兩，（與）〔如〕[7]有勾引外人夥竊情事（外）〔入實〕，餘俱緩決。

一、行竊官員公寓逾貫，究與行竊衙署不同，未至五百兩亦入緩決。

一、偷竊蒙古四項牲畜三十匹，及二十（四）匹以上〔為首入於情實，為〕從（犯）〔入於緩決；〕（與）十匹以上〔為首〕（者犯人），〔入〕於緩決，例〔內已〕有明文。至內地民人盜牛至二十隻以上，定例以有妨農務，〔故〕不論贓數，擬以絞候，原較凡盜為重，如秋審再（行）〔入〕情實，則較之尋常盜馬匹等項，

---

① 佚名本第 363 頁、沈本卷 3 第 73 頁同。謝本第 525 頁、抄本第 205 頁無 "嘉慶" 2 字。
② 抄本第 205 頁；沈本卷 3 第 60 頁。謝本第 526 頁、佚名本第 364 頁 "可入" 作 "可以"。
③ 謝本第 525 頁；抄本第 206 頁；沈本卷 3 第 67 頁；佚名本第 364 頁。
④ 謝本第 529 頁；佚名本第 365 頁；沈本卷 3 第 69 頁；抄本第 206 頁。
⑤ 謝本第 529 頁；抄本第 207 頁；沈本卷 3 第 69 頁。佚名本第 365 頁無 "之案" 2 字。
⑥ 佚名本第 366 頁；抄本第 207 頁；沈本卷 3 第 105 頁；謝本第 530 頁。各本文字多有出入。
⑦ 抄本第 208 頁；謝本第 531 頁；佚名本第 367 頁；各本文字小有出入。

輕重大相懸遠，似應入於緩決。①

一、奴僕竊主財逾貫，未至五百兩（之案），如係〔負恩勾引外賊肆竊者應入情實，其〕②一人乘間鼠竊，可以緩決。至雇工、長隨及兵役、水火夫人等行竊本主、本管官財物逾貫，亦照此分別實緩。

一、竊贓滿貫未至五百兩，此外另有圖脫拒捕，或將事主推跌，或他物一二傷，情節不甚兇暴者，俱屬情輕，仍以未至五百兩入緩。

一、竊盜臨時盜（時）〔所〕拒捕，刃傷事主〔，俱入情實。從前間有因止劃一傷入緩〕之案，〔近年亦多入情實。但此項情節亦有不同：如一聞事主聲喊，即持刀相向，情近於強，雖止一劃傷，自應入實。〕若實係被（扭）〔拉〕、被抱，劃由圖脫與逃後被追圖脫者，〔時異而情同，例予斬候，已有區別，〕③似可酌量入緩。

一、竊盜已離盜所，拒捕刃傷事主，嘉慶八年奏准：如被扭圖脫，雖三傷，俱問緩決。（又）歷年（成案）〔來〕凡（無）護贓護夥，情同格鬥〔者，入實；其餘無前項情形），實係圖脫情急，〔刃〕戳止二三傷者，（亦）〔俱〕④入緩決。

一、行竊遺落火煤，不期將事主燒斃，〔照因盜威逼人致死斬候〕之（案）〔例〕。道光三年奏定，遺火燒斃一命及二命而非一家者，酌入緩決〔；燒斃一家二命及三命而非一家者，入於情實〕。（又）〔迨〕道光四年纂修條例時，復聲（時）〔明〕⑤秋審案件，應俟臨時酌核辦理，毋庸將入於情實緩決之處纂入例內。查此項竊賊遺火，事出無心，遇有燒斃一命者，自可酌入緩決。

一、竊賊圖脫拒捕，除他物另傷一人不計外，如刃傷事主〔至二人者，雖僅止一二傷，俱入情實。若〕⑥二人內有一劃傷，及二人俱係劃傷者，尚可酌入緩決。

一、竊賊圖脫拒捕，僅止金刃⑦一二傷，亦無兇暴情形，此外或事主追逐自行跌斃者，亦可緩決。

一、竊賊圖脫拒捕，他物毆事主至廢疾、篤疾（之案）〔者〕，⑧若折傷平復，僅止骨節參差，或斷一指、折一齒，事主不至貽累終身者，亦可緩決。

一、竊賊（兩次）刃傷事主，聞拏畏懼，將原贓送還，除確有證據者依例減流外，若係一面之詞，別無証佐，仍擬絞候者，照例入於緩決。⑨

---

① 抄本第 209 頁；佚名本第 368 頁。謝本第 534 頁、沈本卷 3 第 111 頁差異較大。
② 謝本第 535 頁；佚名本第 369 頁；抄本第 209 頁。
③ 謝本第 537 頁；佚名本第 370-371 頁；抄本第 210 頁。
④ 佚名本第 372 頁；抄本第 212 頁。謝本第 540 頁、沈本卷 2 第 85 頁句首"竊盜"作"竊賊"。
⑤ 謝本第 542 頁；抄本第 213 頁；沈本卷 3 第 125 頁。
⑥ 謝本第 543 頁；佚名本第 372 頁；抄本第 213 頁。
⑦ 佚名本第 373 頁；沈本卷 2 第 94 頁同。謝本第 544 頁"一二"在"金刃"前。
⑧ 謝本第 544 頁同。佚名本第 373 頁、沈本卷 3 第 95 頁此處有"較刃傷平復爲重，俱應入實"等字。
⑨ 謝本第 547 頁；佚名本第 374 頁；沈本卷 3 第 98 頁。

一、搶竊殺人爲從幫毆之犯，〔自乾隆四十六年定例部分他物、金刃，俱擬絞候以來，俱入情實。嘉慶六年新例，金刃及他物、折傷者擬絞；傷非金刃，未至折傷者擬遣。其例前定案之犯，於秋審上班後奏明，刃傷及他物、折傷者情實，他物未至折傷者緩決。八年四川馮大湧一起係竊匪圖脫拘捕，僅止刃割一傷，另他物三傷，曾經奏明入緩。嗣後此等從犯，〕（如）①係竊案圖脫，一傷甚輕，無護贓、護夥，及倚衆兇暴別情，俱入緩決。

一、貪圖吉壤發塚，致壞人屍棺（之案）〔骸礶者，亦以見尸科罪，應入情實。〕②如係山地被人盜埋、盜葬，及心（擬）〔疑〕盜葬出於有因，而發塚壞人屍棺骸礶者，亦可酌入緩決。

一、發塚三次爲從，僅止在外瞭望者，緩決。〔若幫同開棺，及爲從至三次以上，俱入情實，例內已有明文。〕其盜未殯、未埋屍棺爲從三次以上，應絞候者，如〔僅〕（係）③在外瞭望，亦可酌入緩決。

一、（捏）〔指〕稱旱魃，刨墳毀屍爲首〔挾讎洩忿情事，例應入實。〕④訊無嫌隙者，緩決。

一、偽造印信，如冒支錢糧及誆騙得財（之案），〔俱應入實；其餘〕（若）⑤誆騙未成者，尚可緩決。

一、買受偽劄〔詐〕假官（之案）〔者，應入情實。〕⑥如假官並未造有憑劄，罪係計贓從重加入絞候，可以緩決。

一、誣告人致死並致死其有服親屬之案，〔如挾嫌圖詐，或假捏姦、贓，或事犯到官，誣扳平人，或唆賊硬證，或賄囑妄扳，圖洩私忿，累斃無辜及拖累案外一二命者，俱應入情實。其餘〕如因事本可疑，一時（疑）〔誤〕認，死由追拏跌溺，並非被逼自盡，及死者本非善類，無〔前項〕⑦刁惡慘毒情形者，尚可酌入緩決。

一、挾仇誣告謀命，致屍遭蒸檢之案，〔無論係平人、尊長之屍，俱應入實〕⑧；如起釁本因妄疑，並非固執求檢，或原驗傷痕本有遺漏、錯誤，及蒸檢卑幼之屍，無實在狡詐可惡情節者，尚可酌入緩決。

---

① 謝本第547-548頁，沈本卷3第98頁句首作"竊盜殺人爲從"。校按：沈本卷3第99頁注明："道光初年本首句係'搶竊殺人'。"
② 謝本第550-551頁；抄本第214-215頁；沈本卷3第121頁。佚名本第375頁文字小有出入。
③ 謝本第552頁；抄本第215頁；佚名本第378頁；沈本卷3第115頁。各本文字小有出入。
④ 謝本第552頁；佚名本第377頁；抄本第215頁；沈本卷3第123頁。
⑤ 沈本卷3第133頁；謝本第555頁；抄本第378頁；佚名本第217頁。各本文字小有出入。
⑥ 沈本卷3第134頁；謝本第555頁；抄本第217頁；佚名本第378頁。各本文字小有出入。
⑦ 謝本第558頁；佚名本第379-380頁；抄本第218頁；沈本卷3第145頁。各本文字小有出入。
⑧ 謝本第560頁；佚名本第380頁；抄本第219頁；沈本卷3第150頁。

一、刁徒平空訛詐釀命之案，嘉慶九年刑部條奏新例，以其究與在官人役不同，〔有拷打者，斬候入實；〕無拷打者，絞候入緩。嗣（後）刑部〔十年〕纂例時又奏明，無拷打者，仍分別情節輕重，以定實緩。歷年秋審，（除）〔如〕釀二命至串差倚勢，並〔假〕捏姦贓一切刁惡兇橫者（外），〔入於情實；〕①其餘情有可原者，俱入緩決。

一、誣良爲竊，逼斃人命〔者〕（之案）②，如事出有因，並非有心誣捏，及死本舊匪者，可以緩決。

一、差役釀命，比照誣告致死，及一切比照此例定擬之案，如〔挾嫌圖累及嚇逼詐財，致斃無辜者，俱應情實；其餘〕（係）③妄疑誤聽，事出有因，並死本舊匪者，亦可緩決。

一、監犯越獄，如〔糾夥三人以上，原犯斬、絞監候俱改立決；〕原犯軍、流，俱改〔絞〕（監）候，〔爲首入實，〕爲從入緩；原犯徒罪，爲首〔改〕絞候，入緩。若僅（僅）止一二人乘間脫逃，原犯〔斬、絞監候應情實者，即行立決；應緩決者，即入情實。原犯〕軍、流，爲首〔改〕④絞候，入於緩決，例內已有明文，應查例照辦。

一、殺人在逃，年久始行就獲之案，既非例內所指應行正法條款，仍依本例監候，只應照尋常鬥殺⑤，分別實緩，不必因此加重。

一、（凡）〔犯〕一應死罪，事發在逃復犯〔死罪者〕，（之案），〔應入情實。若〕（如）⑥逃後犯軍、流等罪，或先犯軍、流，後犯死罪，本案及另犯俱情輕者，可入緩決。

一、奪犯〔傷差者，應入情實；〕⑦未傷差者，例係由流加入絞候，可以緩決。

一、賊犯事發，經（管）〔官〕差人拘捕，因而逞兇殺死捕役，（之案）〔爲首者斬決，爲從者原例止於發遣。嘉慶十一年經部條奏，爲從者不論手足、他物、金刃，俱擬絞候，例係由輕加重。歷年秋審，〕（如）從犯〔幫毆，刃傷、折傷，俱入實，〕他物傷輕〔者〕⑧，亦可緩決。

---

① 各本文字微有差異。佚名本第 381 頁、抄本第 219 頁、沈本卷 3 第 152 頁 "刑部" 皆作 "本部"，謝本第 561 頁無 "本部" 或 "刑部" 2 字。
② 沈本卷 3 第 155 頁、抄本第 220 頁、謝本第 563 頁、佚名本第 381-382 頁。簡繁差異較大。
③ 謝本第 565 頁、抄本第 220-221 頁、沈本卷 3 第 162 頁，佚名本第 383-384 頁。文字脫漏參差較多。
④ 謝本第 567 頁、佚名本第 385 頁；抄本第 221 頁；沈本卷 3 第 171 頁。
⑤ 沈本卷 3 第 174 頁。謝本第 568 頁、佚名本第 385 頁、抄本第 222 頁，"鬥殺" 皆作 "毆"。
⑥ 謝本第 568 頁；佚名本第 386 頁；抄本第 222 頁；沈本卷 3 第 175 頁。
⑦ 謝本第 570 頁、抄本第 222 頁、佚名本第 386 頁、沈本卷 3 第 176 頁句首 "奪犯" 前有 "聚眾" 兩字。
⑧ 謝本第 571 頁、佚名本第 387 頁、抄本第 222 頁、沈本卷 3 第 179 頁。除謝本外，各本句首 "賊犯" 皆作 "犯罪"；"經部" 兩字，佚名本無，抄本、沈本則作 "本部"。

一、挾嫌放火之案，〔俱入情實。〕①如誤燒他人者，亦可酌入緩決。

一、疏縱罪囚之案，如係〔得贓賣放無獲者，應入情實；其餘〕②一時疏忽，並無受賄及逃犯已經拏獲者，可以緩決。

一、斬絞等犯，因變逸出被獲，並未起意越獄仍照原擬者，仍核其本案情節，分別實緩。③

一、雇工刃傷家長及家長期親，〔總以名分爲重，多入情實；〕④如實在被毆、被揪，理直情急圖脫，傷由失誤者，可以緩決。

一、兄收弟妻、弟收兄妻之案，（歷來成案如）〔自乾隆五十九年奉旨：〕由父母主婚〔者，男女應擬絞候，定例俱擬情實。嗣後有因父母主婚〕，男女勉從，並無先行通姦情事，（因）例有核其情節，另（行）〔有〕定擬之文，（遂以）〔原其〕鄉愚（無）〔不〕知例禁，（原情）擬〔入〕緩〔決〕，⑤將來自可照辦。

一、毆故殺、詈罵及頂撞翁姑不孝有據之妻，向俱問擬可矜減二等發落，嘉慶四年奉有諭旨，故殺妻可矜之案，無庸再減一等，歷年欽遵辦理，如係毆死，仍再減一等。⑥至妻犯姦，並未縱容，及毆夫成傷者，如無謀、故、慘殺重情，亦可入矜，但不得與毆死不孝之妻減二等辦理。

一、例載救親情切，傷止一二處，秋審應入可矜等語，向來救親之案，如父母已受傷倒地，復被騎壓按毆，實係事在危急，〔例得〕隨本（律）減流。其情切救護，而勢非危急，仍照本律擬絞者，應入可矜。倘所毆已至三傷，或父母僅被拉抱，並未被毆，或茲雖救護，死者業已歇手，向兇犯毆打，即屬互鬭，或本係兇犯理曲肇釁，累父母被毆，已復逞兇斃命，或父子（被）〔共〕⑦毆，或各斃一命，此等情節，俱無可矜，只應緩決。

一、被拉並未還手，同跌落河、落崖，兇犯幸而得生之案，應入可矜。如互扭⑧至跌，已有鬭情，並理曲肇釁者，俱仍緩決。

一、鬭殺之案，如被（扭）〔揪〕、被推，並未還手，死由自行栽跌，或痰壅致斃，及因恐其栽跌，向拉致令碰磕，實無鬭殺情形者，俱應酌入（緩決）〔可矜〕。⑨

① 謝本第572頁；抄本第223頁；沈本卷3第181頁；佚名本第387頁。各本文字小有出入。
② 謝本第573頁；佚名本第388頁。抄本第223頁、沈本卷3第184頁文字微有出入。
③ 抄本第224頁同。謝本第574頁、佚名本第389頁、沈本卷3第173頁文字微有參差。
④ 抄本第224頁；沈本卷3第189頁。佚名本"多入"作"均入"。
⑤ 抄本第224-225頁；沈本卷3第16-17頁。佚名本第353頁內容迥異。
⑥ 抄本第227頁同，個別文字稍異。謝本第577頁"至妻"兩字前有"其僅止空言頂撞，無不孝實據者，俱入緩決"。
⑦ 謝本第578頁；佚名本第390-391頁；抄本第227-228頁；沈本卷3第206頁。各本文字小有出入。
⑧ 謝本第579-580頁；佚名本第392頁；抄本第228頁；沈本卷3第215頁。"扭"各本皆作"拉"。
⑨ 謝本第580頁、抄本第228頁、沈本卷3第215頁同，佚名本第392頁"鬭殺"作"鬭毆"。

一、十五歲以下幼孩殺人之案，如死者〔年長四歲以上，而又〕恃長欺（陵）〔凌〕，理曲逞兇，力不能敵，回抵適傷者，酌（疑）〔擬〕可矜。倘死亦同歲幼孩，應遵乾隆四十四年貴州劉縻子〔毆死李子相〕案內〔所〕[①]奉諭旨，監禁數年，以消其桀驁之氣。

一、戲殺幷誤殺旁人，及誤殺其人〔功、〕緦（麻）[②]以下親屬，例得一次減流，不必入矜。

一、擅殺姦夫、姦婦及圖姦罪人之案，刑部〔於嘉慶八年〕奏明：捉姦實由義忿，審無謀故重情，擬〔入〕可（入）[③]矜。歷年來如本夫、本婦父母與有服親屬例得捉姦者，無論登時、事後，傷之多寡、輕重，均以義忿入矜。若謀、故殺並殺死二命，及非應許捉姦之外人聽從本夫親屬糾往，無義忿可言，俱應緩決，至死係強嫁、搶賣、誘拐罪人，亦一體分別辦理。

一、母犯姦拒絕，姦夫復登門尋釁，其子一時義（激）〔忿〕拒毆致斃者，應入可矜，照免死減等例再減一等發落，例有明文，〔應〕遵〔照〕（例）[④]辦理。

一、男子拒姦殺人照擅殺律絞候之案，如無謀故別情，應入可矜。[⑤]

一、擅殺搶竊罪人之案，嘉慶四年奉諭旨，死者雖拔刀拒捕，並未受傷，不得謂之拒捕有據。迨刑部於八年奏明：毆死拒捕成傷賊匪者擬入可矜，歷年來無論兇犯〔及〕[⑥]同捕之人被拒受傷，均以拒捕有據入矜。若謀、故殺及拒捕無據，並所殺非下手拒捕之人，或殺死二命，俱仍緩決。至差役擅殺，亦循照分別辦理。

一、除姦盜罪人外，其餘各項擅殺，如死者強橫，拒捕成傷有據，亦可仿照殺賊之例，酌擬可矜。

一、篤疾殺人之案，如釁起理直，回毆適斃者，應入可矜。[⑦]

一、救親毆死有服卑幼之案，無論是否互鬬，概入可矜。[⑧]

一、毆致命而非重傷，越八九日因風身死者，概入可矜，其非致命又非重傷，越四日因風身死者，亦同。[⑨]

---

① 佚名本第393頁、沈本卷3第218頁，謝本第581頁、抄本第229頁字句繁簡有出入。
② 佚名本第393頁、沈本卷3第220頁、抄本第229頁。謝本第582頁文字有出入。按：抄本"例"誤作"似"。
③ 佚名本第394頁；謝本第582-583頁；抄本第230頁；沈本卷3第232頁。校按："刑部"，各本均作"本部"；謝本"於嘉慶八年"，各本皆作"於八年"。
④ 謝本第585頁；佚名本第395頁；抄本第231頁；沈本卷3第232頁。
⑤ 抄本第231頁。謝本第585頁、佚名本第396頁、沈本卷3第232頁文字多有出入。
⑥ 佚名本第396頁；抄本第231頁；沈本卷3第223頁；謝本第586頁。各本文字小有出入。
⑦ 佚名本第397頁；沈本卷3第226頁。
⑧ 佚名本第398頁；抄本第229頁；沈本卷3第227頁。
⑨ 抄本第229頁；沈本卷3第227-228頁。謝本第587頁作："致命傷輕，甫屆八九日，因風身死，因在十日以內，不得隨案減流，秋審時可以入矜。"與此條文字出入較大。

一、老人幼孩擅殺竊賊，雖未拒捕成傷，亦應酌入可矜。[①]

一、擅殺威逼及共毆致死本犯父母案內，國法未伸之餘人，此等情切天倫，較之別項擅殺更可矜原，如無謀故重情，應入可矜。[②]

按：《實緩比較條款》，初定於乾隆三十二年。其時因各司定擬實緩每不畫一，改正較繁，酌定比對條款四十則，刊刻分交各司，並頒發各省。迨四十九年四川總督以秋審事件本無一定律例可以依據，惟就本案情罪，參酌推敲。稍從其嚴則不免失入之弊，稍從其寬則不免失出之弊，奏請將秋審改案頒發各省，奉爲楷模等因，經刑部以案情萬變，或同事而異情，心迹介在纖微，輕重即判然迥別，此省之案不能遷符乎他省，今年之案不能預合乎來年，要在司讞者逐案推勘，精詳核定，未可刻舟求劍，致滋似是而非之病。每年審案二千餘起，祇講求於駁改之數十案，仍不能槩括通曉。即就此數十案而論，亦必須詳閱供招，細核屍格傷痕，始能辨別輕重，刪存略節。今若止將略節刊刷而全案供招屍格無由查覽，究不能得其所以改實、改緩之故，將使稍涉拘牽者，必轉致援引失當，紛滋辯論，不獨挂漏無裨，亦與政體未協等因，議駁。惟將三十二年所刊條款，及三十二年以後續增各條，彙總通行。查是年通行定例，擬入情實二十八款，即係三十二年實緩比對條款，除筆內所舉各款，計增者三、併者一、刪者二，又酌量入實十三條，與三十二年部定款目不盡相符。[③]厥後每朝各有增刪，因向無彙刻全本，莫能詳其始末。至歷來辦理秋審，以比附成案爲多，雖有條款，仍等具文。茲所輯者，乃本諸《大清律例彙輯便覽》，見行情形，亦多不合，學者作爲參攷學說可也。又，實、緩、可矜之外，本有可疑一層，即罪疑維輕之“疑”。凡有罪名已定，而情節可疑者，均歸列於內，亦慎重刑獄之意，後將此層刪去，故比較條例，惟有實緩比較及矜緩比較二層，實大失當初定律之本意矣。可疑一層，乾隆三十二年所定比對條款即無此例，想當在乾隆以前刪去矣。

第五章　減輕原免收贖

矜疑緩決之外，有因罪人智力、違犯情狀，而爲減輕、原免、收贖者，律中所載不僅一端，列舉如左：

第一，老小廢疾篤疾

此據“老小廢疾收贖”律云：“凡年七十以上，十五以下及廢疾，犯流罪以下，

收贖。八十以上，十歲以下及篤疾，犯殺人應死者，議擬奏聞，取自上裁；盜及傷人者，亦收贖。餘皆勿論。九十以上，七歲以下，雖有死罪不加刑。其有人教令，坐其教令者。若有贓應償，受贓者償之。"誠以人年 "稱日者以百刻" 律云："稱人年者，以籍爲定。" 七十以上，十五以下，氣體微弱，知識淺疏，縱有犯罪，非因於昏愚之無知，卽出於精力之不及，故與廢疾之人，謂瞎一目、折一肢之類。流罪以下，一切罪名皆得依律收贖。八十以上，十歲以下及篤疾之人，謂瞎二目、折二肢之類。智力更遜，故除謀、故及鬬毆殺人應斬、應絞之罪奏請上裁外，若犯盜及傷人亦准收贖，餘皆勿論。若九十以上，七歲以下，氣力心思更不足論，故雖有死罪，不加刑罰。惟犯反逆者，九十以上仍科其罪，蓋力雖不能任事，智猶可以預謀。若七歲以下，智與力皆不及此，故無論何罪，槪不加刑。其犯罪非出己意，而有人教令之者，則坐其教令之人。有贓應償者，不分老小、疾病、教令，惟令受贓者償之，以貪得利己之心常人皆有，且徵追原贓，尤非原受之人莫還故也。

又，"犯罪時未老疾" 律云："凡犯罪時雖未老疾，而事發時老疾者，依老疾論。若在徒年限內老疾，（如）〔亦〕①如之。犯罪時幼小，事發時長大，依幼小論。" 蓋老小、廢疾犯罪准其收贖，一則以其智力之不及，一則實因其非刑罰所能勝也。故犯罪時未老疾，事發時已長大，與老小、廢疾犯罪原難並論，而揆諸宥邮原則，情旣相同，卽應一律辦理，此老疾則憫其現在，幼小則矜其往時，恤老慈幼，矜不成人之心，無微不至，仁之至義之盡也。

按：小註云：廢疾，謂 "瞎一目、折一肢之類"；篤疾，謂瞎二目、折二肢之類。乃本 "鬬毆殺傷" 律解釋，誠未妥當。蓋彼之所謂廢疾、篤疾者，以毆傷重輕爲斷，故瞎一目、折一肢自與瞎兩目、折兩肢不同，此之所謂廢疾、篤疾者，由其犯罪之智力而分，瞎兩目、折兩肢者，固不如瞎一目、折一肢者，尚爲靈便，而瞎一目、折一肢之人，其智力未必卽與常人有殊，故此須視其精力如何擬斷始可，不能以其少有缺憾卽爲廢疾。此條例云："凡瞎一目之人，有犯軍、流、徒、杖等罪，俱不得以廢疾論贖。"②良有以也。

第二，天文生

此據 "天文生有犯" 律云："凡欽天監天文生，習業已成，能專其事者，犯軍、流及徒，各決杖一百，餘罪收贖。" 此蓋因測驗推步之法，得人爲難，故除犯該死罪依律擬斷外，其犯軍、流、徒罪，各決杖一百，餘罪收贖，仍令在監習業，惜

---

① 《大清律例》卷5，第107頁。
② 《大清律例會通新纂》卷4，第413-414頁。

其才也。若犯謀反、叛逆緣坐應流及造畜蠱毒、採生折割、殺一家〔三〕人（三）、〔家〕①口會赦猶流，與犯鬭毆傷人、監守盜、常人盜、竊盜、掏摸、搶奪，編配刺字則與常人一體科斷，不在留監習業之限矣。

按：《明律》此條本在"工樂戶及婦人犯罪"律中。雍正三年修律，以天文生為仕進之一途，不便與樂戶賤藝同看，故分出另立專條。然天文生有犯准其收贖，原不過因其時算術未精，諳曉天文之人難得，故有此律。若今則科學大明，此律殊屬可廢。又，條例中有："養象軍奴，犯該雜犯死〔罪〕②及徒、流罪，決杖一百，俱住支月糧，各照年限，常川養象。滿日仍舊食糧養象。"區區養象軍奴，竟特享此利益，誠屬無謂，亦應刪改。

第三，工樂戶

此據"工樂戶及婦人犯罪"律云："凡工匠、樂戶犯徒罪者，五徒並依杖數決訖，留住照徒年限拘役。"是工匠、樂戶惟五徒留住拘役，不行發配，餘刑則否。然犯鬭毆傷人及監守盜、常人盜、竊盜、掏摸、（槍）〔搶〕奪等，該發配刺字，與常人一體科斷者，仍不準留住拘役，蓋亦係權宜之法也。應刪改。

第四，婦女

此據"工樂戶及婦人犯罪"律云："其婦人犯罪應決杖者，姦罪去衣受刑，餘罪單衣決罰，皆免刺字。若犯徒、流者，決杖一百，餘罪收贖。"又，五刑條例云："婦女犯姦，杖罪的決，枷罪收贖。"又云："婦人有犯姦、盜、不孝③者，各依律決罰，其餘有犯笞、杖，並徒、流、充軍、雜犯死罪，該決杖一百者，與命婦、官員正妻，俱准納贖。"蓋以婦女體力微弱，徒、流重役非其能勝，故准收贖。若笞、杖，原不過以示薄懲，故除犯尋常笞、杖及徒、流、充軍、雜犯死罪該杖一百者，審係有力亦准納贖外，其犯姦、犯盜、不孝等罪，則各依律的決。至枷號決非婦女所能任，故雖犯姦罪，亦准收贖，此婦女收贖立法之由來也。

按：光緒三十一年九月初二刑部奏准婦女犯罪收贖銀數一摺，稱以："讞典昭垂，範圍全國，固不能因中外而殊科，亦不能因男女而異制。中外法律之最不相同者，以婦女收贖一條為最甚。攷東西各國刑法，死刑之次為徒刑，與中國軍、流名異而實同。婦女犯徒罪，惟英、法、日、俄、比五國，或留內地懲役場，或改拘監獄，及製造所役使之刑，餘國俱與男子同論，良由平素教育無（間）〔問〕

---

① 《大清律例》卷 4，第 102 頁；《大清律例會通新纂》卷 2，第 381 頁。
② 《大清律例》卷 4，第 102 頁。
③ 《大清律例會通新纂》卷 3，第 227 頁。校按：《大清律例》仍在"工樂戶及婦人犯罪"門，且此處有"並審無力"等字，見該書卷 4，第 103 頁。

男女，不能因犯罪致生軒輊也。中國自周官《司厲》"男子入於罪隸，女子入於舂藁"，實爲男女異罰之始。至漢，則有女徒，名曰雇山。唐律，婦女犯徒與男子同；犯流，決杖、留住、居作。三流俱役三年。此漢唐以來婦女犯流、徒之大較，其（實）〔時〕尚無所謂收贖〔也〕。查收贖之法，始見《明律》，國朝因之。於權衡輕重之中，寓保全名節之意，洵係曠典。惟收贖諸圖（記，與）〔泥於〕往古贖（錮）〔銅〕之制，其數甚微。現在笞、杖改爲罰金，滿杖卽應十五兩，本屬折中之數，而律圖收贖，滿流僅四錢五分，卽納贖亦不過一兩三錢，相衡之下，輕重懸殊。雖例內有實發爲奴十餘條，大率婦女犯不孝、姦、盜及刁健、翻控等項，始得科以實發，且節經修改，有改（爲）監（獄）〔禁〕者，有改爲准其收贖一次者，援引之間，易滋轇轕。而婦女實發之案，（界）〔累〕年不獲一見，定例幾等具文。至收贖舊例，不特與新章輕重背馳，抑且法輕易犯。揆以各國刑制，雖亦難收齊一之益，矧人情詭詐百出，習知婦女犯罪可邀輕典，往往與人涉訟，輒令婦女出頭，賄買主使諸弊，尤不可不杜漸防微。臣等公同商議，擬請嗣後凡婦女犯罪，除笞杖照新章一律改爲罰金外，如犯該遣、軍、流〔徒，係不孝〕及〔姦、盜、詐僞等項〕舊例應實發者，改爲留於本地習藝〔所〕一體工作，〔以十年爲限。應禁者，照原定年限，亦收入本地習藝所工作。〕其尋常各案，准其（收）贖〔罪〕。"收贖銀數詳緒論的贖諸例節。"至老幼廢疾有犯流徒等罪，勢〔難〕使之工作，應仍照舊律、舊例（收）[1]贖銀數科斷"云。以上老小廢疾天文生樂戶婦女收贖，參看納贖諸例節。

第五，存留養親

此據"犯罪存留養親"律云："凡犯死罪，非常赦所不原者，而祖父母、父母（年）[2]老、疾應侍，家無以次成丁者，開具所犯罪名奏聞，取自上裁。若犯徒、流者，止杖一百，餘罪收贖，存留養親。"此蓋以罪人親老無依而寬宥之，但亦必無以次成丁，可以侍養者，始爲合例也。

第六，親屬相隱

此據"親屬相爲容隱"律云："凡同居，若大功以上親，及外祖父母、外孫、妻之父母、女婿，若孫之婦、夫之兄弟，及兄弟妻，有罪相爲容隱。奴婢、雇工人爲家長隱者，皆勿論。"又云："若（泄）漏〔洩〕其事，及通報消息，致令罪人隱匿逃避者，亦不坐。"又云："其小功以下相容隱，及（泄）漏〔洩〕[3]其事者，

---

[1]《大清新法令》第 290-291 頁。校按："司厲"，《大清新法令》第 290 頁及商務印書館宣統二年版《大清光緒新法令》第 15 冊第 57b 頁皆誤作"司屬"。《光緒朝東華錄》總第 5406 頁無"司厲"二字，但有"立法"二字。又据孫詒讓《周禮正義》卷 69，第 2864-2865 頁，"春藁"當爲"舂藁"。

[2]《大清律例》卷 4 第 99 頁。

[3]《大清律例》卷 5 第 121 頁；《大清律例會通新纂》卷 4 第 517 頁。

減凡人三等，無服之親減一等。"又云："若犯謀叛以上者，不用此律。"蓋以犯罪知情藏匿，與泄漏追捕致令罪人逃避者，本爲律法所不容。然揆之人情，本乎天理，同居族戚，相尚告訐，害俗敗倫，孰此爲甚？故同居及大功以上親，與外祖父母、外孫、妻之父母、女婿、孫之婦、夫之兄弟、兄弟妻相爲容隱，奴婢、雇工人爲家長隱，及泄漏其事者皆勿論、坐，小功以下減凡人三等，無服親減一等。各視恩義之輕重，而爲之減輕原免也。若謀反、叛逆諸惡，則罪情重大，故不用此容隱之律云。

第七，犯罪自首

此據"犯罪自首"律云："凡犯罪未發而自首者，免其罪，猶徵正贓。其輕罪雖發，因首重罪者，免其重罪。若因問被告之事，而別言餘罪者，亦如之。"又云："其遣人代首，若於法得相容隱者，爲首及相告言，各聽如罪人身自首法。若自首不實及不盡者，以不實不盡之罪罪之；至死者，聽減一等。其知人欲告及逃叛而自首者，減罪二等坐之。其逃叛者，雖不自首，能還歸本所者，減罪二等。"又云："其損傷於人、於物不可賠償，事發在逃，〔若〕私越度關及姦者，並不在自首之律。"又云："若强、竊盜、詐欺取人財物，而於事主處首服，〔及〕①受人枉法、不枉法贓，悔過回付還主者，與經官司自首同，皆得免罪。知人欲告，而於財主處首還者，亦得減罪二等。"蓋以犯罪未發而先自首服，其知過悔悟既出本心，卽應予以自新，以觀其後，故得免罪。然情必實、贓必盡、事必在未發覺以前、身自首告於官，且犯非損傷於人、於物不可賠償與事發在逃、私越度關及姦等罪，始合正則。其輕罪已發，因首重罪，與因問被告之事，而別言餘罪，及遣人代首，或與法相容隱之人爲首，及互相告言，與犯强、竊盜，詐欺取人財物於事主處首服，受人枉法、不枉法贓，悔過回付還主者，固與事在未發自首於官者情形不同，而具有服罪之念、悔過之心，亦足以原情論免，故亦免罪。若夫知人欲告而自首，及於財主處首還，與逃叛而自首，及雖不自首，能還歸本所者，一則初無改過之心，一則原係重情之罪，第以其猶知畏法，自行歸服，尚非怙終之徒可比，故亦許減輕二等，惟不得全行免罪耳。

第八，捕獲罪因

此據"犯罪自首"律云："其强、竊盜若能捕獲同伴解官者，亦得免罪，又依常人一體給賞。"又"犯罪共逃"律云："凡犯罪共逃亡，其輕罪囚能捕獲重罪囚而首告，及輕重罪相等但獲一半以上首告者，皆免其罪。"蓋以罪人逃亡，捕獲非

---

① 《大清律例》卷 5 第 113 頁；《大清律例會通新纂》卷 4 第 447 頁。

易，共犯罪因既能捕獲解官首告，其功即足以贖罪，故免其罪。至強、竊盜與共逃捕獲功同，彼免罪且兼給賞，此僅予以免罪者，因強、竊盜自首即可免罪，更有捕獲之功，故一體照常人給賞，逃亡本不在自首之律，准予免罪已屬殊恩，遑云給賞乎哉！

第（十）〔九〕，無心犯罪

此如"公事失錯"律云："凡公事失錯，自覺舉者，免罪。"又云："其斷罪失錯，已行論決者，不用此律。"又如"戲殺誤殺過失殺"律云："若過失殺傷人者，各准鬥殺傷〔罪〕，[①]依律收贖。"及"鬥毆"律云："過失殺傷者，〔各〕減本〔殺傷〕罪二等。""奴婢毆家長"律云："過失殺者，各勿論。"[②]蓋以官吏公事失錯本無私心，常人過失殺傷亦非故意。律以誅心為主，既係無心犯罪，情有可原，故視其關係如何，而酌量減輕、原免也。至官吏斷罪失錯，已行論決者，其不慎刑之罪，實無可宥，故仍從失入人罪，依律科罰云。

第十（一），倉猝防禦

此如"夜無故入人家"律云："凡夜無故入人家內〔者，杖八十〕，[③]主家登時殺死者，勿論。"及"殺死姦夫"律云："凡妻妾與人姦通，而於姦所親獲姦夫、姦婦，登時殺死者，勿論。"蓋以此等情形，非因於保護自己權利，即出於一時義忿，與有心故殺者不同，故得勿論。若已經捕獲，過時致斃者，則成擅殺之罪，不得依此原免也。

第十〔一〕（二），遵奉法律

此如"決罰不如法"律云："若於人臂腿受刑〔去〕[④]處，依法決打，邂逅致死，及自盡者，各勿論。"與"奴婢毆家長"律云："若違犯教令，而依法決罰，邂逅致死，及過失殺者，各勿論。"蓋以官吏執刑，家長教令，皆有特權，依法而行，義所當盡，受罰者邂逅致死，與故意凌虐者不同，故得勿論也。

以上所述者，為本犯減輕、原免、收贖之大較也。此外，因人連累致罪及連坐者，據"犯罪共逃"律云："其因人連累致罪，而罪人自死者，聽減本罪二等。若罪人自首告，及遇赦原免，或蒙特恩減罪、收贖者，亦准罪人原免減等贖罪法。"又"公事失錯"律云："其同僚官吏應連坐者，一人自覺舉，餘人皆免罪。""其官文書稽程，應連坐者，一人自覺舉，餘人亦免罪。主典不免。若主典自舉者，並

① 《大清律例》卷 26 第 433 頁；《大清律例會通新纂》卷 25 第 2527 頁。
② 校按：核之"鬥毆"律無此文，作者或誤與"毆期親尊長"律或"奴婢毆家長"律中相近文字混淆，可分別參見《大清律例》卷 28 第 457 頁、第 462 頁。
③ 《大清律例》卷 25 第 413 頁。
④ 《大清律例》卷 37 第 594 頁。

減二等。”及“稱與同罪”律云：“凡稱與同罪者，止坐其罪，至死者，減一等，罪止杖一百、流三千里。不在刺字、絞、斬之律。若受財故縱與同罪者，全科。其故縱謀反、叛逆者，皆依本律。”又云：“稱‘准枉法論’‘准盜論’之類，但准其罪，〔亦罪〕①止杖一百、流三千里，並免刺字。”又云：“稱‘以枉法論’及‘以盜論’之類，皆與正犯同，刺字、絞、斬，皆依本律科斷。”以及律中凡云：“其不知者俱不坐”“其不知情者俱不坐”之類，蓋以因人連累〔致〕罪，原非其所犯，故除罪名重大，酌示懲徵外，餘俱酌量減免，以符刑罰止及犯人一身之原則云。

又，罪犯而未遂者，律雖無一定專條，而其中亦各有隱予減輕之則，如“竊盜律”云：“凡竊盜已行而不得財，笞五十，免刺。”及“詐欺官私取財”律云：“未得者，減二等。”之類。蓋以犯罪既未達其目的，無論其因中途自悔，或意外阻止，與行而已遂者究屬相殊，學者於此與律中已定有酌量減輕之文者，其留意焉。

第六章　宥赦

赦凡三等，曰大赦、曰特赦、曰常赦是也。凡國有慶典，欽遵恩詔，列舉重大罪名不准原宥外，餘則定自某日以前，官吏兵民人等一切犯罪，無論已未發覺、已未結案，咸赦除之者，曰大赦。特赦者，僅施於一定之人，如應行八議之人犯罪，奏請上裁，臨時奉旨特免者，即“常赦所不原”律所謂：“其赦書臨時定罪名特免，及減降從輕者。”是也。若常赦，據“常赦所不原”律云：“凡犯十惡，殺人，盜係官財物，及強盜，竊盜，放火，發塚，受枉法、不枉法贓，詐偽，犯姦，畧人，畧賣、和誘人口；若姦黨，及讒言左使殺人，故出入人罪；若知情故縱，聽行藏匿、引送，說事過錢之類，一應實犯，雖會赦並不原宥。其過誤犯罪，及因人連累致罪，若官吏有犯公罪，並從赦宥。”是惟過誤犯罪，及因人連累致罪，與官吏犯公罪等，始准宥赦也。

按：宥赦之制，法家每訾議之，以爲一人可以市恩，實開廢法之漸，殊不知此說實非。蓋宥赦原以濟律法之窮，並非以市恩者也。學者宜知之。康熙三十六年，給事中鄭昱條奏平定噶爾丹慶賀大禮頒詔宥赦款項。上諭：“凡頒赦詔，皆人主之事，非人臣所宜言。自古不以（頒）〔頻〕赦爲善政者，以其便於惡人而無益於善人也。”②又，六十一年上諭刑部：“恩詔內赦罪一款，非朕本心，徒開惡人僥倖之門，於事有何裨益？但朕卽位之初，諸臣援例陳請，不得不允奏施行。凡此罪人，皆因其自

---

① 《大清律例》卷5，第124-125頁。
② 事在康熙三十六年五月壬寅，見清《聖祖實錄》卷183，第964頁。

取之罪，並非治〔之〕以不應得之罪也。此番援赦豁免人等，俱宜詳記檔案，如既赦之後，仍不悛改，干犯法紀，務將伊等〔前罪〕加等罪之。著詳悉曉諭。欽此。"①乾隆元年，福建按察使倫達理奏請議定遇赦再犯加重章程，（按：康熙六十一年遇赦再犯加等上諭，例未載入）②奉硃批："遇赦免罪人犯，如再犯法紀加倍治罪之旨，乃係恐其再犯，所以使之知警，勉爲良民耳。（若）〔如〕必交刑部另定一遇赦免罪人犯加倍治罪之例，是必其再犯也。朕何（忍）如此薄待吾民乎？據汝所定，亦不能盡情盡法、毋枉毋縱也。且頭緒紛繁，亦難（盡）〔畫〕一。此事惟在地方大吏善爲開導，必使遇赦之人群聞朕旨，〔知〕有所感而不忍爲非，知有所懼而不敢犯法，則善矣，卽一二再犯之人，亦應量其情罪，哀矜毋喜，豈可概定一律，以待人之再犯乎？"③又，十一年給事中程盛修奏稱："本月初三日奉上諭：'各省獲罪之犯，於上年勾到之後，現在羈禁囹圄者，雖伊等孽由自作，法無可寬，而其中情事不同，輕重（各）〔亦〕④有差別，國家赦宥之典，或因行慶施惠，或因水旱爲憂，間一擧行。今朕哀矜庶獄，不忍令其淹滯囹圄，所有刑部及各省已經結案監禁人犯，除情罪重大及常赦所不原者，無庸查辦外，其餘著大學士會同刑部酌量案情輕重，分別請旨減等發落，其軍、流、徒、杖以下人犯，一併分晰減等完結。俾伊等同沾肆赦之恩，勉圖自新之路，以副朕協中欽恤本懷。特諭。欽此。'仰見我皇上如天好生，於孽由自作之徒，尚不忍其淹滯囹圄，而臣有一得之愚，不敢不瀆陳者：皇上臨御以來，屢停勾決，偶有偏災，省刑釋罪，率以爲常，人孰無心？固足感發其天良。而民乃至愚，未免漸生其徼倖，卽如雍正十三年大赦之後，乾隆元年二月間沿途剽掠者多係赦出之人。臣巡視東城，其枷杖以下有赦而復犯，犯而又赦，積案壘壘，難以枚擧。推原其故，伊等甘蹈刑戮，或爲饑寒所迫，一經赦宥，無以謀生，游手好閒，又不能自食其力，復以身試法者有之；或爲戾氣所鍾，甫經漏網，喜出望外，鷹眼未化，免而無恥，遂故智復萌者有之。夫與其犯後加刑，再無可生之路，何如赦時防範，不嫌誥誡之煩。伏乞皇上敕下直省督撫，通行所屬州縣，凡有此等恩赦人犯，減等發落之日，各取具改過自新甘結，卽於該管地方嚴立檔案，有再犯加等治罪，並通衢僻壤，大張告示，將伊等罪名詳細貼揭等因。"奉硃批："著照所請行，該部知道。欽此。"

又，"流犯在道會赦"律云："凡流犯在道會赦，計行程過限者，不得以赦放。有故者，不用此律。若曾在逃，雖在程限內，亦不放免。其逃者身死，所隨家口願還者，聽。遷徙安置人准此。"又云："其流犯及遷徙安置人已至配所，及犯謀反、叛逆緣坐應流，若造畜蠱毒、採生折割人、殺一家三人會赦猶流者，並不在赦放之限。"又云："其徒犯在道會赦，及已至配所遇赦者，俱行放免。"是蓋以軍、流、徒犯罪名較重，遣置窮鄉，本欲其絕迹人間，免爲地方擾害，況既至配所，籍隸已成，耗費公家並非細鮮，若遇赦並准放免，則悔悟與否，尤在難決之間，而盡棄前功，於事果有何裨益？至奉解在道遇赦者，既未到配編籍，准予赦還，

---

① 校按：事在康熙六十一年十二月十二日，其所引據之底本，應爲《世宗憲皇帝上諭內閣》卷（文淵閣四庫全書第414冊，第30-31頁）。又見《讀例有疑點注》卷2，第32頁。
② 校按：括號及其內文字均係原文。
③ 事在是年三月甲寅，參見清《高宗實錄》卷15，第412頁。
④ 乾隆十一年正月丙戌，參見清《高宗實錄》卷257，第324頁及卷256，第316頁。

未始非搏節經費之一道。故查中途無逃亡及遲延過限等情弊，審非圖奸倖免者，與徒犯一律赦放，以廣殊恩外，其已至配所，及犯謀反、叛逆緣坐應流與造畜蠱毒、採生折割人、殺一家三人會赦猶流諸巨惡，雖會赦並不赦放也。若流、徒正犯逃亡身死，所隨家口本係無辜，有願還者，卽不遇赦並可還鄉，"流囚家屬"律云："若流徒人身死，家口雖經附籍，願還鄉者，放還。"遇赦自應聽還也。

按：常赦所不原條例載有赦款章程，卽大赦條款也。大赦雖臨時奉旨定奪，而詳細條款向由刑部援案擬奏遵行。茲錄光緒三十年恩赦條款以備參攷，如左：

刑部謹奏：爲欽奉恩詔謹酌擬斬絞人犯分別准免不免並酌緩減軍各條款奏明請旨遵辦事。光緒三十年正月十五日欽奉恩詔，內開："一、官吏民人等有犯，除謀反，叛逆，子孫謀殺祖父母、父母，內亂，妻妾殺夫，奴婢殺家長，殺一家非死罪三人，採生折割人，謀殺、故殺真正人命，蠱毒、魘魅、毒藥殺人，強盜，妖言，十惡等真正死罪不赦外，軍務獲罪、隱匿逃人及侵貪入己亦不赦外，其餘自本年正月初一日以前已發覺、未發覺、已結、未結者，咸赦除之。欽此。"臣等伏查此次恩詔與光緒十五年暨二十年赦款大署相符，自應查照舊章分別酌核辦理。謹擬定不准（免）援免者共五十四條，酌入緩決者共四十六條，減爲軍、流者共七條，准予援免者共三十四條。臣等詳細查核，其不准免各款皆係情罪重大。其擬以不准援免，酌入緩決各條係因雖在應赦之條而情浮於法，或在不赦之列而法重情輕，是以酌核歸入緩決。其擬以不准援免，仍准減軍、流各條，係從前准免之案，近來例案加嚴，是以減發極邊充軍及酌減爲滿流。其准免各條均屬尋常人命等案，並非十惡不赦之犯。以上各條謹分別開列清單，並將酌擬緣由註明，恭呈御覽，伏候欽定。俾臣等遵照辦理，以免歧惧。惟是案情不一，其單內未及賅載之案亦可仿照條款（此）〔比〕例類推，或情浮於法，或法重情輕，均應就案確核，臨時隨摺本聲明請旨。如蒙俞允，除官犯另行辦理外，謹將事犯在恩詔以前已未入秋審、朝審斬絞常犯，核其情罪輕重，分別應准、不應准，並酌入緩決，准減軍、流各罪犯，繕具清單，按照省分遠近分次具奏，恭候命下，臣部行文各省遵照，將准免者卽予釋放，准減軍、流者卽行發配，其不准免及酌入緩決各犯仍牢固監禁，入於本年秋審辦理。其准免各犯並免刺字，應追贓次及埋葬銀兩仍行着追。如釋免後倘有滋事犯法者，應遵照舊例，照所犯之罪加一等治罪。減軍各犯仍行刺字，並各省現已具奏到〔部〕尚未議覆及嗣後續奏到部各案，查係事犯在恩赦以前者，均於議覆時隨案分別辦理，未經審奏斬絞人犯，行令各省督撫等一體查辦。其監候待質一項人犯，因正犯未獲，久羈圄圇情殊可憫，除原犯案情不在赦款內者毋庸議外，其餘情輕待質之犯應仰體皇仁，分別保釋，以昭矜恤。再，歷次恭逢恩詔酌入緩決者，各犯具有法重情輕案件，若仍不准寬免，未免與情重案犯無所區別，應仍核其情節輕重分別准予援免及不准援免，合併聲明。所有臣等查核酌擬緣由，理合恭摺具奏請旨，等因。光緒三十年正月十七日奏。奉旨："依議，欽此。"

謹將光緒三十年正月十五日恩赦，臣部擬以不准援免各犯罪名共五十四條：

一、謀反及大逆但共謀者。

一、謀殺祖父母、父母者。

一、妻、妾因姦同謀殺死親夫者。

一、殺一家非死罪三人者。

一、奴婢謀殺家長者。

一、採生折割人為首及為從者。

一、蠱毒殺人者。

一、實犯大逆緣坐者。

一、光棍為首及為從者。

一、奴婢毆家長者。

一、興販私鹽聚眾十人以上帶有兵器拒捕傷人者。

一、圖財害命得財因〔而〕致死人命者。

一、姦夫起意同謀殺死親夫者。

一、惡徒夥眾搶去良人子弟強行雞姦為首者。

一、搶奪殺人為首者。

一、罪人拒捕殺人情節兇惡者。

一、魘魅殺人者。

一、毒藥殺人者。

一、飛報軍情隱匿不速奏因而失誤軍機者。

一、造讖緯妖言惑眾者。

一、謀殺造意及貪賄挾嫌因姦因盜從而加功者。

一、故殺者。

一、謀故殺而誤殺旁人者。

一、番役誣陷無辜妄用腦箍等刑致斃人命者。

一、誘賣不從殺死人命者。

一、守邊將帥失陷城寨者。

一、強姦緦麻以上親之妻至本夫羞忿自盡者。

一、竊盜拒捕殺人爲首者。

一、姦兄弟妻者。

一、卑幼逞兇犯尊刃傷期親尊長者。

一、卑幼逞兇犯尊毆死期功尊長者。

一、雇工人誣告家長者。

一、監禁罪犯在監毆斃人命者。

一、官軍征討私逃再犯者。

一、官司差人捕獲罪人聚衆打奪傷人者。

一、故殺妻理曲殘忍者。

一、奴姦家長之妾者。

一、強奪良家妻女姦污佔爲妻妾者。

一、投遞匿名文書告言人罪者。

一、姦夫自殺其夫姦婦事後知情隱匿者。

一、有祿人實犯枉法贓八十兩者。

一、誣告將案外之人拖累拷禁致死一二人者。

一、聽從母命毆死逼母改嫁胞兄者。

一、（誣）〔誤〕①傷胞兄至死並非逞兇干犯者。

一、救親情切及尊長蔑倫以致毆斃並刃傷期親尊長者。

一、強姦十二歲以下幼女因而致死者。

一、強盜自首及聞拿投首例得免死者。

一、紅鬍、白撞手等項匪徒從犯罪應絞候者。

一、強姦已成者。

一、強盜及共謀爲竊臨時行強者。

一、發塚爲從開棺見屍在外瞭望三次及三次以上者。

一、發塚爲從開棺見屍幫同下手者。

一、鑿棺抽竊幫同下手三次及三次以上者。

一、鑿棺抽竊在外聽望六次者。

以上各條均係從前奏明不准援免之案，應照章辦理。此外如有不在各項罪名

---

① 參見咸豐十一年十月刑部奏定《斬絞人犯酌擬准免不准免條款》，載《大清律例增修統纂集成》卷 4，第 43b 頁。

之內，核其情罪較重，與不准之條相似者，應一律議以不准。

光緒三十年恩赦，臣部擬以不准援免酌入緩決各犯罪名四十六條：

一、語言調戲致本婦羞忿自盡者。

此條係嘉慶元年奏明不准援免，酌入緩決。

一、強姦未成，本婦羞忿自盡者。

此條係嘉慶二十五年奏明不准援免，酌入緩決。

一、故殺同堂弟妹理曲殘忍者。

一、謀殺卑幼致死，依故殺法，理曲殘忍者。

一、搶奪刃傷人未死者。

一、竊盜臨時拒捕刃傷人未死者。

一、威力制縛，主使人致死情重者。

一、卑幼毆本宗緦麻兄姊尊屬致死者。

一、謀殺人從而加功並無賄貪挾嫌因姦因盜別情及被殺之人理曲者。

一、罪人拒捕殺人情由可原者。

一、搶奪滿貫及竊盜並奴（卑）〔婢〕雇工人行竊家長贓至五百兩以上者。

以上九條係道光三十年奏明不准援免，酌入緩決。

一、竊盜搶奪殺人，爲從幫毆刃傷及折傷者。

此條從前在准免之例，因同治元年奏准搶竊罪至軍、流以上均不准援免，此係例實之案，是以酌入緩決。

一、強姦未成，刃傷本婦者。

此條從前係在准免之例，因道光三十年奏准通行：強姦婦女未成擬流，不准援免，此係例實之案，是以酌入緩決。

一、火器誤殺旁人者。

一、火器殺人情有可原者。

一、謀、故殺情有可原者。

一、毆死祖妾、父妾情重者。

一、鬥殺金刃十傷以上及鐵器二十五傷以上情節較兇者。

一、鬥殺刃傷要害奇重及洞胸貫脅者。

一、共毆致斃彼造四命以上，案內下手致斃一命者。

一、互毆致斃六命以上，案內下手致斃一命者。

一、聚衆〔共〕毆（共），致斃一家二三命，爲從下手情重者。

一、聽糾致斃一命，復聽從謀殺不加功者。

一、糾毆金刃九傷以上，聽糾十傷以上者。

一、因瘋殺死平人非一家三命及一家二命者。

一、致斃老人、幼孩、婦女，情傷較重者。

一、竊匪斃命，情傷較重者。

一、姦匪斃命，情傷較重者。

一、賭匪斃命，情傷較重者。

一、擅殺四五命以上，情形慘忍者。

一、邪術醫人致死情重者。

一、假差（赫）〔嚇〕①詐，致令自盡者。

一、故殺恩養未久義子者。

一、搶奪婦女已成，夥犯拒殺事主或鎗傷事主或至本婦親屬自盡並乘機分搶財物案內爲從，尚未入室架拉，夥搶不止一次，並被搶數至三人者。

一、搶奪路行婦女尚未姦污，未聚衆爲首者。

一、搶奪良婦未成，致令自盡者。

一、聚衆拉奪婦女未成爲首者。

一、誘拐幼孩，被誘之人無下落者。

一、行竊庫銀至一百兩以上，並非糾衆圖竊者。

一、竊盜刃傷事主，伙賊遺火延燒，致斃人命者。

一、夥衆跟踪，引竊逾貫，尚無積慣兇惡情事者。

一、聚衆十人以上，中途奪犯，未傷差者。

一、刁民聽從〔聚〕衆罷考，照光棍爲從並未毆官者。

以上三十一條係咸豐十一年奏明不准援免，酌入緩決。

一、發塚爲從，開棺見屍，在外瞭望一二次者。

一、鑿棺抽竊，帮同下手者。

一、鑿棺抽竊，在外瞭望三次至五次者。

以上三條係光緒二十年奏明不准援免，酌入緩決。

以上各條均擬以不准援免，酌入緩決之案，應遵照辦理者。此外如雖在應赦之條而情浮於法，或在不赦之列而法重情輕，亦應仿照酌核，歸入緩決，臨時隨案酌核辦理。

---

① 《皇朝續文獻通考》卷256，第150頁。

光緒二十年恩赦，臣部擬以不准援免，仍准減軍各犯罪名七條：

一、竊贓滿貫，並無積慣兇惡情狀者。

此條減極邊充軍。

一、竊盜三犯，贓至五十兩以上者。

此條減極邊充軍。

一、誘拐子女，被誘之人不知情，情節較輕者。

此條減極邊充軍。

一、共毆人致死及鬥殺擬絞，起意故折人肢體成廢者。

此條減爲三千里。

一、捉人勒贖案內擬絞僅止一人一次，並無兇暴重情者。

此條減發極邊充軍。

一、搶奪婦女已成，爲從並無入室架拉及夥犯拒殺事主各重情者。

此條減發極邊充軍。

一、鑿棺抽竊，在外一二次者。

此條減發極邊充軍。

以上七條係從前准免之案，近來例案加嚴，是以均擬減爲軍、流，應照章發配。

光緒三十年恩赦，臣部擬以准予援免各犯罪名共三十四條，內有應由臣部核議酌加重責二十板釋放者七條：

一、文武生員欺壓平民，毆人致死者。

一、誣良爲竊，逼斃人命者。

一、誣告人因而致死者。

一、比照子孫因姦致父母自盡量減（向）[1]擬絞候者。

一、姦夫拒捕，刃傷應捉姦之人者。

一、姦夫自殺其夫，姦婦不知情，並非匿隱者。

一、用藥迷人，未得財爲從者。

以上七條俱重責二十板釋放。

一、悔過拒姦，謀殺姦夫者。

一、奴婢毆良人致死者。

一、販私拒捕，十人以上並未攜帶軍器傷人者。

一、僞造印信，誆騙財物十兩以上爲首者。

---

[1] 《皇朝續文獻通考》卷 256，第 150 頁。

一、故殺妻理直、不殘忍者。

一、故殺同堂弟姊理直、不殘忍者。

一、威力制縛，主使人致死情輕者。

一、鬭毆殺人者。

一、謀殺卑幼致死，依故殺法，理直、不殘忍者。

一、同謀共毆人，因而致死，下手者。

一、原謀共毆，亦有致命重傷者。

一、因戲而殺人者。

一、鬭毆而誤殺旁人者。

一、毆小（工）〔功〕親之雇工人至死者。

一、家長故殺雇工人者。

一、夫毆妻至死者。

一、尊長毆緦麻、小功、大功卑幼之女至死者。

一、毆死期親尊長、犯時不知，以凡論者。

一、無祿人枉法贓一百二十兩者。

一、罪人已就拘執及不拒捕而擅殺者。

一、平常發遣人犯逃後行兇為匪，犯該軍、流、發遣者。

一、受賄故縱罪囚，贓未滿貫者。

一、本夫登時殺死姦婦姦夫當時脫逃被獲者。

一、致斃緦麻兄、姊尊屬，遇赦已經酌援情輕者。

一、毆姊之夫至死者。

一、外姻尊長毆緦麻卑幼至死者。

一、良人毆他人奴婢致死者。

以上各條俱係遵照舊章酌核准免之案，此次應遵照辦理。其有不在此內而案情似此者，一律酌量援免。

刑部謹奏：為欽奉恩詔循照舊章查辦軍、流以下人犯酌擬章程奏祈聖鑒事。光緒三十年正月十五日欽奉恩詔，內開："一、官吏兵民人等有犯，除謀反，叛逆，子孫謀殺祖父母、父母，內亂，妻妾殺夫，奴婢殺家長，殺一家非〔死〕罪三人，採生折割人，謀殺、故殺真正人命，蠱毒、魘魅、毒藥殺人，強盜，妖言，十惡等真正死罪不赦外，軍務獲罪、隱匿逃人及侵貪入己亦不赦外，其餘自本年正月初一日以前已發覺、未發覺、已結、未結者，咸赦除之。欽此。"臣等遵將斬絞人犯查〔照〕舊章酌擬章程另摺具奏。至軍、流以下人犯,歷次恭奉恩詔,均准其一體核其情節輕重,分別查辦在案。此次恩詔自應遵照舊章辦理。除尋常竊盜問擬軍、流,竊匪盜官物及官錢糧罪在總徒以上,強姦婦女未成、捉人勒贖犯該遣軍以上,強竊〔盜〕①窩主、發掘墳塚各案內犯該軍、流以上等項,近年均係從嚴不准寬免,暨各項軍、流人犯內有情節較重者,隨時酌量核辦外,其餘一應軍、流、徒犯並非有關十惡,情節尚輕,無論已未到配,概行釋放。逃軍、逃流應否免緝,分別核辦,逃徒並免緝拿,枷杖以下悉予寬免。因竊擬徒以下人犯,一律援免,並免刺字。臣等謹將酌擬不准免罪條款開列清單,恭呈御覽,伏候命下,臣部飛咨內外問刑衙門,於文到日扣除往返程途,統限一月內,將一應軍、流、徒犯已結、未結並已、未到配及外遣安置、安插、編發為良駐防人犯,並軍、流、徒罪官犯,事犯在本年正月初一日以前,無論到配已、未滿三年,實係安靜守法,別無過犯,及尋常人命案內問擬軍、流之餘犯,(軍)〔均〕抄錄犯事全案、到配年月日期,造具清冊。軍、流彙案具奏,徒犯咨部查核,臣部摘敘案由開列清單,分別官、常各犯,照例具奏核覆。至臣部現審案內已經審結尚未起解及監禁待質遣軍、流、徒各犯,由臣等另行彙總具奏。枷杖人犯即行釋放,所有應免各犯內有例應追埋、追贓者,仍行著追。應刺字者免其刺字,已經刺字者,准其起除。如有在配年久,不願回籍者,聽從其便。倘釋免後仍有滋事不法,應照所犯之罪加一等治罪。軍台效力官犯仍咨行兵部照例辦理。所有臣等循照舊章查辦軍、流以下人犯緣由,謹恭摺具奏請旨等因。光緒三十年正月十七日。奉旨:"依議,欽此。"

恭逢恩詔查辦軍、流以下人犯不准免條款共三十五條,計開:

一、大逆緣坐及知情不首者。

一、真正邪教等案內實甘心聽從入教,罪應發遣及緣坐者。

一、糾結添(第)〔弟〕等會名目案內隨同入會者。

一、事關貽誤軍機及引匪邊釁者。

一、內地民人交結外國誆騙財物者。

一、祖父母、父母呈首子孫發遣,查詢犯親不願領回者。

一、子貧不能養贍,父母自盡,並因姦、因盜致縱容之父母自盡及教令之父母被人謀、故、毆殺者。

一、妻妾毆夫及妾毆傷正妻者。

一、祖父母、父母被殺,子孫受賄私和者。

---

① 《皇朝續文獻通考》卷 256,第 151 頁。

一、毆傷期、功尊長及逼迫功服尊長致死者。

一、姦本宗緦麻以上、外姻舅母及同母異父姊妹者。

一、强姦小功以上親並强姦子婦未成者。

一、籍充人牙，將領賣婦人逼勒賣姦圖利，月日經久者。

一、奴僕及雇工人誘賣家長期親以下親屬者。

一、凡用藥餅及一切邪術迷拐幼小子女，爲從罪應擬遣者。

一、惡徒圖財放火故燒官民房屋、公廨、倉庫，並謀財挾讎放火，當被救熄及已經延燒尚未搶掠案〔內〕罪應軍、流者。

一、有祿人實犯枉法，贓未至八十兩者。比照定擬及無祿人准免。

一、官吏故出入人罪者。

一、卑幼誣告尊長，奴僕、雇工人誣告家長者。

一、刁徒直入衙門，挾制官長，並聚衆辱官案內情兇勢惡者。

一、實係積慣訟棍，屢次主使教唆挾制官府者。止係教唆一人一事，比照積慣例辦理者准免。

一、强娶、强搶孀婦、室女，致令自盡，罪應軍、流者。

一、軍民吏役毆傷制使、本管官及奪犯毆官，罪應軍、流者。

一、官員家丁騷擾驛站，倚勢行凶，致釀人命者。

一、教誘人犯法（致）陷人死罪已決或致釀人命者。

一、偷竊蒙古四項牲畜，罪應擬遣者。

一、兇惡棍徒屢次滋事，怙惡不悛，實在爲害閭閻及致釀人命者。

一、積匪猾賊實在怙惡不悛，並肆竊多贓及有逞兇拒捕情事者。

一、豫省五府州及安徽三府廳屬凶徒結夥三人以上，執持凶器傷人，問擬軍、流、遣者。如僅止偶然會聚，一時起衅，並無凶惡情狀者准免。

一、竊匪盜官物及官錢糧罪在總徒以上者。

一、强〔姦〕[①]婦女未成者。

一、捉人勒贖案內罪應遣、軍者。

一、搶竊罪在軍、流以上者。

一、强、竊盜窩主罪在軍、流以上者。

一、發掘墳塚案內罪在軍、流以上者。

以上不准援免遣、軍、流、徒各罪共三十五條，均照舊發配、安置、拘役，

---

① 《皇朝續文獻通考》卷 256，第 151-152 頁。

應刺字者仍行刺字，應枷號者仍行枷號。如有在配脫逃被獲者，軍、流免其加等，仍發原配，徒罪從新拘役。其餘不在不准援免條款單內各犯，無論遣、軍、流罪准予一律援免。其有情罪實在重大者，仍隨案酌核辦理。

再，本年正月十五日恭逢恩詔查辦秋審斬、絞人犯，臣等遵照奏明條款，將已未入秋審官、常各犯，分別准免、不准免，暨（配）〔酌〕緩、減軍、減流，繕具清單，分省具奏。其各犯內有恭逢二十年恩詔不准援免，奏明酌入緩決者，亦應一體核辦。臣等查照向辦成案，此等人犯既經奏明酌入緩決，除謀、故、火器殺人、並搶、竊、拒捕傷人暨情罪較重各項人犯仍不准減免外，其餘如鬥殺、共毆及一切情節少輕各犯，若緩決已至三次，應概予減免，其不及三次者，應俟緩決三次後，由該省奏報秋審後尾內聲明，由臣部分別核辦，理合附片奏聞請旨等因。光緒三十年正月二十六日奏。奉旨：依議，欽此。

再，盜案各犯，經近年改定章程，從嚴辦理。謹查"強盜但經得財"律，係不分首從皆斬。光緒十三年臣部議覆大學士李鴻章奏匪徒執持火器糾伙搶刦酌擬從嚴懲創摺內，請將強刦及竊盜臨時行強並結夥十人以上搶奪，但有一人執持鳥鎗、洋鎗在場者，無論曾否傷人，不分首從，均擬斬立決梟示。結伙三人以上搶奪執持鳥鎗、洋鎗係首犯，亦擬斬立決梟示；係從犯擬斬立決，傷人者，仍加梟示。竊盜執持鳥鎗、洋鎗拒捕殺人者，擬斬立決梟示。竊賊施放鳥鎗、洋鎗拒捕，一經成傷，無論護贓、護夥、圖脫及臨時、事後，所傷是否事主，為首及幫同放鎗拒捕之犯皆擬斬監候，秋審入於情實。是強刦各項新章較舊例加嚴。原其立法之初，固以各省盜風日熾，不能不從重懲辦，誠因時制宜之義也。溯查光緒十五年三月十六日欽奉恩詔，內開：一、刑例從嚴定擬人犯，除游勇、土匪、馬賊就地正法外，其盜案各犯新章從嚴者，有可改歸舊例之處，著刑部酌核議奏。欽此。當經臣部悉心詳核，自定新章後，此風迄未少息，若遽概弛其禁，誠恐水懦民玩，犯法者愈見其多，轉失辟以止辟之意。惟既恭逢盛典，迭沛恩綸，若竟不將此等案犯量予從輕，是別項死罪均沾皇仁，而於若輩獨不能網開一面，亦殊失欽恤之意。擬請嗣後遇有強刦得財之案，如事犯在恩詔以前者，無論有無執持火器，均照本律問擬斬決，概免梟示，奏准通行在案。

又，光緒二十八年八月十六日恭逢恩詔，復經臣部擬請，將搶、竊各犯，如事犯在恩詔以前搶、竊等案，無論有無執持火器，仍查照章程問擬斬決，概免梟示。其竊盜執持火器拒捕傷人，審係臨時盜所及有護贓、護夥重情，無論首從均不准援免。如首犯實因圖脫情急及事後拒捕放鎗並幫同放鎗，傷人情輕各犯，均酌入緩決等因，奏准通行，各在案。本年恭逢慶典，臣等仰體皇仁，似應一體查辦以昭恩溥。擬請仍照二十年奏定章程辦理，倘蒙聖恩准予查辦，臣部行文各直省督撫、將軍、都統、府尹一體遵照辦理。其事犯在恩詔以後者，仍查照新定章程科斷，仍俟數年後察看情形，如果盜風稍息，再行奏明歸復舊例，謹附片具奏請旨等因。光緒三十年正月二十六日奏。奉旨：依議，欽此。

刑部謹奏：爲恭逢恩詔請將永遠監禁暨永遠枷號兩項人犯循照舊章酌量辦理，恭摺具奏仰祈聖鑒事。竊照乾隆元年欽奉恩詔，所有因瘋殺人之犯，監禁一年，驗明病愈，即予釋放。嗣於乾隆二十七年經臣部奏准定例，將此項人犯永遠監禁。嘉慶元年復欽奉恩詔，據原任山東巡撫伊江阿題請，將因瘋殺人永遠監禁之犯，與各項死罪人犯，一體查辦。經臣部將瘋病殺人之犯請議以二十年爲斷，其監禁已逾二十年而年逾七十，精力就衰者，令各督撫確加提驗，實係病久痊愈，再由臣部分別核請釋放。迨嘉慶五年四月二十一日奉上諭：前因清理庶獄，令刑部將各省軍、流分別減等發落，今刑部及各省監獄內尚有永遠監禁並永遠枷號各犯，亦宜推廣仁施，一體查辦等因。欽此。復經臣部題明，除永遠枷號人犯一律由大理寺開單具奏外，將瘋病殺人已逾二十年，驗明病已痊愈各犯，照例釋放。其監禁未滿二十年及別項永遠監禁官、常各犯，摘敘案由，開單請旨。奉旨將因瘋殺人，病已痊愈，存監已逾五年者，均予釋放。其別項人犯，按其情節輕重分別准釋、不准釋，內有爲父復仇永遠監禁之犯，甫及三年，亦蒙恩釋放。嗣於嘉慶二十五年及道光三十年，咸豐十一年，光緒元年、十五年、二十年，歷次欽奉恩詔，所有永遠監禁官常各犯及永遠枷號人犯，均經臣部奏明，遵照舊章酌量辦理各在案。誠以因瘋殺人之犯，總由瘋發無知，其情節無甚輕重可分，監禁已逾五年，病愈概予釋放。其別項永遠監禁之犯，仍分別情節，酌核辦理，並不拘定年限，於慎重之中仍寓矜恤之意。此次恭逢恩詔，所有死罪人犯俱得仰沐殊恩，而此等永遠監禁人犯，若任其瘐斃囹圄，殊非推廣皇仁之道，臣等公同酌議，所有永遠監禁、瘋病殺人及爲父復仇等項人犯，自應查照歷次舊章酌量辦理。除因瘋殺人監禁未逾五年及雖逾五年病未痊愈者毋庸查辦外，其監禁已逾五年、病已痊愈之瘋犯別項永遠監禁之官常各犯，臣部飛咨各督、撫、將軍、府尹查明監禁年分，並各犯現在年歲，其瘋病殺人之犯若實已痊愈，造具清冊，並飭令該地方官出具不致滋事切實印結送部。臣部俟奏咨到日，即將監禁已逾五年、病已痊愈之瘋犯，開單奏請釋放。其別項永遠監禁官常各犯，無論年限，摘敘案由，核其情節輕重，分別應釋、不應釋開單請旨。至永遠枷號人犯，仍照向例歸大理寺自行具奏。所有臣等循照舊章分別辦理緣由，謹恭摺具奏請旨等因。光緒三十年二月十二日奏。奉旨：依議，欽此。

第七章　數罪俱發

數罪俱發者，謂一人犯二罪以上在未審判之前而同時俱發也。據"二罪俱發以重論"律云："凡二罪以上俱發，以重者論。罪各等者，從一科斷。若一罪先發，已經論決，餘罪後發，其輕若等，勿論。重者，更論之，通計前罪，以充後數。其應入官、賠償、刺字、罷職罪止者，各盡本法。"是一人犯二罪以上，或三四罪，或五六罪，同時俱發者，以從一重科斷爲通則，因重刑本含輕刑在內也。其數罪輕重相等，而刑罰宗旨原不過以懲警將來，故亦只從一科斷。若不同時俱發，其先發一罪，已經論決，後發餘罪與先發已決之罪較之，輕者，自毋庸議，其先後相等者，則已決之罪，既足以示法無姑寬，故可勿論。至較重於前者，輕刑實難以蔽辜，不得不更加論罪。惟律無加重之文，故通計前罪，以充後數。其有應入官之贓、賠償之物、刺字之盜、罷職之官，各依本法所定科斷，總不於法外加重，可謂體恤罪人之至矣。然一人犯數罪，科重而舍輕，較之一人犯一罪，輕重盡本法，就犯人一面計之，犯一罪反不如犯數罪之爲得，輕重失其權衡，誠未免有獎勵犯罪之弊。按之刑法以防止犯罪之本旨，正相反對，此律未當，不辯自明，立法者其注意焉。

按："徒流人又犯罪"律云："凡犯罪已發（而）①又犯罪者，從重科斷。"與此律"一罪先發，已經論決，餘罪後發，其輕若等，勿論。重者，更論之"。云云，似屬相同。殊不知犯罪已發而又犯罪者，其又犯雖在未決之前，而究在已發之後，若一罪先發，後發餘罪，其一罪與餘罪皆犯在未發之前，非一罪先發而又犯餘罪也。數罪俱發與再犯之區別如此。

第八章　再犯

再犯者，謂一人犯罪已經論決，而又犯他罪也。據"徒流人又犯罪"律云："凡犯罪已發（而）又犯罪者，從重科斷，已徒、已流而又犯罪者，依律再科後犯之罪。其重犯流者，三流並決杖一百，於配所拘役四年。若犯徒者，依後所犯杖數、該徒年限決訖，應役亦總不得過四年。其杖罪以下，亦各依數決之，其應加杖者，亦如之。"蓋以犯罪已決而又犯罪，其怙惡不悛，法不容寬，依律再科其後

---

① 《大清律例》卷 4 第 103 頁；《大清律例會通新纂》卷 3 第 391 頁。

犯之罪，是爲通則。然犯罪已發，未經論決，又犯別罪，與數罪俱發情形相同，故亦從重科斷。其已徒、已流而又犯罪者，前罪既已完結，與已發未決者有殊，故再科後罪。至在配所重犯流、犯徒者，再流則地嫌過遠，再徒則年限太長，於不得已之中酌擬權宜之法。故於原配、原役處所，三流並決杖一百，拘役四年，五徒依杖數決訖，應役並前役亦以四年爲限，乃本總徒四年之法而定之也。杖罪以下，其罪本輕，不妨全科，故各盡本法。似此定律，輕重適得其宜矣，竊以爲亦未免有失輕之弊。夫數罪俱發，從一科斷，原以其未經受戒，猶爲可言。若再犯，本係刑餘，罔知悛改，可惡孰甚？況徒流罪人在配拘役，尚未出刑期之間，再犯他罪，尤非已終執行，經久重犯者所可比。此等罪因不加重罰，習慣性成，實難望有遷善之一日，勢必至有刑不足畏而故意玩法者。歷來再犯者比比不絕，未始不由乎此，此律之未當，不言可知矣。立法者其注意焉！

第九章　共犯

共犯者，數人共犯一罪之謂也。此據"共犯罪分首從"律云："凡共犯罪者，以造意爲首，隨從者，減一等。"又云："若一家人共犯，止坐尊長，若尊長年八十以上及篤疾，歸罪於（以）共犯罪以次尊長。侵損於人者，以凡人首從論。若共犯罪而首從本罪各別者，各依本律首從論。"又云："若本條言'皆'者，罪無首從，不言'皆'者，依首從法。"又云："其犯擅入皇城宮殿等門，及私越度關，若避役在（役）〔逃〕①，及犯姦者，亦無首從。"是凡二人以上共謀犯一罪者，除擅入皇城宮殿等門，及私越度關、避役在（役）〔逃〕、犯姦等罪，與律中特定有"皆斬""皆絞""皆流"等字樣者，不分首從外，餘則概分首從，以造意一人爲首，依律科斷，隨從者，減一等治罪，是爲通例。若一家共犯，止坐尊長，餘人無罪，以尊長本有專制之義也。然侵損於人之事，仍依凡人首從法，不獨坐尊長一人。至共犯罪而首從本罪各別者，各依本律首從論。蓋罪無大小，罰因人分。本條既有應獲之罪，即不得因共犯而依首罪減等也。

至官吏共犯，據"同僚犯公罪"律云："凡同僚犯公罪者，並以吏典爲首，首領官減吏典一等，佐貳官減首領官一等，長官減佐貳官一等。若同僚官一人有私，自依故出入人罪論，其餘不知情者，止依失出入人罪論。"又云："若申上司，不覺失錯准行者，各遞減下司官吏罪二等。若上司行下，所屬依錯施行者，各遞減上司官吏罪三等。亦各以吏典爲首。"蓋官吏公事差錯，承行在於吏典，故以吏典

---

① 《大清律例》卷5，第118頁。

爲首。由吏典而首領、而佐貳、而長官，各遞減一等，不以官階之崇卑爲首從，而以職守之專佁爲重輕，因卑者辦事尤須謹慎也。若申上司不覺失錯准行，雖准行在上，而差錯由下，故各遞減下司二等。上司行下，所屬依錯施行，下司當申請，而承誤施行，雖施行在下，而差錯由上，故各遞減上司三等，亦各以吏典爲首者也。

第十章　加減罪例

犯罪減輕加重之原因，既如所述矣。至加減計算之法，據"加減罪例"律云："凡稱'加'者，就本罪上加重。稱'減'者，就本罪上減輕。惟二死、三流，各同爲一減。加者，數滿乃坐。又，加罪止於杖一百、流三千里，不得加至於死。本（係）〔條〕①加入死者，依本條。"是蓋以刑名輕重，本視犯罪之情狀以爲衡。罪應加重減輕，律已各爲規定。最（已）〔宜〕注意者，二死、三流同爲一減，加者，數滿乃坐。又止於杖一百、流三千里，不得加至於死。減盡其法，而加惟其輕，其愛民好生之心，無微不至，何德之厚也。

又，"犯罪得累減"律云："凡一人犯罪應減者，若爲從減、自首減、故失減、公罪遞減之類，並得累減。"蓋以一人犯罪，既有累減之情，自應層遞而減輕之。然犯罪得以減輕之原因，非僅爲從減、自首減、故失減、公罪遞減四者所可括，其因物之多寡，情之輕重，名分服制之尊卑、親疏得減輕者，不勝枚舉，故以"之類"二字賅之，舉此以例彼也。

大清律講義總論終

---

① 《大清律例》卷5，第123頁；《大清律例會通新纂》卷4，第540頁。

大清律例講義

〔清〕吉同鈞　撰

光緒戊申嘉平法部律學館付印

目　錄

大清律例講義藏本圖片

(中國社會科學院法學所藏本)

中國社會科學院法學所藏本

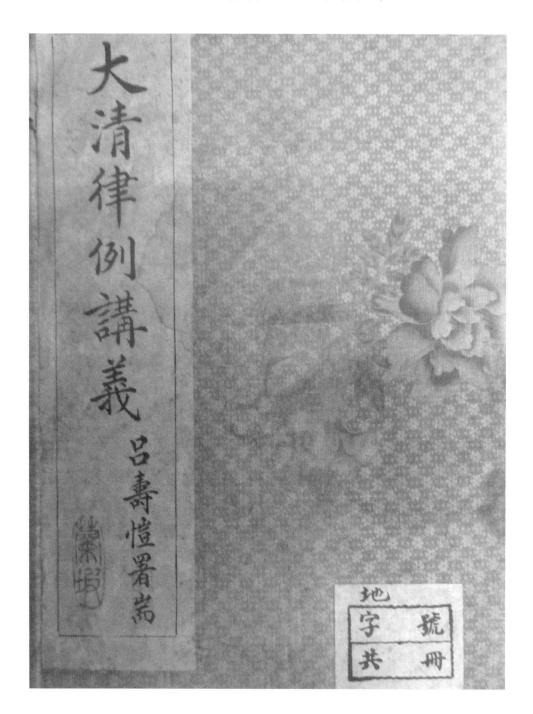

中國社會科學院法學所藏本

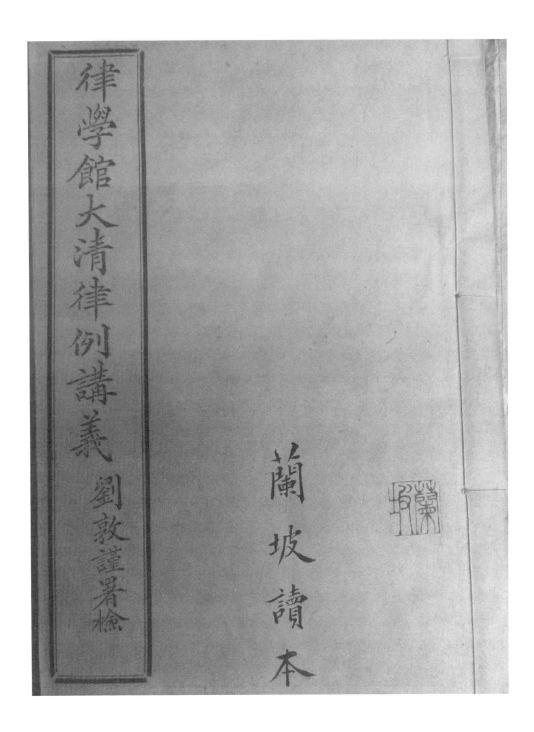

中國社會科學院法學所藏本

中國社會科學院法學所藏本

序

近代以法學著者首推長安薛大司寇雲階夫子〔連衿〕通

籍後筮仕西曹幸瞻豐采比充秋審處坐辦提調等差稿

件繁多日不暇給每遇疑難輒承指示由是〔連衿〕稍識法

律事隔十餘年此景如在目前也歲丙午法部奏設律學

館大司寇南海戴公司寇長白紹公商始張公延〔連衿〕入

職講務自維學殖荒落深懼有負雅愛吉君石笙者刑署

舊友尤薛門高弟子也相繼來充教員即大清律例讀例

存疑洗冤錄諸書分門口授吉君亶手著大清律例講義

間日頒給諸學侶詞旨顯豁備含情綜計館中同學因是

擇要差者洵不勝屈蓋講義之功爲最多焉鉛印工竣喜

中國社會科學院法學所藏本

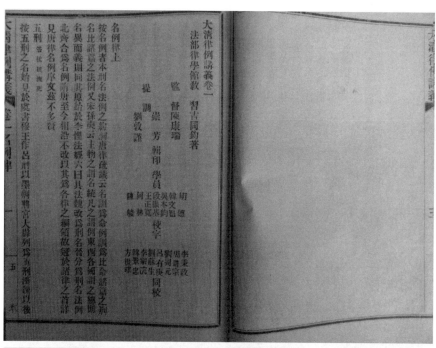

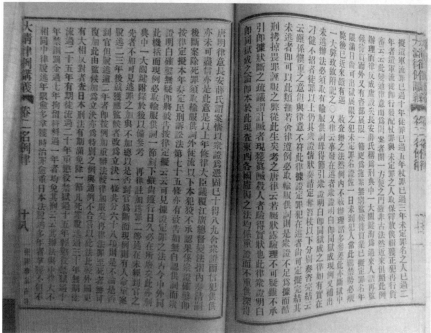

大清律例講義

（呂壽愷署耑）[*]

---

[*] 校按：原書一帙，函套正面左側粘白箋，中題書名"大清律例講義"，右下稍小字體書"呂壽愷署耑"四字，其
左偏下硃色橢圓形手章鈐篆書"蘭坡"二字。

律學館大清律例講義

（劉敦謹署檢）[*]

---

* 校按：此係首冊封面，左側墨色套印書題"律學館大清律例講義"，框下右側有"劉敦謹署檢"四字。框外右下
墨笔書"蘭坡讀本"，其右側鈐"蘭坡"方章。扉頁中書大字"大清律例講義"六字，右上有"光緒戊申嘉平"
六字，其下鈐"律學舘記?"四字方章。左下刻"法部律學館付印"。

大清律例講義*

（光緒戊申嘉平）

法部律學館付印

---

* 此係原書扉頁，中題大字書名"大清律例講義"，右上有"光緒戊申嘉平"六字，其下鈐"律學舘記"四字方章。左下刻"法部律學館付印"。

〔方連軫〕序

近代以法學著者，首推長安薛大司寇雲階夫子，連軫通籍后筮仕西曹，幸瞻丰采。比充秋審處坐辦、提調等差，稿件繁多，日不暇給，每遇疑難，輒承指示，由是連軫稍識法律。事隔十餘年，此景如在目前也。歲丙午，法部奏設律學館，大司寇南海戴公、司寇長白紹公、固始張公，延連軫入職講務，自維學殖荒落，深懼有負雅愛。吉君石笙者，刑署舊友，尤薛門高弟子也，相繼來充教員。即《大清律例》《讀例存疑》《洗冤錄》諸書，分門口授。吉君並手著《大清律例講義》，間日頒給諸學侶，詞旨顯豁，備含精蘊。計館中同學因是擢要差者指不勝屈，蓋《講義》之功爲最多焉。鉛印工竣，喜贊數語以誌傾佩。自今見斯編者，必且矍然驚欣然喜，以爲白雲亭下叙雪堂邊，固有如是之保存國粹者乎？則連軫亦與有榮施云。

　　　　　　　　　　　　　　　歲在光緒戊申嘉平羅山方連軫謹序

〔陳康瑞〕序

　　道與法相表裏也，法之所許者，道亦必從而導之，法之所不許者，道亦必從而禁之，法固根道而立哉。然法足以懲人之惡而不能防人之情，法足以束人之身而不能復人之性，苟離道以爲法，法之用或有時而窮。古昔聖王有見於此，其立法也，凡以衛道也。是故君令而臣恭，父慈而子孝。禮之經也，即道之大也；反是而不恭、不孝，有刑焉。吉凶軍賓嘉，禮之文也，亦道之餘也；反是而猖狂自恣，有刑焉。綱舉而目張，非邊恃以詰姦究慝也，必先有至誠惻怛之隱充積乎其中，至萬不得已，或懼民之終於顛越也，始假是以動其愧恥而創之者，乃所以教之已耳。雖歷代以來遞有增損，其間世輕世重、沿革異宜，而習尚異變，行於後者不必同於前，適於彼者而或窒於此，要皆斟酌乎人心風俗，積漸而成，非一人之私智所得與乎其間，蓋道固應爾也。乃世之論者，以爲法積久而必弊，因時制宜，自非斤斤焉墨守前聞所能善其後而奏其功。然而本末輕重之間，其必有以審處之矣，不此之審，而或鹵莽滅裂，舉凡朝野上下，所謂恩相乎而義相統，歷數千百年之所通行而無阻者，悉摧陷而廓清之，謂非是不足以言法，是所謂削足就履，幾何其不背道而馳耶？我朝《大清律》一書，仍前明舊編，參以國家定制，分《吏》《戶》《禮》《兵》《刑》《工》六律，而以《名例》冠其首，總定律文爲四百三十六門，附以現行條例，刪併增修，權衡至當，一字一句皆有精意以寓乎其間，康瑞供職秋曹，時資流覽，徒以未窺體要，掩卷茫然，苟非有好學深思之士，固未易融會貫通，得其指歸之所在也。比蒙堂憲派充律學館監督，值同年友韓城吉君石笙方主講席。吉君宏通博雅，其於律尤夙所服膺，一切專門著述以及海外新編，並蓄兼收，參互考證。口授之暇，輒出其所著《大清律講義》，計日分課同人，其中繁稱博引，義蘊宏深，而於倫理綱常之大，尤殷勤三致意焉。間亦旁採東西各國諸條例，爲之絜長較短，辨別異同。凡孰得而孰失者，不憚反復推詳，俾學者曉然自得於言外，所以葆國粹者在此，所以維人心者亦在此。或者曰，方今朝廷注重立憲，爲十年之預備，爰命大臣修訂法律，既已刪削編摩，重加釐定，則《大清律》之不能仍其舊也明甚，又何必拘墟自守，從而加意研求哉？不知天不變，道亦不變，若夫瑣瑣節目，昔之所取，而今或無當焉，勢不能聽其方枘圓鑿而不思所以易之。至大經大法之炳若日星，所賴以綱維九夏者，固將推而放之四海而皆準。試觀環球創立之制，其與我古昔聖王之設施相符合者，殆不可以枚舉焉，何獨於律學而轉多過慮也哉！

　　　　　　光緒三十四年十月法部員外郎慈谿陳康瑞書於律學館之憩室

〔崇芳〕序

　　全球立國之道有三，曰專制，曰共和，曰立憲。全球立憲之要亦有三，曰選舉，曰國債，曰法律。法律者，立憲之基礎也，英爲立憲最古之國，當華盛頓據美自立，國人豔羨聯邦共和政體，政府患之，乃益以修明憲法者尊主權。德、義二國當維也訥聯盟而後，鑒拿坡倫併吞之禍，乃踵行英倫立憲以作民氣。日本明治崛興，易魁柄之下移爲乾綱之獨攬，採用泰西憲法作民氣，正以尊主權。惟尊主權也，故法律較嚴；惟作民氣也，故法律較寬；惟合民氣、主權而交振也，故法律或寬於夫婦而嚴於君臣。良以土有異宜，俗有異尚，時有異變，情有異趨，法律不得不有異制，要其各從乎習慣。法者，無甚徑庭。比者我國預備立憲，分年籌備之命相銜接下，而新律草案與民刑訴訟法，各省先後紛紛議駁，於是法律之學新舊分兩派焉。新者目舊學爲壓制，爲墨守；舊者亦詆新學爲詭隨，爲詖邪，兩相牴牾而未有已。法律一日不定，人心即一日不安，夫豈全國幸福哉？！蒙則以爲，舍法律不足以爲治，舍本國之法律不足以爲自治，舍地方自治不足以造備選舉、擔國債之人格，即無以躋立憲。然則處今日之中國，求中國之立憲，其不能盡廢中國之法律也，斷斷然矣！《大清律》一書，導源於唐明，熟悉乎風俗巧詐之故，詳酌乎人情天理之平，爲中國保護治安者殆數千年。爲今日計，果使人人通曉律意而謹守之，上哲賴以懷刑，中材賴以寡過，不肖賴以洗心，人格日以高，國勢必日以振，則是不待立憲而進化已自不同，況乎羣情思治，道貴因時。近年凌遲、梟示、戮屍、緣坐及刺字、枷號、笞杖諸刑，歷經奏請刪除，或改爲折罰，誠再悉心參校，何者虛存，何者窒礙，何者不便於時局，何者不宜於外交，間證諸西東各律，一一斟酌而損益之，則所謂中國立憲法律者，豈不炳炳然照耀五洲哉？！不此之務，而弁髦一切，改絃而更張之，不且較膠柱鼓瑟爲患尤鉅耶？惟是全律四百三十六條，詞筆古簡，義蘊閎深，往往讀未數行輒復倦棄，淺嘗浮慕，正未易強作解人。吉石笙先生以名進士籤仕西曹，沈潛此道者二十餘年，摩娑此書者七十餘徧，確窺其鄉先正薛雲階尚書堂奧，爲律學名宿，久任京師法律、法政兩學堂，大理院講習所，及本部律學館各校主講，所著《大清律講義》，以周孔之理闡蕭曹之法，宗旨純正，詞復雪亮，以故盡人寶貴，風行一時，乃至遠近各省郵函徵索者相絡繹，洵秋署傳人之表表者已。計自丁未三月先生抵館以來，《講義》甫發至《名例律》及《刑律·賊盜》一門，同人資成就而膺升擢者連袂而起。蒙初不喜讀律也，自獲先生爲同事，朝夕切磋，多所獲益，始知刑名與道德異流而同源，律意精微，最耐探索，用是稍窺法苑門徑，蓋亦先生《講義》之功爲最多焉。會館中學友段、韓、明、阿諸君，以平日所發蠟篇字稍漫漶，未足以供同好傳永久，一再請付鉛印，爰商諸同事陳君雪樵、劉君厚之同任纂輯，並挽諸學友分任校字。書成顏之曰《律學館大清律例講義》，以見白雲、法乳常年所講求者如是如是，亦以作者是書大具抉經心、執聖權之功力，迥非私家撰述所可比也。抑更有說焉，方今新律待頒，草案正在釐訂，作者於各門篇末率援摭西東各律以相比較，外律名家尚多心折茲編也，當亦職修訂者所採擇而爲籌備立憲之一班乎？

　　　　　　光緒三十四年仲冬下浣法部律學館庶務提調崇芳謹序

〔劉敦謹〕序

　　刑官而以"士"名自虞廷始，在朝者謂之"士師"，外則有"鄉士""遂士""縣士"之稱。誠以民命攸關，苟非經術湛深，而徒勤襲蕭、曹、申、韓之術以自詡爲專長，求其不以法律勝詩書也鮮矣！夫律理精深，不難通其文而難會其意。意者，律之精神也。俗吏非但不通律意，並不明律文，一旦臨民斷獄，問以科條則不知，詰以指歸則不達，無怪吏胥舞弊，小民負屈，杜縱冤濫而不免於上官之譴責也。考明時蔡懋德患讞獄者不明律意，逐條貫以註文。此外刊有《讀律源頭》，以《周易》《尚書》等經籍中刑語冠於先；又有《輔律詳節》，以《大誥條例》續於後。而又立《講讀律令》之條，每年考校內外各官，有不曉律意、律文者，罪有等差。士子試判必詳明律意者方許進身，百工技藝有能講解者免罪一次，可見律必讀而後熟，讀必講而後解，久之融會貫通，所謂明刑弼教之旨不難神而明之矣。法部爲天下司法機關，旣隸斯曹，舍讀律更將何以？律學館自堂憲奏設以來，延方坤吾、吉石笙先生輩主講，館中好學諸君咸資誘掖，而石笙先生於口授之餘，復著《講義》以餉饋同學。凡律中未顯徹者，援引而闡發之，律中未賅備者，觸類而引伸之，或上溯唐、宋、元、明之法典以抉其根源，或遠求日、法、德、俄之刑書以參其同異，使晦者顯、疑者析、略者詳、渙者萃，雖持論精嚴，仍不失忠厚之宗旨。《書》曰"罪疑惟輕"，《易》曰"明愼用刑"，《傳》曰"忠信慈惠"，先生之《講義》盡之矣！講律文也，實講律意也。先生坐擁皋比法部律學館，而外則有法律學堂、法政學堂及大理院各處，孜孜不倦，啓迪多人，而京外各省亦紛紛調取先生《講義》，山陬海澨，不脛而走。雖日本博士岡田、松岡諸人爲東瀛法學名家，亦以先生之《講義》爲可珍賞，而藏之篋笥，藉資考校，蓋其保全國粹之功誠匪淺焉。本館自開辦後已閱兩年，學者漸次畢業，一時傑出之才屢蒙堂憲拔尤任使，敦謹備荷陶鎔，與有厚幸，因先取《名例》及《刑律‧盜賊》各項講義校訂，集資付版，其餘仍俟續出。

　　　　　　　　　光緒三十四年仲冬下浣律學館提調劉敦謹序

自序

　　上古律無專書，《風俗通》云："皋陶謨，虞造律。"①《易》云："師出以律。"
《左傳》云："百官戒懼，不敢易紀律。"②觀於兵有律，官有律，可知刑亦有律也。
特是三代以前，刑律與道德合爲一體。試觀六經爲載道之書，而刑律卽寓其中，
如《易》之訟與噬嗑、《書》之《皋謨》《呂刑》，《詩》之鼠牙、雀角，《周禮》之
《秋官司寇》《春秋》之晉鼎、鄭書，皆後世言法律者之鼻祖也。迨及戰國，道德
衰微而法律乃爲專門之學，當時法家之書，《李悝》三十二篇、《商君》二十九篇、
《申不害》六篇、《處子》九篇、《慎到》四十二篇、《韓非》五十五篇、《游棣子》
一篇，各立門戶，專務深文，從此刑名與道德始分兩途。言道德者以刑名爲苛刻，
言刑名者亦以道德爲迂闊，後世儒者薄刑名而不爲，皆自戰國諸子始。漢興，除
秦苛政，約法三章，鄭侯取李悝《法經》六篇，增益三篇，名曰《九章律》，叔孫
通益《旁律》十八篇，文帝除收孥誹謗律及肉刑，故史遷有斲雕爲樸、網漏吞舟
之喻。武帝詔定律令，張湯益《越宮律》二十七篇，趙禹益《朝律》六篇，合舊
律爲六十篇，三百五十九章，漸涉繁密。宣帝時路溫舒請刪除不果，成帝詔刪律
爲二百章，和帝命陳寵鈎校律令，溢於《甫刑》者除之，餘悉改爲故事，寵子忠
又奏除蠶室之刑，而馬融、鄭元諸儒爲之章句，從此律學昌明，士遂不敢鄙刑名
爲小道矣。魏（大）〔太〕和時命陳羣、劉（部）〔邵〕③等修新律十八篇，晉武帝
復命賈充、羊祜、杜預等十四人定新律二十篇，齊高帝命竟陵王子良、宗躬、孔
稚圭等定律爲二十卷，梁武帝命蔡法度、沈約、范雲等損益舊律爲三十卷，又修
令三十卷，科三十卷，陳復命范泉、徐陵等定律爲二十卷，令三十卷，科三十卷，
法網復繁密矣。北齊文宣帝命趙郡王叡刪除重刑，造《齊律》十二卷，《新令》四
十卷。周命趙肅等定律二十五卷，隋文帝命高（穎）〔熲〕、④楊素定律十二卷，後
復命蘇威、牛宏等除死罪八十一條，約爲十二篇，煬帝又更爲十八篇，故律書至
隋已可謂簡要得中矣。唐高祖命裴寂等定律五十七卷，太宗命房元齡等益爲九十
一卷，大致一依《隋律》，而改絞罪之半爲斷右趾，後除斷趾改爲加役流，又降大

---

① 參見《唐律疏議》卷1，第1頁。
② 原文作"百官於是乎戒懼，而不敢易紀律"。參見《春秋左傳注·桓公二年》，第89頁。
③ 參見《晉書》卷30，《刑法》，第923頁。
④ 參見《隋書》卷25，《刑法》，第710頁。十七卷本及《樂素堂文集》卷5亦皆作"熲"。

辟爲流者九十餘條。高宗又命長孫無忌等十九人定爲三十卷，共五百條，撰製爲疏，卽今所傳之《唐律疏議》是也。其後劉仁軌、韋安石、姚崇、宋璟、裴光庭迭有增刪，要以永徽之《疏議》三十卷最爲善，論者謂《唐律疏議》集漢魏六朝之大成，而爲宋、金、元、明之矩矱，誠確論也。五代承用《唐律》，周世宗改名《刑統》，（宋）[1]顯德時定《刑統》二十卷，〔宋〕[2]開寶時益爲三十卷，此外又有編敕十五卷，天聖四年，命夏竦重刪編敕，咸平時，李範等又加刪修，降及南宋。遼、金崛興，遼始制凌遲重刑，而金因之。元初循用金律，世祖簡除煩苛，始定新律，名曰《至元新格》，仁宗又集格例成書，名曰《風憲宏綱》，英宗復命儒臣大加損益，名曰《大元通制》，其刑較唐、宋尤爲輕恕，然其失在於緩弛而不知檢。明太祖矯元之弊，初作《大誥》，頗流嚴刻，後命丞相李善長等總修律令，爲律二百八十五條，令一百四十五條。洪武六年又詔刑部尚書劉惟謙審定《明律》，續律一百二十八條，舊令改律三十六條，因事制律三十一條，掇《唐律》以補遺一百二十三條，合舊律共爲六百六條，分三十卷。九年又釐正十三條，然當時止有律令，尚無條例，十六年命翰林官同刑部官取歷年所增條例以類附入，三十年又命刑官取《大誥》條目撮要附於律後，從此律令以外又有條例之名。宏[3]治十年，命尚書白昂等增歷年條例經久可行者二百九十七條，嘉靖三十年，復加修續，萬（歷）〔曆〕十三年，刑部尚書舒化等重定爲三百八十二條。此有明一代律例之大凡也。我朝定鼎之初，卽命刑部尚書吳達海、侍郎黨崇雅等詳繹《明律》，參以國制，書成，命大學士范文程、洪承疇等審定，名曰《大清律集解附例》十卷。康熙六年命對喀納等復行校正，十八年又命刑部將定律之外所有條例應去應存，詳加酌定，二十八年又命尚書圖納、張玉書等爲修律總裁，書成進呈，留覽未發。雍正元年，復命大學士朱軾等詳加分晰，至五年頒行。乾隆元年，又命尚書三泰等總修律例，逐條考正，分律爲四百三十六門、四十七卷，定例一千四百九條。此後定爲十年大修、五年小修，嘉慶、道光、咸豐年間迭次增修，至同治九年纂修以後，例文增至一千九百九十二條，[4]迄今近四十年未加修訂，故例外又增章程百有餘條。此歷代法律之沿革也。總之，法律與時爲變通，開創之初，法網疏闊，叔季之朝，科條繁重，其大較也。統觀上下四千年來，唐虞三代，刑法簡矣，降及春秋，漸失煩密，至秦而刻酷極矣。由秦至漢初，爲刑律由重變輕之世，由漢至六朝，爲

---

① 校按："顯德"是後周世宗時年號。
② 校按："開寶"是宋太祖時年號。
③ 避清高宗弘曆名諱。
④ 校按：《清史稿·刑法志》言"沿道光、咸豐以迄同治，而條例乃增至一千八百九十有二"。與此說不同，或由統計方法相異所致。 參見《清史稿》卷142，第4186頁。

刑律由輕變重之世，周、隋以迄唐、宋，復由重而變爲輕，南宋以迄遼、金，復爲由輕而變爲重，元代金而復尚寬大，明代元而矯用嚴威。若專論一代之法，漢律始寬終嚴，《明律》始嚴終寬，秦法始終嚴酷，元法始終寬縱，得寬嚴之中者，其爲唐、宋二代乎？！國初雖沿用《明律》，而修訂之本仍根源於《唐律疏議》，此《大清律》所以斟酌百王爲損益盡善之書也！近來條例雖涉紛繁，惟光緒三十一年已經刑部奏請刪除三百四十四條，去年又經修律大臣奏准刪除數十條，現又奉旨大加修訂，將來書成，更當刪繁就簡矣。又嘗綜觀外國法典，《英律》有成文法、不成文法，共一百二十餘篇，其刑有死刑、徒刑、囚獄、苦役、隘牢、笞刑、罰金數種，而死刑則止於絞。《美律》五千五百餘條，其刑分死刑、囚獄、苦役、罰金，死刑亦止於絞。《俄律》十二卷，共一千七百十一條，其刑分處決、罰作苦工、發往極邊遠看押監禁、身刑的決、申飭、罰鍰，並銷①奪公權數種，而處決用斬，間有用鎗斃者，則特別之法也。《德律》二十九章，共三百七十條，其刑分死刑、無期懲役、有期懲役、長期禁錮、短期禁錮、長期拘留、短期拘留、罰金、剝奪公權數種，而死刑止用斬不絞。《法律》四編，共四百八十四條，其刑分死刑、徒刑、流刑、囚禁、徒役、追放、剝奪公權、禁錮、罰金等項，死刑亦斬不絞，其弒親應死者，於刑場使跣足首蒙黑絹而已。《日本刑法》四百三十條，其主刑分死刑、無期徒刑、流刑、有期徒刑、流刑、重懲役、輕懲役、重禁獄、輕禁獄、重禁錮、輕禁錮、拘留、罰金、科料十四項，此外又有剝奪公權、停止公權、監視、罰金、沒收五項爲附加之刑，而死刑則絞不斬。《改正刑法》減縮爲二百九十八條，主刑止留死刑、懲役、禁錮、罰金、拘留、科料，而廢除流刑、徒刑、禁獄數項，倣德、法也。至於《瑞士刑法》二編，共二百五十六條，其刑止懲役、禁錮、罰金三項。《和蘭刑法》三編，共四百七十五條，主刑爲禁錮、拘留、罰金三項，附加刑爲剝奪權利、工役②場入監、物品沒收、判決公告四項，而均無死刑。意、比、西、葡諸國大略同於和、瑞，亦③無死刑。此外洋各國刑法之大略也。而論者謂現在變法自強，當改用東西各國法律，反鄙薄《大清律例》，以爲不適於用，不知外國法律行之外國則盡善，行之中國難盡通。夫以中國政教統一之邦，而直、奉、川、陝各省猶有專條，蒙古有蒙古之例，回民有回民之例，苗蠻有苗蠻之例，彼此猶難強同，況中外風俗不同，宗教各異，而欲屈我之法就彼之範，豈非削足適屨乎？且外國刑法亦各不同矣，無論流、徒、禁役，各因所宜，即死罪一項，

---

① 十七卷本作"剝"，《現行律》本亦作"銷"。
②《現行律》本作"藝"。
③ 十七卷本、《現行律》本作"均"。

現在法學家均主張廢除不用，然如瑞士、和蘭，地狹人少，教養普及，故可不用死刑；德、法則幅員較廣，雖欲驟廢死刑，而勢有所不能；若英、俄則更地大物博，不但死刑難廢，卽身體之刑亦不能遽除。觀於英有笞刑、俄有身體的決之刑，其明徵也。夫笞杖爲五刑之至輕，英、俄尚不能全去，中國廢之，近來已有窒礙，況其他重於此者乎？再，外國均有習慣之法，雖政教日趨新異，而本國習慣之法終不能廢，《大清律》卽中國習慣之法也，廢之是猶乘馬駕車而去銜勒，如之何其可乎？西儒斯賓塞爾有言，一國之法律必須與本國之歷史及國體有同一之性質，否則實行之際，流弊不可勝防云云，此卽我國變法之藥石也。當道大吏有鑒於此，懼新學之心醉歐風，數典而忘其祖也，故法政、法律學堂均設《大清律》一科，以示保全國粹之意。延鈞分膺講席，上課以來，不敢放棄責任，每日入署辦公而外，必分四鐘餘暇以登堂講解，又以律義精深，非口說能盡，更作《講義》，以筆代舌。一篇之中，先溯根源，繼揭宗旨，如篇幅過長，更爲字梳句櫛，俾令脈絡明晰。遇有深奧之處，或援經史以闡其理，或引刑案以實其事。此外如王氏之《箋釋》、（洪）〔沈〕氏之《輯註》、吳中丞之《律例通考》、薛尚書之《讀例存疑》，苟有發明，均爲採入。蓋理惟求其顯露，故詞無取乎文深。篇末又雜引外國之律以與中律比較，彼法所長者，必加以褒美，彼法所短者，不曲爲附和；或彼此宗旨符合，不過名詞文法之歧異，亦必剖晰明白，俾閱者不至迷誤。雖採輯外國之新法，仍恪守中國之舊典，起自丙午秋日，閱兩寒暑，粗成《名例》《刑律》十二卷，幸不爲當世所棄，而外省法政學堂羣相購取以爲範模。今秋律學館諸同志因紙印含糊，欲付鉛印，以廣流傳，余深慚淺俚無文，貽笑大雅，而又未便拂其所請，故詳考律書之源流，並誌其事之顚末，以質諸海內之深於法學者。

　　　　　　　　　光緒戊申小春法部郎中韓城吉同鈞序於律學館

例言

一、《大清律例》爲盡人所當通曉遵守之書，惟文義精深，未易領悟，茲編講律處逐條分析，一字一義不敢稍遺。至各項條例凡有裨時用者無不逐細剖解，其無關引用及各省專例多從割愛。總之，字句雖有刪節，而於罪名所關仍無或易。爰定名曰《大清律例講義》，以出自館中課篇，故以"律學館"冠之。

一、館印課篇每星期發給二次，每次一二篇不等，所存底本稍患零星。此次付印，係用法律學堂監獄科儲本，與館本互有異同，斟酌比較，費時頗久，然亥豕魯魚轉得藉以稍免。

一、是書首列律總目，次律子目，子目下列律文，字句一如原書，不敢或舛，並橫排"律文"二字以別之，尊經之體也。每講義篇首各加一"按"字，以爲識別，庶使讀者一目了然。至講例則隨筆縈拂，不復照錄原文。

一、原書目錄《名例律》而外，按次分《吏》《戶》《禮》《兵》《刑》《工》六門，茲編首《名例律》，卽次《刑律》者，以《刑律》爲本署當務之急，是以先之，非故淩躐。

一、《刑律》本分《賊盜》《人命》《鬬毆》《罵詈》《訴訟》《受贓》《詐僞》《犯姦》《雜犯》《捕亡》《斷獄》十一門，茲編以館課發至《賊盜》先儘所有者付印，其《人命》《鬬毆》以下各門明春當可出版。至《吏》《戶》《禮》《兵》《工》五門，俟《刑律》印齊，仍一體續出，公諸同志。

一、初擬合《名例律》上下爲一卷，《刑律·賊盜》門條目較多，又爲一卷。迨排印時，書局仍照原目分《名例》上下爲兩卷，未易改版，亦遂仍之，而以《刑律·賊盜》爲卷三。嗣後續印以次類推。

一、登東山而小魯者，以全魯在目中也，律學亦然，必熟讀全書，有融會貫通之妙，方能口講一條，眼光注定多條，而確道出此條之所以然來。讀茲編者，當於此等處著意。

一、法律筆墨宜瘦宜削，所謂老吏斷獄，筆挾風霜也；宜簡宜堅，所謂南山可移，此案不可動也。是編各門講解，動數百字或千數百字，實則融精鑄液，絕無支冗，幸勿徒賞其敷暢。

一、法令爲民命生死所由關，故引據不厭詳明。是編各門下必首先標明此律根源：或係由唐律變通，或係明所創造，某年修改、某年增入並某年添入小註。務使讀者得以因流溯源，雖寥寥數言，實法學星宿海也，幸勿忽過。

一、是書講律之餘，擇要講例，亦有時兼講通行章程，總期旁參互證，指定眞正辦法，雖多費筆墨亦所不惜。

一、律例原書近年屢有刪改，如《刑律》“起除刺字”、《名例律》“軍籍有犯”兩門已經奏准刪除，而“流囚家屬”“流犯在道會赦”“徒流遷徙地方”“充軍地方”各項亦與現行章程辦法諸多不符，故《講義》概不之及，非故脫漏。

一、“文武官犯公罪”“文武官犯私罪”本各爲一門，茲編併入“職官有犯”門內，以義本一貫，無取枝節，與點竄二典者不同。

一、卷二附“六贓細數”一篇，卷三附“各國古今強盜列表”及“強盜總彙”，均爲書中特色，讀者切宜著意。

一、歷代刑律書籍汗牛充棟，作者搜羅幾徧，故能擷精挹華，是一書實具羣書之長，讀者大可藉省翻索。

一、作者現充法律館總纂，於歐美、日本各律亦復博考旁徵，故各門篇末往往援引一二比類參觀，俾讀者擴張眼界，絕不黨同伐異，然亦非厭故喜新。

一、申韓學說易流苛刻，儒者輒目爲一家言。茲編於評騭法律處，時露惻然靄然之旨，絕非專治刀筆，是覘性情，是關品格。

一、作者腹笥便便，而於《唐律》及近代薛氏《讀例存疑》二書尤所加意，研究茲編時大可想見其所宗尚。

一、作者宦秋曹二十年，歷掌繁要，經手准駁稿件不可以數計，而秋審尤所擅長。法部每年各省秋讞全冊必經作者統閱一遍然後刷印，故編內多閱歷有得之言，與閉戶著書純憑理想者不同。

一、國家設律之心，懲惡正所以勸善，明刑、弼教非兩事也，故讀書之士不可不先讀律。祇以《律例》一書簡奧佶屈，而文詞字面亦不雅飾，令人展卷生厭。茲編獨能旁引曲喻，使讀者頓增興味，將來或頒入各學校列爲科目，未始非自治根據。

一、愚民無知，誤蹈於法，從而刑之與不教而殺何異？《周禮》所以重讀法也。《吏律·公式》云：“百司官吏〔……每遇〕年終〔……〕各從上司官考校。

〔若〕①有不能講解，不曉律意者，官罰俸一月，吏笞四十。其百工技藝諸色人等，有能熟讀講解，通曉律意者，若犯過失，及因人連累致罪，不問輕重，並免一次。"可見無人不當知律也。是編或採入《政治官報》，或採入《白話報》，廣爲傳布，當亦止辟之一道。

一、館中用蠟印時，隨印隨發，餘存無幾，遠近求索者逐日加多，正慮無以爲應，而新到學員又以未窺全豹，紛請補領，因亟付印，以慰同志之求，惟部數無多，究恐後難爲繼，先此誌歉。

一、是書共印一千六百部，館中由節省項下提款酌留二百部，監督、提調分留三百部，學員共分一千部，公送作者一百部，均係集貲，先期認股，未認股者卽無分書之權。

一、是書爲本館公印，作者以啓迪後進爲心，不爭版權。平心而論，其價值絕高，未容率定。惟館中向行蠟印，各種功課，遇僚友徵求立卽持贈，從不許夫役索費，而輾轉易手，流弊宜防，因公同商定，每部照原價僅取二毛認股，得書者均從此例，如情願贈人，不取償者，聽。

凡二十三則

---

① 《大清律例》卷 7，第 157 頁。

律學館大清律例講義目錄

盜內府財物

盜城門鑰

盜軍器

盜園陵樹木

監守自盜倉庫錢糧

常人盜倉庫錢糧

強盜附列表二

刦囚

白晝搶奪

竊盜

盜牛馬畜產

盜田野穀麥

親屬相盜

恐嚇取財

詐欺官私取財

略人略賣人

發塚

夜無故入人家

盜賊窩主

共謀爲盜

公取竊取皆爲盜

右凡三卷共六十六門

〔跋一〕

〔跋二〕

〔跋三〕

大清律例講義　卷一

法部律學館教習　吉同鈞　著

監督　陳康瑞

提調　崇　芳　劉敦謹　輯印

學員　明　德　韓文魁　吳本鈞　段振基　王正寬　阿　林　陳　峻　校字

李秉政　周耀宗　劉同元　呂有庚　劉蘇生　李宗沆　韓景忠　方世琪　同校

名例律上

按：名例者，本"刑名法例"之約詞。《唐律疏議》云："'名'訓爲命，'例'訓爲比，命諸篇之刑名，比諸篇之法例。"又，宋孫奭云："主物之謂'名'，統凡之謂'例'。"①東西各國謂之"總則"，名異而義則同。其原始於李悝《法經》，"六曰《具法》"，魏改爲《刑名》，晉分爲《刑名》《法例》，北齊合爲《名例》，隋、唐至今，相沿不改。以其爲各律之綱領，故冠於諸律之首。詳見《唐律·名例》序文，茲不多贅。

五刑答杖徒流死

按："五刑"之名，始見於《虞書》，穆王作《呂刑》，以墨、劓、剕、宮、大辟列爲五刑。漢魏以後廢止肉刑，至隋唐始以答、杖、徒、流、死爲五刑，至今相沿不改。嘗考其義：

一曰"答"。答者，擊也，又訓爲"恥"，薄示懲辱，所以發其恥心，爲刑之至輕者，其法自一十至五十，分爲五等。

二曰"杖"。杖者，持也。杖重於答，兩答折爲一杖。凡梗頑弗率之徒，恥心已冥，非答能動其懼，故所犯重於答五十者，即出乎答以入杖。其法自六十至一

---

① 《唐律疏議》，附錄《律音義》，第597頁；亦見續修四庫全書本第60頁。

百，亦分五等，蓋杖止於一百，過此人不能受，則減杖而入徒矣。又，笞、杖之法其名雖爲一十以至一百，其實原有折算之法，以十折四又除零數，如笞二十止折五板，笞三十止折十板，餘可類推。總之，笞、杖均爲身體之刑，雖卽古昔鞭（朴）〔扑〕①之制，惟現在泰西各國文明日進，均廢止體加之刑，易爲自由之刑，是以上年修律大臣奏請停止刑訊，已將笞杖一項分別折爲罰金，不能出金者易以作工。現在笞、杖二項不過徒存虛名，近已廢而不用矣。至於笞、杖之尺寸、輕重，並笞、杖折作罰金，罰金折爲作工各細則，詳見條例及新章，茲不復贅。再，笞、杖之外又有鞭責、枷號、夾棍、鐵桿、石墩、監禁之刑。鞭責專施之旗人，以代笞、杖。枷號施諸寡廉鮮恥之輩，而旗人犯徒、流、軍、遣情輕者，均以枷號代之。枷分輕、重二項，用法自五日以至百日，以五日爲一等，更有枷至一年、三年至終身者；夾棍之刑專施之強盜、人命重案，然亦不得任意多用，用時須請上官批准，否則以擅用治罪，其輕重尺寸亦詳載於條例。鐵桿、石墩專施諸強盜、會匪，例有專條。監禁之法，多半施諸婦女之犯重罪而不便實發及不便處決者，故分別予以監禁。以上數項亦爲身體之刑，惟監禁一法外國盛行，其餘均爲外國所無。現在笞、杖已廢，此種刑法將來亦在議廢之列，但刻下尚仍行用，故附載於後，亦講刑制者所宜知也。

三曰“徒”。徒者，奴也，奴辱之使知所愧。其法創之於周，《周禮》②云：“其奴，男子入於罪隸”“任之以事而收教之。”漢謂之“城旦舂”“鬼薪”，蓋拘繫其身使供力役也。近世徒罪則配發於驛站，一聽驛吏驅使。所以加夫罪浮於杖一百者，其法分五等：自一年起，以半年爲一等，至三年止。此外亦有總徒、准徒五年、四年者，蓋特別之法，非通例也。

四曰“流”。流者，流而不返之義，所謂“投之四裔”，“不與同中國”也。其法最古，舜流共工於幽州，《書》云“流宥五刑”，是卽流之創始。緣人之所犯已近死罪而不忍遽誅，故流諸遠方使不齒於人類。其法分三等：二千里、二千五百里、三千里。律文凡犯流者，妻妾從之。一至配所，終身不得還鄉，雖遇赦亦不放免，現例辦法異是。停止僉妻之法，若攜帶妻子者，准其自便，不准官爲資送，一遇恩詔，分別情節准其釋回，故律內“流囚家屬”及“流犯在道會赦”二條現已廢而不用矣。又，現在新章流罪情重者仍舊發配，若情輕之軍、流各犯，俱免實發，留於本地習藝所作工：流二千里者作工六年，流二千五百里者作工八年，三千里者作工十年，軍罪同於滿流。以上所言徒、流本分兩項，各不相同，而律內

---

① 《尚書·舜典》曰“扑作教刑”，見《尚書正義》卷3，第65頁。
② 見《周禮·秋官司寇》之“司厲”“司圜”。

又有徒流併加一法，《唐律》謂之"加役流"，現律定爲流三千里加徒三年，此既流而又加徒，其法雖不常用，然亦不可不知。按：五刑之法，流祇去死一間，減死即入於流，故律文有罪止流三千里之文。自明代創有"充軍"一法，國朝因之，列爲刑法，其罪介在流、死之間，分作五等：曰附近，曰近邊，曰邊遠，曰極邊，曰雲貴兩廣極邊烟瘴，自二千里起，至四千里止，凡以處乎盜賊惡棍之徒。又於軍罪而外定有發遣之刑，亦分二項：一曰"發遣爲奴"，一曰"發遣當差"，其地有黑龍江、新疆回城伊犁、烏魯木齊、額魯特、三姓、甯古塔、琿春等處之分。總之，凡發內地者統謂之"軍"，凡發邊外者均謂之"遣"。軍、遣二項本爲流罪加等之用，惟例文繁雜，有由流加爲附近充軍者，有由流加爲極邊充軍者，亦有由流徑加入絞罪者，體例不一，引用多誤，是以上年奏請廢止五軍之名，止留二遣以爲流罪加等之用，故律例內"充軍"一項近將存而不用。現在修訂新律，又擬增徒罪年限以五年爲止，並擬改三等流罪爲有期流罪、無期流罪，不以地之遠近爲等差，而以期之長短爲等差，是亦因時制宜之意，皆讀律者所當知也。

五曰"死"。死分斬、絞。斬者身首異處，血濺泉壤，始於黃帝伐蚩尤，以正其罪，古所謂"大辟"之刑也。三代以前，罪止於斬，後世刑法嚴峻，又於斬罪之上創有戮屍、剉碎死屍、梟示諸刑。金元以來，又創凌遲之法，肢解節分，極其慘酷，明代因之，國朝相沿不變，雖爲嚴懲忤逆反叛起見，其實刑至於斬已無可加，再重則涉殘忍不仁矣。是以上年修律大臣奏請廢止"凌遲""梟示""戮屍""剉屍"各項，現在無論何等重大之罪，均以斬罪爲止。絞則止畢其命，尚得保其全體，其法創之於周。《周禮》云："公族有死罪，磬之於甸人。"①磬即絞之謂也。現在東西各國死刑多用絞法，惟法、俄、德尚有斬刑，餘則一概用絞。但斬、絞二項有立決、監候之分，立決者決不待時，監候者入於秋審、朝審辦理。秋審、朝審又分"情實""緩決""可矜"三項，而情實之中又分數種辦法。有情實即予勾決者，如命盜案中情傷俱重之類是也；有情實聲請免勾者，如命盜案中情有可原之類是也；又有名爲情實，非從嚴聲叙，向來不予勾決者，如官犯及服制各犯是也。至於緩決之中，又有一次即准減等者，有三次後逢恩始准減等者，而查辦減等者又有減軍、減流之分，其中節目極細，詳見《斷獄》各例及《秋審條款》一編。此外又有雜犯斬、絞之法，名曰斬絞，其實准徒五年，不過虛存死罪之名而已，總皆謂之死罪也。此外又有贖刑一法，此法創於《虞書》，詳於《甫刑》，

---

① 《唐律疏議》卷1，第5頁。校按：《周禮·秋官·掌囚》作"凡有爵者，與王之同族，奉而適甸師氏，以待刑殺"。又，《掌戮》謂："唯王之同族與有爵者，殺之于甸師氏。"

後世因之不廢，《唐律》贖以銅斤，《明律》贖以銅錢，國朝以銀爲主，而有"捐贖""納贖""收贖"之分。收贖最輕，少則七分五釐，多亦不過五錢二分五釐，凡老、少、廢、疾及婦女犯該徒、流、枷號各項，不便實發，准其收贖。贖罪、納贖較多，然亦不過一兩三錢而止。凡官員正妻及婦人有力者，幷舉、貢生監，一切有頂戴官員，僧道官，犯過誤輕罪者，均准納贖。至於捐贖，更爲非常恩典，律例不載，見於乾隆八年章程，不論斬、絞、軍、流、徒罪，均准捐贖。自一品至七品以下生監，以官職之尊卑定銀數之多少，多至一萬三千兩，少亦不下四百八十兩。但銀數過多，捐者罕見，是以上年刑部議覆晉撫新章，議照原定數目酌量遞減。此捐贖之法也。又，去年奏定新章，以舊例收贖過輕，除老、幼、廢、疾外，凡婦女有犯，均照新章改作罰金，自五錢起，至七十兩止。以上贖罪之法雖非正刑，究爲附加之刑，亦凡用刑者所當考究，故附及之。

十惡

一曰"謀反"，二曰"謀大逆"，三曰"謀叛"，四曰"惡逆"，五曰"不道"，六曰"大不敬"，七曰"不孝"，八曰"不睦"，九曰"不義"，十曰"內亂"。

按：律重綱常，首嚴十惡。十惡之犯，皆無君無親，罪大惡極，爲天地間所不可容之罪，故特列篇首，以昭炯戒，其中不必盡大辟重典也。如"不孝""不敬""不睦"三項，死罪而外，亦有罪僅徒、杖者，然事關名教，雖小難寬，論刑雖不至死，亦爲常赦不原。《輯註》云："罪至死者，固爲法所難宥，卽罪不至死者，亦俱有乖倫理。"[1]卽此意也。

"謀反"。"謂謀危社稷。"按：臣下將圖逆節，危及天下，不敢斥指，故曰"社稷"也。

"謀大逆"。"謂謀毀宗廟、山陵及宮闕"。按：宗廟、山陵，先君之辭；宮闕者，一人之辭。不敢明言，故曰"宗廟"、"宮闕"。以其干紀犯順，違背道德，故曰"大逆"。

"謀叛"。"謂謀背本國，潛從他國。"按：如翻城投僞、率衆外奔之類。

"惡逆"。"謂毆及謀殺祖父母、父母、夫之祖父母、父母；殺伯叔父母、姑、兄、姊、外祖父母及夫者。"按：五服之親，自相屠戮，蔑絕人倫，傷殘天性，故曰"惡逆"。

"不道"。"謂殺一家非死罪三人，及支解人，若採生折割、造畜蠱毒、魘魅"。

---

[1]《大清律例會通新纂》卷3，第236頁。

按：兇忍殘賊，背棄正道。漢律云："殺不辜一家三人爲不道"，^①故曰"不道"。

"大不敬"。"謂盜大祀神御之物、乘輿服御物，盜及僞造御寶；合和御藥誤不依本方，及封題錯誤，若造御膳誤犯食禁，御幸舟船誤不堅固。"按："僞造御寶"以上數項，關係至大，治罪宜重，而"合和御藥"以下數項，不過一時疏忽，然亦列於不敬者，君父之前不敢言誤，誤"卽由於輕忽，不敬莫大焉"，故亦曰"大不敬"。

"不孝"。"謂（造）〔告〕^②言咒罵祖父母、父母、夫之祖父母、父母；及祖父母、父母在，別籍異財；若奉養有缺，居父母喪身自嫁娶，若作樂、釋服從吉；聞祖父母、父母喪，匿不舉哀，詐稱祖父母、父母死。"按：以上各項皆不孝之顯著於律者，大曰"惡逆"，小曰"不孝"，治罪輕重不同，詳見各律。至"咒罵"之"咒"，據《唐律》及薛氏《存疑》一書，"咒"當作"詛求愛媚"解。若謂詛欲令死及疾苦，則罪干大辟，應入惡逆，不僅不孝已也。

"不睦"。"謂謀殺及賣緦麻以上親，毆告夫及大功以上尊長、小功尊屬。"按：《書》云："九族旣睦"。此條皆親族相犯之事，彼此不相協和，故曰"不睦"。凡與父同輩者曰"尊屬"，與己同輩曰"尊長"。謀殺及賣，《唐律》無問尊卑長幼，《明律》專指尊長言，各不相同，而《現行律》註謂卑幼犯上則重，尊長犯下則輕，可見原包尊長卑幼在內，且止言謀殺而不言故、鬥殺，若故、鬥殺訖，亦在不睦之列。凡律之意，舉重以賅輕。此謀殺未傷，輕者尚爲不睦，況故、鬥殺訖，較謀殺未傷更重，自在包括之中。至賣緦麻以上親，賣者，賣爲奴婢也；如賣爲妻妾，未便卽入此條。

"不義"。"謂部民殺本屬知府、知州、知縣，軍士殺本管官，吏、卒殺本部五品以上長官，若殺見受業師，及聞夫喪匿不舉哀，若作樂、釋服從吉及改嫁。"按：上條五服親屬以天合者，此項部屬、師生、夫婦，皆"非天合，以義相維，背義而行，故曰'不義'"。

"內亂"。"謂姦小功以上親、父祖妾及與和者。"按：此專指小功以上之親而言，若小功親之妻，不在此限。至父祖之妾，雖無服制而分親義重，不問有子無子，並同。及與和者，謂婦人共男子，和姦亦問此律，此皆"禽獸其行，朋淫于家，紊亂禮經，故曰'內亂'"。

按：此條律目律註係《唐律》之文，明仍用之，小有異同，國朝迭加修改。"十惡"之名，古書不見，起於後周、後齊，當時僅有其名，而無其目，至隋開皇

---

① 《漢書》卷84，《翟方進傳》注引"如淳曰"，第3416頁。
② 《大清律例》卷4，第85頁；《大清律例會通新纂》卷3，第237頁。

始創制此科，唐遵其制，至今因之。《禮記·王制》云"凡（置）〔制〕①五刑，必即天倫"，又"凡聽五刑之訟，必原父子之親，立君臣之義"。可見《律例》一書，所以正綱紀而明人倫。此篇首嚴亂臣賊子之防，次設蔑理犯分之戒，聖賢垂教之意與帝王御世之道，畢具於此。獨怪當世學士大夫，高談詩書，反目此爲法術刑名之家，鄙之不屑寓目，及至身膺民社，一遇疑難大事，茫然無所措手，反委於幕府胥吏之手，欲不償事得乎？因論律義，有感記此，願我學友發憤讀律，一雪此恥。

八議

一曰"議親"，二曰"議故"，三曰"議功"，四曰"議賢"，五曰"議能"，六曰"議勤"，七曰"議貴"，八曰"議賓"。

"議親"。"謂皇家袒免以上親，及太皇太后、皇太后緦麻以上親，皇后小功以上親，皇太子妃大功以上親。"按：以上分有尊卑，故禮有隆殺，雖同屬懿親，而差等之不同如此。

"議故"。"謂皇家故舊之人，素得侍見，特蒙恩待日久者。"按：此蓋指"從龍輔佐之人，如寵幸之人不得謂之'故'也。"

"議功"。"謂能斬將搴②旗，摧鋒萬里，或率衆來歸，寗濟一時，或開擴疆宇有大勳勞，銘功太常者。"按：太常，旗名。"古者人臣有大功勞，則書於太常以引駕也。"

"議賢"。"謂有大德行之賢人君子，其言行可以爲法則者。"按：賈誼有言："廉恥禮節以治君子，有禍死而無戮辱，即（此）③議賢之意。"

"議能"。"謂有大才業，能整軍旅，治政事，爲帝王之良輔佐者。"按："賢止言（其）〔立〕德〔修〕行〔之人〕，能必見之軍旅、政事，〔實有大才幹，〕④非尋常所能及者方是。"

"議勤"。"謂有大將吏，謹守官職，（星）〔早〕夜奉公，或出使遠方，經涉艱難，有大勳勞者。"按："守官奉（法）〔公〕，⑤必曰'大將吏'"，可見小者不得與也；出使遠方必有大勳勞方謂之"勤"，若尋常涉歷外洋出使之人，不得與於其間。

"議貴"。"謂爵一品及文武職事官三品以上、散官二品以上者。"按：《周禮》鄭司農註云："若今時吏墨綬有罪先請是也。"

---

① 《禮記正義》卷 13，第 411 頁。
② 各本互異。《康熙會典》（卷 110，第 5428 頁），光緒《大清會典事例》（卷 725，第 21 頁）等書作"奪"，光緒《大清會典》，《大清律例會通新纂》（卷 3，第 240 頁）作"搴"，核之《唐律疏議》（卷 1，第 18 頁），"搴"佳。
③④⑤《大清律例會通新纂》卷 3，第 240 頁。

"議賓"。"謂承先代之後，爲國賓者。"按：《書》曰"虞賓在位"，《禮》曰"天子存二代之後"，①卽議賓之典所由昉。

此條律文及註亦仍《唐律》，明添入註。國朝迭次修改，八議之法乃國家優待親賢勳舊之典，凡有所犯，應於法外優容。《周禮》云："以八辟麗邦法"。今之八議，其目全同《周禮》，不過次序之間少有移易耳。程明道先生云："八議設而後輕重得〔其〕②宜。"又，《會典》載：八議之條不可爲訓，雖仍其文，實未嘗行。二說不無少異者，各有所指而言也。伏讀雍正六年上諭有曰：八議之條乃"歷代相沿之文，其來已久，我朝律例於此條雖具載其文，而實未嘗照此例行者，蓋有深意存焉。夫刑法之設，所以奉天罰罪，乃天下之至公至平，無（庸）〔容〕意爲輕重者也。若於親、故、功、賢（人）等〔人〕之有罪者，故爲屈法以示優容，則是可意爲低昂，而律非一定者矣，尚可謂之公平乎？且親、故、功、賢（人）等〔人〕，或効力宣勞，爲朝廷所倚眷，或以勳門戚畹，爲國家所優崇，其人既異於常人，則尤當制節謹度，秉禮守義以爲士民之倡率，乃不知自愛而致罹於法，是其違理道而蹈愆尤，非蚩蚩之氓，無知誤犯者所可比也。倘執法者又曲爲之宥，何以懲惡而勸善乎？如所犯之罪果出於無心而情有可原，則爲之臨時酌量，特與加恩，亦未爲不可，若豫著爲律，是於親、故、功、賢等人未有過之先卽以不肖之人待之，名爲從厚，其實乃出於至薄也。且使恃有八議之條，或任意爲非，漫無顧忌，必有自干大法而不止者，是又以寬容之虛文，而轉陷之於罪戾。姑息之愛，尤不可以爲優恤矣。今修輯律例各條，務（須）詳加斟酌，以期至（善）〔當〕，惟此八議之條，若概爲刪去，恐人不知其非理而害法，故仍令載入，特爲頒示諭旨，俾天下曉然於此律之不可爲訓，而親故人等亦各〔知〕③儆惕而重犯法，是則朕欽恤之至意也！欽此"。按：《會典》不可爲訓之說卽本於此。可見八議雖古來寬厚優恤之典，惟法行先自貴始，今讀諭旨而聖人大公無私之心更有溢於尋常定例之外者，故備錄於後，以備參考。

應議者犯罪_{律文}

凡八議者犯罪，_{開具所犯事情。}實封奏聞取旨，不（准）〔許〕④擅自勾問。若奉旨推問者，開具所犯_罪名及應議之狀，先奏請議，議定，_{將議過緣由}奏聞，取自上裁。其

---

① 校按：分見《尚書·益稷》《禮記·郊特牲》。
② 《河南程氏文集》卷8，載《二程集》，《論漢文殺薄昭事》，第585頁。
③ 校按：覈之雍正《大清會典》（卷150，第9481-9483頁）及光緒《大清會典事例》（卷725，第22-23頁），此段引文不惟有刪略，文字出入亦較多，而更近於《世宗實錄》（卷66，第1028-1029頁）。
④ 《大清律例》卷4，第86頁。

犯十惡者，實封奏聞，依律議擬。不用此律。十惡，或專主謀反、叛逆言，非也。蓋十惡之人，悖倫逆天，蔑禮賊義，乃王法所必誅。故特表之，以嚴其禁。

　　按：此係《明律》，順治三年添入小註，《唐律》謂之"議章"，蓋言以上八議之人犯罪，分作三層辦法，前後共奏三次：始則奏聞所犯之事，應否勾問，如奉旨免問，即作罷論；若准其勾問，然後推問，是第一層。推問已畢，即將所取供狀及所犯罪名、應議之處奏請簡派多官會議，是第二層。會議以後仍行具奏，如有死罪，惟云"依律合死"，不敢正言斬、絞，取自上裁，是第三層。緣八議之人，皆朝廷素所優待，除十惡之外，有犯一切罪名，皆當取決於上以定予奪，不許逕自擅擬，其慎重如此，所以篤親親敦故舊，尚功尊賢，勸能恤勤，敬大臣而崇賓禮，蓋即《論語》"周公謂魯公"①之義，而與《中庸》"九經"②之旨隱隱符合也。現例"三品以上大員，革職拏問，不得遽用刑夾，有不得不刑訊（者）〔之事〕，③請旨遵行"。又，〔凡〕宗室覺羅有犯笞、杖、枷號，分別有秩、無秩，罰俸、罰養贍錢糧；其初犯軍、流、徒，或再犯徒罪，或先犯徒後犯流者，免其發配，分別折罰、責打、圈禁；如再犯軍、流及三犯徒罪以上，分別輕重，實發盛京、吉林、黑龍江；如犯死罪，由宗人府會同刑部，革去頂戴，照平人一律問擬斬絞，秋審分別實緩，由宗人府進呈黃冊。④又，"已革宗室之紅帶、已革覺羅之紫帶，〔除有犯習教等重情，另行奏明辦理外，其〕有犯尋常〔杖、枷、徒、流、軍及斬、絞等〕（輕罪、重）罪，交刑部照旗人例〔一體科斷〕（辦理），應銷檔者免其銷檔，仍准繫本身帶子。（其犯習教重情，另行奏明辦理。）"⑤又，宗室犯罪，由宗人府會同刑部照例定擬，罪應軍、流者，隨時具奏，徒罪按季彙題，笞杖即行完結，毋庸具奏云云。⑥猶見議親、議貴之意，其餘多屬虛設而已。考之《周禮·甸師》："王之同姓有罪，則死刑焉。"鄭註引《文王世子》："公族〔其〕有死罪，〔則〕罄之於甸人。"

---

① 《論語·微子》："周公謂魯公曰：'君子不施其親，不使大臣怨乎不以。故舊無大故，則不棄也。無求備於一人。'"
② 《中庸》："凡爲天下國家有九經，曰：修身也，尊賢也，親親也，敬大臣也，體群臣也，子庶民也，來百工也，柔遠人也，懷諸侯也。"
③ 《大清律例》卷4，第87頁。
④ 校按：原例作："凡宗室覺羅，除犯笞、杖、枷，及初犯軍、流、徒或再犯徒罪，或先經犯徒，後犯流罪，仍由宗人府照例分別折罰責打圈禁外，如有二次犯流，或一次犯徒一次犯軍，或三次犯徒者，均擬實發盛京。如二次犯徒一次犯流，或一次犯流一次犯軍者，均擬實發吉林。如二次犯軍或三次犯流，或犯至遣戍之罪者，均擬實發黑龍江。若宗室釀成命案，按律應擬斬絞監候者，宗人府會同刑部，先行革去宗室頂戴，照平人一律問擬斬、絞，分別實、緩，仍由宗人府進呈黃冊。"參見《大清律例會通新纂》卷3，第249-250頁。
⑤ 《大清律例會通新纂》卷3，第245頁。
⑥ 校按：原例作："凡宗室犯案到官，該衙門先訊取大概情形，罪在軍、流以上者，隨時具奏。如在徒杖以下，咨送宗人府，會同刑部審明，照例定擬罪。應擬徒者，歸入刑部按季彙題；罪應笞、杖者，即照例完結，均毋庸具奏。若到官時未經具奏之案，審明後罪在軍、流以上者，仍奏明請旨。"見《大清律例會通新纂》卷3，第245-246頁。

又曰："公族無宮刑。獄成〔……〕①致刑於甸人。"又，《掌戮》："王之同族與有爵者，殺之於甸師氏。"李氏光坡謂殺之於甸師氏者"謂不踣。踣者，陳尸使人見之，既刑於隱處，故不踣也"。②此例宗室覺羅有犯與民人科罪不同，即此意也。

應議者之父祖有犯律文

凡應八議者〔之〕祖父母、父母、妻及子孫犯罪，實封奏聞取旨，不許擅自勾問。若奉旨推問者，（問其）〔開具〕③所犯及應議之狀，先奏請議，議定奏聞，取自上裁。若皇親國戚及功臣八議之中，親與功爲最重。之外祖父母、伯叔父母、姑、兄弟、姊妹、女婿、兄弟之子，若四品、五品文武官之父母、妻未受封者。及應合襲廕子孫犯罪，從有司依律追問，議擬奏聞，取自上裁。其始雖不必条提，其終亦不許擅決，猶有體恤之意〔焉〕。其犯十惡、反逆緣坐、及姦盜殺人、受財枉法者，許徑決斷。不用此取旨及奏裁之律。○其餘親屬、奴僕、管莊、佃甲，倚勢虐害良民，陵犯官府者，事發，聽所在官司徑自提問。加常人罪一等。非倚勢而犯，不得概行加等。止坐犯人，不必追究其本主。不在上請之律。若各衙門追問之際，占恡不發者，並聽當該官司實封奏聞區處。謂有人於本管衙門告發，差人勾問。其皇親國戚及功臣占恡不發出官者，並聽當該官司實封奏聞區處。

按：此亦《明律》，順治三年添入小註，《唐律》謂之《請章》，《唐律》皇太子妃大功以上親不在八議之列，而入於《請章》，與此條各項並論，蓋因上八議而更推恩於其尊卑至親，而八議之中親與功更重，故又推恩於皇親功臣之以次至親。至四品五品之官，雖不在議貴之列，然亦官階尊崇，故亦推恩於其父母妻子孫，惟情分親疏，故法有等差，皇親國戚之外祖父母以下各項雖亦不許擅決，其始究不必奏聞請旨，是於體恤優渥之中仍分輕重厚薄之等，至其餘親屬奴僕人等，每多倚勢陵人，狐假虎威，若非從嚴懲治，則恃寵驕恣，勢必無惡不作，累及其主，故治罪加凡人一等，而仍不追究其本主，雖以禁遏，實則保全，其優待勳戚者至矣！使漢、明二祖依此法以行，何至醢韓彭而殺李傅，使後世有薄待功臣之議；使魏、晉諸帝依此法以行，何至翦枝葉以傷本根，致當時有相煎太急之歌。詳繹律意，參以往事，可見法律一書仁之至而義之盡，與聖經賢傳相表裏，元儒柳贇謂經傳"載道以行萬世"，律文"垂法以正人心"，不其信歟？律文而外又有一例："凡軍民人等，有犯尋常鬬毆及非常赦所不原各項死罪，察有父祖子孫陣亡者，將

---

① 《禮記訓纂》卷 8，第 324-325 頁。
② 《周禮述注》卷 21，第 100-24（58b-59a）頁。
③ 《大清律例》卷 4，第 87 頁。

其事蹟聲叙入本，恭候欽定，儻蒙優免，一人一次後不准再行聲請”云云。此亦律文推恩祖父子孫之意。考之《史記·平原君傳》，李同戰死，封其父爲李侯，《後漢書·獨行傳》，小吏所輔捍賊代縣令死，除父奉爲郎中，《蜀志》龐統爲流矢所中卒，拜其父議郎，遷諫議大夫。以上皆死國事者之父，今例“子孫陣亡聲請”卽本此意，附錄於此，以備參考。亦以見例文與史事，其理本相貫通云。

職官有犯律文

凡在京在外大小官員，有犯公私罪名，所司開具事由，實封奏聞請旨，不許擅自勾問。指所犯事重者言，若事輕傳問，不在此限。若許准推問，依律議擬，奏聞區處，仍候覆准，方許判決。若所屬官被本管上司非禮陵虐，亦聽開具陵虐實跡，寔封徑自奏陳。其被叅後，將原叅上司列款首告者，不准行，仍治罪。凡內外大小文武官犯公罪，該笞者，一十，罰俸一個月；二十、三十各遞加一月；四十，罰六月；五十，罰九月。該杖者，六十，罰俸一年；七十，降一級；八十，降二級；九十，降三級，俱留任；一百，降四級調用。如吏、兵二部《處分則例》，應降級革職戴罪留任者，仍照例留任。吏典犯者，笞、杖決訖，仍留役。犯私罪，該笞者，一十，罰俸二個月；二十，三個月；三十、四十、五十，各遞加三月；三十，罰六月；四十，罰九月；五十，罰一年。該杖者，六十，降一級；七十，降二級；八十，降三級；九十，降四級，俱調用；一百，革職離任。犯贓者不在此限。吏典犯者，杖六十以上，罷役。

按：以上三條均係《明律》，雍正三年修改，乾隆五年改定，蓋言上司不得任意擅勾屬員，下屬亦不得挾嫌妄控上司也。《唐律》：七品以上官犯流罪以下減一等，九品以上官犯流罪以下聽贖。又有以官當徒流之法：“諸犯私罪，以官當徒者，五品以上，一官當徒二年；九品以上，一官當徒一年。若犯公罪者，各加一年當。以官當流者，三流同比徒四年”云云，與此不同。凡不係私己而因公事得罪者，曰公罪；凡不因公事，己所自犯，皆爲私罪。此律大致與《吏部則例》相同，惟《吏部則例》公罪杖一百者，革職留任，與此降四級調用稍有歧異耳。蓋視所犯之公私，定處分之輕重，旣論其事，又察其心，故犯者不得倖免，而誤犯者亦不至寃抑。原係分爲三門，玆以先後文義相承，（迸）〔併〕爲一處，從簡省也。現例“文職道府以上、武職副將以上，〔有〕犯〔公私〕罪〔名〕應審訊者，〔仍〕[1]照例題叅，奉到諭旨再行提訊。其餘文武各員於題叅之日卽將應質人犯拘齊審究”

① 《大清律例會通新纂》卷 3，第 261 頁。

云云，較律稍爲變通者，總係速行審結之意。若官員而外，例載貢監生員犯徒流以上等罪，地方官一面請革，一面審訊，不必俟學政批回；其輕罪應戒飭者，移會教官發落，詳報學政①云云，應與上條一併參看。蓋《唐律》減等、聽贖、官當之法固爲寬典，卽明初運炭、運米等法亦係優待之意。今例官員犯笞，准其罰俸相抵，尚與《唐律》相合。其公罪杖一百、私罪杖六十以上卽分降調、革職，已較古律爲重，至犯徒不准官當，犯流亦不減等。而近來辦法，官員犯徒者從重發往軍台，犯軍、流者從重發往新疆，不惟較平人不能減輕，反較平人格外加重，古今之不同如此，雖後世文法日趨繁重，亦可以觀人心而察世變矣。

犯罪免發遣律文

凡旗人犯罪，笞、杖，各照數鞭責。軍、流、徒，免發遣，分別枷號。徒一年者枷號二十日，每等遞加五日。總徒、准徒，亦遞加五日。流二千里者枷號五十日，每等亦遞加五日。充軍附近者，枷號七十日；近邊者，七十五日；邊遠、沿海、邊外者八十日；極邊、烟瘴者，九十日。

按：此條係旗人犯罪之總則，律文係雍正三年所定，《唐律》無此名目，《明律》之目本係"軍官、軍人犯罪免徒流"，國朝改易此名，以"旗人犯罪折枷"之例載入，作爲正律，本意原係旗人犯罪一律折枷，並不實發，後來漸次從嚴，律外另立條例："凡旗人毆死〔有服〕卑幼〔罪應杖、〕（擬）流〔折枷者，除依律定擬外，仍酌量情罪，請旨定奪，不得概入彙題。其有〕情節殘忍者，發往黑龍江、三姓等處，不准（折）枷〔責完結。旗員〔中如有〕誣告訛詐，行同無賴，〔不顧行止〕②者亦如之。"又，"〔在京〕滿〔洲〕、蒙〔古〕、漢〔軍及外省駐防，並盛京、吉林等處屯居之無差使〕（各）旗人〔有犯〕，如〔實〕係寡廉鮮恥，有玷旗籍者，均削去本身戶籍，依律發遣"。又，"內務府所屬莊頭、鷹戶、海戶〔人等〕及附京住居莊屯旗人、王公各處莊頭，有犯〔軍、遣、〕（徒）流、〔徒等罪〕（以上），〔俱〕照民人一（體）〔例〕③定擬"。又，"凡旗人窩竊、窩娼、窩賭，及誣告訛詐，行同無賴，不顧行止，並棍徒擾害、教誘宗室爲非、造賣賭具、代賊銷（贓）〔臟〕、行使假銀、捏造假契、描畫錢票，一切誆騙詐欺取財，以竊盜論、准竊盜論，及〔犯〕誘拐、強姦、親屬相姦者均銷除本身旗檔，照民人一（律）〔例〕

---

① 原例見《大清律例會通新纂》卷3，第260頁，《職官有犯》門下"蔭生有犯"例。此處乃概述該例內容，非直引。
② 《大清律例會通新纂》卷3，第276頁。
③ 《大清律例會通新纂》卷3，第276-277頁。

辦理”。①又，“〔……〕旗下家奴犯軍、流〔等罪〕（者），俱〔依例酌〕發駐防爲奴，不准折枷；犯〔該〕徒〔罪〕者，（分別情節，輕者折枷；如有以上窩竊等項重情者）〔漢軍奴僕〕，照民人〔問〕擬〔實〕徒，〔徒〕滿〔之後，仍押解〕（日釋）回〔旗〕，（仍）交〔與〕伊主〔服役〕管束。〔其滿洲、蒙古奴僕，照旗下正身例折枷，鞭責發落。至設法贖身並未報明旗部之人，無論伊主曾否收得身價，仍作爲原主戶下家奴，有犯軍、流等罪，仍照例問發〕”。②又，“旗人初次犯竊，即銷除旗檔，〔除犯該〕徒罪以上〔者，即〕照民人一體刺字發配〔外，如罪止笞、〕杖〔者，照律科〕罪（以下），免其刺字。後再〔行〕（犯）竊，〔依民人〕以初〔犯〕（次）論，其〔有〕情同積匪及贓逾滿貫者，〔該犯〕子孫一併銷除旗檔，〔各令〕③爲民”云云。以上各條皆於律外從嚴者，以國初之時旗下戶口稀少，且人情敦樸，犯罪不多，故可以以枷號代其發遣。其後生齒日繁，漸染內地奢侈詐僞之習，以致罪犯日益衆多，非一切寬大之法所可懲誡，故於律外迭次增立嚴例，亦迫於時勢不得不然，所謂“刑罰世輕世重”者，即此意也。現在奏准化除滿漢畛域，此律即在所廢，惟例內“旗人犯寡廉鮮恥銷除旗檔”一節尚不能除，故講義仍行列入。

犯罪得累減 <small>律文</small>

凡一人犯罪應減者，若爲從減、<small>謂其④犯罪，以造意者爲首，隨從者減一等。</small>自首減、<small>謂犯法，知人欲告而自首者，聽減二等。</small>故失減、<small>謂吏典故出人罪，放而還獲，止減一等。首領官不知情，以失論，失出減五等，比吏典又減一等，還獲又減一等，通減七等。</small>公罪遞減之類，<small>謂同僚犯公罪，失於入者，吏典減三等。若未決放，又減一等，通減四等。首領官減五等，佐貳官減六等，長官減七等之類。</small>並得累減而復減。<small>如此之類，俱得累減科罪。</small>

按：此仍《明律》，國初添小註，雍正三年修改，言一人若犯數罪，其情節俱輕，按之各律均在可以減等之列者，准其以次遞減。蓋加罪有限制而減罪無限制，尋常加罪止准加二等，即各律有遞加專條者，亦祇加至滿流而止，不能加入於死。若減則不然，如果情有可原，由一等可減至五等，且有減至七等、九等者，更有減盡不科者。再，加罪則斬、絞爲兩項，三流分三層，逐層遞加，共作五層；減罪則二死爲一減，均減爲流，三流爲一減，均減爲徒。此皆律之精義，惟恐問官涉於嚴酷，枉入人罪，故制爲定律，所以杜深刻羅織之漸而開寬大輕宥之門，聖

---

① 《大清律例會通新纂》卷3，第277-278頁
② 《大清律例會通新纂》卷3，第275-276頁。
③ 光緒《大清會典事例》卷796，第655頁。
④ 《大清律例會通新纂》（卷3，第281頁）亦作“其”。然《大清律例》（卷4，第92頁）、康熙《大清會典》（卷110，第5452頁）、光緒《大清會典事例》（卷728，第50頁）及《大明律》（卷1，第7頁）皆作“共”；考之文義，亦以“共”字爲佳。

人之仁民者至矣。律文止言"爲從""自首""故失""公罪"四項,不過略舉大概而言,此外可減者尚多,有因物之多寡而累減者,有因情之輕重而累減者,亦有因名分服制之尊卑親疏而累減者,其事甚多,不能悉舉細繹,"之類"二字,可見其餘皆在包括之中也。

以理去官以理,謂以正道理而去,非有別項事故者。

凡任滿、得代、改除、致仕等官,與見任同。謂不因犯罪而解任者,若沙汰冗員、裁革衙門之類,雖爲事解任、降等,不追誥命者,並與見任同。封贈官,與其子孫正官同。其婦人犯夫及義絕不改嫁者,親子有官,一體封贈。得與其子之官品同。謂婦人雖與夫家義絕,及夫在被出;其子有官者,得與子之官品同,爲母子無絕道故也。此等之人犯罪者,並依職官犯罪律擬斷。應請旨者請旨,應徑問者徑問,一如職官之法。

按:此仍《明律》,雍正三年修改,乾隆五年刪定,蓋言以正道理去官,非有別項事故,所以別于緣事革職得罪者也。《唐律》:"諸以理去官,與見任同。贈官及視品官,與正官同。視六品以下,不在廕親之(列)〔例,用蔭者,存亡同〕[1]。若藉尊長廕而犯所廕尊長,及藉所親廕而犯所親祖父母、父母者,並不得爲廕。卽毆告大功尊長、小功尊屬者,亦不得以廕論。其婦人犯夫及義絕者,得以子廕。其假版官犯流罪以下,聽以贖論"云云。《明律》卽本於此而不如《唐律》詳備。凡以理去官,旣不追奪誥命,則原品猶存,故得與見任相同;若未有誥封者,卽難同于見任,自應以降等之級論也。婦人與夫家義絕及夫在被出,猶得與子之官品同者,夫妻之義雖絕,而母子無絕道也。此但指未改嫁者而言,若改嫁失節,卽不得同子之官;卽未嫁受封,若改嫁後,亦必追奪原封,蓋改嫁雖例所不禁,而失節究不准受封。于體恤孀嫠之中,仍寓嘉獎貞節之意。舊註又載有"子孫緣事革職,其父祖誥敕不追奪者,仍(得)與正官同。若致仕及封贈官犯贓,與無祿人同科"。其任滿得代、改除未補,雖未食祿,有犯應照有祿人科斷云云,現已另纂爲例。律文但言與正官同者,例則兼及不同者,所以補律所未及,其中同而異、異而同之處,俱有精理存焉,詳繹合參,自知其妙。

無官犯罪律文

凡無官犯罪,有官事發,所犯公罪,笞杖以上,俱依律納贖。○卑官犯罪,遷官事發,在任犯罪,去任考滿、丁憂、致仕之類。事發,公罪笞、杖以下,依律降罰,

---

①《唐律疏議》卷2,第40頁。校按:"視六品以下,不在廕親之例"句在《唐律》中本爲小字注文。

176

杖一百以上，依律科斷。本案黜革，笞、杖以上折贖俱免。若事干埋沒錢糧、遺失官物，雖係公罪，事須追究明白。應賠償者賠償，應還官者還官。但犯一應私罪，並論如律。其吏典有犯公私罪名，各依本律科斷。

按：此仍《明律》，雍正三年修改，乾隆五年刪定。《唐律》："諸無官犯罪，有官事發，流罪以下以贖論。〔……〕①十惡及五流，不用此律。卑官犯罪，遷官事發；在官犯罪，去官事發；或事發去官，犯公罪流以下各勿論；餘罪論如律。其有官犯罪，無官事發；有蔭犯罪，無蔭事發；無蔭犯罪，有蔭事發：並從官蔭之法"云云，較《明律》爲詳，而《明律》稍加嚴厲。凡律稱"公罪"，本係就官職上說，若無官之時，似不得有公罪，此所謂"公罪"，如因人連累不由自己之事，亦可謂之"公罪"，"公"字正不必拘泥。至於錢糧、官物，無官之時並不得經手，自係專指"遷官去任""黜革"二項而言，"無官"一層並不在內。錢糧、官物追究明白者，謂應賠償者須賠償，應還官者須還官，不得以罪准寬免，並此亦與寬免也，此係愼重公款之意。律文統言有犯公私之罪，若此等人犯贓，則另有專條。例載："無官犯贓，有官事發，照有官提紮，以無祿人科斷；有官時犯贓，黜革後事發，不必提紮，以有祿人科斷。"此足補律所未及。又，《吏部則例》載：官員陞轉後，遇原任內事發，應以降調者，俱於現任內議以降調。又，已革官員遇有前任內事故，議處必分晰應降、應革、應罰之罪註冊，倘事後還職，（任）〔仍〕將前任內處分查覈，如尚有應革之罪，不得即與還職，有應降之罪，即照原職降級，有應罰之罪，仍於補官日罰俸，其有級可抵者，查明抵銷。又，《禮律》載："官吏丁憂，除公罪不問外，其犯贓罪及係官錢糧，依例勾問。"又，《刑律》載，書吏差役作弊擾民，係知法犯法，加平人罪一等云云。②皆與此律互相發明，當合參之。

除名當差律文

凡職兼文武官犯私罪，罷職不叙，應追奪誥敕除名削去仕籍。者，官階、勳。爵皆除。不該追奪誥敕者，不在此限。僧道犯罪，曾經決罰者，追收度牒。並令還俗。職官、僧道之原籍。軍民竈戶，各從本色，發還原籍當差。

按：此仍《明律》，雍正三年修改，乾隆五年改定，原律本係"匠竈"，國朝因無匠戶，遂改"匠竈"爲"竈戶"。《唐律》："諸除名者，官、爵悉除，課、役

---

① 《唐律疏議》卷 2，第 42 頁。
② 參見《大清律例會通新纂》卷 29，第 3062 頁，《刑律·受贓·官吏受財》門附例，文字略有出入。

從本色。六載之後聽叙，依出身法。""免官者，三載之後降先品二等叙。免所居官及官當者，期年之後，降先品一等叙。""若官盡未叙，更犯流以下罪者，聽以贖論，不在課、役之限"云云，均係棄瑕錄用之意。《明律》刪去後數節，凡官員一經犯罪即無聽叙之文，凡職官犯罪，私罪重於公罪，而贓罪尤重於私罪。例載："凡失陷城池、行間獲罪及貪贓革職，各官封贈俱行追奪，其別項革職者免追。"又，官員事後受財，不追奪誥救云云。此律所謂"除名"，係指有犯貪贓應追奪誥救削去仕籍者而言，若止罷職不叙，而例不追奪誥救，尚不在官爵皆除之列。官階，謂出身以來之官；勳爵，謂世襲相承之職。至於僧道犯罪，例本分別公私，如係公事失錯，或因人連累及過誤致罪，悉准納贖，仍還職爲僧道；若犯姦、盗、一應贓罪，責令還俗。此律所謂"決罰""還俗"，即係有犯私罪之人，若犯公罪，不在此例。若軍民竈戶，係統承上職官僧道而言，謂職官除名、僧道還俗之後，仍查其原籍，爲軍爲民或係竈戶，各從本色發回，仍當本等之差也。

常赦所不原 _{律文}

凡犯十惡、殺人、盗係官財物，及强盗、竊盗、放火、發塚、受枉法、不枉法贓，詐僞、犯姦、略人、略賣、和誘人口；若姦黨，及讒言左使殺人、故出入人罪；若知情故縱、聽行、藏匿、引送，說事過錢之類，一應實犯，_{皆有心故犯。}雖會赦並不原宥。其過誤犯罪，_{謂過失殺傷人、失火及誤毀、遺失官物之類。}及因人連累致罪，_{謂因別人犯罪，連累以得罪者，如人犯罪失覺察、關防、鈐束，及干連、聽使之類。}若官吏有犯公罪，_{謂官吏人等因公事得罪，及失出入人罪，若文書遲錯之罪，皆無心誤犯。}並從赦宥。_{謂會赦皆得免罪。}其赦書臨時欽定實犯等罪名特賜宥免，_{謂赦書不言常赦所不原，臨時定立罪名寬宥者，特從赦原。}及雖不全免減降從輕者，_{謂降死從流、流從徒、徒從杖之類。}不在此限。_{謂皆不在常赦所不原之限。}

按：此仍《明律》，雍正三年修改，乾隆五年刪定。蓋分別應赦、不應赦之罪名也。"十惡"以下等項即《虞書》所謂"怙終賊刑"，《康誥》所云"非眚，乃惟終，自作不典"也。"過誤"以下各項即《虞書》所謂"眚災肆赦"，《康誥》所云"非終，乃惟眚災，適爾"也。一不赦、一應赦，劈分兩項，俱係專指常赦而言。若赦書臨時欽定，或全宥、或減等，乃一時之特恩，謂之恩赦，非常赦所得限制，亦與常赦迥然不同。其應赦、不應赦另有章程，大約界限較寬，無論竊盗、犯姦、略賣、和誘各項均准寬宥；即殺人、放火、發塚、枉法等罪，稍有可原情節亦均准其寬減。兩者合參，乃知常赦爲恒有之事，過寬則人思苟免，反開僥倖之門，故界限不（防）〔妨〕從嚴；恩赦乃非常之典，過嚴則恩難普及，恐阻自新之路。故條款不妨從寬，其義固各有所當也。至於律文而外另有條例，足補律所未備者，擇要附錄於後，以備參考：

一、凡關係軍機、兵餉事務，俱不准援赦寬免。

一、誣告叛逆未決，應擬斬〔候〕者，不准援赦。又，捕役誣拿良民及曾經犯竊之人，〔威〕逼〔承〕認〔……〕謀殺、故殺、强盜應擬軍者，遇赦不〔准援〕①免。

一、凡侵盜倉庫錢糧入己〔……〕（若）〔如數〕逾一萬兩以上者，遇赦不准援免。

一、凡觸犯〔祖父母、〕父母發遣之犯，遇赦查詢伊〔祖父母、〕父母願令回家〔如恩赦准其免罪者，即〕准（其分別）釋放；〔若祇准減等者，仍行減徒，其所減徒罪照親老留養之例〕枷號〔一個月，滿日釋放……〕。

一、（凡）〔文武〕官員、〔舉人、監〕生（監）、〔生員、及〕吏〔典、兵〕役，（一切）〔但〕有職役之人，（有）犯〔姦、盜、詐僞，併〕一應贓私罪名，遇赦取問明白，罪雖宥免，仍革去職、役。

一、以赦前事告言人罪者，以其罪罪之。若干係錢糧、婚姻、田土等項罪，雖遇赦寬免，事須究問明白。應追取者，仍行追取。應改正者，仍行改正。

一、〔凡實犯大逆之子孫〕緣坐發遣爲奴〔者，雖系職官，〕及〔舉貢生監，應與〕强盜免死〔減等〕發遣爲奴人犯，〔俱不准出戶，倘逢恩〕（遇）赦〔，亦〕不得與尋常爲奴（人）〔遣〕②犯一體辦理。

一、〔凡〕官員〔出繼爲人後者，於起文赴部選補之時，即將本生三代姓氏存歿，一併開列。選補之後，即行知照該省。如有出仕之後，始行出繼歸宗者，即著該員取具本旗、原籍印結，詳報咨部，改正三代。倘有〕臨時先謀出繼歸宗，預爲匿喪戀職地步者，〔一經發覺，將本官〕③照匿喪例革職，不准原赦。

一、嫡母故殺庶生子、繼母故殺前妻子，擬絞之犯，遇赦不准減等。

一、勾引教誘蠻撞犯法者，遇赦不宥。

一、〔解審斬絞重犯，除〕解役〔受賄徇情〕故縱（斬絞重犯），〔……如無賄縱情弊，仍照故縱律與囚同罪，至死減一等發落。倘監禁已至十年，正犯尚未拿

---

① 《大清律例會通新纂》卷 3，第 310 頁。校按：以下校訂本門附例文字，不復注明出處。
② 《大清律例會通新纂》卷 3，第 305 頁。校按：此條係《名例・流囚家屬》門後附例。
③ 《大清律例》卷 17，第 294 頁。校按：此條係《禮律・儀制・匿父母夫喪》門後附例。

獲，將解役照流犯監候待質十年限滿之例先行發配，俟緝獲正犯，質明分別辦理。如〕①十年限內遇有恩旨，不准查辦。

一、〔承問〕官（員問案）〔審理事件，〕錯擬罪名者，〔不拘犯罪輕重，錯擬官員〕②遇赦免議。

一、原非侵盜入己，照侵盜擬罪之犯，〔較之實犯侵欺，情罪稍輕，〕及虧空軍需錢糧係由挪移獲罪，或經核減著賠，尚與入己軍需有間，遇〔恩〕③赦豁免。

一、回民〔因〕行竊〔、窩竊〕發遣，脫逃被獲〔……〕④，遇赦不准援減。

又，康熙六十一年上諭：援赦豁免人等，詳記檔案，如不悛改，後再有犯，加一等⑤治罪云云，條例雖無明文，現俱照此辦理。又，乾隆十九年部議：凡"事犯在恩詔以前，而到官覊禁在恩詔以後，例不援免，至婦女事犯在恩詔以前者，俱應援免，並不以到案覊禁爲斷"⑥云云。從前大恩詔亦有不拘此例者，無論到官前後，但犯在赦前，亦俱准其援免，但此等曠典，惟大恩詔有之，非通例也。

以上各例散見他門，皆係有關赦典之事，與律文互相發明，必須統籌合參，臨時辦理方無歧誤，否則一隅之見，鮮有不顧此遺彼者，此讀律所以必須參觀例章也。至恩赦條款，歷次小有增修，其目甚多，不能備舉，詳見《刑案匯覽》。

犯罪存留養親律文

凡犯死罪，非常赦不原者，而祖父母、高、曾同。父母老七十以上。疾篤廢。應侍，或老或疾。家無以次成丁十六以上。者，卽與獨子無異，有司推問明白。開具所犯罪名並應侍緣由。奏聞，取自上裁。若犯徒、流而祖父母、父母老疾無人侍養。者，止杖一百，餘罪收贖，存留養親。軍犯准此。

按：此仍《明律》，國初添入小註，乾隆五年改定。乃法外之恩，矜恤罪人之親以廣孝治，卽《經》所謂"輕重諸罰有權"，亦卽王政恤無告之意也。《唐律》："諸犯死罪非十惡，而祖父母、父母老疾應侍，家無期親成丁者，上請，犯流罪者，權留養親〔……〕若家有進丁及親終期年者，則從流〔……〕卽至配所應侍，合居作者，亦聽親終期年，然後居作"云云。可見留養之律由來已久。惟《唐律》所謂"老、疾"，必八十以上及篤疾方是，且所謂"成丁"者，以年二十一以上、

---

① 《大清律例會通新纂》卷33，第3450頁。校按：此條係《刑律·捕亡·主守不覺失囚》門後附例。
② 《大清律例》卷37，第597頁。校按：此條係《刑律·斷獄·赦前斷罪不當》門後附例。
③ 《大清律例》卷37，第598頁。校按：此條亦係《刑律·斷獄·赦前斷罪不當》門後附例。
④ 《大清律例會通新纂》卷33，第3430頁。校按：此條係《刑律·捕亡·徒流人逃》門後附例。
⑤ 參見光緒《大清會典事例》卷729，第66頁。校按："加一等"原文作"加倍"。
⑥ 參見《大清律例會通新纂》卷3，第308頁。

五十九以下爲斷。現在律註改作七十爲"老"，廢亦曰"疾"，十六歲曰"成丁"，則較《唐律》更從寬矣。王者以孝治天下，犯罪之人雖無可矜，而其親老疾無依，若不許其存留侍養，未免有傷孝治，故設此律以施法外之仁。凡非常赦所不原之死罪及軍、流、徒犯，均予決杖一百以治本犯之罪，其餘罪應充發者，准其收贖以存留養親，情法兼備，義之盡、仁之至也。但律文既以常赦爲限，則是殺人者概不准請，而軍、流、徒罪自應概准存留，不必以常赦不原爲限矣。國朝推廣律義，權其輕重，設有條例，雖鬬毆殺人之犯，若係情傷稍輕，俱准留養，而軍、流、徒犯之情重者仍不准其留養，蓋不以罪之大小爲區別，而以情之輕重爲區別，實足補律所未備。又，改收贖爲死者埋葬銀兩，凡鬬殺留養之案，追銀二十兩給付死者家屬，本犯照數決杖外，分別枷號，徒犯准其留養者枷號一個月，軍、流四十日，死罪及免死流犯兩個月。又，孀婦獨子，守節逾二十年者，亦准留養。毆死妻及故殺妻之案，雖無父母可養，如係獨子，准其承祀。此歷來未有之曠典，曲體人情之極至。此外又有數例，與律互相發明，擇要附後，以備參考：

一、凡犯罪有兄弟俱擬正法者，存留一人養親，〔仍照律奏聞，〕[1]請旨定奪。

一、（鬬毆）殺人之犯〔有秋審應入緩決〕應准〔存〕留養〔親〕者，查明被殺之（家）〔人〕有無父母，〔是否獨子，於本內聲明。〕如被殺之人亦係獨子，〔但〕其親尚在（者），〔無人奉侍，不論老疾與否，殺人之犯皆）（俱）不准留養。若被殺之人平日遊蕩〔離鄉，〕棄親〔不顧〕，或〔因不供養贍，〕不聽教訓，爲（親）〔父母〕所〔擯〕逐〔及無姓名、籍貫可以關查〕者，仍准〔其聲請〕留養。（其）〔至〕擅殺〔罪人之案，與毆斃平人不同，如有親老應侍，照例聲請，毋〕（誤殺、戲殺，及軍、流、徒各犯，無）庸查被殺之家有無父母，（即准留養）〔是否獨子〕[2]。

一、凡〔曾經〕觸犯父母〔犯案〕并素習匪類，爲父母所擯逐，及〔在他省獲罪，審係〕遊蕩他鄉，遠離[3]父母〔者〕，俱屬忘親不孝之人，概不准留養。

一、〔凡〕死罪及軍、流、遣犯〔獨子〕留養之案，如該犯本有兄弟與姪出繼可以歸宗〔者〕，及本犯身爲人後，所後之家可以另繼者，概不得〔以〕（請）留〔養聲請〕。若該犯之兄弟與姪出繼所後之家無可另繼之人，不可歸宗，及本犯所後之家無可另繼者，仍准〔其聲請〕留養。〔其〕徒罪人犯（不在此列）〔兄弟並姪出繼，毋庸令其歸宗，及本犯身爲人後，毋庸另繼，概准聲請留養〕[4]。

① 《大清律例》卷 4，第 100 頁。
② 《大清律例會通新纂》卷 3，第 361-362 頁；光緒《大清會典事例》卷 732，第 100 頁。
③ 《大清律例會通新纂》卷 3，第 366 頁。
④ 《大清律例會通新纂》卷 3，第 367 頁。

一、各衙門差役〔犯案，除因公致罪即因人連累，或尋常過犯，並無〕倚勢滋擾（犯罪者）〔情事，遇有親老丁單，仍准查辦留養外，其餘概〕不准聲請留養。

按：合參律例，有律嚴而例從寬者，亦有律寬而例從嚴者，其中因時制宜，皆有精義，此乃歷朝教孝之典，爲我中國國粹所存。蓋百行以孝爲先，移孝方可作忠，未有不孝於親而能忠君者。外國重忠而不重孝，是以律內均無此條。非但無所謂留養也，查《俄律》，謀殺父母者亦不擬死。日本律毆死父母者雖擬絞罪，而毆傷者僅加平人傷罪二等；雖毆至篤疾，亦僅治以無期徒刑，較之中國但毆即擬斬決，雖無傷亦坐，罵父母者亦擬絞決之律，輕重大有不同。此等刑法，各國自爲風氣，原不能以强合；但我中國現行新政，修訂新律，此外各項皆可捨短取長，惟此本原之地，倫紀攸關，萬不可以遷就從人所願，講新學者，勿以此言爲河漢則幸矣！

天文生有犯_{律文}

凡欽天監天文生，習業已成，明於測驗、推步之法。能專其事者，犯軍、流及徒，各決杖一百，餘罪收贖。仍令在監習業。犯謀反、叛逆緣坐應流，及造畜蠱毒，採生折割人，殺一家三人，家口會赦猶流，及犯鬪毆傷人，監守、常人盜，竊盜，掏摸，搶奪，編配刺字，與常人一體科斷，不在留監習業之限。

按：此專言斷理天文生罪之通例也。推測之法，得人爲難，況已學習有成，能專其業，若因犯罪發配，終身廢棄，殊爲可惜，是以制此決杖收贖之法，仍令入監習業。但此指尋常犯罪而言，若反逆緣坐、造畜蠱毒、採生折割、殺一家三人等項，家口應流及鬪毆傷人，監守、常人盜，竊盜，掏摸，搶奪各項不在此限。此律專指天文生，例又補出欽天監官有犯，更爲周密。例載："〔凡〕欽天監〔官〕（犯）〔爲〕事請旨提問，與職官一例問斷。該（革職）爲民者送監，仍充天文生〔身役〕，該（流、）徒、〔流、〕充軍者，〔備由奏〕請（旨）定奪，其〔有〕不由天文生出身者，悉照例革職（充）發〔遣〕[①]"云云，可以合參。

工樂戶及婦人犯罪_{律文}

凡工匠、樂戶犯徒罪者，五徒並依杖數決訖，留住衙門照徒年限拘役。住支月糧。其鬪毆傷人，及監守、常人盜，竊盜，掏摸，搶奪，發配、刺字與常人一體科斷，不在留住拘役之限。其婦人犯罪應決杖者，姦罪去衣留裩受刑，餘罪單衣決罰，皆免刺字。若犯徒、流者，決

---

① 《大清律例》卷4，第102頁；《大清律例會通新纂》卷3，第382頁。

杖一百，餘罪收贖。

　　按：此律與上"天文生有犯"，《明律》本係一條，雍正三年分作兩門，並將此律刪改。其小註係順治三年增修，雍正三年刪定。《唐律》："諸工、樂、雜戶及太常音聲人，犯流者，二千里決杖一百，一等加三十，留住，俱役三年〔……〕其婦人犯流者，亦留住，流一千里決杖六十，一等加二十，俱役三年；若夫、子犯流配者，聽隨之至配所，免居作"云云。此律工、樂戶犯徒者決杖，留住拘役，而未及犯流，決杖之法則與《唐律》不同。且《唐律》惟婦人犯流則決杖免配，仍使應役，並無婦人犯徒免役收贖之法。此律婦女犯徒亦准收贖，非古法矣。匠者，工部所隸之匠人，樂戶者，教坊所轄之樂人，皆係在官應役之人，若犯徒罪發配，轉令得脫職役，是以決杖留住，仍令在本衙門應役。上條天文生有犯，兼軍、流而言，此專言五徒，則軍、流即應發配，而鬭毆傷人及竊盜等項亦不在留住之限。至於婦人犯姦，廉恥已喪，故去單衣加刑，餘罪連單衣受刑者，所以養其羞惡之心也。若軍、流則遠出異地，非婦人所宜，即徒罪供役，亦非婦人能勝，故定為收贖之法。滿徒僅收贖銀二錢五分五釐，滿流僅收贖銀三錢七分五釐，即雜斬、絞亦止贖銀四錢五分。原以略示薄懲，使知愧悔，並非利其贖金以佐公家之用，立法極為仁恕。無如行之日久，流弊滋生，而刁惡婦女往往恃有贖之一法，故干法紀，故條例定有實發監禁數項。如婦女挾嫌挾忿圖詐、圖賴，有意自行翻控者，婦女犯盜發覺，致縱容之父母及翁姑自盡者，均不准贖，監禁三年。又，京城姦媒誘姦、誘拐應軍、流者，婦女有犯積匪並窩留盜犯多名及行兇訛詐應擬外遣者，婦女犯姦致縱容之父母、翁姑自盡者，姦婦抑媳同陷邪淫致媳自盡者，姑謀殺子婦情節兇殘者，婦女毆差、閧堂罪應軍、流者，均實發駐防為奴。又，新章江蘇白馬蟻婦女誘拐良家婦女罪應軍、流者，亦實發駐防為奴。婦女故殺十五歲以下幼媳情節殘忍者，監禁三年不准收贖。以上各條例章皆係嚴懲刁惡婦女，以濟律法之窮。至婦女有犯笞、杖，律義本係無論何人、所犯何罪均予決杖，並無贖之一說，而例又有婦人犯姦、盜、不孝者依律決杖，其餘有犯笞、杖者，無力決罰，審係有力與命婦、官員正妻俱准納贖，笞一十納贖銀一錢，以次遞加至杖一百贖銀一兩，亦係曲全體面，養其廉恥之意。無如日久亦有流弊，如婦女故殺子媳，流二千里者僅贖銀一兩三錢；故殺奴婢，徒一年者僅贖銀一兩七分五釐，無怪養成婦女殘忍之性，而凌虐、折磨致死之案層見迭出。是以上年奏定新章，凡婦女有犯笞、杖、徒、流，惟老、幼、殘廢仍照舊律收贖外，其餘應實發者改為作工十年，應監禁者亦改作工。其不應實發者均照新章與男子一體折為罰金，笞一十者罰銀五錢，以五錢爲一等，至笞五十罰銀二兩五錢；杖六十罰銀五兩，以二兩五錢爲一等，以次遞加，至杖一百罰銀十五兩；徒一年者罰銀二十兩，以五兩爲一等，以次遞加，至滿徒罰銀四十兩；流二千里罰銀五十兩，以十兩爲一等，以次遞加，至滿流罰銀七十兩；軍罪同於滿流。若無力出銀，照章折令作工。其舊律、舊例收贖、納贖之法一概删除，雖係與時變通之意，但矯枉過正，古法全失，將來日久恐亦有窒礙難行之處，是在司法君子隨時補救。泥古固非，而盡廢古制亦恐不能無弊耳。又，考之《後漢書》：光武〔建武〕（四）〔三〕①年詔"女徒雇山歸家"。註："女子犯徒，遣歸家，每日出錢雇人於山伐木，名曰'雇山'。"此婦女犯徒辦法，《明律》收贖之法卽本於此。現章採用西法，廢止笞、杖與徒、流，均改爲罰金、作工，此律亦屬虛設，因溯其源流，備記於右，以爲讀律之一助。

徒流人又犯罪律文

凡犯罪已發_{未論決}又犯罪者，從重科斷。已徒、已流而又犯罪者，依律再科後犯之罪。_{不在從重科斷之限。}其重犯流者，三流並決杖一百，於配所拘役四年。若_徒又犯徒者，依後所犯杖數、該徒年限_{議擬明白}，照數決訖，仍令應役，通前亦總不得過四年。_{謂先犯徒三年，已役一年，又犯徒三年者，止加杖一百、徒一年之類，則總徒不得過四年。三流雖並杖一百，俱役四年，若先犯徒年未滿者，亦止總役四年。}其徒、流人又犯杖罪以下者亦各依後犯笞、杖數決之。充軍又犯罪，亦准此。其應加杖者，亦如之。_{謂天文生及婦人犯者，亦依律科之。}

按：此係《明律》，其小註係國初修改，言犯罪已發已決而又犯罪之通例也。《唐律》："諸犯罪已發及已配而更爲罪者，各重其事，卽重犯流罪者，依留住法決杖於配所，役三年，若已至配所而更犯者，亦准此，卽累流、徒應役者不得過四年〔……〕其杖罪以下，亦各依數決之，累決笞、杖者不得過二百"云云。與此律大致相同。惟《唐律》流又犯流止役三年，此役四年，《唐律》杖不得過二百，現律杖止一百，則稍有異耳。蓋犯罪尚未論決，自應依二罪俱發從重從一之律；若旣論決到配復犯他罪，卽應再科後犯之罪，不准仍援從重之律，所以惡其怙終也。然重犯雖曰不悛，而立法宜有限制，如重犯流者倘再加流，則地過遠，故有拘役之法；重犯徒者，如再加徒，則年過久，故有不過四年之法。律文止言流又犯流，徒又犯徒，及流、徒又犯笞、杖，不言流又犯徒及徒又犯流者，已該括於

---

① 《後漢书》卷 1 上，《光武帝紀上》，第 35 頁。

"再科後犯"一句之內，如徒人又犯流者自應定地決遣，流人又犯徒者仍於配所拘役。蓋律之義例重可該輕，輕不可該重也。再，律止言徒、流又犯，例又補出軍、遣又犯各條，如免死遣犯在配復犯斬、絞監候者，改爲立決，復犯徒罪以上者，擬斬監候，復犯笞、杖者，枷號三月、鞭一百。平常遣犯在配復犯死罪，仍按律定擬，不必加重，復犯遣罪枷號六月，復犯軍、流枷號三月，復犯徒罪枷號兩月，俱鞭一百，復犯笞、杖，照數鞭責。又，軍犯在配復犯徒罪，分別枷號，徒一年者枷號一月，每徒一等遞加五日；復犯軍、流，加等調發，仍加枷號一月；原係極邊、烟瘴軍罪者，加爲發遣新疆種地當差。又，發遣爲奴人犯在配行竊，初犯枷號一年，再犯枷號二年，三犯枷號三年，四犯永遠枷號，遇赦不免云云。皆足補律未備，當並參之。

大清律例講義　卷二

法部律學館教習　吉同鈞　著

監督　陳康瑞

提調　崇　芳　劉敦謹　輯印

學員　明　德　韓文魁　吳本鈞　段振基　王正寬　阿　林　陳　峻　校字

李秉政　周耀宗　劉同元　呂有庚　劉蘇生　李宗沆　韓景忠　方世琪　同校

名例律下

老小廢疾收贖律文

凡年七十以上、十五以下，及廢疾，瞎一目、折一肢之類。犯流罪以下，收贖。其犯死罪，及犯謀反叛逆緣坐應流，若造畜蠱毒、採生折割人、殺一家三人，家口會赦猶流者，不用此律。其餘侵損於人一應罪名，並聽收贖。犯該充軍者，亦照流罪收贖。八十以上、十歲以下，及篤疾，瞎兩目、折兩肢之類。犯殺人謀、故、鬥毆。應死一應斬、絞者，議擬奏聞，犯反逆者，不用此律。取自上裁。盜及傷人罪不至死。者，亦收贖，謂既侵損於人，故不許全免，亦令其收贖。餘皆勿論。謂除殺人應死者，上請；盜及傷人者收贖之外，其餘有犯皆不坐罪。九十以上、七歲以下，雖有死罪不加刑；九十以上犯反逆者，不用此律。其有人教令，坐其教令者；若有贓應償，受贓者償之。謂九十以上、七歲以下之人，皆少智力，若有教令之者，罪坐教令之人。或盜財物，旁人受而將用，受用者償之。若老小自用，還著老小之人追徵。

按：此仍《明律》，國初及乾隆五年增入小註，蓋恤老慈幼矜不成人之義也。律文全用《唐律》原文，不過稍易數字。《唐律疏議》"篤疾戇愚之（謂）〔類〕"，此律（駐）〔註〕以"瞎兩目、折兩肢"爲篤疾，則與《唐律》解釋不同。考之《周禮》：七十以上及未亂者並不爲奴，①此律首段"七十以上"云云，卽本於此。又，

---

① 見《周禮·秋官·司厲》，原文作"七十者與未亂者，皆不爲奴"。

《周禮》三赦之法：一曰"幼弱"，二曰"老耄"，三曰"憃愚"，[①]此律次段"八十以上"云云即本于此。又，《禮記》云："九十曰耄，七歲曰悼。悼與耄，雖有死罪，不加刑"[②]云云，此律三段"九十以上"云云即本於此。律註謂"瞎一目、折一肢之類"為廢疾，而條例又指出瞎一目之人不得以廢疾論贖，蓋以此等人原與平人無異也。殺人謂謀、故殺、鬥殺應抵償之罪，若殺一家三人、採生折割、造畜蠱毒等項殺人重罪不在此限；應死謂殺人而外一切應斬、應絞之罪。此律分作三等：七十以上、十五歲以下，及廢疾犯流罪收贖，惟反逆緣坐應流及造畜蠱毒等項家口應流者不用此律，凡充軍者亦照流罪收贖，此一等也；八十以上、十歲以下及篤疾，除殺人應抵者上請，盜及傷人者收贖，其餘皆不坐罪，惟犯反逆者不用此律，此一等也；九十以上、七歲以下，雖犯殺人及死罪皆不加刑，而九十以上犯反逆者仍科其罪，蓋以力雖不能任事，智猶可以與謀，至七歲以下智與力皆不及此，雖反逆亦不加刑，此一等也。至坐其教令之人亦有分別，如教小兒毆打父母，坐教令者以毆凡人之罪，不以毆父母論；教老人故殺子孫，坐教令者以殺凡人之罪，不以殺子孫論。此本律註，現已纂為條例。此外又有數例較律從重：如律文篤疾犯死罪上請，例則仍照本律問擬，毋庸聲請，入於秋審分別實緩，如係緩決，俟查辦減等時減為軍、流再行收贖。又，律文十歲以下殺人上請，例則十歲以下鬥毆殺人，如死者長於兇犯四歲以上方准依律聲請，若所長止三歲以下，按例擬絞，不得概行聲請。又，七十以上、十五以下及廢疾犯流，准其收贖一次，再犯不准收贖。又，老疾之人挾嫌挾忿、圖詐圖賴、有心翻控之案，審係虛誣，罪應軍、流以上者，即行實發，不准收贖云云。此皆律寬例嚴。現在問案，有例概不用律，此例應與律文一並參究。是以擇要附後。

犯罪時未老疾 律文

　　凡犯罪時雖未老疾，而事發時老疾者，依老疾論。謂如六十九以下犯罪，年七十事發；或無疾時犯罪，有廢疾後事發，得依老疾收贖。或七十九以下犯死罪，八十事發；或廢疾時犯罪，篤疾時事發，得以上請。八十九犯死罪，九十事發，得入勿論之類。若在徒年限內老疾，亦如之。謂如六十九以下，徒役三年，役限未滿，年入七十；或入徒時無病，徒役年限內成廢疾，並聽准老疾收贖。以徒一年，三百六十日為率，驗該杖、徒若干，應贖銀若干，俱照例折役收贖。犯罪時幼小，事發時長大，依幼

---

① 見《周禮·秋官·司刺》，原文"老耄"作"老旄"，"憃愚"作"惷愚"。
② 見《禮記·曲禮上》，原文作"八十、九十曰耄，七年曰悼。悼与耄，雖有罪，不加刑焉"。

小論。謂如七歲犯死罪，八歲事發，勿論。十歲殺人，十一歲事發，仍得上請。十五歲時作賊，十六歲事發，仍以贖論。

按：此亦《明律》，國初添入小註，與《唐律》原文一字不差。蓋承上條恤老慈幼矜不成人之義，而更推廣之也。依老疾幼小論者，或贖、或請、或勿論，俱依老小三等年歲及廢疾、篤疾分別擬斷。流罪已至配所不能復還，徒罪限內年入七十及成廢疾者，俱聽收贖。若小時犯罪，事發年雖長大仍以幼小論。蓋優老則據其現在發覺之年，矜幼則原其從前犯罪之歲，所以補前律之不及，而國家寬大忠厚之意亦可於言外見之。至於徒罪限內老疾，除役過年月折算收贖餘罪之法，另有詳例。略舉一節可以類推：如杖一百、徒三年，全贖應該出銀三錢，除已受過杖一百，准去銀七分五釐，下剩銀二錢二分五釐，以三年一千八十日計算，每日該銀二毫零八忽三微三纖零，如已役過一年之三百六十日，准去銀七分五釐，未役二年之七百二十日，該贖銀一錢五分。此等細微末數雖不必見諸憲事，惟公牘之上絲毫不能含糊，自應照此計算，亦以見讀律之家不可不兼明算術也。

給沒贓物律文

凡彼此俱罪之贓，謂犯受財枉法、不枉法，計贓，與受同罪者。及犯禁之物，謂如應禁兵器及禁書之類。則入官。若取與不和，用強生事，逼取求索之贓，並還主。謂恐嚇、詐欺、強買賣有餘利、科斂及求索之類。○其犯罪應合籍沒財產，赦書到後，罪人雖在赦前決訖，而家產未曾抄劄入官者，並從赦免。其已抄劄入官守掌，及犯謀反、叛逆者，財產與緣坐家口，不分已未入官。並不放免。若除謀反、謀叛外。罪未處決，籍沒之物雖已送官，但未經分配與人守掌者，猶為未入。其緣坐應流人及本犯家口，雖已入官，若罪人遇赦得免罪者，亦從免放。○若以贓入罪，正贓見在者，還官、主。謂官物還官，私物還主。又若本贓是驢，轉易得馬，及馬生駒，羊生羔，畜產蕃息，皆為見在。其贓已費用者，若犯人身死勿徵，別犯身死者，亦同；若不因贓罪，而犯別罪，亦有應追財物，如埋葬銀兩之類。餘皆徵之。若計雇工賃錢私役弓兵、私借官車船之類。為贓者，死亦勿徵。○其估贓者，皆據犯處地方。當時犯時。中等物價估計定罪。若計雇工錢者，一人一日為銀八分五釐五毫，其牛、馬、駝、贏、驢、車、船、碾、磨、店、舍之類，照依犯時雇工賃值，計算，定罪，追還。賃錢雖多，各不得過其本價。謂船價值銀一十兩，卻不得追賃值一十一兩之類。其贓罰金銀，並照犯人原供成色，從實追徵入官給主。若已費用不存者，追徵足色。謂人原盜或取受正贓，金銀使用不存者，並追足色。

按：此係明律《明律》，國初加入小註，蓋於追贓之中仍存矜恤之意也。《唐律》分爲三門：一爲彼此俱罪之贓，一爲以贓入罪，一爲平贓者。此合爲一章，大致悉依《唐律》原文。惟《唐律》贓費用者死及配流均勿徵，現律删去"配流"一層，惟死勿徵，則較嚴矣。又，《唐律》小註，凡贓皆徵正贓，惟盜贓倍備，若盜一尺須徵二尺之類，現律無此。再，《唐律》計庸者每人一日爲絹三尺，現律改爲銀八分五釐，亦與《唐律》不同。通章分五段看：首節言贓物入官給主之法；二節言入官財產赦免、不赦免之法；三節言贓物應徵、勿徵之法；四、五節言估贓、追贓之法。總之，贓物有入官、有給主、有還官，而入官、給主、還官三項中又有赦免者、有勿徵者。必罪惡重大而始不赦，如謀反、叛逆之事，此外卽應遇赦免追矣。必人贓見存而始追徵，如其人已死卽不必徵，或未死而十分赤貧，亦有量追一半及勘實治罪豁免之例。其中纖細畢具，情與法可謂曲盡矣。至於"斷付死者財產遇赦不得免追"一項，本係律後總註，現已纂爲條例。緣斷付死者之家財產係優恤生者以備養贍之用，與應合入官不同。蓋入官者可免而優恤死者之家不可免也，當分別觀之。此外又有與律互相發明者，如律稱"身死勿徵"，然官員侵盜錢糧入己者，該員身故，仍有將伊子監追之例。又，侵盜應追之贓，著落犯人妻及未分家之子名下追賠，如果家產全無，取結豁免，不得株連親族。又，應行查抄資產，而兄弟未經分產者，將所有產業按其兄弟人數分股計算，衹將本犯名下應得一股入官，其餘兄弟名下應得者槪行給予。又，官員應追因公核減及分賠、代賠之項，查明家產盡絕者，照例題豁，毋庸再於同案各員攤追，亦不追其妻子。又，搶竊之贓定案時嚴行比追，如果力不能完，卽將本犯治罪，取結〔詳報，分別題咨〕豁免。又，命案內減等發落〔人犯〕，應追埋葬銀兩勒限一個月追完，如〔審〕係十分貧難者，量追一半；如限滿勘實力不能完，〔將該犯卽行發配，一面〕取〔具地鄰、親族甘〕結，〔該地方官詳請督撫核實，咨請〕[1]豁免。又，應該償命罪囚遇（○）赦宥免，追銀二十兩給其家屬，赤貧量追一半。又，强盜贓不足原失之數，將無主贓物賠補，如仍不足，將盜犯家產變價賠償。又，監守侵盜倉庫，有限四個月、八個月、十二個月監追，及一年、二年、三年監追之條。以上數例散見各門，皆與此律互相牽涉，宜一併參考。再，給沒一法，外國均有。日本謂之徵償、沒收，其沒收之法分爲三項：一爲法律禁制之物，二爲供犯罪所用之物，三爲因犯罪而得之物。徵償之法如犯人放免，若被害者請求其應還給贓

---

① 《大清律例會通新纂》卷4，第436頁。

物及賠償損害，仍不得免；若贓物尚在犯人之手，雖無請求卽還給之云云。與中律大意相同，特文法與細則略有變通耳。諸學友現習《日本刑法》，故將中律與日法符合之處附錄於後，以爲好學深思之一助。

六贓細數比較

監守盜：監守者有管掌倉庫錢糧之責，非但官吏，凡經管官之人如經紀、車戶、船戶之類均是。盜者，不分首從，倂贓論罪。

一兩以下，杖八十。一兩至二兩五錢，九十。五兩，一百。七兩五錢，杖六十、徒一年。十兩，杖七十、徒一年半。十二兩五錢，杖八十、徒二年。十五兩，杖九十、徒二年半。十七兩五錢，杖一百、徒三年。二十兩，杖一百、流二千里。二十五兩，流二千五百里。三十兩，流三千里。四十兩，斬。

按：以上流罪、斬罪均係雜犯。雜犯三流總四年，雜犯斬、絞准徒五年。現例一千兩以上實擬斬候，一百兩以上分別實擬流罪。

常人盜：常人對監守者而言，無論軍民官吏，凡無監守之責者均是，若盜倉庫錢糧亦不分首從，倂贓論罪。

一兩以下，杖七十。一兩至五兩，八十。十兩，九十。十五兩，一百。二十兩，杖六十、徒一年。二十五兩，杖七十、徒一年半。三十兩，杖八十、徒二年。三十五兩，杖九十、徒二年半。四十兩，杖一百、徒三年。四十五兩，杖一百、流二千里。五十兩，流二千五百里。五十五兩，流三千里。八十兩，絞。

按：以上流、絞亦係雜犯，現例從重。一百兩以下不分多寡，首犯發烟瘴充軍；一百兩以上實擬絞候，爲從減等。

竊盜：以一主爲重，倂贓論罪，爲從減一等，掏摸者罪同。

一兩以下，杖六十。一兩以上、二十兩以下，七十。二十兩，八十。三十兩，九十。四十兩，一百。五十兩，杖六十、徒一年。六十兩，杖七十、徒一年半。七十兩，杖八十、徒二年。八十兩，杖九十、徒二年半。九十兩，杖一百、徒三年。一百兩，杖一百、流二千里。一百一十兩，流二千五百里。一百二十兩，流三千里。一百二十兩以上，絞監候。

枉法贓：謂受有事人財而曲法處斷者，各主者通算全科，無祿人減一等，一百二十兩絞監候。

一兩以下，杖七十，至八十兩，實擬絞監候，計數之法與常人盜相同，但彼流、絞係雜犯，此是實流、實絞耳。

不枉法贓：雖受有事人財而判斷並未曲法者，各主者通算折半科罪，一主亦折半科罪。無祿人減一等，罪止流三千里。

一兩以下，杖六十，至一百二十兩以上，絞監候，計數之法與竊盜同。

坐贓致罪：凡官吏人等非因事而受財，如餽送、慶賀或私借所部內牛馬、衣物之類，又如被人盜財賠償之外多受人財，或科斂財物多收斛面而不入己者，或造作虛費人工、物料之類。非贓而分不應受，無贓而罪不能免，故不曰"計贓"而曰"坐贓"。①在凡人爲交際之常，在吏卽爲坐贓，所以杜貪污之漸也。此六贓之最輕者。

一兩以下，笞二十。一兩以上二十兩以下，②三十。二十兩，四十。三十兩，五十。四十兩，杖六十。五十兩，七十。六十兩，八十。七十兩，九十。八十兩，一百。一百兩，杖六十、徒一年。二百兩，杖七十、徒一年半。三百兩，杖八十、徒二年。四百兩，杖九十、徒二年半。五百兩，罪止杖一百、徒三年。

按：六贓而外，又有"挪移出納"一項，雖非監守自盜亦有應得之罪，律係計贓准監守自盜論，罪止滿流，例則分別五千兩以下者照律擬雜犯流，五千兩以上者實流三千里，一萬兩以上發近邊充軍，二萬兩以上斬監候，仍勒限一年、二年、三年追完分別減免。③

犯罪自首 律文

凡犯罪未發而自首者，免其罪，若有贓者，其罪雖免，猶徵正贓。謂如枉法、不枉法贓，徵入官。用強生事、逼取詐欺、科歛、求索之類，及強、竊盜贓，徵給主。其輕罪雖發，因首重罪者，免其重罪。謂如竊盜事發，自首又曾私鑄銅錢，得免鑄錢之罪，止科竊盜罪。若因問被告之事，而別言餘罪者，亦如上科之。止科見問罪名，免其餘罪。謂因犯私鹽事發被問，不加拷訊，又自別言曾竊盜牛、又曾詐欺人財物，止科私鹽之罪，餘罪俱得免之類。○其犯人雖不自首，遣人代首，若於法得相容隱者之親屬爲之首，及彼此詰發，互相告言，各聽如罪人身自首法。皆得免罪，其遣人代首者，謂如甲犯罪，遣乙代首，不限親疏，亦同自首免罪。若於法得相容隱者爲首，謂同居及大功以上親，若奴婢、雇工人爲家長首及相告言者，皆與罪人自首同得免罪。卑幼告言尊長，尊長依自首律免罪，卑幼依干犯名義律科斷。若自首不實及不盡者，重情首作輕情，多贓首作少贓。以不實不盡之罪罪之；自首贓數不盡者，止計不盡之數科之。至死者，聽減一等。其知人欲告及逃、如逃避山澤之類。叛是叛去本國之類。而自首者，減罪二等坐之。其逃叛者，雖不自首，能還歸本所者，減罪二等。○其損傷於人因犯殺傷於人而自首者，得免所因之罪，仍從本殺傷法。本過失者，聽從本法。損傷於物不可賠償，謂如棄毀印信、官文書、應禁兵器及禁書之類，私家旣不合有，是不可償之物，不准首。若本

---

① 參見《大清律輯註》卷23，第860-863頁。
② 校按：《大清律例》卷31，第499頁及《大清律例會通新纂》卷29，第3068頁皆作"一兩之上至十兩，笞三十"。
③ 校按：見《戶律·倉庫下·那移出納》門。

物見在，首者，聽同首法免罪。事發在逃，已被囚禁，越獄在逃者，雖不得首所犯之罪，但既出首，得減逃走之罪二等，正罪不減。若逃在未經到官之先者，本無加罪，仍得減本罪二等。若私越度關及姦者，並不在自首之律。○若强、竊盜，詐欺取人財物，而於事主處首服，及受人枉法、不枉法贓，悔過回付還主者，與經官司自首同，皆得免罪。若知人欲告，而於財主處首還者，亦得減罪二等。其强、竊盜若能捕獲同伴解官者，亦得免罪，又依常人一體給賞。强、竊盜自首免罪後再犯者，不准首。

按：此仍《明律》，國初及乾隆五年增入小註，大致與《唐律》相同而稍有增删。《唐律》私習天文者亦在不准首之列，現律删去此句。其末後一段《唐律》謂之“盜詐取人財物”，另列一門，現律合爲一篇。自首者，將己身所犯之罪，自作詞狀，而首告于官。必在事未發覺、人未到官之先，方見悔過，畏法出于本心，故律准免罪，所以重改過也。然情必實、贓必盡、事必不由人告發，方得全免；其罪若稍有不實、不盡及知人欲告而首，均不得全免其罪。即全免其罪者，猶必追取其贓以給主、還官。通篇分爲四節：首二節言犯罪准自首，所以開人自新之路；三節分別不准首，所以絕人倖免之心；末節推廣自首之法，使人知免于罪而獲同伴者，既免本身之罪，仍賞獲盜之功，弭盜微權并寓於是。此爲律文最長之篇，意思委曲詳盡，而文法仍簡老該括，其中一句一字均有精義，讀者宜詳味之。至於現行條例有足補律未備及與律互相發明者。如律云大功以上親首告得免其罪，例又補出小功、緦麻一項：如小功、緦麻親首告，正犯雖不得全免其罪，得減本罪三等，無服之親首告減一等；其謀反、叛逆未行而親屬首告，正犯同自首律免罪，若已行者，正犯不免，其餘緣坐人俱免。又，律云知人欲告而首，減罪二等；例又補出聞拿投首之犯，於本罪上減一等科斷云云。誠以聞拿投首，與知人欲告而首，雖均無悔罪之眞心，而情節稍有緩急之分，故此准減一等，彼准減二等也。又，律云逃叛而首，得減二等；例又有被擄從賊，不忘故土，乘間來歸免罪之條。蓋以被擄從賊，與有心逃叛不同，故全免其罪，不僅如律得從末減也。又如，律云越獄在逃者，不免本罪，僅免逃罪；例又補出越獄半年投首者，仍照原擬罪名，如同夥越獄，有一人於限內投首供出同夥，於半年內盡行拿獲者，減原罪一等。又，監犯因變逸出投歸者，除反逆外，餘俱減原罪一等，拿獲者不減云云。蓋因變而逸，與自行越獄不同，故此得減等，而彼仍不免也。又，誘拐之案，已被姦污者不准自首，若未被姦污，分別到案遠近減一等、減二等擬罪。[①]至於强盜自首，

---

① 見《大清律例會通新纂》卷4，第457-458頁。

律本從輕，悔過還主者免罪，知人欲告而於財主處首還者減二等，捕獲同伴者又准給賞。現例從嚴，立有專條，除殺人放火、姦人妻女、毆事主折傷以上不准首外，其未傷人並傷輕平復之強盜，以事未發而自首與聞拿投首分別量減。^①又，夥盜指獲同伴者以五日內外拿獲分別量減，近來例外又有夥盜供獲首盜，及首盜、夥盜供獲夥盜，於四個月內拿獲，分別減等章程，皆較律文加嚴，而其中區分亦過於煩瑣，遠不如律文之簡易可行。惟功令所垂，現俱遵照辦理。學者須將律與例異同之處、並例與章輕重之別，苦心分明，考其沿革之原，察其創制之意，臨事方有把握，不致無所依據，授人指駁之具。再，自首之法，外國亦設此例，《日本刑法》，凡犯罪除謀、故殺外，於事未發覺以前首官者，減一等；犯財產罪，自首而還給贓物、賠償損害者，於自首減等外仍照本刑減二等，其償還不及全數而在半數以上者減一等。又，犯財產罪而向被害人首服者，與首於官同。此與中律大意相同而辦法略異，中律損傷於人者不准首，此則除謀、故殺外均准自首，可見鬭殺、鬭傷、姦罪均准首矣，此較中律界限爲寬。而中律事未發覺首者全免其罪，此則僅減一等、二等，又較中律稍嚴。再，中律必給還贓物方准自首免減，若贓未追償卽不准首，此則全償贓物者通減三等，還半者減二等，可見未償還而首者仍准減一等矣，此又較中律爲寬。總之，刑法者，因時、因地、因人而異，一國有一國之風俗，法制卽因此而立，或寬或嚴，其中各有作用，無論殷監於夏、周監於殷，秦、漢、唐、明各有損益，不能強同。現在之例如直、奉、川、陝亦各有專條不能盡合，況乎五洲之大，地隔數萬里，人分數十類，風俗嗜好，種種殊異？而醉心歐化者，輒欲吐棄中國一切法律，盡換面目以效他人，不但削足就屨，未適於用；卽揆諸"言稱先職、樂操土風"^②之道，毋乃非仁人君子之用心乎？願我諸學友深表同情、共保國粹，或者障百川而回狂瀾，於世道人心不無小補也夫！

二罪俱發以重論律文

凡二罪以上俱發，以重者論。罪各等者，從一科斷。若一罪先發，已經論決，餘罪後發，其輕若等，勿論；重者，更論之，通計前所論決之罪，以充後發之數。謂如二次犯竊〔盜〕^③，一次先發，計贓一十兩，已杖七十；一次後發，計贓四十兩，該杖一百，合貼杖三十。如有

---

① 校按：此處所概述者分載於三道條例之中，見《大清律例》卷5，第114-115頁。
② 《左傳·成公九年》："言稱先職，不背本也；樂操土風，不忘舊也。"
③ 《大清律例》卷5，第115頁；《大清律例會通新纂》卷4，第461頁。

祿人，節次受人枉法贓四十兩，內二十兩先發，已杖六十、徒一年；二十兩後發，合並取前贓，通計四十兩，更科全罪徒三年。不枉法贓及坐贓，不通計全科。**其應**贓入官、物賠償、盜刺字、官罷職罪止**者，罪雖勿論，或重科，或從一，仍各盡本法。**謂一人犯數罪，如枉法、不枉法贓，合入官；毀傷器物，合賠償；竊盜，合刺字；職官私罪杖一百以上，合罷職；無祿人不枉法贓一百二十兩以上，罪止杖一百、流三千里之類，各盡本法擬斷。

按：此仍《明律》，國初添入小註，乾隆五年刪改，蓋擬斷數罪俱發之通例也，與前徒流人又犯罪不同。彼謂一罪已決而日後又犯，此謂平時曾犯數罪，或一時俱發，或先後並發；一曰“又犯”，一曰“俱發”，“犯”字、“發”字用義各別，故彼則重科後犯，此則通計前罪也。蓋罪不再科，既不失於嚴，仍盡本法，又不流於縱，此正用法之權衡。然其中亦有涉於輕縱致滋流弊者，如人命之案，一命與數命同一擬罪，並不加重，豈不啟兇徒多殺之機？是以此外又有殺一家三人加重之律，而例內鬭殺三命及殺一家二命均擬加重。又，人命案件律不應抵，罪止軍、流、徒之犯，如至三命以上，俱按人數以次遞加，罪至發遣新疆爲止；至過失殺數命者，按死者名數，各追銀十二兩四錢二分給各親屬云云。此皆變通律法，而補律所未備，須彼此合參，方無挂漏之弊。

又按：此律雖本《唐律》原文，而較《唐律》爲輕。《唐律》此外尚有“以贓致罪〔，頻犯〕者累科；若罪法不等，〔即〕[1]以重贓併滿輕贓，各倍論”之語。倍者，謂二尺爲一尺，如三處受絹一十八疋，倍爲九疋科斷。現律刪去此層，是止有從一從重之法，而無累科之法，殊失古意。考之日本現行法所載，一罪先發已經論決，餘罪後發，其輕或相等者不論，其重者更論之，以先發之刑通算後發之刑，但沒收及徵償處分各從本法云云，不但與中律用意相合，而文法亦復相同，當是採用唐、明律意而仍其原文者。但《改正刑法草案》已變其宗旨，謂從一處斷之規是犯一罪與犯數罪受刑相同，自犯人計之，犯一罪不若犯數罪之利益矣。刑法之目的本爲預防犯罪，而此法卻有獎勵犯罪之趨向，是與刑法之本旨相背矣。復採《德意志刑法》併科主義，除死罪及無期懲役、禁錮不科他刑外，餘俱於併合罪中加其刑期之半，蓋其改正之（注）〔法〕雖較現中律從嚴，實與《唐律》用意吻合，且切中近今情弊，附記於此，以備參考。卽此可見，外國立法不憚再四推勘，精益求精，其所長人者在此，其可取法者亦在此。獨怪新學之家僅於文法名詞之間襲其皮毛，詎非買櫝還珠乎？

---

[1]《唐律疏議》卷 6，第 125 頁。

犯罪共逃律文

凡犯罪共逃亡，其輕罪囚能捕獲重罪囚而首告，及輕重罪相等但獲一半以上首告者，皆免其罪。以上指自犯者言，謂同犯罪事發，或各犯罪事發，而共逃者，若流罪囚能捕死罪囚、徒罪囚能捕流罪囚首告。又如五人共犯罪在逃，內一人能捕二人而首告之類，皆得免罪。若損傷人及姦者不免，仍依常法。其因他人犯罪連累致罪，而正犯罪人自死者，連累人聽減本罪二等。以下指因人連累而言，謂因別人犯罪，連累以得罪者，如藏匿引送資給罪人，及保勘供證不實，或失覺察關防、鈐束聽使之類，其罪人非被刑殺而自死者，又聽減罪二等。若罪人自首告得免，及遇赦原免，或蒙特恩減罪、收贖者，連累人亦准罪人原免減等贖罪法。謂因罪人連累以得罪，若罪人在後自首告，或遇恩赦全免，或蒙特恩減一等、二等，或罰贖之類，被累人本罪亦各依法全免、減等、收贖。

按：此仍《明律》，其小註係乾隆五年修改，與《唐律》大致相同，蓋卽古者以功贖罪之義。前自首律內犯罪在逃者不准首免，此又推廣在逃之因有捕首逃亡者亦准免罪也。分二節看，上是自犯罪者，下是因人連累致罪者。[1]自犯罪者既能服罪又能除惡，故得全免。因人連累者一則正犯既死則首惡已除，一則首惡既恕則餘可矜憫，故得分別減免、收贖也，但必輕罪捕獲重罪及罪相等者捕獲一半以上方准免罪，若捕獲不及一半及重罪捕獲輕罪，律無明文，應同損傷於人及姦者不免本罪得免在逃之罪。蓋於賞功之中仍防倖免之弊，此與自首門內捕獲同伴解官相同，而彼兼給賞，此僅免罪者，彼尚未到官，原無在逃之罪；此已被禁，兼有在逃之罪。故彼給賞而此止免罪也。律文細若毫髮，參觀詳繹，方知字字均有精義，不但文法奧妙也。

同僚犯公罪律文

凡同僚犯公罪者，謂同僚官吏連署文案，判斷公事差錯，而無私曲者。並以吏典為首。首領官減吏典一等，佐貳官減首領官一等，長官減佐貳官一等。官內如有缺員，亦依四等遞減科罪。本衙門所設官吏無四等者，止准見設員數遞減。若同僚官一人有私，自依故出入人罪私罪，論，其餘不知情者，止依失出入人罪公罪。論。謂如同僚連署文案官吏五人，若一人有私，自依故出入人罪論，其餘四人雖連署文案，不知有私者，止依失出入人罪論，仍依四等遞減科罪。○若下司申上司，事有差誤，上司不覺失錯准行者，各遞減下司官吏罪二等。謂如縣申州，州申府，府申布政司之類。若上司行下，事有差誤，而所屬依錯施行者，各遞減上司官吏罪三等。謂如布政司行府，府行州，州行縣之類。亦各以吏典為首。首領、佐貳、長官依上減之。

---

① 此句分別與《大清律輯註》第 87 頁 "律後註" 及 "律上註" 略同。

按：此仍《明律》，其小註係國初修改，與《唐律》大致相同而稍有删易。《唐律》亦分四等，各以所由爲首，與現律統以吏典爲首者不同，蓋言同官犯罪，其輕重各有差等也。公罪即下失出入人罪之類，分兩節看。首節言同僚共犯，以吏典、首領、佐貳、長官分爲四等遞減科罪，官內如有缺員亦依四等遞減，其本衙門所設官吏無四等者，止准見設員數遞減。若同僚四人連署文案，內中一人有私，故出入人罪，其餘三人不知有私，則一人以故出入人罪論，餘俱以失出入論，仍依上遞減。如失出應減五等，吏典爲首減以五等，以次遞減，至長官則應減八等也。後節言下司申上，上司不行駁正，上司行下，下司失於點檢，而俱依錯施行者，各遞減科罪。但上司止減二等而下司得減三等者，蓋上臨下得以專制，故議罪稍重，所以責上司之怠忽；而下奉上難以拒違，故議罪略輕，所以原下司之受制也。"各遞減"云者，所謂官減官而吏減吏，如縣吏爲首，州吏減縣吏二等，府吏減州吏二等，通減四等，司吏又減府吏二等，通減六等之類。官亦類是。遞者，依次挨推，各者，彼此分承。一豎一橫，用意各殊。故上節止是遞減之法，而下節加一"各"字則大有區別，律法之細如此，讀者不可忽過。

公事失錯 _{律文}

凡_{官吏}公事失錯，自覺舉者免罪；其同僚官吏_{同署文案，法應連坐者}，一人自覺舉，餘人皆免罪。_{謂緣公事致罪而無私曲者，事若未發露，但同僚判署文案官吏一人能檢舉改正者，彼此俱無罪責。}〇其斷罪失錯_{於入已行論決者}，仍從失入人罪論。不用此律。_{謂死罪及笞杖已決訖，流罪已至配所，徒罪已應役，此等並爲已行論決。官司雖自檢舉，皆不免罪，各依失入人罪律減三等，及官吏等級遞減科之，故云不用此律。其失出入罪，雖已決放若未發露，能自檢舉貼斷者，皆得免其失錯之罪。}其官文書稽程，_{官應連坐者}，一人自覺舉，餘人亦免罪。_{承行主典之吏不免，謂文案，小事，五日程；中事，十日程；大事，二十日程；此外不了是名稽程。官人自檢舉者，並得全免。惟當該吏典不免。}若主典自舉者，並減二等。_{謂當該吏典自檢舉者，皆得減罪二等，官全免。}

按：此仍《明律》，其小註係國初修改，文義一本《唐律》而字法稍有改易。蓋承上條而言，同僚犯公罪雖共有處分，而能檢舉即得免罪，即上條自首免罪之意。同僚一人覺舉餘人俱免，亦即上條親屬代首之意。彼以情當相隱，此以義當相糾，故同得免罪也。若失錯論決，則死者不可復生，刑者不可復挽，猶上條損傷於人不可賠償之意，故不准免，仍科以失入之罪。若失於出者，或其人脫逃不能貼斷，仍難免罪；若放決之後，檢舉貼斷，則事可挽回。故註云准其免罪，所以補律之未備也。至文書稽程覺舉，主典不免罪者，以承行文書是其專責，而稽程之罪亦多由於主典，若概免罪是開怠忽之門矣，故止減二等坐之。而官仍得免，是亦嚴於吏而寬於官之意。

共犯罪分首從 律文

凡共犯罪者，以先造意一人爲首，依律斷擬。隨從者，減一等。○若一家人共犯，止坐尊長。若尊長年八十以上及篤疾，歸罪於共犯罪以次尊長。如無以次尊長，方坐卑幼。謂如尊長與卑幼共犯罪，不論造意，獨坐尊長，卑幼無罪，以尊長有專制之義也。如尊長年八十以上及篤疾，於例不坐罪，即以共犯罪次長者當罪。又如婦人尊長與男夫卑幼同犯，雖婦人爲首，仍獨坐男夫。侵損於人者，以凡人首從論。造意爲首，隨從爲從。侵謂竊盜財物，損謂鬥毆殺傷之類。如父子合家同犯，並依凡人首從之法，爲其侵損於人是以不獨坐尊長。若共犯罪而首從本罪各別者，各依本律首從論。仍以一人坐以首罪，餘人坐以從罪。謂如甲引他人共毆親兄，甲依弟毆兄杖九十、徒二年半，他人依凡人鬥毆論，笞二十。又如卑幼引外人盜己家財物一十兩，卑幼以私擅用財加二等笞四十，外人依凡盜論，杖六十之類。○若本條言"皆"者，罪無首從；不言"皆"者，依首從法。○其同犯擅入皇城、宮殿等門，及同私越度關，若同避役在逃及同犯姦者，律雖不言"皆"，亦無首從。謂各自身犯，是以亦無首從，皆以正犯科罪。

按：此仍《明律》，其小註係國初及乾隆五年修改，大致與《唐律》相同而稍有刪節，《唐律》分作兩條，此合爲一。《唐律》：強盜及略人者亦無首從，若共監臨主守爲犯，雖造意仍以監主爲首，凡人以常從論。現律刪此數語，未免闕略，蓋此律之意，詳言斷罪首從各有不同也。造意爲首，隨從共謀之人爲從，此法之常也。然有不可概論者，如一家共犯，雖係卑幼造意，而尊長有專制之責，則不可以常法首從論，應以尊長或以其次尊長爲首矣。小註所謂"罪坐男夫"又推廣律文所未盡，蓋婦人雖係尊長，而不能在外專制，故獨坐男夫之卑幼者，則不可以尊長爲首也。然此止就戶婚田土等事而言，若侵損於人，如盜竊、毆傷之類，不論尊卑、長幼，仍以造意爲首，隨從者爲從，則又不拘一家共犯罪坐尊長之法也。如一家同他人犯罪，各有本條應得罪名者，或輕或重，各依本律，往往有首犯之罪反輕於從犯，而從犯反重於首犯者，此又特別之法，非首從之常例所可拘也。至於律言"皆"者，無首從；不言"皆"者，依首從法，本屬律之通例，然亦有律不言"皆"而仍無首從者，如擅入皇城、越關、犯姦等項，此又出乎通例之外，不可以常律論矣。總之，律者有定而無定，無定而有定，詳繹此條文義，往復回環，層層銜接，筆筆轉換，百餘字中具有千變萬化之觀，非特義蘊宏深，即以文章論，亦當與《史》《漢》並傳，非魏、晉以下所可及矣。當此歐學醉人、國文墮落之會，此等文字實爲國粹攸寄，學者作律文讀可也，卽作古文讀亦無不可也。○再，律言損傷於人以凡人首從論，例又補出一家共犯姦盜殺傷等案，如子弟起意而父兄同行助勢，仍於爲從本罪上加一等，不得引用爲從字樣。[1]又，律文造意爲首，而同謀共毆殺人之案則以下手傷重者抵命，原謀減一等。[2]此皆補律之未盡，不能以常律拘者。又，例載：婦人犯罪罪坐夫男，若夫男不知情及無夫男者，仍坐本婦云云，與此律小註互相發明，但彼曰"夫男"，此曰"男夫"，顚倒之下用意卽大不同。男夫，猶言男子也，"夫男"者，二人之稱，"男夫"者，一人之稱，卽此一端，可見律文字法之細，而國文之精妙不可及處亦在於是。然自此以後斯道如《廣陵散》矣。○首從之法，外國刑法亦有此說，而範圍不同。如日本之法，二人以上共同實行犯罪者皆爲正犯，教唆犯罪者亦爲正犯，知人犯罪而給與器具或誘導、指示、幫助正犯者爲從犯，減正犯刑一等云云。推其治罪之法與中律同，而辦法迥異。中律數人共犯，祇以一人爲首，除律言"皆"者無首從外，此外從無一案辦數人爲首之法。彼以二人以上皆爲正犯，則是一案中有無數首犯矣。又，中律教唆者雖與正犯同罪，至死減一等，仍以從論；彼以教唆犯罪者爲正犯，與中律至死減等者異矣。至於爲從之法，中律凡同行犯罪除造意一人爲首外，其餘均爲從犯，至於給予器物或誘導、指示之人，若未同行，中律並不以爲從論；彼概以此等各項爲從，亦較中律爲嚴。總之中國刑法斬、絞錯出，罪名雖重而辦法實寬，《日本刑法》有絞無斬，罪名雖輕而辦法甚嚴。且中律死刑雖多於外國，而外國生刑實重於中國。若概謂中刑重而外刑輕，是猶皮相之見耳，此皆讀律者所當知也，故附及之。

犯罪事發在逃 律文

凡二人共犯罪，而有一人在逃，現獲者稱逃者爲首，更無人證佐，則 但據其所稱 決其從罪。後獲逃者稱前獲之人爲首，鞫問是實，還將前人依首論，通計 前決之罪，以充後 問之數。○若犯罪事發而在逃者，衆證明白，或係爲首，或係爲從。卽同獄成，將來照提到官，止以原招決之。不須對問。仍加逃罪二等，逃在未經到官之先者，不坐。

按：此仍《明律》，乾隆五年增添小註，上段原本《唐律》而略爲删減，下"衆證明白卽同獄成"一段《唐律》不載，全係明代所纂。本律之義，蓋承上條而分別在逃與現獲者辦理之法也。上條言共犯罪分首從，此言共犯中有在逃者，先定

---

[1] 見《大清律例會通新纂》卷4，第486-487頁。

[2] 校按：《賊盜·鬥毆》門律文第六段規定："同謀共毆傷人者，各以下手傷重者爲重罪，原謀減一等。"參見《大清律例》卷27，第444頁。

現獲人首從之法。證佐，謂親見、親聞之人及現獲贓物可以爲證者。前段言"更無證佐"，後段言"衆證明白"，可見"證佐"二字是兩段關鍵之處。上段言別無證佐，若止據見獲而懸坐爲首，恐後日難以復改，故不嫌於少寬；下段言衆證已明，若不同獄成而停囚對待恐日久或多避脫，故又不嫌於果決。總是罪疑惟輕，不准遷延之意。律言先決從罪，例又補出監候待質之法。律文無證佐者先決從罪，例則必衆供確鑿、指證有據，方准先決從罪。若無事主、屍親、證佐指認，其現獲之犯，除斬、絞死罪無庸監候待質外，餘俱按例擬罪，監候待質。若正犯日久無獲，卽將待質之犯分別發配、保釋，內中惟強盜人犯不應寬釋，其餘人命等案原擬遣、軍、流罪已過十年，徒罪已過五年，杖罪已過三年，未定罪名之人已過二年者，遣、軍、流、徒卽行發配，杖罪與未定罪之人取保釋放，俟緝獲正犯再行質審云云。[①]此變通律意而爲問案者開一方便之門，雖非古法，然近來俱照此例辦理，而律反成虛設矣。長安薛氏稱爲刑典中一大關鍵，洵爲過來人語。再，監候待質而外，又有"咨部展限"一節，更爲拖累無窮，監候待質業已擬定罪名年限，滿日尚可出獄，展限之犯未定罪名，證佐一日未到，犯人常此羈禁，勢必瘐斃後已。近來雖有遇赦查辦之法，然例內不載，辦理諸多參差，此亦斷獄中一大弊政，故附記之。○又，律云：事發在逃者，衆證明白，卽同獄成；現例又補出未逃辦法必須取有輸服供詞，毋得節引"衆證明白，卽同獄成"之律，如有實在刁健不招者，徒罪以上仍具衆證情狀奏請定奪，笞杖以下分別奏咨完結云云。[②]雖係愼重之意，但與律意不符。此律據證定罪，犯在逃者尚可定擬完結，其未逃者卽可以此類推，若舍律遵例必取輸服供詞，則是衆證不足爲據而酷刑拷掠畏罪誣服之弊從此生矣！考之《唐律》云："若贓狀露驗，理不可疑，雖不承引，卽據狀斷之。"《疏議》："謂計贓者現獲眞贓，殺人者驗得實狀也。"此律"衆證明白，卽同獄成"之論卽本於此。現查東西各國慮囚之法，均係重證而不重供，深得唐、明律意。長安薛氏謂案情以衆證爲憑固已十得八九，舍衆證而信犯供，供亦未可盡信，亦是此意。是以上年修律大臣議覆江廣總督變法摺內奏請嗣後斷案，除死罪須取輸服供詞外，徒流以下本犯狡不承認，果係衆證確鑿，卽按律定擬。本年奏定《民刑訴訟法》第七十五條亦有被告如無自認供詞，而衆證明白、確鑿無疑，卽將被告按律定擬云云。可見據證定罪之法，古今中外同此機括。而現例"必取輸服供詞"一節，刻下雖尚遵行，日久必在所廢矣。此亦刑典中一大關鍵，附錄於後，

---

①② 見《大清律例會通新纂》卷4，第503-505頁所載條例。

以備參考。再，律註"加逃罪二等，逃在未經到官之先者，不（加）〔坐〕"。①可見逃罪之加與不加，總以是否到官爲斷。而現例則有人命重案脫逃二三年後就獲，應監候者改爲立決一條，共分六十八項，則是不論是否到官，但脫逃逾二年者卽按例加重，辦法較律加嚴矣。再，律法罪至死者無可復加，此由監候加爲立決，亦爲特別之例，與通例不合。嘗以此法比較外國，更有大相反對者：查《日本刑法》，有期滿免除一節，凡死罪脫逃過三十年，無期徒流過二十五年，有期徒、流過二十年，重懲役禁獄過十五年，輕懲役禁獄過十年，禁錮、罰金過七年，拘留、科料過一年者，均免其刑云云。其辦法與中律大不相同，中律脫逃年限愈多，拿獲時治罪愈重；日本法脫逃多年者，拿獲不但不爲加重，反爲全免其刑。一是惡其倖稽顯戮，不容再爲輕縱；一是因其犯事年久，證據湮沒，被害之人漸忘其仇，且日久再未續犯，或本人已有改悔之意，故從寬免除其罪。二者各有命意，未可厚非，但較其利弊，中例加重之法固涉刻苛，而日法免除一節更覺弊多利少，大凡越獄脫逃，多係強悍梗頑之徒，而安分守法之人罕有其事。今未脫者照例治罪，而已逃者日久免除，是安分守法者不得稍從寬宥，而強梗不率之徒反得逍遙法外、卒免重戮，不但非法之平，而立法之意反有縱之使逃之機。現值去舊謀新之時，應有折中採擇之法，若一律舍己從人，誠恐諸多窒礙，而此律尤甚者耳！似宜刪去現例二三年後被獲加重及脫逃加二等之罪之條，無論到官、未到官，凡犯罪脫逃後拿獲者，不分年日久近，均照原擬定罪，旣不須加重，亦未便免除，似得情法之中。附記於此，以備修律採擇。諸學友不乏識時通律之人，未知以此論爲然否？！

親屬相爲容隱律文

凡同居，同謂同財共居親屬，不限籍之同異，雖無服者亦是。若大功以上親，謂另居大功以上親屬，係服重。及外祖父母、外孫、妻之父母、女婿、若孫之婦、夫之兄弟，及兄弟妻，係恩重。有罪，彼此得相爲容隱；奴婢、雇工人義重。爲家長隱者，皆勿論。家長不得爲奴婢、雇工人隱者，義當治其罪也。○若漏泄其事，及通報消息，致令罪人隱匿逃避者，以其於法得相容隱。亦不坐。謂有得相容隱之親屬犯罪，官司追捕，因而漏泄其事，及暗地通報消息與罪人，使令隱避逃走，故亦不坐。○其小功以下相容隱，及漏泄其事者，減凡人三等；無服之親減一等。謂另居小功以下親屬。○若犯謀叛以上者，不用此律。謂雖有服親屬，犯謀反、謀大逆、謀叛，但容隱不首者，依律科罪，故云不用此律。

①《大清律例》卷5，第119頁。

按：此仍《明律》，國初增修小註，大致與《唐律》相同而稍有修改。"妻之
父母、女婿"及"無服之親減一等"數語《唐律》不載，均係明所增添。本律之
義，是寓情於法，使恩義不相妨也。凡人知情藏匿罪人及容隱、漏泄、指引、給
資，致罪人逃避者，減罪人一等治罪。此則親屬容隱皆得免罪，所以重人倫厚風
俗也。同居共財之親屬，情之最親者也，大功以上之親屬，服之最重者也，外祖
父母等服雖輕而情親者也。至奴婢、雇工於家長則以恩義聯屬，又不論同居、另
居，皆可爲之容隱，而家長不可爲雇工隱者，以義相臨，當治其罪，正《唐律》
所謂"部曲、奴婢，主不爲隱，聽爲主隱"是也。此皆指事未發覺之先而言，卽
事發之後，官司拘捕而漏泄通報，致令逃避者，亦不坐罪。至於小功以下，恩義
漸殺，有容隱者雖不全免其罪，然亦得分別減等，此皆權恩義之中而教人以親睦
之道。若謀反、謀叛，則大義滅親，理當舉發，又不得拘以此律矣。○以上各節
皆言親屬犯罪，官司未經拘執入禁，故設此容隱之法，使得以恩掩義；若拘執到
官，卽當以義斷恩，故《刑律》又有竊放囚走親屬與常人同科，及"與囚金刃解
脫"，子孫、奴、雇止減獄卒一等治罪之條，[①]兩比合參，自知義各有當也。○再
者，此律與"干名犯義""犯罪留養"各律均係扶植綱紀、敦敍倫常之意，刑法
之可弼教化者在此，中律之所以爲國粹者亦在此。檢查東西各國刑法均無此條，
亦可知其好尚之所在矣。夫證父攘羊，羣稱爲直，以方城漢水之名區，民望如歲
之慈父尚不解此道理，而何論於異俗異教之人乎？現奉明詔遵孔，此卽孔教之精
粹，而由父子推及親屬，更爲周密無遺，朱子以爲天理人情之至。足見律義、經
義，法學、理學，其道一而已矣。此外又有與律互相發明者，如奴婢可爲家長隱，
係指奴婢在家或放出爲良者而言，若將奴婢轉賣與人，則恩義已絕，當以凡論，
不得援此律容隱矣。又，女婿、妻父母得相容隱，若翁婿義絕，如逐婿嫁女、縱
女犯姦及以妻爲妾、毆妻折傷之類，則亦不得容隱矣。又如親屬行強竊盜，其被
盜之親屬得相告發，亦不在容隱之例。又，親屬犯軍、流罪而逃回者，惟祖父子
孫、夫妻、雇工得相容隱，其餘親屬均不得援引此律容隱。又，此項親屬非但得
相容隱也，若代爲自首則有免罪之律，到官以後更有不許爲證之律，詳見各門，
足資參考。○又，此律後又有一例，父爲母殺，其子隱忍者，分別擬杖；若母爲
父殺，其子准其依律容隱云云。又，考之史鑑，東魏時頒《麟趾新制》有"母殺
其父，子不得告，告者死"一條，時竇瑗上議，謂如有此事可臨時議罪，無庸豫

---

① 分見《大清律例·刑律·捕亡·劫囚》及《捕亡·與囚金刃解脫》兩門律文。

制斯條云云。①二者議論不同，而此例現已刪除，惟其事甚奇，錄之以備參考。又，《唐律疏議》云："有五服內親自相殺者，疏殺親，合告；親殺疏，不合告；親疏等者，卑幼殺尊長得告，尊長殺卑幼不得告。其應相隱者，疏殺親、義服殺正服、卑幼殺尊長，亦得論告；其不告者，亦無罪"②云云。此皆倫常之變，律雖不設專條，然亦事所或有，備錄於後，當亦研究律學者所願聞也。

處決叛軍_{律文}

凡邊境_{重地}城池，若有軍人謀叛，守禦官捕獲到官，顯跡證佐明白，鞫問招承，申報督撫、提鎮審問無冤，隨即依律處治，具由奏聞。如在軍前_{有謀叛}，能臨陣擒殺者，_{事既顯明，機係呼吸。}不在此_{委審、公審}之限。_{事後亦須奏聞。}

按：此仍《明律》，國（朝）〔初〕③及雍正三年修改。原係"鞫問（承）招〔承〕，行移都指揮司，委官審問無冤，依律處治，具由申達五軍都督府奏聞〔知會〕。若有布政司、按察司〔去〕④處，公同審問處治"，此改爲"申報督撫、提鎮審問無冤，依律處治，具由奏聞"，以本朝權歸督撫，統轄文武，武職並無指揮司、都督府等官，而文職布、按二司亦歸督撫節制，官制不同，故辦法稍異。此外又有"吏卒犯死罪"並"殺害軍人"及"在京犯罪軍民"三條：凡各衙門吏典、禁子有犯死罪，從各衙門長官鞫問，不須稟申，依律處決，死後申報上司轉達刑部。又，"〔凡〕殺死軍人者依律處死，仍將正犯人餘丁，抵數充軍"。又，"〔凡〕在京軍民，若犯杖八十以上者，軍發外衛充軍，民發別郡爲民"⑤云云。本朝軍民無甚分別，犯罪一同問擬，吏典雖有加等治罪之例，而死罪亦不區分，故現律刪去前後三條，止留此"處決叛軍"一條，其實此條現亦虛設。近來督撫權重，動即就地正法，而依律處治、具由奏聞者蓋寥寥矣。此律之意，蓋言邊城重地，當用軍法以申國法也。邊方軍叛事繫安危，機貴神速，若待請命而後處治，恐有外援內應，遲留生變，故即依律處治、具由奏聞，所謂先斬後奏，不必如尋常之命盜重案，必待奏請交議核准然後行刑；然亦須委審、覆審，招承無冤方可處治者，恐其擅殺也。至軍前對敵，如有謀叛之人，機係呼吸，更宜迅速擒殺，則不可拘委審、公審之限，然亦必事後奏聞者，防其濫殺也，均係慎重人命之意。東西各國普通刑法而外另有陸海軍刑法，別於普通刑法，亦較普通法稍嚴。中國雖有《兵律》，而簡略

---

① 事見《北史》卷 86，《循吏傳》，第 2871 頁。
②《唐律疏議》卷 17，"親屬爲人殺私和"，第 333-334 頁。校按：凡未注明者，皆據劉俊文點校本，下同。
③ "朝"與其後"雍正"意不謀，改作"初"意似較順。
④《大清律例通考校注》，第 295 頁。
⑤ 此三條明律皆見《大明律》卷 1，第 19 頁。惟"吏卒犯死罪"律文字多有刪減。

不完，且夾雜於普通律內，未有專書，似屬缺點。現在陸海軍設立專部，應卽倣照修訂，俾昭完備，是亦整軍經武之要旨也。

化外人有犯 律文

凡化外 來降 人犯罪者，並依律擬斷，隸理藩院者，仍照原定《蒙古例》。

此仍《明律》，國初及雍正三年增修，添入"隸理藩院者，照蒙古例"一層。《唐律》係"化外人相犯"："（凡）〔諸〕化外人，同類自相犯者，〔各〕依本俗法；異類相犯者，以法律論。"[1]此律言化外之人旣來歸降，卽是王民，若有犯罪，一律科斷，不得另爲問擬，所以示王者無外之意，而法令須昭均平也。惟隸理藩院者，如內外及青海各蒙古部落，風俗不同、嗜欲不通，若照口內地一律問擬，未免窒礙實多，是以另設蒙古條例以示因地制宜之意。但律祇渾言"照《蒙古例》辦理"，例則條分縷晰，如蒙古與民人交涉之條，地方官與旗員會訊，如蒙古在內地犯事者，照刑律辦理，民人在蒙古地方犯事者，照《蒙古律》辦理。又，蒙古地方搶刼案件，俱係蒙古人專用《蒙古例》，俱係民人專用刑律。如蒙古與民人夥搶，覈其罪名，《蒙古例》重者俱照《蒙古例》，刑律重者俱照刑律。又，熱河地方搶案，如事主係蒙古人，不論賊犯是蒙古、是民人，專用《蒙古例》；事主係民人，不論賊犯是蒙古、是民人，專用刑律。倘有同時並發之案，事主一係蒙古、一係民人，卽計所失之贓，蒙古所失贓重照《蒙古例》，民人所失贓重照刑律。又，蒙古案件送刑部審理者，理藩院須派通曉蒙語一員赴部公同會審，仍分別內地、蒙古及外藩蒙古，依律及《蒙古例》科斷云云。此皆補律所未備，宜倂研究。再，"化外人"所包甚廣，本門止言蒙古一項，此外苗、猺、土蠻各種均屬化外之人，犯罪有照此律一體擬斷者，亦有獨設專條者，散見各門，參差不齊，必須參合比較，臨事方免歧誤。茲將散見各門條例附錄於左：

一、土蠻、猺、獞、苗人犯仇殺刼擄凶慘甚者，死罪正法，家口遷徙六百里外安插。如犯軍、流，本犯折枷同家口一併遷徙。其凶惡未甚，初犯枷責，姑免遷徙。該頭目犯法，必根究引誘之人，〔審明確實，〕照誘人犯法律加等治罪。[2]

一、雲貴苗人犯該徒、流、軍、遣，仍照例折枷。其情節較重或再犯者，折枷後同其家口一併遷徙。至苗人有薙髮、衣冠與民人同者，有犯悉照民例治罪。[3]

---

[1] 《唐律疏議》卷 6，第 133 頁。

[2] 校按：見《大清律例會通新纂》卷 4，第 571-573 頁，《名例·徒留遷徙地方》門後附例，此係該例之撮要，下引各條皆然。

[3] 參見《大清律例會通新纂》卷 4，第 573-574 頁。

一、苗疆地方有民人捏稱土苗犯罪，希圖折枷免徙者，除照本律治罪外，加枷號一月。以上見《名例・徒流遷徙地方》門。

一、土官、土人私出外省，土官革職，土人擬杖八十。如在外爲匪，除死罪外，徒罪（一）〔以〕上不分首從充軍，照例枷責，同家口一併遷徙。①見《兵律・私越冒渡》門。

一、苗猓蠻戶帶刀出入及藏違禁等物者，照民間私有〔應禁〕軍器律治罪，一件杖八十，每件加一等，罪止滿流。②見《兵律・私藏〔應禁〕軍器》門。

一、苗人伏草捉人勒贖，初犯爲首斬監候，爲從枷號三（日）〔個月〕③；再犯，不分首從俱斬立決。見《刑律・恐嚇取財》門。

一、苗人犯死罪按律治罪具題，不准外結，亦不准以牛馬、銀兩抵償。一切苗人與苗人爭訟，俱照苗例歸結，不必（絕）〔繩〕以官法。④見《刑律・斷罪不當》門。

一、蒙古發內地驛站人犯脫逃，分別次數改調、加枷。⑤見《刑律・徒流人逃》門。

此外如回民、旗人犯罪，亦有特別之例，與民人多半不同，以其均非化外之人，故不錄入此門。統觀以上律例，足徵刑法因人因地而異，風俗不同嗜好各殊，若概治以普通之法，必多扞格不入，非但中國立法如此，即考之泰西各國，如德之刑法，帝京柏林即與各聯邦少異，英之倫敦三島即與印度少異，俄之歐洲地方即與西比利亞少異，美則各省自爲一法，不必盡同，惟東瀛三島地勢狹小，現行刑法整齊畫一，然新屬之台灣，其治法亦有與本島不同之處。此可見因利而利，以人治人，修其教不易其俗，齊其政不易其宜，法律所垂悉本經傳遺義，即外國法律日新月異，矝言改良，然亦不外此因地制宜之道，期於變通宜民而已。今之墨守舊法者，無足論矣，而新學變法，則又盡棄所學，依樣葫蘆，不特離經背本，恐反爲外國法學家所竊笑矣！總之，形下之器我固不如彼巧，而形上之道彼實不如我精，法律之學固形而上者之道，非形而下者之器也，中律義理精深，文詞簡奧，實足包含萬象，彼法所刺刺不休矝爲創獲者，皆我古律所吐棄之、刪除之而不屑載諸簡冊者也，世有知律之士竊願以此說證之。

再者，此律所言"化外之人"係指向化歸附地方已屬於我，故可操縱由己，若列強並峙勢均力敵，彼此人民交涉相犯之案即不可驟以此律相加，然現在各強

---

① 見《大清律例會通新纂》卷19，第1679-1680頁。
② 見《大清律例會通新纂》卷18，第1637-1638頁。校按："一件杖八十"云云係律文中語。
③《大清律例會通新纂》卷24，第2169頁。
④ 參見《大清律例會通新纂》卷35，第3742-3743頁。
⑤ 參見《大清律例會通新纂》卷33，第3416-3417頁。

國逞其勢力，均援此律之意，悉使外國人民受其範圍，其法惟德國最詳，日本倣之，採入改行刑法，名爲關國交罪，緣非此則主權不伸，不可列於同等之國，故刑法以此項冠於篇首，良有深意。中國各埠外國領事裁判有權，彼法可加我民，我法不能施於彼族，以致民人受負釀成交涉，論其表面，均藉口中法嚴重不受約束，現擬改輕刑法，拒回各國領事治外法權，未知能否如願以償，拭目俟之。

本條別有罪名_{律文}

凡本條自有罪名，與《名例》罪不同者，依本條科斷。〇若本條雖有罪名，其心有所規避罪重者，又不泥於本條。自從所規避之重罪論。〇其本應罪重，而犯時不知者，依凡人論；謂如叔姪別處生長，素不相識，姪打叔傷，官司推問，始知是叔，止依凡人鬭法。又如別處竊盜，偷得大祀神御之物。如此之類，並是犯時不知，止依凡論，同常盜之律。本應輕者，聽從本法。謂如父不識子，毆打之後，方始得知，止依打子之法，不可以凡毆論。

此仍《明律》，其小註順治三年增修，與《唐律》大意相同，惟字句略有修改，蓋爲斷獄者明其引律之法也。《名例》雖爲諸律綱領，而文義簡要，不能盡爲賅括，亦有自見於各條者，故本條自有罪名卽當依本條科斷，不得拘用《名例》。如《名例》逃叛自首者減罪二等，而《兵律》官軍在逃一百日内能自出官首告者免罪，此本條較《名例》爲輕，則當用《兵律》也。又，《名例》犯罪以造意爲首，而《刑律》同謀共毆下手傷重者絞，原謀減一等，此本條與名律首從辦法不同，則當用《刑律》之類是也。如本條雖有罪名，而有規避求脫之情重於本罪，則當從重科斷，又不拘於本律。如越府城者本罪杖一百，但因避竊盜贓重而逃，則當坐竊盜贓重之罪，不得僅論越城之輕罪。又如漏報文卷一宗，本罪笞二十，但因避侵欺庫銀而漏報，則當坐監守自盜之罪，不得僅論漏報輕罪之類是也。其本犯罪重，而犯時不知，依凡人論，如叔姪別處生長，素不相識，姪打叔傷，官司推問始知是叔，止依凡人鬭法；又如別處竊得大祀神御之物，止依凡論，同常盜法之類是也。若本應輕罪，而犯時不知，仍聽從輕罪本法，如父不識子，毆打之後方始得知，止依打子之法，不可以凡毆論之類是也。此皆權事情之輕重而務得其中。蓋人之情僞百出，故律之權衡亦異，引律者必須知此活動之法而誅心定案，然後姦人乃無所逃於法矣。又，查《日本刑法》載有刑法上無正條，而於他法律規則有刑名者，各從其法律規則，若於他法律規則別無總則者，從此刑法總則云云，與中律用意相合，可見此係古今中外通行之法，讀者更宜留意。

加減罪例 律文

凡稱"加"者，就本罪上加重。謂如人犯〔答〕四十，加一等，卽坐答五十。或犯杖一百，加一等，則加徒減杖，卽坐杖六十、徒一年。或犯杖六十、徒一年，加一等，卽坐杖七十、徒一年半。或犯杖一百、徒三年，加一等，卽坐杖一百、流二千里。或犯杖一百、流二千里，加一等，卽坐杖一百、流二千五百里之類。稱"減"者，就本罪上減輕。謂如人犯答五十，減一等，卽坐答四十。或犯杖六十、徒一年，減一等，卽坐杖一百。或犯杖一百、徒三年，減一等，即坐杖九十、徒二年半之類。惟二死、三流，各同爲一減。二死謂絞、斬，三流謂二千里、二千五百里、三千里，各同爲一減，如犯死罪減一等，卽坐流三千里；減二等，卽坐徒三年。犯流三千里者，減一等，亦坐徒三年。加者，數滿乃坐。謂如贓加至四十兩，縱至三十九兩九錢九分，雖少一分，亦不得科四十兩罪之類。又加罪止於杖一百、流三千里，不得加至於死。本條加入死者，依本條。加入絞者，不加至斬。

此仍《明律》，其小註國初修改，亦卽《唐律》原文，惟刪去篇末數語耳。蓋總括各律言加、言減之通例也。二死、三流各同一減者，二死不分絞、斬，皆減滿流；三流不分遠、近皆減滿徒。若至於徒，則依五徒年分逐層遞減，不得同減爲杖，杖罪亦由五等遞減，不得同減爲答。蓋死、流罪重，故可同爲一減，徒、杖罪輕，必須層累而下，旣不失之於刻，亦不失之於縱。至於加罪，由徒至死分作四等，而減罪止作二等者，顯開寬厚之門而隱杜深刻之漸，聖王仁恤之懷畢露義也。然亦有本條加入死罪者，如《刑律·鬪毆》門奴婢毆家長緦麻親至篤疾，妾毆夫及正妻至廢疾者，皆得加入於絞，所謂本條自有罪名者，依本條科之，不得以《名例》爲拘。再，律文加罪止於滿流，而例又有滿流加軍、由軍加遣之法。律文二死一同減流，而例又有由凌遲減爲立決，由立決減爲監候，由斬絞監候減遣減軍之法。此皆變通律法，不得以律爲拘者也。又，例載：審擬罪名除奉特旨發遣新疆外，其餘軍、流、徒、杖人犯悉照本條律例問擬，不得用"不足蔽辜""無以示懲""從重加等"及"加數等"字樣擅擬改發新疆等處。或實在案情重大，罪浮於法，仍按本律例擬罪，均於疏內聲明，係愼重人命之意，而例不准擅加發遣，尤見欽恤權刑之心。近來督撫跋扈，凡条革職官，動輒發遣新疆，若不知有此例者，以致良法仁政視同具文，是以上年二月經刑部奏請申明此例，凡官犯軍、流應改發新疆效力贖罪者，仍恭候欽定其罪，應革職及杖徒之犯不准以"不足蔽辜"等詞率請從重發遣新疆云云。經此次通行之後，此例或不至虛設矣。○再者，加減罪例，東西各國均有此法，而日本更爲詳備。日本之刑分違警罪、輕罪、重罪三等。違警罪拘留、科料之刑止得由十日加至十二日，由二圓加至二圓四十錢，不得加入輕罪。輕罪禁錮之刑止得由五年加至七年，不得加入重罪。無論輕、重罪不得加入死刑。其減法則死刑一減爲無期徒流，無期徒流一減爲有期徒流，有期徒流一減爲重懲役、重禁獄，重懲役、重禁獄一減爲輕罪禁錮、罰金之刑，禁錮、罰金之刑得遞減爲違警罪拘留、科料之刑。而禁錮、罰金應加應減者，以本條所載刑期、金額四分之一爲一等，如應禁錮五年者減一等祇禁錮三年九個月，應罰金二百圓者減一等祇罰七十五圓之類。現行刑法又改四分之一爲二分之一，則更輕簡。總皆減法從略，加法從詳，易於減而難於加，與中律節目雖殊，要皆同此欽恤寬厚之意，諸君現習東法，故詳釋此節於後，以備參證。

稱乘輿車駕律文

凡律中所稱"乘輿"、"車駕"及"御"者，如御物、御膳所、御在所之類，自天子言之，而太皇太后、皇太后、皇后並同。稱"制"者，自聖旨言之，而太皇太后、皇太后、皇太子"令"並同。有犯毀失制書，盜及詐爲制書，擅入宮殿門之類，皆當一體科罪。

此仍《明律》，順治三年加入小註，雍正三年修改，上半與《唐律》同，下半稱"制"一層，《唐律》太皇太后、皇太后、皇后、皇太子令減一等，此則並同。又，《唐律》稱"制"有皇后一項，此則稱"乘輿""車駕"有皇后，而稱"制"內無之，亦有深意，或者鑒唐時武后、韋后之專政而釀爲亂階，故稍抑其權而不使與天子同尊也。天子所臨曰"御"，律稱"御"者，如擅入御膳所、御在所之類；天子所言曰"制"，律稱"制"者，如制書有違之類。蓋臣下事上，尊同則敬同。凡律稱"乘輿""服御"之類，自天子言之，而太皇太后、皇太后至尊，皇后齊體，一並同論。如擅入御膳所絞監候；車駕行處，軍民衝突儀仗者雜犯絞罪；而擅入三后住所及衝突三后儀仗者，亦同上擬絞也。"制書"自天子言之，而太皇太后、皇太后"懿旨"、皇太子"令旨"並同，如有違制書者杖一百，詐爲制書者斬監候，而違犯及詐爲兩宮、皇太子令旨，亦同上擬杖、擬斬也。

稱期親祖父母律文

凡律稱"期親"及稱"祖父母"者，曾、高同。稱"孫"者，曾、元同。嫡孫承祖，與父母同。緣坐者，各從祖孫本法。其嫡母、繼母、慈母、養母，皆服三年喪，有犯與親母律同。改嫁義絕，及毆殺子孫，不與親母同。稱"子"者，男女同。緣坐者，女不同。

此仍《明律》，其小註係順治三年及乾隆五年增修，大致與《唐律》相同，惟刪去《唐律》篇末數語耳。蓋言親屬之情義相等者，有犯皆同科也。一年之喪曰"期"，如伯叔、兄弟及在室之姊妹至祖父母，皆服期年。曾祖止服齊衰五月，高祖三月，雖無期年之服，而皆天親，倫理之重，有犯依期親及祖父母，與其他五月、三月之服不同。如謀殺祖父母及期親尊長皆凌遲處死，犯高、曾者亦同。聞期親尊長喪匿不舉哀，杖八十，高、曾亦同之類是也。祖爲嫡孫服期年，衆孫大功，曾孫、元孫緦麻，服雖有降，然既統稱曰"孫"，則曾、高祖有犯曾、元孫者仍依祖孫本法，與其他緦麻服亦不同。如故殺親孫者，杖六十、徒一年，故殺緦麻姪孫者，絞監候，若高、曾祖故殺曾、元孫，則依親孫擬徒，不依緦麻擬絞之類是也。至於長子死而嫡孫承重者，一切干犯祖父母則依與父母律科斷，惟緣坐之罪仍從祖孫本法。如犯交結近侍官員，其子當流，不得因子死而以承重孫代之也。若妾子謂正妻曰"嫡母"，母死，父後娶之妻曰"繼母"，所生母死，父令他妾撫養曰"慈母"，自幼過房與人曰"養母"，四者雖非親母，然禮皆服三年之喪。若未改嫁及非毆殺子孫，其餘一切有犯皆與親母同論。如親母改嫁及被出者，其子降服期年，而嫡、繼、慈、養改嫁、被出，則無服。親母毆殺子杖一百，而嫡、繼、慈、養殺者加一等，致令絕嗣者絞監候。例又有嫡母、繼母之分，如因姦殺子，嫡母擬絞監候，繼母、慈母擬斬監候，則較律註更細矣。凡稱"子"者，包括男女而言，惟緣坐之罪，言"子"者，專指男子，女不在坐罪之例也。蓋律文斷罪之例，本以服制分別輕重，惟此數項恩義名分至重，不以服制爲拘，故設此專條以示變例。惟其間異中有同，同中又有異，須統小註讀之，不可專執律文也。又，"養母"一項，此律及服圖均註三年之喪，道光四年經大學士、九卿奏明改爲齊衰期服，與現在律註已有不同，亦所當知。

再者，服制一項，歷代相傳，雖少有變易，而大綱嚴正，乃中華國粹所存。西法諸多精細，惟此從略。《日本刑法》雖有親屬一條，亦與中律諸多不合，如謂高、曾祖父母、外祖父母均稱祖父母，繼父母、嫡母均稱父母，庶子、曾元孫、外孫均稱子孫，異父、異母之兄弟姊妹均稱兄弟姊妹云云。夫高、曾父母均稱祖父母，嫡母、繼母均稱父母，庶子、曾元孫均稱子孫，此尚與中律不差。若外祖父一項，雖較尋常小功服爲重，中律有犯比之期親，已覺尊嚴，若統與本宗祖父母並論，未免無外內之分矣。至於異父、異母之兄弟姊妹，中律大有分別。異母之兄弟姊妹固可與同胞兄弟姊妹並論，若異父之兄弟姊妹，則係異姓，不同一宗，並無服制。中律雖有犯姦較凡加重之文，然究與同父兄弟姊妹輕重懸絕，彼則相提並論，不但無內外之別，並無同姓、異姓之分矣。再，彼法所稱配偶者之兄弟姊妹之子，是卽中國之妻姪也，配偶者之父母之兄弟，是卽中國之叔岳也，在中律有親無服，有犯均以凡論，而彼均列親屬之中，亦與中律不合，若以中學論之，殊覺駭人聽聞矣。現在變法諸倣東律，此等恐不易行。因論期親之文而縱言及此，仍未脫平日守舊積習，恐不值新學高明家一噱也。

稱與同罪 律文

凡律稱"與同罪"者，謂被累人與正犯同罪，其情輕。止坐其罪。正犯至死者，同罪者減一等，罪止杖一百、流三千里，正犯應刺，同罪者免刺，故曰不在刺字、絞、斬之律。若受財故縱與同罪者，其情重。全科。至死者絞。其故縱謀反、叛逆者，皆依本律。絞、斬。〇凡稱"同罪"者，至死減一等；稱"罪同"者，至死不減等。〇稱"准枉法論""准盜論"之類，事相類，而情輕。但准其罪，亦罪止杖一百、流三千里，並免刺字。〇稱"以枉法論"及"以盜論"之類，事相等，而情並重。皆與正犯同，刺字、絞、斬，皆依本律科斷。然所得同者律耳，若律外引例充軍、為民等項，則又不得而同焉。

此仍《明律》，其小註係順治三年、雍正三年增修。下二節與《唐律》大致相同，只添"刺字"二句。上節稍有變易，《唐律》稱"與同罪"者止坐其罪，死者止絞而已，今律罪止流三千里。又添"受財故縱"數語，可見惟"受財故縱"一項"與同罪"者始坐以絞，此外"與同罪"者均止于流，並無死罪，較唐界限為寬。首節言稱"同罪"與"罪同"之異，後二節言稱"准"、稱"以"之異。"同罪"者，此之所犯即照彼罪名科之，而犯罪之因則異；"罪同"者，謂推其過惡，情與相類，權其輕重，實與相等。"同罪"係被相累之人，與正犯有別，故止坐其罪而不盡本法，如正犯係竊盜應刺字，"同罪"者止坐竊盜之罪而不刺字，正犯係斬絞之罪，"同罪"者減一等，止流三千里也。此皆指不受財言之，若正犯之罪應死，受其財而故縱，則又不拘罪止滿流之例，亦與正犯同科死罪，但雖科死罪，仍止於絞，不坐以斬，此"同罪"之中有不同者如此也。其故縱謀反、大逆者又與尋常故縱不同，不問受財與否，則依本律坐以斬、絞。雖故縱而不科"同罪"，此又故縱之中有不同者如此也。至于稱"准"、稱"以"，讀律八字分晰已明，稱"准"即"同罪"之義，稱"以"即"罪同"之義。蓋律定在前，例增在後，凡引例者不得援《名例律》同論，故註曰"律外引例又不得而同焉"。此等精細文法乃中學擅長之處，亦即國粹所存，讀者當細玩之。

稱監臨主守 律文

凡律稱"監臨"者，內外諸司統攝所屬，有文案相關涉，及別處駐劄衙門帶管兵糧水利之類。雖非所管百姓，但有事在手者，即為監臨。稱"主守"者，內外各衙門該管文案，吏典專主掌其事，及守掌倉庫、獄囚、雜物之類，官吏、庫子、斗級、攢攔、禁子，並爲主守。○其職雖非統屬，但臨時差遣管領提調者，亦是監臨主守。

此仍《明律》，其小註順治三年增入，大意本之《唐律》，而名色字句較爲充暢完備。"監臨"專指官言，"主守"兼官役言。庫子掌庫藏，斗級掌倉廒，"攢"謂攢典，"攔"謂巡攔。禁子，守獄囚之人。監臨，謂監察而臨蒞也，以上下統攝言。主守，謂主掌而看守也，以經費責任言。監臨之官分得自專，勢可相制，統攝之權至重。主守之人收掌在己，出入自由，經管之責至重。文案相關涉，謂於所屬下司有申呈劄帖、文書往來之類。律內稱"監臨"者，如監臨官吏盜錢糧，及娶爲事人妻女，並中鹽放債，囑託求索、借貸財物之類。稱"主守"者，如主守盜倉庫，損壞財物，及不覺失囚，故縱、教囚反異之類。以其事權財物在己，故犯罪較凡人爲重。至於雖非統攝而旣奉差遣，卽有管領提調之責，則權勢可行，亦是監臨；專掌其事，亦是主守。故上節是常時之監臨、主守，下節是暫時之監臨、主守。東律雖無此項名目，而官吏不守法律規則犯罪者，亦較凡人加重，卽是此意。

稱日者以百刻_{律文}

凡律稱"一日"者，以百刻，<small>犯罪違律，計數滿乃坐。</small>計工者，從朝至暮。<small>不以百刻爲限。</small>稱"一年"者，以三百六十日。<small>如秋糧違限，雖三百五十九日，亦不得爲一年。</small>稱"人年"者，以籍爲定。<small>謂稱人年紀，以附籍年甲爲准。</small>稱"衆"者，三人以上。稱"謀"者，二人以上。<small>謀狀顯跡明白者，雖一人，同二人之法。</small>

此仍《明律》，亦卽《唐律》原文，順治三年增修小註。蓋解律中稱日、稱年、稱人之義，使斷罪不致錯誤也。稱日百刻乃沿律之舊文，明曆十二時，每時八刻，子午二時十刻，合爲一日百刻。今時憲書子午亦八刻，每日共九十六刻，與此稍有不同。計日論罪，如人命保辜之類，不滿刻者不得以限滿論。如初一日辰時傷人，保辜二十日者，必至二十一日辰時方爲限外，卯時猶爲限內也。至於計工，則夜無役理，止令朝作暮息，不得以刻爲論。計年論罪者，如追贓緝盜之類，不滿三百六十日不得以限滿論。小建之日則增算，遇閏之年亦扣算也。計年論罪者，如老幼收贖、存留養親之類，恐其增減捏報，故以附籍入冊之年數爲准。衆者，人多之詞，如聚衆打奪、鬥毆之類，不及三人不可謂"衆"；謀者，共爲之事，如同謀共毆、共謀爲盜之類，若止一人，不可謂"謀"。惟謀殺律內獨謀諸心，雖一人，亦稱曰"謀"，故註云"同二人之法"。律義如此，惟現在成案辦法亦有不盡遵此者：如計算工料、錢糧者照律扣小建、增閏月，若限年承追、承催之案，則今年二月初一日起至明年正月三十日即爲一年，限滿不照三百六十日計算。又，丁憂、俸銀俱不計閏，而徒犯著役及承審等項仍計閏月，亦不照三百六十日之律也。又，嘉慶十六年上諭：凡以年定罪之案，如謀殺十歲幼孩及姦十二歲以下幼女之類，罪名出入甚鉅，遇有此等只應核其現在年歲爲定。若照生年月日核算，恐犯供有心欺飾，反開官吏挪移高下之弊云云，皆足補律未備，當並參之。至於稱年以籍，現在戶籍淆亂，無可查究，辦案並不依此，凡關犯人年歲者祇取具親族鄰里甘結，並不關查戶籍，是亦變通辦理之法。若日本刑期計算，凡稱一日者以二十四點鐘計，稱一月者以三十日計，稱年者從曆云云。與中律小有參差，中律無稱月一層。而現定《訴訟法》第七條，稱時者即時起算，稱日〔者〕二十四小鐘，稱月者三十日，稱年者三百六十日。是稱年仍遵用中律，而稱日、稱月則參用東律也。

稱道士女冠者_{律文}

凡律稱"道士"、"女冠"者，僧、尼同。若於其受業師，與伯叔父母同。受業師謂於寺觀之內，親承經教，合爲師主者。其於弟子，與兄弟之子同。

此仍《明律》，亦卽《唐律》原文，惟刪去末節數語，國初增修小註。凡出家之人教而兼養，衣鉢相傳，師弟之恩義最重。道士、女冠與僧、尼雖不同，而皆係出家之人，故犯罪同論。如道士、女冠犯姦，加凡人二等，僧、尼亦然。犯受業師者同伯叔父母，如俗人罵伯叔父母，杖六十、徒一年，道冠僧尼罵師亦然。其於弟子與兄弟之子同，如俗人毆殺胞姪，杖一百、徒三年，道冠僧尼殺弟子亦然。若同師僧、道，並無尊卑長幼之分，相犯者仍照常人論。此皆指親承經教者而言，如未經受教，止依雇工人或乞養子孫論。又如年未四十，違例招徒、或避役、或私自簪剃投拜者，皆係例應還俗之人，有犯均照凡人科斷，不得援此爲例。又，例載：弟子謀、故、毆殺、毆傷業師者，業儒弟子照期親卑幼論，道冠僧尼及匠人照大功卑幼論。如因弟子違犯教令，以理毆責死者，儒師照期親尊長擬徒，道冠僧尼及匠人照大功尊長擬絞。若因姦、盜別情謀殺弟子，及挾嫌故殺弟子，並持金刃非理毆殺弟子者，均照凡人擬罪云云，見《刑律·鬬毆》門，與此律互相發明，足補律所未備，須合參之。外國並無簪剃之事，亦無"道士"、"女冠"名目，故不設專律。

斷罪依新頒律_{律文}

凡律（文）自頒降日爲始，若犯在（以）〔已〕①前者，並依新律擬斷。如事犯在未經定例之先，仍依律及已行之例定擬。其定例內有限以年月者，俱以限定年月爲斷。若例應輕者，照新例遵行。

此仍《明律》，乾隆五年添入小註，《唐律》無此一條，當係明代所纂。蓋律設大法，歷代不易，而斟酌損益，又必因時制宜，故事犯未經結案者即當依新頒之律科斷，不得仍泥舊文。註云：新律輕者，照新律遵行，可見此言新頒之例較舊例爲輕，故當從輕照新例科斷；若新例重者，其犯例前，仍當遵照舊例，不得拘泥此條仍以新律處斷，致涉苛刻，此與犯罪未老疾律同一寬恤之意。又，例載：律例頒布之後，問刑衙門敢有恣任喜怒，引擬失當，或移情就例，故入人罪，刻苛顯著者，各依故、失出入人罪論②云云，與此律相輔而行，均係恐人擬罪游移，不引本律，故律後復設條例以示警誡。又，《日本刑法》第三條云法律不得及於頒布以前之犯罪，若所犯在頒布以前，未經決判者，比照新舊法從輕處斷云云。與中律用意正相符合，而文義亦極簡明，當並參之。

斷罪無正條_{律文}

凡律令該載不盡事理，若斷罪無正條者，援引他律比附，應加、應減，定擬罪名，（申該上司）〔申該上司〕議定奏聞。若（故加減）〔輒斷決〕③，致罪有出入，以故失論。

此仍《明律》，雍正三年刪定，易“轉達刑部”四字爲“申該上司”，並增入“援”字、“他”字，文義較爲明顯。《唐律》亦有此目，而文稍不同。《唐律》云：“諸斷罪無正條，其應出罪者，則舉重以明輕；〔其〕應入罪者，〔則〕舉輕以明重”云云。雖未明言比附，而舉此明彼，即隱寓比附加減之意。蓋天下之事變無窮，而律例之所載有限，若不比照加減，則高下出入無所準繩，故承審官臨時裁酌，務祈平允，申該上司議定奏聞，不得以律無正條，輒任一時之臆見逕自決斷，致罪有出入也。

又，例載：“引用律例，如律內數事共一條，全引恐有不合者，許其止引所犯本罪。若一條止斷一事，不得任意刪減，以致罪有出入。其律例無可引用，援引

---

① 《大清律例》卷5，第126頁；《大清律例會通新纂》卷4，第559頁。
② 見《大清律例》卷5，第127頁。
③ 《大清律例》卷5，第127頁；《大清律例會通新纂》卷4，第561頁。

他條比附者，刑部會同三法司公同議定罪名，於疏內聲明'律無正條，今比照某律、某例科斷，或比照某律、某例加一等、減一等科斷'，詳細奏明，恭候諭旨遵行。如律例本有正條，承審官任意刪減，以致情罪不符，及故意出入人罪，不行引用正條，比照別條，以致可輕可重者，〔該堂官〕查出〔即將承審之司員〕[①]指明題奏，書吏嚴拿"治罪云云，較律文更爲詳晰。總係戒其深刻，示以愼重之意，凡有司法之責者均宜書紳。

再者，比附之法由來已久。《書》云："上下比罪。"《禮》云："比以成之。"[②]漢尚書有《決事比》，公府有《辭訟比》。《刑法志》云："比者例也，三千之律不能盡天下之罪，不免上下以求其比。"[③]可見事變無窮，法制有限，全在比附酌量以適于中。故律後有《比引律條》一門，而刑部亦稱爲"比部"，卽此意也。惟現在泰西各國刑法，惟《俄律》尚有比例一法，其餘各國均無此例。日本採用法、德二國刑制，凡法律上無正條者，無論何種所爲，不得處罰。現在新定《民刑訴訟法》第七十六條採用其意，亦有"律無正條，不論何項行爲，不得判爲有罪"之語。此法若行，則此律卽應議廢，惟中國情形不同，比附一法恐不能驟除，現在外省已有頂駁者，將來能否行之無弊，尚難預決也。

《名例》上、下共四十六條，其上卷"軍籍有犯"及"流因家屬"暨"流犯在道會赦"三條，前以現在變通軍、流辦法，二律均屬無用，而"軍籍有犯"一門，業經奏准刪除，是以不登講章。其下卷此條律後尚有"徒流遷徙地方"及"充軍地方"二門，現章軍罪俱改爲流，徒罪收入本地習藝所作工，流罪亦分別輕、重，重者發配，輕者亦改爲作工，與徒罪均不發配。遷徙一項，遷離鄉土一千里外，遠近介在徒、流之間，且專施之苗蠻，民人並不用此。二項中條例紛繁歧異，與現在辦法諸不相合，多屬具文無用，故不列入《講義》，不欲以諸學友有用之精力耗於虛牝無用之地也，閱者諒之。

---

① 《大清律例》卷 5，第 127 頁；《大清律例會通新纂》卷 4，第 562-563 頁。
② 《尚書•呂刑》謂："上下比罪，無僭亂辭"；《禮記•王制》謂："必察小大之比以成之。"
③ 語見宋王應麟《玉海》卷 67，第 1278 頁；《漢書》卷 23，《刑法志》，第 1101 頁，顏師古注云："比，以例相比況也。"

大清律例講義　卷三

法部律學館教習　吉同鈞　著

監督　陳康瑞

提調　崇芳　劉敦謹　輯印

學員　明德　韓文魁　吳本鈞　段振基　王正寬　阿林　陳峻　校字

李秉政　周耀宗　劉同元　呂有庚　劉蘇生　李宗沅　韓景忠　方世琪　同校

刑律

按：律目次序，《名例》而後，《吏》《戶》《禮》《兵》爲先，《刑》《工》次之。現在《名例》講畢，應卽接講《吏律》，惟念律學館本爲預儲裁判人才而設，而任裁判之責者，必以《名例》《刑律》爲最要。蓋《名例》爲各律綱領，《刑律》設治罪專條，此二律不通，裁判卽無從下手。至於《吏》《戶》《禮》《兵》《工》諸律，雖與《刑律》互相發明，惟較之《刑律》尚非切要必需，且各部均有《則例》專書，此編所載不過關係罪名各條，並非完全之編，其中參差歧異，無關引用者頗多，似可暫作緩圖。今若依次挨講，似乎先其所緩，後其所急。是以此次《講義》，卽從《刑律》接講，一俟《刑律》講畢，然後再及他律，是亦當務爲急之道也。

賊盜

《箋釋》：賊者，"害也"。[1]又，《輯註》："殺人曰賊，竊物曰盜。"蓋"害及生民，（流毒天下，）故曰賊，盜則止於一身、一家〔、一處、一事〕而已"。[2]李悝《法經》六篇，一《盜法》，一《賊法》。漢、魏改爲《賊律》《盜律》，後周易作《賊叛律》《刼盜律》。賊、盜本分兩門，隋合爲一，名曰《賊盜律》，唐、宋以來

---

① 《大清律集解附例箋釋》卷18，第1a頁。
② 《大清律輯註》卷18，第543頁。

至今不改。此篇（爲）〔惟〕①首三門《謀反》《謀叛》《造妖書妖言》係賊，其餘皆盜也。

謀反大逆 律文

凡謀反，不利於國，謂謀危社稷。及大逆，不利於君，謂謀毀宗廟、山陵及宮闕。但共謀者，不分首從，已、未行，皆淩遲處死。正犯之祖父、父、子、孫、兄弟，及同居之人，如本族無服親屬及外祖父、妻父、女婿之類。不分異姓及正犯之期親。伯叔父、兄弟之子，不限已未析居。籍之異同，男年十六以上，不論篤疾、廢疾，皆斬。其男十五以下，及正犯之母、女、妻妾、姊妹，若子之妻妾，給付功臣之家爲奴。正犯財產入官。若女兼姊妹許嫁已定，歸其夫。正犯子孫過房與人，及正犯之聘妻未成者，俱不追坐。上止坐正犯兄弟之子，不及其孫，餘律文不載，并不得株連。知情故縱、隱藏者，斬。有能捕獲正犯（者）〔者〕②，民授以民官，軍授以軍職，量功授職。仍將犯人財產全給充賞。知而首告，官爲捕獲者，止給財產。雖無故縱，但不首者，杖一百、流三千里。未行，而親屬告捕到官，正犯與緣坐人俱同自首免。已行，惟正犯不免，餘免。非親屬首捕，雖未行，仍依律坐。

此仍《明律》，其小註係順治三年增修，雍正六年刪定，較《唐律》治罪爲嚴。《唐律》無淩遲，正犯罪止於斬，緣坐之父子年十六以上皆絞，十五以下及母女、妻妾、祖孫、兄弟、姊妹皆沒官，男夫年八十及篤疾、婦人年六十及廢疾者並免，伯叔父、兄弟之子皆流三千里。此律沿明之舊，祖父、子孫、兄弟及伯叔父、兄弟之子皆擬（決）斬〔決〕，未免過於嚴厲，嗣後改爲監候。嘉慶、道光年間累次修改從輕，現例反逆案內，其子孫實不知情者，無論已、未成丁，均交内務府閹割，發往新疆給官兵爲奴，十歲以下牢固監禁，俟十一歲再行閹割。其餘律應緣坐男犯並非逆犯子孫，年十六以上者，發往新疆爲奴，十五以下俟成丁時再行發遣；緣坐婦女發各省駐防給官兵爲奴云云，③除正犯外一概不擬死罪，不但較《明律》爲輕，即較《唐律》亦爲寬恕。蓋反逆之法漢代最嚴，《唐律》稍寬，《明律》復嚴於唐，我朝律文雖沿於明，而條例改從寬典，深仁厚澤已足超越漢唐，上年減輕刑章，淩遲改爲斬決，並刪去一切緣坐之法，現在反逆之案，除正犯處斬外，其餘遠近親屬非但不依律處斬，並不依例發遣，深合文王治岐，罪人不孥，帝德好生，罰弗及嗣之道，豈不追蹤三代、媲美唐虞哉！又按：反逆之罪，東西各國

---

① 見氏著《大清現行刑律講義》卷 5 後附《勘誤表》。
②《大清律例》卷 23，第 365 頁；《大清律例會通新纂》卷 22，第 1868 頁。
③ 參見《大清律例會通新纂》卷 22，第 1872 頁所載條例。

均從重典，法國謂之妨害國家安寧之罪，德國謂之大逆謀殺之罪，俄國謂之謀危皇族、謀危社稷之罪，日本謂爲關皇室、關內亂之罪，雖處絞、處斬各有不同，皆不得貸其一死。此可見天經地義，中外所同。政體雖有專制、立憲、共和之殊，而干犯至尊，即民主之國亦當立置重典，至於淩遲、緣坐之法，各國均無，一旦剗而除之，宜其爲外國稱頌也。此爲六律中最重之罪，故列於《刑律》之首。律文設此嚴法，使人望而知畏，應可遏惡於初萌，悔悟於未發，亦其火烈民畏之意，未可以現例之寬而訾此例之苛。《周禮》云："新國用輕典，亂國用重典。"《書》云："刑罰世輕世重。"《傳》曰："寬以濟猛，猛以濟寬。"蓋刑罰之輕重各因其時，若一味從寬，則水懦民玩，反貽姑息養奸之禍，此又減輕刑法者不可不知也。

謀叛律文

凡謀叛，謂謀背本國，潛從他國。但共謀者，不分首從，皆斬。妻妾子女給付功臣之家爲奴，財產並入官。姊、妹不坐。女許嫁已定、子孫過房與人、聘妻未成者，俱不坐。父母、祖孫、兄弟，不限籍之（異）同〔異〕，皆流（三）〔二〕千里安置。餘俱不坐。知情故縱、隱藏者，絞。有能告捕者，將犯人財產全給充賞。知已行而不首者，杖一百、流三千里。若謀而未行，爲首者絞；爲從者不分多少，皆杖一百、流三千里。知未行而不首者，杖一百、徒三年。未行則事尚隱秘，故不言故縱隱藏。若逃避山澤，不服追喚者，或避差，或犯罪，負固不服，非暫逃比。以謀（反）〔叛〕①未行論。依前分首、從。其拒敵官兵者，以謀叛已行論。依前不分首從律。以上二條，未行時，事屬隱秘，須審實乃坐。

此仍《明律》，雍正三年增定，添入"女許嫁已定、子孫過房與人、聘妻未成俱不坐"數語。其小註係順治三年修改，正犯與《唐律》罪名不差，而緣坐較嚴。《唐律》緣坐僅及父母妻子，若率衆不及百人，止坐妻子，雖父母亦不緣坐，即緣坐，罪止於流。今律添入"妾、女、祖、孫、兄、弟"六項，而妻妾、子女並給爲奴，其法似涉嚴厲。惟現章刪除緣坐，正犯應斬決者改爲絞決，應絞決者改爲絞候，此律已屬無用，然又不可不知，蓋不先明舊律之嚴，則不知現章之寬，必合新舊律例而合參之，引用方無錯誤矣。日本謂之外患罪，凡交結外國以抗本國者，處死刑，即此謀叛之意。此律以後，尚有結會、結拜條例數則，雖非謀叛，實與謀叛相類，故附於謀叛罪後。刻下會匪蠭起，此例較律尤有裨於實用，故擇要節錄於後，以備參考。其無關引用者不錄。

---

① 《大清律例》卷 23，第 366 頁。

一、凡異姓人但有歃血訂盟、焚表結拜弟兄者，照謀叛未行律，爲首〔者擬〕絞監候，爲從減一等。若聚衆至二十人以上（者），爲首〔者擬〕絞〔立〕決，爲從〔者發雲貴兩廣極邊〕烟瘴充軍。其無歃血、盟誓、焚表〔事〕情（事），止序齒結拜弟兄，聚衆〔至〕四十人以上，爲首〔者擬〕絞〔監〕候，四十人以下、二十人以上，爲首〔者杖一百〕（滿）流〔三千里〕，不及二十人，爲首〔者〕杖一百、枷號兩〔個〕月，爲從各減一等。若年少居首，並非依齒序列，即屬匪黨渠魁，聚衆〔至〕四十人以上〔者〕，（爲）首〔犯擬〕絞〔立〕決，爲從〔發雲貴兩廣極邊〕烟瘴充軍；未及四十人〔者〕，爲首〔擬〕絞〔監〕候，爲從〔杖一百〕（滿）流〔三千里〕。其有抗官拒捕、持械格鬥等情，無論人數多寡，各按本罪分別首從，擬以斬、絞。如爲從各犯〔內審明實〕係良民被脅勉從〔結拜〕，並無抗官拒捕〔等事〕者，〔應〕於爲從本罪上再減一等。僅止畏累出錢，未經隨同結拜者，〔照違制律〕杖一百。其聞拏投首，及事未發而自首者，〔各照律〕分別減免，（若）〔倘減〕免〔之〕後復犯結拜，不許再首，均於〔應擬〕本罪上酌予加等（治罪）〔……〕。（若）〔至〕結會樹黨，陰作記認，魚肉鄉民，凌弱暴寡者，〔亦〕不論人數多寡，〔審實將〕爲首〔者照"兇惡棍徒"例發〕極邊〔足四千里〕充軍，爲從減一等，被誘入夥者，杖一百、枷號兩〔個〕月。各衙門兵丁胥役隨同結會樹黨〔凌弱暴寡者〕，照爲首〔例，與起意糾結之犯〕一體擬軍〔……〕若止係鄉民酬社賽神，偶然洽比，事竣卽散者，不在此例。①

此例分四項看，"歃血焚表"爲一層，"序齒結拜"爲一層，"不依齒結拜"爲一層，"結會樹黨"爲一層。

一、凡內地漢回在回疆地方如有甘心薙髮從夷助逆者，照謀叛不分首從律擬斬立決；若係被脅薙髮並無隨同焚汛戕官、抗拒官兵情事，後經悔罪投回者，實發〔雲貴兩廣極邊〕烟瘴充軍；如有擅娶回婦者，到配加枷號一年；其並未薙髮從逆，止於擅娶回婦者，〔杖一百〕流二千里，〔各解回內地按籍發配，〕所娶回②婦離異。

一、凡不逞之徒歃血訂盟〔，轉相結連土豪、市棍、衙役、兵丁，彼倡此應〕，爲害良民，據（鄉）鄰〔佑、鄉保〕首告，地方官如不准理，又不緝拏，惟圖掩飾，或至釀起爲盜、抄掠橫行，將地方文武各官革職，從重治罪。其平日失察〔，首告〕之後，不自隱諱卽能擒（捕者）〔獲之地方官〕，免〔其〕議〔處〕。至鄉保鄰佑知

---

① 《大清律例會通新纂》（卷22，第1881-1885頁）所載該例有訛字，據光緒《大清會典事例》（卷799，第554-555頁）校正。
② 《大清律例會通新纂》卷22，第1888頁。

情不〔行〕首〔告者〕，亦從重治罪。如旁人確知首告者，〔該地方官〕酌量給賞，倘借端妄告〔者〕，^①仍照誣告律治罪。

造妖書妖言_{律文}

凡造讖緯、妖書、妖言及傳用惑衆者，皆斬。_{監候。被惑人不坐。不及衆者，流三千里。}〔合依量情分坐。〕若他人造傳私有妖書，隱藏不送官者，杖一百、徒三年。

此仍《明律》，其小註係順治三年修改，較《唐律》擬罪略嚴，《唐律》止擬絞罪，又有"言理無害"一項，謂妖書妖言雖說變異，無損於時，若豫言水旱之類，造與傳用，祇杖一百，私有者，杖六十。現律刪去此層，添入"讖緯"二字，讖者，符驗也，緯者，組織也，謂組織休咎之事，以爲將來之符驗。如赤伏符、圖錄^②之類，或妄談已往怪誕之事，或妄載未來興廢之徵，或假託鬼神作爲妖妄不經之論，關係國家禍福、世道盛衰，意在煽惑人心、圖謀不軌，故立此重法，附於反叛之後，載於《盜賊》之門。與《禮律》"禁止師巫邪術"條內"左道異端煽惑人民"一項似同而實異。彼假託神道，意在誆騙愚民之財；此則姦宄不逞，意在禍亂國家，其用意不同，故擬罪有斬、絞之分。又，《禮律》私藏天象器物、圖讖應禁之書者，杖一百，與此隱藏妖書徒三年之律，情事似同而擬罪各異者，雖均係應禁之書，彼是前代流傳，原有此書；此則奸人造作，假託以惑衆，其實究有不同，故一載《禮律》、一載《刑律》，此中界限甚微，須細參之。《輯註》："惑衆"二字，統承上造與傳用而言，造原有惑衆之心，傳用則有惑衆之事。造者或自傳用，而傳用者不必自造，細玩"及"字，其意自見。^③若將"惑衆"二字專承傳用，則失律義矣。日本現行法不設此條，《改正刑法》：軍人爲利敵計造言飛語者，處死刑。《德國刑法》：以大逆之目的公然張貼陳列及其他隱畫公布爲挑發者，處十年以下懲役。又，《俄律》：編造揭帖書畫，傳播煽惑人民作亂者，罰作八年以上苦工云云。其情節與此律相似，而擬罪不同，德、俄均不以死，日本與中國均處死刑，此可見歐亞風俗不同，故刑法各自相合。律後尚有條例數則，輔律而行，節錄於左，以備參考。

一、凡妄布邪言，書寫、張貼煽惑人心，爲首〔者皆〕斬立決，爲從〔者皆〕斬監候。若造讖緯、妖書、妖言，傳用惑人，不及衆者，發回城〔給大小伯克及力能約束之回子〕爲奴。至狂妄之徒，因事造言，捏成歌曲，沿街唱和，及以鄙

---

① 《大清律例會通新纂》卷22，第1886頁。
② "圖錄"或作"图箓""圖籙"。
③ 參見《大清律輯註》卷18，第552頁，行文稍有出入。

俚褻嫚之詞刊刻傳播〔者，内外各地方官即時察拿，審〕（實）^①非妖言惑衆者，坐以不應重罪。按：此律末項即《唐律》言理無害之類，故治罪從輕。

一、凡坊肆市賣一應淫詞小說〔……〕官弁嚴禁，務搜板書，盡行銷毁，有仍行造作刻印者，係官革職，軍民杖一百、流三千里，市賣者杖一百、徒三年，買看者杖一百。

一、各省抄（居）〔房〕在京探聽事件，捏造言語，錄報各處者，係官革職，軍民杖一百、流三千里〔……〕其在京〔貴近〕大臣家人子弟，〔倘有〕濫交匪類，（有）前項事發者，（並）將〔家人子弟並〕^②不行約束之家主（分別）〔並照例〕議處治罪。

以上三例俱涉嚴厲，首項"妄布邪言"，即律"傳用妖書"之事，律分首從擬以絞候、滿流，已較《唐律》爲重，例又改爲立決、爲奴，未免過嚴。以下二項亦不過尋常不應爲之事，此等情事各處多有，亦屬辦不勝辦，概以流、徒處之，亦覺太重，無怪現在多置不問，例文反爲虛設矣。

盜大祀神物 _{律文}

凡盜大祀_{天曰神地曰}祇御用祭器、帷帳等物，及盜（響）〔饗〕薦、玉帛、牲牢、饌具之屬者，皆斬。_{不分首從、監守、常人。謂在殿内，及已至祭所而盜者。}其祭器（二）〔品〕物未進神御，及營造未成，若已奉祭訖之物，及其餘官物，_{雖大祀所用，非應薦之物。}皆杖一百、徒三年。若計贓重於本罪〔杖一百、〕^③徒三年。者，各加盜罪一等，_{謂監守、常人盜者，各加監守、常人盜罪一等，至雜犯〔絞〕、斬（絞）不加。}並刺字。

此仍《明律》，其小註係順治三年增修。《唐律》亦有此項，而罪止流二千五百里，若盜玉帛、牲牢，止徒二年，較此律輕數等矣。此律之意，蓋在重祀典而嚴不敬，故載在十惡之内。天地、宗廟、社稷皆爲大祀，餘則中祀、小祀也。郊社禘嘗，典禮森嚴，故御物不容褻視。祭器帳帷幔等物係神祇所用者，玉帛、牲牢、饌具係饗薦於神祇者，盜之則爲大不敬。然亦有二等，若祭器等物已在殿内，玉帛、饌具已在祭所，盜之則褻慢已極，故擬以斬；若以上等物未進神御，及其餘官物如釜甑之屬，雖大祀所用，而不係臨時饗薦者，究與盜於祭所有間，故罪止滿徒。贓重於本罪加一等者，如計贓輕微，不論多少，均擬滿徒；若計贓重者，

---

① 光緒《大清會典事例》卷 780，第 560 頁。
②《大清律例會通新纂》卷 22，第 1899 頁。
③ 同上書，第 1905 頁。

如監守盜尋常官物十七兩，應徒三年，今盜大祀神物值十七兩，亦擬滿徒，則與尋常監守盜無異，故加一等，流二千里；如常人盜官物四十五兩，流二千里，今盜大祀神物值四十五兩，亦流二千里，則與尋常常人盜無異，故加一等，流二千五百里。但加不至死者，《名例》通義。註云："至雜犯斬、絞不加"，可見此項盜罪雖計贓滿貫，止可加至徒五年，不得加入實絞也。去年奉有明詔，孔子升入大祀以後，如盜孔廟祭器等物，應依此律辦理。此項罪名，《日本刑法》所無，歐西各國崇尚宗教，凡盜及教堂者，治罪加嚴。《德律》，盜禮拜堂內器具及供禮拜神祇之建造物者，處懲役。《俄律》，盜教堂神物及供奉之燈燭、杯盞、經卷，罰作苦工云云。雖名色各有不同，而其尊敬神道則一也。擬罪均不至死，與中國《唐律》相合，較之現律則輕矣。又，嘉慶年間有竊乞關帝神像內所藏銀什及像前供器者，比照大祀神物減斬候，秋審入於情實，成案可見。此律專指大祀，其中祀、小祀俱不得援引也。

盜制書 律文

凡盜制書者，若非御寶原〔書〕，止抄行者，以官文書論。皆斬。不分首從。盜各衙門官文書者，皆杖一百，刺字。若有所規避者，或侵欺錢糧，或受財買求之類。從重論。事干(係)(係)軍機(之)(之)[1]錢糧者，皆絞。監候。不分首從。

此仍《明律》，原文"制書"下有"起馬御寶聖旨、起船符驗"數字，雍正三年刪定。其小註係順治三年添入，較《唐律》治罪為嚴。《唐律》盜制書者僅徒二年，重害文書較官文書加一等，擬徒一年，而又有"盜紙券"及"應除文案"二項，現律刪去下二項，上二項分別以斬決、絞候，而又不分首從，則較《唐律》重六七等矣。此律之意，重在制書，而因及官文書也。制書，凡用御寶者皆是，官文書係公事行移。制書所以詔令天下，關係至重，故盜者不分首從皆擬斬決；官文書不過尋常申上行下之事，故罪止滿杖。若於事有所規避，各從其重者論之。盜罪重以盜科之，規避罪重以規避科之。軍機如飛報軍情之類，錢糧如申索軍需之類，原是兩項，小註添一"之"字者，謂此錢糧必關係軍機者方是，若尋常錢糧徵收、支解之類，不得援引此律，亦非謂止軍機錢糧一項，而無止干軍機一項，若關係軍機，雖無錢糧，亦擬絞罪。此中分明甚微，細玩自知。此外有棄毀制書者斬，棄毀官文書者杖一百，誤毀減三等，遺失制書印信者徒二年半，見《吏律·公式》門。又，詐為制書及增減者皆斬，傳寫失誤者杖一百，見《刑律·詐偽》門。

---

[1]《大清律例》卷23，第370頁；《大清律例會通新纂》卷22，第1907頁。

但彼斬罪俱係監候，此則立決，情節不同，故治罪稍異，須合參之。《日本刑法》有偽造詔書、毀弃詔書處無期徒刑，偽造、毀弃官文書處輕懲役二條，而無盜制書及官文書之罪，豈以律無正條不治其罪乎？抑該國並無此項罪犯乎？是當質諸深通東律之人，而不敢妄爲臆斷也。

盜印信 律文

凡盜各衙門印信者，不分首從，皆斬。監候。又偽造印信、時憲書條例云：欽給關防，與印信同。盜關防印記者，皆杖一百，刺字。

此仍《明律》，原文"印信"下有"夜巡銅牌"四字，雍正三年刪定，順治三年添入小註，乾隆五年修改。《唐律》："盜御寶者，絞"；"盜官文書印者，徒二年。餘印杖一百。"《疏議》："印者，信也"，即今"印信"之謂。現律無"盜御寶"一層，而盜印信者皆斬，亦較《唐律》加重六七等矣。印信謂一品至九品文武衙門方印，所以傳信於四方，頒自朝廷，關係機密重要。欽給關防係欽差所掌，如督撫、提學、兵備、屯田、水利等官所掌關防均爲欽給，故盜者與印信同科。若下項"關防印記"或爲私刻，或係雜職衙門（條）〔戳〕[1]記關防，與欽差所掌者不同，故止擬杖。本律專言盜去，與盜用者不同，盜用印信者皆絞監候，載於《詐偽》門"詐爲制書"律內，而治罪有斬、絞之分者，蓋盜用則印用於空紙而印猶存，盜則並印信而竊取之，情節大有不同，故治罪分別輕重。此外偽造各衙門印信者斬監候；偽造印信及欽給關防，事關軍機、冒支錢糧、假冒官職者，斬立決；止圖誆騙財物，爲數多者，斬監候；銀不及十兩者，流三千里，亦見《詐偽》門。又，棄毀印信者，斬監候；遺失印信者，徒二年半；擅用調兵印信者，杖一百；文書漏使印信者，杖六十；全不用印者，杖八十，因而失誤軍機者，斬監候，均見《吏律·公式》門，須與此律互相比較，方見律文准情定罪，因罪用刑，輕重權衡，不爽錙銖。又，《日本刑法》，偽造御璽、國璽，處無期徒刑，盜用者減一等，偽造官印及使用偽印者，處重懲役；偽造私印使用者，處重禁錮。俱較中律爲輕，而無"盜印信"一項，似屬缺點。

盜內府財物 律文

凡盜內府財物者，皆斬。雜犯。但盜卽坐，不論多寡，不分首從。若財物未進庫，止依盜官物論。內府字要詳。

---

① 見氏著《大清現行刑律講義》卷五後附《勘誤表》。

此仍《明律》，其小註係順治三年修改，雍正三年改定。《唐律》："盜御寶者，絞；乘輿服御物〔者〕，①流二千五百里，其擬供服御及供而廢闕，若食將御者，徒二年，擬供食御及非服而御者，徒一年半"，較現律治罪從輕。而服御、食御分作三層，界限亦較明顯。《明律》刪去"盜御寶"一層，而統言內府財物，不分服食、器具，擬罪維均，似涉缺略；且初擬斬罪，固失之重，而註作"雜犯"，又涉於輕。是以國朝補設條例，以補律所未備，現俱照例辦理，此律亦爲虛設矣。天子之庫曰"內府"，財物如金銀器物及九庫二十四監局錢糧、光祿寺品物之類，以事關皇城禁地，故治罪從嚴，初擬斬監候，改爲雜犯，但有死罪之名，而無死罪之實，以其罪難免，而情有可矜，故准徒五年以貸之，雖貸其死，而不易其名，所以示戒也。外國宮禁不似中國森嚴，有犯應與凡盜同論，故不另立專條。此項律簡例詳、律輕例重，審理此等案犯，必須詳參條例，兼查成案，未可據律爲斷。附錄條例於左，以備研究。

一、凡盜內府財物，係御寶、乘輿服御物者，俱作實犯死罪，其餘銀兩錢帛等物，分別監守、常人，照盜倉庫錢糧各本例定擬。

一、凡偷竊大內及圓明園、避暑山莊、靜寄山莊、清漪園、靜明園、靜宜園、西苑、南苑等處乘輿服物者，照律不分首從，擬斬立決。至偷竊各省行宮乘輿服物，爲首〔者擬〕絞監候，爲從〔者〕發〔雲貴兩廣極邊〕烟瘴充軍。其偷竊行宮內該班官員人等財物，仍照偷竊衙署例問擬，若遇翠華臨幸之時，有犯偷竊行宮物件者，仍依偷竊大內服物例治罪。

此例分四層看，大內及圓明園等處爲一層，行宮爲一層，行宮內官員財物爲一層，行宮仍以大內論爲一層。

一、行竊紫禁城內該班官員人等財物，不計贓數、人數，照偷竊衙署擬軍例〔上〕加一等，發（遣）新疆〔酌撥種地〕當差，贓重〔者〕仍從重論。如臨時被拏，拒捕殺人者，〔不論金刃、他物、手足，均擬〕斬立決；金刃傷人者，〔擬〕斬監候；他物傷人及執持金刃未傷人者，擬絞監候；手足傷人並執持器械非金刃〔亦〕未傷人者，發（遣）新疆〔給官兵〕爲奴〔……〕。②

又，《刑案匯覽》載：例內"乘輿服物"四字，凡大內御用物件及存貯供器等物皆是。嘉慶四年有行竊清漪園簾布鈎繩等物一案，道光三年有行竊熱河避暑山莊備賞物件一案，均依例擬斬立決，奉旨改爲斬監候，秋審入於情實。嘉慶六年

---

① 《唐律疏議》卷 19，第 349 頁。
② 光緒《大清會典事例》卷 780，第 562 頁。

有偷竊養心殿天溝內拆卸舊錫片一案，比照竊大內服物斬例減一等擬流二千里。以上三案雖均係盜之禁地，而簾布鈎繩並備賞物件究較內庫服物稍輕，舊錫片又較簾鈎賞物爲輕，故分別依例量減，聊舉一隅，可見辦案引例之法必須詳細查覈，不可稍涉含混。

盜城門鑰_{律文}

凡盜京城門鑰，皆不分首從。杖一百、流三千里。雜犯。盜府、州、縣、鎮城關門鑰，皆杖一百、徒三年。盜倉庫門內外各衙門等鑰，皆杖一百，並刺字。盜皇城門鑰，律無文，當以盜內府（財）物論。盜監獄門鑰，比（照）①倉庫。

此仍《明律》，順治三年添入小註。雍正三年②以監獄關係甚重，而律文及註未言，因於小註添入"比（照）倉庫"一層。《唐律》有"盜宮殿門符"一項，門符與門鑰並舉，而鑰究輕於符。盜宮殿門符流二千里，皇城、京城門符徒三年，門鑰減三等，盜州、鎮及倉廚、廄庫、關門等鑰杖一百，縣戍等門鑰杖六十。此律止言門鑰而無門符，且止言京城門鑰，註雖補出皇城門鑰，而無宮殿門鑰。《唐律》京城、皇城並舉，治罪從同，此律皇城比照內府，較京城加重。《唐律》州、鎮倉庫從同，縣輕於州，此律州、縣、鎮從同，而倉庫輕於州、縣，且《唐律》有戍無府，此有府無戍，而擬罪亦較《唐律》加重三等，其中參差互異之處，良由時代變易，制度不同，故罪名不能强合。觀於律法一端，而世道之升降、民俗之盛衰，從可見矣。夫門禁所以防姦，而門必設鎖，鎖必有鑰，以謹啟閉而戒不虞。門鑰非財物之比，盜者必有竊啟爲姦之意。京城關係重大，府、州、縣、鎮次之，然其中均有獄囚、庫藏，亦所當嚴。至於倉庫以儲官物，監獄以禁囚犯，均非尋常門鑰可比，故以所關之大小，定罪之輕重。律止言"盜去"，尚未及用也。若用以爲姦，或竊取財物，或縱放罪囚，或暗通姦細，自當以所犯之罪從重定擬，不得僅依此律矣。此外如各處城門誤不下鎖者杖八十，非時擅開閉者杖一百，京城門加一等，皇城門誤不下鎖者發邊遠充軍，非時擅開閉者絞監候，見《兵律·宮衛》門。又，遺失京城門鎖鑰，比遺失印信，徒二年半，見《比引律條》，皆與此律互相發明，宜合參之。中國盜律甚細，條例固涉紛繁，然此律以下各門，外國均無專條，亦未免缺略不備矣。

---

① 《大清律例會通新纂》卷22，第1915頁；光緒《大清會典事例》卷780，第563頁。
② 校按：據光緒《大清會典事例》（卷780，第563頁）及《大清律例通考校注》（第666頁），"盜監獄門鑰比倉庫"8字應爲乾隆五年增注。吉氏誤。

盗軍器律文

凡盗人關領在家軍器者，如衣甲、鎗刀、弓箭之類。計贓以凡盗論。若盗民間應禁軍器者，如人馬甲、傍牌、火筒、火礟、旗纛、號帶之類。與事主己得私有（之）〔之〕罪同。若行軍之所，及宿衛軍人相盗，入己者，准凡盗論。若不入己還充官用者，各減二等。

此仍《明律》，順治三年添入小註，雍正三年修改。《唐律》："盗禁兵禁器者，徒二年；甲、弩〔者〕①，流二千里。若盗罪輕，同私有法。盗餘兵器及旌旗、旛幟者，杖九十。若盗守衛宮殿兵器者，各加一等。即在軍及宿衛相盗，還充官用者，各減二等"云云。軍器分作四項："禁兵器"一層，"甲弩"一層，"餘兵器"一層，"守衛宮殿兵器"一層。盗守衛兵器重於餘兵器，而盗應禁兵器更重於守衛兵器，盗甲弩者尤重於禁兵器。此律止分二項，其治罪較唐律稍輕，而計贓、計件更爲詳細。蓋鎗刀弓箭，所以習武防身，用備非常，不在禁限，若人馬甲、傍牌、火筒、火礟、旗纛之類，乃戰陣所用，私家有之，即不軌之具也，故爲應禁軍器。凡有弓箭鎗刀，必軍人關領在家，方爲軍器，若民間自有之弓箭刀鎗，自是民間私物，不得謂之軍器。註中添出"關領在家"數字，最爲明顯。凡盗此者，計贓以凡盗論，計其軍器所值之價以爲贓數，如一兩杖六十，以次遞加，至一百二十兩以上，絞監候。若盗應禁軍器，則不計贓科罪，而以件數爲斷。查《兵律》：私藏應禁軍器，一件杖八十，每一件加一等，罪止流三千里。民間私有，依此科罪，而盗者罪同，不過有刺字、不刺字之分，盗者仍盡本法刺字耳。至於軍人俱係應用軍器之人，既與常人不同，而行軍之地，宿衛之時，軍器原不收藏，又與常時有異，如彼此相盗，其法不妨稍寬，仍分別入己、官用以爲輕重。不入己者固得減等，即入己者亦止准凡盗論，罪止滿流，與上以凡盗論贓至逾貫即擬死罪者不同，須細觀之。此外如私造軍器者加私藏罪一等。又，私鑄紅衣大小礟位及擡鎗者處斬，私藏者減一等滿流。又，將領棄毀軍器者，一件杖八十，每一件加一等，二十件以上斬監候，遺失及誤毀者減三等。又，軍人私賣軍器者，杖一百、發邊遠充軍；私當者，減私賣一等，收當軍器者，照私有律減一等，罪止滿徒；加倍重利收當者，枷號三個月，發極邊充軍。私買者以私藏論，俱見《兵律·軍政》門，與此互相發明，須合參之。外國凡關軍器之案，亦不少貸。《日本刑法》，未受官命製造鎗礮、火藥，處重禁錮二年以下，加罰金。其由外輸入者亦同；私販者處重禁錮一年以下，私

---

① 《唐律疏議》卷19，第352頁。

有者罰金百元以下云云。治罪較中國爲輕，且亦有私造、私販、私有之罪，而無盜罪，似亦不如中律完密。

盜園陵樹木 律文

凡盜園陵內樹木者，皆_{不分首從}。杖一百、徒三年。若盜他人墳塋內樹木者，_首杖八十。_{從，減一等}。若計入己贓重於_{徒杖}本罪者，各加盜罪一等。_{各加監守、常人、竊盜罪一等}。〔若〕[①]未馱載，仍以毀論。

此仍《明律》，順治三年添入小註，雍正三年修改。《唐律》："盜園陵內草木者，徒二年半。盜他人〔墓〕塋內樹（木）[②]者杖一百"，贓重者以凡盜論加一等。此律盜陵樹者徒三年，較《唐律》重一等，而盜他人塋樹者杖八十，又較《唐律》輕二等矣，且易"草木"爲"樹木"，其中亦有關係。《三秦記》云："帝王（之）陵有園，（故曰）〔因謂之〕[③]'園陵'。"園陵本屬重禁之地，而樹木尤爲護蔭之物，陵樹較諸官物爲重，塋樹亦較別物爲重，故盜凡物者皆計贓論罪，此則不論多少，但盜卽坐，係陵樹卽徒三年，係他人墳樹卽杖八十，贓重者各加凡盜一等。仍分別"監守盜""常人盜""竊盜"三項，各按各贓，加等治罪。如尋常監守盜，計贓二十兩，流二千里，若盜陵樹值二十兩，則加一等，流二千五百里；尋常常人盜官物，計贓四十五兩，流二千里。若盜陵樹值四十五兩，加一等，流二千五百里；尋常竊盜，計贓一百兩，流二千里；若盜他人墳樹值一百兩，加一等，流二千五百里。如計贓在杖八十以上者，卽分別監守、常人、竊盜，各加一等。此條律文雖較《唐律》少有參差，而渾括簡當，自足包掃一切。但現在條例紛繁，有例而不引律，自應律例合參，辦理方無歧誤。如律止渾言"園陵"，現例於陵內分出"紅椿""白椿""青椿"三層；律止渾言"盜砍樹木"，例又補出"開山取土、取石、燒窰"及"在陵寢打牲畜、乞人參"數項，且於樹木內分出"盜砍枝杖"一項。至於"盜砍他人墳樹"一項，現例分別初犯、再犯、次數、株數，較律加詳而治罪從嚴。且律止言"他人盜砍"，例又補出"子孫盜賣"一層，律止言盜賣之罪，例又補盜買者之罪，皆爲律所未及，爲判案者不可不知之端。故逐條節錄於（右）〔左〕[④]，以備研究。

一、〔凡〕（陵）山〔前山後〕各有禁限，如紅椿以內，盜砍樹株、取土、取石、開窰燒造、放火燒山者，比照盜大祀神御物律（擬）斬，〔奏請定奪。〕爲從

---

① 《大清律例》卷 23，第 372 頁；《大清律例會通新纂》卷 22，第 1921 頁。
②③ 《唐律疏議》卷 19，第 355 頁。
④ 據文意改。

〔者發〕近邊充軍。若紅椿以外、〔官山界限〕（白椿）以內，除〔採〕樵（採）枝葉〔仍照舊例毋庸禁止〕並〔民間修理房塋〕取土〔刨坑不及丈餘，取用山上浮石長〕不及丈，及砍〔取〕自種私樹〔者〕一概不禁外，其〔有〕盜砍官樹、開山採石、掘地成濠、開窰燒造、放火燒山（者），〔在紅椿以外、白椿以內者，即照紅椿以內減一等〕爲首〔問發〕近邊充軍，（爲）從〔犯杖一百、〕（滿）徒〔三年〕；如在白椿以外、青椿以內者，〔爲首杖一百、徒三年，從犯減一等，（爲首滿徒，爲從）〕〔杖九十、〕徒二年半；如在青椿以外、官山以內者，〔爲首杖九十、徒二年半，從犯〕（又）減一等〔杖八十、徒二年〕，計贓重於徒罪者，各加①一等。〔官山界址在二十里以外，即以二十里爲限；若在二十里以內，即以官山所止之處爲限。〕弁兵受賄故縱，〔如〕本犯罪應軍、徒者，與囚同罪。贓重者，計贓以枉法從重論，本犯罪應斬決者，〔將該〕弁兵〔等擬以〕絞決。其未〔經〕得賄，潛通信息，致〔犯〕逃〔避〕（者），本犯罪應軍徒〔者〕，亦與〔囚〕（本犯）同罪，本犯〔罪〕應斬決者，〔將該弁兵等〕減發〔極邊〕烟瘴充軍，僅止疏於防範者，兵丁杖一百，官弁〔交部〕②議處。

一、私入紅椿〔火道〕以內偷打牲畜，爲首〔於附近犯事地方〕枷號兩〔個〕月，〔滿日改〕發〔極邊〕烟瘴充軍；爲從枷號一〔個〕月，〔杖一百、〕徒三年。〔其因起意在內偷牲〕（如）遺失火種，〔以致〕延燒草木者，〔於附近犯事地方〕枷號兩個月，〔滿日〕發新疆〔酌撥〕種地當差；爲從枷號一〔個〕月，〔杖一百、〕徒三年。如延燒殿宇牆垣，爲首絞監候，爲從〔杖一百、〕③流三千里。

一、〔凡〕旗民〔人等〕在紅椿以內偷挖人參至五十兩以上（者），爲首比照盜大祀神御物〔律〕（擬）斬，〔奏請定奪。〕爲從發新疆〔給兵丁〕爲奴；二十兩以上，爲首發新疆〔給兵丁〕爲奴，爲從〔杖一百、〕流三千里；十兩以上，爲首〔實〕發〔雲、貴、兩廣〕烟瘴〔地方〕充軍，爲從〔杖一百、〕流二千里；十兩以下，爲首〔發〕近邊充軍，爲從〔杖一百〕徒三年。在紅椿以外、白椿以內偷挖人參，〔至〕五十兩以上者，爲首〔擬〕絞監候，爲從〔發〕近邊充軍；二十兩以上，爲首〔實〕發〔雲、貴、兩廣〕烟瘴充軍，爲從〔杖一百、〕流二千里；十兩以上，爲首〔發〕近邊充軍；十兩以下，爲首〔杖一百、〕（滿）流〔三千里〕，爲從俱〔杖一百、〕徒三年。在白椿以外、青椿以內〔偷挖〕者，照偷〔挖〕（刨）山場人參例〔分別〕治罪，未得參者（減）〔各於〕已得〔例上減〕一等。知情販

---

① 光緒《大清會典事例》（卷780，第565頁）作"減"。
② 光緒《大清會典事例》卷780，第565頁；《大清律例會通新纂》卷22，第1923-1924頁。
③ 光緒《大清會典事例》卷780，第565頁。

賣者減私宄罪一等，〔不知者不坐。得參人犯首從俱刺"盜官參"三字，未得參及販賣者俱免刺字，〕參物入官。〔旗人有犯，銷除旗檔，照民人一律辦理。〕弁兵受賄故縱，本犯罪不應死〔者〕，與（本）犯〔人〕同罪；〔贓重者，計贓以枉法從重論；〕本犯罪應斬決者，〔為首之〕弁兵〔擬〕絞〔立〕決；本犯〔罪〕應絞候者，〔該〕弁兵發新疆〔分別當差、〕為奴。〔其止疏〕（失）於防範者，〔兵丁〕（分別擬）杖〔一百，官弁交部〕①議處。

一、（犯）〔凡〕在陵寢園牆以內盜砍樹木枝杈（者），為首〔者先於犯事地方〕枷號兩〔個〕月，發近邊充軍；其無園牆之處，如在紅椿以內〔盜砍者〕，即照園牆以內科罪；若在紅椿以外、白椿以內盜砍者，為首〔杖一百、〕徒三年；〔如在〕白椿以外、青椿以內，為首杖一百，均枷號一〔個〕月；〔如在〕青椿以外、官山以內，為首杖一百，為從〔各犯〕俱於首犯罪上各減一等〔問擬〕。〔其園牆以外，並無白椿、青椿者，均照官山以內辦理。〕弁兵受賄故縱，及潛通消息致〔犯〕逃〔避〕②者，各與囚同罪。

一、盜砍他人墳樹，初犯杖一百、枷號一〔個〕月；再犯杖一百、枷號三〔個〕月。〔計〕贓重於滿杖者，〔照本律〕加竊盜罪一等；犯〔案〕至三次者，〔即〕照竊盜三犯〔本〕例計贓，分別擬以軍、流、絞候。其糾黨成羣，旬日之間迭〔次〕竊〔砍至〕六次以上，而〔統計〕樹數又在三十株以上，〔情同積匪〕者，〔無論從前曾否犯案，即〕照積匪〔猾賊〕例擬軍；〔如連日竊砍在〕六次以下、三次以上，樹數在三十株以下、十株以上〔者〕，〔照積匪〕量減擬徒。〔仍各按竊盜本例刺字，其竊砍止一二次者，從一科斷，照前例問擬。〕盜賣他人墳塋〔之〕房屋、碑石、甎瓦、木植者，計贓准竊盜論〔免刺〕③。

一、〔凡〕子孫將祖、父墳塋前列成行樹木及墳旁散樹高大株顆私自砍賣者，一株至五株杖一百、枷號一〔個〕月；六株至十株杖一百、枷號兩〔個〕月；十一株至二十株，杖一百、徒三年。〔係旗人，徒罪折枷號，共枷號三個月。計〕贓重者，准竊盜加一等〔從其重者論〕。二十〔一〕株以上〔者〕，旗人發吉林當差，民人發邊遠充軍。如墳旁散樹並非高大株顆，止問不應重杖。若係乾枯樹木，不〔行〕報官私〔自砍〕賣者，照不應重〔律〕（擬）杖〔八十〕。看墳人〔等〕及奴僕盜賣者，罪同。盜賣墳塋〔之〕房屋、碑石、甎瓦、木植者，子孫、奴僕〔計贓〕並准竊盜罪加一等。

①《大清律例會通新纂》卷22，第1930-1932頁；光緒《大清會典事例》卷780，第565-566頁。
②《大清律例會通新纂》卷22，第1929頁；光緒《大清會典事例》卷780，第566頁。
③《大清律例會通新纂》卷22，第1927-1928頁。

一、姦徒知情私買墳〔塋〕樹〔木〕者，係子孫盜賣，〔其私買者〕減子孫〔盜賣〕罪一等。若係他人盜賣者，〔其〕私買人〔犯〕無論株數，已伐者，初犯杖一百、枷號一〔個〕月；再犯杖一百、枷號三〔個〕月；犯至三次者，〔照竊盜三犯例杖一百、〕流三千里，為從〔者〕減一等；未伐者，〔又〕各減一等。不知情者不坐。〔其〕[1]私買墳塋之房屋、碑石、甎瓦、木植者，均減盜賣罪一等，樹木等物分別入官給主。

以上各例雖較律分別詳細，惟其中多涉紛糾：如盜賣他人墳樹，既以次數論，又以株數論，後以所犯之數論，諸多參差。子孫砍賣墳樹本非盜也，因其迹近不孝，治罪尚屬可通，但究較他人為輕，茲擬計贓加凡竊一等，未免嚴矣，然猶可曰墳樹有關風水也。至於房屋甎瓦，較之祖、父生前住屋輕重奚若？住房准賣而塋房不准賣，似不近情，且砍一枯木必責令報官，亦涉煩擾。薛氏《存疑》駁之，謂如祖、父病危，子孫將祖墳樹木賣作醫藥、棺槨之費，經人告發卽治以罪，似非情法之平。科條愈多，卽有礙難之處云云，洵為妙論。然條例究屬當王之制，有例不准用律，若例文未經奏定刪除以前，未可輕言棄取矣。

此外，如於歷代帝王陵寢樵採、牧放畜牲者，杖八十。又，於天、地壇內縱放畜牲者，杖一百、枷號一月，均見《禮律》。又，毀伐人樹木者，計贓准竊盜論，官物加二等，誤毀官物者減三等。毀人墳塋內碑碣者，杖八十。又，子孫盜賣祀產至五十畝者，發邊遠充軍，不及前數及盜賣義田者，一畝，杖七十，每五畝加一等。盜賣歷久宗祠，一間杖七十，每三間加一等，罪止徒三年，知情謀買之人與犯人同罪。盜砍近邊應禁樹木，發烟瘴充軍。均見《戶律》。盜取墳塚器物甎石者，計贓准竊盜論，見《刑律・發塚》門，與此律例互相發明，宜並參之。外國刑法均無此項名目，想其陵寢之地不似中國尊嚴也。俟考。

監守自盜倉庫錢糧 律文

凡監臨主守，自盜倉庫錢糧等物，不分首從，併贓論罪。併贓，謂如十人節次共盜官銀四十兩，〔並〕〔雖〕各分四兩入已，通算作一處，其十人各得四十兩，罪皆斬；若十人共盜五兩，皆杖一百之類。三犯者，絞，問實犯。並於右小臂膊上刺盜"〔官〕[2]銀、糧、物"三字。

一兩以下，杖八十；

一兩之上至二兩五錢，杖九十；

---

① 《大清律例會通新纂》卷22，第1926-1927頁；光緒《大清會典事例》卷780，第568頁。
② 《大清律例》卷23，第373頁；《大清律例會通新纂》卷22，第1933-1934頁。

五兩，杖一百；

七兩五錢，杖六十、徒一年；

一十兩，杖七十、徒一年半；

一十二兩五錢，杖八十、徒二年；

一十五兩，杖九十、徒二年半；

一十七兩五錢，杖一百、徒三年；

二十兩，杖一百、流二千里；

二十五兩，杖一百、流二千五百里；

三十兩，杖一百、流三千里；雜犯三流，總徒四年；

四十兩，斬。雜犯，徒五年。

此仍《明律》，順治三年修改，雍正三年增定。《唐律》："監臨主守自盜及盜所監臨財物者，加凡盜二等，三十疋絞。"唐以絹之尺疋定計贓，凡盜一尺，杖六十；監守加二等，杖八十，一疋加一等。自宋改"疋"爲"貫"，明因之。國朝以銀爲主，現俱改"貫"爲"兩"矣。再，《唐律》凡盜五十疋，加役流，並不擬絞，監守盜三十疋即絞，嚴於官而寬於民。現律，凡盜一百二十兩以上，問擬實絞，過五百兩者，秋審即予勾決，而監守盜四十兩，衹擬雜犯斬罪，則又嚴於民而寬於官矣。例雖有一千兩以上問擬實斬之條，而限內完贓仍得減二等，即三限不完，亦止永遠監禁，並不實予勾決，名嚴而實仍寬。刑罰世輕世重，古今不同如是。蓋監臨有統攝案驗之權，主守有管領典守之責，一切倉庫錢糧及在官等物，皆在掌握之中，若有意爲盜，多寡惟其所取，故曰"自盜"。凡盜有得財、不得財之分，若監守之人盜監守之物，自無不得之理。故常人盜、竊盜皆有不得財之罪，此則不言，非從略也。此必當下現任監守之責，若已經交卸，或已革職役，或此處庫斗而盜別庫，即同庫之庫斗而盜非所管之物，或新役庫斗尚未接收，與庫上宿人爲盜，此等俱無監守之權，俱以常人盜論，不得援引此律。此律四十兩擬以實斬，本與《唐律》相合，改爲雜犯，雖係寬恤之意，其實反多窒礙。四十兩擬徒五年，若盜四百兩、四千兩，亦止於徒，則是平常竊盜一百二十兩以上即實犯死罪，而監守盜逾百、逾千僅止於徒，是豈情法之平？是以雍正、乾隆年間復定有後例，以補律文之窮。現在贓少者依律，贓多者依例，律例相輔而行，故附錄例文於後，務當一併研究。

一、監守盜倉庫錢糧，除審非入己者，各照挪移〔本條〕律例定擬外，其入己數在一百兩以下至四十兩者，仍照〔本〕律問擬准徒〔五年〕；其自一百兩以上至三百三十兩，杖一百、流二千里；至六百六十兩，〔杖一百、〕流二千五百里；至一千兩，〔杖一百、〕流三千里；一千兩以上〔者〕擬斬監候。勒限一年追完。如限內全完，死罪減二等〔發落〕，流、徒〔以下〕免罪。〔若〕不完，再限一年〔勒追〕；全完者，死罪及流、徒〔以下〕各減一等〔發落〕；如不完，流、徒以下即行發配；死罪〔人犯〕監禁，均再限一年，著落犯〔人〕妻及未分家之子〔名下〕追賠。三年限外不完（者），死罪〔人犯〕永遠監禁，全完者奏明請旨，〔均照二年全完〕減罪一等〔之例辦理〕。至本犯身死，實無家產〔可以完交〕者，〔照例〕取結豁免。〔其完贓〕減免〔之犯〕（後）如再犯贓，俱在本罪上加一等治罪。〔文武官員犯侵盜者，俱免刺字。〕①

一、〔凡〕侵盜〔應追〕之〔贓〕（案），著落犯〔人〕妻及未分家之子〔名下〕追賠，如果家產全無，〔不能賠補，在旗參、佐領，驍騎校；在外地方官〕取〔具甘〕結〔申報都統、督撫〕保題豁免〔結案。儻結案後別有田產、人口發覺者，盡行入官，將承追申報各官革職，所欠贓銀、米穀著落賠補；督催等官照例議處，內外承追督催武職俱照文職例議處。再，一應贓私，察果家產全無，力不能完者，概予豁免，〕不得株連親族。〔儻濫行著落親族追賠，將承追官革職。其該管上司，如有逼迫申報、取具甘結之事，屬官不行出首，從重治罪。〕②

一、〔凡〕侵貪之案，如該員身故，〔審明〕實係〔侵盜庫帑，〕圖飽私橐者，即將伊子監追。

以上二例，〔一〕③係將該員監追，日久身故；一係該員故後，其事始發，故有豁免、不豁之別。此外又有挪移錢糧、私借錢糧及監守虛出通關、監守詐取財物各條。如監守將官錢糧私自借用，或轉借與人，及將己物抵換官物者，計贓以監守自盜論。又，監守挪移出納，還充官用者，計贓准監守自盜論。五千兩以下依律准徒四年，五千兩以上流三千里，一萬兩以上發近邊充軍，二萬兩以上擬斬監候，一年限內全完免罪，不完二年追完者減二等，三年追完減一等，三年（三）〔未〕④完，照未完之數治罪。又，主典擅開官封者杖六十。又，監守收受錢糧不足而虛出通關，及不收本色，折收財物虛鈔者，均以監守自盜論，見《戶律》。又，監守詐取所監守之物者，以監守自盜論，見本門《賊盜下》。又有經紀、花戶、車戶人等，凡有監守之責，竊盜漕糧六百石斬候，一百石絞候，六十石以下至五石

---

① 《大清律例會通新纂》卷22，第1942-1943頁；光緒《大清會典事例》卷781，第574頁。
② 《大清律例會通新纂》卷22，第1939-1940頁；光緒《大清會典事例》卷781，第572-573頁。
③ 根據文意補。
④ 根據文意改。

分別擬以軍、流、徒，勒限四個月追完，仍分初限、再限，三項以次量減。①以上各條，均與此律互相發明，宜並參之。《日本刑法》，官吏竊取自所監守之金穀物件者，處輕懲役；官吏徵收租稅各項，於正數外多徵者，處重禁錮，附加罰金。所犯與中律情節相同，而擬罪似不如中律計贓之詳細也。

常人盜倉庫錢糧律文

凡常人不係監守外皆是。盜倉庫自倉庫盜出者坐。錢糧等物，發覺而不得財（者）②，杖六十；從，減一等。但得財者，不分首從，併贓論罪，併贓同前。並於右小臂膊上刺"盜官銀、糧、物"三字。

一兩以下，杖七十；

一兩以上，至五兩，杖八十；

一十兩，杖九十；

一十五兩，杖一百；

二十兩，杖六十、徒一年；

二十五兩，杖七十、徒一年半；

三十兩，杖八十、徒二年；

三十五兩，杖九十、徒二年半；

四十兩，杖一百、徒三年；

四十五兩，杖一百、流二千里；

五十兩，杖一百、流二千五百里；

五十五兩，杖一百、流三千里；雜犯三流，總徒四年。

八十兩，絞。雜犯，徒五年。其監守值宿之人以不覺察科罪。

此仍《明律》，其小註係順治三年增刪，雍正三年改定。《唐律》無此名目，已包括於監守自盜律內，與監守自盜擬罪從同。明分爲二，另立此門。常人者，別於監守而言，凡無監守之責，無論軍民、官役皆是。蓋雖係錢糧官物，必從倉庫中盜出，方坐此罪，若從他處，不知爲官物而盜者，自依竊盜法。卽非官物，而從倉庫內盜出，仍以盜官物論。此律嚴於竊盜而輕於監守。竊盜自杖六十起，以十兩爲一等；監守盜自杖八十起，以二兩五錢爲一等；此盜自七十起，以五兩爲一等。蓋監守、常人二項，科罪雖嚴於竊盜，然竊盜滿數是眞絞，監守、常人

---

① 見《大清律例會通新纂》卷22，第1943-1944頁。

② 《大清律例》卷23，第376頁；《大清律例會通新纂》卷22，第1945頁。

滿數是雜犯。推立法之本意，不欲以盜官物而即殺之也。但擬罪涉於寬縱，辦理諸多窒礙，是以雍乾年間另設條例。現在此等案犯俱係依例辦理，此律已爲虛設矣，附錄條例於右，當並參之。

一、〔凡竊匪之徒〕穿穴壁封，竊盜庫〔貯〕銀〔錢〕、倉〔貯①漕〕糧，未〔經〕得財者，爲首〔杖一百、〕（滿）徒〔三年〕，爲從〔依律〕減一等，但經得財之首犯，〔數至〕一百兩以上〔者擬〕絞監候，〔其〕（不及）一百兩〔以下〕（者），不分贓數多寡，發〔雲、貴、兩廣〕極邊烟瘴充軍。爲從者，一兩至八十兩，准徒五年；（至）八十五兩，〔杖一百、〕流二千里，九十兩，〔杖一百、〕流二千五百里，九十五兩至一百兩以上，〔俱杖一百、〕流三千里。〔下②竊盜餉鞘銀兩，〔即〕照（此辦理）〔竊盜倉庫錢糧，分別已未得財，各按首從一例科罪〕③。

一、京城守城兵丁由城上釣搦偷竊倉米，未經得贓〔者〕，爲首（滿）〔杖一百、〕流〔三千里，俱免刺，旗人折枷發落〕，爲從減一等。其得贓至一百石以上〔者〕，（爲）首〔犯擬〕絞立決，爲從發新疆〔給官兵〕爲奴；（不及）一百石〔以下〕，首犯發新疆〔給官兵〕爲奴，爲從〔杖一百、〕流三千里〔，俱照例刺字〕，旗人銷除旗檔。〔其〕常人串通兵丁〔由城上釣搦〕偷竊倉米者，罪亦如之。〔如該班官員有故縱狗隱等事，即照律與犯人同罪。若止疏於查察及曠班不直者，交部嚴加議處。〕④

以上二例，係因律文流、絞俱係雜犯，並非眞流、眞死，名爲從嚴，其實反較竊盜爲輕，是以從嚴定例，以補律文之窮。但律文計贓定罪之法固涉細碎，而例不分多寡，一百兩以下概擬軍罪，又未免過於嚴厲，後例專爲京城兵丁盜倉而設，首犯加至絞決，較前條更嚴。現在外國竊盜均無死罪，《日本刑法》亦無因盜官物加重之法，有犯當與凡盜並論。此條律文，雜犯固失之輕，而例又過於重，似均不得其平，其酌中定制，是在修律大臣，自當另有辦法，惟刻下新例尚未告竣，仍照此例辦理。

《刑律》惟盜罪最多，盜罪惟强盜爲重。律外有例，例外有章，章外有案，而章又有新舊之分，例又因省分而異，罪名極大，頭緒極繁，辦理稍一疏忽，不但枉殺暗干神怒，抑且處分難逃部議，此爲刑典中一大問題，更須詳加研究，融會貫通，然後案件到手，方能無枉無縱。茲編先將唐宋元明各盜律及外洋各國盜法

---

① 此例兩 "貯" 字光緒《大清會典事例》（卷 782，第 581 頁）皆作 "儲"。
② 光緒《大清會典事例》（卷 782，第 581 頁）作 "其"。
③《大清律例會通新纂》卷 22，第 1948-1949 頁。
④ 光緒《大清會典事例》卷 782，第 581 頁。

與現在中律參考互證，後將現在中律之關涉強盜以及條例章程逐條列入，仍於其中分類相從，並於各類後加以按語，解釋其義。雖隨手抄錄，文詞不免複雜，然於《強盜》一門搜括無遺，而條分縷晰、取便檢查，或亦讀律辦案之一助也。後附罪名總類。

強盜_{律文}

凡強盜已行而不得財者，皆杖一百、流三千里。但得_{事主}財者，不分首從，皆斬。_{雖不分贓，亦坐。其造意不行，又不分贓者，杖一百、流三千里。夥盜不行又不分贓者，杖一百。}○〔若〕[1]以藥迷人圖財者，罪同。但得財，皆斬。○若竊盜臨時有拒捕及殺傷人者，皆斬。_{監候。得財不得財，皆斬，須看"臨時"二字。}因盜而姦者，罪亦如之。_{不論成姦與否，不分首從。}共盜之人不曾助力，不知拒捕殺傷人及姦情者，_{審確。}止依竊盜論。_{分首從、得財不得財。}○其竊盜事主知覺，棄財逃走，事主追逐，因而拒捕者，自依罪人拒捕律科罪。_{於竊盜不得財本罪上加二等，杖七十；毆人至折傷以上，絞；殺人者，斬。為從，各減一等。}○凡強盜自首不實、不盡，衹宜以《名例》自首律內至死減等科之，不可以不應從重科斷。竊盜傷人自首者，但免其盜罪，仍依鬬毆傷人律論。

一、強盜殺人，放火燒人房屋，姦污人妻女，打刦牢獄、倉庫及干係城池、衙門，並積至百人以上，不分曾否得財，俱照得財律，斬，隨即奏請審決梟示。_{凡六項有一於此即引梟示，隨犯摘引所犯之事。}若止傷人而未得財，首犯斬監候，為從發新疆給官兵為奴。如未得財又未傷人，首犯發新疆給官兵為奴，從犯杖一百、流三千里。

此前一條係《明律》，其小註係順治三年添入，雍正三年修改，乾隆五年復添"不行""不分贓"兩項；後一條係明例，順治三年添入小註，嘉慶年間迭次修改。此二條律例為強盜罪名之大綱，其餘現行條例章程甚多，俱係後來增補，以推闡律所未備、未盡之意，要皆以此二條為總綱領。《唐律》：強盜"不得財徒二年，一尺徒三年，二疋加一等；十疋及傷人者，絞；殺人者，斬。其持仗者，雖不得財，流三千里；五疋，絞；傷人者，斬"。又，元《刑法志》：強盜持仗傷人，雖不得財皆死，不傷人不得財徒二年半，但得財徒三年，至二十貫，首犯死，餘人（徒三年）〔流遠〕。[2]又，《宋刑統》：強盜一貫徒二年半，十貫及傷人者絞，因盜姦人及用藥酒迷人，從強盜法，死者加一等云云。皆以贓數之多寡及有無持械並

---

① 《大清律例》卷 23，第 377 頁；《大清律例會通新纂》卷 22，第 1953-1954 頁。
② 《元史》卷 104，《刑法三》，第 2657 頁。

傷人、殺人分別徒、流、絞、斬。明改從嚴，不分贓數多少、有無持械、殺傷，概擬斬決，情重者又加梟示，相沿至今不變，雖因世道風俗日趨險詐，盜情百出不窮，不得不設重法以示懲警，然立法過於嚴厲，現已行之數百年而盜風仍未少戢，且法愈重而犯愈多，以古律例今律，此可見彌盜之方，在教養不在文法也。外國強盜均無死罪，《俄律》凡強刼住宅村落者，罰作十年以上苦工，如在街衢大道或鄉村支路及江湖河海者，減一等。又，《德律》，凡強盜者處懲役，如強盜傷害人或致死者，處無期懲役。又，法國律，凡以暴行犯盜罪者，處有期徒刑，若致被害者受有斫傷，處無期徒刑。又，《英律》，強取財物五磅以上，處五年至十四年徒刑，或二年囚獄加苦役隨牢，如持兇器或糾衆者，處五年至終身徒刑，或處囚獄加笞刑。又，《美律》，凡向郵吏行強盜者，處五年至十年囚獄加苦役，傷人及持兇器者，終身囚獄加苦役。又，《日本刑法》惟強盜殺人處死，強盜傷人及強姦婦女處無期徒刑；若無以上重情，雖結夥持械、用藥迷人，俱分別處以懲役云云。互相比較，彼法輕而盜風日減，我法重而盜案日增。以外國比中國，更可見嚴刑重法僅治盜之標，非彌盜之本也。現在修例，擬將強盜罪名略爲輕減，而議者羣相詬病，皆未嘗統古今中外刑法源流而合參之也！但此中道理甚微，解人難索，試先就現行律文逐節詳解以通其義，然後再及其他。此律之意，首言強盜之罪而因及類於強者，有差等也。所謂強者，須先定有強謀，執有器械，帶有火光，公然攻打門牆者皆是，《據會》云：“強（盜）〔刼〕與搶奪相似，人少而無兇器，或途中，或鬧市，見人財〔物〕而（搶）〔強〕奪者，搶奪也；人多，有兇器，（不）〔無〕分人家、道路，奪人財物，或見人財（物）在前，〔卻〕先打倒而後刼財者，強盜也。若先搶奪後打，或慮事露搶回而打〔者〕，（仍是搶奪而非強盜），〔止依搶奪。其三五成群，執持棍棒，於僻靜處打奪人財，雖類搶奪，實強盜也〕。又有先行竊盜，潛入人家，然後明火執杖，此暗進明出，乃臨時行強”，仍應以強盜論。又，《（輯）〔集〕註》：“臨時行強與臨時拒捕，總分在得財先後，如將事主〔按捺、〕捆縛打傷之後，攫贓而去，或一人架住事主而羣盜入室搜贓，皆爲臨時行強，若贓先入手，事主驚（覺）〔起〕①追逐，因而格鬥，卽臨時拒捕也，此中分別（微細），最宜詳愼。”凡不拘何物，在事主家者皆謂之“財”，一入盜手卽謂之“贓”，刼取而去謂之“得財”，各分入己謂之“分贓”，強盜之贓雖未分，而事主之財則已失，故但論財之得與不得，不論贓之分與不分。凡上盜之人，雖不分贓亦坐斬

---

① 《大清律例會通新纂》卷 22，第 1956-1957 頁。

罪，與他律各計入己之贓以定罪者大不同也。共分四節，而第一節、第三節又各分二項。第一節以得財、不得財分輕重，不得財雖於事主無損，而其強已行，故不分首從滿流，但得財則不計財之多少，不論夥盜之分贓不分贓，皆坐斬決。蓋強盜之罪本以強論，不以贓論也。第二節言迷人圖財之罪，以藥迷人，使人不能動覺，與強盜無異，故得財同斬，不得財同流也。第三節言竊盜似強之罪，竊盜尚知畏人，若臨時事主知覺，不走而拒及逞兇殺傷人者，其人雖竊，其事則強，故不問得財不得財皆坐斬候。須知臨時拒捕，即不殺傷人亦斬，觀"及"字可見。姦不論妻妾、奴婢，因竊盜而強姦，亦如拒捕擬斬。若強盜行姦，則照例梟示矣。共盜之人，或在外未入，或得財先出，不知拒捕、姦事者，止依竊盜論。第四節言追逐拒捕之罪，棄財逃走，追而逐之，不得不拒，故與臨時拒捕不同。蓋臨時拒捕是格鬥以圖財，追逐拒捕乃棄財而求脫，其情異，故其罪異。拒捕本竊盜之事，以其迹同強，故不入《竊盜》門而載於此律也。律意如此解釋，但現在辦法惟"得財不分首從皆斬"一項係用律文，其餘另設條例，較律詳細。現（據）〔俱〕係依例辦理，律文多爲虛設。茲將例之切於實用及與律互相發明、足補律所未備並現行新章，節要分門附錄於（右）〔左〕①。

一、〔凡〕響馬強盜執有弓矢軍器，白日邀（截）〔劫〕道路〔，贓證明白〕者，〔俱〕不分人數多寡、曾否傷人，依律處決，〔於行劫處〕梟首示眾，其江洋行刦大盜俱照此例（加）〔立斬〕梟〔示〕。②

一、捕役並〔防守礮卡或緝盜汛兵及營〕兵（丁）爲盜，〔均〕照（例）〔律擬〕斬〔立〕決；如捕役兵丁〔起意〕爲首，（加擬）〔斬決〕梟示，〔爲從仍擬斬決。〕其〔有〕情節重大〔，非尋常行劫可比〕者，〔該督撫〕酌量分別梟示，〔失察之該管官交部議處；該管官逼勒改供或捏稱革役，該上司不能查出，一并交部，照例議處。〕如捕役兵丁分贓通賊，及與巨盜交結往來，奉差承緝，走漏消息，及本非承緝，走漏消息，致令脫逃者，不分曾否得財，照本犯一體治罪。〔知情故縱，照窩主知情存留例分別治罪；若不知情，止係查緝不力，照不應重律科斷。〕至書差人等臨時得贓（放）賣〔放〕，③亦照本犯一體治罪。

一、粵東內河盜刦，〔除尋常行劫，僅止一二次，夥眾不及四十人，並無拜會及別項重情，仍照例具題外，〕如〔行劫、夥〕（聚）眾四十人以上，或不及四十人而有拜會結盟、拒傷事主、奪犯傷差、假冒職官，或行刦三次以上，或脫逃二

---

① 據文意改。
② 《大清律例會通新纂》卷22，第1959-1960頁。
③ 同上书，第1961-1962頁。

〔三〕年後就獲各犯，應斬決者，均加〔以〕①梟示，恭請王命，先行正法。

一、（兩）廣〔東、廣西〕二省，强〔劫〕盜〔犯〕如有行刦後因贓不滿慾，復將事主人等捉（獲）〔回〕勒贖者，〔無論所糾人數多寡及行劫次數，爲〕首〔之〕犯〔擬〕斬〔立〕決（加梟〔示〕），恭請王命，先行正法，〔其案內〕②從犯仍按强盜本律科斷。

一、光緒十三年章程：强刦之案，但有一人執持鳥槍、洋槍者，無論曾否傷人，不分首從，均擬斬決，加以梟示。

一、京城地方盜刦之案，照律斬決，加擬梟示。如有持火、執械入室、威嚇、擲物、打人重情，雖未得財、傷人，爲首擬絞監候，爲從煙瘴充軍。

一、光緒二十八年章程：强盜殺人案件，正犯及幫同下手之犯俱擬斬加梟，其僅止在場目擊者，如已得財，照律同擬斬決，未得財者目擊殺人之犯擬斬監候，秋審入於緩決。

按：從前强盜，惟舊例六項加梟，餘則斬決而止，後來盜風日熾，現例又添出以上數條，皆係情節重大，非尋常行刦可比，故均照六項加梟。此外尚有"糧船水手"及"山東捻匪强刦"並"川省差役掃通"三項，亦加梟示，現已刪除，故不登入。此强盜之尤爲兇暴者，共七條。

一、强盜內有老瓜賊，或在客店內用悶香藥麪〔等物〕迷人取財，或五更早起在路〔將同行客人〕殺害（行客者），〔此種兇徒，拿獲之日，務必究緝同夥，并研審有無別處行劫犯案，將該犯不得解往他處，於被獲處監禁，俟關會行劫各案確實口供到日，審明具題，即於監禁處〕照强盜得財律，不分首從皆斬立決；及老瓜賊傳授技藝在家分贓者，照强盜（窩主造意不行分贓律斬決，跟隨學習之人雖不同行，俱發新疆爲奴）〔得財律，不分首從皆斬，仍知照原行劫之處，張掛告示，諭衆知之）。③

一、强盜引綫，除〔盜首先已起意欲劫其家，〕僅止聽從引路者，〔仍〕照例以從盜論〔罪〕外，如首盜並無立意欲刦之家，其事主姓名、〔行劫〕道路悉由引綫指出，又經分〔得〕贓〔物〕者，雖未同行，即與盜首一（律）〔體〕擬罪，〔不得以情有可原聲請）。④

一、〔凡〕⑤投首之賊，借追贓名色，將平人捏稱同夥，或挾仇扳害，或索詐

---

① 光緒《大清會典事例》卷784，第604頁。
② 光緒《大清會典事例》卷785，第607頁；《大清律例會通新纂》卷22，第2000頁.
③ 《大清律例會通新纂》卷22，第1960-1961頁。
④ 同上書，第1979頁。
⑤ 同上書，第1966頁。

財物，不分首從、得財與未得財，皆斬立決。

一、〔恭遇聖〕（御）駕駐蹕〔圓明園及巡幸〕之處，〔若有〕匪徒偷竊附近倉廠、官廨，拒傷官〔弁〕兵〔丁〕者，如〔相距〕（在）宮牆〔在〕一里以內，刃傷及折傷〔以上之〕首犯斬立決，爲從〔發伊犁給官兵爲奴。〕（及）傷非金刃、傷輕平復之首犯，（均）發伊犁〔給官兵〕爲奴，爲從〔杖一百〕（滿）流〔三千里〕。如在〔一里以外、〕三里以內，刃傷〔及〕折傷〔以上〕之首犯絞立決，爲從〔杖一百〕（滿）流〔三千里〕。傷非金刃、傷輕平復之首犯〔杖一百〕（滿）流〔三千里〕，爲從〔杖一百〕（滿）徒〔三年。其行竊之罪有重於流、徒者，各於本例上加拒捕罪二等。〕若拒〔捕〕殺〔死〕官〔弁〕兵〔丁〕者，無論一里、三里以內，首犯〔斬決〕（加）梟〔示〕，爲從幫毆（之犯），如刃傷〔及〕折傷〔者〕（擬）絞立決，傷非金刃〔又非〕折傷者絞監候，未經幫毆者發伊犁〔給官兵〕爲奴，〔如值聖駕不駐蹕之日，仍照本例行〕。①

按：老瓜賊行踪詭秘，引綫賊誣扳賊，用意險惡，至匪徒於駐蹕之所行竊拒捕，亦爲慇不畏法，雖非強盜而情節不亞於強盜，故附於《強盜》門內。此類於強盜而與強盜擬罪惟均者共四條。

一、強盜案內，〔有〕知而不首或強逼爲盜，臨時逃避行刭，後分與贓物以塞其口，與知強盜後而分〔所〕盜〔之〕贓，數在一百兩以下者，俱〔照共謀爲盜，臨時畏懼不行，事後分贓例減一等，〕杖一百、徒三年。如〔所〕分贓至一百兩以上案，（按）〔准〕竊盜爲從律遞加一等〔定擬〕；一百二十兩以上，〔仍照例〕②發近邊充軍。

一、強盜同居父兄、伯叔與弟，其〔有〕知情而又分贓者，如強盜問〔擬〕斬〔決〕，減一等，〔杖一百、〕流三千里，如（強盜）〔問擬〕發遣，亦減一等，〔杖一百、〕徒三年。其〔雖經〕得財而實〔係〕不知情〔者〕，照本犯之罪減二等〔發落。父兄不能禁約子弟爲盜者，杖一百〕。③

一、〔凡情有可原之〕夥盜內，〔如果〕年止十五歲以下，〔審明實係〕被人誘脅，隨行上盜者，無論分贓〔與〕④不分贓，俱〔問〕擬滿流，不准收贖。

一、洋盜案內被脅在船，爲匪服役，或事後被誘上船及被脅雞姦，並未隨行上盜〔者〕，自行投首（者），〔照律〕免罪；〔如被〕拏獲者，〔均杖一百、〕徒三

---

① 光緒《大清會典事例》卷784，第605頁。
②《大清律例會通新纂》卷22，第1973-1974頁。
③ 同上書，第1976頁。
④ 同上書，第1978-1979頁。

年。年未及歲，〔仍〕照（例）〔律〕①收贖。

一、共謀爲強盜，夥犯臨時畏懼不行，〔而行者仍爲強盜，其不行之犯，但〕事後分贓者，〔杖一百、〕流二千里；贓重者〔仍〕從重論，不分贓者杖一百。如因患病（不行）及別故不行，事後分贓者，發新疆〔給官兵〕爲奴，不分贓〔者杖一百、〕②徒三年。

按：以上各項，或爲強盜從犯，或爲強盜家屬，其情節有分贓、不分贓之分，而分贓又有多少之別，且同一未行而有畏懼、患病之分，同一被脅而有投首、拿獲及年未及歲之異，此皆強盜中之情節較輕者，共五條。

一、〔凡〕強盜除殺〔死〕人〔命〕、姦人妻女、燒人房屋〔，罪犯深重，〕及毆事主至折傷以上，首、夥各犯俱不准自首外，其傷人〔首、夥各盜，〕傷輕平復，如事未發而自首，及〔強盜〕行刦數家，止首一家者，均發〔遣〕新疆〔給官兵〕爲奴，係聞拏投首者，〔俱〕擬斬監候。未傷人〔之首、夥〕各盜及窩家盜綫，事未發而自首者〔杖一百、〕（滿）流〔三千里〕，聞拏投首者，〔實發雲、貴、兩廣極邊〕烟瘴充軍〔……〕。至放火燒人空房及田塲積聚〔等物〕之強盜自首，依〔放火〕故燒本律擬流，〔若計所燒之物〕（贓）重〔於本罪〕者，〔發〕③近邊充軍。

一、強盜首、夥各犯，於事未發覺及五日以內，果能悔罪，捕獲他盜及同伴解官投首者，係傷人盜犯，於遣罪上減一等〔擬杖一百〕（滿）徒〔三年〕，未傷人盜犯〔照律〕免罪，（數）〔若〕在五日以外或聞拏將他盜及同伴捕獲，解官投首者，係傷人盜犯，於斬罪上減一等〔杖一百〕（滿）流〔三千里〕，未傷人盜犯〔杖一百〕（滿）徒〔三年……〕。④

一、光緒五年章程：拏獲盜犯眼綫，曾爲夥盜，悔罪將同伴指獲致被供出者，如在五日以外、一月以內，於現例斬罪減一等，發新疆爲奴，五日以內，減爲流三千里。倘原夥較多，能獲三名以上，再減一等。

此項現有此條章程，例已不用。

一、光緒十四年新章程：夥盜被獲供出首盜逃所，於四個月限內拏獲，係舊例法（可）無〔可〕貸之犯，減爲斬監候，秋審入於緩決，係情有可原之犯，減發新疆爲奴。其夥盜能將全案首、夥供出，於限內盡行指獲，係法無可貸者減爲滿流，（惟）〔情〕有可原者減爲滿徒。如供獲夥盜在一半以上，並首盜能將全案

① 《大清律例會通新纂》卷22，第1986-1987頁。
② 《大清律例會通新纂》卷24，第2312頁。
③ 《大清律例會通新纂》卷22，第1980-1981頁。
④ 光緒《大清會典事例》卷784，第603頁。

夥盜供出，於限內指獲，均減爲斬監候，秋審覈其情節，分別實、緩。以上各犯當堂供出，按名指獲，方准以供獲論，如私向捕役告知指拏，到官不得以供獲論。

此項現有此條新章，舊章亦可不用。

按：以上二例二章係强盜自首專條，一係自行投首，一係捕獲他盜投首，一係眼線指獲同伴，一係首、夥供出首、夥各盜，旣分傷人、未傷人，又分事未發自首與聞拏投首，有以五日內外爲限者，亦有以四個月內外爲限者。而夥盜供出首盜及首盜供出夥盜，並夥盜供出首（盜）〔夥〕各盜與夥盜供出夥盜一半以上，其中情節雖極細微而界限仍極嚴明。此强盜中之情可原宥者，共四條。

一、因竊盜而强姦人婦女，〔凡〕已成者擬斬立決，同謀未經同姦，及姦而未成者，皆絞監候；共盜之人不知姦情者，〔審確〕①止依竊盜論。

按：此例補律未備，律文"因盜而姦"註云："不論成姦與否，不分首從"均擬斬候。此就姦中分出"已成""未成"及"同謀不知情"數項，已成者較律從重，未成者較律從輕。現俱用例，而律可不論矣。

一、竊盜臨時盜所拒捕，護贓、護夥者皆是。及雖未得財而未離盜所，逞兇拒捕；或雖離盜所而臨時護贓格鬬已離盜所、護夥者不在此例。殺人者，不論所殺係事主、鄰佑，〔將〕爲首〔者擬〕斬立決；爲從幫毆，〔如〕刃傷及他物、手足至折傷以上者，〔俱擬〕絞監候；傷非金刃，又非折傷者，〔發雲、貴、兩廣極邊〕煙瘴充軍。拒捕未經幫毆成傷者，〔發〕極邊〔足四千里〕充軍。其傷人未死，如刃傷及折傷〔以上者〕，（爲）首〔犯擬〕斬監候，爲從〔發〕近邊充軍。〔若〕傷非金刃、傷輕平復，（爲）首〔犯改發〕邊遠充軍，〔如年在五十以上，發近邊充軍。〕拒捕未經成傷〔者〕，（爲）首〔犯發〕近邊充軍，爲從各〔杖一百、〕徒三年。如被事主事後搜捕〔起意〕拒捕者，仍依罪人拒捕本律〔分別殺、傷〕②科斷。

一、竊盜棄財逃走與未經得財逃走，被事主追逐拒捕，或夥賊攜贓先遁，後逃之賊被追拒捕，及已經逃走，因見夥犯〔被獲，〕幫護拒捕，因而殺人者，首犯〔俱擬〕斬監候，爲從幫毆，〔如〕刃傷及〔手足、他物至〕折傷以上者〔俱擬〕絞監候；傷非金刃又非折傷者〔發〕附近充軍，未經幫毆成傷者〔杖一百、〕流三千里。其傷人未死，如刃傷及折傷以上者，（爲）首〔犯擬〕絞監候，（爲）從〔犯減等〕擬流。若傷非金刃、傷輕平復，並拒捕未〔經〕成傷〔者〕及事後追捕有

---

① 《大清律例會通新纂》卷 22，第 1988 頁。
② 同上书，第 1988-1990 頁。

拒捕殺傷者，〔仍〕①各依罪人拒捕本律科斷。如逃走並未棄財，仍以臨時護贓格鬥論。

一、竊盜拒捕，刃傷〔事主，罪應〕擬絞之犯，如聞拏畏懼，將原贓送還事主〔，確有證據〕者，〔准其照聞拿投首例〕量減擬流。若祇〔係〕一面之詞，別無證據，仍〔依例〕擬絞〔監〕②候，秋審〔時〕入於緩決。

以上三項亦係推闡律文未發之意，律文"臨時拒捕"與"殺傷人"分作兩層，此就拒捕內分出"殺人""傷人""未殺人"三層，而傷人又分刃傷、折傷、輕傷，且同一拒捕，臨時盜所護贓與棄財時逃走護夥，情節大有不同。律不分拒捕、殺人、傷人三項，有一即擬斬候，此則殺人分別擬以斬決、斬候，傷人者分別擬以斬候、絞候、軍、流，若止拒捕未傷人，不過軍罪而止，較律分別詳細，擬罪亦有差等，似爲平允。現亦用例而不用律矣。此竊盜情重而類於強盜者，共四條。

一、〔凡〕用藥迷人〔已經〕得財之案，〔將起意〕爲首及下手用藥〔迷人，〕並迷竊爲從〔已至〕二次及首先傳授藥方之犯，均照強盜律〔擬〕斬〔立〕決；其餘爲從〔者〕，俱〔改〕發新疆〔給官兵〕爲奴。其〔有〕人已被迷，經〔他〕人救醒，〔並〕〔雖〕未得財，將首先傳〔授藥〕方〔轉傳貽害〕及下手用藥〔迷人〕之犯〔均〕擬斬監候〔，入於秋審情實〕。若甫經學習，雖已合藥，即行敗露，或被迷之人〔當時〕知覺，未經受累〔者〕，均發〔往〕伊犁〔等處〕爲奴。〔倘到配之後，故智復萌，將藥方傳授與人及復行迷竊，並脫逃者，請旨即行正法，其案內隨行爲從之犯，仍各減一等定擬。〕③

一、用藥及〔一切〕邪術迷拐幼小子女，〔如〕人藥並獲，即〔比〕照用藥迷人〔已經得財〕例（分別擬以斬決及發新疆爲奴。）〔，將起意爲首，及下手用藥迷人並迷拐爲從已至二次，及首先傳授藥方之犯均照強盜律擬斬立決。其餘爲從均發新疆給官兵爲奴。〕其〔或〕藥已丟棄，（未）〔無從起〕獲，必須供證確鑿，〔實係〕迷拐有據，方照此例辦理。〔若藥未起獲，又無確鑿證據，仍照尋常誘拐例分別知情、不知情科斷。〕④

按：此因律以藥迷人圖財之意而分析之，又增入"迷拐人口"一項。律文得財皆斬立決，未得財皆流，此於得財中分出數項，分別擬以斬決、發遣，又於未得財中分出輕重，重者照律加等，擬以斬候，輕者亦從重擬遣。此亦行同強盜者，共二條。

---

① 《大清律例會通新纂》卷22，第1990-1991頁。
② 同上書，第1987-1988頁。
③ 同上書，第1985頁。
④ 同上書，第2009頁。

一、盜刼之案，〔依強盜已行，但得財者，不分首從皆斬律俱擬斬立決；〕把風接贓等犯，雖未分贓，亦係同惡相濟，照爲首一律問擬，不得以情有可原量〔爲末〕減。〔倘地方官另設名目，曲意開脫，照諱盜例參處。〕①

按：強盜案件，國初沿明（之）律〔之〕。"不分首從皆斬"，康雍以後漸從寬宥，分別"法所難宥"及"情有可原"兩項，如轉糾黨羽、持火執械、塗臉入室、助勢搜贓、架押事主、送路到案、誣扳良民並行刼二次及沿江濱海行刼、過船搜贓，皆係法無可貸者也。至在外瞭望、接遞財物，並未入室；過船搜贓並被人誘脅上盜或行刼一次，並無凶惡情狀，皆情有可原者也。難貸者照律斬決，可原者免死發遣。至乾隆二十六年，將此節著爲定例，百餘年來法令寬大，盜賊稀少，天下晏然無事。至咸豐年間，復改從嚴，照律不分首從。同治九年，將分別情有可原、法無可貸之例刪除，續纂此條，從此強盜之案，惟中途折回不行者始分別畏懼、患病量減，若一到事主門首，無論瞭望把風，一概斬決，至今三十餘年，嚴刑峻法，似可遏止盜風矣。乃近年正法之犯日多，上年吉林一省，強盜正法者多至一千餘名，即以京城論，每年亦不下數百人。且從前盜案，各省必奏，奉諭旨方行處決；近又創爲先行就地正法，後始按季、按年彙奏，更有並不奏聞者，法愈加愈嚴，而盜日殺日衆，教化吏治之不修而徒事重法，亦何益哉？！

一、凡問刑衙門鞫審強盜，必須贓證明確者，照例即決。如贓迹未明，招扳續緝，涉於疑似者，不妨再審。或有續獲強盜無自認口供，贓迹未明，夥盜已決無證者，俱引監候處決。②

一、〔凡〕強盜重案，交與印官審鞫，不許捕官私行審訊、番捕等役私拷取供；違者，捕官糸處，番役等〔於本衙門首〕枷〔號一月〕、③杖〔一百〕、革役。〔如得財及誣陷無辜者，從重科罪。其〕承（審）〔問〕官於初審之時，〔即〕先驗有無傷痕；若果無傷，必於招內開明"並無私拷傷痕"字樣，（如）〔若〕疏忽不開，扶同隱晦及縱容捕官私審者，〔即將印官〕題糸，〔交部〕④議處。

一、〔地方文武〕官員因畏疏防、承緝處分，恐嚇事主，抑勒諱盜或改強爲竊者，均照諱盜例革職，承行書辦杖一百。若抑勒苦累事主致死或刑傷至篤（疾）〔廢〕者，除革職外，照故勘平人律治罪。〔該管司、道、府、廳、州不行查報，督撫不行查參者，俱交部照例議處。如有奸民以竊報強，挾制官長，希圖誣良索

---

① 《大清律例會通新纂》卷 22，第 2006 頁。
② 《大清律例會通新纂》卷 22，第 1968-1969 頁；光緒《大清會典事例》卷 783，第 588-589 頁。
③ 光緒《大清會典事例》卷 783，第 589 頁；《大清律例會通新纂》（卷 22，第 1969 頁）此處作"個月"，前脫"一"字，或因印刷模糊而難辨。
④ 《大清律例會通新纂》卷 22，第 1969 頁。

詐者，許州縣官詳明督撫，另委別州縣查訊，照例辦理。〕①

一、〔凡〕强盜初到案時，審明夥盜贓數及起有贓物，經事主認確，即按律定罪。其夥盜數目，以初獲强盜所供爲確，初招既定，不許續報②。〔如係竊賊，審明行竊次數並事主初供，但摻有正贓，即分別定擬。若原贓花費，照例追變賠償。〕如事主冒開贓物，杖八十。其盜賊供出賣贓之處，如有伊親黨並胥役③人等藉端嚇詐者，計贓加竊盜一等治罪。

一、〔凡〕盜犯到案，〔審實〕先將各犯家産封記，（俟）〔候〕題結之日，將盜犯家産變賠；如該犯之父、兄弟、伯叔知情分贓並另有窩家者，審明治罪，亦著落伊等〔名下〕追賠；倘〔案內〕各盜〔或有〕並無家産〔以〕及外來之人，無從封記開報者，將案內盜犯及窩家有家産者，除應（除）〔賠〕本身贓物外，或有餘賸，概行變價代賠；倘〔有〕將無干親族及〔並〕未分贓之親屬株連賠累者，〔該督撫〕④查糸議處。

一、强竊盜〔賊〕現獲之贓，〔各〕令（各）事主認領外，如强盜贓不足原失之數，將無主贓物〔賠〕補（賠），餘賸者入官，如仍不足，將盜犯家産變價賠償。若〔諸色人〕典當收買盜〔贓及〕⑤竊贓，不知情者勿論，止追原贓，其價於犯人名下追徵給主。

一、事主報盜，止許到官聽審一次認贓〔一次〕，所認贓物即給主（領）回〔家〕，不許往返拖累，違者〔將承審官〕⑥嚴加議處。

按：以上各例皆有審訊盜案、定罪取供、追贓補賠之法，而首條尤爲扼要，蓋强盜罪名重大，審實應即立決，更須格外慎重。至賠贓之法，近來照此辦理者雖百無一二，然亦不可不知。此因盜罪而並及審盜之法，共七條。

一、事主〔呈〕報盜〔案〕失單，〔須〕逐細開明，如贓物繁多，一時失記，准於五日內續報〔，該地方官將原報、續報緣由於招內聲明〕。至（起）獲盜〔起〕贓，〔必〕須〔差〕委捕員眼同起認。如捕役私起贓物，或借〔名〕尋贓逐店搜察，或〔囑賊誣扳，指稱收頓，或將賊犯己物作贓，或買物栽贓，或〕混認瞞贓等弊事發，除（將）捕役〔照律例從重問擬〕（治罪）外，其〔承問官〕不嚴禁〔詳審，該督撫不嚴飭〕（之承認官）題糸〔者，一并交部〕⑦議處。

---

① 光緒《大清會典事例》卷783，第593頁；《大清律例會通新纂》卷22，第1964-1965頁。
② 光緒《大清會典事例》（卷783，第595頁）"報"作"扳"。
③《大清律例會通新纂》（卷22，第1970頁）"役"作"捕"。
④《大清律例會通新纂》卷22，第1974-1975頁。
⑤《大清律例會通新纂》卷22，第1975-1976頁。
⑥ 光緒《大清會典事例》卷783，第592頁；《大清律例會通新纂》卷22，第1980頁。
⑦《大清律例會通新纂》卷22，第1963頁。

一、事主〔呈〕報盜〔情〕，不許〔虛誣〕捏飾，倘〔有〕並無被刦而謊稱被刦，及以竊爲强、以姦爲盜者，俱杖一百。以人命鬭毆等事報盜者，其本身無罪，亦杖一百。若本有應得之罪，重者〔照本罪〕從重問擬，〔本罪〕輕者加一等〔治罪〕。若姦棍豪紳憑空捏報盜刦，藉以陷害平人、訛詐〔印捕〕官役者，照誣告人死罪未決律〔擬〕〔杖一百、〕流〔三千里〕，加徒〔役三年〕，甲長、鄰（右）〔佑〕扶同者，各照事主減一等〔治罪〕。①

一、强盜〔行劫〕，鄰（右）〔佑〕知而不協拏者杖八十，如〔鄰佑或常人或事主家人〕拏獲强盜一名〔者〕，官給賞銀二十兩，〔多者照數給賞。〕受傷者〔移送兵部驗明等第，〕照〔另戶及家僕〕軍傷例將無主馬匹等物變價給賞。〔其在外者，以各州縣審結無主贓物變給。〕如營〔汛防守官〕兵捕賊受傷〔者，照綠旗陣傷例分別給賞；〕（及受）〔若被〕傷身亡者，〔亦〕（仍）照〔綠旗〕陣（傷、陣）②亡例〔分別〕給與身價銀兩。

按：以上各條，係（有）事主報盜及捕役起贓並鄰右縱盜、捕盜，分別治罪、給賞之法，皆强盜案中必有之事，亦辦盜案者應知之端，故連類而及，共三條。

（一、）律載："〔凡〕强盜窩主造意，身雖不行，但分贓者，斬。若不行，又不分贓者，（滿）〔杖一百〕流〔三千里〕。共謀者，行而不分贓，及分贓而不行。皆斬，若不行又不分贓〔者〕，③杖一百。"

一、强盜窩主造意不行又不分贓，〔改〕發新疆〔給官兵〕爲奴；若非造意又不同行、分贓，但知情，存留一人，發近邊充軍；存留二人，〔亦〕發新疆〔給官兵〕爲奴；〔存留〕三人以上，於發遣處加枷號三月；五人以上，加枷號（五）〔六〕月；如知情而又分贓，無論〔存留〕人數〔多寡〕，④仍照窩主律斬。

一、（强）〔洋〕盜案內，知情〔接〕買〔盜〕贓之犯，不論〔贓數〕多（少）〔寡〕，一次，〔杖一百、〕（滿）徒〔三年〕；二次，〔發〕近邊充軍；三次以上，發新疆〔給官兵〕爲奴。（其知情寄贓及代爲銷贓者，一次徒二年，二次徒二年半，三次徒三年。）⑤

一、〔凡〕窩綫同行上盜得財者，仍照强盜律定擬。如不上盜又未得財，但爲

① 《大清律例會通新纂》卷22，第1963-1964頁。
② 《大清律例會通新纂》卷22，第1971頁；光緒《大清會典事例》卷783，第589頁。
③ 《大清律例》卷25，第413-414頁。校按：此爲"盜賊窩主"門律文，非條例，似不應有符號"一"。
④ 光緒《大清會典事例》卷798，第736頁。
⑤ 參見光緒《大清會典事例》卷798，第737頁。校按：《盜賊窩主》門另有一道條例："强盜案內，知情買贓之犯，照'洋盜例'分別次數定擬。其知而寄藏及代爲銷贓者，一次，杖八十、徒二年；二次，杖九十、徒二年半；三次以上，杖一百、徒三年。"（見光緒《大清會典事例》卷798，第738頁；《大清律例會通新纂》卷24，第2303頁）。此處作者似將此兩例混淆，其前半部分似爲《盜賊窩主》門之"洋盜例"，後半部分（即圓括號內文字），方爲同門之"强盜例"。

賊探聽〔事主〕消息、〔通線、〕引路者，〔應〕照〔强盜〕窩主不行〔又〕不分贓（例），改發新疆〔給官兵〕①爲奴。

一、〔凡〕曾任職官及在籍職官窩藏〔竊盜、〕强盜，按平民〔窩主本律本例，罪〕應（擬）斬決者，加擬梟示；罪應絞（監）候者，加擬絞〔立〕決；〔罪〕應徒、流、充軍者，〔概行〕②發遣黑龍江當差。

一、同治十一年章程：窩留東三省馬賊，知情分贓卽照强盜窩主擬斬；若並未分贓，但知情容留，或受託寄頓或代爲銷售，均發新疆爲奴，遇赦不赦。

按：以上各律例專有强盜窩主及買贓、寄贓、銷贓之罪，載在《盜賊窩主》門內，雖非强盜而爲强盜淵藪，應與强盜律一並參看，共六條。

此外又有"情罪兇暴，比照强盜問擬者"數項。如糾夥騎馬持械並聚至十人以上，倚强肆掠搶奪者；搶奪糾夥三人，持械威嚇動手者；大江洋海，官弁兵丁遇船遭風，尚未覆溺，不救反搶取財物者；糾衆發塚起棺，索財取贖者；發塚後將屍骨拋棄，並將控告人殺害者；廣東省匪徒作爲打單名色夥衆三人以上，帶有鳥鎗刀械者；捉人勒贖，糾夥三人以上，入室擄捉者；糾衆圖財放火故燒房屋者；謀殺人因而得財者；鹽徒聚衆十人以上，擅用兵仗拒殺官兵及傷三人以上者。此皆散見各門，比照强盜不分首從治罪之犯，亦應與强盜律合參，共十項。

表 1　外國强盜罪刑比較表③

	强盜	强盜殺人	强盜傷人	强盜持械
日本	輕懲役	絞	無期徒刑	重懲役
英吉利	五磅以上處五年至十四年徒刑或二年囚獄或苦役囹牢	—	—	處五年至終身徒刑或處囚獄加笞刑
美利堅	五年至十年囚獄加苦役		終身囚獄加苦役	終身囚獄加苦役
德意志	懲役	無期懲役	無期懲役	—
法蘭西	有期徒刑	無期徒刑	無期徒刑	—
俄羅斯	十年以上十二年以下苦工	—	由十年以上苦工上加一等	—

①《大清律例會通新纂》卷 24，第 2297 頁。
② 同上書，第 2304 頁。
③ 原表無題，此處標題係點校者擬加，下表標題亦同。

表 2　古今強盜罪刑比較表

	強盜殺人	強盜傷人	強盜得財	強盜贓多	強盜未得財
唐	斬	不持杖傷人者絞，持杖傷人者斬	一尺徒三年，二疋加一等	不持杖五十疋絞，持杖五疋絞	不持杖徒二年，持杖流三千里
宋	—	絞	一貫徒二年	一十貫絞	—
元		死	徒三年	不持械者四十貫，首死從徒；持械者二十貫，首死從流	持械不傷人徒二年半，不持械又不傷人徒一年半
明	斬梟	斬決	—	—	滿流
大清	斬梟，現改斬決	斬決，現改絞決	斬決，現改絞決	—	未傷人律滿流例發遣新疆，傷人者斬監候，現改絞監候

強盜例應斬梟照章改斬決各項：

一、強盜殺人者；

一、放火燒人房屋者；

一、姦人妻女者；

一、關係城池、衙門者；

一、打刼牢獄、倉庫者；

一、積至百人以上者；

一、兵役強盜爲首者；

一、強盜執持鳥鎗、洋鎗者；

一、響馬強盜持有軍器者；

一、粵東內河強盜四十人以上及有拜會情事，拒傷事主並三次以上暨脫逃二年後就獲者；

一、兩廣強盜捉獲事主勒贖者；

一、京城地方行刼者；

一、江洋大盜行刼者；

一、職官窩藏強盜，知情分贓者；

一、御駕駐蹕，竊匪拒殺官兵者。

斬決照章改絞決各項：

一、強盜得財者；

一、老瓜賊得財及傳授技藝，在家分贓者；

一、強盜引綫分贓者；

一、御駕駐蹕，竊匪於宮牆一里以內拒捕，刃傷及折傷者；

一、竊盜強姦婦女已成者；

一、竊盜臨時盜所拒捕殺人者；

一、用藥迷人、迷拐，爲首、下手用藥並迷竊二次及首先傳授藥方，並甫經學習擬遣到配故智復萌者；

一、強盜把風、接贓者；

一、強盜窩主造意不行分贓及共謀行而不分贓者；

一、窩綫同行上盜得財者；

一、投首之賊誣扳平人者；

一、捕役爲盜及分贓通賊，致令脫逃者；

一、強盜得財殺人，在場目擊未下手者。

斬候照章改絞候各項：

一、強盜傷人，未得財爲首者；

一、響馬強盜並江洋大盜傷人，未得財爲首者；

一、強盜未得財，目擊殺人者；

一、強盜傷人，聞拏投首者；

一、夥盜供獲首盜係舊例法無可貸及夥盜供獲夥盜一半，並首盜供獲全案夥盜者；

一、竊盜臨時並拒捕，刃傷及折傷以上爲首者；

一、竊盜棄財逃走，拒捕殺人爲首者；

一、用藥迷人、迷拐，經救得醒，未得財爲首及下手用藥者；

一、強盜贓迹未明，無自認口供者。

絞決照章改絞候各項：

一、御駕駐蹕，竊匪拒殺官兵，爲從幫毆，刃傷及折傷並於一里以外拒傷官兵，刃傷、折傷爲首者；

一、職官窩留強盜，按平人應擬絞候者。

絞候各項：

一、京城行劫，雖未得財、傷人，而有持火、執械、擲物、打人重情爲首者；

一、御駕駐蹕，竊匪拒殺官兵，爲從幫毆成傷，非金刃、折傷者；

一、竊盜强姦婦女未成者；

一、竊盜拒捕殺人，爲從幫毆，刃傷及折傷者；竊盜棄財逃走，拒捕刃傷、折傷者；

一、竊盜拒捕，刃傷絞犯投首別無證據者。

發遣新疆爲奴各項：

一、强盜傷人未得財爲從者；

一、未得財、未傷人爲首者；

一、響馬强盜並江洋大盜傷人不得財爲從並未得財、未傷人爲首者；

一、强盜傷人事未發自首及行刦數家止首一家者；

一、用藥迷人得財並迷拐爲從者；

一、用藥迷人案內甫經學習敗露者；

一、老瓜賊內跟隨學習者；

一、御駕駐蹕，偷竊傷官案內爲從及傷非金刃、折傷爲首並殺人案內未經幫毆者；

一、强盜患病及別故不行事後分贓者；

一、接買盜贓至三次以上者；

一、强盜窩主造意不行又不分贓及存留强盜二人以上者；

一、强盜窩綫未上盜得財，探聽消息者；

一、職官窩盜，按平人罪應徒、流、充軍者；

一、拏獲盜犯眼綫，五日以外將同伴指獲者；

一、夥盜供獲首盜係舊例情有可原者；

一、東三省窩留馬賊雖未分贓但知情容留及受託寄頓，代爲銷贓者。

充軍各項：

一、强盜未傷人及盜綫聞拏投首者；

一、强盜燒人空房自首贓重者；

一、竊盜臨時殺人案內幫毆，非折傷、刃傷及未成傷，並傷人未死案內爲從並傷非金刃、折傷暨未經成傷爲首者；

一、竊盜棄財拒捕殺人案內傷非金刃、折傷者；

一、京城强盜兇惡昭著，未得財傷人爲從者；

一、盜後分贓至一百二十兩以上者；

一、接買盜贓二次者；

一、知情存留强盜一人者。

流罪各項:

一、强盗不得財者現例改遣;

一、造意不行又不分贜者;

一、未得財、未傷人爲從者;

一、響馬强盗並江洋大盗未得財、未傷人爲從者;

一、捏報盗案陷害平人訛詐者;

一、强盗同居父、兄、伯、叔、弟知情分贜,如强盗罪應擬斬者;

一、十五歲以下被人誘脅上盗者;

一、强盗未傷人及盗綫事未發自首者;

一、强盗燒人空房及田場自首者;

一、竊盗棄財拒捕殺人案内未經幫毆成傷,及刃傷人案内爲從者;

一、竊盗拒捕,刃傷絞犯聞拏投首者;

一、御駕駐蹕一里外偷竊,刃傷弁兵爲從,及傷非金刃爲首者;

一、强盗傷人,捕獲他盗五日外及聞拏投首者;

一、强盗畏懼不行,事後分贜者;

一、拏獲盗犯眼綫,五日内將同伴指獲者;

一、夥盗供獲全案首、夥各盗,係舊例法無可貸者。

徒罪各項:

一、官吏諱盗,抑勒苦累事主致死,及刑傷至篤疾者;

一、强盗案内知而不首,及强盗後分贜數在百兩以下者;

一、强盗同居父、兄、伯、叔、弟知情分贜情輕,及不知情分贜者;

一、洋盗案内被脅爲匪服役後被拏獲者;

一、竊盗臨時拒捕,傷非金刃、折傷,及未成傷爲從者;

一、御駕駐蹕一里外偷竊拒傷弁兵,非金刃爲從者;

一、强盗傷人,拏捕他盗自(守)〔首〕,及未傷人五日外捕獲他盗投首者;

一、强盗患病及別故不行,事後不分贜者;

一、强盗案内知情寄贜,及代爲銷贜並接買盗贜一次者;

一、拏獲强盗眼綫,五日内指獲同伴三名者;

一、夥盗供獲全案首、夥各盗係舊例情有可原者。

杖罪各項:

一、捕役查緝强盗不力者;

一、謊稱被竊，及以竊爲強、以姦爲盜妄報者；

一、以人命鬪毆報盜者；

一、官員、書吏抑勒諱盜，及改強爲竊者；

一、番役私拷取供，及捕官私審者；

一、事主冒開贓物者；

一、強盜鄰佑不協拏者；

一、不能禁約子弟爲盜者；

一、老瓜賊内與往來而不首者；

一、強盜畏懼不行，事後不分贓者；

一、強盜窩主不行又不分贓，及不知盜情暫時停歇者。

刼囚 律文

凡刼囚者，〔皆〕不分首從，（皆）斬監候。但刼卽坐，不須得囚。若私竊放囚人逃走者，與囚同罪，至死者，減一等。雖有服親屬，與常人同。竊而未得囚者，減囚二等，因而傷人〔者〕，[①]絞監候，殺人者，斬監候。雖殺傷被竊之囚，亦坐。前罪不問得囚與未得囚。爲從，各減一等。承竊囚與竊而未得二項。若官司差人追徵錢糧、勾攝公事，及捕獲罪人，聚眾中途打奪者，首杖一百、流三千里；因而傷差人者，絞監候。殺人及聚至十人，九人而下，止依前聚眾科斷。爲首者，斬監候；下手致命者，絞監候；爲從，各減一等。其率領家人、隨從打奪者，止坐尊長；若家人亦曾傷人者，仍以凡人首從論。家長坐斬，爲從坐流，不言殺人者，舉輕以該重也。其不於中途而在家打奪者，若打奪之人原非所勾捕之人，依威力於私家拷打律，主使人毆者，依主使律。若原係所勾捕之人，自行毆打，在有罪者，依罪人拒捕律；無罪者，依拒毆追攝人律。

此仍《明律》，原有小註，順治三年增修，此較《唐律》爲重。《唐律》："諸刼囚者，流三千里；傷人及刼死囚者，絞；殺人者，皆斬。若竊囚而亡，與囚同罪；竊而未得，減二等；以故殺傷人者，從刼囚法"云云。此刼囚者，不問是否死囚，但刼皆斬，雖不傷人亦斬，治罪較爲加重。其"竊囚"一項與《唐律》尚無軒輊，後又添出"中途打奪"及"率領家人打奪"二項，亦較爲完密。蓋言強刼囚獄及竊放打奪之罪，共分八項，"刼囚"一層，"竊囚"一層，"竊而未得"一層，"因竊囚殺傷人"一層，"聚眾打奪"一層，"因打奪傷人"一層，"殺人"及

---

① 《大清律例》卷24，第385頁；《大清律例會通新纂》卷23，第2015頁。

"聚至十人"一層，"率領家人打奪"一層。刦者，强取之謂，刦囚如强盜之行刦，竊囚如竊盜之偷取也。已招服罪而鎖扭拘禁者謂之"獄囚"；已審供取詞，未招服罪而散行拘禁者謂之"罪囚"；犯罪事發已拘在官，尚未審錄者謂之"罪人"。強刦重在刦，故不論得囚、不得囚；竊放重在失囚，故罪有得囚、不得囚之分。若因竊而殺傷人，則有似乎刦矣，故亦不分得囚、不得囚；惟究與真刦者不同，故上有"皆"字，則不分首從，下無"皆"字，爲從得減一等也，律文之細如此。此律較《唐律》從嚴，現例又較律爲嚴，律文刦囚皆斬監候，不言殺人、傷人，亦止於斬；例則分別殺、傷，又分別殺傷是官弁、是役卒，層層加重矣。如例載：凡刦囚殺官者，爲首及爲從殺官者依謀反律淩遲處死，親屬緣坐，下手幫毆有傷者斬梟，其餘斬立決，"若拒傷官弁及殺死役卒者，爲首並預謀助毆〔之〕夥犯俱擬斬〔立決〕梟〔示；其〕止傷役卒者，〔將〕爲首及幫毆有傷之〔夥〕犯俱〔擬〕斬立決；（雖）〔隨〕同助勢，〔雖〕未傷人（者）〔亦擬〕斬候，秋審〔時入於〕情實。若〔並〕未傷人，〔將起意刦獄之〕（爲）首〔犯擬〕斬〔立〕決，爲從〔者俱擬〕斬〔監〕候，秋審〔時入於〕[1]情實"云云。因斬候而加立決，又由立決而加梟示，並由梟示而加至淩遲、緣坐，與反逆同論，深惡之也。又，律文聚衆中途打奪殺人者斬候，下手者亦絞候，餘止於流；例則從嚴，分別改爲立決、充軍矣。如例載："官司〔差人〕捕獲罪人，〔有〕聚衆中途打奪，毆（死）差（役）〔致死〕（者），爲首〔者不論曾否下手，擬〕斬立決；爲從下手致命傷重〔致死〕者絞（立）決；幫毆有傷者，〔不論他物、金刃，擬〕絞監候；〔隨同拒捕，〕未經毆〔人成〕傷（者）〔之犯，改發〕極邊〔足四千里〕充軍。其傷差未〔致〕死〔者〕，（爲）首〔犯仍〕照律〔擬〕絞〔監〕候；〔但經聚衆奪犯，〕雖未傷人（者），〔首犯〕亦照〔'因而〕傷人律'〔從重擬〕絞"[2]（候）云云。其殺差與未傷差均較律加重，惟"傷差"一項尚仍照律辦理。又，尊長、家長率領卑幼、奴僕人等打奪殺人者，除尊長擬斬監候外，其卑幼等無論傷之輕重，律止均照爲從擬以滿流，例又補出"殺二命加重"一條，[3]如例載："官司〔差人〕捕獲罪人，〔如有〕尊長率領卑幼（等），〔及家長率領奴僕雇工毆差奪犯，並〕殺死差役（一命），案內（爲）〔隨〕從卑幼〔、奴僕、雇工，〕曾經殺傷者，照律〔依爲從擬〕（滿）〔杖一百、〕流〔三千里，在場助勢，並〕未傷人者（滿）〔杖一百、〕徒〔三年〕（外），（其）

---

① 《大清律例會通新纂》卷 23，第 2023 頁。
② 同上書，第 2021 頁。
③ 同上书，第 2026 頁。

〔若〕殺〔死〕差役非一家二命〔，及二命〕以上，案内爲從下手〔致死〕之卑幼〔、奴僕、雇工〕（等）〔俱〕擬絞監候，幫毆傷輕者，〔杖一百、〕（滿）流〔三千里，在場助勢，並〕未傷人者，〔杖一百、〕（滿）徒〔三年〕”①云云，是亦較律從嚴矣。例又於“中途打奪”外補出“在家打奪”一條，又於“聚衆中途打奪”外補出“人不及衆打奪”一條，如例載：“官司（勾）〔句〕攝罪人，〔已〕在該犯家拏獲，如〔有爲首糾謀〕聚（衆）〔至三人以上，持械〕打奪傷差〔者〕，即照中途奪犯例〔分別殺傷〕治罪，若〔並〕未〔糾約〕聚衆，〔實係〕一時爭鬪〔拒毆，〕致有殺傷，仍照〔各〕②本律定擬”；又，“官司〔差人〕捕獲罪人，〔有〕僅止一二人中途打奪〔者〕，無論有無傷差，〔爲首者〕均（擬滿）〔杖一百、〕流〔三千里〕，爲從減一等。（如）〔若〕毆差致死，即照聚衆打奪〔殺人本〕律〔分別〕③治罪”云云。不但較律治罪從重，而分別過於詳密，未免失之瑣屑矣。此與“罪囚反獄”及“故縱罪囚”治罪不同者，彼係獄囚自内反獄，此係外人從外打獄刧囚；彼係看守之人縱令囚逃，此係旁人私竊放囚，情節不同，故各入各門也。又，《日本刑法》：刧奪囚徒，以暴行脅迫助囚逃走者，處重禁錮五年以下、附加罰金；若囚係處重罪者，處輕懲役。欲使囚徒逃走，給與器具或指示方法者，處重禁錮三年以下，亦加罰金。致囚逃走者，加一等云云。較中律輕至數等，且因囚之罪重而刧囚者罪亦加重，亦與《唐律》刧死囚者由流加絞之意相符，彼此合參，各有所長，是在人善爲採擇焉耳。

白晝搶奪 律文

凡白晝搶奪人財物者，不計贓。杖一百、徒三年。計贓併贓論。重者，加竊盜罪二等。罪止杖一百、流三千里。傷人者，（首）〔首〕。斬；監候。爲從，各減爲首。一等，並於右小臂膊上刺“搶奪”二字。○若因失火，及行船遭風著淺，而乘時搶奪人財物，及拆毀船隻者，罪亦如之。亦如搶奪科罪。○其本與人鬪毆，或勾捕罪人，因而竊取財物者，計贓准竊盜論。因而奪去者，加二等，罪止杖一百、流三千里，並免刺。若竊奪有（殺）〔殺〕④傷者，各從故、鬪論。其人不敢與爭而殺之曰故，與爭而殺之曰鬪。

此仍《明律》，順治三年添入小註。《唐律》無《搶奪》一門，已包於强盜之内。如所云：“〔諸〕本以他故毆擊人，因而奪其財物者，計贓以强盜論，至死者

---

① 光緒《大清會典事例》卷787，第627-628頁。
② 同上书，第629頁。
③ 同上。
④ 《大清律例》卷24，第386-387頁；《大清律例會通新纂》卷23，第2027-2028頁。

加役流”①云云。此即搶奪之本祖。明始專立《搶奪》一門，罪名介在強、竊之間。蓋白晝搶奪與邀刼道路行迹相似，而其實究有不同。註云："人多〔而〕有兇器（爲）強刼""人（多）〔少而〕無兇器（爲）搶奪"。②又，"出（其）〔人〕不意〔而〕攫（而有）之曰'搶'，用力〔互爭〕而得之曰'奪'"。③此數語辨別搶奪、強刼，最爲明晰，但後來條例紛繁，與律文諸多參差，而辦法亦不遵守律註，明明應以強盜論者，而概照搶奪科斷，律文已爲虛設。現惟三人以下徒手搶奪者方照律辦理，若數過三人或二人持有器械，例俱加重問擬；且律渾言"傷人者斬監候"，而未及殺人一項，例則殺人問斬立決，而傷人則分別"刃傷""折傷"及"傷非金刃""傷輕平復"數層，不得照律一概擬斬，不但較律從輕，而擬罪亦最平允，足補律所未備。惟現在迭次增添，愈多愈歧，有計贓定罪者，有分殺傷定罪者，有分別省分定罪者，有分別人數定罪者，有分別器械定罪者，有分別次數、犯數定罪者，而省分有奉天、四川、湖北、河南、安徽、江蘇之徐、淮、海，山東之兖、沂、曹之別，人數有二人、三人、五人、九人、十人、四五十人、百人之別，器械有鳥鎗、洋鎗、金刃、他物、木棍、軍器、刀械之別，次數有一二次、三次、五次、八次以上之別。又，同一搶奪，所因不同，則罪名亦異。其中有因失火、因行船遭風覆水、有鬬毆、因勾捕、因爭地、因仇忿、因地方歉收之別。又，所搶之物有錢財、貨物、糧食、洋藥、婦女、田禾、竊贓、盜贓之分；犯搶之人有苗人、回民、糧船水手、差役、官弁、兵丁、沙民、飢民、採捕船戶、白撞手、紅鬍子之分；行搶之地有市場、在途、在野、大江、洋海、湖港、無人空室之分。總計現在例章不下三十條，即上年刪除數條，此刻尚有二十餘條。其中剖析過細，頭緒甚繁，以致彼此輕重歧異，問官檢查稍疏，即開書吏舞文作弊之隙。查外國並無搶奪名目，《日本刑法》止分竊盜、強盜兩項，不言搶奪，有犯即按照強盜加減問擬，最得《唐律》之意。蓋搶奪即係強盜，《孟子》所謂"禦人於國門之外"，《康誥》所謂"殺越人於貨"者，本是一類，自《明律》分爲兩項，現又增出無數例章，紛繁錯雜，互相牴牾，長安薛氏已有改歸畫一之議，有志未逮，今奉明詔修訂新律，此項亟應刪繁就簡。茲將切於現今實用各例擇要附錄於後，其餘概不登入。

一、〔凡〕④問白晝搶奪，要先明事犯根由，然後揆情剖決，在白晝爲搶奪，

---

① 《唐律疏議》卷 19，第 361 頁。
② 《大清律例》卷 24，第 386 頁；《大清律例會通新纂》卷 23，第 2027 頁。
③ 《大清律例會通新纂》卷 23，第 2028 頁。
④ 同上書，第 2031-2032 頁。

在夜間爲竊盜，在途截搶者雖昏夜仍問搶奪，止去“白晝”二字。若搶奪不得財，及所奪之物卽還事主，俱問不應。如强割田禾，依搶奪科之。探知竊盜人財而於中途搶去，准竊盜論；係强盜贓，止問不應；若見分而奪，問盜後分贓。其親屬無搶奪之文，比依恐嚇科斷。

一、〔凡〕白晝搶奪殺人者，〔擬〕斬立決，爲從幫毆〔如〕刀傷及〔手足、他物至〕折傷以上者，俱〔擬〕絞監候，傷非金刃又非折傷者，〔發雲、貴、兩廣極邊〕烟瘴充軍，未經幫毆成傷者，〔發〕極邊〔足四千里〕充軍。其傷人未死，如刀傷及折傷以上〔者〕，首犯〔仍〕照〔本〕律擬斬監候，爲從〔改發〕邊遠充軍，傷非金刃、傷輕平復之首犯〔改發極邊〕烟瘴充軍，〔拒捕〕未經成傷之首犯〔發〕近邊充軍，爲從各〔杖一百、〕徒三年，〔俱照本例刺字〕。①

一、白晝搶奪〔人財物，〕除贓在七十兩以下〔者仍〕依律擬以滿徒外，其贓至八十兩以上〔者〕，（卽）〔仍〕按律遞加竊盜罪二等，罪止〔杖一百、〕流三千里；一百二十兩以上〔者〕，仍照竊盜〔滿貫〕②律擬絞監候。

一、搶奪竊盜殺人之案，如數人共殺一人，無論金刃、他物、手足，以致命重傷者爲首，在場助（勢）〔力〕或致命而非重傷或重傷而非致命者以爲從論；如俱係致命重傷，以金刃者爲首，手足、他物爲從；如俱係金刃及俱係他物、手足致命重傷，無可區別者，有主使以主使者爲首、下手〔者〕爲從，無主使以先下手者爲首、後下手者爲從。其同案搶竊不知拒捕情事者，仍各照搶〔奪〕竊〔盜〕③本律首從論。

一、搶竊拒傷事主，〔傷輕〕平復之案，如兩人同塲拒傷一人，一係（金刃）〔他物〕，一係（他物）〔金刃〕，無論（下手）先後〔下手〕，以金刃傷者爲首；如金刃傷輕，他物傷重而未致折傷〔者〕，仍以金刃傷者爲首；如一係刃傷，一係他物折傷，刃傷重以刃傷爲首，折傷重以折傷爲首，刃傷與折傷俱重，無可區別者，以先下手者爲首；若俱係金刃，〔或〕④俱係他物，以致命重傷爲首；如俱係致命重傷或俱係他物折傷，亦以先下手者爲首；若兩人共拒一人，係各自拒傷，並不同塲者，卽各科各罪，各以爲首論。

一、〔凡〕白晝搶奪三犯者〔擬〕絞立決。〔如不及三犯，照所犯之罪發落。〕若因搶奪問擬軍、流、徒罪在配在逃，復犯搶奪，〔無論糾搶、夥搶、獨搶，曾否

---

① 《大清律例會通新纂》卷 23，第 2035-2037 頁。
② 光緒《大清會典事例》卷 788，第 636 頁。
③ 《大清律例會通新纂》卷 23，第 2034-2035 頁。
④ 同上書，第 2051-2052 頁。

得免併計，如〕本係〔雲、貴、兩廣極邊〕烟瘴（軍者）〔人犯，有犯即〕發新疆〔酌撥〕種地當差；其餘〔原犯〕軍、流、徒罪，復搶一二次者，〔實〕發〔雲、貴、兩廣極邊〕烟瘴充軍，三次以上發新疆〔酌撥〕種地當差。其搶奪問擬軍、流徒罪釋回後復犯搶奪，一二次贓未滿貫〔者〕，發〔往〕極邊〔足四千里〕充軍；三次以上〔實〕發〔雲、貴、兩廣極邊〕烟瘴充軍，五次以上發新疆〔酌撥〕種地〔當差〕；如搶奪初犯，五次以上（發新疆）〔實發雲、貴、兩廣極边〕烟瘴充軍，八次以上發新疆〔酌撥〕種地〔當差。若按次各不及前數者，均依本律辦理。儻爲首贓至一百二十兩以上，仍照例擬絞監候）。至搶、竊同時並發之案，除搶多竊少不得以竊作搶併擬，各從（其）重者論外，如竊多搶少，即〔應〕①將搶奪併計，照糾竊次數科罪。

此例分三層，一係問擬軍、流、徒罪在配在逃復犯者，一係問擬軍、流、徒罪釋回再犯者，一係初犯搶奪次數較多者。

一、搶奪之案，如結夥騎馬持械並聚（衆）〔至〕十人以上，倚強肆掠、兇（惡）〔暴〕衆著者，〔無論白晝、昏夜及在途、在野，江、河、湖、港，〕均照強盜律不分首從擬斬，被脅同行者發〔遣〕新疆〔給官兵〕爲奴。聚衆不及十人而數在三人以上，但經持械威嚇及捆縛按捺並傷事主者，爲首及在場動手之犯亦照強盜律〔擬〕斬立決，爲從〔在場並〕未動手者均發〔遣〕新疆〔給官兵〕爲奴。結夥僅止二人，但有持械威嚇事主情事，及雖未持械而結夥已至十人以上者，首犯〔實發雲、貴、兩廣極邊〕烟瘴充軍，（爲）從〔犯杖一百、）（滿）流〔三千里〕。結夥不及十人，俱係徒手搶奪者，（爲）首〔犯杖一百、）（滿）流〔三千里〕，（爲）從〔犯杖一百、）（滿）徒〔三年〕，數在三人以下者仍照〔搶奪各〕本律〔例〕②定擬。

又，光緒十三年章程：結夥十人以上搶奪之案，但有一人執持鳥鎗、洋鎗，無論曾否傷人，俱擬斬立決梟示。至結夥三人搶奪，執持鳥鎗、洋鎗之人，首犯斬決加梟示，從犯斬決，傷人者亦加梟示；至一二人搶奪，執持鳥鎗之犯，雖未拒捕，均發極邊充軍。

以上各例，首條係前明問擬搶奪通例。下四條係搶奪計贓及殺人、傷人分別首從之法，足補律所未備，最爲切要。後三條一係分別犯數、次數加重之法，一係分別人數是否持械加重之法，一係因執持鳥鎗加重之法，俱係近年所定，現俱按此辦理，尤在所重。此外，各省專條用處甚少，祇好從略緩講，留待學者自行參考可也。

---

① 光緒《大清會典事例》卷 787，第 631 頁。
②《大清律例會通新纂》卷 23，第 2067-2068 頁。

竊盜 _{律文}

凡竊盜，已行而不得財，笞五十，免刺；但得財，_{不論分贓不分贓。}以一主爲重，併贓論罪，爲從者，_{各指上得財不得財言。}減一等。_{以一主爲重，謂如盜得二家財物，從一家贓多者科罪。併贓論，謂如十人共盜得一家財物，計贓四十兩，雖各分得四兩，通算作一處，其十人各得四十兩之罪，造意者爲首，該杖一百，餘人爲從，各減一等，止杖九十之類。餘條准此。}初犯，並於右小臂膊上刺"竊盜"二字；再犯，刺左小臂膊；三犯者，絞。_{監候。}以曾經刺字爲坐。掏摸者，罪同。

一兩以下，杖六十；

一兩以上至一十兩，杖七十；

二十兩，杖八十；

三十兩，杖九十；

四十兩，杖一百；

五十兩，杖六十、徒一年；

六十兩，杖七十、徒一年半；

七十兩，杖八十、徒二年；

八十兩，杖九十、徒二年半；

九十兩，杖一百、徒三年；

一百兩，杖一百、流二千里；

一百一十兩，杖一百、流二千五百里；

一百二十兩，杖一百、流三千里；

一百二十兩以上，絞。_{監候。}三犯，不論贓數，絞。_{監候。}

此仍《明律》，原係以"貫"爲計，國朝改"貫"爲"兩"。《明律》，一百二十貫罪止流三千里，順治四年改"一百二十兩流罪"爲"絞監候"，康熙年間改爲"一百二十兩以上絞監候"，又添"三犯不論贓數，絞監候"一語，從此爲竊盜始擬死罪矣。《唐律》竊盜："一尺杖六十，一匹加一等，〔即是〕一匹一尺杖七十。以次遞加至〔贓〕滿（贓）五匹，不更論尺，卽徒一年。〔每〕五匹加一等，（至）四十匹流（二）〔三〕千里，五十匹加役流。"以唐之一尺合銀一兩計算，則笞杖之罪與今律輕重相同，而徒流則較今爲輕矣。再，《唐律》計贓有累而倍論之法，如盜數家之物，累作一處；倍論者，（謂）"倍，〔謂〕二尺爲一尺，若有〔一處〕贓多，累倍不加重者，止從一重（爲）〔而〕斷"，[1]與今律以一主爲重、併贓論罪

---

[1]《唐律疏議》卷 19，第 358 頁。

之法不同。宋改“疋”爲“貫”，竊盜一貫杖六十，二貫加一等，十貫徒一年。[①]元律：十貫以下杖六十，二十貫加一等，至一百貫徒一年，每一百貫加一等，罪止徒三年，[②]較今律爲更輕矣。總之，唐以前不可考，自唐至明，竊盜均無死罪。漢人有言：“皋陶不爲盜制死刑。”[③]又，漢高祖約法三章，殺人者死，傷人及盜抵罪。可見自漢以來，竊盜亦不擬死也。現在外國刑法無論竊盜、强盜均不處死，《日本刑法》惟强盜殺人者始處死，竊盜無論有何重情，罪至重禁錮而止，與中國古律尚屬符合。本朝順治初年，以大亂初平，人心未靖，不得不設重法以遏絕亂萌，凡竊盜一百二十兩卽擬以絞，此爲竊盜處死之始。嗣又益以三犯擬絞之法，重財物而輕人命，已非古法。後又迭次加嚴，條例日益繁多，律文三犯而外，更有再犯加枷之例；計贓而外，又有計次數、計人數之例。次分八次、六次、四次、三次、一二次，人分三人以上、十人以上；而三人、十人又有持械、不持械之別。且同一持械，鳥鎗與兇器、刀械不同，兇器、刀械又與繩鞭、小刀、棍棒不同；行竊之人如係店家、船戶、腳夫、車夫、回民、捕役、兵丁、地保等項則加重，如係親屬及旗人犯竊則從輕；行竊之地如係衙署、外國使館、公館、圍場則加重，如係田野則從輕；所竊之物如係倉庫餉鞘、官物、蒙古畜牲、礦產、人參、珠子、墳樹等項則加重，如係田野麥穀、菜果等項則從輕。其尤紛亂者：直隸一例，山東、安徽一例，湖廣、福建、廣東、雲南共一例，四川、陝甘又一例。又於杖罪以上，軍、流以下添出“枷號”一項，又以枷號不足以示懲，添出“鎖繫鐵桿石墩”一項。例愈多愈雜，刑愈加愈重。定例之意，原在求其詳備，反致失於煩瑣；加重之初，原爲嚴懲匪徒，反致易長盜風。然則法不必設與？非也，太史公曰：“法令者治之具，而非制治清濁之源也。”然則盜不可治與？亦非也，孔子曰：“苟子之不欲，雖賞之不竊。”夫當今之世而欲高談古之矜言德化者，誠爲迂闊之論，惟自古迄今，治盜之法多矣，曾未聞畏法而人不敢爲盜。法不足勝姦，漢之武帝、明之太祖，其明驗與？！老子云：“民不畏死，奈何以死懼之？”《孔叢子》述孔

---

① 校按：其說似不確。據《宋刑統》卷19，第303頁載建隆三年二月十一日敕節文：“起今後犯竊盜，贓滿五貫文足陌，處死；不滿五貫文，決脊杖二十，配役三年；不滿三貫文，決脊杖二十，配役二年；不滿二貫文，決脊杖十八，配役一年。一貫文以下，量罪科決。”再《宋會要輯稿·刑法三》，第8393頁：“三年二月十三日，詔曰：‘竊盜之徒，本非巨蠹，姦生不足，罪祇嚴科。今條法重于律文，財雖輕於人命，俾寬憲網，用副哀矜。令後犯竊盜，贓滿五貫處死，以百錢足爲陌；不滿者決杖、徒、役，各從降殺。’”又《宋史·刑法志》卷199《刑法一》，第4967頁亦云：“唐建中令：竊盜贓滿三匹者死。武宗時，竊盜贓滿千錢者死。宣宗立，乃罷之。漢乾祐以來，用法益峻，民盜一錢抵極法。周初，深懲其失，復遵建中之制，帝猶以其重，嘗增爲錢三千，陌以八十爲限。既而詔曰：‘禁民爲非，乃設法令，臨下以恕，必務哀矜。竊盜之生，本非巨蠹。近嗣立制，重於律文，非愛人之旨也。自今竊盜贓滿五貫足陌者死。’”

② 校按：《元史》卷104，《刑法三》，第2657頁：“諸竊盜始謀而未行者，笞四十七；已行而不得財者，五十七；得財十貫以下，六十七；至二十貫，七十七。每二十貫加一等，一百貫，徒一年，每一百貫加一等，罪止徒三年。”

③ 《後漢書》卷35，《曹褒傳》，第1202頁。

子之言曰："民之所以生者，衣食也。上不教民，民匱其生，飢寒切於身而不爲非者，（鮮）〔寡〕矣。〔故〕①古之於盜，惡之而不殺也。"觀此二說，可得弭盜之道焉。今不必空言清心寡慾，潛移默化也，第採東西各國之法，廣興工藝、農桑、森林、牧畜各實業，使民衣食有資，然後遍設警察以稽查其出入，使之無所潛藏窩頓，庶幾盜少息焉。而其要尤在能得良吏，苟無良吏，則以上二者皆具文也。至於竊盜各例，不過治標之法，現因過於密苛，上年奏請，已將各省專條刪除，惟其中參差之處猶復不少，茲擇其切於緊要，通常引用者，節錄數條，其餘概從割愛。

一、竊盜再犯，計贓罪應杖六十者加枷號二十日，（以五日爲一等，以次遞加，至）〔杖七十者加枷號二十五日，杖八十者加枷號三十日，杖九十者加枷號三十五日，〕杖一百〔者加〕枷號四十日，〔俱〕交保管束。〔倘不加禁約，致復行爲竊，除原保系父、兄、子、弟人等，仍分別知情、分贓究擬外，其餘俱按賊人所犯，罪應杖、笞者將原保笞四十，徒罪以上者原保杖八十，知情故縱者比照窩主不行又不分贓爲從論科罪，免刺；受財者以枉法從重論。〕至行在拏獲竊盜，罪應（笞）杖〔笞〕者（加）〔枷〕②號一個月，滿日杖一百；徒罪以上，仍照本律定擬。

一、竊盜三犯，除贓至五十兩以上照律擬絞外，其五十兩以下至三十兩者改發〔雲、貴、兩廣極邊〕烟瘴充軍，三十兩以下至十兩以上者〔改發〕邊遠充軍，如銀不及十兩、〔錢不及十千〕③者，杖一百、流三千里。

一、竊盜三犯，應按其第三犯竊贓多寡照〔定〕例〔分別軍、流、遣、絞〕（擬罪），④毋得將從前初犯、再犯業已治罪之贓通算〔以致罪有〕重科。

按：以上三條，（初）〔除〕一條係於律內"初犯""三犯"中間補出"再犯"一項，第二、三條係因律文不論贓數擬絞一語未免過嚴，且不平允，仍於三犯中分別贓數多少，擬以絞候、軍、流，皆足補律所未備。

一、尋常竊盜，除並無夥眾持械及雖夥眾持械而贓至滿貫、罪無可加，或犯該軍、流、發遣者，均仍照律〔例〕辦理外，其〔有〕糾夥十人以上，但有一人執持器械者，不計贓數、次數，爲首〔之犯實〕發〔雲、貴、兩廣極邊〕烟瘴充軍，爲從（滿）〔杖一百、〕徒〔三年〕；若糾夥十人以上，並未持械，及糾夥三人以上，但有一人持械者，不計贓數、次數，爲首〔之犯杖一百、〕（滿）徒〔三年〕，爲從（減一等）〔杖九十、徒二年半〕。如〔行竊〕未得財，各於軍、徒罪上遞減

---

① 《孔叢子》卷 2，《刑論第四》，第 54 頁。
② 《大清律例會通新纂》卷 23，第 2088-2089 頁。
③④ 同上书，第 2082 頁。

一等問擬。〔俟數年後此風稍息，奏明仍復舊例。〕①

一、竊盜、搶奪、掏摸等犯〔犯事〕到官，應將從前犯案次數併計〔科罪〕。若遇恩赦，其從前所犯原案咸予赦除，免其併計，並免刺字，〔有犯〕仍以初犯論。如得〔免〕併計之後再行犯竊，復遇恩赦後犯案到官，審係再犯、三犯，俱按照初次恩赦後所犯次數併計，〔照律〕②科罪。若遇清理庶獄、恩旨免罪不免刺者，仍行併計，按照從前次數定擬。

一、竊盜於得免併計之後，因竊問擬軍、流、徒罪，在配釋回復行犯竊，如止一二次〔同時並發者〕，仍照得免併計後〔犯竊到官次數，〕分別初犯、再犯、三犯科罪；若〔不知悛改，連竊〕（犯至）三次以上，同時並發者，照積匪猾賊例〔定〕擬（軍）。③

一、未經得免併計之犯，因竊問擬軍、流、徒罪，在配、釋回不知悛改，如爲首糾〔夥迭〕竊〔至〕四次，或雖未糾夥而被糾迭竊及獨竊至六次者，並初犯、再犯之賊爲首糾竊〔至〕六次，或〔未糾夥而〕被糾迭竊及獨竊至八次者，均照積匪猾賊〔例〕擬（發極邊烟瘴充）軍。其未經得免併計之犯，因竊問擬軍、流、徒罪〔在配〕釋回，爲首糾竊三次或被糾迭竊及獨竊四次，並初犯、再犯之賊爲首糾竊四次或被糾迭竊及獨竊六次〔同時〕並發者，〔均〕照積匪猾賊例量減一等〔擬以〕滿徒，其三犯及〔計〕贓重者仍按〔各〕本例從〔其〕重〔者〕④論。

又，光緒十三年章程：竊賊施放洋鎗拒捕成傷，爲首並幫同放鎗之犯皆斬監候，秋審情實，殺人者加以梟示。尋常行竊持搶之犯，雖未拒捕，發極邊充軍。

按：以上五條，首二條係於律文計贓而外又分出結夥、持械、持鎗各重情，從嚴治罪；後三條係分（賊）別〔賊〕犯是否遇赦免其併計，以爲治罪輕重等差，總是恩典准其衹邀一次、不可再邀之意，而於律文計贓外又分出計次一法，均爲辦理竊盜者所當知也。

一、賊匪偷竊衙署服物（者），〔除罪應擬絞，依律定擬外，其餘〕不論〔初犯、再犯及〕贓數多寡，〔俱改〕發〔雲、貴、兩廣極邊〕烟瘴〔地方〕充軍；〔若已行而〕未得財者，〔照盜倉庫錢糧未得財例杖一百、〕⑤徒三年。仍分別首從問擬。

一、〔凡〕現任官員〔奉差出使、赴任、赴省、及接送眷屬〕乘坐船隻、住宿公館被竊（者），〔財物除贓逾滿貫仍依例定擬外，其餘各〕計贓照尋常竊盜例加

① 《大清律例會通新纂》卷 23，第 2096-2097 頁。
② 同上書，第 2073-2074 頁。
③ 同上書，第 2083-2084 頁。
④ 同上書，第 2084-2085 頁。
⑤ 光緒《大清會典事例》卷 789，第 652 頁。

一等〔分別首從〕治罪。若寓居〔里巷、〕民房〔及租賃寺觀、〕店鋪與（商）〔齊〕民雜處，〔賊匪〕無從辨識，〔乘間偷竊〕者，仍（按）〔依〕尋常竊盜（例）①辦理。

一、〔凡〕捕役、兵丁、地保等項在官人役有（應）〔稽查、緝〕捕之責〔者，除爲匪及窩匪本罪應擬斬絞、外遣，各照本律本例定擬外，如〕自行犯竊，罪應軍、流、徒、杖，無論首從，各加枷號兩個月，兵丁仍插箭遊營。〔若勾通豢養竊賊及搶劫各匪，坐地分贓或受賄包庇窩家者，俱實發雲、貴、兩廣極邊煙瘴充軍。儻地方員弁平時不行稽查，或知風查拏，有意開脫，不加嚴究，止以藉端責革，照不實力奉行稽查盜賊例交部議處。至別項在官人役無緝捕、稽查之責者，如串通窩頓竊匪，貽害地方，亦各於應得本罪上加一等治罪。〕②

一、〔凡〕店家、船戶、〔腳夫、〕車夫（、腳夫）〔有〕行竊商民，〔及糾合匪類竊贓朋分者，〕除〔分別首從〕計贓〔照常人〕科斷外，仍照捕役行竊例，〔各〕③加枷號兩個月。

一、回民行竊，〔除贓數滿貫、罪無可加，及無夥眾持械情狀者均照律辦理外，其〕結夥三人以上，但有一人〔執〕持〔器〕械，〔無論繩、鞭、小刀、棍棒，俱〕不分首從、〔不計贓數、次數，改〕發〔雲、貴、兩廣極邊〕烟瘴充軍；若〔結夥雖在〕三人以上，〔而俱〕徒手行竊者，〔於軍罪上減一等，杖一百、〕徒三年；〔結夥〕十人以上雖（未）〔無執〕持〔器〕械，〔而但行竊者，〕仍照三人〔以上執〕持〔器〕械〔之〕例擬軍；〔如行竊〕未得財（者），各〔於軍、徒罪上〕減一等〔問擬〕。④

一、旗人初次犯竊卽銷除旗檔，除〔犯該〕徒罪以上〔者卽〕照民人一體刺字發配外，如罪止笞杖〔者〕，照律科罪，免其刺字；後再行竊，〔依民人〕以初犯論。其〔有〕情同積匪〔及〕贓逾滿貫者，〔該犯〕子孫一併銷除旗檔，〔各令〕爲民；〔除滿貫之案於題本內聲明外，餘俱按季彙題〕。⑤

一、竊盜逃走，事主〔倉皇〕追捕，失足身死及失財窘迫，〔因而〕自盡者，〔除拒捕傷人及贓銀數多，並積匪三犯等項，罪在滿徒以上，仍照律例從重治罪外；〕如贓少罪輕，不至滿徒〔者，將賊犯〕，照因姦釀命例〔杖一百、〕⑥徒三年。

① 《大清律例會通新纂》卷23，第2090-2091頁。
② 光緒《大清會典事例》卷789，第650頁。
③ 《大清律例會通新纂》卷23，第2087頁。
④ 光緒《大清會典事例》卷789，第652-653頁。
⑤ 光緒《大清會典事例》卷790，第655頁。
⑥ 《大清律例會通新纂》卷23，第2090頁。

按：以上七條，或因地加重，或因人加重、減輕，或因釀命加重，皆竊盜案中特別之法，不可不知。

盜馬牛畜產 律文

凡盜〔民間〕①馬、牛、驢、贏、豬、羊、雞、犬、鵝、鴨者，並計所值之贓，以竊盜論。若盜官畜產者，以常人盜官物論。○若盜馬、牛兼官私言。而殺者，不計贓，即杖一百、徒三年；驢、贏杖七十、徒一年半。若計贓並從已殺計贓。重於徒三年、徒一年半。本罪者，各加盜竊盜、常人盜。罪一等。

此仍《明律》，順治三年採《箋釋》語添入小註。《唐律》："盜官私〔馬〕、牛（馬）②而殺者，徒二年半。"贓重者加凡盜一等，若盜殺犁牛，不用耕駕者，以凡盜論。蓋以牛馬軍國所用，與餘畜不同，若盜而殺，故擬罪較重。現律於馬、牛外又添出"驢""贏""雞""犬"等項，與《唐律》之義不同，《唐律》係盜而兼殺，不分官私，現律官私分科，又分出"盜而未殺"一層，盜則分別官私，若盜而兼殺，則官私同罪，無所區分，較《唐律》似爲詳備。此外又有非盜而殺之罪，見《兵律·廄牧》門"宰殺馬牛"律，宰殺又分私宰自己馬牛與故殺他人馬牛及親屬馬牛，罪止徒一年半，較此盜殺爲輕。盜殺止言牛馬四項，不言豬羊各項，可見豬羊各項均係應殺之物也。律文盜牛、盜馬俱係計贓定罪，例則牛以隻數論，馬以匹數論，至二十匹隻者擬絞，不至二十者從重加以枷號；律文盜殺罪止滿徒，例則從重加枷號一月充軍；律盜官馬者亦係照常人盜計贓，例則二匹以下照律計贓，三匹以上即擬滿流，十匹以上擬絞，均較律加嚴；且律渾言"官馬"，例於官馬中又分"御用郭什哈馬""多羅馬""駕馬"及"太僕寺官馬""察哈爾牧廠並蒙古馬匹"，又於牛、馬外添出"盜駝"一項，更添"盜蒙古四項牲畜"專條，蓋蒙古牲畜較官馬雖輕，究較平人之牲爲重。《日本刑法》雖無盜牛、馬明文，而竊盜罪內於牧場竊取獸類一條，亦即中律盜官畜之意，但彼法處重禁錮二月以上、二年以下，較凡竊處重禁錮四年以下者稍輕，中律則較凡盜爲重。又，《俄律》，偷竊馬匹者發西伯利亞安插，或交教養局習藝一二年，蓋俄國北地爲產馬之地，故立有專條，他國不見，即此可見刑律各因其俗各有取意，不能強同，亦不必強效也。此項律輕例重，現俱照例辦理，故節錄條例於後。

一、〔偷〕盜官馬二匹以下，〔仍〕以常人〔盜官物〕計贓論；三匹以上，〔杖

① 《大清律例》卷 24，第 395 頁；《大清律例會通新纂》卷 23，第 2107 頁。
② 《唐律疏議》卷 19，第 356 頁。

一百、）流三千里；十匹以上，〔爲〕首〔者擬〕絞監候，爲從〔者發雲、貴、兩廣〕烟瘴充軍；二十匹以上〔者〕，不分首從〔俱擬〕絞監候。窩主及牧馬人〔役〕自〔行〕盜〔賣〕者〔罪〕①亦如之。

一、〔凡〕盜牛一隻，枷號一〔個〕月、杖八十；二隻，枷〔號〕三十五日、杖九十；三隻，枷〔號〕四十日、杖一百；四隻，枷〔號〕四十日、〔杖六十、〕徒一年；五隻，枷〔號〕四十日、〔杖八十、〕徒二年；五隻以上〔者〕，枷〔號〕四十日、〔杖一百、〕徒三年；十隻以上，〔杖一百、〕流三千里；二十隻以上，〔不計贓數多寡，擬〕絞監候。盜殺者，枷號一〔個〕月、〔發〕附近充軍，俱〔照竊盜例〕刺字。〔其〕窩家知情分贓〔者〕與〔盜〕同罪；知情不分贓〔者〕，②杖一百。

一、行圍巡幸地方〔如有〕偷竊馬匹〔者，不分蒙古、民人〕五匹以上〔擬〕絞立決，三匹〔至〕四匹〔者即發雲、貴、兩廣〕烟瘴〔地方〕（充軍），一、二匹〔者發〕湖廣〔福建、江西、浙江、江南〕等（省）〔處〕充軍，〔俱交驛地當苦差〕，爲從及知情故買者〔係民人〕減〔本犯〕一等。〔係蒙古仍照《蒙古例》辦理。〕③

一、〔凡〕盜御用郭什哈馬〔者〕，首〔犯擬〕絞〔立〕決，從〔犯擬絞〕監候；盜多羅馬〔者〕，枷〔號〕六〔個〕月〔發〕邊遠充軍；盜鴛馬〔者〕，枷〔號〕三〔個〕月〔發〕近邊充軍。牧馬官兵盜〔賣〕④者罪同。

一、偷竊蒙古牛、馬、駝、羊四項畜牲，〔每〕羊四隻作牛、馬、駝一隻〔計算〕。〔如數至〕三十匹以上〔者〕，不分首從〔擬〕絞監候，秋審〔時將〕首〔犯擬入情〕實〔；其爲〕從〔犯俱擬絞監候，秋審減等時發雲、貴、兩廣煙瘴地方〕〔緩〕。二十匹以上〔者〕，（不分）首從〔俱擬〕絞〔監候，秋審時將爲首者入於情實；爲從同竊分贓者入於緩決，發湖廣、福建等處〕。十匹以上〔者〕，首〔犯擬〕絞監候，〔秋審時入於緩決，減等時減發雲、貴、兩廣煙瘴地方；其雖曾共謀，未經同行，僅於竊後分贓者，減發山東、河南等處。〕（爲從發烟瘴地方充當苦差）六匹至九匹〔者〕，首〔犯〕發〔雲、貴、兩廣〕烟瘴〔地方，爲〕從〔同竊分贓者，〕發湖廣〔、福建、江西、浙江、江南；其雖曾共謀，未經同行，僅於竊後分贓者，鞭一百〕（等省）。三匹至五匹〔者，〕首〔犯〕發湖廣〔、福建、江西、浙江、江南；爲〕（等省）從〔同竊分贓者，〕發山東、〔河南；其雖曾共謀，未經同行，

---

① 《大清律例會通新纂》卷23，第2111頁。
② 同上書，第2111-2112頁。
③ 同上書，第2113-2114頁。
④ 同上書，第2120頁。

僅於竊後分贓者，鞭一百）（等省）。一、二匹〔者〕，首〔犯〕發山東〔、河南〕（等省），〔爲〕從〔同竊分贓者，〕鞭一百〔；其雖曾共謀，未經同行，僅於竊後分贓者，鞭九十〕。竊羊不及四隻〔者〕，首〔犯〕鞭一百；〔爲〕從〔同竊分贓者鞭九十；其雖曾共謀，未經同行，僅於竊後分贓者，鞭八十。以上首從各犯罪應發遣者，俱交驛地充當苦差，罪應鞭責者，蒙古照擬鞭責，民人折責發落〕（減一等）。

一、〔駐劄〕外邊官兵及跟役〔等有偷〕盜蒙古馬匹者，〔審實〕卽在本（地）〔處〕正法。其蒙古偷盜官兵馬匹或官兵〔等〕自相〔偷〕盜馬〔匹〕（者），①仍照舊例〔行〕。

一、察哈爾等處牧廠〔如有〕偷賣〔在〕官畜牲及宰食〔，並作爲私產〕者，〔係〕官革職，發〔往〕黑龍江〔等處〕當差；〔係〕牧丁〔不分首從僉妻，〕發〔雲、貴、兩廣極邊〕烟瘴充軍。〔若至〕十匹以上〔者〕，爲首〔之犯擬〕絞監候，〔爲〕從〔分贓之犯寔發雲、貴、兩廣極邊〕烟瘴充軍；〔如至〕二十匹以上〔者，不分〕首從俱〔擬〕絞監候。知情〔故〕買者，〔係民人〕減〔本犯罪〕一等；〔係蒙古照《蒙古例》辦理。不知情者不坐〕。②

按：以上各例，大抵官牲重於私牲，而邊外蒙古尤重於內地，故特立專條，不照律文定罪；惟竊蒙古四項畜牲，理藩院新例與此參差，用時須彼此合參，從其輕者引之。

盜田野穀麥 律文

凡盜田野穀麥、菜果及無人看守器物 謂原不設守，及不待守之物。者，並計贓准竊盜論，免刺。〇若山野柴草、木石之類，他人已用工力砍伐積聚，而擅取者，罪亦如之。 如柴草、木石雖離本處，未馱載間，依不得財，笞五十。合上條有拒捕，依罪人拒捕。

此仍《明律》，順治三年及雍正三年增入小註。《唐律》無此名目，而有"〔諸〕山野之物，已加工力（砍）〔刈〕伐積聚，而輒取者，〔各〕③以盜論"一條，與此律後一段情罪相同。此律當著眼"田野"、"山野"等字，若穀麥等物收取到家及有人看守，卽不得引此，或原有人看守而偶然無人，亦不得謂之無人看守。蓋物雖在外，原各有主，乘人不見而盜之，其情與盜相似，故准竊盜論罪，惟究係在外之物，與盜之家中者有間，故得免刺，其罪止於滿流也。律文"器物"二字，

① 《大清律例會通新纂》卷23，第2112頁。
② 同上書，第2109-2110頁。
③ 《唐律疏議》卷20，第369頁。

所包甚廣，例則提出“礦砂”“人參”及“圍場野雞、鹿隻、柴草”等項，盜者從嚴論罪。又於“人參”以外補出“偷挖黃芪”“偷砍果松”“私藏珠子”“私帶米石、貂皮”等罪。律本計贓定罪，例則偷人參者以兩數計，復以人數計；礦砂分別金銀銅錫，折銀定罪。又以聚至三十人者，不論贓數，從重擬軍。盜圍場菜蔬者，復以初犯、再犯、三犯定罪。而木植以斤數爲計，畜牲以隻數爲〔計〕，果松以根數爲計。頭緒紛繁，辦理諸多參差，上年已將偷竊果松、黃芪二條刪除，其餘亦多無關引用之條，祇可擇要講習。查《日本刑法》於田野竊取穀類菜果，山林竊取竹木鑛物，川澤池沼竊取人所畜養產物，均處重禁錮一年以下、一月以上，較踰越門戶牆壁行竊處五年以下禁錮者減輕數等。法國律亦有盜田野已刈之穀草，及沼內所養之魚者，處以十五日至二年禁錮刑。其情事皆與此律相似，而擬罪輕重不同，則各因其俗也。此門條例甚多，茲擇其現時常用者節錄與右。

一、凡盜掘金、銀、銅、錫、水銀等礦砂，每金砂一斤折銀二錢五分，銀砂一斤折銀五分，銅、錫、水銀等砂一斤折銀一分二釐五毫，俱計贓准竊盜論。若在山洞捉獲，〔持仗〕拒捕（者），傷非金刃、傷輕平復〔者〕，不論人數、砂數〔多寡及初犯、再犯，俱〕發邊遠充軍；若殺人及刃傷、折傷，爲首者照竊盜拒捕〔殺傷人〕律斬，爲從〔並〕減一等；不曾拒捕（而），〔若〕聚至三十人以上者，不論砂數〔多寡及〕初犯、再犯，爲首〔發〕近邊充軍，爲從枷〔號〕三〔個〕月，照竊盜罪發落；若不〔曾〕拒捕，（而）〔又〕人數不及三十名者，爲首〔初犯〕枷〔號〕三月，照竊盜罪發落，再犯〔亦發〕近邊充軍，爲從〔者止〕照（強）〔竊〕盜罪發落。〔非山洞捉獲，止是私家收藏，道路背負者，惟據現獲論罪。不許巡捕人員逼令輾轉扳指，違者參究治罪）。[①]

一、〔凡〕旗民人等偷刨人參，如〔有〕身充財主，雇人刨採，及〔積年〕在外〔逗留〕已過三冬，人數（不）〔未〕及四十名、參數未至五十兩者，〔俱〕發〔雲、貴、兩廣〕烟瘴〔地方〕管束；若人至四十名以上、參至五十兩以上，爲首〔之財主〕及〔率領之〕頭目並〔容留之〕窩家俱〔擬〕絞監候，爲從發〔雲、貴、兩廣〕烟瘴〔地方，所獲牲畜等物給付拿獲之人充賞，參入官。擬絞人犯遇赦減等者亦照爲從例發遣。其〕未得參者各減一等。如〔並無財主，實係〕一時烏合，〔各出資本及受雇偷採，或〕隻身潛往，得參者，〔俱按其得參數目，〕一兩以下〔杖六十〕徒一年，一兩〔以上〕至五兩〔杖七十〕徒一年半，一十兩〔杖八十〕徒二年，一十五兩〔杖九十〕徒二年半，二十兩〔杖一百〕徒三年，二十兩以上至三十兩〔杖一百〕流二千里，每十兩〔遞〕加一等，罪止〔杖一百〕流三千里；爲從及未得參〔者〕各減一等。〔代爲運送米石者杖一百。〕私販照私刨〔人犯〕減一等〔治罪。得參人犯首從照例刺字，未得參及私販人犯俱免刺字。刨參案內有犯軍、流者，如係旗人，銷去旗檔，照民人一體問擬。犯該擬徒者，旗人免其充配，折加枷號兩個月，責令各該管官嚴加管束。除八旗正身兵丁不准再食錢糧外，其餘壯丁各色人等仍令各當本身差徭。若旗下家奴犯該軍、流者，發駐防兵丁爲奴，徒罪照例折枷；伊主知情故縱者杖八十，係官交部議處，不知者不坐。其潛匿禁山刨參人犯被獲治罪，遞回旗籍後復逃往禁山者，及旗人折枷之後如有再〕（擬徒之犯釋回復）犯，〔不分刨參已得未得，銷去旗檔，與民人俱〕發附近充軍。〔旗下家奴發往駐防給兵丁爲奴。〕①

一、民間農田，如〔有〕於己業地內費用工力挑築池塘〔潴〕蓄〔之〕水，〔無論業主已未車戽入田，而〕他人擅自竊放〔以〕灌己田者，〔不問黑夜白日，按其所灌田禾畝數，〕照侵佔他人田，一畝以下笞五十，〔每〕五畝加一等，罪止〔杖八十〕徒二年。有拒捕者，〔依律〕以罪人拒捕（律）科斷。如〔有〕被應捕〔之〕人殺傷〔者，各〕依擅殺傷罪人問擬。若於公共江河〔川澤〕溝瀆築〔成渠〕堰，及於公共〔地內〕挑築池塘，佔爲己業者，俱不得濫引此例。〔如有殺傷，仍各分別謀、故、鬥毆定擬。〕②

一、私入木蘭等處圍場及南苑偷竊菜蔬、柴草、野雞等項〔者〕，初犯枷〔號〕一月，再犯枷〔號〕兩月，三犯枷〔號〕三月，滿日〔各〕杖一百〔發落〕。若盜砍木植、偷打牲畜及刨〔挖〕鹿窖者，初犯〔杖一百〕徒三年，再犯及〔雖係〕初犯〔而〕偷竊木植〔至〕五百斤以上、牲畜〔至〕十隻以上，或〔身爲財主，〕〔雇〕倩（雇）多人者，俱〔改〕發極邊〔足四千里〕充軍，三犯〔者〕發新疆〔等處〕種地；爲從及偷竊未得者〔各〕減一等，販賣者又減一等。〔旗人有犯，銷除旗檔，照民人一體辦理。圍場〕看守兵丁有犯，〔俱先插箭游示，〕加一等〔治罪〕。至察哈爾及扎薩克旗下蒙古（有犯）〔私入圍場偷竊，〕，亦照此〔例一〕律問擬。〔蒙古人犯應擬徒罪者照例折枷，應充軍者發遣湖廣、福建、江西、浙江、江南，應擬遣者發遣雲、貴、兩廣，俱交驛充當苦差。以上各項人犯，無論初犯、再犯、三犯，均面刺"盜圍場"字樣，偷盜未得之犯均面刺"私入圍場"字樣。其枷號三月、兩月者減等，遞減一月，枷號一月者改減爲二十日。失察私入圍場偷竊之

---

① 《大清律例會通新纂》卷 23，第 2130-2134 頁。
② 同上書，第 2141-2142 頁。

該管地方文武各官並察哈爾佐領、捕盜官，及蒙古札薩克等交部分別議處及折罰牲畜。起獲鳥鎗入官，牲畜、器物賞給原拏之人。有連獲大起者，交該管官記功獎勵，一面仍向獲犯研訊由何處卡隘偷入？審係員弁、兵丁受賄故縱者，與犯同罪；贓重者計贓以枉法從重論。若止失於覺察，員弁交部議處，兵丁杖一百，再犯折責革伍，每月責令看卡員弁將有無賊犯偷入圍場之處出結具報，該總管每年于五月內據實彙折具奏。儻該員弁所報不實，交部議處；熱河都統亦於每年六月間據實具奏。如查明該總管所奏不實，即行參辦。〕①

按：以上各例，一係盜礦，一係盜參，一係偷竊圍場，均屬專條。至農田蓄水，分別己業與公共，以爲問擬鬥殺、拒殺之根由。此外又有"曠野白日盜田園麥穀"等項，擅殺擬徒、擬絞之例，載在《夜無故入人家》門內，當與此例一並參之。

親屬相盜律義

凡各居本宗、外姻。親屬相盜兼後尊長、卑幼二款。財物者，期親減凡人五等，大功減四等，小功減三等，緦麻減二等，無服之親減一等，並免刺。若盜有首從而服屬不同，各依本服降減科斷，爲從各又減一等。若行強盜者，尊長犯卑幼，亦依強盜已行而得財、不得財。各依上減罪；卑幼犯尊長，以凡人論。不在減等之限。若有殺傷者，總承上竊、強二項。各以殺傷尊長卑幼本律，從（其）（其）②重者論。○若同居卑幼，將引若將引各居親屬同盜，其人亦依本服降減，又減爲從一等科之，如卑幼自盜，止依擅用，不必加。他人盜己家財物者，卑幼依私擅用財物論，加二等，罪止杖一百；他人兼首從言。減凡盜罪一等，免刺。若有殺傷者，自依殺傷尊長卑幼本律科罪，他人縱不知情，亦依強盜得財、不得財。論。若他人殺傷人者，卑幼縱不知情，亦依殺傷尊長卑幼本律，仍以私擅用加罪，及殺傷罪權之。從其重者論。○其同居奴婢、雇工人盜家長財物，及自相盜者，首。減凡盜罪一等，免刺。爲從，又減一等。被盜之家親屬告發，並論如律，不在名例得相容隱之例。

此仍《明律》，順治三年添入小註，雍正三年刪改。《唐律》分作二門，一係盜緦麻小功財物，一係卑幼將人盜己家財物，《明律》合爲一門，又添"奴雇盜家長及自相盜"一項。《唐律》止言竊盜而未及強盜，若行強者，照通律加二等，此則卑幼強盜尊長以凡論，尊長強盜卑幼以次遞減，似較《唐律》爲嚴。而《唐律》減罪止分三等：期親減三等，大功二等，小功、緦麻同減一等；現律緦麻、小功

---

① 光緒《大清會典事例》卷793，第681-682頁。
②《大清律例》卷25，第400頁；《大清律例會通新纂》卷24，第2154頁。

分作二等，又添"無服之親"一層，共減五等。且《唐律》親屬止言本宗，外姻不在其內；現律小註係兼本宗、外姻在內，則又較《唐律》爲寬。惟是外姻無服之親名色甚繁，引擬每致失當，故現例載明以律圖爲斷，其律圖不載者，不得濫引減等。律文共分六層："各居親屬相盜"一層，"親屬行強盜"一層，"因盜殺傷"一層，"同居卑幼引他人同盜"一層，"親屬他人殺傷"一層，"同居奴雇盜家長及自相盜"一層。此律止言親屬強、竊盜而未及搶奪，故搶奪例內有"親屬無搶奪〔之文，比〕（止）[1]依恐嚇科斷"之語也；律止同居卑幼引他人竊盜而未言強盜，故例補出"同居卑幼，〔將〕引他人強刦己家〔財物〕（者），依〔各居親屬行強盜，卑幼犯尊長，以〕[2]凡人論斬，奏請定奪"一條；律止奴雇竊盜家長，例又補出"奴〔僕〕雇〔工人〕強刦家長〔財物〕及勾引外人同刦〔家長財物〕者，〔悉〕照凡人強盜律〔定擬〕，其有殺傷家長者，〔仍〕[3]依律從重論"一條；且律文奴雇竊盜家長得減一等，例則不減，仍照竊盜律治罪，若係起意勾引外人同盜者，又計贓遞加一等。例又於律外補出無服親屬內"若素有周恤或託管田〔產，經理〕財〔物，不安本分，〕肆竊肥己〔，貽累受害〕[4]者，即以凡人竊盜"論，不得減等，仍免刺字；若贓至滿貫，係尊長得照律擬以滿流，係卑幼擬絞監候緩決云云。大抵律輕例重。以上皆律例歧異之處，所當一併合參者。《日本刑法》：祖父母、父母、夫妻、子孫及其配偶者或同居之兄弟姊妹互相竊財者，不在以竊盜論之限，又，《改正刑法》：凡直系血族及同居親族犯竊取財物者，免除其刑，若係其他親屬，須待告訴而後論罪云云。雖不如中律以服制之遠近爲減罪之層次較爲詳細平允，然其敦睦親厚、教人恤族之心則一也。至於親屬因盜殺傷律外又有總例，分晰甚明，足補律所未備，附錄於右，以備研究。

一、親屬相盜、殺傷之案，除卑幼行強盜及尊長放火、強刦、圖姦、謀殺卑幼，〔不論有無服制〕各以凡論外，如期服以下至無服尊長，強、竊盜及搶奪卑幼財物、殺傷卑幼者，各就服制中殺傷卑幼及同姓親屬相毆並親屬相盜各本律相比，從其重者論。卑幼竊盜及搶奪尊長財物、殺傷尊長者，以凡盜殺傷之罪，與服制殺傷及同姓親屬相毆各本律相比，從其重者論。若期服以下至無服尊長強、竊盜及搶奪卑幼財物，並卑幼竊盜及搶奪尊長財物、殺傷並無尊卑名分之人，如兄弟妻

---

① 《大清律例》卷 24，第 387-388 頁。
② 《大清律例》卷 25，第 401 頁。
③ 《大清律例會通新纂》卷 24，第 2161 頁。
④ 同上书，第 2161-2162 頁。

及無名分雇工人之類。亦（就）各〔就〕親屬（相毆）〔殺傷〕^①及凡鬭殺傷並親屬相盜各本律相比，從其重者論。其因搶竊親屬財物被尊長、卑幼及並無尊卑名分之人殺傷者，亦各依服制殺傷及同姓親屬相毆並凡鬭殺傷各本律問擬，均不得照凡人擅殺傷科斷。

恐嚇取財 律文

凡恐嚇取人財者，計贓，准竊盜論，加一等，以一主爲重併贓，分首從。〔其未〕（不）得財者，亦准竊盜不得財罪上加（一）等。免刺。若期親以下自相恐嚇者，卑幼犯尊長，以凡人論；計贓，准竊盜，加一等。尊長犯卑幼，亦依親屬相盜律，遞減科罪。期親亦減凡人〔恐嚇〕^②五等，須於竊盜加一等上減之。

此仍《明律》，順治三年添入小註。《唐律》謂之“恐喝取財”：凡恐喝取人財〔物〕者，註云：“口恐喝亦是。准（竊）盜論加一等，雖不足畏忌，財主懼而自與，亦同。展轉傳言而受財者，皆（坐）爲從〔坐〕。若爲人所侵損，恐喝以求備償，事有因緣之類者，非。〔若財未入者，杖六十。即〕緦麻以上自相恐喝者，犯尊長，以凡〔人〕（盜）^③論，犯卑幼，依本法。”又，“監臨恐喝所部取財〔……〕准枉法〔而科〕，若知有罪不虛，恐喝取財〔物〕者，合從眞枉法〔而〕^④斷”云云。其擬罪與現律相同，而分晰較爲詳細。至監臨恐喝，律雖無文，而條例補出，亦與《唐律》情罪符合。此等匪徒，內蓄穿窬之心，外託公强之勢，惡其情逾竊盜，故准竊盜論而加一等，原其實非眞盜，故免刺而無死罪也，輕重之間，皆有至理。《日本刑法》：凡恐喝騙取財物及證書類者，處重禁錮二月以上、四年以下，與竊盜擬罪從同，此外又加罰金四圓至四十圓，又較竊盜爲重，蓋卽中律准竊盜論加一等之意，不過罪名不同耳。其名不曰“恐嚇”而曰“恐喝”，尚沿《唐律》舊文，蓋日本維新以前，刑法遵用《唐律》，現雖改用歐律，而名詞仍多未變，此卽可見。恐嚇以外，又有捉人勒贖、刁徒釀命、棍徒擾害及光棍各例，以其情近恐嚇取財，皆附此門，現（用）在〔用〕處甚多，而“捉人”一項又有新章，均當參考，故並錄之。至於各省專條，如廣東之打單嚇詐，苗人之伏草捉人及擅入苗境藉差欺凌，江蘇、山東、河南、陝西、安徽之帶刀挾詐逞兇，黔省之帽頂大

① 光緒《大清會典事例》卷794，第691頁；《大清律例會通新纂》卷24，第2163-2164頁（其後一處“尊卑名分”訛作“尊長名分”）。
②《大清律例》卷25，第401-402頁；《大清律例會通新纂》卷24，第2165頁。
③《唐律疏議》卷19，第360-361頁。校按：引文中“口恐喝亦是”及後“展轉傳言而受財者，皆爲從坐。若爲人所侵損，恐喝以求備償，事有因緣之類者，非”在原文中皆小字注，餘爲大字正文。
④《唐律疏議》卷19，第361頁。

五、小五，盛京之橫河攔綆詐索，江西之拜會搶刦，山東、安徽之結捻結幅、強當訛索，安徽之水烟箱主及旗民之指稱隱匿逃人詐財，太監出外索詐，並綽號棍徒各項，皆係一時一事，非通用之例，現在有刪除者，亦有未刪者，茲特約舉名目，略知大概，其詳情可不必究，以惜精力。

一、監臨恐嚇所部取財，准枉法論。若知人犯罪而恐嚇取財者，以枉法論。

一、〔凡〕兇惡棍徒屢次生事行兇，無故擾害良〔人〕，人〔所共知〕，確有實據者，發極邊足四千里安置。凡係一時一事，實在情兇勢惡者，亦照例擬發。如並無兇惡實跡，偶然挾詐逞兇，及屢次藉端索借，贓數無多，尚非實在兇惡者，仍照所犯〔之罪，各依本律本例〕①定擬，不得濫引此例。

一、〔凡〕惡棍設法索詐官民，或張貼揭帖，或捏告各衙門，或勒寫借約，嚇詐取財，或因鬥毆糾衆繫頸，謊言欠債，逼寫文券，或因詐財不遂，竟行毆斃，此等情罪重大，實在光棍，〔事發者〕不分曾否得財，為首〔者〕斬〔立〕決，為從〔者俱〕絞監候，〔其〕犯人家主、父兄各笞五十，〔係官交部議處。如〕家主、父兄首者，免罪；犯人仍照（律）〔例〕②治罪。

一、〔凡〕刁徒無端肇釁，平空訛詐，欺壓鄉愚，致被詐之人因而自盡者，〔擬〕絞監候，〔秋審時分別情節輕重，入於情實、緩決；〕拷打致死者，〔擬〕斬監候，秋審〔時〕入〔於情〕實，為從〔各〕減一等。〔若刁徒嚇詐逼命之案，〕如〔訊明〕死者實係姦、盜等項，及一切作姦犯科，有干例議之人，〔致被藉端訛詐，〕雖非兇犯干己事情，究屬事出有因，為首〔之犯應於絞罪上量〕減〔一〕等，（滿）〔杖一百、〕流〔三千里〕；為從〔者杖一百、〕（滿）徒〔三年〕。若兇犯所藉之事，在死者本無罪可科，或雖〔曾〕實有過犯，而兇犯另捏別項虛情訛詐者，均屬無端肇釁，〔仍照例分別首從，問擬絞候、滿流，〕③不得率予量減。

一、捉人勒贖之案，除用強擄捉，〔脅〕逼（令）上盜，〔應〕依強盜律斬決。或被捉之人，因病身死，〔應〕依威力制縛及主使〔各〕本律〔本〕例擬絞外，如〔有〕將被捉之人拒傷身死，或〔於擄〕捉後謀、故、毆殺者，首犯〔俱擬〕斬〔立〕決；為從謀殺加功者〔擬〕絞〔監〕候，不加功者〔實發雲、貴、兩廣極邊〕烟瘴充軍。若〔係〕拒殺、毆殺、為從幫毆，〔如〕刃傷〔及手足、他物至〕折傷〔以上〕者，〔俱擬〕絞監候；〔傷〕非金刃，〔又〕非折傷者，發新疆〔給官兵〕為奴；未經幫毆成傷者，〔實發雲、貴、兩廣極邊〕烟瘴充軍。如〔有〕將被捉之人任意

---

① 《大清律例會通新纂》卷24，第2167頁。
② 同上書，第2167-2168頁。
③ 同上書，第2172頁。

凌虐，或〔雖無〕（未）凌虐，而致被捉之人〔情急〕自盡者，爲首〔之犯，俱照苗人伏草捉人橫加枷肘例擬〕斬監候，爲從幫同凌虐〔或〕〔及雖〕無凌虐而助勢逼勒〔，致令自盡〕者，〔俱〕發〔遣〕新疆〔給官兵〕爲奴。〔若〕僅止聽從擄捉、關禁〔勒贖〕，尚無助勢逼勒情事〔者〕，〔均實發雲、貴、兩廣極邊〕烟瘴充軍。至審無凌虐重情，止圖獲利，關禁勒贖，爲首〔亦〕發〔遣〕新疆〔給官兵〕爲奴，爲從〔之犯，俱發〕極邊〔足四千里〕充軍。其因細故逞忿，並非圖利、勒贖，止於關禁數日，〔追服〕（復）禮後卽〔行〕放回者，爲首〔杖一百、〕（滿）徒〔三年〕，〔爲〕從減一等。如〔有〕聚衆拒殺兵役〔者〕，首〔犯擬〕斬立決，爲從（分別是否）幫毆，〔如〕刃傷〔及手足、他物至〕折傷〔以上者，俱擬絞監候；傷〕（及）非〔金〕刃，（傷）又非折傷〔者〕，（絞候）發（遣）〔新疆給官兵〕爲奴。其傷人未死，〔如〕刃傷及折傷〔以上者〕，首犯〔擬〕斬〔監〕候，爲從〔發〕新疆〔給官兵〕爲奴。（如）勒贖本罪已至斬決者，加〔擬〕梟〔示〕，已至斬、絞監候者，加擬立決。若並未聚衆拒捕及傷非金刃、折傷者，仍〔各〕照〔罪人〕拒捕律加本罪二等。〔罪已〕至遣（罪），無可復加者，到配〔後〕加枷號三個月。①

一、（兩）廣〔東、廣西二省〕捉人勒贖之案，如被捉數在三人以上及擄捉已至三次〔以上同時並發者，除被脅同行，或本罪已至斬決，無可復加外，其餘罪應斬、絞監候者加擬立決，罪應遣、軍者加擬絞監候，罪應擬徒者發極邊足四千里充軍。如被捉僅止一二人，及捉人僅止一二次，仍照本例辦理，儻數年後此風稍息，奏明仍復舊例辦理〕。

〔一、廣東、廣西二省擄捉匪犯如有〕（或）將十〔五〕歲以下幼童捉〔回勒〕贖〔者〕，除（被脅同行或）〔所犯〕本罪〔已〕至斬決無可復加外，其餘罪應斬、絞監候者加擬立決，罪應遣軍者加擬絞監候，罪應〔擬〕徒者發極邊〔足四千里〕充軍，（其有勒贖得贓，數至一百二十兩以上，首犯亦由遣加擬絞監候。）〔儻數年後此風稍息，奏明仍復舊例辦理。）②

按：此例本係兩廣專條，光緒十三年經直督奏准通行各省一體照辦，現已成爲通例，與他省專條不同，故舍彼而錄此。

①《大清律例會通新纂》卷24，第2184-2187頁，個別文字有缺漏，據光緒《大清會典事例》（卷794，第694-695頁）補正。
②《大清律例會通新纂》卷24，第2176-2177頁；光緒《大清會典事例》卷794，第697-698頁。校按：此例及前一例本係兩條，皆道光二十五定，原專指廣東，咸豐三年增入"廣西"。此處吉氏似將此兩條與另一咸豐年間定"廣東、廣西二省捉人勒贖之案如審無凌虐重情"條混爲一例，參見《大清律例會通新纂》卷24，第2195頁；光緒《大清會典事例》卷794，第698頁。

又，光緒二十四年新章：嗣後捉人勒贖之案，如結夥三人以上，持械入室，倚強擄捉已成，形同強盜者，即照強盜不分首從律皆斬立決；其執持鳥鎗、洋鎗者加梟；若拒捕殺傷事主，亦照強盜殺傷人例科斷。在途擄捉，數在三人以上，或所捉係十五歲以下幼童，或擄捉已至三次以上，或勒贖得贓在一百二十兩以上，四項中兼有兩項即由絞候改爲絞決。若無前項重情，仍照舊例辦理。

按：《唐律》："諸有所規避，而（指）〔執〕持人爲（指）〔質〕者，皆斬。部司及鄰伍知見，避質不格者，徒二年。質期〔以上〕親及外祖父母者，聽身避不格"①云云。即今捉人勒贖之罪。《唐律》另立專門，不與恐嚇附合，明代刪去此律，舉世並不知有此罪名，至國朝乾隆年間，因苗人有伏草捉人之犯，始設立專條，附於《恐嚇取財》門內。近年兩廣、直隸此風甚熾，漸至沿及各省，是以改爲通例。現又定有新章，從重照強盜治罪，亦時勢所趨，不得不然者也。考之漢律，捉人勒贖謂之"持質"。《趙廣漢傳》：富人蘇回爲郎二人刦之爲質，令家將財物贖之。又，《後漢·橋元傳》亦有此事，且云："乞下天下：'凡有刦（者）〔質，皆〕並殺之，不得贖以財寶開張姦路'"②云云。又，光武（紀，建武）九年，盜刦陰貴人母弟，吏以不得拘（執）〔質〕迫盜，盜遂殺之。③又，《三國志》：降人"共執持（夏侯）惇，責以寶貨，〔惇軍中震恐。惇〕（其）將韓浩〔乃〕勒兵〔屯惇營門，召軍吏諸將，皆案甲當部不得動，諸營乃定。遂〕詣惇所，叱（執）持〔質〕者曰：'汝等兇逆，乃敢（質）〔執〕刦大將軍，復欲望生耶？〔且〕吾受命討賊，（豈）〔寧〕能以一將軍之故，而縱汝乎？'〔因涕〕泣謂惇曰：'當奈國法何？'（捉）〔促〕召兵擊持質者。持質者惶遽叩頭，言：'我但欲乞資用去耳！'浩數責，皆斬之。惇（乃）〔既〕免。（魏）太祖聞之，謂浩曰：'卿此可爲萬世法'，乃著令。"④可見現例本之《唐律》，而《唐律》仍本之漢令，《明律》不載此條，未知何故。

詐欺官私取財律文

凡用計詐偽欺瞞官私，以取財物者，並計詐欺之贓，准竊盜論，免刺。若期親以下不論尊卑長幼，（各居、）同居〔、各居〕。自相（欺）詐〔欺〕者，亦依親屬相盜律，遞

---

① 《唐律疏議》卷17，第331頁。
② 《後漢書》卷51，《橋玄傳》，第1696頁。此處稱"橋元"者，避清聖祖諱。
③ 《後漢書》卷10上，《皇后紀》，第405頁。
④ 《三國志·魏書》卷9，《諸夏侯曹傳第九》，第267頁。

減科（遞）^①罪。若監臨主守，詐欺同監守之人。取所監守之物者，係官物。以監守自盜論，未得者，減二等。○若冒認及誆賺、局騙，拐帶人財物者，亦計贓，准竊盜論，係屬親，亦論服遞減。免刺。

此仍《明律》，順治三年添入小註。《唐律》："詐欺官私以取財物者，准盜論。"註云："詐欺百端，皆是。若監（臨）〔主〕^②詐取者，自從盜法；未得者，減二等"，"知情而取者，坐贓論，知而買者，減一等，〔知而爲〕^③藏者，減二等。"此律刪去末後數語，而添入"冒認誆賺"一節。蓋詐欺與恐嚇不同。恐嚇者，其人怵於恐嚇之勢，無奈而與之；詐欺者，設計以罔人之不知，而其人自與之。恐嚇近乎強盜，故加一等；詐欺近乎竊盜，故准竊盜不加。詐欺分別官、私，詐欺官者，如領官銀辦公，用計詐爲費用虛數，瞞官而取之之類；詐欺私者，如見人有財，用計詐爲營謀事情，以瞞人而取之之類。至物非己有而妄冒他人之名認爲己有曰"冒認"。誆者，哄也、謊也；賺者，賣也，設爲謊言而賣其人以取人財曰"誆賺"；局者，博以行棋之具，猶圈套也；騙者，乘也，躍上馬曰"騙"，裝成圈套，使人入其中而不得出，因得其財而乘之曰"局騙"；因事遇便而攜取人財物曰"拐帶"，皆詐欺取財之類。《日本刑法》，凡恐嚇取財物者，爲詐欺取財。又，乘幼者之知識淺薄，或人之精神錯亂，使之授與財物；或販賣物件，交換之時變其物質；或僞爲分兩，交付人者；或冒認他人之產，販賣交換；或作爲抵當典物；或自己之產已作爲抵當典物，而欺隱賣與他者，他人或重爲抵當典物者，均以詐欺取財論，處重禁錮二月以上、四年以下云云。與中律之局騙、誆賺名異而實相同，而"恐嚇"統於"詐欺"，不分兩項，亦與《唐律》相近。律文渾言"詐欺"，例則指出"隨棚考試鎗手""指稱衙門打點"及"賭賽市價漲落"並"錢鋪關閉"各項，皆詐欺中之尤著者，均有關於引用，故節錄之。

一、學臣考試，有積慣隨棚代考之鎗手，〔察出〕審實枷號三個月，發烟瘴〔地面〕充軍。〔其有〕雇倩鎗手〔之人〕及包攬之人，〔並與鎗手〕同罪。知情保結之廩生杖一百，窩〔留之〕家，不知情者照不應重律治罪。倘有別情，從重科斷。有贓（者）〔計贓〕^④以枉法從重論。

一、生童考試，〔如〕有〔積慣〕棍徒捏稱給予字眼記認，〔誆〕騙財〔物〕者，〔不論有無立約、封銀及口許虛贓，俱照撞騙已成例〕枷號三〔個〕月，發烟

---

① 《大清律例會通新纂》卷24，第2197頁；光緒《大清會典事例》卷795，第703頁；《大清律例通考校注》，第747頁。校按：《大清律例》（卷25，第403頁）小註"不論"作"不問"，與各本不同，似誤。

② 《唐律疏議》卷25，第465頁。校按：此段引文爲小字註。

③ 同上書，第465頁。校按：此段引文爲律文正文。

④ 《大清律例會通新纂》卷24，第2201-2202頁。

瘴〔地面〕充軍；被騙（之）生童〔杖一百、〕徒三年。若僅用虛詞誆騙，〔事屬〕未成，〔罪止杖責〕者，〔仍照定例加枷號一個月，〕分別〔發落，被騙者仍照例治罪，免其〕（量減杖）枷〔號〕。①

一、代倩鎗手，〔以已成、未成爲斷。〕如場外經提調訪拏，或被生童稟首者爲未成；如已頂名入場，無論當時被獲，事後發覺，俱爲已成。未成者〔除審係積慣隨棚，仍照定例問擬外，若僅立有文約，而贓未入手，鎗手與本童均照誆騙未成，財未接受，罪應滿徒者加枷號兩個月；但經口許，罪止杖責者加枷號一個月，〕分別〔發落之例治罪。其已成者，不分有無立約，及口許虛贓，俱〕照〔誆騙〕已成〔例枷號三個月，發煙瘴地面充軍。雇倩之生童與同罪。若生童實係被人撞騙，贓止口許，情罪稍輕者，照誆騙未成，財未接受例杖一百、徒三年〕（量減治罪）。②

一、凡（稱）指〔稱〕買官、買缺或稱規避處分及買求中式等項誆騙聽選並應議官吏及舉〔人〕、監生、〔生〕員（等）人〔等〕財物（者），如誆騙已成，財已入手，無論〔贓數〕多寡，不分首從（俱）〔於該衙門門首〕枷號三〔個〕月，發烟瘴〔地面〕充軍。其央浼③營幹致被誆騙者，免〔其〕枷〔號，亦〕照前發遣。若誆騙未成，議有定數，財未接受，〔應於軍罪上〕減一等，〔杖一百、〕徒三年，〔加〕枷號兩〔個〕月，被誆者杖一百，免〔其〕枷〔號〕。但經口許，並未議有定數，〔應〕杖一百，〔加〕枷號一〔個〕月，被騙者杖八十〔，免其枷號〕。（如）〔若〕甫被誆騙即行首送者，誆騙〔之〕人照恐嚇未得財〔律准竊盜論加一等〕④治罪，被騙者免議。

一、〔凡〕指稱〔內外小大〕官員名頭，並各衙門打點使用名色，誆騙財物，計贓，〔犯該〕徒罪以上〔者，俱〕不分首從，發近邊充軍，情重者〔仍〕枷號（二）〔兩個〕月發遣。如親屬指官誆騙，〔止〕依〔期親以下詐欺〕⑤律，不可引例。

一、京城錢鋪，〔無論新開舊設，均〕令五家聯名互保，〔報明地方官存案。〕如〔將兌換現銀、票存錢文〕（有）侵蝕〔，並因存借銀兩聚積益多，遂萌奸計，〕藏匿〔現銀〕、閉門逃走者，立即拘拏〔，送部〕監禁；一面將寓所資財及原籍家產〔分別〕行文查封，仍（追）押〔追〕在京（宗）〔家〕屬，勒限兩月〔將侵蝕、

---

① 《大清律例會通新纂》卷24，第2203頁。

② 同上書，第2204-2205頁。

③ 光緒《大清會典事例》卷795，第704頁作"挽"，似誤。

④ 《大清律例會通新纂》卷24，第2200-2201頁。

⑤ 同上書，第2201頁。

藏匿銀錢）全數開發完竣。（將）〔其〕起意關閉之（人）〔犯〕，枷號兩月，杖一百，〔折責釋放〕。〔若〕逾限不完，〔由部審實，無論財主、管事人及鋪夥侵吞賠折，〕統計〔未還藏匿及侵蝕票存錢文、原兌現銀，〕數在一百二十兩以下者，照誆騙〔財物〕律，〔計贓，准竊盜〕論罪。至一百二十兩，發附近〔充軍〕；一百二十兩以上至三百三十兩，發近邊，（至）六百六十兩發邊遠，（至）一千兩發極邊（足）四千里（均）充軍，一千兩以上發〔遣〕黑龍江〔安置〕當差。一萬兩以上〔擬〕絞〔監候，均〕勒限一年〔追賠。限內〕全完，（加）〔枷〕責釋放。不完，再限一年〔追賠〕。全完（者），死罪減二等〔定擬〕，軍、流以下〔仍〕枷責發落。〔若〕不完，〔軍、流以下人犯即行發配，死罪人犯再限一年追賠，不完，即行〕永遠監禁。所欠銀錢，勒令互保之四家〔均〕勻給〔限〕代發，免其治罪，〔仍咨行本犯原籍，於家屬名下追償。〕如四家不願代發，或〔限滿〕代發未完，〔拘拿送部，〕照准竊盜為從律減一等，〔杖一百、〕徒三年。〔其互保代發銀錢，如本犯於監禁及到配後給還四家者，軍、流以下即行釋放，死罪人犯仍減二等發落。若五家同時關閉，一併拘拏押追，照前治罪。未還銀兩及票存錢文，仍於各犯家屬名下嚴追給領〕。地方〔文武〕官遇有關閉〔錢鋪〕，不行嚴拏，致（人）〔令〕遠颺，嚴糸，〔交部〕①議處。

一、京城錢鋪關閉，如有包攬票存〔錢文，〕折扣開發者，〔無論旗民及在官人役，審實〕照棍徒生事〔行兇〕例治罪，〔仍將並不查拏之地方官交部議處〕。如有通同作弊、包攬折扣者，與犯同罪，受財〔者計贓〕以枉法論。其有（借）〔藉〕名取錢，踹毀門窗，搶（去）〔取〕什物者，照搶奪例治罪。〔至開設錢鋪，先由大興、宛平兩縣知縣查明，確係殷實，取其保結，詳報順天府，移咨步軍統領衙門，准其開設。儻該鋪關閉逃跑，將取結不慎之知縣交部嚴加議處。如不經兩縣申轉，私行開設，一經該協副尉等拏獲，即將該鋪財主及鋪夥均照違制律治罪，並將鋪本一併入官。儻該協副尉不能先事查拏，別經發覺，將該協副尉等交兵部分別議處。〕②

一、奸民買空賣空，設局誘人賭賽市價漲落，其賣空者照〔用計〕詐欺局騙〔財物〕律〔，計贓〕准竊盜論〔，罪止杖一百、流三千里〕；買空（之犯）（者）照為從律減一等。

按：此例本係京城專條，光緒二十五年由江督奏請交部議准，嗣後開設公司、

---

① 光緒《大清會典事例》卷795，第705-796頁；《大清律例會通新纂》（卷24，第2209-2210頁）文字有訛漏。
② 光緒《大清會典事例》卷795，第706頁。

錢鋪，如有侵蝕、倒閉及捲逃股本、移匿客貨者，卽照京城錢鋪關閉例定擬，現已通行各省，一律照辦矣。又，去年商部定有《破產律》，更加詳密，可與此例一並參之。

略人略賣人 律文

凡設方略而誘取良人，爲奴婢，及略賣良人與人爲奴婢者，皆不分首從，未賣杖一百、流三千里；爲妻妾、子孫者，造意。杖一百、徒三年。因誘賣不從。而傷被略之人者，絞；監候。殺人者，斬。監候。爲從各減一等。被略之人〔不坐〕①給親完聚。○若假以乞養過房爲名，買良家子女轉賣者，罪亦如之。不得引例。若買來長成而賣者，難同此律。○若和同相誘，取在己。及兩相情願賣良人爲奴婢者，杖一百、徒三年；爲妻妾、子孫者，杖九十、徒二年半。被誘之人，減一等。仍改正給親。未賣者，各減已賣一等。十歲以下，雖和亦同略誘法。被誘略者不坐。○若略賣、和誘他人奴婢者，各減略賣和誘良人罪一等。○若略賣子孫爲奴婢者，杖八十；弟、妹，及姪、姪孫、外孫，若己之妾、子孫之婦者，杖八十、徒二年；略賣子孫之妾，減二等，同堂弟妹、堂姪，及姪孫者，杖九十、徒二年半。和賣者，減略賣一等。未賣者，又減已賣一等。被賣卑幼雖和同，以聽從家長。不坐，給親完聚。○其和、略賣妻爲婢，及賣大功以下尊、卑親爲奴婢者，各從凡人和略法。○若受寄所賣人口之窩主，及買者知情，並與犯人同罪，至死減一等。牙保各減犯人一等，並追價入官。不知者，俱不坐，追價還主。

此仍《明律》，順治三年添入小註。《唐律》分作四門："略人、略賣人"爲一條，"略、和誘奴婢"爲一條，"略賣期親〔以下〕卑幼"爲一條，"知略、和誘、和同相賣"爲一條，現律並作一門而分爲七節。《唐律》擬罪多輕於《明律》，惟此項《唐律》反較《明律》爲重。《唐律》："略〔人、略〕賣人爲奴婢者，絞；爲部曲者，流三千里；爲妻妾、子孫者，徒三年。因而殺、傷人〔者〕，同強盜法"；"若和同相賣爲奴婢者，皆流二千里"。"略奴婢者，以強盜論；和誘者，以竊盜論。〔各〕罪止流三千里"；"略賣期親以下卑幼爲奴婢〔者〕，並同鬪毆殺法；〔即〕和賣者，〔各〕減一等。〔其〕賣餘親者，〔各〕從凡人和略法"；"諸知略、和誘、〔和同相賣，及略、和誘部曲、奴婢〕而買之者，〔各〕減賣者〔罪〕②一等。知祖父母、父母賣子孫及賣子孫之妾，若己妾而買者，各加賣者罪一等"云云。惟"略

①《大清律例》卷 25，第 405 頁；《大清律例會通新纂》卷 24，第 2213 頁。
②《唐律疏議》卷 20，第 369-374 頁。

賣爲妻、妾、子、孫"滿徒一項與現律相同，餘俱從重，而辦法亦有不同。至因略、誘而殺傷人及略奴婢，均以強盜論，似乎過重。但《唐律》強盜不似現律之嚴，雖同強盜而其中仍有區別，非盡擬以死罪也。律文"方略"之"略"與"略賣"之"略"不同。方略，計謀也，又，《字書》：不以道取曰"略"，如"刮略""擄略"，則兼有威刦之意。誘取與略賣，俱蒙上設方略言，謂設爲方法謀略而將良人誘取爲己之奴婢，及略賣爲人之奴婢也。取於家曰"誘"，賣於人曰"略"。此等陰行詭計，欺罔無知，散離其骨肉，殘辱其身體，其情至重，其法應嚴。律雖罪止於流，非有殺傷，不擬以死。現例已改從嚴，不分誘拐良人、奴婢及買爲子孫、奴婢，但係和同相誘，均擬軍罪；若被誘之人不知情，即擬絞候，較律似爲直截簡當，而罪名亦與《唐律》相合。蓋略誘子女爲奴婢，古律本係死罪，見顧氏《日知錄》，[1]非自《唐律》始也。現俱依例辦理，律文久成虛設，惟因略和誘而殺傷人，例無明文，有犯仍須用律。再，律止言親屬略和誘賣，例又於略和誘中指出有姦情者從重定擬；律止言賣期親卑幼及大功以下尊長，例又補出"賣期親尊長"一項，皆與律互相發明。至"興販婦女"及"賣受寄子女"並"奴雇略賣家長親屬"，"姦民誘騙愚民賣給洋人"等項，皆足補律未備，此門必須律例合參，故節錄條例於後，以備研究。《日本刑法》，略取未滿十二歲幼者，或誘拐，或交付他人，處重禁錮一年以上、五年以下，附加罰金四十圓以上、百圓以下；略取十二歲以上至未滿二十歲幼者，減一等。其誘拐者又減一等。知略取誘拐之幼者而作爲家屬僕婢，但略取誘拐之幼者，從禮式成婚姻之時，無告訴之效。又，略取誘拐未滿二十歲之幼者交付外國人者，處輕懲役云云。詳繹此法，止言二十歲以下幼者，可見誘拐二十歲以上之長者即不論罪矣，而略取誘拐後以禮成婚者即不得告訴，此亦中國難行之事，勉強行之，不但傷風敗化，必致釀成殺傷刦奪之禍，至於亂而後已。

一、凡誘拐婦人、子女，或典賣，或爲妻妾、子孫者，不分良人、奴婢、已賣、未賣，但誘取者，被誘之人若不知情，爲首〔擬〕絞〔監〕候，爲從〔杖一百、〕（滿）流〔三千里〕，被誘之人不坐，如拐後被逼成姦，亦不坐。〔若以藥餅及一切邪術迷拐幼小子女，爲首者立絞，爲從發極邊足四千里充軍。〕其和誘知情之人，爲首〔者亦照前擬〕（極邊充）軍，爲從及被誘之人〔俱〕減等滿徒；若〔雖知拐帶情由，〕並無和同誘拐、分〔受〕贓〔物〕，暫寄留數（月）〔日〕者，〔不分旗、民，俱〕枷號兩〔個〕月〔發落。有服親屬犯者，分別有無姦情，照例科

斷）。①婦人有犯，罪坐夫男；夫男不知情及無夫男者，仍坐本婦，照例收贖。

一、誘拐內外大功以上、緦麻以下親及親之妻，審無姦情者，仍依和略賣大功以下尊卑親本律〔分別和略，〕（問）擬〔以〕徒流。若因姦而拐及因拐而和姦，除從祖祖母、祖姑、從祖伯叔母、從祖伯叔姑、從父姊妹、母之姊妹，及兄弟妻、兄弟子妻者各依律絞決外，餘俱照凡人誘拐例擬軍。至誘拐期親以下、緦麻以上親之妾，（無）〔毋〕論曾否通姦，概依凡人誘拐例定擬，惟姦父祖（姦）〔妾〕②者，依律斬決，不在此例。誘拐者仍（依）〔以〕凡論。

一、和誘略賣期親卑幼，依律分別擬徒外，若略賣期親尊長，照〔卑幼〕強搶期親尊屬〔嫁賣〕例擬斬監候，和者減一等〔杖一百、〕（滿）流〔三千里〕。③如因和誘而姦，仍依律各斬立決。

一、奴及雇工略賣家長之妻、女及子者，〔照卑幼強搶期親尊屬嫁賣例〕擬斬監候。其因略賣而〔又〕（身）犯殺、傷、姦淫等罪，仍各照本律分別斬決、凌遲，從重科罪。至略〔賣〕家長〔之〕期〔功〕（親）以下親屬，仍照例擬絞，和者（即）發〔雲、貴、兩廣〕④極邊烟瘴充軍。

一、興販婦（女）〔人〕、子女轉賣與他人爲奴婢者，〔杖一百、〕流三千里；〔若轉賣與他人〕爲妻妾、子孫，〔杖一百、〕徒三年。爲從各減一等。〔地方官匿不申報，別經發覺，交部議處。〕⑤

一、凡將受寄他人十歲以下子女賣爲奴婢者，〔發〕極邊〔足四千里〕充軍，〔賣〕爲子孫者，〔杖一百、〕徒三年，爲從各減一等。若將受寄〔他人〕十一歲以上子女和同賣爲奴婢、子孫者，分別首從，各遞減一等。子女不知情者，仍照前例問擬。被賣之人〔俱〕不坐，給親〔屬〕領回。知情故買者減〔本犯罪〕⑥一等，不知者不坐。

一、內地姦民〔及在洋行充當通事、買辦、設計〕誘騙愚民，雇與洋人承工，其受雇之人並非情甘出口，因被拐賣、威逼，致父子、兄弟離散者，〔不論所拐係男、婦、子、女及良人、奴婢，已賣、未賣，曾否上船出洋，及有無藉洋人爲護符，〕但係誘拐已成，爲首斬立決，爲從絞立決。〔該地方官獲犯審實，〕（仍）一面〔按約〕照會外國領事官，將被拐之人〔立即〕釋放送回；〔一面錄取犯供解審，

---

① 《大清律例會通新纂》卷24，第2221-2222頁。
② 同上書，第2232-2233頁。
③ 同上書，第2233頁。
④ 同上書，第2232頁。
⑤ 同上書，第2231頁。
⑥ 光緒《大清會典事例》卷795，第712頁。

該督撫提勘後先行正法，按三個月彙奏一次，仍逐案備招咨部。〕其華民情甘出口，在（外）〔英法等〕國〔所屬各處〕承工者，仍准其立約赴〔通商〕[1]各口下船，毫無禁阻。

發塚 律文

凡發掘他人墳塚見棺槨者，杖一百、流三千里。已開棺槨見屍者，絞。監候。發而未至棺槨者，杖一百、徒三年。招魂而葬亦是。爲從，減一等。若年遠塚先穿陷及未殯埋，而盜屍柩屍在柩未殯，或在殯未埋。者，杖九十、徒二年半。開棺槨見屍者，亦絞。雜犯。其盜取器物、甎石者，計贓，准凡盜論，免刺。○若卑幼發五服以內。尊長墳塚者，同凡人論。開棺槨見屍者，斬。監候。若棄屍賣墳地者，罪亦如之。買地人、牙保知情者，各杖八十，追價入官，地歸同宗親屬。不知者，不坐。若尊長發五服以內。卑幼墳塚，開棺槨見屍者，緦麻，杖一百、徒三年，小功以上，各遞減一等。祖父母、父母。發子孫墳塚，開棺槨見屍者，杖八十。其有故而依禮遷葬者，尊長卑幼。俱不坐。○若殘毀他人死屍，及棄屍水中者，各杖一百、流三千里。謂死屍在家或在野未殯葬，將屍焚燒殘毀之類。若已殯葬者，自依發塚開棺槨見屍律，從重論。若毀棄緦麻以上尊長未葬死屍者，斬。監候。棄他人及尊長。而不失其屍及毀而但髡髮，若傷者，各減一等。凡人流減一等，卑幼減斬一等。○毀棄緦麻以上卑幼死屍。各依凡人毀棄，依服制。遞減一等。毀棄子孫死屍者，杖八十。其子孫毀棄祖父母、父母及奴婢、雇工人毀棄家長死屍者，不論殘失與否。斬。監候。律不載妻妾毀棄夫屍，有犯依緦麻以上尊長律奏請。○若穿地得無主死屍，不卽掩埋者，杖八十。若於他人墳墓爲薰狐狸因而燒棺槨者，杖八十、徒二年，燒屍者，杖一百、徒三年，若緦麻以上尊長，各遞加一等。燒棺槨者，各加杖九十、徒二年半，燒屍者遞加爲杖一百、流二千里，不可依服屬各遞加，致反重於祖父母、父母也。卑幼各因其服。依凡人遞減一等。若子孫於祖父母、父母及奴婢、雇工人於家長墳墓薰狐狸者，杖一百，燒棺槨者，杖一百、徒三年，燒屍者，絞。監候。○平治他人墳墓爲田園者，雖未見棺槨。杖一百。仍令改正。於有主墳地內盜葬者，杖八十，勒限移葬。若將尊長墳塚平治作地，得財賣人，止問誆騙人財，不可作棄屍賣墳地斷，計贓輕者，仍杖一百。買主知情，則坐不應重律，追價入官，不知情，追價還主。○若地界內有死人，里長、地鄰不申報官司檢驗，而輒移他處及埋藏者，杖八十；以致失屍者，首杖一百；殘毀及棄屍水中者，首杖六十、徒一年。殘棄之人仍坐流罪。棄而不失，及髡髮若傷者，各減一等。杖一百。若鄰里自行殘毀，仍坐流罪。因而盜取衣服者，計贓，准竊盜論，免刺。

---

[1]《大清律例會通新纂》卷 24，第 2239-2240 頁。

此仍《明律》，原有小註，順治三年增修，雍正三年改定，較諸《唐律》似爲詳備，而擬罪亦不大差。《唐律》："諸發塚者，加役流，已開棺槨者，絞；發而未徹者，徒三年。其塚先穿及未殯，而盜屍枢者，徒二年半；盜衣服者，減一等；器物、甎、版者，以凡盜論。"又，《疏議·問答》云："尊長發卑幼之墳，不可重於殺罪；若發尊長之塚，〔據法〕①止同凡人（法）"云云。可見《唐律》不言尊長、卑幼互相發塚之罪，已包括於《問答》之中。卑幼發尊長止同凡人，罪止於絞。現律卑幼發尊長塚，見屍者斬，已較《唐律》爲重，而尊長〔發〕卑（發）幼之塚，究與《唐律》擬罪不同。其《唐律》止言發塚，現律添出毀棄死屍及燒棺、燒屍、移屍不報並平治墳墓等罪，共分七節。首節言凡人發塚之罪，二節言親屬發塚之罪，三、四節言毀棄他人及親屬死屍之罪，五、六、七節因發塚毀棄之事而附及之。凡人發塚之罪重於毀棄，親屬毀棄之罪重於發塚。考之葬法，高者曰墳，封者曰塚，平者曰墓，開動曰發，穿地曰掘，在床曰屍，在棺曰枢。又，《輯註》："見棺""見屍"二"見"字，音胡甸切，顯也，露也，作"視"解者謬。律文字法各有精意。要之，此律已較《唐律》爲繁，而現行條（律）〔例〕更加細碎，於律文開棺見屍內又分出"鋸縫鑿孔，尚未顯露屍身"一項，雖較"開棺見屍者"稍輕，究較"僅見棺者"爲重。又於"爲從"內分出"幫同下手"及"在外瞭望"二層，且律罪止絞候，例則改爲立決，更由絞決改爲斬決，而奴僕犯主人者加以梟示，子孫犯父母者加以凌遲，較律重至數倍。近更增出許多名色，如指稱旱魃，刨墳毀屍，惑於風水，發掘檢視骸骨；爭墳阻葬，開棺易罐，暗埋他骨、豫立封堆、僞說蔭基；貪人吉壤，盜發遠年墳塚埋葬，並發掘歷代帝王、先賢、前代分藩郡王、親王、本朝貝勒、貝子、公等項陵墓。名愈出愈奇，罪愈加愈重，意在嚴懲匪徒，反致失其平允。何者？凡發塚之犯與竊盜皆意在得財，《唐律》竊贓計數雖多，並無死罪，而一經發塚見屍，即應擬絞，惡其因圖財而禍及死屍，故不計得贓多少也。《輯註》云："在野之墳，雖發掘〔開棺〕，（而）不得同於强盜；已死之人，雖殘毀棄〔置〕，（而）②不得同於謀殺。"可見發塚禍及死屍，與殺人害及生命者有間。蓋《禮》云：葬者，藏也，欲人之不得見也。③《唐律疏議》引《禮》以釋律文，直與鬬毆殺人同科，雖則稍嚴，亦尚得中。至現定之例，首犯立決，從亦監候，不但較鬬毆殺爲重，即較之謀故殺人，亦爲嚴屬，似未得平。《日本刑法》：發掘墳墓見棺槨、死屍者，處重禁錮二月以上、二年以

---

① 《唐律疏議》卷19，第355頁。
② 《大清律輯註》，第628頁。
③ 《禮記·檀弓上》謂："國子高曰：'葬也者，藏也。藏也者，欲人之弗得見也。'"

下，加罰金三十圓以下；因而毀棄死屍者，加一等；若毀棄應葬死屍者，減一等。即《俄律》，發塚剝屍者，亦止罰作十二年以下苦工。彼此互相比較，亦可見死屍輕於生命，而例內發塚見屍之擬斬決，未免過於重矣，但現在俱係照例辦理，則例文似較律有裨實用，故擇要節錄於後，以備參考。

一、發掘常人墳塚，開棺見屍，爲首〔者擬〕斬立決，爲從〔無論次數，俱擬〕絞監候。其發塚見棺，鋸縫鑿孔，抽取衣飾，尚未顯露屍身，爲首〔者擬〕絞立決，爲從〔俱擬〕絞監候。〔發塚開棺見屍，爲從幫同下手開棺者，不論次數，秋審俱入情實；在外瞭望一、二次者入於緩決，三次及三次以上者入於情實。其發塚見棺，鋸縫鑿孔，爲從幫同鑿棺、鋸棺三次及三次以上者，入於情實；一、二次者入於緩決，在外瞭望六次者入於情實，一次至五次者入於緩決。至發掘常人墳塚〕見棺槨〔者〕爲首〔者，改發〕近邊充軍，〔年在五十以上，發附近充軍。〕爲從〔者杖一百、〕（滿）徒〔三年〕。（其有卑幼發掘尊長墳塚，開棺見屍及鋸縫鑿孔之案，無論期服功緦，均照此例辦理。）①

一、盜未殯、未埋屍柩，鋸縫、鑿孔，爲首一、二次〔者杖一百、〕（滿）徒〔三年〕，三次〔者照雜犯流罪〕總徒四年，四次（以上）、〔五次者發〕邊遠充軍，六次〔及六次〕以上〔者發極邊〕烟瘴充軍；爲從一、二次〔者杖九十、〕徒二年半，三次〔者杖一百、〕徒三年，四次、五次〔者〕總徒四年，六次、七次〔者發〕邊遠充軍，八次〔及八次〕以上〔者發極邊〕②烟瘴充軍。

一、盜未殯、未埋〔屍柩〕及發年久穿陷之塚，未開棺槨者〔杖一百、〕徒三年，爲從〔減一等〕〔杖九十、徒二年半。如〕開棺見屍，爲首一次〔者發〕邊遠充軍，二次〔者發極邊〕烟瘴充軍，三次〔者〕絞；爲從一次〔者，仍照雜犯流罪〕總徒四年，二次〔者發〕邊遠充軍，三次〔者發極邊〕烟瘴充軍，三次以上〔者〕③亦絞。

一、糾衆發塚起棺，索財取贖，已〔經〕得財者，將起意及爲從下手〔發掘，扛擡棺木〕之犯（俱照）〔比依〕強盜〔得財〕律，不分首從皆斬立決。〔跟隨同行，〕在場瞭望〔之犯〕（者），發新疆〔給官兵〕爲奴；〔其〕未經得財〔者〕，首犯〔仍比依強盜得財律〕斬〔立〕決，從犯（俱）發新疆〔給官兵〕爲奴。如發塚後將屍骨拋棄道路，並將控告人殺害者，亦〔照強盜得財律，不分首從皆〕④斬立決。

① 光緒《大清會典事例》卷796，第719頁；《大清律例會通新纂》（卷24，第2252-2253頁）有衍文。
② 光緒《大清會典事例》卷797，第725頁。
③《大清律例會通新纂》卷24，第2258-2259頁。
④ 光緒《大清會典事例》卷797，第724-725頁。

一、〔凡〕發掘墳塚〔及鋸縫、鑿孔偷竊之〕（各）案，但經得財，俱〔核〕計所得之贓，照竊盜贓科斷。如〔計〕贓輕〔於本罪〕者，〔仍〕依本例〔定擬；若計〕贓重〔於本罪〕者，〔即〕①從重治罪。

按：以上數條俱係目前常用之例，此外如奴婢盜家長、子孫盜父母，並服制內尊長、卑幼互相發塚盜柩之條，俱較律文一概加重，其例繁多，不及備錄。

夜無故入人家 律文

凡夜無故入人家內者，杖八十。主家登時殺死者，勿論。其已就拘執而擅殺傷者，減鬥殺傷罪二等，至死者，杖一百、徒三年。

此仍《明律》，與《唐律》大同小異。《唐律》："夜無故入人家者，笞四十。"此杖八十。《唐律》："若知非侵犯而殺傷者，減鬥殺傷二等。"此則刪去此層。《唐律》："已就拘執而殺傷〔者〕，各以鬥殺傷論，至死者加役流。"此則添一"擅"字，減鬥殺傷律二等，至死擬以滿徒，較《唐律》減輕二等。此律之意，蓋防姦、盜而並戒擅殺也，重在"無故""登時"四字。無故入人家內，其意不測，少緩之，禍及己，故殺死勿論。至於已被拘執，自當送官，而擅行殺傷，故減鬥殺傷罪二等，至死亦止滿徒。欲防姦盜之釁，故寬擅殺之罪。此與《罪人拒捕》門已就拘執而殺，以鬥殺論，擬罪有絞、徒之分者，彼之罪人已屬在官人犯，脫逃拘執，其事已定，如有殺傷，必是捕人陵虐所致，故不減等；此則雖就拘執，尚在本家，主家疑慮徬徨，莫測其故，因有殺傷，其情可原，故寬其殺傷之罪，准減二等。情有各別，故罪不一律。考之古書，此律由來已久。《周禮·朝士職》曰："盜賊軍鄉邑及家人，殺之無罪。"註：軍言攻也，攻一家、一人與一鄉、一邑同，殺之皆無罪。鄭康成曰："即今律無故入人家，及上舟車牽引人欲爲（匪）〔非〕者，殺之無罪是也"云云。②可見漢時已有此律。《唐律》加入"夜"字，分別登時、拘執，雖失古義，"而其聽民殺賊則同"。《明律》諸〔條多〕重於《唐律》，惟此項由加役流改爲滿徒，深得古人之意。夫人至"不能保守身家，又不能忍受窮餓，小（而）〔則〕鼠竊狗偷，大則明火執仗，此〔謂〕（國家之）亂民，〔國家〕所當鋤治者也"。此律聽民自殺，雖擅殺，罪止於徒，良有深意。蓋"良民，上所深愛，今以（竊）盜〔竊〕之故而不得安居。〔富者或有餘資，貧者止此升斗，財與命相連。〕忿激一時，（逃逸）〔邂逅〕致死，（罪至）杖徒而害已深，（原）不忍遷徙良

---

① 光緒《大清會典事例》卷 797，第 726 頁；《大清律例會通新纂》（卷 24，第 2277 頁）有訛字。
② 校按：此處係轉引《殺賊無抵命法論》，載錢維城：《茶山文鈔》卷 8，續修四庫全書本，第 48（23a）頁。鄭康成應爲鄭司農（鄭眾）。《周禮注疏》卷 35，第 942 頁：鄭司農云："若今時無故入人室宅廬舍，上人車船，牽引人欲犯法者，其時格殺之，無罪。"

民之身家以償盜賊之命也。〔況〕（若）以良民之命（而）償盜賊"，不更失情法之平哉？！現行條例於律文黑夜而外增出白日偷竊，又於律文入人家而外增出曠野偷竊，律既分別登時、拘執，例又分別登時、事後、倒地拘獲，若係事後及倒地拘獲，毆死從重擬絞，雖爲慎重人命起見，究竟與古法大相背戾。錢氏維〔城〕有（城）言："〔竊〕盜（賊）固命，良民亦命也。與其惜竊盜已死之命，何如惜良民未死之命？且惡其擅殺者，謂其不告官司耳。（豈知）告〔諸〕官司而僕僕訟庭，吏役需（索）〔費〕，所失有過於（賊）〔竊〕者。〔城市且然，何論村野。〕卽（使）無之，而廢〔其〕農〔時，〕荒〔其執〕業，民且不堪；又況事起倥傯，計不旋踵乎？或者〔又〕謂事（起）〔多在〕黑夜，易（起）〔啟〕詐僞。不知案疑則治案，不宜移律以就疑。果（使）情涉游移，卽當窮究根源，分別謀、故、鬬毆，又不得僅以罪人不拒捕顢頇了事也。或〔者〕又謂盜固無論，竊賊不至死而輕殺之，彼特（逼）〔迫〕於貧耳。夫不能使民各安其生，不得已而爲盜賊，此固在上者之責。不特竊賊可憫，盜亦可憫，而不可以此責之（於）民。且牧民者既已不能使民無盜賊矣，又以盜賊之故而殺民，是益之（咎）〔責〕也。夫姦所獲姦，殺之有（無）〔勿〕論者矣，姦亦不至（於）死也。律有（不）得捕姦之人，無不得捕（盜）〔賊〕之人，捕賊固重於捕姦矣。〔昔〕孟子論井田曰：'〔出入相友，〕守望相助。'古人懼事主之力（或）不足〔以〕治賊，而責之於鄰里。若併事主而禁之，毋乃長（賊）盜〔賊〕之勢而奪民〔救〕（財）乎？"①云云。此段議論甚得律意，而長安薛氏《讀例存疑》亦有"竊賊（爲）〔謂〕閭閻之害〔……蓋予〕（既與）事主以捕賊之權，卽不應以事主抵賊犯之命"②之語，所見大略相同。《日本刑法》：凡晝間無故入人住宅，因防止而殺傷者，宥恕其罪。又，防止對財產放火並盜犯，及防止夜間無故入人住宅，不得已而殺傷者，不論其罪云云。不但較現例爲輕，卽較唐、明諸律亦輕，深得《漢律》《周禮》遺意。但現在俱係照律辦理，例亦未可棄置，故節錄於後，以備參考。

一、〔凡〕事主奴僕、雇工皆是。因賊犯黑夜偷竊或白日入人家內、院內偷竊財物，並市野偷竊有人看守器物，登時追捕毆打至死者，不問是否已離盜所、捕者人數多寡、賊犯已未得財，俱〔杖一百、〕徒三年，餘人杖八十。若賊犯已被（迭）毆〔跌〕倒地，及已就拘獲，輒復迭毆致斃，或事後毆打（至）〔致〕死者，均照擅殺罪人律〔擬〕〔絞〕監候。其曠野白日偷竊無人看守器物，毆打至死者，不問是否登時，（俱）〔亦照擅殺罪人律〕③擬絞監候，餘人〔均〕杖一百。如賊犯持仗拒捕，

---

① 此段及前此引文未另注明出處者亦出於錢氏《殺賊無抵命法論》，載《茶山文鈔》卷8，第49（25b）-50（26a）頁。
② 《讀例存疑點注》，第528頁。
③ 《大清律例會通新纂》卷24，第2280-2281頁。

被捕者登時格殺，仍依律勿論。凡刀械石塊皆是持仗，事在頃刻、勢出倉猝，〔謂之〕登時抵格而殺謂之格殺。

一、鄰佑人等因賊犯黑夜偷竊或白日入人家內院內偷竊，攜贓〔逃〕遁（逃），直前追捕，或賊勢強橫不能立擒送官，登時倉猝毆斃者，〔杖一百、〕徒三年，餘人杖八十。若賊〔已〕棄贓（或）〔及〕未得財，輒復捕毆致斃，並已被毆跌倒地，及就拘獲後輒復迭毆；又，捕人多於賊犯，倚眾共毆致斃者，仍照擅殺罪人律〔擬〕①絞監候，餘人杖一百。其賊犯持仗拒捕，登時格殺者亦勿論。

一、賊犯曠野白日盜田園穀麥、蔬（菜）〔菓〕、柴草、木石等類，被事主、鄰佑毆打致（斃）〔死〕者，不問是否登時、有無看守，各照擅殺〔罪人〕律〔擬〕②絞監候。其賊犯持仗拒捕，登時格殺者仍勿論。

按：以上三條，第一條言事主毆殺竊賊，衹以倒地前後及是否拘獲、迭毆為擬絞、擬徒之分；第二條言鄰佑毆死竊賊，不但以倒地前後及是否拘獲分別生死，又以是否得財棄贓及捕者人數多寡為擬徒、擬絞關鍵，較事主不問人數多寡及有無得財俱擬滿徒者治罪略嚴；至第三（節）〔條〕統言事主、鄰佑曠野白日毆死偷竊穀麥、蔬菜之賊，與上二（節）〔條〕白日入人家內及黑夜偷竊者不同，且田野穀麥雖有人看守，究與市野之器物不同，故均擬絞抵，並無依律減等之文。一曰"市野"一曰"曠野"，一曰"器物"一曰"穀麥"，等類各有命意，不容含混，須細玩之。

盜賊窩主 律文

凡強盜窩主造意，身雖不同行，但分贓者，斬。若行，則不問分贓不分贓，衹依行而得財者，不分首從，皆斬。若不知盜情，止是暫時停歇者，止問不應。若不同行，又不分贓者，杖一百、流三千里。共謀其窩主不曾造謀，但與賊人共知謀情。者，行而不分贓，及分贓而不行，皆斬。若不行又不分贓〔者〕，杖一百。○竊盜窩主造意，身雖不行，但分贓者，為首論。若不行又不分贓者，為從論。減一等。以臨時主意上盜者為首。其窩主若不造意，而但為從者，行而不分贓，及分贓而不行，減造意（者）一等。仍為從論。若不行又不分贓，笞四十。○若本不同謀，偶然相遇共為強、竊盜，其強盜固不分首從，若竊盜則以臨時主意上盜者為首，餘為從論。○其知人略賣和誘人及強、竊盜後而分所賣所盜。贓者，計所分贓，准竊盜為從論，免刺。○若知強、竊盜贓而故買者，計所買

---

① 《大清律例會通新纂》卷24，第2281-2282頁。
② 同上書，第2282-2283頁。

物，坐贓論。知而寄藏者，減故買一等。各罪止杖一百。其不知情誤買及受寄者，俱不坐。

一、推鞫窩主、窩藏分贓人犯，必須審有造意共謀實情，方許以窩主律論斬。若止是勾引容留往來住宿，並無造意共謀情狀者，但當以窩藏例發遣，毋得附會文致，概坐窩主之罪。

此前一條係《明律》。順治三年添入小註，惟三節"若本不同謀"數語係《唐律》原文，餘均明所纂定。《唐律》止有容止盜賊之律而無窩主律，其容止盜者，"里正笞五十，三人加一等"，罪止徒（三）〔二〕①年，強盜加一等。明立此賊盜窩主之律，擬罪過於嚴厲，恐人附會濫殺，故復設此後條問刑之例，以明用律之法，與別項律外之例不同。故讀此律者須與此例合參，方無流弊。細玩例文，"'必須''方許''但當''毋得'八字，何等慎重"，②卽此可見古人用律詳審之意。《輯註》：窩主與窩藏不同，律與例不同，今人以容留卽爲窩家者，非是。又，《箋釋》云："窩主者，兇謀自伊始也。〔若〕窩藏，不過爲窩頓贓物之主家耳"，③情有不同，故罪分輕重。又，《讀律佩觿》云："窩主者，主其謀以爲上盜之地也，〔若〕窩〔而藏之於〕家，（不過）〔以〕利其〔有〕（財），〔并未共謀爲盜，則不過〕爲盜之主家耳，兇念不自伊始"④云云。其分別窩主、窩藏，甚爲明晰。蓋律之本意，原是重窩主之罪，以靖盜源，"造意共謀是此律之綱領，行不行、分贓不分贓是此律之條目"，⑤與強盜律相似而各有不同。強盜律以行劫爲重，旣不同行，難以盜論，故無分贓不行之文；窩主身雖不行，亦得坐地分贓，故有分贓而不行之律。蓋強盜重在上盜，故不行者並無死罪；此律（雖）重〔在〕分贓，故不行而分贓者亦同擬斬也。至於盜後分贓及買贓、藏贓各項，律文係不分強、竊，一概問擬，現例分別竊贓、強贓，定有專條。不但強盜贓重於竊贓，卽竊贓亦較律從重加枷，律文已爲虛設矣。《日本刑法》，知爲強、竊盜贓物而收受或寄藏、故買及爲牙保者，處重禁錮一月以上、三年以下，附加罰金三圓以上、三十圓以下，又付監視二年以下，亦係不分強、竊，擬罪惟均，尚與律文用意相同，不過罪名輕重有異耳。至於盜賊窩主，《日本刑法》亦無此名，惟《俄律》有窩藏偷竊減二等及知情容止賊匪發西伯利亞安插之罪，亦與中律相近。但此項罪名現俱舍律用例，故節錄例文於後。

---

① 《唐律疏議》卷20，第380頁。
② 《大清律集解附例箋釋》卷18，第50b頁。
③ 《讀例存疑點注》，第530頁。
④ 《讀律佩觿》卷3，第80頁。又《讀例存疑》卷31亦引之，文字略有出入（見《讀例存疑點注》第531頁）。
⑤ 《大清律輯註》卷18，第639頁。

一、知竊盜贓而接買、受寄，若馬贏等牲至二〔頭〕匹以上、銀貨坐贓至滿數者，俱問罪，不分初犯、再犯，枷號一〔個〕①月發落，若三犯以上，不分贓數多寡，俱免枷號，發近邊充軍。接買盜贓，至八十兩爲滿數；受寄盜贓，至一百兩爲滿數；盜後分贓，至一百二十兩以上爲滿數。

一、窩留積匪之家，果有造意及同行、分贓、代賣，〔改〕發〔極邊〕烟瘴充軍，〔面刺"改發"二字。〕如有脫逃被獲，卽〔改〕發新疆（當差）〔給官兵爲奴〕。②其未經造意，又不同行，但經窩留分得些微財物，或止代爲賣贓者，均減本犯一等治罪。至窩藏回民行竊犯至譴戍者，亦照窩藏積匪例，分別治罪。

一、凡造意分贓之窩主，不得照竊盜律以一主爲重，應統計各主之贓數，在一百二十兩以上者擬絞監候，其在一百二十兩以下，亦統計各贓科罪。③

一、順天府五城及直隸、山東二省窩藏竊盜〔一、〕二名〔者，杖一百、〕徒三年，三名以上〔發〕近邊充軍，五名以上〔實發雲、貴、兩廣極邊〕烟瘴充軍。窩留積匪之家，無論賊犯在彼行竊與否，但經知情窩留，亦〔實〕發〔雲、貴、兩廣極邊〕烟瘴充軍〔，若罪應擬死，仍各從其重者論〕。④

一、強盜窩主造意不行，又不分贓，〔改〕發新疆〔給官兵〕爲奴；若非造意，又不同行分贓，但知情存留一人，〔發〕近邊充軍，〔存留〕二人〔亦發〕新疆〔給官兵〕爲奴，〔存留〕三人以上於發遣處加枷號三〔個〕月，五人以上〔加〕枷號六〔個〕⑤月。如知情而又分贓，無論存留人數多寡，仍照窩主律斬。

一、洋盜案內知情接買盜贓之犯，不論贓數多寡，一次〔杖一百、〕徒三年，二次〔發〕近邊充軍，三次以上發新疆〔給官兵〕⑥爲奴。

一、強盜案內知情〔接〕買〔盜〕贓之犯，照洋盜例〔分別次數〕定擬。其知而寄藏及代爲銷贓者，一次〔杖八十、〕徒二年，二次〔杖九十、〕徒二年半，三次以上〔杖一百〕⑦徒三年。

以上三例，前已登入《強盜》門內，因係此門專條，有切實用，故仍載入，俾各以類相從。

按："盜賊窩主"一項，律與例不同，新例又與舊例不同，情節介在幾微，而

---

① 《大清律例會通新纂》卷24，第2295頁。
② 光緒《大清會典事例》卷798，第737頁。校按：《大清律例會通新纂》（卷24，第2301-2302頁）亦收此條例，但爲道光十年改訂者，其"如有脫逃被獲，卽改發"後爲"雲、貴、兩廣極邊煙瘴充軍，到配加枷號三個月"。道光二十四年改爲如今校訂後之文。
③ 《大清律例會通新纂》卷24，第2302頁。
④ 同上书，第2305頁。
⑤ 同上书，第2296頁。
⑥ 光緒《大清會典事例》卷798，第737頁。
⑦ 光緒《大清會典事例》卷798，第738頁。校按：《大清律例會通新纂》（卷24，第2303頁）"一次"訛作"十次"。

罪名顯分生死。律言"窩主"，舊例言"窩藏"，係以有無造意、共謀爲擬斬、擬遣界限。新例又變其法，止以分贓、不分贓爲斬、遣之分，立法顯有參差，引用每致歧異。惟薛氏《存疑》折中律例，著有論說，言此最爲詳明，可作折獄準繩，附錄於後，以備參考：

"强盜、窩主，情節亦有不同。造意、共謀，或行而不分贓，或分贓而不行，均係同夥，雖窩主亦正盜也，自應與盜犯一律同科。若先不知情，盜後在家存留，或知其爲强盜，而容留（來）往〔來住宿〕，則應以窩藏論，分別人數定擬，亦屬平允。如行刦之前，因伊與事主家相近，先向商明在家（存）〔停〕留，行刦後又至伊家分給贓物，無論造意、（同）〔共〕謀與否，卽應以窩主論斬。又或招集亡命，豢養在家，或與盜賊交結往來，坐家分贓，倚持勢力，挺身架獲〔者〕，卽巨（盜）〔窩〕也，更應以窩主論。"①

共謀爲盜 _{律文}

凡共謀爲强盜，_{數內一人。}臨時不行，而行者（欲）〔卻〕爲竊盜，此共謀而不行者_{曾分贓}，_{但係造意者}，卽爲竊盜首，_{果係餘人}，並爲竊盜從。若不分贓，_{但係造意者}，卽爲竊盜從，_{果係餘人}，並笞五十，必〔查〕②_{以臨時主意上盜者，爲竊盜首。}○其共謀爲竊盜，_{數內一人。}臨時不行，而行者爲强盜，其不行之人，係造意者_{曾分贓，知情不知情}，並爲竊盜首，_{係造意者但不分贓，及係餘人而曾分贓，俱爲竊盜從。}以臨時主意及共爲强盜者，不分首從論。

此仍《明律》，順治三年添入小註，《唐律》謂之"共謀强盜不行"，明改爲"共謀爲盜"，律文、罪名全同《唐律》，惟字句稍有增改，其兩節末後"以臨時主意"句，《唐律》所無，係明所增。此律是專論共謀不行之人，但有謀竊行强、謀强行竊之法。至共謀爲强，臨時不行，而行者仍爲强；共謀爲竊，臨時不行，而行者仍爲竊。若係强盜，則當依後例分別辦理；係竊盜，則當視情之輕重、贓之多少，分別酌定，卽與此律情節不符。《輯註》引："公羊子曰：'君子之惡惡也，疾始；其善善也，樂終。'故謀强行竊者，不行之人從重。雖不分贓之餘人，猶笞五十，所以謹其始也。謀竊行强〔者〕，不行之人從輕，〔其〕不分贓之餘人，卽不著其罪，所以與其終也。"③惟不行分贓之人，無論謀强行竊、謀竊行强，但係造意者，均以爲竊盜首；係共謀者，均爲竊盜從。蓋謀强而分竊贓者，心雖可誅，而事究

---

① 《讀例存疑點注》，第 531 頁。
② 《大清律例會通新纂》卷 24，第 2309-2310 頁；光緒《大清會典事例》卷 799，第 740 頁。
③ 《大清律輯註》卷 18，第 644-645 頁。

堪原；謀竊而分強贓者，事雖可惡，而心實無他，其情一，故其罪同也。此中律之最精細處，外國均無此法。現例又有"共謀強盜臨時不行，而行仍爲強盜"一項，足補律所未備，故并錄之。

一、共謀爲強盜夥犯，臨時畏懼不行，而行〔者〕仍爲強盜，其不行之犯，〔但〕事後分贓者，〔杖一百〕流二千里，贓重者〔仍〕從重論，不分贓者杖一百。如因患病及別故不行，事後分贓者，發新疆〔給官兵〕爲奴，不分贓者〔杖一百〕①徒三年。此例強盜門內業已附入，因係此門專條，故復登之。

公取竊取皆爲盜 律文

凡〔盜〕，公取、竊取皆爲盜。公取，謂行盜之人公然而取其財，如強盜、搶奪。竊取，謂潛行隱面，私竊取其財，如竊盜、掏摸。皆名爲盜。器物錢帛 以下兼官私言。之類，須移徙已離盜所；方謂之盜。珠玉寶貨之類，據入手隱藏，縱在盜所未將行，亦是爲盜。其木石重器，非人力所勝，雖移本處，未馱載間，猶未成盜。不得以盜論。馬、牛、駝、驘之類，須出闌圈，鷹犬之類，須專制在己，乃成爲盜。若盜馬一匹，別有馬隨，不合併計爲罪。若盜其母而子隨者，皆併計爲罪。○此條乃以上盜賊諸條之通例。未成盜而有顯迹證見者，依已行而未得財科斷。已成盜者，依律以得財科斷。

此仍《明律》，原有小註，順治三年增修。《唐律》僅止"公取竊取皆爲盜"一語，以下數行係採取《唐律》小註、《疏議》而纂輯成律。本朝順治三年又增入末後一段。此乃盜賊之通例，故列於諸盜之後，總束各門，以爲問盜之法。首句總言爲盜之等、類，以下各項乃分論已成盜、未成盜之法則也。必須公取、竊取方謂之盜，若他律所稱"擅取""擅用""擅食""擅將取"之類，皆不在公取、竊取之例，即不加以"盜賊"之名。蓋盜以贓爲憑，若未成盜則無贓可據，故必須有顯跡證見，方擬爲不得財之罪。至律註盜馬一匹，別馬隨之，不併論；而盜其母，子隨之，故併論罪者，蓋盜此馬而別馬隨之，乃偶然之事，非有意盜之。若盜母，子隨，乃必然之理，即屬有意盜之，故有併論、不併論之分。此說亦係《唐律疏議》所載，《明律》採取入註，至今因之。即此一端，可見古律精微細密，非躁心人所能定，亦非躁心人所能讀矣。此後尚有"起除刺字"一項，現章業經刪除，故不收入。自"謀反"至此，共二十七項，合爲《盜賊》一門，蓋人之恒情，財與命相連，故《賊盜》之後，即以《人命》繼焉。

---

① 《大清律例會通新纂》卷 24，第 2312 頁。

跋〔一〕

　　吾師石笙先生，法律名家也。丙午冬，堂憲奏設律學館，延先生主講席。先生不辭勞瘁，按部編次《大清律例講義》，理明義備，視原律註釋爲尤詳，洵足誘掖後進也。館中同學於律學窺有門徑，率皆得力於先生。今《講義》已集成數帙矣，魁親承訓示，與同學共被沾溉，久欲將先生此編廣行於世，特有志焉而未逮。適值監督陳雪樵、庶務提調崇秋浦、劉厚之諸先生提議校刻，公諸同好，遂不揣固陋，爰與同志任校讐之責焉。竊謂先生律學旣精且粹，《講義》一編固不足以窺底蘊，然世之有志斯學者，循是次第以求之，亦誠事半而功倍云。

光緒戊申嘉平月受業仁和韓文魁謹識

跋〔二〕

經學與律學相表裏，治經不深者，治律亦必不精，而經生家每以爲法律之書，不肯深究，無惑乎世之精於律者鮮也！律文古質簡奧，難以猝讀，使無人爲之講解指示，而章句或不能分晰，至隱深之旨、疑似之詞，更無從別白於其間，則治律不更難於治經乎？比奉詔旨審定律令，法部堂憲奏設律學館，專講《大清律例》，參考《日本刑法》，聘吉石笙先生爲教習。先生以名進士官西曹，據律斷事，無畸輕、畸重之失，盛名已赫赫於一時；今之主講斯席也，本之以心得，資之以閱歷，參之以東西列強之法制，每命一題、評一藝，無不援彼證此、因流溯源、疏通詳明、折衷至當，不背於古、不戾于今，蓋合古今中外之法制而萃於先生一人之身者也。先生道德之盛、學養之深，雖不以此爲專門，要亦足見一斑矣！凡與於斯館，獲聆先生之緒論者，何幸如之！同館諸君共集先生兩年以來《講義》，請於堂憲，付梓行世，俾世之讀律者皆有所資而考證焉，庶不負先生啓迪後進之深意云。爰贅數語於篇末。

光緒三十四年嘉平之月古堯都受業段振基謹誌

跋〔三〕

　　吾鄉自薛雲階尚書後，西曹中久推老宿者，惟吾師吉石笙先生法學精深，嘗於漢、唐、宋、元、明之律例，日、俄、英、美、德、法之法典，莫不參考得失，辨別異同，觸類旁通，互相比較，生平精力盡萃於斯，又周歷塞外，更事既多，嘗慨中國法網之密、刑法之重，曾具說帖，呈請減輕刑法，以爲歷代律法以《唐律》最爲完善，《大清律例》大半取法是書，而現今法律又較《唐律》爲重，爰取近今部中所辦案件涉於嚴厲者，條分縷晰，直言無隱，幸蒙採擇，次年即有減輕刑章，去淩遲、梟示之請，仁人之言，其利溥哉！今修律大臣命先生參訂《大清律例》，先生以數十年研究之功，附以生平閱歷自得之語，博採東西洋律學家之精粹，以救中國繁縟瑣碎、不能實事求是之弊，而先生減輕刑法之意至是已遂。

　　先生主京師法律講席數處，久爲當道及後學所傾佩，所至口講手畫，曉暢明達，而且性眞語摯，啓發最易，著作豐富，尤以《大清律講義》一種爲後學之津梁，爲讀律者開多少法門，造成立憲後之人才。異日內外各級審判廳刑清訟理，皆先生鼓鑄甄陶，批郤導窾，爲標準而作鍼度。薛雲階尚書著《讀例存疑》諸書，有功法學，先生是書日與及門講解切磋，當較薛書嘉惠不淺。先生本所學以提倡後進，亦中國生靈民命之所關，豈特爲法學傳人也哉？正寬親承教訓，是書之成，忝任校讐，謹識數語於篇末，用伸仰止云。

受業三原王正寬敬跋

光緒戊申嘉平出版

私印必究

著作者韓城吉同鈞

編輯所法部律學館

印刷所京都前門外三眼井擷華書局

大清律講義前編

〔清〕蔣楷　撰

宣統庚戌三月印

目　錄

大清律講義前編藏本圖片

(日本東京大學東洋文化研究所大木文庫藏本)

日本東京大學東洋文化研究所大木文庫藏本

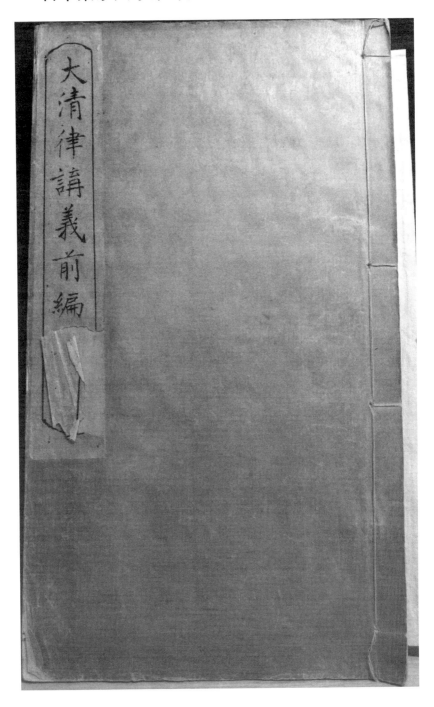

日本東京大學東洋文化研究所大木文庫藏本

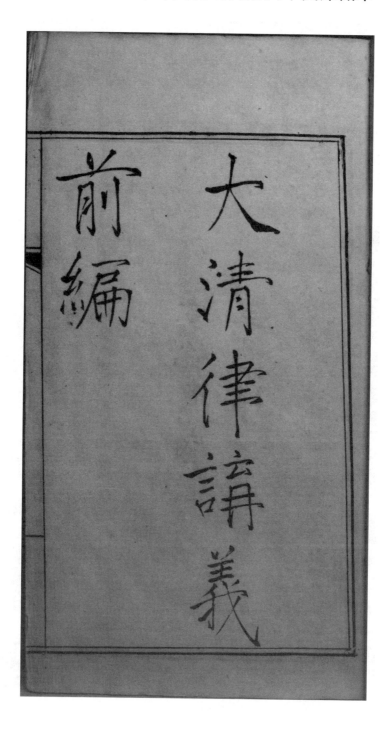

日本東京大學東洋文化研究所大木文庫藏本

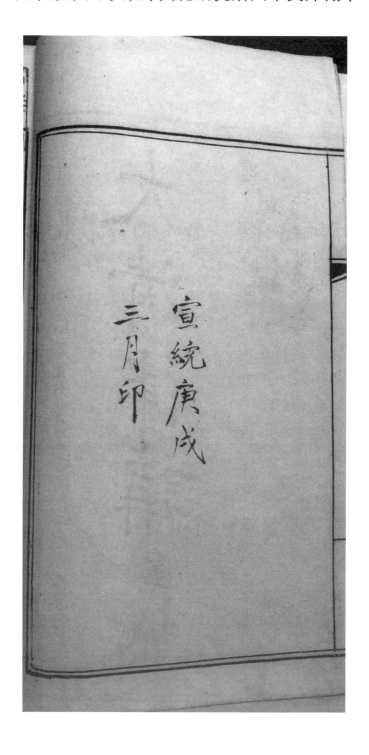

日本東京大學東洋文化研究所大木文庫藏本

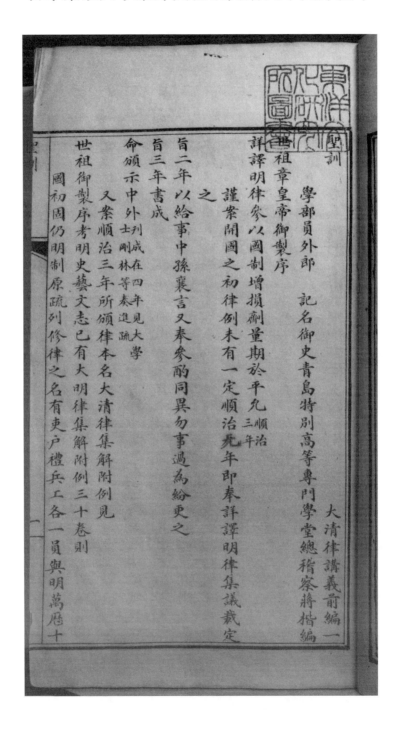

聖訓

世祖章皇帝御製序

學部員外郎　記名御史青島特別高等專門學堂總稽察蔣楷編

大清律講義前編一

詳譯明律參以國制增損酌量期於平允順治三年

謹案開國之初律例未有一定順治元年即奉詳譯明律集議裁定之

旨二年以給事中孫襄言又奉參酌同異勿事過為紛更之

旨三年書成

命頒示中外士剛林等奏進疏又案順治三年所頒律本名大清律集解附例見

世祖御製序考明史藝文志已有大明律集解附例三十卷則

國初固仍明制原疏列修律之名有吏戶禮兵工各一員與明萬歷十

日本東京大學東洋文化研究所大木文庫藏本

初

大明律外有大明令，吴元年定律令，凡為六百一十五條。洪武六年一百四十五條令，五十三條…同者，刑部宜言何為隋律定律令憲綱…律令刑部言宜更成律，至萬曆律有…

大誥

太祖洪武十八年頒大誥三十…令外有以法條例…宋李承例之盡摘革所有…令事令條再議乃治不果改然自是以後一律引志並行，至萬曆。

國朝遞有增改，同治九年共例一千八百九十二條。光緒三十一年刪十八條與原奏一次一百八十六條，共冊三百四十七條…律擬大作臣謂原冊三百三十，次開單一奏三…又業例外又有通行章程，云漢品武章制章程各選其…又以為將來待修之例，不特有例不引律，有章程並不引例也，通例外…

又有一省專設之例，如強盜宛平兩縣內並五城所屬地方加帶鐵鐐…

三

日本東京大學東洋文化研究所大木文庫藏本

屬認真清理實力遵行仍隨時詳加考覈有陽奉陰違再蹈前項弊端者

即行從嚴參辦毋稍迴護瞻徇其各勤求民瘼盡心庶獄用副朝廷恤下省

刑之至意上同

謹案法律至今日不惟修律大臣以為當變即各部各省之力詆刑

律草案者亦未嘗以為不當變也竊謂當變者法不當變者道新訂

刑律草案有四善焉名例外分列六律自洪武二十二年始也洪武

六年律篇目一準於唐至十三年罷丞今直揭各種罪名與唐律次

相政歸六部二十二年始編類頒行

第雖餘而條理則一是謂變散而之整其善一蚩尤五虐之刑暴秦

參夷之法連坐連及無罪戮屍戮及無知今擬死刑用絞而罪大惡

極仍用斬刑是謂變重而之輕其善二原又母謀反叛逆罪大惡極仍用

斬刑是也乃分別但云處死刑原奏亦稱刷刷戲誤擅三殺殺者或出

輯專律宜壽之律中遂為各國所不許子稱

無心死者或繫有罪暨毆故毆八條十四項可拾人犯虛擬死罪尚

300

日本東京大學東洋文化研究所大木文庫藏本

與平恕之內亂相混以叛為外患不可譯與孟子之外患相違時敬大詞章亻
不可譯為己期限中國之以有病而何以不可譯為國名詞數代之中國所無之名詞取
已乎欲家喻而戶曉必字順而以宅從國名舉數代之以是亦不可以一庚乎
待隔偶反

此楷講

聖訓非敢執

大清律首述

祖制以鉗變法者之口而快官吏刑幕不便變法者之心亦謂

世宗之定律

相沿之禮教一庚乎習慣之人情度當事諸公政訂之時必有以處

高宗之定五年一編例固時立制有為諸生所當知者宻於時勢之艱既不

能生今而反古怵於名教之重又未可舍己而徇人繼此而議繼義

意亦猶此

日本東京大學東洋文化研究所大木文庫藏本

律服疏證一

記名御史學部員外郎青島特別高等專門學堂總稽察蔣楷編

大清律講義前編四之一

斬衰三年

子為父母女在室已許嫁者及已嫁被出而反在室者同子之妻

同樵案通典通志皇朝通典通志以子為父母子之妻同為一條而以女在室者異其服而反在室者而仍疏說為確

禮斬衰三年章父卒為母異則衰言服之人花服人者經此所服者有同服之者亦同則不必主同服之奇有此條雌子為父

禮齊衰杖期章父在為母傳曰何以期也屈也至尊在不敢伸傳曰父至尊也至尊在不敢伸

其私尊也父卒三年而後娶達子之志也喪服四制曰資於事父

以事母而愛同天無二日土無二王國無二君家無二尊以一治

之也故父在為母齊衰期者見無二尊也朱子曰喪禮須從儀禮

為正吳氏澄云父為妻之服既除則子為母之服亦除顧氏炎武藏

目　錄*

---

* 校按：原書無目錄，整理者據内容補製。

大清律講義前編一

聖訓

學部員外郎記名御史青島特別高等專門學堂總稽察蔣楷編

世祖章皇帝御製序

詳譯明律，參以國制，增損劑量，期於平允。順治三年。

謹案：開國之初，律例未有一定，順治元年即奉詳譯明律，集議裁定之旨，二年以給事中孫襄言，又奉參酌同異，勿事過爲紛更之旨，三年書成。命頒示中外。刊成在四年，見大學士剛林等奏進疏。

又案：順治三年所頒律本名《大清律集解附例》，見世祖御製序。考《明史·藝文志》已有《大明律集解附例》三十卷，則國初固仍明制，原疏列修律之名，有吏、戶、禮、兵、工各一員，與明萬曆十三年刑部尚書舒化等題稿稱"會同吏部等衙門公同擬議"正相符合。名例外，分六律，自應如是。今不復關照與各部則例歧異矣。

聖祖仁皇帝上諭

律例繁簡，因時制宜，總期合於古帝王欽恤民命之意。向因人心滋僞，輕視法綱，及強暴之徒，陵虐小民，故於定律之外復設條例，俾其畏而知警，免罹刑辟。乃近來犯罪者多，而姦僞未見衰止，人命關繫重大，朕心深用惻然。其定律之外，所有條例，如罪不至死而新例議死，或情罪原輕而新例過嚴者，應去應存，著九卿、詹事、科道會同詳加酌定。康熙十八年。

謹案：奉諭後更改條例，繕册奏准，刊刻通行，名曰《現行則例》。

世宗憲皇帝上諭

律例一書爲用刑之本，其中條例繁多，若不校定劃一，有司援引斷獄得以意爲輕重，貽誤非小。雍正三年。

世宗憲皇帝御製《大清律集解》序

《易》曰：“先王以明罰敕法。”漢鄭昌言：律例一定，愚民知所避，姦吏無所施。是書也，豈惟百爾有位，宜精思熟習，悉其聰明，以察小大之比。凡士之註名吏部，將（應）〔膺〕民社之責者，講明有素，則臨民治事不假於幕客、胥吏，而判決有餘。若自通都大邑，至僻壤窮鄉，所在州、縣倣《周禮》布憲讀法之制，時爲解說，〔令父老子弟遞相告戒，知畏法而重自愛。如此，則聽斷明於上，牒訟息於下，〕①風俗可正，禮讓可興。雍正三年。

謹案：康熙二十八年奏准，律例書內有仍襲前代舊文，而於本朝法制不相蒙者；有明載律文，實非通行令甲者。請敕三法司諸臣詳覈，將律例之分刊者合之，新舊之不符者通之，輕重之可疑者酌之。三十四年纂成律書《名例》，四十六年纂成《大清律例》。乾隆五年，三泰奏稱：康熙四十八年繕寫進呈，留覽未發。則此爲未定之本。雍正元年奏准並現例交九卿參互考訂。三年書成，計律文四百三十六條，附例八百十有五條。《皇朝通志》是此數，《皇朝文獻通考》作八百二十四條，與下文不合。例分三項：曰“原例”，繫②累朝舊例；曰“增例”，繫康熙年間《現行例》；曰“欽定例”，繫欽奉上諭及內外臣工條奏。

又案：律之外有例，猶之漢律之外有令，漢《宣帝紀》註：“蕭何承秦法所作爲律〔令〕，天子詔所增損，不在律上者（則）③爲令。”“令有先後，故有令甲、令乙、令丙。”晉律之外有令、有故事，見《隋書·藝文志》。梁律之外有科，《隋志》④：“梁時又取故事之宜於時者爲梁科。”北齊律之外有格，武帝刪正刑典謂之《麟趾格》。周大律之外有式，太宗命蘇綽爲《大統式》。隋則律、令、格、式並行，見《隋志》。唐因之，繼而又有格後長行敕。宋則敕、令、格、式並行，而律恒存乎敕之外，繼而元祐條例、乾道刑名斷例復行乎其間。蓋世變日新月異，律固有所不賅也。明初《大明律》外有《大明令》，吳元年定律令，凡爲令一百四十五條，律二百八十五條。洪武六年頒《律令憲綱》。有大誥，洪武十八年爲《大誥》，三十年刊《大明律誥》，頒示中外。復有條例，洪武二十五年，刑部言律條與條例不同者宜更定，太祖以條例特一時權宜，定律不可改，不從。條例不始于明，隋律令外有法例，唐趙仁本撰《法例》。高宗曰：“律令格式天下通規，〔非朕庸虛所能創制。並是武德之際，貞觀以來，或取定宸衷，參詳眾議，條章備舉，軌躅昭然，臨事遵行，自不能盡。〕⑤何爲更須作例？”自是條例遂廢。宋李承之有《禮房條例》。⑥而條例時舉時廢，《明史·刑法志》：

---

① 《大清律例》，第 3 頁，《御製序文》。
② 校按：原文如此，蓋“係”之借字，下同。
③ 《漢書》卷8，第 253 頁，註〔一〕。
④ 校按：指《隋書·經籍志》，見《隋書》卷 33，《經籍二》，第 974 頁。
⑤ 《舊唐書》卷 50，《刑法志》，第 2142 頁。
⑥ 校按：見《宋史》卷 204，《藝文三》，第 5140 頁。

成祖詔法司問囚勿妄引榜文條例，成化元年盡革所有條例。弘治中，尚書白昂議增條例二百九十七條，帝摘六事令再議，乃不果改。然自是以後，律例並行。至萬曆時，乃有《條例全文》《增修條例備考》兩書。國朝遞有增改。同治九年，共例一千八百九十二條。光緒三十一年刪三百四十四條。京師《律學館季考擬作》謂刪三百三十八條，[1]與原奏不合。楷案：修訂法律大臣原奏分三次開單，初次一百二十一條，二次一百三十七條，三次八十六條，共刪三百四十四條。是爲今例。

又案：例外又有通行章程，漢張蒼制章程，見《隋書·藝文志》。晉《刑法志》云："品式章程，各還其府。"則章程由來久矣。以爲將來待修之例。不特有例不引律，有章程並不引例也。通例外又有一省專設之例，如強盜案內，大、宛兩縣並五城所屬地方加梟，見同治九年例。竊盜案內直隸加枷、加繫帶鐵杆石墩，山東加鎖帶鐵杆石墩，安徽亦同，見道光十年例。湖南、湖北、福建、廣東擬徒之犯應刺字者先行刺字，毋庸解配，在籍鎖帶鐵杆石墩五年，湖南、湖北、福建應杖者鎖帶鐵杆石墩三年，廣東擬杖以下人犯毋庸鎖帶，見道光二十五年例。有專例亦不引通例矣。

又案：雍正例祇八百十有五條，即乾隆元年例亦祇千有四十二條，而《律學館季考擬作》謂明萬曆時奏定條例三百八十二條。國朝因之不廢。雍正時存原例三百二十一條，無萬曆時之多，且《皇朝文獻通考》於原例下累朝字攙寫，似指順治年間條例兼明例言之，此云因之不廢，似誤。參以國制，合爲一千四百九條云云，似國初已有此數。考乾隆三十六年大修，聲明共例一千四百五十六條，除刪續相抵，計增九十三條，則二十六年尚祇一千三百六十二條也。《擬作》所舉之數未知何據。

高宗純皇帝御製《大清律例》序

古先哲王所爲設法飭刑，布之象魏，懸之門閭，自朝廷達於邦國，共知遵守者。惟是適於義，協於中，弼成教化以洽其好生之德，非徒示之禁令，使知所畏懼而已。乾隆五年。

謹案：康熙十八年刊《現行則例》，是與律別行也，四十六年纂《大清律例》未頒發，雍正三年書成頒發，尚稱《大清律附例》，其合稱《大清律例》當自乾隆五年始。明《藝文志》有范永鑾《大明律例》三十卷，林兆珂註《大明律例》二十卷，是明代業已並稱。

又案：律自雍正三年後而不變，條例自乾隆元年後五年一編，今既趁於時勢，奉旨修訂法律，則律亦不能不變矣。若謂修訂之後永永不變，則雖聖者不能。日本學者謂：西班牙之法每年由裁判官提出不合者，交司法大臣，由司法大臣遣法律調查委員參各國法律及學說而報告之，十年而改一次。此法最善，但不必拘定十年，應改者即改，可緩者彙數條或數十條並改之，進步當更速。且改定法律，

---

[1] 〔清〕吉同鈞：《大清律講義》，卷16，十七卷本第362（11b）頁。

辯護士及法學家皆有責任，亦不必專屬調查委員云云。竊謂此次修訂以後，應否仍遵高宗上諭五年一修，抑或隨時修改不拘年限，亦宜議及。

高宗純皇帝上諭

《律例》一書，原係提綱挈領，立爲章程，俾刑名衙門有所遵守，至於情僞無窮，而律條有限，原有不能纖悉必到，全然該括之勢。惟在司刑者體察案情，隨時詳酌，期於無枉無縱則可，不可以一人一事而〔即欲頓〕改成法也。本朝《大清律》周詳明備〔……〕①嗣後無得輕議紛更。乾隆六年。

謹案：自乾隆六年以後，雖條例五年一修，而大綱不變。

(宣)〔仁〕宗(成)〔睿〕皇帝上諭②

著刑部衙門俱應恪遵憲典，專引本律，不得於例外又稱及"從重"字樣，即"雖"字、"但"字抑揚文法，俱不准用。嘉慶四年。

德宗景皇帝上諭

現在通商交涉，事益繁多，著派沈家本、伍廷芳將一切現行律例，按照交涉情形，參酌各國法律，悉心考訂，妥爲擬議，務期中外通行。光緒二十八年。

現在改訂法律，嗣後凡死罪至斬決而止，凌遲及梟首、戮屍三項，著即永遠刪除。〔……〕③至緣坐各條，除知情者仍治罪外，餘著悉予寬免。其刺字等項，亦著概行革除。光緒三十一年。

昨據伍廷芳、沈家本奏議復恤刑獄各條，請飭禁止刑訊拖累變通笞杖辦法，並清查監獄羈所等條，業經降旨依議。惟立法期於(至)〔盡〕善，而徒法不能自行，全在大小各官任事實心，力除壅弊，庶幾政平訟理，積習可回。頗聞各〔省〕④州縣，或嚴酷任性，率用刑求，或一案動輒株連，傳到不即審訊，任聽丁差朦蔽，擇肥而噬，拖累羈押，凌虐百端，種種情形，實堪痛恨。此次奏定章程，全行照准，原以矜恤庶獄，務(申)〔伸〕公道而通民情，用特重申誥誡。著該督撫等嚴飭所屬，認真清理，實力遵行，仍隨時詳加考查。儻有陽奉陰違，再蹈前項弊端者，即行從嚴參辦，毋稍迴護瞻徇。其各勤求民瘼，盡心(庶)獄〔訟〕，用副朝廷恤

---

① 光緒《大清會典事例》卷 852，續修四庫全書本第 810 冊，第 380 頁。
② 校按：原書誤，參見《大清律例會通新纂·編音》，第 16 頁。
③《大清新法令》第一卷，第 29 頁。
④ 校按：《光緒朝東華錄》總第 5332 頁 "各" 後有 "省" 字，點校本《大清新法令》第一卷第 30 頁作 "府"。

下省刑之至意。同上。

謹案：法律至今日，不惟修律大臣以爲當變，即各部各省之力詆《刑律草案》者亦未嘗以爲不當變也。竊謂當變者法，不當變者道！新訂《刑律草案》有四善焉：名例外，分列六律，自洪武二十二年律始也。洪武六年律篇目一準於唐，至十三年罷丞相，政歸六部，二十二年始編類頒行。今直揭各種罪名，與唐律次第雖殊，而條理則一，是謂變散而之整，其善一。蚩尤五虐之刑、暴秦參夷之法，連坐連及無罪，戮屍戮及無知，今擬死刑用絞，而罪大惡極仍用斬刑，是謂變重而之輕，其善二。原奏謀反、叛逆及謀殺祖父母、父母，俱屬罪大惡極，仍用斬刑是也，乃分則但云處死刑，原奏亦稱別輯專律，豈存之律中遂爲各國所不許乎。戲、誤、擅三殺，殺者或出無心，死者或繫有罪，暨毆、故殺八條十四項可矜人犯，虛擬死罪，向必俟秋審、朝審後始予減等，今既分別奏改，而分則稱凡殺人者處死刑、無期徒刑或一等有期徒刑，援漢高之三章，賅刑統之七殺，是謂變虛而之實，其善三。《德意志刑法》於謀殺、故殺、鬭殺、過誤殺一一分列，日本亦然，但不如中律之備耳。今一概抹殺，但以殺人統之，簡則簡矣，其如窮凶極惡，即絞刑尚嫌其輕；意善功惡，即一等有期徒（行）〔刑〕已嫌其重。何哉？與其用最新學說，固不如存中律，參用德日之爲愈矣。律之外有例，例之外有成案，誠如《漢志》所譏，"文書盈於几閣，典者不能盡睹"，重規疊矩，實行者不及其半，適足爲書吏舞弄之資。今併爲三百八十七條，是謂變繁重而之簡易，其善四。三百八十七條中亦有應刪處、應併處及應補、應正之處，此次重加修定，必有以持其平矣。而有必不可行者二：如父子之親、男女之別不甚分晰，經學部奏駁之類；第二百九十九條"凡殺人者處死刑、無期徒刑或一等有期徒刑"；第三百條"凡殺尊親屬者，處死刑"；第三百一條"凡傷害人之身體〔……〕因而致死或篤疾者，無期徒刑或二等以上有期徒刑"；第三百二條"凡傷害尊親屬之身體〔……〕因而致死或篤疾者，死刑、無期徒刑或一等有期徒刑"；第三百十條"凡因過失致人於死或篤疾者，處一千圓以下罰金"；第三百十一條"凡因過失致尊親屬於死或篤疾者，處三等以下有期徒刑或一千圓以下、一百圓以上罰金"。此關於殺傷之罪。第（二）〔三〕百二十八條"凡私擅逮捕或監禁人者，處三等以下有期徒刑"；第二項"對尊親屬有犯者，處二等或三等有期徒刑"。第三百二十九條"濫用〔其〕[①]職權而逮捕或監禁人者，處二等或三等有期徒刑"；第二項"對尊親屬有犯者處二等以上有期徒刑"，此關於逮捕、監禁之罪。所謂父子之親不甚分晰者也！何如日本刑法以對於祖父母、父母分列四條之爲愈乎？！第二百七十二條"凡對未滿十二歲之男女爲猥褻之行爲者，處三等以下有期徒刑或三百圓以下、三十圓以上罰金"。既曰"行爲"，其非語言調戲可知。第二百七十三條"凡對十二歲以上男女用暴行、迫脅[②]或用藥及催眠術並其餘方法，致使不能抗拒而爲猥褻之行爲者，處三等以下有期徒刑或三百圓以下、五十圓以上罰金"，既曰"不能抗拒"，其非調戲未成又

---

① 《大清新刑律立法資料匯編》，第 143、145、153 頁。
② 《大清新刑律立法資料匯編》，第 135 頁作"脅迫"。

可知已，而曰猥褻行爲在未成姦以前？蒙百思不能解也！又，二百七十八條"凡和姦有夫之婦，處四等以下有期徒刑"。京師法律館《講義》云："日本刑法須俟本夫之告訴始論其罪。可見姦無夫之婦女即不論罪。"所見至爲明憭。草案雖無本夫告訴一條，其意當亦不異。其序引則曰："姦非〔……〕①惟禮教與輿論足以防閑之"，非刑罰所能制裁。然則盜與殺傷亦惟禮教與輿論足以防閑之，而律可以不設，修訂亦爲多事矣。況律垂大法，既失禁人爲非之義，即數千年之禮教、數萬里之輿論，將與之而盡失矣。所謂男女之別不甚分晰者也，何如《德意志刑法》以關於風俗之重罪及輕罪分列十有四條之爲愈乎？如日本名詞可改而不改，經兩廣總督奏駁之類。明明"事"也，而以爲"行爲"；明明"耳目"也，而以爲"聽能""視能"；甚至以"反"爲"內亂"，與十惡之"內亂"相混；以"叛"爲"外患"，與孟子之"外患"相違；"時效"之文何不可譯爲"期限"；精神之病何不可譯爲"瘋狂"。中國所無之名詞，取諸它國，不得已也；中國所有而以它國名詞代之，是亦不可以已乎？欲家喻戶曉，必字順而文從，畧舉數端以待隅反。一戾乎相沿之禮教，一戾乎習慣之人情，度當事諸公改訂之時，必有以處。此楷講《大清律》首述聖訓，非敢執祖制以關變法者之口，而快官吏、刑幕不便變法者之心。亦謂世宗之定律、高宗之定五年一編例，因時立制，有爲諸生所當知者，毖於時勢之艱，既不能生今而反古，怵於名教之重，又未可舍己而徇人。繼此而談經義，意亦猶此。

---

① 《大清新刑律立法資料匯編》，第 134 頁。

大清律講義前編二

經義

記名御史學部員外郎青島特別高等專門學堂總稽察蔣楷編①

《尚書·舜典》

象以典刑。 象，法也，法用常刑，用不越法。馬融曰："言皋陶制五常之刑，無犯之者，但有其象，無其人也。"

"方施象刑，惟明。"《益稷》，謨，今文《尚書》合於《皋陶謨》。

"有虞（氏）之誅（也），〔以幪巾當墨，〕以畫（詭）〔跪〕當黥，以草纓當劓，以〔菲〕履（綦）當刖，以艾（畢）〔韠〕當宮，布衣無領（以）②當大辟。"《慎子》，《太平御覽》引。

"唐虞之象刑，上刑赭衣不純，中刑雜屨，下刑墨幪。"《尚書大傳》。此據《公羊傳疏》所引。《北堂書鈔》引作"犯墨者蒙（皁）巾""犯劓者赭其衣""犯臏者以墨幪其臏處而畫之"③"犯大辟者布衣無領"。

"世俗之爲說者曰：治古無肉刑而有象刑，墨幪；以墨巾蒙其頭。慅嬰；當爲'澡纓'，澡濯其布爲纓。共，艾畢；共未詳，或衍字；艾，蒼白色；畢與韠同，韍也。菲，對屨；'對'當爲'綦'或'劋'。殺，赭衣而不純。治古如是。是不然。以爲治耶？則人固莫觸罪，非獨不用肉刑，亦不用象刑矣。以爲人或觸罪矣，而直輕其刑，然則是殺人者不死，傷人者不刑也。罪至重而刑至輕，庸人不知惡矣，亂莫大焉。"《荀子》。④"所謂'象刑惟明'者，言象天道而作刑，安有菲屨赭衣者哉？"《漢書·刑法志》。楷案：《漢志》此語在荀子"之言既然"句上，今《荀子》無此語。

---

① 校按：異於前編一列職次序，原文如此。
② 《太平御覽》卷 645，文淵閣四庫全書本第 898-810（8a）頁。校按：點校本第 6 冊第 77 頁作"韘"繁體應即"韠"，似誤。查《慎子集說》亦引《太平御覽》，"韠"字作"韠"；又，文淵閣四庫全書《北堂書鈔》卷 44，第 889-146（3a）頁亦作"艾韠當宮"。
③ 《尚書大傳疏證》卷 1，第 707（16a）頁。校按：據《北堂書鈔》卷 44，第 889-146（3b 頁）。
④ 《荀子·正論》，參見《荀子集解》卷 12，第 326 頁。

“今文《尚書》家說：唐虞象刑而民不犯，三王始制刑辟，荀子不信之。然夏刑條目，僅見《尚書大傳》，周公寓刑於禮，不制刑書。則知孔子言‘道德齊禮’，謂〔上古之世〕①‘善人爲邦’，‘勝殘去殺’，未可以疑象刑之說矣。”孫星衍《唐律疏議》序。

流宥五刑。“宥，寬也，以流放之法寬五刑。”

“蚩尤惟始作亂〔……〕②苗民弗用靈，制以刑，惟作五虐之刑曰法。殺戮無辜，爰始淫爲劓、刵、椓、黥。”《呂刑》。

叔向言：“‘三辟之興，皆叔世也。’〔……〕班固又云：‘五帝畫象而民知禁。’《孝經緯》亦云：‘五帝畫象，三王肉刑。〔……〕’若如三家之言，則〔前〕五帝〔皆同畫象，〕不用肉刑。〔……〕按：《舜典》云：‘流宥五刑。’〔……〕蓋〔《書》美大舜〕以流放之寬，代刀鋸之毒〔……〕舜以前（有）〔行〕③五刑，明矣。”《通典》。

楷案：《呂刑》之“劓、刵、椓、黥”，《說文》引作“刵、劓、𣃔、黥”，則與殺爲五，與《周禮·司刑》正同。墨子引《呂刑》而曰：“昔者聖王制爲五刑以治天下，逮至有苗之制五刑以亂天下。”據此則五刑遠在少昊前。荀子曰：“殺人者死，傷人者刑，是百王之所同也，未有知其所由來者也。”④信矣。

又案《五帝本紀》，“蚩尤最爲暴虐”，註：應劭曰：“蚩尤不用帝命，遂作五虐之刑。大刑用甲兵，其次用斧鉞，（其次）〔中刑〕用刀鋸，其次用鑽笮，（其次）〔薄刑〕用鞭扑。”⑤蓋以《國語》所稱，五刑爲蚩尤所作。

鞭作官刑。“以鞭爲治官事之刑。”

“《周禮·條狼氏》：‘誓大夫曰，敢不關，鞭五百’，《左傳》有鞭徒人費、圉人犖是也〔……〕⑥日來亦皆施用。大隋造律，方始廢之。”《孔疏》。

“唐太宗嘗覽《明堂鍼灸圖》，見人之五臟皆近背，鍼灸失所，則其害至死，歎曰：‘夫箠者，五刑之輕；死者，人之所重，安得犯至輕之刑而或致死。’（乃）〔遂〕詔罪人（毋）〔無得〕⑦鞭背。”《唐書·刑法志》。

楷案：鞭刑惟梁最詳，有制鞭、法鞭、常鞭三等。制鞭，生革廉成；法鞭，去廉；常鞭，熟靼不去廉。北齊、後周皆鞭重於杖，隋開皇初詔除之。而《唐律釋文》

---

① 《唐律疏議》，附錄《重刻故唐律疏議序》，第667頁。
② 《尚書正義》卷19，點校本（以下不另注明者皆指此本）第535頁。
③ 《通典》卷163，第4191-4192頁。校按：《通典》譌“民”作“人”，下同。
④ 《荀子·正論》，見《荀子集解》卷12，第328頁。
⑤ 《唐律疏議》，附錄《進律疏表》，第583頁。
⑥ 《尚書正義》卷3，第68頁。據校勘記①“條狼氏”讀作“滌狼氏”。
⑦ 校按：《新唐書》卷56，第1409頁。

云："杖者大，鞭者小，杖刑多殺於人，〔故〕①降大從小，乃用鞭"。所未喻也。

扑作教刑。"扑，（夏）〔榎〕②楚也，不勤道業，則撻之。"

"榎、③楚二物，收其威也。"《禮記‧學記》。

金作贖刑。"誤而入刑，出黃金以贖。"

"職金〔……〕④掌受士之金罰、貨罰，入於司兵。"《周禮》。

"九峯蔡氏〔則〕以爲贖特爲鞭扑輕刑設，五刑本無贖法，〔而以穆王贖鍰之事爲非〕；致堂胡氏〔則〕以爲贖本五刑之疑者，而鞭扑輕刑，則無贖法。二論〔正〕相反。〔然以《書》之本文考之，固未見其專爲五刑設或專爲鞭撲設也。〕愚嘗論之：五刑，〔刑之大者，所以懲創其罪愆；鞭撲，刑之小者，所以課督其惰怠。五刑而〕許〔之論〕贖〔者〕，蓋矜其過誤之失，〔《書》所謂'罪疑惟輕'，所謂'五刑之疑有赦'是也。〕鞭扑〔而許其論〕〔之〕贖〔者〕，蓋養其（廉）〔愧〕恥之心，〔《記》所謂'刑不上大夫'，東坡所謂'鞭撻一行，則豪傑不出於其間，故士之刑者不可用，用者不可刑'是也。〕⑤二者皆聖人忠厚之意也。"《文獻通考》。

眚災肆赦，怙終賊刑。"眚，過（也）；災，害"也。"過而有害，當緩赦"也，"怙姦自終，當（賊）〔刑〕⑥殺"也。

"君子以赦過宥罪。"《易‧解卦》。

"宥過無大，刑故無小。"《大禹謨》。

"人有小罪，非眚，乃惟終，自作不典，式爾，有厥罪小，乃不可不殺。乃有大罪，非終，乃惟眚災，適爾，既道極厥辜，時乃不可殺。"《康誥》。

流共工于幽州，放驩兜于崇山，（放）〔竄〕⑦三苗于三危，殛鯀于羽山。"殛、竄、放、流，皆誅也。異其文，述作之體。"

"司馬遷曰：'舜流四凶於四裔，以禦魑魅。'此一明四凶不死也。〔又〕《舜典》〔云〕'流宥五刑'〔者〕，五刑中有死，（即）〔既〕以流放代死，此二明四凶不死也。又〔……〕'五流有宅'。孔〔安國〕注〔云〕：'〔五流有宅者，〕謂不忍加刑，則流放之，若四凶。'此三明四凶不死也。〔按《洪範》：'鯀則殛死，〔禹乃嗣興。'〕或〔者〕謂〔便殺之，所以辨〕鯀至羽山而自死〔者也〕。"⑧《通典》。楷案：《鄭志》答趙商云：鯀非誅死，放居東裔，至死不得反於朝。

---

① 《唐律疏議》，附錄《釋文》，第 617 頁。

② 《尚書正義》卷 3，第 65 頁；十三經注疏影印本（以下簡稱"影印本"，他經用此本者同）第 128 頁。

③ 校按："榎"，經本作"夏"。鄭玄注云："夏，榎也。楚，荊也。"《爾雅》云："榎，山榎。"參見十三經注疏影印本，第 1522 頁。

④ 《周禮注疏》卷 36，點校本（以下不另注明者同）第 953-954 頁。

⑤ 《文獻通考》卷 171 上，《刑考十上》，點校本（以下不另注明者同）第 5121 頁；影印本第 1482 頁。

⑥ 《尚書正義》卷 3，第 65 頁；影印本第 128 頁。

⑦ 校按：各本皆作"竄"，其小字注亦作"竄"。此處"放"字誤。

⑧ 《通典》卷 163，第 4191 頁。

帝曰："皋陶，蠻夷猾夏，寇賊姦宄。""羣行攻劫曰寇，殺人曰賊，在外曰姦，在內曰宄。"

"汝作士，五刑有服，五服三就。""服，從也，言得輕重之中正"；三就，大罪於原野，大夫於朝，士於市。

楷案：五刑，馬融以爲墨、劓、剕、宮、大辟，又云但有其象。孫星衍《今古文注疏》謂畫五刑之服而引《尚書大傳》，上刑、中刑、下刑爲三就。蓋本馬氏。惠棟《古文尚書考》則引朱彝尊之說，曰："墨、劓、剕、宮、大辟，非舜之五刑也。舜以命皋陶者：流也、鞭也、扑也、贖也、賊也，象以典刑，五者是已。"①

又案：《國語》臧文仲曰："刑五而已〔……〕②大刑用甲兵，其次用斧鉞，中刑用刀鋸，其次用鑽笮，薄刑用鞭扑。"所稱上刑、中刑、薄刑似亦可以當三就，而其下又云："五刑三次。"注："次，處也。三處，野、朝、市也。"與孔傳同。馬、鄭、王並以朝、市爲一而增甸師氏，蓋以周制言之，不如傳說爲當。《漢書·刑法志》："聖人因天討而作五刑。"下亦引"大刑用甲兵"五句，是班氏亦主《國語》。

五流有宅，五宅三居。三居，大罪四裔，次九州之外，次千里之外。

《尚書·大禹謨》

明于五刑，以弼五教，期于予治。"弼，輔（也）。③期，當也。歎其能以刑輔教，當於治體。"

"天討有罪，五刑五用哉。"《皋陶謨》。

刑期于無刑，民協于中。

"士制百姓于刑之中。"《呂刑》。

"聽獄執中者，皋陶也。"《韓詩外傳》。④

罰弗及嗣。

"罪人不孥。"《孟子》。⑤

秦文公"二十年，法初有三族之罪。"《史記·秦本紀》張晏曰："父母、兄弟、妻子。"

如淳曰："父族、母族、妻族。"楷案：馮景辨如淳之謬，曰："莊子言'五紀'，匡衡、韋元成言'五屬'，袁紹言'五宗'，皆（言）〔謂〕父、祖、己、子、孫也。莊子言'六位'，老氏、班志、賈誼言'六親'，呂不韋言'六戚'，亦不過父母、兄弟、（妻子）〔夫婦〕耳〔……〕今《大清律》〔特〕列本宗九族五服之圖〔于前〕，（亦足）〔所〕以明九族之非異姓矣。"⑥

---

① 《古文尚書考》卷上，續修四庫全書本第 44 冊，第 65（16b）頁。
② 《國語集解·魯語上第四》，第 152 頁。
③ 《尚書正義》卷 4，第 91 頁。
④ 《韓詩外傳》卷 2，第 42 頁。
⑤ 《孟子·梁惠王下》。
⑥ 見《解春集文鈔補遺》卷 2，《與法家論如淳解三族之繆書》，續修四庫全書本第 525（15b-16b）頁。其中"妻子耳"，原文作"夫婦耳"。

漢孝文二年詔丞相、太尉、御史：“今犯法已論，而使無罪之父母妻子同產坐之及〔爲〕收〔帑〕，[1]朕甚弗取。其議。”周勃、陳平奏言仍其故便，帝又曰：“法正則民愨，罪當則民從。且夫牧民而道之以善者，吏也。既不能道，又以不正之法罪之，是法反害於民爲暴者也。朕未見其便。”平、勃乃奉詔盡除收律相坐法。《漢書·刑法志》。楷案：其後新垣平謀爲逆，復行三族之誅，文帝亦爲德不卒者矣。

緣坐之制起於秦之參夷及收司連坐法，唐律惟反、叛、惡逆、不道律有緣坐，他無有也。今律則姦黨、交結近侍諸項俱緣坐矣，反獄、邪教諸項亦緣坐矣，一案株連動輒數十人。夫以一人之故而波及全家，以無罪之人而科以重罪。北魏崔挺曰：一人有罪延及闔門，則司馬牛受桓魋之罰，柳下惠膺盜跖之誅，不亦哀哉？[2]今世各國咸主持刑罰止及一身之義，與“罪人不孥”之古訓實相符合。光緒三十一年修律大臣奏。

罪疑惟輕。

“古之議疑罪者，降殺，一法也，《虞書》所謂‘罪疑惟輕’，（《呂刑》）〔此書〕所謂‘上下比罪，上刑適輕，下服’是也。罰贖，一法也。《虞書》所謂‘金作贖刑’，（《呂刑》）〔此書〕[3]所謂‘五刑之贖’是也。”《文獻通考》。

與其殺不辜，甯失不經。 “辜，罪也。經，常也。”《左傳》作《夏書》。

“孔子曰：‘古之知法者能省刑，本也；今之知法者不失有罪，末矣。’又曰：‘今之聽獄者，求所以殺之；古之聽獄者，求所以生之。’與其殺不辜，甯失有罪。今之獄吏上下相驅，以刻爲明，深者獲功名，平者多後患。諺曰：‘鬻棺者欲歲之疫’，非憎人欲殺之，利在於人死也。今治獄吏欲陷害人，亦猶此矣。”《漢書·刑法志》。

《春秋左氏傳》

《夏書》曰：“昏、墨、賊，殺，皋陶之刑也。”《昭公十四年》。

己惡而掠美爲昏，貪以敗官爲墨，殺人不忌爲賊。《本傳》。

夏有亂政，而作禹刑；商有亂政，而作湯刑；周有亂政，而作九刑。《昭公六年》。

“夫有血氣，必有爭心，羣居勝物之始，三皇無爲之代，既有君長焉，則有刑罰焉。其俗至澆，其（犯）〔事〕至簡，〔人犯者至少，〕何必先定刑名，所以因事立制。叔向之言可矣。自五帝以降，法教益繁，虞舜聖哲之君，後賢祖述其道，

---

① 《史記》卷10，《孝文本紀》，第418-419頁。
② 語見《魏書》卷57，《崔挺列傳》，第1265頁。文字稍有出入。
③ 語見《文獻通考》卷162，《刑考一》，第4854頁；影印本第1409頁。

刑章輕重，亦以素設。周氏（之）〔三〕①典，懸諸象魏，皆先防抵陷，令避罪辜。"
《通典》。

"孔穎達《正義》云：'子產鑄刑書而叔向責之，趙鞅鑄刑鼎而仲尼譏之，則刑之輕重，不可使人知也。'聖王雖制刑法，舉其大綱，〔但共犯一法，〕情有淺深，臨事至時議其輕重也。孔（義）〔議〕附會叔向之書，然詳左氏所載，夫子之說，第令守晉國舊法，以爲范宣子所爲非善政耳，非謂聖王（法）制〔法〕②不可令人知也。"《文獻通考》。

《呂刑》："'明啟刑書胥占'，是刑法古有定條，又有損益因革。《尚書大傳》云：'夏刑三千條'，則夏有書。《康誥》：'殷（法）〔罰〕有倫'。《呂覽〔·孝行覽〕》〔云〕：'《商書》曰刑三百，罪莫大於不孝'，則商有書。《〔文十八年〕左傳》史克曰：'先君周公制《周禮》''作《誓命》''在九刑不忘'，則周公亦有書〔……〕叔向之言，當由所從得者非賢，故爲此草菅人命之論。"《癸巳類稿·呂刑義》。③

周文王之法曰"有亡，荒閱"。"荒，大也；閱，蒐也。有亡人，當大蒐其衆。"《昭公七年》。

楷案：《法經》有《捕法》防此。

周公作誓命曰："毀則爲賊，'毀則壞法也。'**掩賊爲藏，**'掩，匿也'。**竊賄爲盜，盜器爲姦，主藏之名，賴姦之用，爲大凶德，有常，無赦，在九刑不忘。"**《文公十八年》。

"天下曉然皆知夫盜竊之人不可以爲富也，皆知夫賊害之人不可以爲壽也，皆知夫犯上之禁不可以爲安也。"《荀子》。

楷案：《法經》首盜賊以此。

《周禮·秋官》

大司寇之職，掌建邦之三典，以佐王刑邦國，詰四方。一曰刑新國用輕典，二曰刑平國用中典，三曰刑亂國用重典。

王氏安石曰："刑新國用輕典，以柔乂之也；刑平國用中典，以正直乂之也；刑亂國用重典，以剛乂之也。故〔《書》〕曰：'惟敬五刑，以成三德。'"《義疏》。④

楷案：《荀子》："治則刑重，亂則刑輕，犯治之罪固重，治世家給人足，犯法者少，

---

① 《通典》卷 166，第 4286-4287 頁。
② 《文獻通考》卷 162，第 4857 頁；影印本第 1410 頁。校按："臨事至時"點校本作"臨至時事"，疑倒。
③ 《癸巳類稿》卷 1，載《俞正燮全集》，第 27 頁。校按：《尚書·呂刑》原文及俞氏原文"法"皆作"罰"。
④ 《義疏》指《欽定周官義疏》卷 35，文淵閣四庫全書本（下同），第 99-238（2b）頁。校按：此段摘自王安石《周官新義》（卷 14）語，文字稍有出入。

有犯則衆惡之，罪固當重也。**犯亂之罪固輕也。**亂世人迫於飢寒，犯法者多，不可盡用重典。與此相反。

以五刑糾萬民，一曰野刑，上功糾力；"功，農功；力，勤力。" 二曰軍刑，上命糾守；"命，將命也。守，不失部伍。" 三曰鄉刑，上德糾孝；"德，六德也"；"善父母曰孝。" 四曰官刑，上能糾職；"能，能其事也；職，職事修理。" 五曰國刑，上愿糾暴。"愿，愨慎也。'暴'"，當爲'恭'"。

"曰野、曰鄉、曰國，非以地別之，以事別之也。水土力役之政，野刑也，故曰'上功糾力'。不孝、不友、不睦、不婣、不任、不恤，鄉刑也，故曰'上德糾孝'。吏之作姦，民之爲暴，勢家之滅義，國刑也，故曰'上愿糾暴'。雖國中野外之人所犯鄉刑也，則以鄉刑蔽之，餘刑皆然。"《義疏》。

楷案：各國謂我政教不分，不知《周官》《六典》司徒掌邦教、司馬掌邦政。上古兵刑不分，所謂大刑用甲兵，其次用斧鉞，其次用刀鋸，其次用鑽笮，其次用鞭扑也。刑爲政之一端。復有司寇掌邦禁矣。又謂我民事、刑事不分，不知大司徒以鄉八刑糾萬民。一曰不孝之刑，二曰不睦之刑，三曰不婣之刑，四曰不弟之刑，五曰不任之刑，六曰不恤之刑，七曰造言之刑，八曰亂民之刑。又曰："凡〔萬〕[1]民之不服教而有獄訟者，與有地治者聽而斷之，其附于刑者歸于士。"大司寇"以五刑糾萬民〔……〕三曰鄉刑"，即是大司徒之鄉八刑也。然則附于刑者，刑事也；不附于刑者，民事也。觀小司徒之職聽其辭訟，民訟以地比正之，地訟以圖正之，其爲民事可知已。又謂我行政司法不分，不知地官有鄉師、遂師、縣正各掌其鄉、其遂、其縣，秋官又有鄉士、遂士、縣士，亦各掌其鄉、其遂、其縣，其權限分晰皦然明白。

又案：軍刑，如軍律，蓋軍興自有特別法，官刑似即各國之行政裁判，存以俟考。

以圜土聚教罷民，"圜土，獄城也。" 凡害人者，置之圜土而施職事焉。"害人，謂爲邪惡已有過失麗於法者，以其不故犯法，置之圜土繫教之。" 以明刑恥之。其能改者，反于中國，不齒三年。"不齒者，不得以年（齒）次〔列〕[2]於平民。" 其不能改而出圜土者，殺。"出謂逃亡。"

楷案：古聖王所重者教，契爲司徒，在皋陶作士前。所以齊民者，曰有恥。子曰："道之以政，齊之以刑，民免而無恥；道之以德，齊之以禮，有恥且格。"此經所謂"以明刑恥之"，《尚

---

① 《周禮正義》卷19，第762頁。
② 《周禮注疏》卷34，第905頁；十三經注疏影印本第870頁。

書大傳》所謂"墨幪，以居州里，而民恥之"[1]者也。今各省所設工藝所，各國所設感化院，殆為近之。

又案：英美之刑有禁錮作工，德國之刑有懲役禁錮，法國之刑有終身縲絏作苦工、限年月縲絏作苦工，俄國之刑有作苦工，日本之刑有懲役禁錮。日本改正之法與德國畧同，但德有斬刑，日本祇有絞刑。大都昉此。

以兩造禁民訟，"訟，謂以財貨相告者。"**入束矢於朝，然後聽之。**

以兩劑禁民獄，"獄，謂相告以罪名者。"**入鈞金，三日乃致于朝，然後聽之。**"劑，今券書也。"

楷案：據注，訟是民事，獄是刑事。

有輕辠者，贖以金分，金分者，隨罪輕重有分兩。訟而不勝者，出一束箭。《淮南子》。[2]

"王氏應電曰：'兩人皆至，則詞不獲逞；兩劑並陳，則詐不可逃，〔而〕各入束矢、鈞金，則心有所惜〔……〕'[3]邱氏曰：'束矢、鈞金非貧民可辦，然理直者固當還之，雖貧民固未遽困也，況其不能致者，又有肺石、路鼓以達之乎？'"《義疏》。

"束矢、鈞金〔……〕世儒多以為疑，不知〔……〕《周官》之法，自鄉遂、公邑、都家以及門關、市肆，凡訟獄皆其地有司聽之。楷案：此語未諦，地官有鄉師、遂師，秋官又有鄉士、遂士，夏官有都司馬、家司馬，秋官又有都士、家士，行政司法之分甚為明晰。又設肺石以達惸獨老幼，尚慮其無所赴訴乎？其造（于）〔於〕大司寇而求伸者，必事久變生，如《書》所稱'單辭'，《記》所謂'有旨無簡'者耳。故曰'以兩造禁民訟''以兩劑禁民獄'，則所禁乃兩造、兩劑之不具者明矣。"《義疏》。[4]

以嘉石平罷民。"嘉石，文石也。"**凡萬民之有罪過而未麗于法，而害于（鄉）〔州〕里者，桎梏而坐諸嘉石，役諸司空。重罪旬有三日坐，期役；其次九日坐，九月役；其次七日坐，七月役；其次五日坐，五月役；其下罪三日坐，三月役。〔使〕州里任之，則宥而舍之。**

"命鄉簡不率教者以告，耆老皆朝于庠，元日習射上功，習鄉上齒。大司徒（率）〔帥〕國之俊士與執事焉。不變，命國之右鄉簡不（率）〔帥〕教者移之左，命國之左鄉簡不（率）〔帥〕[5]教者移之右，如初禮。不變，移之郊，如初禮。不變，移之遂，如初禮。不變，屏之遠方，終身不齒。"《禮記·王制》。楷案：《王制》司徒之職，指不率教者言。《周官》司寇之職，指有罪過者言。

---

① 《尚書大傳疏證》卷1，第707（16a）頁。
② 《淮南子·氾論訓》。參見《淮南鴻烈集解》卷13，第454頁。
③ 《欽定周官義疏》卷35，第99-241（8b-9a）頁。
④ 《欽定周官義疏》卷首，第98-36（36b）-98-37（37a）頁。
⑤ 《禮記訓纂》卷5，第193-194頁。

又案：此亦各國禁錮作工之法。

以肺石達窮民。"肺石，赤石也。"凡遠近惸獨老幼之欲有復于上，而其長弗達者，立于肺石，三日，士聽其辭，以告于上，而罪其長。"復猶報也"，"報之者，若上書詣公府言事矣。"

正月之吉，始和布刑于邦國都鄙，乃縣刑象之灋于象魏，使萬民觀刑象，挾日而斂之。

"刑典每歲和布，不惟科條有增損，即諸侯之國有由新而爲故，既亂而復平，先平而後亂者。其典之輕重必隨時變易，乃得其中"。《義疏》。①

楷案：猶今律"講讀律令"之比。

凡諸侯之獄訟，以邦典定之。"邦典，六典也。"**凡卿大夫之獄訟，以邦灋斷之。**"邦灋，八灋也。"**凡庶民之獄訟，以邦成弊之。**"邦成，八成也。"

易氏（綏）〔被〕曰："（太）〔大〕②宰治官之長，故以三者待其治；大司寇刑官之長，故又以之聽其獄訟。"《義疏》。楷案：六典，一曰治典，二曰教典，三曰禮典，四曰政典，五曰刑典，六曰事典。八灋，一曰官屬，二曰官職，三曰官聯，四曰官常，五曰官成，六曰官灋，七曰官刑，八曰官計，皆太宰之職。八成，一曰聽政役以比居，二曰聽師田以簡稽，三曰聽閭里以版圖，四曰聽稱責以傅別，五曰聽祿位以禮命，六曰聽取予以書契，七曰聽賣買以質劑，八曰聽出入以要會。《賈疏》：八事皆曰聽，以有爭訟也。③爲小宰之職，易氏皆屬太宰，未諦。

小司寇〔……〕以五刑聽萬民之獄訟，附于刑，用（刑）〔情〕訊之。至于旬，乃蔽之。讀書則用灋。鄭氏眾曰："讀書則用灋，如今〔時〕讀鞫已乃論之。"④

楷案："附于刑，用（刑）〔情〕⑤訊之"，其不附于刑，不用刑訊可知已。江鄂會奏變法第二摺省刑責條內稱："敲扑呼號，血肉橫飛，最爲傷和害理，有悖民牧之義，〔地方官相沿已久，漠不動心。〕夫民雖犯法，當存哀矜，供情未定，有罪與否尚不可知，（禮）〔理〕宜詳慎。況輕罪一笞，〔當時如法懲儆，〕日後仍望其勉爲良民，更宜存其廉恥。擬請以後除盜案、命案證據已確而不肯認供者，准其刑嚇外，凡初次訊供時，及牽連人證，斷不准輕加刑責"，⑥云云。正得此意。

又案：鄭注："讀鞫已乃論之。"唐律，凡"諸獄結竟，徒以上，各呼囚及其家屬，具告罪名，仍取囚服辯。"今律因之，即沿漢制也。

---

① 《欽定周官義疏》卷35，第99-243（12b-13a）頁。
② 同上書，第99-244（14b）頁。
③ 校按：《周禮注疏》卷3，第58頁，《賈疏》原文作："八事皆聽者，舊事爭訟當斷之也。"
④ 《周禮注疏》卷35，第912-913頁。
⑤ 國圖藏本此處加墨筆圈改。
⑥ 《光緒朝東華錄》，總第4744-4745頁。

凡命夫命婦不躬坐獄訟。 "不身坐者，必使其屬若子弟也。"

楷案：今律，凡官吏有爭論婚姻、錢債、田土等事，聽令家人告官對理。法部《〔各級〕審判廳試辦章程》①亦云，職官、婦女爲原告時，得委他人代訴，與此節畧同。

凡王之同族有罪，不（及）〔即〕市。

"刑人於市，與衆棄之。"《禮記·王制》。

"公族，其有死罪，則（罄）〔磬〕于甸人。"甸人，掌郊野之官。縣縊殺之曰（罄）〔磬〕。"②其刑罪，則纖剸，亦告於甸人。"纖讀〔爲〕③殲，刺也；剸，割也"；"告讀爲鞫。"公族無宮刑。獄成，有司讞于公，其死罪，則曰'某之罪在大辟。'其刑罪，則曰'某之罪在小辟。'公曰：'宥之。'有司又曰：'在辟'。公又曰：'宥之'。有司又曰：'在辟。'及三宥，不對，走出，致刑于甸人。公又使人追之曰：'雖然，必赦之。'有司曰：'無及也。'反命于公。"《禮記·文王世子》。

楷案：今律"應議者犯罪"條下宗室覺羅亦另有條例。

又案：觀《禮記》公曰"宥"，有司曰"在辟"，至再、至三，可見司法獨立，中國之禮則然，而泰西則以爲刱獲也。

以五聲聽獄訟，求民情：一曰辭聽，二曰色聽，三曰氣聽，四曰耳聽，五曰目聽。

《呂刑》"'惟貌有稽'，以色包耳目辭氣，此以聲包色氣耳目也。蓋或貌變或聲變，則餘必從之"。《義疏》。④

"姦人心愧而面赤，內怖而色奪，論罪者務本其心，審其情，精其事，近取諸身，遠取諸物，然後乃可以正刑。仰手似乞，俯手似奪，捧手似謝，擬手似訴，拱臂似自首，攘臂似格鬥，矜莊似威，怡悅似福，喜怒憂（懼）〔歡〕，貕⑤在聲色，奸真猛弱，候在視息。出口有言當爲告，下手有禁當爲賊，喜子殺怒子當爲戲，怒子殺喜子當爲賊。諸如此類，自非至精不能極其理也。"張斐《晉律》注。

以八辟麗邦灋，附刑罰：一曰議親之辟，二曰議故之辟，三曰議賢之辟，四曰議能之辟，五曰議功之辟，六曰議貴之辟，七曰議勤之辟，八曰議賓之辟。

楷案：今律八議昉此，惟議功在議能、議賢前，議貴在議勤後。《唐律》全本《周禮》，一無更易。

---

① 該《章程》第 52 條云："職官、婦女、老幼廢疾爲原告時，得委任他人代訴。但審判時有必須本人到庭者，仍可傳令到庭"，見《大清新法令》第一卷，第 397 頁。
② 《禮記訓纂》卷 8，第 324 頁。
③ 《禮記正義》卷 20，點校本第 644 頁；十三經注疏影印本第 1409 頁。
④ 《欽定周官義疏》卷 35，第 99-248（22b）頁。
⑤ 參見《晉書》卷 30，《刑法志》，第 930 頁。校按：貕，同貌。

又案：《會典》載：八議之條不可爲訓，雖仍其文，實未嘗行，蓋本於雍正六年上諭。伏讀上諭有云：八議之條"乃歷代相沿之文〔……〕我朝《律例》〔於此條〕雖〔仍〕具載其文，而實未嘗照此例行者，蓋有深意存焉〔……〕夫刑罰之設，所以奉天罰罪，乃天下之至公至平，無（庸）〔容〕意爲輕重者也。若於親、故、功、賢〔等〕人（等）之有罪者故爲屈法以示優容，則是可意爲低昂，而律非一定者矣。"又云："親、故、功、賢等人或〔以〕效力宣勞，爲朝廷所倚眷；或以勳門戚畹，爲國家所優崇。其人既異於常人，則尤當制節謹度、秉禮守義，以爲士民之倡率。乃不知自愛，而（自）〔致〕罹於法，是其違理道而蹈愆，尤非蚩蚩之（民）〔氓〕無知誤犯者所可比"①云云。今日本學者謂中律所謂應減輕，皆文明國之法律所應加重。應重而反輕，此官尊民卑之弊，正與此律不可爲訓之聖訓適相符合，而日本皇室典範已與平民不同，華族對於裁判又有特別規定，何也？

以三刺斷庶民獄訟之中：一曰訊羣臣，二曰訊羣吏，三曰訊萬民。聽民之所刺宥，"宥，寬也。民言殺，殺之，言寬，寬之。"**以施上服下服之刑。**"上服，劓墨也；下服，宮剕也。"

子曰："今之聽民者，求所以殺之；古之聽民者，求所以生之。不得其所以生之之道，乃刑殺，君與臣會焉。"《尚書大傳》。②

歲終，則令羣士計獄蔽訟，登中于天府。

正歲，帥其屬而觀刑象，令以木鐸，曰："不用灋者，國有常刑。"令羣士，乃宣布于四方，憲刑禁。"正月朔日，布（五）〔王〕刑③于天下，正歲又縣其書，重之。"

士師之職，掌國之五禁之灋，以左右刑罰：一曰宮禁，二曰官禁，三曰國禁，四曰野禁，五曰軍禁。"古之禁書亡矣，今宮門有符籍，官府有無故擅入，城門有離載下帷，野有《田律》，軍有囉讙夜行之禁，其物可言者。"④**皆以木鐸徇之于朝，書而縣于門閭。**

《地官》："墓大夫，凡爭墓地，聽其治訟；馬質，若有馬訟，則聽之。凡此類者，雖有獄訟，各有司存，以其事繫於所司，人安於所統，官民既相習知，證佐皆其附近，固易於剖決也。事情既明，則獄訟隨之解散矣。此無與於士師之治聽者也。其有應入於五刑者，則其始在（它）〔他〕官，而終成於士，《經》所云'歸於士'者是矣。若夫穿窬、淫放、殺人、傷人之類，一有所犯而即麗於五刑者，則不〔必〕由（它）〔他〕官而直歸於士（矣）〔也〕。"《義疏》。⑤

---

① 光緒《大清會典事例》卷725，續修四庫全書第809冊，第22頁。
② 《尚書大傳疏證》卷6，第778（17b）頁。
③ 校按："五"應爲"王"，見《周禮注疏》卷34，第908頁；《周禮正義》卷66，第2755頁。
④ 《周禮注疏》卷35，第920頁；影印本第874頁。校按："囉"同"醫"。
⑤ 校按："墓大夫"在《春官宗伯》，非"地官司徒"，作者此處似有誤。整段引文見《欽定周官義疏》卷34，第99-222（3b）-99-223（4a）頁。

以五戒先後刑罰，毋使罪麗于民：一曰誓，用之于軍旅；《甘誓》《湯誓》之屬。二曰誥，用之于會同；《大誥》《康誥》之屬。三曰禁，用諸田役；"軍禮曰無干車、無自後射"之類。四曰糾，用諸國中；五曰憲，用諸都鄙。

掌官中之（禁）〔政〕①令，察獄訟之辭，以詔司寇斷獄蔽訟，致邦令。

掌士之八成："行事有八篇，若今〔時〕決事比"矣。一曰邦汋；"〔斟汋〕盜取國家密事，若今〔時〕探剌尚書事。"二曰邦賊；"爲逆亂者。"三曰邦諜；"爲異國反間。"四曰犯邦令；"干冒王教令者。"五曰撟邦令；"稱詐以有爲者。"六曰爲邦盜；"竊取國之寶藏者。"七曰爲邦朋；"朋黨相阿，使政不平者。"八曰爲邦誣。"誣罔君臣，使事失實。"

楷案：故書"朋"作"倗"，惠學士謂："倗，古倍字。"又曰："淮南中訥，邦汋也；勝詭，陰謀，邦賊也；吳之宰嚭、梁之朱异，身內情外，國將生害，邦諜也；薛宣之子創戮近臣，犯邦令也；弘羊之客詐稱御史，撟邦令也；陽虎之囚季孫，爲邦盜也；朱博之附傅晏，爲邦倗也；杜業之毀師丹，爲邦誣也。"②

凡以財獄訟者，正之以傅別、約劑。《小宰》注："傅別、質劑皆今之券書也，事異，異其名耳。"

楷案：《小宰》八成，"四曰聽稱責以傅別"。鄭司農云："稱責謂貸予。"王氏安石曰："傅，朝士所謂'地傅'也，責（有）傅其事者，若今責契立保也。別，朝士所謂'判書'也。判書，稱責之要也。〔別，謂人執其一。人執其一，則〕書其所予之數，使責者執之；書其所償之數，使稱者執之，以其（稱）〔償〕責，或不能一（時）而（畢收）〔足故〕③也。""七曰聽賣買以質劑。"質劑，謂兩書一札，同而別之，長曰質，短曰劑。《地官·質人》："凡賣儥者質劑焉。大市以質，小市以劑。"注："大市，人民牛馬之屬，用長券；小市，兵器珍異之屬，用短券。"《地官·質人》："凡治質劑者，國中一旬，郊二旬，野三旬，都三月，邦國期，期內聽，期外不聽。"又，《司市》："以次叙分地而經市，以陳肆辨物而平市，以政令禁物靡而均市，以商賈阜貨而行布。鄭司農云："布，謂泉也。"以量度成賈而徵價，以質劑結信而止訟，以賈民禁僞而除詐，以刑罰禁虣而去盜，以泉府同貨而斂賒。"先王之于錢債如是其詳也。今律錢債祇"違禁取利""費用受寄財產""得遺失物"三條，而《倉庫·課程》則累紙不能盡，亦無解於外人謂我重國事而輕民事之譏矣。

鄉士掌國中，各掌其鄉（中）④之民數而糾戒之。聽其獄訟，察其辭。辨其獄訟，異其死刑之罪而要之，旬而職聽于朝。司寇聽之，斷其獄，弊其訟于朝，羣

①《周禮注疏》卷35，第922頁；影印本第875頁。
②《禮說》卷12，第101-617（10b-11a）頁。
③《周官新義》卷2，第91-26（7a）頁。
④《周禮注疏》卷35，第927頁。

士司刑皆在，各麗其（法）〔灋〕①以議獄訟。獄訟成，士師受中。協日刑殺，肆之三日。若欲免之，則王會其期。

楷案：《地官》《鄉師》《遂師》《遂大夫》《縣正》並有聽訟之文，似乎權限不分。而《鄉師》曰："四時之田，〔……〕斷其爭禽之訟"，則仍民事已耳，其附于刑者，歸于士無疑也。《脊師》亦云："聽其小治小訟而斷之。"言小，則大者歸於士矣。

又案：其附于刑者，歸于士，《地官》凡三見。除《大司徒》外，再見于《媒氏》，凡男女之陰訟，聽之于勝國之社，其附于刑者，歸之于士。三見于《司市》："小刑憲罰，中刑徇罰，大刑扑罰，其附于刑者，歸于士。"可知輕罪以下猶屬它官，重罪以上必歸于士，與今各國輕罪以下歸區裁判所者不同，而其制爲更詳已。

又案："羣士司刑咸在，各麗其法以議獄訟"，視今各國爲詳。今日本合議裁判所地方三人，控訴院五人，大審院七人。德國重罪歸陪審裁判所者，亦祇裁判官三人及陪審官十二人。而裁判長既開評議，各裁判各表其意見，各明其主張，則與周制符合。

遂士掌四郊，各掌其遂之民數，而糾其戒令，聽其獄訟，察其辭，辨其獄訟，異其死刑之罪而要之。二旬而職聽于朝。司寇聽之，斷其獄，弊其訟于朝，羣士司刑皆在，各麗其灋以議獄訟。獄訟成，士師受中，協日就郊而刑殺。《疏》："鄉士之獄在國中"，故不云就此，在郊，故云就也。各于其遂，《疏》："六鄉之獄並在國中"，故不言各，"六遂之獄分在四郊"，故言各。肆之三日。若欲免之，則王令三公會其期。

縣士掌野，各掌其縣之民數，糾其戒令，而聽其獄訟，察其辭，辨其獄訟，異其死刑之罪而要之，三旬而職聽于朝。司寇聽之，斷其獄，弊其訟于朝，羣士司刑皆在，各麗其灋以議獄訟。獄訟成，士師受中，協日刑殺，各就其縣，肆之三日。若欲免之，則王令六卿會其期。

方士掌都家，"都，王子弟及公卿之采地；家，大夫之采地。大都在疆地，小都在縣地，家邑在稍地。不言掌其民數，民不純屬王"也。聽其獄訟之辭，辨其死刑之罪而要之。三月而上獄訟于國，"變朝言國，以其自有君，異之。"司寇聽其成于朝，羣士司刑皆在，各麗其灋以議獄訟。獄訟成，士師受中，書其刑殺之成與其聽獄訟者。"都家之吏自協日刑殺。但書其成與治獄之吏姓名，備反覆有失實者。"

楷案：下文有"凡都家之士所上治，則主之"。故方士之文，與鄉士、遂士、縣士異。

---

① 《周禮正義》卷 67，第 2796 頁；《周禮注疏》卷 35，影印本，第 876 頁。校按：《周禮》爲古文經，點校本《周禮注疏》用簡體字。

訝士掌四方之獄訟，諭罪刑于邦國，凡四方之有治于士者，造焉。如今郡國亦時遣主者吏，詣廷尉議者。**四方有亂獄，則往而成之。**猶呂步舒使治淮南獄。

朝士〔……〕①**左嘉石，平罷民焉；右肺石，達窮民焉。**《義疏》。"嘉石、肺石之法，詳見大司寇職。"②

凡得獲貨賄、人民、六畜者，委于朝，告于士，旬而舉之，大者公之，小者庶民私之。鄭司農云："若今時得遺物及放失六畜。持詣鄉亭縣廷。"

凡士之治有期日，國中一旬，郊二旬，野三旬，都三月，邦國期，期內之治聽，期外不聽。鄭司農云："若今時徒論決，滿三月，不得乞鞫。"

楷案：《草案》稱"時效"云者，泰西舊語，實即吾國之"期限"也。必捨"期限"而譯爲"時效"，且矜爲刱獲，殊不可解。

凡有責者，有判書以治，則聽。鄭司農云："謂若今時辭訟，有券書者爲治之。"

凡民同貨財者，令以國灋行之。犯令者，刑罰之。鄭司農云："同貨財者，謂合錢共賈者也。以國灋行之，司市爲節以遣之。"玄謂："同貨財者，富人蓄積者，多時收斂之，乏時以國服之法出之，雖有騰躍，其贏不得過，此以利出者與取者，過此則罰之，若今〔時〕③加貴取息坐臧。"

楷案：如先鄭說，是今公司之比；如後鄭說，是今國家銀行之比。

凡屬責者，以其地傅，而聽其辭。鄭司農云："謂訟地畔界者，田地町畔相比屬，故謂之屬責。以地傅而聽其辭，以其比畔爲證。"玄謂："屬責，轉責使人歸之，而本（人）〔主〕死亡，歸受之數相抵冒者也。以其地之人相比近，能爲證者來，乃受其辭爲（聽）〔治〕④之。"

楷案：《周官》于錢債如此其詳，乃之官吏輒以爲細故而忽之，猝有外人干涉，則又重（比）〔彼〕而不（之）〔知〕恤此，度量衡之宜早定，商律之宜亟行，與刑律有相爲維繫者也。

凡盜賊軍鄉邑及家人，殺之無罪。鄭司農云："謂盜賊羣輩若軍共攻盜鄉邑及家人者，殺之無罪。若今時無故入人室宅廬舍、上人車船、牽引人欲犯法者，其時格殺之，無罪。"

《費誓》曰："'無敢寇攘，踰垣墻，竊馬牛，誘臣妾'，此盜賊之在軍者。"《義疏》。⑤

凡報仇讎者，書于士，殺之無罪。

調人："凡和難，父之讎辟諸海外，兄弟之讎辟諸千里之外，從父兄弟之讎不同國，君之讎眡父，師長之讎眡兄弟，主友之讎眡從父兄弟。"主，大夫君也。"弗辟，

---

① 《周禮注疏》卷35，第936-937頁。
② 《欽定周官義疏》卷36，第99-275（22a）頁。
③ 《周禮注疏》卷35，點校本第941頁；《周禮正義》卷68，第2828頁。
④ 《周禮注疏》卷35，第941頁；《周禮正義》卷68，第2829頁。
⑤ 《欽定周官義疏》卷36，第99-277（27b）頁。

則與之瑞節而以執之。"《地官》。[1]

《大戴禮》曰："父母之讐，不與同生；兄弟之讐，不與聚國；朋友之讐，不與聚鄉；族人之讐，不與聚鄰。"[2]《曲禮》曰："父之讐，弗與共戴天；兄弟之讐，不反兵；交遊之讐，不同國。"[3]"諸儒異說，莫能相一，學者惑焉。愚謂不與同生者，孝子之心；（勿）令〔勿〕相讐者，國家之法。如其法則孝子之心傷，如其心則國家之法壞，欲兩全則兩窮，於是使不共戴天之讐避諸海外，（亦）〔既〕不（害）〔壞〕[4]國家之法，亦不傷孝子之心，此調人之所以爲調也。"惠士奇《禮說》。

"父之讐弗〔與〕共戴天云云，此爲爲人子、爲人弟者言之也。謂非此不能爲子、不能爲弟矣。其子弟應否論罪，《經》不言也，亦〔以〕謂義當如此，非謂法亦當如此也。《周禮》兼言用法，是以《朝士》有'書（于版）〔於士〕，殺之無罪'之文，《調人》有'殺人而義〔……〕〔令〕勿（令）讐，讐之則死'及'避諸海外'之文。"《讀（律）〔例〕存疑》。[5]

楷案：復讐之議，陳子昂、韓愈、柳宗元、王安石之論詳矣。今律"若祖父母、父母爲人所殺，而子孫不告官。擅殺行凶人者，杖六十；其即時殺死者，勿論。少遲，即以擅殺論。"《輯註》："父祖被殺，禮必復仇，故私和有罪。法當行乎上，不可操乎下，故擅殺有罪。私和重至滿徒。擅殺止杖六十，而殺在即時並免其擅殺之罪，皆扶植人倫、綱維世道之精義也"云云。[6]今東西洋並無此律，或引日本律三百九條、固自己之身體受暴行，直行發怒殺傷暴行人者，宥恕其罪。三百十四條。出於正當防衛身體、生命，不得已殺傷暴行人者，不分其爲自己、爲他人，不論其罪。以爲即此律之意。楷謂引其對於身體之罪第三節，夷祖父母、父母於他人，不如引其刑例，不論罪及減輕之第一節七十五條："遇不可避之危難，出於防衛自己與親屬之所爲，不論其罪"，與《德意志刑法》第五十四條："迫於無可逃避之危急情勢，及親族生命之危難，而出於犯罪之行爲者，不論其罰"，較爲切合。然泛言親屬、親族，究非經義。

司刑掌五刑之灋，以麗萬民之罪。墨罪五百，劓罪五百，宮罪五百，刖罪五百，殺罪五百。周改臏作刖，《書傳》曰："決關梁、踰城郭而略盜者，其刑臏。男女不以義交者，其刑宮。觸易君命、革（衣）〔輿〕服制度、姦軌盜攘傷人者，其刑劓。非事而事之，出入不以道義，而誦不詳之辭者，其刑墨。降畔、寇賊、劫（掠）〔略〕[7]、奪攘、撟虔者，其刑死。"案："臏"字當依《華嚴經音義》引作

① 《周禮注疏》卷 14，第 358-359 頁。
② 《曾子制言上》，參見《大戴禮記解詁》卷 54，第 91 頁。
③ 《禮記訓纂》卷 1，《曲禮上》，第 42 頁。
④ 《禮說》卷 4，第 101-468（26a）頁。
⑤ 校按：書名有誤，當爲薛允升《讀例存疑》，參見胡星橋、鄧又天：《讀例存疑點注》第 668 頁。
⑥ 在"父祖被毆"律，引文參見《大清律輯註》卷 20，第 785 頁。
⑦ 《周禮注疏》卷 36，第 944 頁；《周禮正義》卷 68，第 2835-2836 頁。

"髊"，"姦軌盜攘"《太平御覽》引作"姦凶攘傷"。又，《御覽》引"非事而事之"句有注"今所不當爲也"。"姦"或作"奸"，"畔"或作"叛"。

楷案：注又云："此二千五百罪之目畧也，其刑書則亡。夏刑大辟二百，臏辟三百，宮辟五百，劓、墨各千。"《賈疏》：此"據《呂刑》而言。〔案：〕《呂刑》（制）〔刖〕辟五百，宮辟三百。今此云臏辟三百，宮辟五百，〔此乃〕①轉寫者誤"。周則變焉，所謂"刑罰世輕世重"者也。

若司寇斷獄弊訟，則以五刑之灋詔刑罰，而以辨罪之輕重。"詔刑罰者，處其所應不，如今律家所署法矣。"

司刺掌三刺、三宥、三赦之灋，以贊司寇聽獄訟。

壹刺曰訊羣臣，再刺曰訊羣吏，三刺曰訊萬民。

"左右皆曰可殺，勿聽；諸大夫皆曰可殺，勿聽；國人皆曰可殺，然後察之，見可殺焉，然後殺之。"《孟子》。②

壹宥曰不識。鄭司農云："謂愚民無所識"。玄謂："識，審也。不審，若今仇讐當報甲，見乙，誠以爲甲而殺之者。"

楷案：如先鄭說，今律謂之"犯時不知"。《德意志刑法》第五十九條"人於犯罪時實不知其有犯法律，或應受加等之刑者，當原其情實，不得以加等之刑處之。"《日本刑法》第七十七條第三項亦云犯時不知者，不得從其重論。又，第二項"不知可以爲罪之事實而犯者，不論其罪"是也。如後鄭說，則今律所謂誤殺。日本刑法學說，錯誤者，認識與事實相齟齬也，有不知與狹義之區別。例如夜行見前面有形影，誤認爲惡獸，用槍擊死，始知爲人，是由於不知而錯誤耳。又如二人同行在前，心中本欲傷左一人，用槍擊去，乃將右一人擊死，是本欲傷甲而誤傷乙也，但於欲擊傷前面之人爲有認識之錯誤，故爲狹義之錯誤。岡田博士分錯誤爲誤信、不知兩項。誤信者，以有爲無、以無爲有之謂；不知者，無有無之謂。以事實言之，如放槍時誤以前途之人爲獸，而擊死之者，即誤信事實之故；不知前途有人而擊死之者，是不知事實之故。以法律言之，如初至日本，以爲犯身體自由刑者不過罰金，孰知其即監禁，此誤信法律之故。日本有禁吃鴉片之刑罰，中國人至此多犯之，此不知法律之故。據此則先後鄭解說不同，其爲誤則一。

又案：唐律鬭毆誤殺至死者減一等，今律擬絞監候，秋審緩決一次減流。光緒三十二年與擅殺並改杖一百流三千里，照新章免杖免配歸習藝所罰令工作。

---

① 《周禮注疏》卷36，第945頁；影印本，第880頁。
② 《孟子·梁惠王下》。

再宥曰過失。鄭司農云：“過失，若今律過失殺人不（論）〔坐〕死。”玄謂：“過失，〔若〕①舉刃欲斫伐，而軼中人者。”

“凡過而殺傷〔人〕②者，以民成之。”《地官》注謂：“過，無本意也。成，平也。”鄭司農云：“（以）〔立〕③證佐成其罪也。一說以鄉里之民共和解之。”

楷案：今律若過失殺傷人者，各准鬥殺傷罪，依律收贖，給付其家。注：過失謂“耳目所不及，思慮所不到”。

又案：律祇言過失殺人，例又增瘋病殺人一條，即《日本刑法》所謂“因知覺精神之喪失而不能辨別其是非者，不論其罪”也。說者謂救濟之術亦惟監置病院以維持之，與例載鎖錮正同。《刑律草案》第十二條“凡精神病者之行爲不爲罪，但因其情節，得命以監禁處分”。與例意相符，惟易以日本名詞。

三宥曰遺忘。“若間帷薄，忘有（人）〔在〕④焉，而以兵矢投射之。”

楷案：此條於今律未見，惟日本刑法學說謂過失以不知事實爲要素，例如人知燈火不息，足貽火患，乃偶忘息燈，遂肇火災，其事出於意料之外，可與此相發明。

壹赦曰幼弱，再赦曰老旄，三赦曰惷愚。“惷愚，生而癡騃童昏者。鄭司農云：‘幼弱、老旄，若今律令年未滿八歲、八十以上，〔非手殺人，〕⑤他皆不坐。’”

子曰：“古之聽民者，察貧窮，哀孤獨，矜寡，〔宥〕老幼，不肖無告，有過必赦，小過（無）〔勿〕增，大過（無）〔勿〕⑥纍，老弱不受刑，有過不受罰。是故老而受刑謂之悖，弱而受刑謂之暴，不赦有過謂之賊，率過以小謂之枳。”《尚書大傳》。

楷案：今律“凡年七十以上，十五以下，及廢疾，犯流罪以下，收贖；八十以上、十歲以下，及篤疾，犯殺人，應死者擬議奏聞，取自上裁；盜及傷人者，亦收贖。餘皆勿論。九十以上、七歲以下，雖有死刑不加刑”。本此。

又案：今律“犯罪時雖未老疾，而事發時老疾者，（以）〔依〕老疾論〔……〕犯罪時幼小，事發時長大，（以）〔依〕⑦幼小論”，蓋本唐律，中國敬老慈幼矜不成人之意可謂仁至義盡！東西各國，老者犯罪與壯者同，惟昏耄不明則以精神作用不完全歸之於癲狂一門，與中國敬老之法異矣。《草案》第五十條“滿八十歲之犯罪者，

① 《周禮注疏》卷 36，第 946 頁；《周禮正義》卷 68，第 2842 頁。
② 見《周禮·地官·調人》。
③ 《周禮注疏》卷 14，第 357 頁。
④ 《周禮注疏》卷 36，第 946 頁。
⑤ 《周禮注疏》卷 36，第 947 頁；《周禮正義》，第 2843 頁。
⑥ 《尚書大傳疏證》卷 6，第 779（18a）頁。
⑦ 參見《大清律例》卷 5，第 107-108 頁；《大清律例會通新纂》卷 4，第 419-420 頁。

得減本刑一等或二等"，畧存此意。

〔以〕①此三瀆者求民情，斷民中，而施上服下服之罪，然後刑殺。"上服，殺與墨、劓；下服，宫、刖也。《司約》職曰：'其不信者，服墨刑。'凡行刑，必先規識所刑之處，乃後行之。"

"三刺，所以求民情也，三宥、三赦亦曰求民情者，求其情而不在可宥可赦之列，然後罪無所疑，而中可斷，刑可施也。"《義疏》。②

司盟〔掌盟載之法……〕有獄訟者，則使之盟詛。"不信則不敢聽此盟詛，所以省獄訟。"凡盟詛，各以其地域之眾庶共其牲而致焉。既盟，則爲司盟共祈酒脯。"使其邑閭出牲而來盟，已，③又使出酒脯，司盟爲之祈明神，使不信者必凶。"

楷案：泰西治獄以宣誓爲必要，陪審官必宣誓，證人必宣誓。《德意志刑法》第九章關於僞誓之罪凡十一條，與此相類。

司厲掌盜賊之任器、貨賄，辨其物，皆有數量，賈而楬之，〔入〕④于司兵。

鄭司農云："任器、貨賄，謂盜賊所用傷人兵器及所盜財物也。入于司兵，若今時傷殺人所用兵器，盜賊臧，加責沒入縣官。"其奴，男子入于罪隸，女子入于舂（藁）〔稾〕⑤。鄭司農云："謂坐爲盜賊而爲奴者，輸於罪隸、舂人、（藁）〔稾〕人之官也。由是觀之，今之爲奴婢，古之罪人也。"玄謂："奴從坐而沒入縣官者，男女同名。"

楷案：此徒刑所由設也，《唐律疏議》詳之。

司圜掌收教罷民，凡害人者，弗使冠飾而加明刑焉，任之以事而收教之。能改者，上罪三年而舍，中罪二年而舍，下罪一年而舍。其不能改而出圜土者，殺。雖出，三年不齒。"弗使冠飾者，著墨幪，若古之象刑（焉）〔與？舍，釋之也）。鄭司農云：'罷民，謂惡人不從化，爲百姓所患苦，而未（麗於）〔入〕五刑者〔。故曰凡害人者，不使冠飾，〕⑥任之以事，若今時罰作矣。'"

王氏應電曰："任之以事〔所以強其罷而勸之善，亦〕使之自食其力，不以無罪養有罪。"易氏（綏）〔祓〕曰："大司寇不言任舍，而司圜則有一年、二年、三年之差，蓋彼言其（畧）〔要〕而此言其詳。"《義疏》。⑦

近來東西各國多以禁繫爲懲罪之科，工作爲示罰之辟，彼誠謂加以拘執，足啟悔心；責以工傭，更禆要務；執業足供所食，則上無耗費；收犯皆有定所，則

---

① 《周禮注疏》卷 36，第 947 頁；《周禮正義》卷 68，第 2844 頁。
② 《欽定周官義疏》卷 36，第 99-283（38a）頁。
③ 《周禮正義》卷 69，第 2857 頁。校按：《周禮注疏》卷 36，第 952 頁校勘記〔六〕以爲："'而來盟'句絕，'已'字連下讀，猶'已而'也。"
④ 《周禮注疏》卷 36，第 955 頁；《周禮正義》卷 69，第 2863 頁。
⑤ 《周禮注疏》卷 36，第 955 頁；影印本第 882 頁；《周禮正義》卷 69，第 2864 頁。校按：孫詒讓云："宋本《說文》作'稾'，並誤。"
⑥ 《周禮注疏》卷 36，第 958 頁；《周禮正義》卷 69，第 2869 頁。
⑦ 《欽定周官義疏》卷 37，第 99-290（3a-b）頁。

下少遁逃；而浸染良民、滋長奸慝諸弊，更不禁而自止。揆之經訓定例，尚無刺謬。《護理山西巡撫奏請通設罪犯習藝所摺》。

楷案：《地官·司救》："凡民之有衺惡者，三讓而罰，三罰而士加明刑，恥諸嘉石，役諸司空。其有過失者，三讓而罰，三罰而歸于圜土。"蓋地官主教，秋官主刑，不率教者麗于刑，故司救之職與此條相應。

凡圜土之刑人也不虧體，其罰人也不虧財。"言其刑人，但加以明刑；罰人，但任之以事耳。"鄭司農云："以此知其爲民所苦，而未入刑者也。"《國語》曰："'罷士無伍，罷女無家。'言爲惡無所容入〔也〕。①玄謂：'圜土所收教者，過失害人已麗於法者。'"

易氏（絨）〔被〕："司刑之墨、劓、宮、刖、殺，虧體者也。職金掌受士之金罰、貨罰，虧財者也。"《義疏》。《義疏》又謂"不虧體疑即掌戮職所謂'髡'"。楷案：當即上文之"弗使冠飾"。②

掌囚掌守盜賊，凡囚者，上罪梏拲而桎，中罪桎梏，下罪梏。王之同族拲，有爵者桎，以待弊罪。凡囚者，謂非盜賊，〔自〕③以他罪拘者也。鄭司農云："拲者，兩手共一木。"玄謂："在足曰桎""在手曰梏。"

楷案：法部《變通枷號奏》內引《易》"荷校滅耳"④謂爲枷類，而指桎梏爲拘繫手足，蓋據鄭注言之。楷謂拲在手矣，若梏又在手，上罪不應用拲又用梏。劉氏敞引左氏"以弓梏華弱于朝"，謂在頸曰梏是也。觀下文加明梏，鄭注謂書其姓名及其罪于梏，正與今枷示相似。《周禮疑義舉要》以梏爲枷。⑤

及刑殺，告刑于王，奉而適朝，士加明梏，以適市而刑殺之。"告刑於王，告王以今日當行刑及所刑姓名也。其死罪則曰'某之罪在大辟'，其刑罪則曰'某之罪在小辟'。奉而適朝者，重刑，爲王欲有所赦，且當以付士。士，鄉士也。鄉士加明梏者，謂書其姓名及其罪於梏（以）〔而〕⑥著之也。囚時雖有無梏者，至于刑殺，皆設之，以適市就衆也。"

凡有爵者與王之同族，奉而適甸師氏，以待刑殺。"適甸師氏，亦由朝乃往也。待刑殺者，掌戮將自市來也。《文王世子》曰：'雖親，不以犯有司正術也，所以體（百）〔異〕⑦姓也。刑于隱者，不與國人慮兄弟也'。"

---

① 《周禮注疏》卷36，第958頁。
② 《欽定周官義疏》卷37，第99-291（4a）頁。
③ 《周禮注疏》卷36，第959頁。
④ 校按：《周易·噬嗑》初九爻辭本作"屨校滅趾"。《法部議奏變通枷號並除苛刑摺》謂："《易》稱'屨校滅趾'。《說文》訓'校'爲木囚，《疏》謂'桎其行'即械；而'何校滅耳'，《正義》訓'何'爲擔荷。"參見《大清光緒新法令》第15冊第67b頁。又《大清新法令》第1卷第308頁誤"屨"作"履"，標點斷句亦誤。
⑤ 《周禮疑義舉要》卷5，第58頁。
⑥ 《周禮注疏》卷36，第959頁。
⑦ 《周禮注疏》卷36，第960頁；《周禮正義》卷69，第2875頁。

掌戮掌斬殺賊諜而搏之。"斬以鈇鉞，若今要斬也。殺以刀刃，若今棄市也。諜，謂姦寇反間者。賊與諜，〔罪〕大者斬之，小者殺之。搏當（如）〔爲〕'膊諸城上'之膊，〔字之誤也。膊，〕[1]謂去衣磔之。"

凡殺其親者，焚之；殺王之親者，辜之。"焚，燒也，《易》曰：'焚如，死如，棄如'。辜之言枯也，謂磔之。"

楷案：德意志對本國君主之一族，日本對於皇族，皆有特別刑法。

凡殺人者，踣諸市，肆之三日。刑盜于市。"踣，僵尸也。""凡言刑盜，罪惡莫大焉。"凡罪之麗于灋者，亦如之。

惟王之同族與有爵者，殺之于甸師氏。"罪二千五百條，上附下附，刑五而已。於刑同科者，其刑殺之一也。"凡軍旅田役斬殺刑戮，亦如之。

墨者使守門，"黥者無妨於禁御。"劓者使守關，"截鼻亦無妨，以貌醜遠之。"宮者使守內，"以其人道絕也，今世或然。"刖者使守囿，"斷足騶衛禽獸，無急行。"髡者使守積。"鄭司農云：'髡當作完，謂但居作三年，不虧體者也。'玄謂：'此出五刑之中而髡者，必王之同族。不宮者，宮之爲翦其類。'"

布憲掌憲邦之刑禁。正月之吉，執旌節以宣布于四方，而憲邦之刑禁，以詰四方邦國及其都鄙，達于四海。"憲，表也，謂縣之也。刑禁者，國之五禁，所以左右刑罰者。"《爾雅》："九夷、八蠻、六戎、四狄，謂之四海。"

凡邦之大事合衆庶，則以刑禁號令。

禁殺戮掌司斬殺戮者，凡傷人見血而不以告者，攘獄者，遏訟者，以告而誅之。"司猶察也。察此四者，告於司寇罪之也。斬殺戮，謂吏民相斬相殺相戮者。傷人見血，見血乃爲傷人耳。"

禁暴氏掌禁庶民之（暴）亂〔暴〕[2]力正者，撟誣犯禁者，作言語而不信者，以告而誅之。"民之好爲侵陵、稱詐、讒誣，此三者亦刑所禁也。力正，以力強得正也。"

"亂暴之民以力求正而不依於理法，戰國秦漢任俠姦人是也。"王氏應電曰："撟誣犯禁，若偽稱制令，假爲符節而有所規圖，以犯邦禁也。作言語而不信，若造言生事以疑衆者。"《義疏》。[3]

凡國聚衆庶，則戮其犯禁者以徇。

凡奚隸聚而出入者，則司牧之，戮其犯禁者。

楷案：秋官之屬，尚有野盧氏、司寤氏、條狼氏、修閭氏，俱掌禁令，蓋如今之巡警。以無關刑事，不錄。

---

[1]《周禮注疏》卷36，第960頁；《周禮正義》卷69，第2876頁。
[2]《周禮注疏》卷36，第967頁；影印本第884頁。
[3]《欽定周官義疏》卷37，第99-297（17b）頁。

《禮記・王制》

公家不畜刑人，大夫弗養士，遇之塗，弗與言也。屏之四方，唯其所之，不及以政，示弗故生也。

楷案：《德意志刑法》第三十一條："凡受懲役刑之宣告者，於法律上終身失其爲德意志國陸海軍及官職之資格。"此條所謂"官職"，凡代言、代書，公證、陪審及參審之職俱包於內。第三十四條剝奪公權："除前條所定外，於判決書所定之期限內，皆無以下所列之資格：一、佩用國家徽章。二、入陸海軍籍。三、得官職、爵位、尊稱、勳章、賞牌。四、行有關公事之議權、選舉權、被選舉權及其他公權。五、調製證書時爲證人。六、爲後見人、副後見人、管財人、裁判會議人及親族會議人。"《日本刑法》第三十一條剝奪公權：一、國民之特權。二、爲官吏之權。三、勳章年金位紀貴號恩給之權。四、佩用外國勳章之權。五、入兵籍之權。六、於裁判所爲證人之權。七、爲後見人之權。八、爲分散者之管財人又爲管理會社及共有財產之權。九、爲校長及教師、學監之權。與《王制》"不及以政"正同。

有旨無簡不聽。"簡，誠也。有其意，無其誠者，不論（其）〔以爲〕①罪。"

"無簡不聽，具嚴天威。"《呂刑》。

楷案：德儒皮免納兒氏謂犯罪云者，以各人獨自之意思而反乎社會共同之意思，破壞公權或私權，或紊亂維持國家之風範與道德，而爲不正之行爲之謂也。日本學者亦云：刑法上定明行爲爲犯罪，未定明意思爲犯罪。若人僅有意思，而未發表於外，致諸行爲者，道德上或認爲不合，法律上必不得認爲犯罪。

附從輕，"附，施刑也，求出之，使從輕。"赦從重。"雖（有）〔是〕②罪可重，猶赦之。"

楷案：日本刑法，重罪不得加入死刑，輕罪不得加入重罪，違警罪不得加入輕罪，而不論重罪、輕罪、違警罪，情有可原者，裁判官有與以一等或二等減輕之職權，正與禮合。而以大清《名例律》未有許裁判官減輕之明文，爲當加入，不知舊律：強盜"但得財者，不分首從，皆斬"。康熙年間以此律過嚴，奉上諭，將爲首及殺傷人者正法，餘減等；雍正年間經九卿議定，分"法無可宥"、"情有可原"二項；乾隆八年修纂爲例。可見列聖立法俱尚寬仁，與先聖用心若合符節。

凡制五刑，必即天論，"制，斷也。即，就也。論，或爲倫"。郵罰麗于事。"郵，過也。麗，附也。過人罰人，當各附於其事，不可以假他以喜怒。"

"五刑者，五常之鞭策也。"《白虎通義》。③

---

① 點校本《禮記正義》卷 13（下同），第 411 頁；《禮記訓纂》卷 5，第 197 頁。
② 《禮記正義》卷 13，第 411 頁；《禮記訓纂》卷 5，第 198 頁。
③ 參見《白虎通疏證》卷 9，第 438 頁。

陳氏祥道曰：“先王無意於刑人，而刑常貴於從輕，故《易·噬嗑》之用獄以明罰爲先，禮言制刑以郵罰爲主。”《義疏》。①

凡聽五刑之訟，必原父子之親，立君臣之義，以權之；意論輕重之序，慎（擇）〔測〕②淺深之量，以別之；悉其聰明，致其忠愛，以盡之。疑獄，汎與衆共之，衆疑，赦之。必察小大之比以成之。“已行故事曰比。”

楷案：輕重，言其事，日本名詞所謂“行爲”是也。淺深，言其情，日本名詞所謂“意思”是也。察小大之比以成之，言其刑。各國刑法皆酌定上下之限，憑審判官臨時審定。如《德意志刑法》，懲役長刑爲十五年，或稱十年以下、五年以下，或稱二年以上、五年以上、十年以上是也。若父子之親、君臣之義，各國無是學說矣。至與衆共之，則公開法庭時衆人皆有旁聽權，猶得斯意。

成獄辭，史以獄成告於正，“史，司寇吏也。正，於周鄉師之屬。今漢有（平）正〔平〕③丞，秦所置”。正聽之。正以獄成告於大司寇，大司寇聽之棘木之下。“〔‘……職聽於朝，司寇聽之。’朝，〕王之外朝〔也〕，左九棘，孤、卿、大夫位焉。右九棘，公、侯、伯、子、男位焉，面三槐，三公位焉。”〔……〕④三公以獄之成告於王，王三又，然後制刑。“又”當作“宥”。

凡作刑罰，輕無赦。“法雖輕，不赦之，爲人易犯。”

楷案：凡事皆由小至大，罪名亦然。中國律例未實行，愚者犯之而不知，黠者明知而故犯，則以巡警未遍設，違警罪之未通行也。以舊事言之，則保甲之法已成其文，“講讀律令”之條亦爲虛設。西法之精往往合於中法如此。

刑者，侀也。侀者，成也，一成而不可變，故君子盡心焉。

子曰：“聽訟者雖得其情，必哀矜之。死者不可復生，斷者不可復續也。”《孔子集語》。⑤

析言破律，“巧賣法令者也。”亂名改作，“謂變易官與物之名，更造法度”。執左道以亂政，殺。“左道，若巫蠱及俗禁。”作淫聲、“鄭、衛之（聲）〔屬也〕”。異服、“若聚（鷸）〔鶖〕⑥冠、瓊弁也。”奇技、奇器以疑衆，殺。“奇技、奇器，若公輸班請以機窆”。行偽而堅、言偽而辯、學非而博、順非而澤以疑衆，殺。“皆謂虛華捷給無誠者也。”假於鬼神、時日、卜筮以疑衆，殺。“今時持喪葬、築蓋、嫁取、卜數文書，使民倍禮違制。”此四誅者，不以聽。“爲其爲害大，而辭不可明。”

凡執禁以齊衆，不赦過。“亦爲人將易犯。”

---

① 見《欽定禮記義疏》卷18，第124-526（34a）頁。
② 《禮記正義》卷13，第412頁；《禮記剖纂》卷5，第198頁。
③ 《禮記正義》卷13，第412頁，校勘記〔一〕：“平正”二字原倒，應爲“正平”。
④ 《禮記正義》卷13，第412頁；《禮記訓纂》卷5，第199頁。
⑤ 《孔子集語校補》卷10，第205頁。校按：“情”原作“指”，第239頁校記⑦謂他本或作“情”。
⑥ 《禮記正義》卷13，第412-413頁；《禮記訓纂》卷5，第199-200頁。

狃于姦宄，敗常亂俗，三細不宥。《周書·君陳》。

《尚書·康誥》

王曰："外事，汝陳時臬司師，茲殷罰有倫。""'臬'，〔爲準限之義，故爲〕①法也。"

《書》曰："茲殷罰有倫，今〔也〕②反是，諸侯不同聽，每君異法，聽無有倫，是故知法難也。"《尚書大傳》。

楷案：《荀子》："刑名從商。"注："商之刑法未聞。"③

又案："外事，衛事也。"衛，殷墟也。康叔爲周司寇，見《左傳·定四年》。呂氏引《史記》，誣也。故以衛爲外。呂氏說。"司師，茲殷罰有倫。"孔傳謂："司牧其衆，及此殷家刑罰有倫理者兼用之。"《蔡傳》謂："使有司師，此殷罰之有倫者。"④周以殷餘民封康叔，以此勗之。今所謂習慣法者，非耶？！

又曰："要囚，服念五六日，至于旬時，丕蔽要囚。"

楷案：唐太宗謂羣臣曰："決囚雖三覆奏，而頃刻之間何暇思慮，自今宜二日五覆奏。"⑤得此意矣。

王曰："汝陳時臬，事罰，蔽殷彝。""其刑罰斷獄，用殷家常法，謂典刑故事。"

楷案：林氏之奇言："當時刑書或無正條，而有殷故事可兼用者，若今律無條求故書之比也。"⑥今《德意志刑法》，萊茵河左岸曾并於法，後入於普，而《拏破崙法典》之勢力尚存。

用其義刑義殺，勿庸以次汝封。

楷案：即上文"非汝封刑人殺人〔……〕劓刵人"之意。《君陳》篇："予曰'辟'，爾惟勿辟；予曰'宥'，爾惟勿宥。惟厥中。"亦此意。

又案：日本論國際法之性質，曰：凡判事之性質，惟在確守既定之權利、義務而非刱設變更其權利義務。申言之，即固有之權利不能奪，夙所未有之權利不能與，固有之義務不能免，夙所未有之義務不能加。判事，某嘗謂余曰："訴訟之勝敗不因裁判而決，當勝者勝，當敗者敗，故判事無權使之一勝而一敗也。"與此合。

乃汝盡遜曰時敍，惟曰未有遜（志）〔事〕。⑦

陳氏櫟曰："雖〔盡〕遜〔而〕惟曰未遜，心常不自是〔……〕即《呂刑》所

---

① 點校本《尚書正義》卷14，第365頁；十三經注疏影印本第204頁。
②《尚書大傳疏證》卷6，第778（17a）頁。
③《荀子·正名》，見《荀子集解》卷16，第411頁。
④《書經集傳》卷4，第46a頁。
⑤《新唐書》卷56，《刑法志》，第1409頁。
⑥《尚書全解》卷28，第17-583（32b）頁。
⑦《尚書正義》卷14，第365頁；影印本第204頁。

謂‘雖休勿休’，曾子所謂‘如得其情，則哀矜而勿喜’也。”《彙纂》。①

凡民自得罪，寇攘姦宄，殺越人於貨，"殺人顛越人，於是以取貨利"。暋不畏死，罔弗憝。暋，《孟子》作“閔”。憝，《孟子》作“譈”②。

“（治）世曉然皆知夫爲姦則雖隱竄逃亡之由不足以免也，故莫不服罪而請。《書》曰：‘凡人自得罪。’此之謂也。”《荀》。③

王曰：“封，元惡大憝，矧惟不孝不友。子弗祇服厥父事，大傷厥考心；於父不能字厥子，乃疾厥子。於弟弗念天顯，乃弗克恭厥兄；兄亦不念鞠子哀，大不友於弟。惟弔茲，不於我政人得罪，天惟與我民彝大泯亂。曰：乃其速由文王作罰，刑茲無赦。”

楷案：“罪莫大於不孝”，《大司徒》列於鄉八刑之首，而《康誥》甚於殺越人於貨，不待教而誅者也。今《刑律草案》乃以傷害尊親屬之身體三百二條。與傷害人之身體三百一條。④幾無分別，曾不如《日本刑法》第三百六十二條子孫對於其祖父母、父母犯毆打創傷之罪，及其他禁監、迫脅、遺棄、誣告、誹毀之罪者，照各本條記載凡人之刑加二等。之嚴，此不可不亟正者也。

又案：《德意志刑法》，惟謀殺處死刑，故殺而不預謀處五年上之懲役，即故殺尊親亦祇處十年以上之懲役或無期之懲役，與我政教不同故也。日本刑法對於祖父母、父母列爲專條，無論謀、故殺，皆處死刑矣。

《尚書・呂刑》

伯夷降典，折民惟刑。

楷案：《墨子》引此“折”作“哲”，⑤《漢書》引作“悊”，《疏》云：“馬、鄭、王皆音悊。”悊本折聲，何煩作音，疑皆作“悊”也。注云“知”也。言“伯夷下禮法以道民，〔民〕習知禮，然後用刑也。”⑥

又案：刑與禮相表裏，故地官掌教，與秋官相出入者甚多。《集傳》引吳氏說，謂“二《典》不載有兩刑官，蓋傳聞之謬〔也，愚〕意皋陶未爲刑官〔之〕時，〔豈〕伯夷兼之〔歟〕？”非也！⑦

典獄，非訖于威，惟訖于富。"非絕于威，惟絕于富。世治，貨賄不行。"

---

① 《欽定書經傳說彙纂》卷13，第65-796（24a）頁。
② 《孟子注疏》卷10下，十三經注疏影印本第2743頁。校按：點校本第279頁“譈”改作“憝”。
③ 《荀子集解》卷17，《君子》，第450-451頁。校按：元刻本無“治”字，王念孫以爲“治”字衍。
④ 校按：當指1907年《刑律草案》，參見《〈大清新刑律〉立法資料彙編》，第145、143頁。
⑤ 《墨子閒詁》卷2，《尚賢中》，第63頁。
⑥ 參見《漢書補注》卷23，《刑法志》，第503頁。校按：“道民”之“民”原文避唐太宗諱作“人”。
⑦ 《書集傳纂疏》卷6，第19-679（50b）頁。

非終惟終在人。"非爲天所終，惟爲天所終，在人所行。"

楷案：《集傳》謂："'非終'即《康誥》〔之〕'大罪非終'〔之謂〕，言過之當宥者；'惟終'，即《康誥》〔之〕'小（過）〔罪〕惟終'〔之謂〕，言故之當辟者；〔非終惟終〕皆非我得輕重，〔惟〕在〔夫〕人所犯"，①勝孔傳多矣。"終"字，《尚書後案》以爲"天綠永終"之"終"，《尚書今古文》《義疏》以爲"考終命"之"終"，均未允。②

兩造具備，師聽五辭。"衆（刑）〔獄〕③官共聽其入五刑之辭。"

楷案：張氏九成曰："兩造非偏辭，師聽非偏見。"④

五辭簡孚，正于五刑。五刑不簡，正于五罰。"不簡〔核〕，⑤謂不應五刑。"五罰不服，正于五過。"不服，不應罰也。"

楷案："正于五過"者，孫氏星衍謂："罰之不從，則是聽獄者之過。"⑥視舊說爲優。

五過之疵，（爲）〔惟〕官、"嘗同官位"。《集傳》："威勢也"。惟反、"詐反囚辭"。《集傳》："報德怨也"。惟內、"內親用事"。《集傳》："女謁也"。惟貨、"行貨枉法"。惟來。"舊相往來"。《集傳》："干請也"。⑦

楷案："來"，馬作"'求'，云：有求，請〔賕〕。⑧漢律：諸爲人求于吏以枉法，而事已行者，皆屬司寇。《集傳》"干請"亦本馬氏意。惟貨，如漢受賕之律；惟求。如漢請求之律歟？

其罪惟均，其審克之。"以病所出，出入人罪。使在五過，罪與犯法者同。"

五刑之疑有赦，五罰之疑有赦，其審克之。

楷案：鄭曰："不言五過之疑有赦者，過不赦也。"蓋訟者之過可赦，聽獄者如上五者則不赦耳。其引《禮記》則非。⑨

墨辟疑赦，其罰百鍰，閱實其罪。"六兩曰鍰，鍰，黃（銅）〔鐵〕也。"⑩劓辟疑赦，其罰惟倍，閱實其罪。"倍百爲二百鍰。"剕辟疑赦，其罪倍差，閱實其罪。"倍差謂倍之又半，爲五百鍰。"宮辟疑（罪）〔赦〕，其罰六百鍰，閱實其罪。大辟疑赦，其罰千

---

① 《書集傳纂疏》卷6，第19-681（54b）頁。
② 校按：《尚書後案》指王鳴盛《尚書後案》。引文見該書卷27，第13b頁。《尚書今古文》指孫星衍《尚書今古文注疏》卷27，引文見該書（點校本）第529頁。
③ 《尚書正義》卷19，第545頁；影印本第249頁。
④ 參見《書集傳纂疏》卷6，第19-681（55b）頁。
⑤ 《尚書正義》卷19，第545頁；影印本第249頁。
⑥ 《尚書今古文注疏》卷27，第531頁。
⑦ 《尚書正義》卷19，點校本第545頁、影印本第249頁；《書集傳纂疏》卷6，第19-682（56b）頁。
⑧ 《尚書正義》卷19，第545頁。
⑨ 語見《尚書正義》卷19，第548頁。校按："其引《禮記》則非"指下引《禮記》云：'凡執禁以齊衆者，不赦過'"句。
⑩ 《尚書正義》19卷，第545頁；影印本第249頁。

鍰，閱實其罪。"五刑疑各入罰，不降相因，古之制也。"《疏》："不合死疑入宮，宮疑入剕者，是古之制也。所以然者，以其所犯疑不能決，故使贖之，次刑非其所犯，故不得降相因。"

楷案：《集傳》以爲，舜（典）所謂"贖刑"者，"官府學校鞭扑之刑耳。"[1]五刑固未嘗贖也。今穆王雖大辟亦許其贖，蓋巡遊無度，財匱民勞，末年爲此權宜之術以斂民財。夫子錄之，亦以示戒非也。《尚書大傳》："夏后氏不殺不刑，死罪罰二千鑱。"則不自穆王始矣。《大傳》見《史記索隱》引伏生親見百篇之書，所言必非無本。

又案：馬氏貴與曰："'閱實其罪'。蓋言罪之無疑則刑，可疑則贖，皆當閱其實也。〔……〕以大辟〔一條〕言之〔……〕如殺人、反逆之類，〔則是〕不可不殺，雖萬鍰亦難貰死〔矣〕。而二百之屬，其罪不皆至此〔也〕。以（考之）經傳〔考之〕，〔其〕在周，則《王制》之析言破律、行偽學非，《酒誥》之羣飲；〔其〕在漢，則列侯坐酎金不敬、將帥出師失期之類，於律皆死罪也。〔而〕其情則可矜，其法則可議，豈必盡殺之乎？〔此則死罪之疑赦者也。〕[2]意周所以斷斯獄，必在'其罰千鍰'之科，而漢制〔則〕不過或除其國，或贖爲庶人，亦其遺意也。"其駁蔡氏[3]之說至爲明皙。

墨罰之屬千，劓罰之屬千，剕罰之屬五百，宮罰之屬三百，大辟之罰其屬二百，五刑之屬三千。《孔疏》"刑數〔乃〕多於《周禮》，〔而〕（傳）言〔變〕從輕者，《周禮》五刑皆有五百，此（經）〔則〕輕刑（多）〔少〕而重刑（少）〔多〕"。[4]

楷案：《尚書大傳》："夏刑三千條。"《唐律疏義》引。《周禮》鄭注："夏刑大辟二百，臏辟三百，宮辟五百，劓墨各千，周則變焉。"疏云："'夏刑'以下，據《呂刑》而言。"楷謂《書序》"訓夏贖刑"，即鄭注所本。孫氏星衍謂《孝經》"五刑之屬三千"，蓋據周制，陳氏喬樅謂："《書》缺有間，無以徵證鄭注"，[5]而於《書序》"夏"字皆不置辭矣。

上下比罪，無僭亂辭。"上下比方其罪，無聽僭亂之辭以自疑。"

楷案："上下比罪"於《王制》"必察（大）小〔大〕之比"[6]詳之。

又案：今修律大臣疏請刪除比附而引《周禮》縣刑象布刑禁各條，以爲法者與民共信之物，故不憚反覆申告，務使椎魯互相警戒，實律無正條不處罰之證。又引漢制"附所當比"《漢書》"傳所當比"，《文獻通考》引作"附"。爲比附之始。竊謂律

---

① 《書集傳纂疏》卷 6，第 19-682（57a）頁。
② 《文獻通考》卷 162，《刑考一》，第 4853 頁；影印本第 1409 頁。
③ 校按："蔡氏"指宋蔡沈，號九峰，撰《書經集傳》。
④ 參見《尚書正義》卷 19，第 534 頁；影印本第 247 頁。
⑤ 見《今文尚書經說考》卷 29，第 658（42a）頁。
⑥ 《禮記正義》卷 13，第 412 頁。

無正條不處罰最爲駁議口實。据法學之理，有當聲明者三：法律所無，而可訴訟、可裁判者，民法；不能訴訟、不能裁判者刑法。刑事變幻不如民事之多，當聲明者一也。法律既定，許引伸，如原禁釣魚，投網甚於垂釣，可以釣魚之罪罪之。不許附會，如原禁童子喫烟，遇童子飲酒，不得以喫烟之罪罪之。當聲明者二也。歐洲用成文法之國亦不廢習慣法，和朗曰：習慣法之有法律效力不始於判事據以裁判之時，故判事適用習慣法與成文法初無分別。薩味南①曰：法律者，依一般意思而成立者也，共同遵守之習慣，故非原因於法律，直爲法律現存之明證。日本亦然，明治八年第三次布告裁判之心得有云："凡事先從成文法，無成文法始從習慣法，無習慣法即用條理法。"當聲明者三也。三者既明而後律無正條，不得爲罪之條始可成立。

又案："無僭亂之辭"者，江聲《集注音疏》："僭，差也。〔……〕路溫舒上書〔有〕云：'囚人不勝痛，則飾詞以視之；吏治者利其然，則指道以明之；上奏畏卻，則鍛鍊而周內之。'②是差亂罪人之辭，以文致其罪也。又《刑法志》云：'姦吏因緣爲市，所欲活則傅生議，所欲陷則與死比。'是〔又〕③差亂其決獄之辭以出入人罪，皆輕重失實者也。"

勿用不行。

陳氏大猷曰："〔又〕有此例。昔嘗有之，而今不〔可〕行者〔……〕如漢長安賈人與渾邪王市者，罪當死〔有〕〔凡〕五百餘人，汲黯曰：'愚民安所知，市賈長安中，而文吏以爲闌出財物如邊關乎？'"《彙纂》。④

楷案：今律"斷罪依新頒律"條下："凡律（文）自頒降日爲始，若犯在（以）〔已〕⑤前者並依新律擬斷。"《刑律草案》："凡本律，自頒行以後之犯罪者適用之，若在頒行以前未經確定審判者，俱從本條處斷。"⑥猶沿斯意。

又案：律注："（凡）〔如〕〔事〕犯（罪）在未經定例之（前）〔先〕，仍依律及已行之例定擬〔……〕若例應輕者，照新（律）〔例〕⑦遵行。"與本律微異。《德意志刑法》第二條："犯罪之時法律若有變更，應從其最輕處斷"，蓋用法國法。《日本刑法》第三條："所犯在頒布以前未經判決者，必照新、舊法從輕處斷。"日本先用法國法，後用德國法，故因之。

上刑適輕，下服。"重刑有可以虧減則（至）〔之〕⑧輕，服下罪。"**下刑適重，上服。**"一人

---

① 校按：薩味南今多譯作薩維尼，參見穗積陳重《法律進化論》，王健校勘本之《部分新舊譯名對照表》，第 463 頁。
② 見《漢書》卷 51，《路溫舒傳》，第 2370 頁。
③ 《尚書集注音疏》卷 10，續修四庫全書本第 640 頁。
④ 《欽定書經傳說彙纂》卷 21，第 65-975 頁。
⑤ 《大清律例》卷 5，第 126 頁。
⑥ 《〈大清新刑律〉立法資料彙編》，第 24-25 頁。
⑦ 《大清律例會通新纂》卷 4，第 559 頁。
⑧ 《尚書正義》卷 19，第 550 頁。

有二罪，則之重而輕並數。"

楷案：即今律之減輕加重也，如孔傳解下句，則今律二罪俱發以重論。日本刑法第一百條從之。

又案：一人犯數罪，近世學說有三：一吸收主意，中國用之；屬於法國法系者皆然。一併科主意，巴西用之；孔傳之並數，唐律之累科、累論亦與相近。一限制加重主意，《刑律草案》採之。

輕重諸罰有權。 "輕重諸〔刑〕罰各有權宜。"

楷案：權，稱也。《荀子》曰："刑稱罪，則治；不稱罪，則亂。"①

刑罰世輕世重。

楷案：詳上《周禮》"刑新國用輕典"條下。

（非）〔惟〕齊（惟）〔非〕齊。② "凡刑所以齊非齊。"

楷案：《荀子》："勢位齊而欲惡同，物不能澹則必爭，爭則必亂，亂則窮矣。先王惡其亂也，故制禮義以分之，使有富貴貧賤之等，足以相〔兼〕臨〔者〕。是養天下之本也。《書》曰'（非）〔維〕齊（惟）〔非〕③齊'，此之謂也。"注《呂刑》言齊一者，乃在不齊，以諭有差等，與傳說不同。

罰懲非死，人極于病。 "刑罰所以懲過，非殺人，欲使惡人極于病苦，莫敢犯者。"

"〔蓋〕財者，人之所甚欲，故奪其欲以病之，使不爲惡耳，〔豈利其貨乎？〕"④《文獻通考》。

罔非在中。

賞罰不可〔以〕疏，亦不可〔以〕數：數則所及者多，疏則所漏者多。賞罰不可〔以〕重，亦不可〔以〕輕：賞輕則民不勸，罰輕則民亡懼，賞重則民徼幸，罰重則民無聊。故先王明（庶）〔恕〕以德之，思中以平之，而不失其節。《書》曰："罔非在中。"《中論》。⑤

察辭于差，非從惟從。 "察囚辭，其難在於差錯，非從其偽辭，惟從其本情。"

"君子之於人也，有其語也，無不聽者，皇於聽獄乎？聽獄者，或從其情，或從其辭。"《尚書大傳》。⑥

呂氏祖謙曰："辭之實者，〔屢訊屢鞫，〕前後如一。欺罔文飾者，雖巧於對獄，

---

① 《荀子·正論》，見《荀子集解》卷12，第328頁。
② 《尚書正義》卷19，第550頁；影印本第250頁。
③ 《荀子·王制》，見《荀子集解》卷5，第152頁。
④ 《文獻通考》卷162，《刑考一》，第4854頁；影印本第1409頁。
⑤ 《中論》卷下，叢書集成新編本，第11頁。
⑥ 《尚書大傳疏證》卷6，第779（19a）頁。另可參見《通典》卷168，第4344頁。

其辭要必有差，因其差而察之，不從其偽辭，乃所以從其真情也。"《彙纂》。[1]

明啟刑書，胥占。 "明開刑書，相與占之。"

楷案：《德意志刑法》總論第三章大審院內以民事、刑事分部，如意〔見〕各異時，則開民事、刑事聯合會決之。日本學者亦謂合議裁判者，以乙拾甲之遺，丙正乙之誤，甲又釋丙之疑，以集合力完全其制度也。皆與胥占之義合。

其刑上備，有並兩刑。 "其斷刑文書上王府皆當備具。有並兩刑，亦具上之。"

子張曰："堯舜之王，一人〔不〕刑而天下治，何則？教誠而愛深也。今一夫而被此五刑。"子龍子曰："未可謂能爲書。"（一）〔二〕[2]人俱罪甫侯之說刑也，被此五刑，喻犯數罪也。

孔子曰："不然也，五刑有此教。""教然耳，犯數罪猶以上一罪刑之。"《尚書大傳》。[3]

漢高帝七年，制詔御史："獄之疑者，吏或不敢決，有罪者久而不論，無罪〔者〕久繫不決。自今以來，縣道官獄疑者，各讞所屬二千石官，二千石官以其罪名當報之。所不能決者，皆移廷尉，廷尉〔亦〕[4]當報之。廷尉所不能決，謹具爲奏，傅所當比律令以聞。"《漢書·刑法志》。

明清于單辭。 "單辭（最）〔特〕[5]難聽。"

片言可以折獄者，其由也與？《論語》。

民之亂，罔不中聽獄之兩辭。 "民之所以治，由典獄之無不以中正聽獄之兩辭，〔兩辭〕棄虛從實，刑獄清則民治。" **無或私（加）〔家〕[6]于獄之兩辭。** "典獄無敢有受貨聽詐，成私家於獄之兩辭。"

獄貨非寶，惟府辜功，報以庶尤。 《集傳》："府，聚也；辜功，猶（言）〔云〕罪狀也，報以庶尤〔者〕，[7]降之百殃也。"

獄貨非可寶也，〔然後〕[8]寶之者未能行其法者也。貪人之寶，受人之財，未有不受命以矯其上者也。親下以矯其上者，未有能成其功者也。《尚書大傳》。

作典以爲民極，上下共之，無有私曲。三府（治）〔制〕法，未（開）〔聞〕[9]赦彼有罪，獄貨惟寶者也。《潛夫倫》。

---

① 《欽定書經傳說彙纂》卷 21，第 65-977 頁。
② 校按："一"各本皆作"二"。參見：皮錫瑞：《尚書大傳疏證》卷 6，第 776（13b）–777（14a）頁；《太平御覽》卷 635，《刑法部一》，點校本第 6 冊第 2 頁；王閶運：《尚書大傳補注》卷 5，第 826（21b）頁。
③ 《尚書大傳疏證》卷 6，第 777（14a）頁。
④ 《漢書》卷 23，第 1106 頁。
⑤ 《尚書正義》卷 19，第 552 頁；影印本第 251 頁。
⑥ 《尚書正義》卷 19，第 552 頁；影印本第 251 頁。
⑦ 《書集傳纂疏》卷 6，第 19-684（61a）頁。
⑧ 《尚書大傳疏證》卷 6，第 779（19a）頁；《太平御覽》卷 641，《刑法部七》，點校本第 6 冊第 43 頁。
⑨ 《潛夫論箋》卷 4，《班祿第十五》，第 171 頁。

　　楷案："報以庶尤"云者，如《舊唐〔書〕·刑法志》魏靖奏："郭弘霸自刺而唱快，萬國俊被遮而遶亡。霍獻可臨終，膝拳於項；李敬仁將死，舌至於臍〔……〕[1]備在人謠，不爲虛說。"云云，可爲折獄者徵也。

　　謹案：世之言律者曰始於蕭何，是知河有積石，不知有星宿海也。或以爲始於李悝，是知河有星宿海，而不知星宿海之西尚有兩源也。然則律之昆侖墟，其惟經義乎？漢有《春秋決事比》，《春秋》之義，游、夏不能贊一詞也。就其顯者言之，莫如《呂刑》。穆王之季，前乎李悝者五百餘年矣。前穆王百有餘年，有《周禮》、有《康誥》。周公之前又千有餘年，有《虞書》，故上溯《舜典》、下訖《呂刑》爲一篇。稽之漢宋儒先，惟求其是，徵之東西學說，欲觀其通。其有闕誤，以俟明恝。

大清律講義前編三

歷代律目沿革表

記名御史學部員外郎青島特別高等專門學堂總稽察蔣楷編

法經	凡六篇	盜法。秦曰《盜律》。《晉志》："王者之政，莫急於盜賊，故〔其律〕①始於《盜》《賊》。" 賊法。秦曰《賊律》。 囚法。秦曰《囚律》。《晉志》："盜賊須劾捕，故著《囚》、《捕》二篇。"② 捕法。秦曰《捕律》。 雜法。秦曰《雜律》。《晉志》："輕狡、越城、博戲、假借不廉、淫侈、踰制，以爲《雜律》。" 具法。秦曰《具律》。《晉志》："具律，具其加減。"
漢律	凡九章	盜律。仍第一。 賊律。仍第二。 囚律。仍第三。 捕律。仍第四。 雜律。仍第五。 具律。仍第六。 興律。第七。 廄律。第八。 戶律。第九。
三國魏律	凡十八篇	盜律。魏改《具律》爲《刑名》，以之冠首，其餘篇次未詳。 劫掠律。"劫（掠）〔略〕、恐猲、和賣買人"從《盜律》分出。 賊律。 詐律。《唐六典》作"詐偽"。"欺謾、詐偽、踰封、矯制"從《賊律》分出，"詐偽生死"從《囚律》分出。 毀亡律。"賊伐樹木、殺傷〔人〕畜產及諸亡印"從《賊律》分出。 償贓律。"還贓畀主"，從《盜律》分出。

① 《晉書》卷30，《刑法志》，第922頁。
② 校按："囚"，《晉志》作"網"，《唐六典》注及《太平御覽》卷628引《唐書》皆作"囚"。參見《晉書》卷30，第922、943頁。下據《晉志》校訂者不復注明。

三國魏律	凡十八篇	告劾律。"告劾、傳覆"從《囚律》分出，"告反逮受"從《廏律》分出。 繫訊律。 斷獄律。"繫囚、鞠獄、斷獄之法"從《囚律》分出，"上獄之事"從《興律》分出。 請賕律。"受所監〔臨〕[①]受財枉法"從《盜律》分出，"假借不廉"從《雜律》分出。 捕律。 雜律。 刑名。 興擅律。"劫辱、強賊"從《盜律》分出，"擅興徭役"從《興律》分出，"〔出〕賣呈"從《具律》分出。 乏[②]留律。"乏徭稽留"從《興律》分出，"儲峙不辦"從《賊律》分出，"乏軍之興"從《廏律》分出。 驚事律。"驚事告急"從《廏律》分出，"熢燧"從《興律》分出。魏無《廏律》，別爲《郵驛令》。 戶律。 免坐律。
晉律	凡二十篇	盜律。第三。 賊律。第四。 詐偽。第五。 毀亡。第十四。 衛宮。第十五。漢有《宮衛令》。 違制。第十九。當即漢律之踰封，矯制即雜法之踰制也。 告劾。第七。 繫訊。第九。 斷獄。第十。 請賕。第六。 捕律。第八。 雜律。第十一。 水火。第十六。 刑名。第一。 法例。第二。 興律。第十三。 廏律。第十七。 關市。第十八。 戶律。第十二。 諸侯。第二十。

---

① "臨"字原漏，據《通典》卷 163，第 4203 頁補。
② "乏"，《晉書·刑法志》第 924 頁本作"之"，作者以其爲"乏"之訛字，詳後正文，亦可參見沈家本《歷代刑法考》第 1348 頁、張建國《帝制時代的中國法》第 93 頁。

六朝 梁律	凡二十篇	盜刧。第三。 賊叛。第四。 詐偽。第五。 毀亡。第十四。 衛宮。第十五。 違制。第二十。 告劾。第七。 繫訊。第九。 斷獄。第十。 受賕。第六。 討捕。第八。 雜。第十一。 水火。第十六。 刑名。第一。 法例。第二。 擅興。第十三。 廐。第十八。 倉庫。第十七。 關市。第十九。 戶。第十二。
北齊律	凡十三篇	賊盜。第八。案：竊賄爲盜，取非其物謂之盜，害良曰賊，殺人不忌爲賊。 北齊始並賊於盜。 詐偽。第六。 毀損。第十。 禁衛。第二。北齊始以國事居前。 違制。第五。 鬬訟。第七。 北齊並於捕律曰捕斷。 捕斷。第九。 雜。第十二。 名例。第一。 〔擅〕興〔擅〕。第四。① 廐牧。第十一。 婚戶。第三。
北周律	凡廿五篇	刧盜。第十二。 賊叛。第十三。 詐偽。第二十。 毀亡。第十四。 衛宮。第九。

---

① 作者誤，參見《隋書》卷 25，《刑法志》第 705 頁。

北周律	凡廿五篇	違制。第十五。 告言。第二十二。 鬪競。第十一。 繫訊。第二十四。 斷獄。第二十五。 請求。第二十一。 逃亡。第二十三。 雜犯。第十九。 水火。第七。 刑名。第一。 法例。第二。 興擅。第八。 廐牧。第十八。 關津。第十六。 市廛。第十。 戶禁。第六。 婚姻。第五。 諸侯。第十七。 祀享。第三。 朝會。第四。
隋開皇律	凡十二篇	賊盜。第七。共四卷，前兩卷爲賊事，後兩卷爲盜事。 詐僞。第九。 衛禁。第二。 職制。第三。 鬪訟。第八。 斷獄。第十二。 捕亡。第十一。 雜律。第十。 名例。第一。 擅興。第六。 廐庫。第五。 戶婚。第四。 隋令有《儀制》篇。
隋大業律	凡十八篇	盜。第十。 賊。第九。 詐僞。第十七。 衛宮。第二。 違制。第三。 告劾。第八。 鬪。第十一。 斷獄。第十八。

隋大業律	凡十八篇	請求。第四。 捕亡。第十二。 雜。第十六。 名例。第一。 擅興。第七。 廄牧。第十四。 倉庫。第十三。 關市。第十五。 戶。第五。 婚。第六。
唐律	凡十二篇	賊盜。第七。唐用《開皇律》，削大業繁峻之法。 詐偽。第九。 衛禁。第二。 職制。第三。 鬥訟。第八。元和二年改《鬥競》。 斷獄。第十二。 捕亡。第十一。 雜律。第十。 名例。第一。 擅興。第六。 廄庫。第五。 戶婚。第四。 唐令有《儀制》篇。
宋律	凡十二篇	賊盜。第七。 詐偽。第九。 衛禁。第二。 職制。第三。 鬥訟。第八。宋律仍作《鬥訟》。 斷獄。第十二。 捕亡。第十一。 雜律。第十。 名例。第一。 擅興。第六。 廄庫。第五。 戶婚。第四。 宋有《儀制令》。 宋有大學、小學並諸路州縣學敕令格式。
元律	凡二十篇	盜賊。第十一。此篇中惟載盜事，而以叛逆等項別爲大惡，賊殺事別爲殺傷。 詐偽。第十二。 衛禁。第二。《至正條格》宮衛第九。 職制。第三。《至正條格》無此篇，有公式第九。金有公式令。

元律	凡二十篇	大惡。第九。 殺傷。第十五，從《盜律》分出。 訴訟。第十三。 鬭毆。第十四。 恤刑。第十九。 平反。第二十。 捕亡。第十八。 雜犯。第十七。 禁令。第十六。 姦非。第十。唐在《雜律》。 名例。第一。 軍律。第六。《至正條格》曰《軍防》，又有《營繕》第二十三、《河防》第二十四。金有《營繕令》《河防令》。 《至正條格》《廄牧》第十二，《倉庫》第十一，《關市》第十五。金有《廄牧令》《倉庫令》《關市令》。 食貨。第八。金有《榷貨敕條》。 戶婚。第七。金有《田令》。 祭令。第四。金有《祀令》。 《至正條格》《儀制》第七。金有《儀制令》。 學規。第五。金有《學令》。
明律	凡三十卷	賊盜。《刑律》一。 詐偽。《刑律》七。 宮衛。《兵律》一。 職制。《吏律》一。 公式。《吏律》二。從《職制》分出。 人命。《刑律》二。 訴訟。《刑律》五。 鬭毆。《刑律》三。 罵詈。《刑律》四。 斷獄。《刑律》十一。 受贓。《刑律》六。 捕亡。《刑律》十。 雜犯。《刑律》九。 錢債。《戶律》六。漢在《雜律》，元在禁令。 犯姦。《刑律》八。 名例。第一。 軍政。《兵律》二。 營造。《工律》一。 河防。《工律》二。 廄牧。《兵律》四。 倉庫。《戶律》四。

続表

明律	凡三十卷	郵驛。《兵律》五。
		關津。《兵律》三。
		市廛。《戶律》七。
		課程。《戶律》五。
		戶役。《戶律》一。
		婚姻。《戶律》三。
		田宅。《戶律》二。
		祭祀。《禮律》一。
		儀制。《禮律》二。

楷案：《唐律疏義》："魏文侯師於李悝，集諸國刑典。造《法經》六篇。"《晉書·刑法志》亦云："悝撰次諸國法。"是李悝亦非刱造，惟諸國刑典無一存者，故李悝得專其名耳。

"商鞅傳授，改法爲律。"《唐律疏義》《晉志》亦云："商君受之以相秦。"是秦亦用李悝法。《史記·蕭相國世家》不載造律事，《漢書·刑法志》但云蕭何攈摭秦法，作律九章。當班氏時，《法經》尚存，據《藝文志》法家有"《李子》三十二篇"，《晉書》尚列《雜法》之子目。何以並不溯及？

自晉律以後無《囚律》，魏已以繫囚入繫訊，又安用《囚律》爲乎？且《魏律序畧》明言"囚律有繫囚、鞫獄、斷獄之法，《興律》有上獄之事，科有考事報讞，宜別爲篇"矣。所云"別"者，即或入《繫訊律》或入《斷獄律》也。其別爲之《留律》，《草案》謂之當作"乏"，是也。"別"猶宜別爲篇之"別"，承漢詔"不宜復以爲法"言之，不得謂不在正律之內。是所就故爲《盜》《賊》《捕》《雜》《戶》五篇所定，增爲《劫掠》《詐》《唐六典》有"偽"字，未知爲《晉志》奪"偽"字，抑《唐六典》同晉律增也。《毀亡》《告劾》《繫訊》《斷獄》《請賕》《刑名》《興擅》《乏留》《驚事》《償贓》《免坐》十三篇，總數與分目正合。《唐六典》但以漢律九篇，魏增九篇，未及細核耳。觀《晉志》，辨《囚律》爲《告劾》《繫訊》《斷獄》，即因魏律爲之，尤魏無《囚律》之顯證。

《晉志》載魏律序畧《興擅律》亦曰"分"，原文"故分爲《興擅律》"。若《興律》未嘗刪去者，與分爲《繫訊》《斷獄律》，若《囚律》未刪去正同。宋孫奭《律音義》謂漢初但名《興律》，魏陳羣定法更爲《興擅》，得之矣！《草案》謂當即《興律》所改，作疑辭何也？其謂囚律有分出，是魏仍有囚律也，誤矣！

李悝六篇皆罪名之制，商君受之以相秦。漢承秦制，蕭何益事律《興》《廄》《戶》三篇，《晉志》。是《盜》《賊》《囚》《捕》《雜》《具》爲刑律，《興》《廄》《戶》爲事律，截然不紊。晉增十一篇，而十一《雜律》以上爲刑律，十二《戶律》以下爲事律，猶知此意。

《刑律草案》謂盜、賊義本不同，歷引經傳諸子，尤以《周禮》"八成"邦賊、邦盜爲確證。楷案：《晉書·刑法志》已稱盜律有賊傷之例，賊律有盜章之文，則盜、賊混淆不自北齊始。

《隋志》："煬帝即位，以高祖禁網深刻，又敕修律令〔……〕①謂之《大業律》"，"五刑之内，降從輕典者二百餘條。其枷杖、決罰、訊囚之制，並輕於舊。"而《舊唐志》則云：隋文帝"除苛慘之法，務在寬平。〔比及晚年，漸亦滋虐。〕②煬帝忌刻，法令尤峻。"唐"因開皇律令〔而〕損益，盡削大業〔所用〕煩峻之法"。兩志之論《開皇》《大業》兩律牴牾如此。

唐《武德律》與令、式同頒，《貞觀律》《永徽律》並與令、格、式同頒，然《唐志》③之言曰：刑書有四，"曰律、令、格、式"，"凡邦國之政必從事於"令、格、式，"其有所違及人之爲惡而入於罪戾者，一斷以律。"宋則不然，編敕在律令外，一司敕、一路敕、一州一縣敕又在編敕外，皆具大辟、流、徒、杖、笞、配隸之數。神宗謂："律不足以周事情，凡律所不載者，一斷以敕。"故有宋一代，於律無增損，而敕、令、格、式屢變。

自唐開元十九年以格後制敕，頗與格相違，撰格後長行敕，此據《舊志》，《新志》不載。案：《舊志》："元和十三年〔……〕鄭餘慶〔……〕等詳定《格後敕》〔……〕其年〔……〕許孟容〔……〕等奉詔刪定〔……〕④劉伯芻等考定。"而《新志》但云"許孟容等刪天寶以後敕爲《開元格後敕》"，當即《藝文志》⑤之《元和刪定制敕》也，其稱《開元格后敕》，誤矣。至（太）〔大〕和、大中迭編《格後敕》，敕遂出律、令、格、式外，《舊五代史志》：周頒行《大周續編敕》，⑥宋之編敕蓋因之。

令始於漢，見漢《宣帝紀》注。⑦格始於北魏，文襄帝時，於麟趾殿刪正刑典，謂之《麟趾格》。案：《隋志》：文宣天保元年，"命〔群官〕⑧刊定魏朝《麟趾格》"。是實始於元魏也。式始於周，太祖命蘇綽撰《大統式》。⑨隋則律、令、格、式並行。唐因之。宋神宗更其名"曰敕、令、格、式，而律恒存乎敕之外"。《宋志》曰："禁於（未）〔已〕然之謂敕，'自名例以下至斷獄，十有二門，麗刑名輕重者，皆爲敕。'禁於（已）〔未〕然之謂令，'自品官以下至斷獄

---

① 《隋書》卷 25，第 716 頁。
② 《舊唐書》卷 50，第 2133 頁。
③ 校按：指《新唐書·刑法志》。
④ 《舊唐書》卷 50，第 2154 頁。
⑤ 校按：指《新唐書·藝文志》，見《新唐書》卷 58，第 1497 頁。
⑥ 校按：指《舊五代史》卷 147，《刑法志》，第 1962 頁。
⑦ 校按：見《漢書》卷 8，《宣帝紀》，第 253 頁注〔一〕："文穎曰：'蕭何承秦法所作爲律令，律經是也。天子詔所增損，不在律上者爲令……'"
⑧ 《隋書》卷 25，《刑法》第 704 頁。
⑨ 校按：見《唐六典》卷 6 注，第 185 頁。

三十五門，約束禁止〔者，皆〕爲令。'《唐志》：'令者，尊卑貴賤之等數，國家之制度也。' 設於此以待彼之謂格，'命官之等十有七，吏、庶人之賞等七十有七，又有倍、全、分、釐之級凡五等，有等級高下者，〔皆〕爲格。'《唐志》：'格者，百官有司之所常行之事也。' 使彼效之之謂式。""表奏、帳籍、關牒、符（籍）〔檄〕之類"，"有體制模楷者〔皆〕爲式。"《唐志》："式者，其所常守之法也。" 此皆學者所當知，附記於此。①

宋用唐律，仁和邵氏《律音義》跋所謂 "檢《唐律〔疏議〕》，〔律文〕相較大同，而字句間有小異"②者也。宣公准敕詳校，爲明法科計也，則所校必爲宋制。或見《刑統賦》注所引，與《唐律》不同，則正《玉海》天聖《律文音義》條下所稱《刑統》 "參用後敕"③者。宋敕十有二門，用唐律目，律可知矣。

宋、金號用唐律，而宋以編敕爲重，金以制條爲重。《金志》世宗謂："制無正條〔者，皆〕④以律文爲準。" 大定重修制條，謂制有闕者，以律文足之，是也。
宋神宗尚曰：律所不載，斷以敕。金世宗則曰制無正條，以律文爲準。則制視敕爲尤重。今之有例不引律，

昉於此矣。

《元志》即鈔撮《大元通制》而成，順帝至正五年頒行《至正條格》，分目二十有七，計詔制增五十有六，條格增五百四十有九，斷例增三百四十有二。其《公式》《儀制》《河防》《廄牧》《倉庫》等篇並爲明律所本，而《元史》遺之。

《四庫提要》法令之屬僅存《唐律疏義》《大清律例》兩書，其《唐律疏義》下以唐合今分，名異實同，盡歸之《大清律》，若不知《大清律》篇目一本於洪武二十二年律者，存目又不存洪武二十二年律乃存洪武七年律，而云明代斷獄不甚遵用，不其愼乎？又謂 "刑爲盛世所不尚"，尤爲悖理之言！果爾，則讀法懸書皆爲多事矣。六朝公卿大夫咸不以鞫獄留意，《隋志》譏之，馬季長、鄭康成皆有律章句，豈皆俗儒耶？乾嘉間儒臣所見，往往如此。

輯《律目沿革表》自⑤明而止，以國朝律目概沿明制故也。現方採古今之善，集中外之成，有不爲明律所限者，特舉其大署以備爲是學者之參考云爾。

---

① 見《宋史》卷 199，《刑法志》，第 4964 頁。校按："已""未" 二字原互倒，見第 4982 頁校勘記〔二〕。"《唐志》" 指《新唐書·刑法志》，見卷 56，第 1047 頁。
② 《律音義》，續修四庫全書本，第 69 頁。
③ 參見《玉海》卷 66，第 1258 頁。
④ 《金史》卷 45，《刑法志》，第 1016 頁。
⑤ 原文如此，意不通，或爲 "洎" 之訛。

大清律講義前編四之一

律服疏證一

記名御史學部員外郎青島特別高等專門學堂總稽察蔣楷編

斬衰三年

子爲父母，女在室竝已許嫁者，及已嫁被出而反在室者同。子之妻同。楷案：《皇朝通典》《通志》竝以"子爲父母，子之妻同"爲一條，而以"女在室爲父母，已嫁被出而反在家者同"別爲一條。①

《禮·斬衰三年章》"父"。胡氏培翬云："喪服一經，凡所服者同，〔而〕服之者有異，則兼言服之之人；若服之者亦同，則不必言服之之人。子之於父，無論嫡庶，其服竝同，故〔但言父而〕不必言子爲父也。"較疏說爲確。②傳曰："父至尊也。"此條疏子爲父。

《禮·齊衰杖期章》"父在爲母"。傳曰："何以期也？（曰）屈也。至尊在，不敢伸其私尊也。父必三年（而）〔然〕後娶，達子之志也。"③《喪服四制》曰："資於事父以事母而愛同。天無二日，土無二王，國無二君，家無二尊，以一治之也。故父在爲母齊衰期者，見無二尊也。"④朱子曰："喪禮須〔當〕⑤從《儀禮》爲正。"吳氏澄云："父爲妻之服既除，則子爲母之服亦除。"顧氏炎武云："抑其子之服於期，而伸其父之不娶於三年，聖人所以損益百世而不〔可〕⑥改者，精矣。"唐前上元元年，武后請父在爲母終三年之服，詔依行。開元五年，盧履冰上言："准禮，父在爲母一周除靈，三年心喪〔……〕請仍舊章，庶叶通（禮）〔典〕。"⑦七

---

① 分見《清朝通典》卷62，《禮·凶二》，第2482頁；《清朝通志》卷47，《禮略十二》，第7028頁。
② 《儀禮正義》卷21，續修四庫全書本第92冊（下同）第366（18a）頁。
③ 《儀禮注疏》卷30，第569頁。
④ 《禮記訓纂》卷49，第913頁。
⑤ 《朱子語類》卷89，第2283頁。
⑥ 《日知錄集釋》卷5，第188頁。
⑦ 《舊唐書》卷27，第1023頁。

年敕云："格條之內，有父在爲母齊縗三年，此有爲而爲，非尊厭之義。"蓋已採履冰。上元中武太后上表，初亦未有行用，垂拱初，始編入格之疏矣。後蕭嵩等改修五禮，請依元敕，遂爲成典。朱子曰："父在爲母，盧履冰議是。"徐氏乾學云："父在爲母不止期歲，《雜記》曰：'期之喪，十一月而練，十三月而詳。'"註云："父在爲母期，則是名雖爲期，其實十有五月，與它期服有異，又益以心喪，則其所以居喪之實，未嘗異也。"唐人欲增爲三年，謂何至與伯叔母同制，伯叔母之期服曷嘗有祥禫之禮乎？《欽定義疏》："古之爲喪也盡其實，後世之爲喪也侈其文。古者服有減（降）〔殺〕，①而居處飲食一一如禮，是文雖屈而不害其實之伸也。若實之亡而徒以三年爲隆，則僞而已矣。且祥禫而後父將舉吉禮，而己之服不除則不可與於祭，非所以事父承宗廟也。抑父則已禫矣，至三年閏而又禫，父主之乎、己主之乎？均有所不可也。乃見古聖人之制禮精矣。"此條與下條竝疏子爲母。

《禮·齊衰三年章》"父卒則爲母"。馬氏融云："父卒，無所復屈，故得伸重服三年也。"自武后刱父在爲母三年之說，而盧履冰之議暫雖施行，元行冲之言終見阻格，然猶齊衰也。洪武時，《孝慈錄》出，復改斬衰，於是父母之服衰裳経帶混同無辨，而禮制蕩然矣。《欽定義疏》："子於父母，恩無重輕而義有統（屬）〔繫〕，母雖與父敵，而母必統於父，猶地〔雖〕與天配，而地必統於天〔也〕。故均之三年〔也〕，②而斬與齊別焉。"吳氏嘉賓云："君天下者，天子也，后夫人無與焉。承天子以帥天下者，公卿大夫士，其妻亦無與焉。〔……〕易〔乎〕尊卑之常而後〔乃及於〕變先王之禮，夫之不足（率）〔師〕其婦也久矣，上元之事，宜〔其〕世〔之〕③皆以爲法乎？"其言痛矣！

《禮·斬衰三年章》"女子子在室爲父。布總，箭笄，髽，衰，三年。"注："此妻妾女子子喪服之異於男子者。"蓋兼上文妻爲夫、妾爲君言之。程氏瑤田云：布總，箭笄，斬衰之髽也。布總，榛笄，齊衰之髽也。吳氏嘉賓以布總，箭笄，髽爲齊衰者之所服，而謂"女子（子）終當適人，雖爲父亦〔有所〕預爲殺"，失④之。注："言在室者，關已許嫁。"疏："關，通也。"謂通已許嫁者言之。此條疏女在室並已許嫁者。

《禮》"子嫁，反在父之室，爲父三年"。注："謂遭喪後而出者，始服齊衰期，出而虞，則受以三年之喪受，既虞而出，則小祥亦如之，既除喪而出，則已。"《喪

---

① 《欽定儀禮義疏》卷 23，文淵閣四庫全書本（下同）第 106-766（8a）頁。

② 《欽定儀禮義疏》卷 22，第 106-757（62b）頁。

③ 《喪服會通說》卷 4，續修四庫全書本（下同），第 393（5a）頁。

④ 《喪服會通說》卷 1，第 348（3a）頁。

服小記》：“未練而出，則三年。既練而出，則已。”馬氏融云：“爲〔犯〕^①七出，還在父母之家。”程氏瑤田云：“遭喪被出者，〔亦〕（祇）是反在室之一事，其父在被出而反，及女在塗而父母死則女反，自是反在室，爲父三年之正服。注必据遭喪後出言者，以三年中節次不同，〔有未出時之期服，有出而虞則受以三年之受服，有既虞而出，則受以三年小祥之服，及除喪而出，則不復追服三年。出有先後，服亦隨時，故〕^②特明之以曉人耳。”此條疏已嫁被出而反在室者。

《禮·齊衰不杖期章》“婦爲舅姑”。傳曰：“何以期也？從服也。”馬氏融曰：“從夫而爲之服也。”王氏志長曰：“婦爲舅姑期，非輕舅姑也，重斬也。男子非父不天，父在則母降矣。女子非夫不天，從夫則父母降矣。無二天，故無二斬也。”高氏愈云：“古人婦爲舅姑服齊衰期，蓋引而與己之親父母同，則亦恩義之盡矣。”《欽定義疏》：“臣以君爲天，子以父爲天，婦以夫爲天，一也。臣爲君服斬而爲君之父母期，子爲父服斬而爲父之父母期，（婦）〔妻〕爲夫服斬而爲夫之父母期，稱情而爲之，聖人之權度審矣！”^③其爲舅姑三年，蓋始於後唐劉岳《書儀》而成於宋乾德中魏仁浦等之奏，然猶爲舅斬衰爲姑齊衰也。《孝慈錄》出，復竝改斬衰。据魏仁浦等以“夫衣麤衰，婦制紃綺”爲言，是未讀《通典》也。《通典》載：“劉系之問：‘子婦爲姑既期，綵服邪？’荀訥答曰：‘〔子婦爲姑〕既期除服，時人以夫家有喪，猶白衣。’”^④又以“夫婦齊體，哀樂不同”爲言，是未讀《大戴禮》也，《大戴禮》有更三年喪之文。唐李涪論曰：婦爲舅姑“十一月而練，十三月而祥，十五月而禫。禫後門庭尚素，婦服青縑衣以俟夫之終喪”。^⑤則心喪未嘗不三年也。其謂爲夫服斬、爲舅姑服期，爲尊夫而卑舅姑；然則子爲父服斬、爲祖父母服期，豈非尊父而卑祖父母耶？其不知禮其矣。貞元中，李苕^⑥議曰：“父母之喪，尚止周歲；舅姑之服，無容三年。”可謂正矣。此條疏子之妻。

楷案：此節乃以三斬衰，一、子爲父，二、女子子在室者爲父，三、女嫁反在父之室爲父。一齊衰三年，父卒爲母。一齊衰杖期，父在爲母。一齊衰不杖期，婦爲舅姑。混而爲一。

子爲繼母、爲慈母、爲養母，子之妻同。原注：“繼母，父之後妻；慈母，謂母卒，父命他妾養己者；養母，謂自幼過房於人者。”

《禮·齊衰三年章》“繼母如母”。傳曰：“繼母何以如母？繼母之配父，與因

---

① 《通典》卷88，第2424頁。
② 《儀禮喪服文足徵記》卷1，續修四庫全書本（以下不另注明者同）第145頁；《程瑤田全集》第1冊（下稱全集本），第195頁。
③ 《欽定儀禮義疏》卷23，第106-792（61b）頁。
④ 《通典》卷90，第2467-2468頁。又，《通典》“期”避諱作“周”，下同。
⑤ 《刊誤》卷下，文淵閣四庫全書本，第850-182（15a）頁。
⑥ 校按：此段引文見《唐會要》卷38，第687頁。李苕作李岩。

母同，注：'因，猶親也。' 故孝子不敢殊也。"（顏）〔顧〕[1]氏云："繼母如母，以配父也；慈母如母，以貴父之命也。然於其黨則不同矣。《服問》曰：'母出則爲繼母之黨服，母死則爲其母之黨服。' 爲其母之黨服，則不爲繼母之黨服。〔郑氏〕注〔曰〕：'雖外親，亦無二統。'"汪氏琬云："母出則爲母服期，繼母出則不服。父歿母嫁亦服期，繼母嫁不從則不服。此又不同者也。"[2]此條疏繼母。

《禮・齊衰三年章》"慈母如母"。傳曰："慈母者何也？傳曰：妾之無子者，妾子之無母者，父命妾曰：'女以爲子'，命子曰：'女以爲母。' 若是，則生養之，終其身如母，死則喪之三年如母，貴父之命也。"案：《曾子問》曰："子游〔問〕[3]曰：'喪慈母如母，禮歟？' 孔子曰：'非禮也。古者男子外有傅，内有慈母，君命所使教子也，何服之有？'"與此不同者。據《梁書・司馬筠傳》，梁高祖曰：禮言慈母有三：一妾子無母，"使妾之無子者養之，命爲母子，服以三年，《〔喪服・〕齊衰章》所言（'慈母如母'）是也；二〔則〕嫡〔妻之〕子無母，使妾養之，〔慈撫隆至，〕雖均乎慈愛，（而）〔但〕嫡妻之子，妾無爲母之義，而恩深事重，故服以小功，《〔喪服・〕小功章》所以不直言慈母，而云'庶母慈己'者，明異於三年之慈母也；〔其〕三〔則〕子非無母，〔正是〕擇賤者視之，義同師保，而不無慈愛，故亦有慈母之名，師保〔既〕無〔其〕服，此慈母亦無服矣。《内則》云：'擇於諸母與可者，使爲子師；其次爲慈母；〔其〕次爲保母。' 此其明文。（此）言擇諸母，是擇人而爲（之）〔此〕三母，非謂擇取兄弟之母〔……〕子游所問，自是師保之慈〔母〕，非三年小功之慈〔母〕[4]也，故夫子得有此對。豈非師保之慈母無服之證乎？"武帝此論最爲該洽，說經諸儒俱不及之。秦氏蕙田本之，特未明著所出，近於掠美耳。《鄭志》"慈母嫁無服"。《通志》載：晉人謂《喪服小記》慈母之父母無服，孫宜無服慈祖母。庾蔚之謂：先儒云婦人不服慈姑。[5]胡氏培翬云："慈母雖云如母，而其實異於親母者多矣。"[6]此條疏慈母。

養母。注："自幼過房與人〔者〕。"[7]《明史・禮志》[8]同《會典》注，亦稱自幼出繼於人，皆爲人後者之義。爲人後者爲所後父母，自有專條，道光四年禮部纂《通禮・服制》"斬衰三年"條下已奏准將養母刪除，而以養母之名專屬之撫同

---

① 《儀禮集編》卷22，文淵閣四庫全書本（下同）第111-80（94a）頁。校按：内引《服問》語見《禮記訓纂》卷36，第830頁。
② 《堯峰文鈔》卷6，第1315-243（第3b）頁。
③ 《禮記訓纂》卷7，第299頁。校按：此處作者似轉引自《梁書・儒林傳》，第674頁。
④ 《梁書》卷48，第675頁。
⑤ 參見《通志》卷173，第1785頁。
⑥ 見《儀禮正義》卷21，第375（36a）頁。
⑦ 《大清律例》卷3，第75頁。
⑧ 《明史》卷60，《禮十四》，第1493頁。

宗及遺棄子而不爲人後者，定爲持服一年，增於"齊衰不杖期"條下。楷案：養母與
所後母，複刪之是也。而嫡、繼、慈、養，唐人已成恒言，附記於此。此條疏養母。

楷案：此節以齊衰三年、繼母、慈母。齊衰不杖期、子之妻爲繼母、慈母。爲斬衰三年。

庶子爲所生母、爲嫡母，庶子之妻同。

《禮》無庶子爲其母明文，尊降之禮亦律所未有。今分三節說之。

《齊衰三年章》"慈母如母"。注："大夫之妾子，父在爲母大功。則士之妾子
爲母期矣。父卒〔則〕皆得伸也。"[1]李氏云："《小記》：'庶子在父之室，則爲其
母不禫。'[2]則父在，爲妾母亦杖期，同宮者惟不禫耳。'"《禮經釋例》云："經傳
無所生母明文，何以知其兼言之也？"經云"'慈母如母'，〔……〕慈母亦父妾也，
非其所生尚爲〔之〕三年，而謂所生母不得三年乎？〔蓋經所云〕'繼母如母'〔者，
謂〕如適母也。'慈母如母'〔者，謂〕[3]如所生母也。經文簡括，儒者罕通其（義）
〔意〕，惟〔漢〕鄭氏能窺見之。"此條與下二條並疏所生母。

《大功章》"公之庶昆弟、大夫之庶子爲母、妻、昆弟"。注："公之庶昆弟，則父卒
也。大夫之庶子，則父在也。其或爲母，謂妾子也。"傳曰："何以大功也？先君餘尊之所厭，
不得過大功也。"此答公之庶昆弟。鄭氏珍云："公之庶昆弟之母、妻、昆弟，皆先君所不服。公子當先君
在時，爲君之尊所厭，特以母妻非昆弟旁尊可比，故爲母練冠麻，爲妻練冠葛絰帶，皆〔練冠〕麻衣縓緣，既葬
除之，而不在五服之中，〔亦仍〕與無服等。至昆弟〔則〕[4]並此無之。"君卒似得服之，"而猶爲餘尊所厭，皆
不得過大功"。大夫之庶子，則從乎大夫而降也。此答大夫之庶子。陳氏銓云："從乎大夫而降，
謂父在者。"父之所不降，子亦不敢降也。"注："父所不降，謂適也。"

楷案：戴德《喪服變除》云："天子諸侯之庶昆弟〔與〕大夫之庶子，爲其母
大功〔九月〕，[5]哭泣飲食思慕猶三年。"

《緦麻章》"庶子爲父後者爲其母"。傳曰："與尊者爲一體，不敢服其私親也。
尊者謂父，私親謂其母。馬氏云："承父之體，四時祭祀，不敢伸私親，廢尊者之祭。"然則何以服緦也？
有死於宮中者，則爲之三月不舉祭，因是以服緦也。"馬氏云："緣先人在時，哀傷臣僕有
死宮中者，爲缺一時不舉祭，因是〔服〕緦〔服〕也。"[6]案：《雜記》："父母之喪，將祭，而昆弟死；既殯
而祭。如同宮，則雖臣妾，葬而後祭。"即其義。注："君卒，庶子爲母大功。大夫卒，庶子爲
母三年。士雖在，庶子爲母皆如眾人。"盛氏世佐云："至情所關，雖加一日愈於

---

① 《儀禮注疏》卷30，第566頁。
② 校按：此《小記》指《禮記·喪服小記》。見《儀禮集釋》卷17，文淵閣四庫全書本（下同）第103-309（18a）頁。
③ 《禮經釋例》卷8，見《淩廷堪全集》第299-300；續修四庫全書本第170-171（38b-39a）頁。
④ 《儀禮私箋》卷6，續修四庫全書本（以下不另注明者同）第310（5a-5b）頁；《鄭珍全集》第一冊（下稱"全集本"）第149-150頁。
⑤ 《通典》卷81，第2204頁。
⑥ 《通典》卷92，第2510頁。

已，苟有死於宮中〔者〕之例可援，以（稍）〔少〕伸吾情焉〔者〕，[1]雖天子諸侯亦不以貴而絕其母也。"

《禮》亦無爲嫡母服，蓋包於《齊衰三年章》"父卒則爲母"、《齊衰杖期章》"父在爲母"之中。案：《小功章》"君母之父母從母"。注："凡庶子，爲君母，如適子。"此條疏繼母。

楷案：此節包於子爲母之中，其以所生母加於嫡母之上，未知何義。庶子之妻則當與婦爲舅姑同。說見前。

爲人後者爲所後父母，爲人後者之妻同。

《禮·斬衰三年章》"爲人後者"。雷氏云："此文當云：爲人後者，'爲所後之父'。闕此五字者，以其所後之父或蚤卒，今所後其人不定，或後祖父，或後〔曾〕高（曾）祖，故闕之。"[2]傳曰："何以三年也？受重者，必以尊服服之。何如而可以爲之後？同宗則可爲之後。汪氏琬云："同宗（者）[3]皆可爲之後。"則不必親昆弟之子與從父昆弟之子。何如而可以爲人後？支子可也。疏："以其他家適子當家，自爲小宗，小宗當收斂，五服之內亦不可闕，則適子不得後他，故取支子。"支子，包適妻第二以下子及妾子言。爲所後者之祖父母、妻、妻之父母、昆弟、昆弟之子，若子。"注："若子者，爲所爲後者之親，如親子。"疏：死者祖父母則爲人後者之曾祖父母，妻即爲人後者之母也，妻之父母、妻之昆弟、妻之昆弟之子於爲後者爲外祖父母及舅與內兄弟。顧氏炎武云："此因爲人後而推言之。所後者有七等之親〔……〕所後之祖，我之曾祖〔也〕。父母，我之祖父母也。妻，我之母也。妻之父母，我之外祖父母也〔……〕昆弟，我之世叔父也。昆弟之子，我之從父昆弟也。若，及也。若子，我之從父昆弟之子也。"[4]盛氏世佐云："祖，祖父母也，惟言祖，〔省〕文（省）耳。所後者之祖父母爲後者當服齊衰三月。若所後者及所後者之父（母）皆歿，則爲曾祖父服斬，曾祖母齊衰三年。曾祖父在，則爲曾祖母服如父在爲母。父母爲後者當服不杖期。若所後者已歿，則爲祖父服斬，祖母齊衰三年。祖父在，則爲祖母服如父在爲母。爲人後矣。〔而〕《傳》乃陳爲所後者之祖若父之服，所以見爲宗子而死，雖祖若父猶存，亦得置後也，且容有生而置後者也。妻爲後者當服齊衰杖期，若所後者已歿，則爲之齊衰三年。妻之父母爲後者當服小功，於所後之妻黨舉一（小功）〔父母〕,則其他可知矣〔……〕昆弟爲後者當服不杖期，所後者大宗子也〔……〕昆弟之子爲後者當服大功。若，如也。〔如子者〕謂〔爲後者爲〕此六等之親服皆如所後者之親子也。《傳》因爲人後者之服連類及之，以補《經》之未備，而其言

---

① 《儀禮集編》卷 25，第 111-217（16b）頁。
② 《儀禮注疏》卷 29，第 556 頁。
③ 《堯峰文鈔》卷 6，第 1315-243（2b）頁。
④ 《日知錄集釋》卷 5，第 191-192 頁，"爲所後者之祖父母妻妻之父母昆弟昆弟之子若子"。

之詳略亦各有義焉。於正統之親悉數之，於旁親舉一昆弟以例。夫與父同行者，舉一昆弟之子以例；夫與己同行者，下此略而不言，尊卑之差也。六者之中，本宗居其五，外親居其一，內外之辨也。《注疏》及顧說互有得失，故備論之。"①其論為所後詳矣。而所後者之應否立後，為人後者之是否可以為人後，則邱氏濬云："《大明令》及《律》，雖許同宗立嗣，然皆謂其人生前自立，而無死後追立之文。"蓋謂"前代帝王、功臣、賢人之後不可不使血食也。先王制禮，不下庶人。今庶人之家，若生前將昭穆相應之人自幼鞠養者，從其自便。既死之後，告爭承繼者，無非利其財產而已。若死者係軍匠籍，雖脅之使繼，彼肯從哉？〔……〕又，凡為人後，承父之命，方許出繼。已孤之子，不許。所以然者，為人後者為之子，既為之子，則稱其所生為伯叔。不承父命而輒稱己父母為伯叔，可乎？"②田氏汝成云："古稱立後者，非謂昆弟無子者，人人為之立後也。惟大宗乃舉之。"③程氏瑤田云："《喪服小記》〔曰〕：'殤與無後者，從祖祔食，'〔斯禮也。〕乃〔凡〕無後者不皆立後之明證〔也〕。"又云："古人立後以收族，今人立後以止爭，何也？無異宮同財之法，無有餘歸之宗、不足資之宗之義。〔宗法之不行於天下也久矣，〕其人死而無後，則其財無所歸〔，而爭端起矣，故〕必擇其親者立為後；無〔親者，乃〕（則）取其稍疏者立之，〔由親及疏，不容或紊。〕不如是，不（足）〔可〕以止爭。而要非喪服經傳立後制服之初（怡）〔指也〕。"④

楷案：乾隆四十年，欽奉高宗純皇帝特旨，准以獨子兼祧兩房。道光九年禮部片稱："臣部《則例》內載：'獨子承兩房宗祧，如以大宗子兼祧小宗，或以小宗子兼祧大宗，均以大宗為重，為大宗父母服三年，為小宗父母服期年。如以小宗子兼祧小宗，則以所生為重，為所生父母服三年，為兼祧父母服期年。又或同屬小宗，先經出繼而本生父母物故無嗣，族議仍以一人承祧兩房者，因屬出繼在前，照例為本生父母服期年，為所後父母服三年。'等語。臣等酌議：小宗子出繼小宗，如已為所後父母丁憂持服，嗣經兼祧兩房者，自應照《禮經》不貳斬之義，為本生父母服期年；如雖出繼在前，尚未為所後父母丁憂持服，旋經兼祧兩房者，應仍以所生為重，為所生父母服三年，為兼祧父母服期年。"奉旨："依議。"兼祧為國朝特制，而《律例統纂》本尚未編入，附著於此。

---

① 《儀禮集編》卷 22，第 111-58（51a）–111-59 第（52b）頁。
② 《續通典》卷 81，第 1624 頁。
③ （明）田汝成：《立後論下》，載《明文海》卷 91，第 1454-72（19a）頁。
④ 《儀禮喪服文足徵記》卷 10，《答段若膺大令論為人後者服其本生親降一等書》，第 268 頁；全集本第 410-411 頁。

又案：現行律《吏律》有"官員襲廕"條，《戶律》有"立嫡子違法"條。"官員襲廕"大抵立嫡不立庶，立長不立賢，立長孫不立次子，有宗法之義存焉。"立嫡子違法"條兼士、庶言之，與《吏律》大恉不異。微異者：立嗣雖係同宗而尊卑失序，罪如異姓亂宗；"官員襲廕"則無庶出子孫，許令弟姪承繼，以祖父勳爵不當舍近及遠。而於應繼之外又有擇賢、擇愛，及義男、女婿為所後所愛不許逼逐之例，曲體人情者至矣。今各州縣爭繼之案，至為紛繁，風俗習慣與東西洋迥異。竊謂民法者，刑律之母也。《法蘭西法典》以親族居首，《日本舊民法》因之，《新民法》四曰《親族》、五曰《相續》。近來所主法典，《總則》之次即曰《親族》，次曰《財產》，而以《相續》為關於親族、關於財產，為之殿焉。竊願當事者與民政部、禮部速定民法以立其基也。又願遲廻審顧，於數千年相沿之禮教，數萬里習慣之人情，不蹈習故常，不改錯規矩，考諸三王而不謬，質諸百世而無疑也。若但點纂他國之民法為編纂我國之民法，其能行與否，非所敢知已！

又案：此節與《禮》同，但為人後者之妻，應如婦為舅姑之服。

嫡孫為祖父母及曾高祖父母，承重嫡孫之妻同。

《經》無明文不杖期，《傳》："父卒，然後為祖後者〔服〕斬。"[1]今以歷代禮議明之。《通典》"孫為祖持重議"，庾純云："古之嫡孫""承祖考家業，上供祭祀，[2]下正子孫，旁理昆弟，敘親合族。""今則不然〔……〕吉不統家，凶則統喪，考之情理，俱亦有違。按：律無嫡孫先諸父承財之文，宜無承重之制。"今東西洋以相續法為關於親族、關於財產，與庾純說同。劉智以為："此〔說〕非從古〔制〕也，魏晉〔二代〕亦自行之。劉寶以為：'孫為祖不三年'《喪服》〔云：'孫為祖周'〕。"王敞難之曰："《喪服小記》〔祖父卒，〕為祖母後者三年"，言為祖母，祖父可知。吳商議曰："禮貴嫡重正〔統〕，所尊祖禰，繼代之正〔統〕也。夫受重者，不得以輕服服〔之〕。是以孫及曾玄〔為〕其〔為〕後者，皆服三年，受重故也。〔……〕孫為祖正服周，唐避諱，改"期"為"周"。祖為孫正服九月。"今嫡孫為後祖加之周，"孫亦當加（服）〔祖〕三年，此經之明據"。成洽云："斬衰之經，不應闕而不記。"吳商曰："經云'臣為君祖父母服周'，從服例降一等，則君為祖服斬矣，此非經義邪。"又孫為庶祖（承）〔持〕重議，王敞曰："凡所重，明是先祖之體，蓋非爵土財計之謂。至於庶子之子為繼禰之宗，則得為其子三年矣。父尊其禰而子替祖服，不貴正體而必云爵土，忽其（故）〔敬〕[3]宗而重其財計，承財計則為之服斬

---

① 《儀禮注疏》卷31，第585頁。
② 《通典》卷88，第2435頁，校勘記〔四二〕據諸本改作"祠"。
③ 點校本《通典》據諸本改"故"為"敬"，見第2437頁校勘記〔六三〕。

縗，無產業則廢三年，此非義矣！”庾蔚之謂：“祖庶父嫡，已承父統，而不謂之
繼祖，則祖誰當祭之？所謂繼，是承其後，（而）爲之祭，故云傳重而服之斬。〔……〕
長子之服，義則不同〔……〕《小記》〔云〕‘庶子不〔得〕爲長子斬，不（祭）〔繼〕
祖與禰’，是明庶子不（祭）〔繼〕祖禰，故不得爲長子斬，非據子之身。若據長
子身，不得云不繼禰也。”① 又爲高曾祖母及祖母持重服議，劉表云：“父亡在祖後，
〔則〕不得爲祖母三年。以〔爲〕② 婦人之服，不可踰夫。”成粲云：“已受重於父，
不受重於祖。”庾蔚之謂“其殊塗而同謬”。劉智云：“己雖不得受重於祖，然祖母
今當服已周，己不得不爲〔祖母〕三年。”又，《答問》云：“高曾祖母與祖母俱存，
其卑者先亡，則當厭屈（否）〔不〕？〔……〕舊說云，妻隨夫而成尊，姑不厭婦，
婦人不主祭，已承先君之正體，無疑於服重也。”後魏孫景邕議：“嫡孫後祖，持
重三年”，“宜先諸父”。劉芳以爲，“諸叔見存”，“宜依諸孫服周”。詔如景邕議。③
《唐律疏義》“立嫡違法”條：“依令：‘無嫡子及有罪（廢）疾，立嫡孫；無嫡孫，
以次立嫡子同母弟；無母弟，立庶子；無庶子，立嫡孫同母弟；無母弟，立庶孫。
曾、玄以下準此。’無後者，爲戶絕。”蓋通士民言之。宋熙甯中，李清臣言：“檢
〔會〕《五服年月敕》〔‘斬衰三年加服’條〕‘嫡孫爲祖’註：‘謂承重者。爲曾祖、
高祖後者亦如之’”。又準《封爵令》。與《唐律疏義》所載唐令同，但無“無後者爲戶絕”句叫。
是“嫡孫自〔當〕服三年之服，而衆子亦服爲父之服”。“《〔五服年月〕敕》不立
庶孫承重本條”，請“明示天下”。禮房看詳：“周禮嫡子死，雖有諸子，猶令嫡孫
（持）〔傳〕重。〔所以一本統、明尊尊之義也。至於〕商禮，則嫡子死立衆子，〔然
後立孫〕。今既不立宗子，又（不常）〔未嘗〕封建〔國邑，則嫡孫喪祖〕，不宜純
用周禮，（請）〔欲〕於《五服年月敕》〔‘嫡孫爲祖’條〕④ 修訂注詞，云：‘謂承
重者。爲高祖、曾祖後亦如之。嫡子死，無衆子，然後嫡孫承重。即嫡孫傳襲封
爵者，雖有衆子猶承重。’從之。”黃氏榦所引“今《服制令》：諸嫡子死，無兄弟，
則嫡孫承重〔……〕⑤無嫡孫，則嫡孫同母弟。無同母弟，則衆長孫承重。即傳襲
封爵者不以嫡庶長幼，雖有嫡子兄弟，皆承重。曾孫、玄孫亦如之。”與熙甯敕略
同。秦氏蕙田知“宋法有伯叔者，嫡孫皆不承重，於禮不合”，而又以《封爵令》
爲的，是未與律疏一勘對也。又云：“熙甯〔八年〕⑥ 所定傳襲封爵者皆承重”，爲

---

① 以上校訂未明注出處者均見《通典》卷88，第2425-2430頁。
② 《通典》卷89，第2440頁。
③ 本段未注明出處者均見《通典》卷89，第2438-2447頁。
④ 《宋會輯稿·禮三六》，第1538、1539頁。
⑤ 《儀禮集編》卷23，第111-126（80a-80b）頁。
⑥ 《五禮通考》卷254，四庫全書本（下同）第142-271（55a-55b）頁。

"一言而爲萬世法"。不知熙甯敕所謂"猶承重"者，不過謂嫡孫三年，衆子亦三年耳。《服制令》"猶承重"作"皆承重"，蓋熙甯敕"猶"字就嫡孫言，故曰"雖有衆子，猶承重"，《服制令》"皆"字就衆子言，故曰"雖有嫡子兄弟，皆承重"。所謂"爲萬世法"者，安在哉？《現行律》"官員襲廕"條並令嫡長子孫襲廕，如嫡長子孫有故，嫡次子孫襲廕。若無嫡次子孫，方許庶長子孫襲廕。與禮合矣。

楷案：此節與禮合，但承重嫡孫之妻應如婦爲舅姑之服。晉賀循云："夫爲祖、曾〔祖〕、^①高祖後者，妻從服如舅姑。"

妻爲夫，妾爲家長同。

《禮·斬衰三年章》"妻爲夫"。傳曰："夫至尊也。"蔡氏云："女子在室天父，適人則天夫。故在室爲父服斬，適人則降其父服爲期，而爲夫服斬也。"此條疏妻爲夫。

《禮·斬衰三年章》"妾爲君"。陳氏銓云："降於女君，故不敢稱夫。"敖氏繼公云："妾與臣同。"《春秋傳》^②曰："男爲人臣，女爲人妾。"傳曰："君至尊也。"此條疏妾爲家長。

楷案：此章爲母，自洪武時改爲斬衰，遂無齊衰三年之服，並武后請爲母三年表內所云齊斬之制足爲差減者，亦亡之矣。

齊衰杖期

嫡子、衆子爲庶母，嫡子、衆子之妻同。 原註："庶母，父妾之有子女者。父妾無子女，不得以母稱矣。"

《禮·緦麻三月章》"士爲庶母"。雷氏次宗云："爲五服之〔凡〕^③不稱其人者，皆士也。若有天子諸侯下及庶人，則指其稱位，未有言'士爲'者。"此以"大夫以上庶母無服，庶人無妾則無庶母，爲庶母者，惟士而已"。賈疏因之。傳曰："何以緦也？以名服也。大夫以上爲庶母無服。"汪氏琬云："父妾之男，吾謂之昆弟矣，其女則吾謂之姊妹矣。昆弟姊妹之母，猶吾母也，故謂之'庶母'。舍是則不得被此名也。"^④吳氏嘉賓云："家之治成於父，故父之所以服其妻妾之服，子不敢逾也。國之治成於君，故君之所不服，臣子亦不敢服也。古之〔道所以〕尊其君父者〔可謂〕至矣，故君父教其臣子使爲禮，必以身先之。成穆薨，明祖爲之變服，〔則〕誰敢不變者。然而己不爲之變服，亦知其〔有〕不可也。己之所不爲，（而）強其子爲之，是強其子使不孝也。卒禍其冢嫡^⑤以亂數世，是不慈也。以是令〔於〕天下後世，謂之'孝慈'，可乎？"又曰：

---

① 《通典》卷 96，第 2583 頁。
② 校按：指《左傳·僖公十七年》。
③ 《通典》卷 92，第 2510 頁。
④ 《堯峰文鈔》卷 7，第 1315-260（12b）頁。
⑤ 校按：《喪服會通說》"嫡"本作"適"。

"今之妻妾失序者，有司將使治之。然而使嫡之子從於庶昆弟爲其母服期，〔則〕是夷於世叔父母也，其去失序也幾何哉？夫昆弟從服其庶之母，則從父昆弟亦當從服從父昆弟庶者之母〔也〕。如是，則五服之倫皆當爲庶者服其母而（後）可。此（尤）〔又其〕不可行之明驗也。"①案：《明史·孫貴妃傳》②"庶子爲生母服三年，衆子爲庶母期，自妃始。"

楷案：此節之不合，吳氏詳之。禮，斬衰首父，齊衰三年、齊衰杖期以首母，齊衰不杖期首祖父母。故曰："聖人，人倫之至也。"今既無齊衰三年矣，齊衰杖期以庶母爲始，大約明臣希旨爲之，遂相沿而不改耳。

子爲嫁母。 原注："親生母，父亡而改嫁者。"

《禮》無爲嫁母服之文。鄭氏珍云："或問：〔爲〕嫁母有服乎？曰：嫁母齊衰期，康成《檀弓》注言之矣，則服視出母也。然則《喪服》經何以不出爲嫁母服與？曰：婦人之義，從一而終〔……〕若著於經，是許之再嫁也，故深沒其文，以存夫婦之義，而隱示其例以全母子之恩。經既不著，何以知其服視出母與？曰：即以出母知之。母得罪於父，父出之，父與母絕矣〔……〕而母子無絕道。〔其出也母也，出而再嫁亦母也；其不出母也，不出而父卒再嫁亦母也。〕母之當出，主乎父；母之再嫁，主乎母。子（雖）〔能〕痛母、（悲）〔怨〕母而不（能無）〔敢罪〕母也，惟知其爲母而已。""曰：繼母配父與親母同，經既言繼母嫁，爲之服，何以不可著嫁母之服與？曰：義窮辭窮，聖人祇付之不言也。若〔言之〕云嫁妻之子爲母，則夫無嫁妻之義；云爲嫁母，則子尤無嫁母之義。必將云'母嫁'，云'母嫁'是母自嫁也，是妻棄其夫、母棄其子也。〔棄其已不可言，棄其子尚忍言哉？！故聖人惟不言而已。不言則雖再嫁者不絕於世，而不許再嫁之義存；言之則雖無再嫁者，而已見有可以再嫁之理。此聖人立人道緣子心之精意也！〕然則何以言繼母嫁？曰聖人以不許嫁之義於繼母不足見也。繼母於夫非元配，於子非無絕道故也。"③楷案：鄭氏之說辨矣，然非經義也。其即以再嫁之母爲已出之母，亦非事實也。既出而又嫁，韋元成所謂："王者不爲無義制禮也"，何服之有。子不絕其母，心喪可矣，而必不可以爲之服。楷故曰：嫁母非出母也。至去妻令其可嫁，則又人情之至。唐之公主再嫁者多矣，與其不嫁而不安於家，曾不如再嫁之爲愈也。其自矢不嫁如共姜，則《唐律》"非女之祖父母、父母而強嫁〔之〕者徒一年"，今律即女之祖父母、父母強嫁之亦杖八十矣。今之強嫁者不數見，

---

① 《喪服會通說》卷4，第393-394（6a-7b）頁。校按："其去失序"似較原文"其爲失序"意佳。
② 《明史》卷113，《后妃一》，第3508頁。
③ 《儀禮私箋》卷4，第294-295（20a-22b）頁；全集本第120-122頁。

而其夫死後，夫族、母族強使自盡者則時有聞矣。不問其願否，而以爲榮也，宜乎？！各州縣志之列女傳且居其半也，其合於禮否邪？然則嫁母之服於何見之，曰於"父卒，繼母嫁，從，爲之服"見之。《欽定義疏》："因母嫁而〔從者〕^①無文，因母即親母，見鄭註。何也？其服同也。何以知其同？無可加也。"由是言之，漢宣帝之詔曰："婦人不養舅姑，不奉祭祀，下不慈子，是自絕也，故聖人不爲制服，明子無出母之義。"失之薄矣。唐元宗之敕曰："五服之紀，所宜企及，三年之數，以報免懷。"其嫁母亡，宜終三年。又失之過厚也。《石渠禮議》："又問：'夫死，妻稚子幼，與之適人，子後何服？'韋元成對：'與出妻子同〔服周。'或議以爲子無絕母，應三年）。蜀譙周據繼母嫁猶服周，以親母可知。"劉宋庾蔚之云："出母得罪於父，猶追服周；若父卒母嫁而反不服，則是子自絕於母，豈天理邪？宜與出母同〔制。按晉）（皆）制廟假二十五月，〔是〕終其心喪。"宋景祐中，兩制、御史臺、禮院議請母出與嫁，爲父後者依《通禮義纂》。劉智《釋疑》：服"齊衰，〔訖葬〕^②卒哭乃除，踰月乃祭"，仍申心喪。如非爲父後者，爲出母、嫁母，依《五服年月敕》，降服齊衰杖期，仍心喪三年。與《義疏》之言吻合。又案：吳氏嘉賓云："不言因母嫁從；即言繼母者，此繼母，乃謂因母也。與上章繼母異。子從因母適人者有之矣，未有從父繼妻適人者也。〔父繼娶則子已長，非其骨肉，安有從其他適之理乎？〕其稱繼母何也？〔婦人主名，〕繼母之稱由（於）繼父，母改嫁易姓矣。己雖從母，欲但名之爲母，不可得也，〔禮之慎名也如此。〕從，即謂與繼父同居者，〔兩無大功之親，謂之同居。〕於母所適爲同居，然後於母得爲從，以其無主後，故爲之主喪而杖。否則爲人後者，爲其父母且不杖，況母已嫁乎？"^③此即以繼母嫁爲嫁母，似亦可備一說。

子爲出母。 原註："親生母，爲父所出者。"

《禮·齊衰杖期章》"出妻之子爲母"。經不云出母者，雷氏云："子無出母之義"，故繼妻而言出妻之子爲母。傳曰："出妻之子爲母期，則爲外祖父母無服。"傳曰："絕族無施服，親者屬。注："在旁而及旦施。"出妻之子爲父後者，則爲出母無服。"傳曰："與尊者爲一體，不敢服其私親也。"楷案：此有三說，敖氏云：此"主〔於〕^④父在者也。"吳氏嘉賓主之，曰："出妻在父母家，命其子往奔喪，爲之主，故有杖期之制〔謂之出妻者，猶從乎夫之稱。〕若他適，則喪自有主。異姓之子不得有杖，亦無由入人之家而服喪也。言出妻之子明有父命，父歿子無所受命，亦不可得往

---

① 《欽定儀禮義疏》卷23，第106-769（15b）頁。
② 分見《通典》卷89，第2455、2453頁；卷94，第2548頁。校按："唐元宗"、"韋元成"之"元"本皆爲"玄"，避清聖祖玄燁諱。
③ 《喪服會通說》卷1，第349（6a-6b）頁。
④ 《儀禮集說》卷11，摘藻堂本第50-370（24b）頁；點校本第625頁。

〔成服〕。《記》曰：‘爲父後者，爲出母無服。’”①此一說也。高氏愈云：“蓋指父歿言之。父歿本應爲母齊衰三年，因其出也，故降爲期，不敢歟其死父也。若父在而出母沒也，其惟心喪乎。”胡氏培翬主之，曰：“父不爲出妻服，則子於父在，自不爲出母服〔明矣〕。況父在爲母期，以父服至期而除，子不敢過之〔明矣〕，亦服期而止，豈出母父所不服〔者〕而〔子〕②敢服之於父側乎？然則爲母期者，以父在而屈，爲出母期者，必父歿乃伸。”此又一說也。盛氏世佐云：“此禮該父存歿而言也。父雖歿，而子爲此母服仍不過期，亦以其出降也。惟云出妻之子，則出妾之子與凡非己所（出）〔生〕者不在〔此〕③例。”鄭氏康成云：“繼母而爲父所出，不服也。”嫡母見出，徐氏邈遜以爲無服。吳氏紱云：孫亦不服出祖母。此又一說。

楷案：張子曰：“出妻不（敢）〔當〕使子喪之，禮（也），子於母則不（可）忘〔喪〕。若父不使（之）〔子〕喪〔之，爲〕子固不（敢）〔可〕④違父，當默持心喪，亦禮也。若父使之喪而喪之，亦禮也。”吳蕭公曰：出母之喪，情之所不容恝，禮；而強使恝焉，非情也，則亦非禮也。《欽定義疏》：“父在似難爲廬堊室，以門庭爲父之所主也。父子異宮者，或爲之。不則但舍於外，不御內、不飲酒食肉而已。禫則必無之。蓋虞與祥皆在母之父母之家，己或可往也，禫則於何所乎？”此指父在言也。又云：“出而不嫁，則夫存猶有復歸之理，其子亦日夕冀之。即夫亡終不復，而未嘗爲他人婦，則緣亡父之義，子猶當爲之服。”⑤又指父歿言之也。則盛氏“該父存歿”之說得之矣。

楷案：此兩節與《禮》同。子爲嫁母、出母，不言子之妻同，《禮》亦無之。蓋生我之私恩祇在一身，而大義已絕，其倫類不可得而推，故不服也。

夫爲妻。 原註：“父母在，不杖。”

《禮・齊衰杖期章》“妻”。傳曰：“爲妻何以期也？妻至親也。”《齊衰不杖期章》“大夫之適子爲妻”。傳曰：“何以期也？父之所不降，子亦不敢降也。”注：“大夫不以尊降適婦者，重適也。凡不降者，謂如其親服服之。降有四品，君、大夫以尊降，公子、大夫之子以厭降，公子昆弟以旁尊降，爲人後者、女子子嫁者以出降。”“何以不杖也？”“父在則爲妻不杖。”楷案：傳言“父在不杖”，則《杖期章》“爲父不在”可知。而程氏瑤田乃謂：父在不杖期專爲大夫之適子特著一例。則何解於《喪服小記》也？《小記》：“世子不

---

① 《喪服會通說》卷 1，第 349（5b）頁。
② 《儀禮正義》卷 22，第 379（6a）頁。
③ 《儀禮集編》卷 23，第 111-93（15a）頁。
④ 《經學理窟・喪紀》，見《張載集》，第 300 頁。
⑤ 兩段引文分見《欽定儀禮義疏》卷 23，第 106-769（14b）、106-768（13a）頁。

降妻之父母。其爲妻也，與大夫之適子同。"鄭注："世子，天子諸侯之適子也。"則通乎大夫以上矣。程氏亦自謂存以俟考，不敢質之於人；而胡氏培翬據之以非諸說則非！況《雜記》"爲妻，父母在，不杖"，並不舉大夫之適子乎？盛氏世佐云："不云父在爲妻，而云大夫之適子者，見此禮之通乎上下也。嫌大夫以上爲尊者所厭，或不得伸其私服，故言此以明之。"其說當矣。《大功章》"公之庶昆弟〔、大夫之庶子〕爲〔母、〕妻"，傳曰："餘尊之所厭也。""大夫之庶子爲〔母、〕妻"①，傳曰："從乎大夫而降也。"記："公子爲其妻，繐冠，葛絰帶，麻衣縓緣。〔皆〕②既葬除之。"傳曰："君之所不服，子亦不敢服也。注："君之所不服，謂妾與庶婦也。"君之所爲服，子亦不敢不服也。"注："君之所爲服，謂夫人與適婦也。"

楷案：此節與《禮》同。徐氏乾學云："〔古人重〕妻服，既爲之杖又爲之〔練、〕禫，同於父在爲母，所以報其三年之斬，異於他服之齊衰期〔年者〕③也。"

---

① 《儀禮注疏》卷33，第606-607頁。
② 分見《儀禮注疏》卷32，第606-607頁；卷33，第633頁。
③ 《讀禮通考》卷8，第112-209（8a）頁。

大清律講義前編四之二

律服疏證二

記名御史學部員外郎青島特別高等專門學堂總稽察蔣楷編

齊衰不杖期

祖爲嫡孫。

《禮·不杖期章》"適孫"。傳曰："何以期也？不敢降其適也。有適子者無適孫，孫婦亦如之。"注："周之道，適子死則立適孫，是適孫將上爲祖後者也。長子在，則皆爲庶孫耳，孫婦亦如之。適婦在，亦爲庶孫之婦。凡父於將爲後者，非長子，皆期也。"經又曰："大夫爲祖父母，嫡孫爲士者。"《正義》祖父母適己見前，此疑大夫或降，故及之。傳曰："何以期也？大夫不敢降其祖與適也。"

楷案：此節與《禮》同，但祖爲適孫與父母爲適長子同，爲可異耳。

父母爲嫡長子，及嫡長子之妻，及衆子，及女在室，及子爲人後者。

《禮·斬衰三年章》"父爲長子"。注："不言適子，通上下也。亦言立適以長。"傳曰："何以三年也？正體於上，又乃將所傳重也。注：'此言爲父後者，然後爲長子三年，重其當先祖之正體，又以其將代己爲宗廟主也。'庶子不得爲長子三年，不繼祖也。"注："庶子者，爲父後者之弟也，言庶者，遠別之也。《小記》曰：'不繼祖與禰'〔……〕容祖、禰共廟。"案：《大傳》[1]："庶子不得爲長子三年，不繼祖也。"與《喪服傳》同。《小記》[2]："庶子不爲長子斬，不繼祖與禰故也。"譙氏周云：不繼祖與禰者，謂其"身不繼禰，故其長子爲不繼祖。"其說最明。吳氏廷華云："馬融主戴聖、聞人通漢'五世之適'說，舍子而言曾孫，既與經義不符，〔鄭氏以爲，不必五世是也，〕賈（孔）〔公彥〕因注'不必五世'說，《小記》注：'尊先祖之正體，不貳其統也。言'不繼祖禰'，則長子不必五世。'遂舉賀

---

① 校按：指《禮記·大傳》。
② 校按：指《禮記·喪服小記》。

循、虞喜、庾蔚之四世之說證之〔……〕又舍子而言孫，〔其〕①失與馬等。"盛氏世佐云："子爲父母三年，父母爲子期，服之正也。爲長子三年，以其承祖之重而加隆焉爾〔……〕庶子不得祭，即不得爲長子三年，以其無重可傳也〔……〕雖繼禰之宗亦得爲長子三年〔者〕，（以）身既繼禰，即得主禰廟之祭，是（以）〔亦〕有傳重之道故也。《小記》（所）②謂'不繼祖與禰'者，亦謂庶子不繼禰，而庶子之長子不繼祖耳。"秦氏蕙田云："尊祖，故敬宗。繼祖之嫡尊祖也，繼禰之嫡敬宗也。《小記》實補經之未備，非別有義也。"③《朱子文集》：問："大宗之禮廢，〔無適子之法，而子各得以爲後，則〕長子少子當爲不異，庶子不得爲長子三年不必然〔也〕，父爲長子三年〔者〕亦不可以適庶子論？"曰："宗子雖未能立，然服制自當從古，是亦愛禮存羊之意，不可妄有改易也。如漢時宗子法已廢，然其詔令猶云'賜民當爲父後者爵一級'，是此禮意猶在也。豈可謂宗法廢而（眾人）〔諸子〕④皆得爲父後乎？"此條疏父爲嫡長子。

《禮·齊衰三年章》"母爲長子"。傳曰："何以三年也？父之所不降，母亦不敢降也。"雷氏云："以父況母，明父猶屈體，母宜無嫌。""或疑父在子爲母期，而母爲長子三年"，"婦爲舅姑期，而爲長子三年"，得無重與？李氏云：母爲三年，"自爲服祖禰之正體，無厭屈之義"。⑤方氏苞云："婦爲舅姑期，（則）〔其〕情適至是而止〔……〕長子死，家之大變，先祖之正體摧"，"故與夫同其戚"。⑥萬氏斯大云："此母專指宗子之妻，非凡爲母者皆爲長子三年也〔……〕⑦庶子不得爲長子三年〔……〕庶子之妻，其服長子也亦從夫而殺矣。"此條疏母爲嫡長子。

《禮·大功章》"適婦"。黃氏榦云：適婦〔無所指（斥），明關（之）⑧天子諸侯"。案《服問》："君所主"。有適婦既爲喪主。其亦大功可知。傳曰："何以大功也？不降其適也。"陳氏銓云："婦爲舅姑服期，舅姑爲婦宜服大功，而庶婦小功者，以尊降之。此爲婦大功，故〔傳〕釋（云）⑨不降。"《小記》⑩："適婦不爲舅後者，則姑爲之小功。"唐貞觀十四年魏徵等奏："適子婦舊服大功，請加爲期。眾子婦舊服小功，今請與兄弟子婦同爲大功。"從之。黃氏榦云："今加適婦爲期""非輕重降殺之義。"沈氏彤云："若舅姑以重適婦之故升大功〔而〕

---

① 《儀禮章句》卷 11，四庫全書本第 109-402（6a-6b）頁。
② 《儀禮集編》卷 22，第 111-56（47b）–111-57（48a）頁。
③ 《五禮通考》卷 252，第 142-221（29b）頁。
④ 《晦庵先生朱文公集》卷 63，載《朱子全書》第 23 冊，第 3053 頁。
⑤ 《儀禮集釋》卷 17，第 103-309（19b）頁。
⑥ 分見《儀禮析疑》卷 11，第 109-174（34a-34b）；第 109-162（10a）頁。
⑦ 《儀禮商》卷 2，第 108-272（7a-7b）頁。
⑧ 《儀禮經傳通解續》卷 16 上，第 132-198（15a-15b）頁；《續通典》卷 75，第 1589 頁。
⑨ 《通典》卷 91，第 2491 頁。
⑩ 校按：指《禮記·喪服小記》。

爲期，〔豈適〕子亦可以重適妻之故升期而爲三年邪？故適子爲適妻期，則舅姑之從服不得不降而大功，爲適婦大功，則庶婦不得不降而小功，此〔皆制服〕自然之〔條〕理，無可增加〔……〕①魏公之誤由不詳考禮文故爾。"此條疏嫡長子之妻。

《禮·齊衰不杖期》"爲衆子"。注："衆子者，長子之弟及妾、女子子在室者亦如之。士謂之衆子，未能遠別也。大夫則謂之爲庶子，降之爲大功。天子、國君不服之。《內則》曰：'冢子未食而見，必執其右手，適、庶子已食而見，必循其首。'"案：《內則》注："此適子謂世子弟也。"胡氏培翬云："長子、衆子與適子、庶子名異實同，凡言長子者，〔則〕不獨長子之弟爲衆子，妾子亦爲衆子。言適子，〔則〕不獨妾子爲庶子，〔而〕②適子之同母弟亦爲庶子。"此條疏衆子。

《禮》無父母爲女子子在室之文。鄭氏謂包於衆子之中。雷氏云："經於（世）〔伯〕叔父（下）無姑〔文，於〕昆弟下無姊妹〔文，於〕衆子下無女子子〔文者〕，以未成人則爲殤，已成人則當出，故皆不見〔於此〕。"③非也。鄭謂是省文之例，故於條下補之。又女子子無主者，詳下姑姊妹條下。此條疏女在室。

《禮·齊衰不杖期章》"爲人後者爲其父母報"。王氏肅云："凡服不報，以適尊降也。既出爲大宗後，其父母不得服以加也，故不以出降而報之。"雷氏次宗云："據無所厭屈則期爲輕。言報者，明子於彼則名判於此，故推之於無尊，遠之以報服。女雖受族於人，猶（存）〔在〕④父子之名，故得加尊而降之。"案：喪服經記言報者十二，無降殺之差。顧氏炎武云："〔爲人後者爲其父母〕⑤報，謂所生之父母報之，亦爲之服期也，重其繼大宗也，故不以出降。"《欽定義疏》："不杖期而報，世叔父母與昆弟〔之〕⑥子相爲之服也。稱情以立名，緣名以制服。程朱之言，萬世人倫之準也。"程子曰："既〔是〕爲人後，便須將所後〔者〕⑦呼之以爲父、以爲母，不如是則不正也。"《朱子語（錄）〔類〕》："〔亞夫〕問'濮議'。曰：'〔歐公說不是，韓公曾公亮和之。〕⑧溫公王珪議是'。"此條疏爲人後者。

楷案：此節以斬衰三年、父爲長子。齊衰三年、母爲長子。三不杖期、衆子、女在室、子爲人後者。大功，適婦。混而爲一。

又案：此節有不解者五：父母爲長子斬、齊各三年，禮也。今父母同不杖期，

---

① 《儀禮小疏》卷4，第109-951（28a）頁。
② 《儀禮正義》卷22，第385（18a）頁。
③ 《通典》卷90，第2465頁。
④ 《通典》卷90，第2465頁。
⑤ 《日知錄集釋》卷5，第197頁。
⑥ 《欽定儀禮義疏》卷23，第106-779（35b）頁。
⑦ 《河南程氏遺書》卷第二下，載《二程集》，第47頁。
⑧ 《朱子語類》卷127，第3045頁。

不解一；既降長子矣，而適孫不降，不解二；長子之妻反由大功加而爲期，不解三；長子與長子之妻既無別矣，而衆子與衆子婦又不同，不解四；衆子及女在室之期，與子爲人後之期服例各別，混而同之，不解五也。

繼母爲長子、衆子。

《禮》無明文。戴氏德云：繼母爲長子亦三年。[1]楷案：繼母如母，爲長子亦三年，則爲衆子亦期。

《禮·斬衰章》"父爲長子"，以別於母爲長子故也，《不杖期章》但云"爲衆子"，則父母同。

楷案：此節以齊衰三年與不杖期混而爲一。

前夫之子從繼母改嫁於人，爲改嫁繼母。

《禮·齊衰杖期章》"父卒，繼母嫁，從，爲之服，報"。傳曰："何以期也？貴終也。"注云："嘗爲母子，貴終其恩。"王氏肅云："從乎繼（母）[2]而寄育，則爲服；不從，則不服"也。服則報，不服則不報。疏以"從爲之服"爲句，從鄭義。敖氏繼公、郝氏敬、顧氏炎武皆於"從"字斷句，用王說。案：王說是也。盛氏世佐云："繼母本非屬毛離裏之親，又改嫁，與父絕族，乃令前妻之子之自居其室者，〔亦皆〕舍其宗廟祭祀而爲之服，此於情爲不稱，而揆之於理亦有所（不）〔未〕順〔者矣〕。唯從繼母〔而〕嫁者〔則〕爲之服，以〔其〕[3]有撫育之恩故也。"秦氏蕙田云："貴終，貴繼母之嫁而能終（母子）〔撫字〕之恩〔也〕，[4]非嘗爲母子之說也。"得之矣！

又案：《通典》載崔凱以"'出妻之子爲母'及'父卒，繼母嫁，從爲之服，〔報'，此），皆爲庶子耳，爲父後〔皆〕[5]者不服也"。姜氏兆錫云："出妻之子爲父後者〔則爲出母〕無服"，謂父卒而爲祭主，不可服與廟絕之母。[6]《小記》[7]云："無服也者，喪者不祭故也。"如此則父卒母嫁，爲父後者無服亦不待言，豈繼母嫁反隆於其母乎？

姪爲伯叔父母，及姑、姊妹之在室者。

《禮·不杖期章》"世父母、叔父母"。傳曰："世父、叔父何以期也？與尊者

---

① 參見《通典》卷 89，第 2440 頁。
② 《通典》卷 89，第 2452 頁。
③ 《儀禮集編》卷 23，第 111-96（20b-21a）頁。
④ 《五禮通考》卷 253，第 142-243（30b）頁。
⑤ 《通典》卷 94，第 2549 頁。
⑥ 原文作："謂父沒適子承重爲祭主，不合爲出母服以廢廟祭也。"參見氏著《儀禮經傳外編》卷 1，第 617（23a）頁。
⑦ 校按：指《禮記·喪服小記》。

一體也。馬氏云："與父一體。"陳氏銓云："尊者，父也，所謂昆弟一體也。"李氏云："五（服）〔屬〕之（屬）〔服〕，同父者期，同祖者大功，〔同曾祖者小功，〕①同高祖者緦。世父、叔父與己同出於祖，應服大功，以其與父爲一體，故進而服期。"郝氏敬、盛氏世佐兼祖若父言之，亦通。然則昆弟之子何以亦期也？旁尊也，不足以加尊焉，故報之也。張氏爾岐云："以其爲旁尊〔不足以加尊於人，故爲昆弟之子亦〕如其服以報之，若祖之正尊則孫爲祖期，而祖但爲〔孫〕②大功。"父子一體也，夫妻一體也，昆弟一體也。故父子，首足也；夫妻，胖合也；昆弟，四體也。馬氏云："言一體者還是至親，因父加於世叔，故云昆弟一體。因世叔加於世叔母，故云夫妻一體也。"胡氏培翬云："三者並言而意主於昆弟，故下專言昆弟以見父與世叔父一體。"③故昆弟之義無分，然而有分者，則辟子之私也。子不私其父，則不成爲子，故有東宮，有西宮，有南宮，有北宮。《內則》："（凡）〔由〕④命士以上，父子皆異宮。"張子曰："古之人曲盡人情，（若）〔必也〕同宮，有伯父、叔父，則爲子者何以獨厚於其父？爲父者又（焉）〔烏〕⑤得而當之？"異（宮）〔居〕⑥而同財，有餘則歸之宗，不足則資之宗。盛氏世佐云："支子之私財，支庶之贏餘匱乏，皆宗子總攬其大綱，而爲之裒益於其間。故宗法立而天下無貧富不（均）〔平〕⑦之患矣。"世母、叔母何以亦期也？以名服也。"張氏爾岐云："二母本是路人，以胖合於世叔父，故有母名，因而服。"⑧高氏愈云："世母、叔母原其始而言，則塗人也，以其來配世父、叔父而服亦同之。初無降殺何也？蓋人之死喪無常，有不幸而遺其孤子孤女者，非世母、叔母爲之殷勤（養）〔教〕育，必不能成立；而其世母、叔母之老寡無子者非依其兄弟之子，則亦莫之〔相〕養而（莫）〔相〕葬也。苟不重其服制，則將視如路人，而幼孤老寡之人其顛連而失所者必多矣。是故先王引而近之，非母也，而以爲世母、叔母，非子也，而以爲猶子，欲其顧名思義〔使之彼此相收恤〕而無〔顛連〕⑨無告之患也。於以厚斯民而善風俗，豈細故哉？！"此條疏伯叔父母。

《禮·不杖期章》"世父母、叔父母"。注："爲姑〔姊妹〕⑩在室，亦如之。"昆弟注："爲姊妹在室亦如之。"又"姑、姊妹、女子子適人無主者，姑、姊妹報"。《欽定義疏》："女子子適人無主者，父爲之期，而彼不爲父斬者，彼已爲夫斬故也。

---

① 《儀禮集釋》卷17，第103-313（26a）頁。
② 《儀禮鄭注句讀》卷11，第50-883（14a）頁。
③ 《儀禮正義》卷22，第383（13a）頁。
④ 《禮記訓纂》卷12，第417頁。
⑤ 《張載集》，第378頁。
⑥ 《儀禮注疏》卷30，第573頁。
⑦ 《儀禮集編》卷23，第111-101（31a）頁。
⑧ 《儀禮鄭注句讀》卷11，第50-883（14a）頁。
⑨ 《五禮通考》卷254，第142-245（3a-3b）頁。校按："厚斯民"該本作"厚期民"，似誤；故仍蔣氏之文。
⑩ 《儀禮注疏》卷30，第573頁；十三經注疏影印本（以下稱"影印本"，不另注明者同）第1105頁。

父母之於女，服可加者仁之通；女之於父母，服不可加者義之限也。服過於期則疑於見出而去夫之室者矣。然則於姪與昆弟何以報也？期其本服〔也〕，^①憐我而厚我，不可以徒受也。"傳曰："無主者，謂其無祭主者也。何以期也？（謂）〔爲〕其無祭主故也。"注："無主後者，人之所哀憐，不忍降之。"疏云："無主有二，謂喪主、祭主。傳不言喪主者，喪有無後，無無主〔者〕^②"。案：《雜記》："姑姊妹，其夫死，而夫黨無兄弟，使夫之族人主喪。妻之黨，雖親弗主。夫若無族矣，則前後家、東西（鄰）〔家〕。^③無有，則里尹主之。"此疏說所本。此條疏姑姊妹之在室者。

爲己之親兄弟，及親兄弟之子女在室者。

《禮·不杖期章》"昆弟"。戴氏震云，《儀禮》："兄弟與昆弟異〔義〕。"^④傳曰："小功以下爲兄弟。"《爾雅》："母與妻之黨爲兄弟"。又曰："婦之黨爲婚兄弟，婿之黨爲姻兄弟。"臧氏庸云，《喪服》"昆弟之文凡三十有八，皆一本之誼〔也〕"。^⑤《禮》又曰："大夫之庶子爲適昆弟。"傳曰："何以期也？父之所不降，子亦不敢降也。"注："大夫雖尊，不敢降其適，重之也。適子爲庶昆弟，庶昆弟相爲，亦如大夫爲之。"《欽定義疏》："此服亦通上下。天子諸侯爲長子服斬，則天子諸侯之庶子於適昆弟亦服〔其〕^⑥本服可知。"此條疏己之親兄弟。

《禮·不杖期章》"昆弟之子"。陳氏銓云："男女同。"敖氏繼公云："其女子子在室者亦如之。"傳曰："何以期也？報之也。"注："《檀弓》曰：'喪服，兄弟之子猶子也。'蓋引而進之。"盛氏世佐云："爲子期，則爲昆弟之子當大功。今乃同之於子者，以其爲己服期，故亦以是報之。"《檀弓》說又自一義。案：疏稱"昆弟、衆子、昆弟之子皆不發傳"，胡氏疑傳曰九字爲衍文^⑦是也。此條疏親兄弟之子、女在室者。

孫爲祖父母，孫女在室、出嫁同。

《禮·不杖期章》"祖父母"。傳曰："何以期也？至尊也。"朱子曰："父母本是期，加成三年。祖父母、世父母、叔父母，本是大功，加成期。其〔……〕^⑧從祖、伯父母、叔父母小功者，乃正服之不加者耳。"案：朱子之說蓋本《三年問》。郝氏云："祖父母之親不及父母，而論分則父所尊也，〔父所尊〕故亦曰至尊。"又云："此有父在之正禮〔……〕禮各舉其正者，斬衰首父，齊衰首母，不杖期首祖

① 《欽定儀禮義疏》卷23，第106-788（53a-53b）頁。
② 《儀禮注疏》卷31，第584-585頁；影印本第1109頁。
③ 《禮記訓纂》卷21，第645頁。
④ 《東原文集》卷9，《與任孝廉幼植書》，載《戴震全書》第6冊，第367頁。
⑤ 《拜經堂文集》卷1，第24頁。
⑥ 《欽定儀禮義疏》卷23，第106-777（30a-30b）頁。
⑦ 《儀禮正義》卷22，第385（18a-18b）頁。
⑧ 《朱子語類》卷85，載《朱子全書》第2200頁。

〔父〕母。舉其正，而凡不備者皆可（類）〔義〕①推"。汪氏琬云："〔或問：〕《禮》與《律》有繼母〔而〕無繼祖母〔之文，然則繼祖母不當服與？曰：非也。〕②言祖母則繼祖母統其中。"《欽定義疏》："若庶祖母則無服，妾母不世祭"③也。《禮》又曰："女子子爲祖父母。"傳曰："何以期也？不敢降其祖也。"注："經似在室，傳似已嫁，明雖有出道，猶不降。"馬氏云："不言女孫言女子子者，婦質者親親，故繫父言之，出入服同。"沈氏彤云："（案）〔察〕傳意，經〔'女子子'下當〕（似）④脫'適人者'三字"，是也。《不杖期章》之例多兼男女言，"女子子在室"已包於上文'祖父母'中。"徐氏乾學亦云："此（傳）〔條專〕指出嫁者〔而〕⑤言。"

爲人後者，爲其本生父母。

《禮·不杖期章》"爲人後者爲其父母報"。傳曰："何以期也？不貳斬也。何以不貳斬也？持重於大宗者降其小宗也。"疏問雖兼母，答專據父，故以斬而言。敖氏繼公云："爲父固當斬衰，然父不可二，斬不並行。既爲所後之父斬，則於所生之父不得不降而爲期。"張子曰："爲人後者爲其父母，不論其族遠近，並以期服服之。"華氏學泉云："人子不得已而爲人後，降其親一等以伸所後之尊〔足矣〕，⑥不容計所後之親疏遠近而異其服也。其所以必降其親者何也？隆於所後也。其所以不計其親疏者何也？隆於所後亦不得薄於所生也。"黃氏震云："未爲人〔之〕後（之時），以生我者爲父母；已爲人後，（則）⑦以命我者爲父母。"顧氏炎武云："爲人後者爲其父母，此臨文之不得不然。《隋書·劉子翊傳》'其'者，因彼之辭，是也"。"觀先朝嘉靖之事，至於入廟稱宗，而後知聖人制禮，別嫌明微之至也。"《欽定義疏》："朱子謂所後父與〔所〕生父並在，不可並稱爲父。此猶爲大夫士言之，若爲天子諸侯後者，則於君前當名其所生父矣，伯叔父且不可稱也，而況稱父乎？"⑧傳又曰："爲人後〔者〕⑨孰後？後大宗也。曷爲後大宗？大宗者，尊之統也。禽獸知母而不知父，野人曰：父母何算焉！都邑之士則知尊禰矣。大夫及學士則知尊祖矣。諸侯及其大祖，天子及其始祖之所自出，尊者尊統上，卑者尊統下。大宗者，尊之統也，大宗者，收族者也，不可以絕，故族人以支子後大宗也，適子不得後大宗。"注："都邑之士，則知尊禰，近政化也。大祖，始封之君，始祖者，感神靈而生，若稷、契也。自，由也。及始祖之所由出，謂祭

---

① 《儀禮節解》卷 11，續修四庫全書第 85 册（下同），第 698（14b-15a）頁。
② 《堯峰文鈔》卷 7，第 1315-259（11a）頁。
③ 《欽定儀禮義疏》卷 23，第 106-772（20a）頁。
④ 《儀禮小疏》卷 4，第 109-942（10b）頁。
⑤ 《讀禮通考》卷 10，第 112-259（18b）頁。
⑥ 《儀禮正義》卷 22，第 386（20b）- 387（21a）頁。
⑦ 《黃氏日鈔》卷 61，第 708-529（45b）頁。
⑧ 《欽定儀禮義疏》卷 23，第 106-780（36b）頁。
⑨ 《儀禮注疏》卷 30，第 578 頁。

天地也。上猶遠也，下猶近也。收族者，謂別親疏、序昭穆。《大傳》曰：繫之以姓而弗別，綴之以食而弗殊，雖百世而婚姻不通者，周道然也。"疏："何休云：'小宗無後當絕。'"故知後大宗。秦氏蕙田云："適子不得後大宗。"蓋以申言支子爲後之義，並非謂大宗可絕也。

女出嫁，爲父母。

《禮·不杖期章》"女子子適人者，爲其父母"。傳曰："爲父何以期也？疏："經兼言父母，傳特問父不問母者，家無二尊，故父在爲母期，今出嫁仍期，但不杖禫而已，未多懸絕，故不問。"婦人不貳斬也。婦人不貳斬者何也？婦人有三從之義，無專用之道，故未嫁從父、既嫁從夫、夫死從子。故父者，子之天也；夫者，妻之天也。婦人不貳斬者，猶曰不貳天也。婦人不能貳尊也。"李氏如圭云：《(雜)〔小〕記》[1]"與諸侯爲兄弟者服斬"，自主男子言之。"婦人不貳斬何義，而以斬服服君乎？"《欽定義疏》："李氏所辨最（晰）〔析〕，[2]且不獨內宗，外宗即王姬之已降者亦然也。曰'敢以輕服服至尊乎'，大功以下爲輕，齊衰則猶重也。既嫁天夫，父不奪之，君豈奪之乎？"

《禮·齊衰不杖期章》"公妾以及士妾爲其父母"。傳曰："何以期也？妾不得體君，得爲其父母遂也。"注："然則女君有以尊降其父母者與？《春秋》之義，'雖爲天王后，猶曰吾季姜'。是言子尊不加於父母。此傳似誤矣。禮，妾從女君而服其黨服，是嫌不自服其父母，故以明之。"鄭氏珍云："女爲后夫人，雖得體君，而不敢以其尊加於父母，稍降其服；爲公妾以及士妾，雖不得體君，而不得以其賤損於父母，不遂其服。所謂'父母之喪，無貴賤一也'。傳本不誤，注意以上經'公妾、大夫之妾爲其子'。傳曰：'妾不得體君，爲其子得遂。'則夫人與大夫之妻爲其子不遂而降者，皆以體君故也。因以之例此傳不體君者得遂，即體君者不得遂，是后夫人當以尊降父母而傳不可通矣。不計兩經之旨，其文雖同，其意非一。妾之爲私親，各如其服，皆是爲不得體君。傳解此經，舍此更難措詞。止如此釋，則妾服私親之通例見，即'父母服無貴賤'之皆然，以及注'嫌不自服其父母'之意並見，言非一端，事各有當，其此傳之謂乎？"[3]

女在室，及雖適人而無夫與子者，爲其兄弟、姊妹，及姪與姪女在室者。

《禮·不杖期章》"昆弟"。注："爲姊妹在室亦如之。""昆弟之子。"敖繼公云："其女子子之在室者亦如之"。[4]其"雖適人而無夫與子者，爲其兄弟姊妹及姪與姪女在室者"即經"姑、姊妹〔、女子子〕[5]適人無主者，姑、姊妹"之報服。

---

① 《儀禮集釋》卷18，第103-332（22a）頁。
② 《欽定儀禮義疏》卷23，第106-786（48a）頁。
③ 《儀禮私箋》卷5，第305（18a-18b）頁；全集本第139-140頁。
④ 《儀禮集說》卷11，摛藻堂本第50-374（33b）頁；點校本第632頁。
⑤ 《儀禮注疏》卷31，第584頁。

女適人，爲兄弟之爲父後者。

《禮·不杖期章》“女子子適人〔者〕，爲其父母、昆弟之爲父後者”。父母見上。

張氏爾岐云：“出嫁之女爲本宗期者三：父一、母一、昆弟爲父後者一。”①鄭氏珍云：“女子適人，不〔敢〕降〔其〕祖，尚有祖父一、祖母一，〔是〕爲本宗期（者）〔服凡〕②五。”傳曰：“爲昆弟之爲父後者何以亦期也？婦人雖在外，必有歸宗。曰小宗，故服期也。”注：“歸宗者，父雖卒，猶自歸宗，其爲父後持重者，不自絕於其族類也。曰小宗者，言是乃小宗也。小宗明非一也，小宗有四。丈夫婦人之爲小宗，各如其親之服，避大宗。”盛氏世佐云：“由繼禰之小宗推之，則繼祖以上之小宗及繼別之大宗，此女服之亦與在室者同。”③可知鄭氏珍云“經出其最初以例其餘”與盛氏說同。《義疏》謂：“不但非繼別之宗，〔亦〕④並非繼高、繼曾、繼祖之宗。”似誤。鄭氏珍云：“士大夫之妻時還母家，父母在曰歸甯〔，言歸省親安也〕；父母歿曰歸宗〔，言歸視宗事也。古者大夫、士禮不外婆，則其家之女自嫁於國中，〕當親歿後，其昆弟傳重者每薦歲〔時之〕事，既筮吉日宜戒及之，女因是以時歸宗，贊主婦所有事，而因與親屬存問焉〔……〕《特牲饋食》‘獻內兄弟於房中’。楷案：注：“內兄弟，內賓宗婦也。”又“內賓立於其北”“宗婦北堂”。注：“內賓，姑姊妹也。宗婦，（宗）〔族〕⑤人之婦。”《儀禮私箋》漏引。〔……〕《少牢饋食》“獻內賓於房中”（辨）〔辯〕楷案：《少牢饋食》無此文，《有司徹》“獻內賓於房中”，注：“內賓，姑姊妹及宗婦。”〔鄭注‘內兄弟，內賓，宗婦也’，‘內賓姑姊妹’也，〕內賓象衆賓，即（爲）〔謂〕此歸宗者，昆弟爲主人，姊妹來，賓之，故得歸宗之名。以此知〔凡〕女子親歿，〔苟〕非助奠其親，其還母家〔蓋〕亦少矣。〔此士大夫妻之法。〕至諸侯夫人，親歿之後，《鄭志》答趙商云：父母卒無歸宗之理。〔……〕此注〔‘猶自歸宗’〕及《齊衰三月章》注：‘婦人歸宗，往來猶民’。《鄭志》亦云：大夫之妻，有往來歸宗之義。既曰往來，則康成解歸宗明是如親在歸甯也。自敖氏謂：歸〔宗之〕云（者），若曰婦人（或）不安於夫家，必以此爲歸。然（也）〔有此妄說〕，後人因謂：〔古者，父母亡後，無歸寧之法，惟〕見出乃歸宗。所宗昆弟爲父後者若不在，即庶昆弟、昆弟之子亦不得歸。所謂有所取無所歸者，即夫亦不（去）〔出〕之。是直以歸宗爲被出而反。〔非出則父卒後無歸理〕矣。〔夫〕傳（曰）〔言〕：婦人在外，必有歸宗。〔必有者，必須有也〕，謂〔凡〕⑥婦人必須被出，是何語乎？！”

---

① 《儀禮鄭注句讀》卷11，第50-885（18a）頁。
② 《儀禮私箋》卷5，第298（4a）頁；全集本第127頁。
③ 《儀禮集編》卷23，第111-116（61b）頁。
④ 《欽定儀禮義疏》卷23，第106-786（48b）頁。
⑤ 《儀禮注疏》卷46，點校本第890頁。
⑥ 《儀禮私箋》卷5，第297（2b-3b）頁；全集本第126-127頁。

婦爲夫親兄弟之子，及女在室者。

《禮‧不杖期章》“夫之昆弟之子”。注：“男女皆是。”傳曰：“何以期也？報之也。”方氏苞云：“父在爲母期，而世母、叔母亦期。母爲衆子期，而夫之昆弟之子亦期。何也？恩之所難屬者，故重其義以維之。幼失父母，舍是無依也，縶而獨，舍是無（歸）〔依〕^①也。故非其母也而母之，所以責母之義也。非其子也而子之，所以責子之義也。”

妾爲家長之正妻。

《禮‧不杖期章》“妾爲女君”。《釋名》：“妾謂夫之嫡妻（爲）〔曰〕^②女君。”傳曰：“何以期也？妾之事女君，與婦之事舅姑等。”注：“女君於妾無服，報之則重，降之則嫌。”雷氏次宗云：“今抑妾使同婦，尊女君使同姑。女君於妾，不得同姑之降婦。據此則郝氏敬云：“既云妾事女君如婦事舅姑，則女君視妾，如舅姑視婦可知。舅姑於嫡婦大功、庶婦小功，女君於妾亦然”，^③已爲雷氏所論及，且妾亦無所謂嫡庶也。不降則應報，所以不報者，欲伸聖人抑妾之旨。據此則敖氏繼公云：“女君於妾不著其服者，親疏不同，則其服亦異〔故也。惟〕《緦（麻）章》〔見〕貴妾之服，〔彼〕蓋〔主於〕士也。若〔以〕士之妻〔言之〕，乃〔爲其〕無親者耳，〔若〕有親〔者〕^④則宜以出降一等者服之。”雖非爲之報，而或大功或小功、緦麻皆匹也。且同事一夫，亦不得以出降一等爲比。若復報之，則並后之誡，（意）〔竟〕^⑤無所徵。故報之則違抑妾之意，降之則有舅姑之嫌，據此則《義疏》所謂“降之何嫌”者，亦爲雷氏所論及。故使都無服，無重嫌之責。”其申鄭義允矣。鄭氏珍援敖氏、郝氏之說而以萬氏斯同或降嫡婦庶婦而緦，或從夫而貴妾緦之說爲協乎情，不知從服降一等仍無服也，已爲褚氏寅亮所駁矣。

妾爲家長父母。

《禮》無妾爲君之父母之服。傳曰：“妾爲君之黨服，得與女君同。”則亦不杖期也。案《律》，婦爲舅姑服斬，而妾猶服期。是妻未除服，妾先除服也，亦舛矣。

妾爲家長之長子、衆子，與其所生子。

記曰：妾爲“君之長子，惡笄有首，布總”。^⑥《喪服小記》：“妾爲君之長子，與女君同。”注：“不敢以恩輕，輕服君之正統。”此條疏妾爲家長之長子。

《禮‧大功章》“大夫之妾爲君之庶子；女子子嫁者、未嫁者，爲世父母、叔父母、姑、姊妹”。舊讀如此。傳曰：“嫁者，其嫁於大夫者也。未嫁者，成人而未嫁

---

① 《儀禮析疑》卷11，第109-164（14a）頁。
② 《釋名》卷3，《釋親屬》，文淵閣四庫全書本第221-398頁。
③ 《儀禮節解》卷11，第702（23a）頁。
④ 《儀禮集說》卷11上，摛藻堂本第50-379（42b）頁；點校本第639-640頁。
⑤ 據《通典》卷90，第2467頁及第2481頁校勘記〔一七〕，“意”訛，應爲“竟”。
⑥ 《儀禮注疏》卷34，第648頁。

者也。何以大功也？妾爲君之黨服，得與女君同。下言爲世父母、叔父母、姑、姊妹者，謂妾自服其私親也。"注："此不辭，即實爲妾遂自服其私親，當言其以見之。《齊衰三月章》曰：'女子子嫁者、未嫁者爲曾祖父母。'經與此同，足以明之矣。傳所云'何以大功？妾爲君之黨服得與女君同'，文爛在下爾。女子子成人者，有出道，降旁親，及將出者，明當及時也。"黃氏榦云："先師朱文公親書藁本，云傳先解嫁者、未嫁者，而後通以上文君之庶子，並以妾與女君同釋之，乃云下言爲世父母以下，而以自服私親釋之，文勢似不誤也。又批云：此一條舊讀正得傳意，但於經例不合；鄭注於經例合，但所改傳文似亦牽強。"[①]

楷案：敖氏好與鄭立異，此條鄭與傳立異，獨因之，蓋敖氏以《喪服傳》非子夏作也。郝氏敬云："此節文義甚明。鄭謂有錯簡，非也。彼以大夫之妾爲君庶子別爲一條，安得不疑爲錯簡乎？"[②]萬氏斯大云："此條言大夫之妾當服大功者，在君之家有君之庶子，（及）女子子嫁者、未嫁者；在私家有（其）世〔父母、〕叔父母、姑姊妹。經傳甚明，（而）鄭氏不從"其解，"非經誣傳，莫此爲甚。""大凡妾爲君黨之服，皆從乎女君"，但大夫之庶子父母降服大功，妾從女君而服，"此禮（甚）〔易〕明〔，不煩詞說〕。傳特恐人（之）疑於女（之）〔子子〕嫁者同於未嫁者，故特著〔之〕曰：'嫁〔者嫁〕於大夫者也'〔……〕明其〔……〕因尊同而不降也"。又特著曰"'未嫁者，（其）成人而未嫁者也'〔……〕明（其爲）〔惟〕成人，故大功，否則（又）當（降）爲殤服也〔……〕更恐疑於爲世〔父母〕、叔父母、姑、姊妹（何以）亦爲君黨之服〔也〕，又（特）著〔之〕曰'妾自服其私親也'〔……〕詞〔明〕（意）〔義顯〕[③]，有何可疑？！"而疑傳爲脫爛，故特正之。此論最爲明快。程氏瑤田云："成人未嫁者不爲殤，則其爲人服〔與〕人爲其服者皆得服正服。正服者，姑視世父母、叔父母，姊妹視昆弟，女子子視眾子，已不逆降旁親，人亦不逆降此未嫁者〔……〕然則經何爲不見正服〔也〕？案：《服例》姑、姊妹、女子子成人之服皆各與其昆弟同，〔故不見正服，然〕雖不見正服而見其殤服，殤服同其昆弟，明正服之亦同也。且殤服與其適人之服同〔月數〕，若無成人之服，是成人後〔人爲〕之服，〔但〕如（其）殤服〔月數，至適人之月數又如之，終其身爲之服殤之月數〕[④]而已，當不其然。"其駁鄭注"有出道，降旁親"之說尤悉。秦氏蕙田謂："下言"以下"廿一字當是注文"。[⑤]褚氏寅亮同。[⑥]程氏

---

① 《儀禮經傳通解續》卷 1，第 131-645（80a-80b）頁。
② 《儀禮節解》卷 11，第 710（38a-38b）頁。
③ 《儀禮商》卷 2，第 108-273-274（9b-11a）頁。
④ 《儀禮喪服文足徵記》卷 5，《大功章大夫之妾條從舊讀說》，第 195 頁；全集本第 291 頁。
⑤ 《五禮通考》卷 256，第 142-312（37a）頁。
⑥ 參見《儀禮管見》卷中之五，續修四庫全書第 442-443 頁。

初主此說，繼謂：推求"廿有餘年，覺舊讀可通，而此廿一字斷非鄭注，蓋於'此不辭'三字〔而〕①決之"。"此不辭"之云可指傳文，不得指舊讀。是秦氏、褚氏之說已爲程氏所不取。<small>此條疏妾爲家長之衆子。</small>

《禮·不杖期章》"公妾、大夫之妾爲其子"。傳曰："何以期也？妾不得體君，爲其子得遂也。"注："此言二妾不得從於女君尊降其子也。女君與君一體，惟爲長子三年，其餘以尊降之。與妾子同也。"雷氏曰："夫人與君同體，以尊降其子〔也〕。公子與君同體，以厭（降）其親〔也〕。②妾無夫人之尊，故不降其子；無公子之厭，故得遂其親也。"鄭惟據女君體君言，雷氏兼公子與君同體言，據《緦麻章》"庶子爲父後者爲其母"，傳曰："與尊者爲一體。"則不爲父後者不得云"與君同體"。賈疏："諸侯絶旁期，爲衆子無服，大夫降一等，爲衆子大功。其妻體（夫）〔君〕，皆從夫〔而〕降〔之。至於〕二妾賤，〔皆〕③不得體君，君不厭妾，故自爲其子得伸，遂而服期。"專依鄭義爲說。敖氏云："二妾於君之子，亦從乎其君〔而爲之〕④，其爲服，若不服，皆與女君同，惟爲其子得遂。"亦可補鄭所未及。<small>此條疏妾爲其所生子。</small>

楷案：此節以齊衰三年、<small>爲家長之長子。</small>大功、<small>爲家長之衆子。</small>不杖期、<small>爲其所生子。</small>混而爲一。

爲同居繼父，而兩無大功以上親者。

《禮·不杖期章》"繼父同居者"。傳曰："何以期也？"傳曰："夫死，妻稺，<small>注："謂年未滿五十。"《義疏》云："言其極耳，其實未滿二十、三十、四十者並賅焉。"</small>子幼，<small>注："謂年十五以下。"</small>子無大功之親，<small>注："謂（無）同財者也。"</small>與之適人。而所適者，亦無大功之親，所適者以其貨財爲之築宮廟，歲時使之祀焉。<small>注："爲之築宮廟於家門之外，神不歆非族。"</small>妻不敢與焉。<small>注："恩雖至親，族已絶矣，夫不可二。"</small>若是，則繼父之道也。同居則服齊衰期，異居則服齊衰三月。必嘗同居，然後爲異居。未嘗同居，則不爲異居。"<small>注："此以恩服爾，未嘗同居，則不服之。"</small>

楷案：傳說備矣。疏云："《郊特牲》云：'夫死不嫁''終身不改'。〔……〕彼不嫁者，自是貞女〔守志，而〕（亦）有嫁者，雖不如不嫁，（而）⑤聖人許之。"郝氏敬云："《喪服》有繼父叔季委巷之禮，非古聖經制"⑥，非也。盛氏世佐詆其

---

① 《儀禮喪服文足徵記》卷5，《鄭君改讀章句表》，第198頁；全集本第296頁。
② 《通典》卷90，第2468頁。
③ 《儀禮注疏》卷31，第587頁。
④ 《儀禮集說》卷11上，摛藻堂本第50-379（43b）頁；點校本第640頁。
⑤ 《儀禮注疏》卷31，第583頁。
⑥ 《儀禮節解》卷11，第701（21b）頁；《儀禮集編》卷23，第111-117（62a）頁。

不知禮意，是矣。顧氏炎武云："雖三王之世，不能使天下無孤寡之人，亦不〔能〕使天下無再適人之婦，且有前後家東西家而爲喪主者矣。假令婦年尚少，夫死，而有三五歲之子〔……〕又無大功之親，而不許之從其嫁母，則轉於溝壑而已。於是其母所嫁之夫，視之如子而撫之，以至於成人，此子之於若人〔也名之爲何？〕不得不稱爲繼父矣〔……〕[①]以其撫育之恩次於生我也。"華氏學泉云："〔是則〕有繼父之道〔矣〕，聖人固許之爲父子矣。許〔之〕爲父子，而後天下之爲繼父者能盡其心以相恤。〔亦惟命〕（許）之爲父子，而後天下之待繼父者不背其恩以相棄。使所適者〔幸而〕他日有子，則（若）〔此〕子歸其本宗，而爲異居繼父，〔仍不敢忘其前日之恩，爲制齊衰三月之服以報之；〕若〔不幸而〕所適者終於無子，則以恩相終始，而爲同居繼父，〔生則爲之養，死則爲之齊衰期。此亦情之所不容諉，義之無可辭者也。然必妻穉子幼，無大功之親，而後許之適人。非是不得藉口以適人矣。必所適者以〕其〔貨財爲之築宮廟以存其先祀，而後謂之繼父。非是不得託名於繼父矣。必兩無大功之親，同財而祭其祖禰而後謂之同居繼父，非是不得比恩於同居矣。且其所以必爲之築宮廟於家門之外者，神不歆非族，而不敢以非禮瀆也。其所以妻不敢與焉者，婦人不二夫，而不敢以非禮干也。其〕所以專舉築〔宮〕廟葴祀爲繼父之道者，恩莫隆於崇其先，（義）〔誼〕莫重於尊其祖，而不敢以私恩混〔焉〕〔也〕。此禮之作，所謂仁至義盡，非聖人莫之能定者也。俗儒（不知推求聖人之制，顧）謂周立宗子之法以收族，安有顛連而入繼父之家者！〔疑其非周公之舊。〕夫宗子之法，（所以仁一世也，）〔窮鄉庶姓或有不能及且恐〕（然其）法〔久〕不能不廢，故〔制〕繼父之服以通人道之窮。〔禮之作，合經權，常變〕（所）以〔垂〕（仁）〔則於〕萬世（也），〔而豈拘拘守一法以爲盡善，而不爲法外之慮哉？！〕。"[②]《欽定義疏》："《小記》'有主後者爲異居'，謂繼父他年自有子者也，然則爲之服者，不獨以其恩，亦憐其無主。彼若有（子）〔主〕[③]，則此之情殺矣。合《小記》觀之尤備。"

齊衰五月

曾孫爲曾祖父，曾孫女同。

《禮·齊衰三月章》"曾祖父母"。沈氏括云："《喪服》但有曾祖〔齊衰六月，遠〕曾（孫）〔緦麻三月〕，而無高祖玄孫〔服……〕曾，重也。由祖而上〔者〕，皆曾祖也，由孫而下〔者〕，皆曾孫也，〔雖

---

① 《日知錄集釋》卷 5，第 197 頁。
② 《儀禮正義》卷 22，第 390-391（28b-29b）頁。
③ 《欽定儀禮義疏》卷 23，第 106-787（51a-51b）頁。

百世可也。）苟有相逮者，則必爲（之）①服喪三月。"傳曰："何以齊衰三月也？小功者，兄弟之服也，不敢以兄弟之服服至尊也。"注："正言小功者，服之數盡於五，則高祖宜緦麻，曾祖宜小功也。疏：三年，問云："至親以期斷。"又云："何以三年也？曰：加隆焉爾也，〔焉使倍之，故再期也。〕是本爲父母（期，）加隆至三年。"若"謂爲父（母）期，（則）爲祖宜大功，曾祖宜小功，高祖宜緦麻。"據祖期，則曾祖〔宜〕②大功，高祖宜小功也。疏：若"爲父加隆三年，（則）爲祖宜期，曾祖宜大功，高祖宜小功。"高祖、曾祖皆有小功之差，則曾孫、玄孫爲之服同也，重其衰麻，尊尊也。減其日月，恩殺也。"王氏肅云："祖父期，則曾祖大功，而傳以小功爲說者，服本以期爲正，父則倍之，故再期。祖亦如焉，故服期。曾祖（服）〔恩〕輕，加所不及，正當小功，故傳〔曰〕以小功言之耳。傳言小功者兄弟之服，是據祖父而言也。從祖祖父、從祖父、從祖昆弟，此三者〔其親〕皆從祖父而來也，而己皆爲之小功。從祖昆弟同與己爲（昆）〔兄〕弟之族，而從祖父與己父爲從父（昆）〔兄〕弟者也，從祖祖父則與己祖父爲（昆）〔兄〕③弟，故曰小功者兄弟之服也。不敢以祖父兄弟小功之服服祖父之尊者，故曰不敢以兄弟之服服至尊。"王氏之說據祖父而言甚爲有理。徐氏乾學據"傳文三'服'字"，謂"指小功衰裳之服"，"非指小功五月之期"。④亦泥矣。經又云："曾祖父母爲士者，如衆人。"傳曰："何以齊衰三月也？大夫不敢降其祖也。"此明不以尊降也。又云："女子子嫁者、未嫁者爲曾祖父母。"傳曰："嫁者，其嫁於大夫者也。未嫁者，其成人而未嫁者也。何以服齊衰三月？不敢降其祖也。"此明不以出降言嫁者，與未嫁同也。鄭氏逆降之說，先儒多疑之，今不取。

楷案：此節以齊衰三月爲齊衰五月，自唐貞觀十四年始。

齊衰三月

玄孫爲高祖父母，玄孫女同。

《禮》無爲高祖之服。袁氏準云："祖期則曾祖大功，高祖小功，而（《禮》）云三月者，通遠祖之言也。今有彭祖之壽，無名之祖存焉。《爾雅》有來孫、雲孫、仍孫、昆孫，有相及者故也。十代之祖〔在堂，則〕⑤不可以無服也。郯子曰：'我高祖少皞摯之立也。'非五代祖也。蒯瞶禱康叔，自稱曾孫，非四代之曾孫。然則

---

① 《夢溪筆談》卷 3，第 862-719（3a-3b）頁。
② 《儀禮注疏》卷 31，第 595 頁。
③ 《通典》卷 90，第 2474 頁。
④ 《讀禮通考》卷 11，第 112-282（24b）頁。
⑤ 《通典》卷 90，第 2474-2475 頁。

高遠也無名之祖，希及之矣，故不復分別，而重言之也。"沈氏括云："高祖〔遠孫〕（之）服，先儒皆〔以〕謂〔服〕同曾祖〔曾孫〕[1]，故不言可推而知。"《朱子語類》："沈存中說，喪服中，〔曾祖〕齊衰服，曾祖以上皆謂之曾祖，恐是如此。如此，則皆合有齊衰三月服。看來高祖死，豈有不爲服之理？"存中又云："齊衰三月，不特四世祖爲然，自四世以上，凡（逮）〔建〕事（者），皆當服（曾祖）〔衰麻三月，高祖〕[2]蓋通稱爾。"顧氏炎武本之，謂："服至五世而窮，苟六世而相見焉，其服不異於曾祖。"華氏學泉云："齊衰三月，爲尊者之服也，故臣爲舊君則服，庶人爲國君則服，大夫士爲宗子宗婦則服，以是爲尊尊之服，不可有所隆替，故高曾同服也〔……〕貞觀間更定爲〔曾祖齊衰〕五月，〔高祖齊衰〕三月，例以小功緦麻之月數，〔而高曾祖之服亦以次而降殺，〕[3]非制禮之初意矣。"

爲同居繼父，而兩有大功以上親者。

《禮·齊衰三月章》"繼父不同居者"。案：此即《不杖期章》傳云："必嘗同居，然後爲異居。未嘗同居，則不爲異居"也。兩無大功之親亦見不杖期傳。鄭氏珍云："孩幼父死，內無期功之親〔可相倚活〕，至於從母適人，其宗祀危極矣。而爲繼父者，視之如己生，至爲築廟，使承其先人之祀，是此子無父而有父，此宗瀕危而不危，恩莫逾於此。故聖人制服，以爲如此繼父，即父之於子不過是焉耳！然徑如子服之，兩父也，瀆倫也，又不可。齊衰期，三年之次也，其現與之居者歟，是尚未別居也，服從之。若向與之居者歟，是現與別居也，而亦期，無等也，又不可。齊衰三月，期之次也，服之以此，此服之輕重所由分也。而傳必曰'子無大功之親'者，所以明與母適人之故〔……傳又〕必（又）[4]曰'所適亦無大功之親'者，所以明以財築廟之故。〔……〕陳銓〔復〕申之云：'子有大功，不可以隨母，彼有大功，不可以專財'，於傳旨盡矣。"敖氏云："繼父於子同居、異居，皆不爲服。〔知不爲服者，二章無報文，且齊衰三月不可用於卑者也。〕"[5]《欽定義疏》："父子祖孫，服有重輕，無不相爲服者。繼父而不報，〔則踰於祖父矣，〕無是理也。〔不杖期可施於卑者，乃靳此三月乎？〕經不言報，或傳寫失之。"又云："《檀弓》有論同母異父之昆弟之服者，蓋指此嘗同居後異居者也。〔……〕若本非同居，則嫁母且絕不爲親矣。母之後夫與後夫所生之子，皆路人也，何服可

---

[1]《夢溪筆談》卷3，第862-719（3a）頁。
[2]《朱子語類》卷85，第2199頁。
[3]《五禮通考》卷255，第142-290（16a-16b）頁。
[4]《儀禮私箋》卷5，第298（4b-5b）頁；全集本第128-129頁。
[5]《儀禮集說》卷11，摛藻堂本第50-384（52b）頁；點校本第647頁。

議乎？要之，先即同居，而異父之昆弟不應有服，故經無其文，〔而〕^①子夏以爲未之前聞也。齊、功紛紜，殊爲多事。”

爲繼父先曾同居，今不同居者。 原注：“自來不曾同居者，無服。”案：馬氏融云：“己自有宗廟，不隨母適人”，何服之有？《小記》疏：“母嫁而子不隨，則〔此子〕與母繼夫固〔自〕路人，無繼父之名，故自（不）〔無〕^②服。”

《禮》包於上文之中，而《律》分二條者，案：徐氏乾學云：徐駿“《五服集證》，此條分而爲二：一爲繼父先曾同居，今不同居者，謂父卒而母改嫁，其子隨母與繼父同居，後來不與同居；一爲繼父雖同居（而）〔兩〕有大功之親者。引《〔喪服〕小記》〔曰〕：‘有主後者爲異居’注〔云〕^③：隨母之子，雖與繼父同居，而繼父或有親子及隨母之子有兄弟及堂兄弟爲主後也，雖與同居，亦爲先同而後異。義亦明晰。”

---

① 分見《欽定儀禮義疏》卷 23，第 106-803（83b、82b-83a）頁。

② 《禮記正義》卷 33，點校本第 979 頁。

③ 《讀禮通考》卷 11，第 112-280（21b）–112-281（22a）頁。

大清律講義前編四之三

律服疏證三

記名御史學部員外郎青島特別高等專門學堂總稽查蔣楷編

大功九月

祖爲衆孫，孫女在室同。

《禮·大功章》"庶孫"。注："男女皆是下殤。《小功章》曰：'爲姪庶孫，丈夫婦人同。'"陳氏銓云："自非適孫〔一人〕，①皆爲庶孫也。"敖氏云："孫於祖父母本服大功，以其至尊，故加隆而爲之期。祖父母於庶孫以尊加之，故不報，而以本服服之。"

楷案：此節與《禮》同，今從洪武之制，父母爲嫡長子及嫡長子之妻已混而爲一，而祖爲嫡孫與祖母不同，爲衆孫婦又不同，何也？

祖母爲嫡孫、衆孫。

《禮·不杖期章》"適孫"。不云祖父爲適孫，《大功章》"庶孫"不云祖父爲庶孫，則祖父母同也。

楷案：此節以不杖期與大功混而爲一。祖母爲嫡孫既與祖父不同，爲衆孫又與祖父同，均所不解。

父母爲衆子婦，及女已出嫁者。

《禮·小功章》"庶婦"。注："夫將不受重者。"馬氏融云："庶子婦也，舅姑爲之服也。"貞觀十四年侍中魏徵等奏："衆子婦小功，今請與兄弟子婦同爲大功""制可之"。辨詳下伯叔父母爲姪婦條。此條疏父母爲衆子婦。

《禮·大功章》"女子子適人者"。傳曰："何以大功也？出也。"注："出必降之者，蓋有受我而厚之者。"疏："受我而厚之"者，"夫自爲之禫杖期。"敖氏云："以出者降其本親之服，故此亦降之"。此疏女已出嫁者。

---

① 《通典》卷91，第2491頁。

楷案：此節以小功、庶婦。大功女子子適人者。混而爲一。

伯叔父母爲姪婦，及姪女已出嫁者。 原注："姪婦，兄弟子之妻也。姪女，兄弟之女也。"

《禮·大功章》夫之"世父母叔父母"。敖氏曰：不言"報，文略。"郝氏曰：夫之"伯叔父母，夫爲服期，則妻從夫服降一等爲大功。"[1]皆非也。王氏肅云："爲衆子期，妻小功。爲昆弟之子期，其妻亦小功。以昆弟之子猶子，引而進之同己子，明妻同可知。"鄭氏珍云："謂服大功實始〔於〕晉陳銓之《喪服注》，後世制（禮）〔服〕因之。唐人乃見爲親疏倒置。〔貞觀十四年〕魏徵〔始〕奏請衆子婦與昆弟子婦同爲大功。然知（加）〔升〕子婦〔使〕同於姪婦，而終不敢易姪婦令同於（衆）[2]子婦。後來《開元禮》《政和禮》沿爲定律，俗說不可破如此。"

程氏瑤田以爲無服，其說云："曷（爲）〔言〕乎其不服也？曰：不可服也。然則何爲乎其不可也？〔試〕以舅姑言，於嫡婦也大功，於其庶婦小功。又以夫之祖父母言之，孫婦服緦耳。今以舅之昆弟、姑之娣姒婦而爲此婦人服也，報之大功，同於嫡婦矣，降一等小功，同於庶婦矣，即降二等緦麻，亦同於孫婦矣。旁（降）〔殺〕之謂何，親疏不分，隆殺無節。其於服也，不亦慎〔矣〕[3]乎？"吳氏嘉賓曰："大功、小功同爲功服，而等異：大功與（親）〔期〕爲等，謂之（尊）〔親〕者；小功與緦爲等，謂之兄弟。故古人無異姓之大功。爲婦人大功者，惟姑姊妹女子子。其斂也，得與聞乎親者之事矣，舅姑於子婦則否。《記》曰：'婦人不飾，不敢見舅姑。'故舅姑之於子婦，義在於遠之而已。是故與昆弟之子婦概之曰庶婦，若曰：此家之衆婦人焉（耳）〔爾〕。"[4]此以姪婦爲包於上文庶婦之中，亦爲有見。此條疏伯叔父母爲姪婦。

《禮·大功章》"爲夫之昆弟之婦人子適人者"。注："婦人子者，女子子也，不言女子子者，因出，見恩疏。"馬氏云："在室者期，適人者降大功也。"陳氏銓以"婦人""子"分而爲二：謂"婦人者，夫之昆弟之子婦〔也〕。子者，夫之昆弟之女子子〔適人者也。此是二人，皆服大功〕。先儒〔皆〕以婦人子爲一人，此既不（語）〔辭〕，且〔夫〕[5]昆弟之子婦，復見何許"也？鄭氏珍云："（姓）〔姪〕婦，曰昆弟之婦可也。今曰'昆弟之婦人'，〔反〕不語甚矣。世叔父母爲姪婦之服，經皆不見，〔必〕以此爲〔服〕昆弟之子婦，世叔母見矣，世叔父（之）服（之）[6]又見何許乎？"程氏瑤田據《小功殤服章》"昆弟之女子子之下殤"，以爲下殤小功，則長殤、中殤大功，成人在室期，適人大功。胡氏培翬云："此世叔母爲之服也，不言世叔父爲之服者，以此包之。"[7]此疏姪女已出嫁者。

---

[1]《儀禮節解》卷11，第708（35b）頁。
[2]《儀禮私箋》卷6，第310（5a）頁；全集本第149頁。按：前引王肅語亦見於此。
[3]《儀禮喪服文足徵記》卷8，《夫之世叔父母大功不見報文說》，第242頁；全集本第368頁。
[4]《喪服會通說》卷4，第396（11a）頁。
[5]《通典》卷91，第2493頁。
[6]《儀禮私箋》卷6，第312（9a）頁；全集本第152頁。
[7]《儀禮正義》23，第416（34b）頁。

楷案：此兩節經皆不見，而可以服例推而知之者。

婦爲夫之祖父母。

婦爲夫之伯叔父母。

此兩節竝見《禮・大功章》"夫之祖父母、世父母、叔父母"。傳曰："何以大功也？從服也。"《欽定義疏》："此亦主士之妻言之也。若大夫之妻，則夫之世叔父母爲士者當從夫降爲小功，而世叔父母還以大功服之。其他親小功者降而緦則不服，亦如大夫無緦服也。夫之祖父母爲正尊，雖大夫之妻不降。"①

爲人後者，爲其兄弟，及姑姊妹之在室者。<small>原注："既爲人後，則於本生親屬服皆降一等。"</small>

《禮・大功章》"爲人後者爲其昆弟"。<small>敖氏云："其姊妹在室亦如之。"</small>傳曰："何以大功也？爲人後者，降其昆弟也。"《小功章》"爲人後者爲其姊妹適人者"。<small>注："不言姑者，舉其親者而恩輕者降可知。"②</small>案：此節說者不同：賈疏"本宗餘親皆降一等"，③依鄭爲說。程氏瑤田云：爲人後者，"經於父母外，特見昆弟、姊妹適人二事，一男子，一女出室，舉兩例以明。記中於兄弟降一等者皆（放）〔倣〕此也。〔故〕④由是推之，爲其祖父母、世叔父母本期，而降當大功；爲其曾祖父母本齊衰三月，而降當緦麻；爲其從祖祖父母、從祖父母、從祖昆弟本小功，而降當緦麻；爲其從父昆弟本大功，而降當小功"。<small>案：齊衰三月與緦麻非降殺之差，似不當降而服其爲曾孫之服。</small>亦申鄭義。馬氏融云："在室者齊衰期，適人大功。以爲大宗後，疏之，降二等，故小功也。不言姑者，明降一體，不降姑也。"⑤鄭氏珍以爲："如鄭君說，〔舉親者降，輕者可知，〕得通言疏屬及同宗之爲後者，〔而〕獨不可關昆弟之子。如馬說，〔明降一體，不降姑，則〕⑥又只可言昆弟之子，而不可概之疏屬同宗。"而其自爲說則謂"此子既後大宗爲之子，是於本生惟父母視世叔父母，昆弟姊妹視從父昆弟姊妹耳。其餘若祖、若曾（祖）、〔高〕、⑦若叔、若姑、若羣從皆與不爲後者無異"，是仍與馬同也。其足破鄭氏"累降"與馬氏"一體之外不降"之說者，莫如敖氏。敖氏云："經於〔前章〕爲人後者，惟見其父母、昆弟、姊妹之服，餘皆不見，是本服降一等者，止於此親耳。所以然者，以其與己爲一體。然則自此之外，凡小宗之正親、旁親皆以所後者之親疏爲服，不在此數矣。〔此〕⑧姊妹之

---

①《欽定儀禮義疏》卷24，第106-818（18b）頁。

②《儀禮注疏》卷33，第620頁。

③《儀禮注疏》卷31，第603頁。

④《儀禮喪服文足徵記》卷10，《答段若膺大令論爲人後者服其本生親降一等書》，第267頁；全集本第409頁。

⑤《通典》卷92，第2502頁。

⑥《儀禮私箋》卷7，第323（10b）頁；全集本第171-172頁。

⑦《儀禮私箋》卷7，第323（10a）頁；全集本第171頁。

⑧《儀禮集說》卷11，摛藻堂本第50-401（26a-26b）頁；點校本第671頁。

屬不言報，省文也。記曰：'爲人後者，於兄弟降一等，報。'"是說也，胡氏培翬、吳氏嘉賓均主之。胡氏云："爲〔後〕有受重之義，即與親子無異，故抑其本宗之親，使厚於所後之親〔……〕其父母、其昆弟、其姊妹猶必制降等之服者，〔則以父子一體，昆弟、姊妹〕一體故（也）〔耳〕。自餘本宗之親，（皆）〔固〕不得援以爲例〔矣〕。不然，豈有本宗期功之親悉降一等，而經於各章內獨無一言也〔哉？且〕①不惟經不言而已，即傳、注亦無一言及之。"案：注云"恩輕者降可知"，不得云未言及也。吳氏云："古之爲人後者，非其自爲之也，有君命焉。惟命士以上，有族姓世祿者乃有之。君命之族，謂之有後〔……〕不命之族，則有子而無後。〔命之族，雖無子，必有爲之後者。〕父以長子爲後，猶必見之君與卿大夫而立之，況非其子乎？〔……〕父子，天之命也，父不得專以子與人，人不得專取人之子。大宗者，君賜之族不可廢，故使之後其宗廟焉爾〔……雖〕至親以期斷。故爲人後者，爲其父母期；於其同父，雖出者，必服之，以不可奪親也。同父者且不奪之，況可奪其父母乎？是故父母之名不可易也。凡王父母之屬，則當以所後者之倫爲疏戚，蓋王父謂之祖，以至於百世皆祖也，大宗之道自王父始。爲人後者，親其父母，不爲二統。自親其王父母，乃爲二統矣。於其宗子宗婦所爲服，莫敢不從服，以與先宗子爲一體也。先宗子與祖爲一體，敬其所尊，不敢有異尊；愛其所親，不敢有異親。故繼先宗子以繼祖也。大宗嘗以始有國家者爲義，〔而〕②奚以繼其一世者爲哉？"案：吳氏陳義甚高，而不可以闖士庶，聖人制禮，豈專爲世祿設乎？當以所後者不定，故言姊妹，不言其姑。

《欽定義疏》："爲後者，若係親昆弟之子，則姑猶是姑〔也〕，如其服服之如馬氏說〔矣〕；③若係從父昆弟之子，更遞疏以迄於無服者則當降之如注說。"可以爲萬世法矣。

夫爲人後，其妻爲夫本生父母。

喪服經、傳無文。《小記》：④"夫爲人後者，其妻爲舅姑大功。"此謂本宗舅姑也。妻從夫服，夫降期，故妻降服大功。

爲己之（從）〔同〕⑤堂兄弟、姊妹在室者。 原注："即伯叔父母之子女也。"

《禮·大功章》"從父昆弟"。注："世父、叔父之子也，其姊妹在室亦如之。"

爲姑及姊妹之已出嫁者。 原注："姑即父之姊妹，姊妹即己之親姊妹也。"

---

① 《儀禮正義》卷 24，第 426（10a）頁。
② 《喪服會通說》卷 3，第 380-381（13a-15a）頁。
③ 《欽定儀禮義疏》卷 24，第 106-839（60b-61a）頁。
④ 校按：指《禮記·喪服小記》。
⑤ 《大清律例》卷 3，第 77 頁；《大清律例會通新纂》卷 2，第 201 頁。

《禮·大功章》"姑姊妹適人者"。《欽定義疏》："士之姑姊妹適士或〔適〕[1]大夫，其服竝同。蓋婦人有出降之法，父族還以出降服之，不得以其嫁於大夫而爲之加服也。則嫁於大夫者，亦不得以己之尊而降父族之旁親矣。"

爲己兄弟之子爲人後者。

《禮》無爲本宗伯叔父母之服。此蓋制本宗伯叔父母之服，而其伯叔父母報者，乃爲其伯叔父母亦不見於律，何也？吳氏嘉賓云："《喪服》以所服者尊卑爲先後，今律以服喪者尊卑爲先後，於是先見尊者爲卑者服，而卑者之服或反缺，若此者非一。"[2]

出嫁女爲本宗伯叔父母。 楷案：此節與下二節，《皇朝通典》《通志》均併爲一條。

出嫁女爲本宗兄弟，及兄弟之子。

出嫁女爲本宗姑、姊妹，及兄弟之女在室者。

此三節皆女子子適人者之降服。《禮·大功章》"女子子適人者爲衆昆弟、注："父在則同，父沒，乃爲父後者服期也。"姪丈夫婦人，報"。注："爲姪男女服同。"傳曰："姪者何也？謂吾姑者，吾謂之姪。"《疏》：姪之"名，惟對姑生稱，若對世叔〔父〕[3]，惟得言昆弟之子，不得姪名也。"經又曰："大夫之妾爲君之庶子。女子子嫁者、未嫁者爲世父母、叔父母、姑、姊妹。"從舊讀，詳上。程氏瑤田云：爲世父母、叔父母、姑、姊妹皆妾在室之期服也，出降一等服大功。[4]所謂"妾爲私兄弟如邦人"，故傳曰："下言〔爲〕世父母、叔父母、姑、姊妹（此）〔者〕，[5]謂妾自服其私親也。"

楷案：《欽定義疏》："姪之適人者不以兩出而兩降也。姊妹亦然"。[6]此節"在室者"三字宜刪。

小功五月

爲伯叔祖父母。 原注："祖之親兄弟。"

爲堂伯叔父母。 原注："父之堂兄弟。"

此兩節見《禮·小功章》"從祖祖父母、《爾雅》："父之世父、叔父爲從祖祖父，父之世母、叔母爲從祖祖母。"馬氏云：從祖祖父母者，"曾祖之子，祖之昆弟也。"從祖父母。《爾雅》："父

---

① 《欽定儀禮義疏》卷24，第106-815（13a）頁。
② 《喪服會通說》卷4，第395（10a）頁。
③ 《儀禮注疏》卷32，第604頁。
④ 校按：戴諸氏著《儀禮喪服文足徵記》卷6，《妾服發例述》（第203頁；全集本第303頁），此段文字差異較大，或有訛誤。
⑤ 《儀禮注疏》卷32，第609頁。
⑥ 《欽定儀禮義疏》卷24，第106-817（17b）頁。

之從父昆弟爲從祖父，父之從父昆弟之妻爲從祖母。”馬氏云：從祖父母者，“從祖祖父之子，〔是〕①父之從父昆弟也。”報。”注：“祖父之昆弟之親。”賈疏：“‘報者，恩輕，〔見〕②見兩相爲服。’”方氏苞云：“世〔父〕③叔父期，則從祖宜大功，而服小功何也？大功之親皆屬乎祖與父者也，從祖則屬於曾祖者也。”《欽定義疏》：“亦以世叔父之期本是加服故〔也〕。”④

爲再從兄弟，及再從姊妹在室者。

《禮‧小功章》“從祖昆弟”。注：“父之從父昆弟之子。”疏：於己爲再從兄弟。黃氏榦云：“從祖祖父者，祖之昆弟也。其子謂從祖父，又其子謂從祖昆弟，又其子謂從祖昆弟之子，凡四世。上三世以祖父已旁殺之義推之，皆當服小功，名爲三小功。下一世以子旁殺之義推之，當服緦。此三小功一緦與己同出曾祖。”⑤《緦麻章》“從祖姑姊妹適人者報”。馬氏云：“從祖姑姊妹，於己再從，在室小功，適人降一等，故緦”。

爲同堂姊妹出嫁者。

《禮‧小功章》“從父姊妹”。注：“父之昆弟之女。”馬氏云：“伯叔父之女。”張氏爾岐云：此“當通下文孫適人者爲一節，皆爲出適而降小功也。”⑥程氏瑤田云：“知‘適人者’三字必連〔承〕⑦‘從父姊妹’者，以‘姊妹適人者’在《大功章》、‘從祖姊妹適人者’在《緦麻章》，比例而知之。”

爲同堂兄弟之子，及女在室者。

楷案：《禮‧緦麻章》“從父昆弟之子之長殤”。其成人之服不見《小功章》者，以從祖父母已見報文故也。鄭氏珍以爲文脫，非。

爲祖姑在室者。

《禮‧小功章》“父之姑”。注：“歸孫爲祖父之姊妹。”《爾雅》謂：“〔女子謂〕昆弟之子爲姪〔……〕⑧姪之子爲歸孫。”李氏云：“不言適人者，行屬已尊，適人可知，猶從祖祖父之不言殤服也。”⑨盛氏以爲“〔此同〕曾祖之親〔也〕，其成人而未嫁者，服之如從祖父，適人者降一等。故在此經不云‘適人者’，〔亦省〕文（省）”⑩也。似不如李說之確。

---

① 《通典》卷 92，第 2501 頁。
② 《儀禮注疏》卷 33，第 620 頁。
③ 《儀禮析疑》卷 11，第 109-177（40a）頁。
④ 《欽定儀禮義疏》卷 24，第 106-838（59b）頁。
⑤ 《儀禮經傳通解續》卷 16 上，第 132-193（5b）–132-194（6a）頁。
⑥ 《儀禮鄭注句讀》卷 11，第 50-893（33b）頁。
⑦ 《儀禮喪服文足徵記》卷 1，第 156 頁；全集本第 217 頁。
⑧ 《爾雅注疏》卷 4，《釋親》，第 119 頁。
⑨ 《儀禮集釋》卷 19，第 103-342（7a）頁。
⑩ 《儀禮集編》卷 25，第 111-223（18a-8b）頁。

爲堂姑之在室者。

詳上"再從姊妹在室者"條下。郝氏敬云："從祖姑是從祖〔祖〕①父之女，父之從姊妹也。"

爲兄弟之妻。

《禮》無昆弟之妻、夫之昆弟之服。傳曰："夫之昆弟何以無服也？其夫屬乎父道者，妻皆母道也。其夫屬乎子道者，妻皆婦道也。謂弟之妻婦者，是嫂亦可謂之母乎？故名者，人治之大者也，可無慎乎？"注："道猶行也，言婦人棄姓，無常秩。嫁於父行，則爲母行。嫁於子行，則爲婦行。謂弟之妻爲婦者，卑遠之。故謂之婦。嫂者，尊嚴之稱。是嫂亦可謂之母乎？言不可。嫂猶叟也，叟，老人稱也，是爲序男女之別爾。若己以母婦之服服兄弟之妻，兄弟之妻以舅子之服服己，則是亂昭穆之序也。治猶理也，父母兄弟夫婦之理，人倫之大者，可不慎乎？《大傳》曰：同姓從宗合族屬，異姓主名治際會。名著而男女有別。"②蔣濟：据《小功章》"娣姒婦"，"此三字，嫂（叔）〔服〕③之文也。古者有省文互體，言弟及兄竝嫂矣。"何晏、夏侯泰初難之曰："凡男女之相服也，非有骨肉之親，則有尊卑之敬、受重之報。今嫂叔同班竝列，〔無父子之降，〕則非所謂尊卑也；他族之女，則非所謂骨肉也。〔是以〕古人謂之無名。豈謂無嫂叔之字或無所與爲體也。夫有名者，皆禮與至尊爲體，而交與正名同接〔也〕，有其體，有其交，故以其名名之，〔故〕服之可也。苟無斯義，其服焉依？夫嫂叔之交，有男女之別，故絕其親授，禁其通問。家人之中，男女宜別，未有若嫂叔之至者也。"成粲云："蔣濟引娣姒婦，〔證〕非其義。〔論云：〕④《喪服》云'夫爲兄弟服，妻降一等。'則專服夫之兄弟，固已明矣。"楷案：此本明兄弟之妻之義。庾蔚之云："蔣濟、成粲排棄聖賢經傳，而苟虛樹己說，可謂誣於禮矣。"唐太宗因修禮官奏事之次，謂嫂叔無服，宜詳議。魏徵等奏曰："《記》曰：'〔……〕嫂叔之不服，蓋推而遠之也。'〔……〕或有長年之嫂遇孩童之叔，劬勞鞠養，情若所生。若依徵等之說，則非小功所能報。《張子全書》："韓退之以少孤養於嫂，故爲嫂服加等。大抵族屬之喪不可有加，若爲嫂養便以有恩而加服，則是待兄之恩至薄。""昔有士人少養於嫂，生事之如母，死自處以齊衰。或告之非先王之禮，聞而遂除之，惟持心喪，遂不復應舉。"〔……〕在其生也，愛之同於骨肉。及其死也，則曰推而遠之。〔……〕推而遠之爲是，則不可生而共居；生而共居〔之〕⑤爲是，則不可死同行路。徵等阿太宗之義，以嫂叔爲說，無一言及於弟妻，竝加弟妻，其義安在？〔……〕嫂叔舊無服，〔今〕請服小功五月報。其弟妻及夫兄亦小功五月。"

①《儀禮節解》卷11，第714（46b）頁。
②《儀禮注疏》卷32，第604-605頁。
③"服"原訛作"叔"，見《通典》卷92，第2519頁校勘記〔三〇〕。
④《通典》卷92，第2506、2507頁。
⑤《舊唐書》卷27，《禮儀七》，第1020頁。

制可之。徐氏乾學云："五代與宋初〔固嘗〕增嫂叔爲大功〔矣〕，^①當時亦未嘗以爲非。"楷案：清泰中劉昫謂：嫂叔服小功，《開元禮》、《會要》同。"（今）〔令〕於喪服無正文，而嫂（叔）〔服〕給大功假，〔乃《假甯》附令，而敕無年月，〕請〔凡喪服皆〕^②以《開元禮》爲定。"天聖中，孫奭謂："大功加於嫂叔，顛倒謬妄。"所謂"五代宋初未以大功爲非"，未知何所依據。吳氏嘉賓曰："古之義，事死如事生，事亡如事存。（其亡也）〔故喪者〕，非徒以哀死哭泣而已。其大小斂也，衆爲衣服之；其朝夕饋奠也，朋友爲飲食之。衆爲之答踊，服其服，所以稱其事而已。故其生存所不相接者，於其死無相接之道也。爲兄弟之妻不在服位，使娣姒相爲服。其存也娣姒相爲近，其亡也娣姒相爲哀。生爲之遠者，彼其弛然已死而不敢廢也"。其義甚精。楷案：吳氏又謂："韓退之爲嫂服齊衰〔……〕^③，使其兄在，將何以服之？"即張子"若爲嫂加服，是待兄之恩至薄"之意。然則遂如路人已乎？曰：非然也。《程氏遺書》："叔父、伯父，父之屬也，故叔母、伯母之服與叔父、伯父同。兄弟之子，子之屬也，故兄弟之子之婦服與兄弟之子同。若兄弟，則己之屬也，難以妻道（服其嫂）〔屬其妻〕。"^④《朱子語類》："看'推而遠之'，便是合有服，但安排不得，便推而遠之。"此無服之說也。程子又曰："今之有服亦是。"朱子又曰："若（有）〔果是〕鞠養〔於嫂，〕恩義〔不可已，是他〕^⑤心自住不得。"此有服之說也。顧氏炎武云："外親之同爨猶緦，而獨兄弟之妻不爲制服者，以其分親而年相亞，故聖人嫌之。嫌之故遠之，而大爲之坊，不獨以其名也，此〔又〕傳之所未及也。存其恩於娣姒，而斷其義於兄弟，聖人之所以處此者精矣。嫂叔雖不制服，然而曰：'無服而爲位者，惟嫂叔。'子思之哭嫂也爲位，何也？曰：是制之所抑，而情之所不可闕也。然而鄭氏曰：'正言嫂叔，尊嫂也。若兄公與弟之妻，則不能也。'此又足〔以〕^⑥補《禮記》之所不及。"是則兄與弟之妻雖無服，而宜有爲位而哭之禮。徐整問射慈云："子思哭嫂爲位，在何面加麻袒免爲位，不審服此有日數乎？"慈答云："凡喪位皆西面，服（加）〔此〕^⑦麻者，謂大斂及殯之時，已畢而釋之。"庶乎其可乎。

祖爲嫡孫之婦。

《禮》無適孫婦之文。敖氏繼公、徐氏乾學竝以爲文脫，非也。鄭氏珍云："適婦大功，庶婦小功，庶孫婦緦麻，則嫡孫婦宜小功。經文何以〔獨〕不見適孫婦

---

① 《讀禮通考》卷 12，第 112-310（44b）頁。
② 《新五代史》卷 55，《馬縞傳》，第 717 頁。
③ 《喪服會通說》卷 4，第 396（11b-12a）頁。
④ 《河南程氏遺書》卷 18，載《二程集》第 244 頁。
⑤ 《朱子語類》卷 87，第 2234 頁。
⑥ 《日知錄集釋》卷 5，第 199-200 頁。
⑦ "此"原作"加"，點校本《通典》據北宋本等諸本改。見《通典》卷 92，第 2507 頁及第 2519 頁校勘記〔三三〕。

也？蓋有適子者無適孫，有適（子）婦者亦無適孫婦〔也〕。適子死而立適孫，其適婦必在，是適孫婦亦庶孫〔之〕婦也。世罕有適子、適婦竝亡者，則適孫婦亦罕及生前而有且又先死者矣。故經文不見也〔……〕至子死、婦死，乃有適孫婦，而又先祖死，〔更〕①非常也。聖人祇言其常，苟有非常，降於適婦，重於庶孫婦，就言者而不見者之服，不啻言矣。"

爲兄弟之孫，及兄弟之孫女在室者。

楷案：《禮·緦麻章》有"昆弟之孫之長殤"。其成人之服不見《小功章》者，以從祖祖父母已見報文故也。鄭氏珍以爲文脫，非。

爲外祖父母。原注："即親母之父母。〔〇〕爲在堂繼母之父母；庶子嫡母在，爲嫡母之父母；庶子爲在堂繼母之父母；庶子不爲父後者，爲己母之父母；爲人後者，爲所後母之父母。以上五項均與親母之父母服同。外祖父母報服亦同。其母之兄弟姊妹服制及報服亦與親母同。姑舅兩姨兄弟姊妹服亦同。爲人後者爲本生母之親屬降服一等。再，庶子不爲父後者，爲己母之父母服一項，若己母係由奴婢家生女收買爲妾，及其父母係屬賤族者，不在此列。"②

《禮·小功章》"爲外祖父母"。《爾雅》："母之考（曰）〔爲〕外王父，母之妣（曰）〔爲〕③外王母。"傳曰："何以小功也？以尊加也。"馬氏云："母之父母也，本（服）〔親〕④緦，以母所至尊，加服小功。"褚氏寅亮云："馬、鄭皆云以母之至尊，故本服緦而加服小功，最得聖人重本宗、輕外族之意。（敖）〔《集說》〕（乃）云：'子（之）從（其）母而服母黨者，（皆）〔當〕降於其母二等。母爲（其）父母期，〔子爲外祖母〕（宜）小功〔宜也〕。'⑤非以尊加，故與傳違，大謬。如其說，則母爲其昆弟之爲父後者（期），何（以）不亦降二等而（爲）⑥小功乎？"案：原註歷數母黨，今分條說之。

註云："爲在堂繼母之父母。"案：《服問》："母出則爲繼母之黨服。"虞喜謂："縱有十繼母，〔則〕⑦當服次其母者之黨。"徐氏乾學云：有十繼母，則"次其母者久亡，此從服也。所從亡則已，曷爲服之？竊謂當服在堂繼母之黨耳。"⑧《欽定義疏》主之。汪氏琬云："或問：先儒〔言〕前母之黨當爲親，而不言其服，何以無服也？曰：禮爲其母之黨服則不爲繼母之黨服，宗無二統，外氏亦無二統。前母之子不服後母之黨，則後子不逮事前母者亦如之也。""或問：繼母如母，何

---

① 《儀禮私箋》卷 7，第 325-326（14b-15a）頁；全集本第 175-176 頁。
② 《大清律例會通新纂》卷 2，第 202-203 頁。校按：《大清律例》卷 3（第 77 頁）"爲外祖父母"條下小注作"即母之父母"，無"〇"以下文字。
③ 《爾雅注疏》卷 4，《釋親》，第 119 頁。
④ "親"原作"服"，點校本《通典》據北宋本等諸本改。見《通典》卷 92，第 2502 頁及 2518 頁校勘記〔一二〕。
⑤ 《儀禮集說》卷 11 下，摘藻堂第 50-401（26b）頁；點校本第 671 頁。校按：此處蔣氏徵引褚氏轉引文無誤。方圓括號內文字乃據敖氏《儀禮集說》復行校正者也。
⑥ 《儀禮管見》卷 5，第 444（17a-17b）頁。
⑦ 《通典》卷 95，第 2564-2565 頁。
⑧ 《讀禮通考》卷 13，第 112-324（15a）頁。

以不服繼母之黨也？曰鄭玄謂外氏不可二也。庾蔚之〔亦謂〕（云）：①若服繼母之黨，則亂於己母之出故也。"

又云："庶子嫡母在，爲嫡母之父母。"案：《小功章》"君母之父母、從母。"注："君母，父之適妻也。從母，君母之姊妹。"傳曰："何以小功也？君母在則不敢不從服，君母不在則不服。"注："不敢不服者，恩實輕也。凡庶子，爲君母，如適子。"

又云："庶子爲在堂（之）繼母〔之父母〕。"②案：車允問臧燾曰："今此妾子既服先適之黨，又服繼適母之黨否？"燾答曰："庶子以賤，不敢不從服耳。既服前嫡母黨，則後嫡母黨義無以異。（無）疑〔於〕三四也。"又問徐藻，藻答曰："庶子若（先）及〔先〕③嫡母，則服其黨，若不及，則服後嫡母黨。外服無二，此之謂也。"宋庾蔚之按："禮，嫡母之黨徒從。徒從者，所從亡則已。嫡母雖有三四，應服見在者之黨。"

又云："庶子不爲父後者，爲己母之父母。"案：《喪服記》："庶子爲後者，爲其外祖父母、從母、舅，無服。不爲後，如邦人。"華氏學泉云："然則〔庶子〕④不爲父後者，爲其生母之黨服可知也。"

又云："爲人後者，爲所後母之父母。"案：《禮·斬衰三年章》"爲人後者"。傳曰："爲所後者之〔祖父母、妻、〕妻之父母。"疏云："妻即爲後者之母也"，妻之父母"於爲後者爲外祖父母"。⑤

又云："以上五項均與親母之父母服同。外祖父母報服亦同。其母之兄弟姊妹服制及報服亦與親母同。姑舅兩姨兄弟姊妹服亦同。"案：繼母如母，不爲後者如邦人，爲人後者若子，故云爾也。然有不同者。《服問》："母出則爲繼母之黨服。母死則爲其母之黨服。爲其母之黨服，則不爲繼母之黨服。"此繼母之黨有服有不服者。《小記》："爲君母後者，君母卒，則不爲君母之黨服。"此嫡母之黨有服有不服者。至"庶子於己母之黨有服有不服者"，說已見前。《小記》又云："爲母之君母，母卒則無服。"則其母之黨亦有不服者矣，律服均未明晰。又"庶子爲後者"條下，盛氏世佐云："不言從母昆弟（舅）⑥之子者，舉其重者而輕者可知。"是姑舅兩姨兄弟姊妹服同之證。

① 《堯峰文鈔》卷7，第1315-260–261（13b-14a）頁。
② 《大清律例會通新纂》卷2，第203頁。
③ 《通典》卷95，第2566頁。校按：車允即車胤，此處避清世宗諱。
④ 《五禮通考》卷259，第142-358（16a）頁。
⑤ 校按：《儀禮注疏》原文引賈疏作："妻謂死者之妻，即後人之母也"；"妻之父母……於後人爲外祖父母"。此處之"疏"似徑引《欽定儀禮義疏》（卷22，第106-747（42b）頁）語。
⑥ 《儀禮集編》卷25，第111-240（62a）頁。

又云："爲人後者"，爲己母之父母"降服一等"。^①案：《禮》無明文。《欽定義疏》："外祖父母有當服者六：子爲因母之父母，一也；母出，爲繼母之父母，二也；庶子君母在，爲君母之父母，三也；庶子爲繼母之父母，四也；庶子不爲父後者，爲己母之父母，五也；以上女子子同爲人後者，爲所後母之父母，六也。其餘〔則〕皆（在）^②所不服。"然則此其在所不服歟？《皇朝通典》既引《義疏》之文，而小功下又列"爲人後者爲本生母之父母"，_{依律降服一等，亦非小功。}何也？

又云："再，庶子不爲父後者爲己母之父母〔服〕^③一項，若己母係由奴婢家生女收買爲妾，及其父母係屬賤族者，不在此列。"案：汪氏琬云："或問：禮有庶子爲其外祖父母、從母、舅之服，而律文無之，何也？曰：古者諸侯卿大夫之妾，出於買者少，而爲娣姪媵者多。若後世之爲妾者，皆庶姓也，其父母、兄弟、姊妹往往有不可考者。律文不爲之服，蓋以賤故絀也。"^④然則此註爲後增歟？

爲母之兄弟、姊妹。 _{原註："兄弟即舅，姊妹即姨。其義服詳載'爲外祖父母'條下。"}

《禮·緦麻章》"舅"。_{注："母之兄弟。"}^⑤傳曰："何以緦也？從服也。"《小功章》"從母，丈夫婦人，報"。_{注："從母，母之姊妹"，丈夫婦人，"姊妹之子，男女同"也。馬氏云：言丈夫婦人者，"異姓無出入降"，皆以丈夫婦人成人之名名之也。}傳曰："何以小功也？以名加也。外親之服皆緦也。"_{注："外親異姓，正服不過緦。"}案：舅與從母服制不同。《通典》載宣舒云："二女相與，行有同車之道，坐有同席之禮。其情親而比，其恩曲而至。由此觀之，姊妹通斯同矣，兄妹別斯異矣。同者親之本，異者疏之源"。"然則二女之服，何其不重邪？兄妹之服，何其不輕邪？曰：同父而生，父之所不降，子亦不敢降，故二女不（得）〔敢〕^⑥相與重。""然則舅何故三月邪？從母何故小功邪？"曰："爲人子者，順母之情，親乎母之類，斯盡孝之道也。"曰："姑與父異德異名，叔父與父同德同名，何無輕重之降邪？"曰："姑與叔父，斯王父愛之所同也。父之所不降，子亦不敢降，此叔父與姑所以服同而無降也。"雷氏次宗云："夫二親恩等，而中表服異。君子類族辨物，本以（始）〔姓〕^⑦分爲判，故外親之服不過於緦。於義雖當，於情未愜，苟微有可因，則加服以伸心。外祖有尊，從母有名，故皆得因此加以小功也。舅情同二人而名理闕無，因故有心而不獲遂也。"庾氏蔚之云："傳云以名服〔及云〕以名加，皆是先有其義，故施以此名，尋名則

_{① 校按：原文作"爲人後者爲本生母之親屬降服一等"，見前。}
_{② 《欽定儀禮義疏》卷 24，第 106-841（64b）頁。}
_{③ 詳前引《大清律例會通新纂》卷 2，第 203 頁。}
_{④ 《堯峰文鈔》卷 7，第 1315-261（14a-14b）頁。}
_{⑤ 校按：《儀禮注疏》（卷 33，第 630 頁）"兄弟"作"昆弟"。}
_{⑥ 《通典》卷 92，第 2514 頁。}
_{⑦ 據《通典》卷 92，第 2502 頁及第 2518 頁校勘記〔一三〕，"始"應爲"姓"之訛。}

義自見〔矣……〕①從母以名加者，男女異長，伯季不同。由母於姊妹有相親之近情，故許其因母名以加服。"推勘禮意，竝爲詳盡。唐君臣議禮欲突過聖人，乃加舅服爲小功，與從母同。開元二十三年竝制舅母緦麻、從堂舅祖免等服。崔沔議云：貞觀議禮，"漸廣渭陽之恩，不遵洙、泗之典。及弘道之後、唐（玄）〔隆〕之間，玄，舊書作"隆"。②國命再移於外族"。諒哉！韋述議云："堂舅及姨列於服紀之內，則中外之制，相去幾何！"楊仲昌議云："竊恐內外乖序，親疏奪倫，情之所沿，何所不至！"均至言也。而卒納韋韜之邪說，拒沔等之讜言。天寶亂階，此亦徵兆。黃氏榦云："今服制（令與）〔及〕③《溫公書儀》等書竝不見有舅母服緦麻，及堂姨、舅祖免之文。"《元典章》有母兄弟妻，《明禮志》無母兄弟妻而有甥婦。今律竝無之。朱子曰："姊妹於兄弟未嫁期，既嫁則降爲大功。姊妹之身（知）〔卻〕④不降也，故姨母重於舅也。"又問："從母之夫，舅之妻，皆無服，何也？"曰："先王制禮：父族四，故由父而上，爲（族）〔從〕曾祖（父）〔服〕緦麻。姑之子、姊妹之子、女子（子）之子，皆由父而推之〔故〕⑤也。母族三：母之父、母之母、母之兄弟，恩止於舅，故從母之夫、舅之妻，皆不爲服，推不去故也。"汪氏琬云："姑之夫不可以爲父族，舅之妻與從母之夫不可以爲母族。"又云："在父黨，則父之昆弟爲重〔而於〕父之姊妹則恩殺〔……〕在母黨，則母之姊妹爲重〔而於〕母之昆弟則恩殺。"⑥可以伸朱子之說。顧氏炎武云："知廟有二主之非，則叔孫通之以益廣宗廟爲大孝者紬矣；知喪不過三年，示民有終之義，則王元感之服三十六月者紬矣；知親親之殺，禮所由生，則太宗、魏徵所加嫂叔諸親之服者紬矣。"知言哉！

又案：曾氏國藩云："從母，丈夫婦人報。〔按〕此丈夫婦人四字，從鄭氏說，則似既服母之姊妹，又竝服母之姊妹之子。從馬氏說，則似從母報服於姊妹之子，男女竝報以小功。二說皆於〔先王〕⑦制服之條理不合。從敖氏繼公說，則'丈夫婦人即爲從母服者也'，又於經文之例不合。"楷案：鄭以母之姊妹注從母，以姊妹之子注丈夫婦人。此丈夫婦人即服其從母，亦即從母之報之者。經不言適人者，爲其姊妹之子女以一報字該之。外祖〔母〕爲母之至尊，故爲外孫降。從母爲母

① 《通典》卷92，第2514頁。
② 見《舊唐書》卷27，《禮儀七》，第1032頁。
③ 《儀禮經傳通解續》卷16下，第132-245（50b）頁。
④ 《朱子語類》卷87，第2234頁。
⑤ 《朱子語類》卷87，第2233頁。
⑥ 分見《堯峰文鈔》卷7，第260（12a-12b）-265第（22a）頁。
⑦ 《求缺齋讀書錄》卷1，第137（25a-25b）頁。

黨之旁尊，故爲姊妹之子報。鄭云："男女同。"馬云："皆以〔丈夫婦人〕[1]成人之名名之。"義並不異。至母之姊妹之子，即從母昆弟，別在《緦麻章》。

爲姊妹之子原註："即外甥。"**及女之在室者**。原注："其義服詳載爲外祖父母條下。"

《禮‧緦麻章》"甥"。注："姊妹之子。"傳曰："甥者何也？謂吾舅者，吾謂之甥。何以緦也？報之也。"注："甥既服舅以緦，舅亦〔報〕〔爲〕甥[2]以緦也。"馬氏云："甥從其母而服（以）〔己〕緦，故報之。"顯慶二年，長孫無忌奏："'今甥爲舅使同從母之喪，則舅宜進甥以同從母之報〔……〕[3]請修改《律疏》，舅報甥亦小功。'制可。"汪氏琬云："凡父黨之尊者，由父推之，〔則〕皆父之屬也，如世父、叔父〔、從祖祖父〕是也。至父之姊妹，〔則〕不可謂之父矣。不可謂之父，其可謂之母乎？二者皆不可以命名，故聖人更之曰姑。《爾雅》：謂我姑者，（我）〔吾〕謂之姪。蓋姑亦不敢以昆弟之子爲子也。凡母黨之尊者，由母推之，〔則〕皆母之屬也，如從母是也。至母之昆弟，〔則〕不可謂之母矣。不可謂之母，其可謂之父乎？二者皆不可以命名，故聖人更之曰舅。《爾雅》：謂我舅者，（我）〔吾〕[4]謂之甥。蓋舅亦不敢以姊妹之子爲子也。此先王制名之微意也。"

婦爲夫兄弟之孫原註："即姪孫。"**及夫兄弟之孫女在室者**。原注："即姪孫女。"

案：此從祖祖母之報服，當合於"爲兄弟之孫"爲一節。自各項分裂而所以制服之輕重者不見矣。餘倣此。

婦爲夫之姑，及夫姊妹。原註："在室、出嫁同。"

《禮‧小功章》"夫之姑、姊妹、娣姒婦，報"。注："夫之姑姊妹，不殊在室及嫁者，因恩輕，略從降。"疏："夫之姑姊妹，夫爲之期，妻降一等。出嫁大功，因恩疏，略從降，故在室及嫁同小功。"

婦爲夫兄弟，及夫兄弟之妻。

婦爲夫兄弟，辨見前"爲兄弟之妻"條。禮，"娣姒婦，報"。馬氏云："娣姒婦者，兄弟之妻相名也。長稚自相爲服，不言長者，婦人無所專，以夫爲長幼，不自以年齒也。妻雖（小）〔少〕，[5]猶隨夫爲長也。先娣後姒者，明其尊敵也。"傳曰："娣姒婦者，弟長也，何以小功也？以爲相與居室中，則生小功之親焉。"注："長婦謂稚婦爲娣婦"，"稚婦謂長婦爲姒婦。"譙氏周云："婦人於夫之昆弟，本有大功之倫。從服其婦，有小功之倫。於夫從父昆弟，有小功之倫。從服其婦，有緦麻之倫也。夫以遠之而不服，故婦從無服而服之。"庾氏

---

① 《通典》卷 92，第 2502 頁。
② 《儀禮注疏》卷 33，第 629 頁。
③ 《通典》卷 92，第 2515 頁。
④ 《儀禮注疏》卷 4，第 120 頁原文作"謂我姪者，我謂之姑"。校按：圓括號內係蔣楷引語；方括號內文字係汪琬引語，見《堯峰文鈔》卷 7，第 1315-265（22a）頁。
⑤ 參見《通典》卷 92，第 2502 頁及第 2518 頁校勘記〔一七〕。

蔚之云："傳以同居爲義,〔豈從夫謂之同室,以明親近,〕非謂常須共居。設夫之從父昆弟少長異鄉,二婦亦有同室之義,聞而服之緦也。今人謂從父(兄)〔昆〕[1]弟爲同堂,取於此也。婦從夫服,降夫一等,故爲夫之伯叔父大功,則知夫姑姊妹皆是從服。夫之昆弟無服,自別有義耳。"

婦爲夫同堂兄弟之子,及女在室者。

案:此即從祖母之報服,當合於"爲同堂兄弟之子"爲一節。

女出嫁,爲本宗堂兄弟,及堂姊妹之在室者。

女子子適人者爲衆昆弟在《大功章》,則爲從父昆弟宜小功,從父姊妹適人者見上"爲同堂姊妹出嫁者"條下,此其報服也。楷案:姊妹之適人者不以兩出而兩降,則"之在室者"四字宜刪。

又案:《皇朝通典》《通志》此節上尚有"女出嫁爲本宗姊妹之出嫁者"一條。姊妹在室相爲期,已出嫁降大功矣。又以姊妹出嫁降小功,是再降也。《禮·大功章》"姪丈夫婦人報",盛氏世佐云:"云婦人者,明其不以女昆弟及姪女之出嫁而又降也。"[2]《欽定義疏》:"姪之適人者,不以兩出而兩降也,姊妹亦然。"[3]律無之,是也。

爲人後者,爲其姑,及姊妹出嫁者。

詳前"爲人後者爲其昆弟"條下。案:《小功章》"爲其姊妹適人者"不言姑,經傳言"姑姊妹"十有五,此獨不言姑者,以所後不定,故闕之。鄭云"同降",馬云"不降",皆各見一邊耳。《欽定》之說極當。

楷案:禮於爲人後者爲其本生親屬,祇載父母、昆弟、姊妹,最爲簡淨。經多以姑、姊妹連文,此則竝姑不載,蓋爲後,若係昆弟之子,則姑即其姑也;若非昆弟之子,則記曰"爲人後者,於兄弟降一等報"足以該之。鄭於上節注:"兄弟,猶言族親也",凡不見者以此求之。盛氏云:"此兄弟所該甚廣,凡旁親自期功而下及外親皆是。雖其行輩〔之〕[4]尊卑或有與己不同者亦存焉。"律與《會典》諸書添出"姑"字於"昆弟之子爲後"已有窒礙,道光四年增"爲人後者爲其本宗之服:爲祖父母、伯叔父母、兄弟之子期者,降大功;爲從父兄弟大功者,降小功;爲曾祖父母齊衰五月者,降小功;爲從祖祖父母、從祖父母、從祖兄弟、從父兄弟之子、兄弟之孫小功者,降緦麻;其餘親屬悉照此例。再,本生父母當爲子報,其餘諸親照本生父母之例"。逐條編

① 《通典》卷 92,第 2503 頁。
② 《儀禮集編》卷 24,第 111-168(24a)頁。
③ 《欽定儀禮義疏》卷 24,第 106-817(17b)頁。
④ 《儀禮集編》卷 25,第 111-232(47a)頁。

入，力求詳備，窒礙彌多。如伯叔父母由期而降小功，設爲後係昆弟之子，容可降乎？因所據律本尚無此條，附錄於此。

嫡孫、衆孫爲庶祖母。

爲庶祖母於《禮》無徵，《欽定續通典》云："古者士爲庶母緦麻三月〔……〕①庶祖母之制服，古今未聞。明制加庶母杖期，不及於庶祖母，亦以恩之無可加也。斯爲之祖免可耳。"案：《喪服小記》云："妾母，不世祭"，則庶子之子不爲祖庶母服也。

楷案：《皇朝通志》無此條，似應照刪。

生有子女之妾爲家長之祖父母。

傳曰："妾爲君之黨服，得與女君同。"妾爲舅姑，包於婦爲舅姑之中。夫之祖父母已見《大功章》，似不必別立一條。《皇朝通志》亦無之。

緦麻三月

祖爲衆孫婦。

《禮·緦麻章》"庶孫之婦"。馬氏曰："祖父母爲嫡孫之婦小功，庶孫婦降一等，故服緦。"

曾祖、高祖②父母爲曾孫、玄孫，曾孫女、玄孫女同。案：《皇朝通典》《通志》並作"曾祖父母爲曾孫、曾孫女，高祖父母爲玄孫、玄孫女"。

《禮·緦麻章》"曾孫"。注："孫之子。"沈氏括云："（曾）〔由〕孫（以）〔而〕下〔者〕皆（稱）曾孫〔也，雖百世可也，苟有相逮者，則必爲服喪三月），③故雖成王之於后稷，亦稱曾孫。"顧氏炎武云："衛太子禱文王，稱'曾孫蒯聵'。《晉書·鍾雅傳》：元帝詔曰：'禮事宗廟，自曾孫（以）〔已〕④下。'皆稱曾孫，〔此非因循之失，〕⑤義取於重孫，可歷世共其名，無所改也。'"《欽定義疏》："經於《不杖期章》著適孫之服，《大功章》著庶孫之服。至此章則概之曰曾孫，不分適庶。然則雖有適子、適孫，皆不在，而適曾孫應爲後者，曾祖亦但爲之緦麻矣。蓋曾孫之爲曾祖三年，傳重也。祖父之於子孫，則不容無所降殺，爲適子斬衰，爲適孫不杖期，未嘗以適子不在而爲適孫斬也。則亦何庸以適孫不在而爲適曾孫期乎？"⑥敖氏云："不分適庶者，以其卑遠，略之。"

---

① 《續通典》卷82，第1630頁。
② 按：《大清律例會通新纂》卷2，第205頁無"高祖"二字；又該本"玄"譌作"元"。蔣氏此處似據《清通志》（卷46，第7028頁）等書補入，詳下小字自注。
③ 《夢溪筆談》卷3，第862-719（3a-3b）頁。
④ 《日知錄集釋》卷5，第198頁；《晉書》卷70，第1877頁。
⑤ 《晉書》卷70，第1877頁。
⑥ 《欽定儀禮義疏》卷25，第106-856（16b）頁。

祖母爲嫡孫、衆孫婦。

《禮》於長子曰“父爲長子”“母爲長子”。於衆子不言父母，父母同也。嫡孫、庶孫不言祖父母，祖父母同也。今制祖爲適孫期，祖母則大功，與衆孫同。祖爲嫡孫婦小功，祖母則緦麻，與衆孫婦同。未知義例所在。

爲乳母。

《禮·緦麻章》“乳母”。注：“謂養子者有（它）〔他〕①故，賤者代之慈己。”疏：“《內則》云：‘大夫之子有食母。’彼注亦引此，云：‘《喪服》所謂乳母。’以天子諸侯其子有三母〔具〕，皆不爲之服，士又自養其子，〔若然，自外皆無此法，〕②惟大夫之子有此食母爲乳母，其子爲之緦也。’”傳曰：“何以緦也？以名服也。”

爲曾伯叔祖父母。原註：“即曾祖之兄弟，及曾祖兄弟之妻。”

爲族伯叔父母。原註：“即父再從兄弟，及再從兄弟之妻。”

爲族兄弟，及族姊妹在室者。原註：“即己三從兄弟、姊妹所與同高祖者。”

此三節見《禮·緦麻章》“族曾祖父母、族祖父母、族父母、族昆弟”。注：“族曾祖父者，曾祖昆弟之親也。族祖父母者，亦高祖之孫，則高祖有服明矣。”黃氏榦云：“族曾祖父者，曾祖父之（昆）〔兄〕弟也。其子謂族祖父，又其子謂族父，又其子謂族昆弟，凡四世。以曾祖祖父已旁殺之義推之，皆當服緦〔麻〕。”③盛氏世佐云：“不云報者，省文也。族父母爲從祖昆弟之子服見下文。以是推之，則族父母之父若祖可知矣。”

爲曾祖姑在室者。原註：“即曾祖之姊妹。”

《禮·小功章》有父之姑，《緦麻章》無祖之姑。鄭氏珍云：“父之姊妹在室同世叔父期，出則大功；祖之姊妹在室同從祖祖父小功，出則緦麻；曾祖之姊妹在室同族曾祖〔父〕緦麻，出則無服。世決無見曾祖姑成人在室者，故經（衹）〔止〕④見父之姑。《開元禮》以後增爲曾祖姑緦麻，非周公服例，是爲虛設。”

爲族祖姑在室者。原註：“即祖之同堂姊妹。”

爲族姑在室者。原註：“即父之再從姊妹。”

此兩節已包於族祖父、族父之中。

爲族伯叔祖父母。原註：“即祖同堂兄弟，及同堂兄弟妻。”

此即族祖父母，詳上“爲曾伯叔祖父母”三條下。

---

① 《儀禮注疏》卷33，第628頁；影印本第1120頁。
② 《儀禮注疏》卷33，第629頁。
③ 《儀禮經傳通解續》卷16上，第132-194（6a）頁。
④ 《儀禮私箋》卷7，第327（17b-18a）頁。校按：全集本見第179頁，然此處內容似有舛錯。

爲兄弟之曾孫，及兄弟〔之〕曾孫女（之）①在室者。

此族曾祖父之報服。鄭氏珍云："下文〔又〕②出爲'從祖昆弟之子'，則爲昆弟之曾孫、爲從父昆弟之孫，不言可知。"敖氏始以爲卑者之輕服略之不報。程氏瑤田直謂昆弟之曾孫、從父昆弟之孫不爲制服。③不知由孫旁殺昆弟之孫小功，從父昆弟之孫非緦麻而何？由曾孫小功，旁殺昆弟之曾孫又非緦麻而何？且五服非在降例，決無己服人而人不服己者，蓋有服凡以有親也。今曰"我於彼有親，彼於我無親"，雖至愚亦知其可笑矣。而反斥《孔疏》《喪服小記》補出"昆弟之曾孫""從父昆弟之孫"二條爲不能融會《喪服》全經，非大惑哉？

爲兄弟之孫女出嫁者。

此從祖祖父之報服。其在室已見小功條下。

爲同堂兄弟之孫，及同堂兄弟之孫女在室者。

此族祖父之報服。

爲再從兄弟之子，及女在室者。

《禮·緦麻章》"從祖昆弟之子"。盛氏云："同高祖之親，自族昆弟外凡三緦麻，其報服惟見其一耳。文不具也。"

爲祖姑及堂姑，及己之再從姊妹出嫁者。 原註："祖姑即祖之親姊妹，堂姑即父之堂姊妹。"

此三女在室竝見小功條下。《禮·緦麻章》"從祖姑姊妹適人者，報"。

爲同堂兄弟之女出嫁者。

此女在室見小功條下。

爲姑之子。 原註："即父姊妹之親④子，其義服詳載'爲外祖父母'條下。"

《禮·緦麻章》"姑之子"。注："外兄弟也。"傳曰："何以緦？報之也。"

爲舅之子。 原註："即親⑤母兄弟之子，其義服詳載'爲外祖父'條下。"

《禮·緦麻章》"舅之子"。注："内兄弟也。"傳曰："何以緦？從服也。"程子曰："報服，若姑之子爲舅之子服是也。異姓之服只（是）⑥推得一重，若爲母而推，則及舅而止，若爲姑而推〔，則〕可以及其子。故舅之子無服，卻爲既與姑之子

---

① 《大清律例》卷 3，第 78 頁；《大清律例會通新纂》卷 2，第 206 頁。
② 《儀禮私箋》卷 7，第 325（14a）頁；全集本第 175 頁。
③ 《儀禮喪服文足徵記》卷 7，《喪服小記上下旁殺親畢記》，第 224 頁；全集本第 339 頁。
④ 見《大清律例會通新纂》卷 2，第 207 頁。校按：《大清律例》卷 3 第 78 頁無"親"及其後"其義服詳載'爲外祖父母'條下"等字。
⑤ 見《大清律例會通新纂》卷 2，第 207 頁。校按：《大清律例》卷 3 第 78 頁無"親"及其後"其義服詳載'爲外祖父母'條下"等字。
⑥ 《河南程氏遺書》卷 18，載《二程集》第 244 頁。

爲服，姑之子須當報之也。故姑之子，舅之子，其服同。"徐氏乾學云："姑之子爲舅之子是從服，舅之子爲姑之子方是報服。"

爲兩姨兄弟。原註："即親①母姊妹之子，其義服詳載'爲外祖父母'條下。"

《禮·緦麻章》"從母昆弟"。馬氏云："姊妹子相爲服也。"傳曰："何以緦也？以名服也。"

楷案：此三節《皇朝通典》《通志》並作"爲父姊妹之子""爲母兄弟之子""爲母姊妹之子"。

爲妻之父母。

《禮·緦麻章》"妻之父母"。《爾雅》："妻之父（曰）〔爲〕外舅，妻之母（曰）〔爲〕②外姑。"傳曰："何以緦？從服也。"敖氏云："妻從夫（服）降一等，子從母（服）降二等，夫從妻（服）③降三等。"汪氏琬云："或問：明《孝慈錄》注：妻母之嫁者、出者皆服緦，然則果應服乎？曰：否。嫁母、出母爲父後者猶無服，何有於妻母之出〔且〕嫁者乎？厚於妻母而薄於己之所生，〔其〕非先王之意〔也明〕④矣。律文無服是也。"《欽定義疏》："妻爲其祖父母（服）期，夫不從服。母爲其祖父母（服）期，子亦不從服，但從其母、妻之所自生者，祖則遠矣。且以其（妻）〔期〕⑤本加服，又出適而不降也。"與朱子"母族三、妻族二"之說合觀之則條理秩然矣。

爲壻。

《禮·緦麻章》"壻"。注："女子子之夫也。"傳曰："何以緦也？報之也。"

爲外孫，男女同。原註："即女之子女，其義服詳載'爲外祖父母'條下。"⑥

《禮·緦麻章》"外孫"。李氏曰："女外適所生，故曰外孫。"⑦車氏垓云："外孫爲外祖服小功〔者〕，由母而推之也，故重；〔而〕外祖爲外孫服緦麻〔者〕，⑧由女而推之也，故輕。"

楷案：律無"爲外孫婦"之文。《禮·緦麻章》"夫之諸祖父母報"，注："有外祖父母。"程氏瑤田以外祖爲從祖之譌。段氏玉裁云：經明言諸祖父母，則祖父母三字連文，故注於內親舉從祖祖父母，於外親舉外祖父母，皆見《小功章》。妻從服緦麻而兩祖父母報之。⑨鄭氏珍云："吳廷華解諸祖父母止據從祖祖父母，云

---

① 見《大清律例會通新纂》卷 2，第 207 頁。校按：《大清律例》卷 3 第 78 頁無"親"及其後"其義服詳載'爲外祖父母'條下"等字。
②《爾雅注疏》卷 4，第 119 頁；《爾雅譯注》，第 198 頁。
③《儀禮集說》卷 11 下，摛藻堂本第 50-408（40b）；點校本第 682 頁。
④《堯峰文鈔》卷 7，第 1315-261（15b）–262（16a）頁。
⑤《欽定儀禮義疏》卷 25，第 106-857（19a）頁。
⑥ 見《大清律例會通新纂》卷 2，第 207 頁。校按：《大清律例》卷 3 第 78 頁無"其義服詳載'爲外祖父母'條下"等字。
⑦《儀禮集釋》卷 19，第 103-340（3a）頁。
⑧《內外服制通釋》，卷 7，第 111-754（4b）頁。
⑨ 參見《經韻樓集》卷 3，第 48-49 頁。

外祖（與）〔於〕外孫不言報，則外孫婦可知，意以外祖於外孫婦無服，不合‘報’字。不思經既言‘諸’，不得以一從祖祖父母當之，且經文稱謂，前後一定，從祖祖父（母）易稱諸祖父（母），〔不見他經，先〕與本經例不合。服言報，必兩服相等。爲外祖小功，爲外孫緦，自不得言報。何得執外祖於外孫不言報，遂定（爲）〔於〕外孫婦無服乎？古人服制各有深意，爲母家服舅既緦矣，爲舅之子亦緦，不由舅降而無服，則外祖於女家，爲外孫既緦，爲外孫婦亦緦，不由外孫降而無服。原不可以本宗之服，祖爲孫婦視其夫降二等例之。〔可知外祖服外孫婦，自定以此經爲實。〕① 《政和禮》、《書儀》、《家禮》、《明會典》、今律亦並云‘爲外孫婦緦’，是也。”據此，則今律本有爲外孫婦，未知何時刪去。《皇朝通典》《通志》亦衹云爲外孫及外孫女。

爲兄弟孫之妻。

《禮·緦麻章》“夫之諸祖父母，報”。注指“從祖祖父母、外祖父母”。此從祖祖父之報服也。

爲同堂兄弟之子妻。

此從祖父之報服。

爲同堂兄弟之妻。

此因兄弟之妻而類及者。辨詳“爲兄弟之妻”條下。

婦爲夫高曾祖父母。

《禮》無明文。盛氏世佐云：“曾祖父母至尊，夫爲之齊衰三月，妻亦不可以輕服服之，其服當與夫同。《齊衰三月章》言丈夫婦人爲宗子、宗子之母、妻，是其例矣。舊說曾孫婦爲夫之曾祖父母緦，殆失之。”楷案：鄭注“夫之諸祖父母，報”云：“或曰：曾祖父母、曾祖於曾孫之婦無服而云報乎？曾祖父母正服小功，妻從服緦。”疏云：“若今本不爲曾祖齊衰三月，而依差降服小功，其〔妻〕②降一等，得有緦麻。”則鄭亦不謂夫之曾祖父母應從服緦也。

婦爲夫之伯叔祖父母，及夫之祖姑在室者。

《禮·緦麻章》“夫之諸祖父母，報”。注：“諸祖父母者，夫之所爲小功，從祖祖父母、外祖父母。”夫之祖姑，《禮》無明文。

婦爲夫之堂伯叔父母，及夫之堂姑在室者。 原註：“夫之堂姑，即夫之伯叔祖父母所生（者）〔也〕。”③

---

① 《儀禮私箋》卷7，第330（23a-24a）頁；全集本第183頁。
② 《儀禮注疏》卷33，第632頁。
③ 《大清律例》卷3，第78頁；《大清律例會通新纂》卷2，第208頁。

夫之諸祖父母，鄭注："舉從祖祖父母"，阮氏《校勘記補》"從祖父母"，程氏謂："凡服必由近而遠，不當舍從祖父母而服從祖祖父母。"胡氏培翬云："經言夫之諸祖父母，正是舉遠以包近，《大功章》見夫之祖父母〔、世父母、叔父母〕[1]，則從祖父母有服明甚。段氏謂：'舉從祖祖父母可以關從祖父母。'是也。"夫之堂姑，《禮》無明文。

婦爲夫之同堂兄弟、姊妹，及夫同堂兄弟之妻。

婦爲夫兄弟無服。其有服者，唐君臣之議禮，欲過於聖人者之爲之也，況夫之同堂兄弟乎？至夫之同堂兄之妻，則有之矣。《禮·緦麻章》爲夫之從父昆弟之妻。傳曰："何以緦也？以爲相與同室，則生緦之親焉。"注："同室者，不如居室之親也。"《欽定義疏》："娣姒（婦）[2]及堂娣姒，皆從服所不及，又無名。故取諸居室，同室之義焉。"

婦爲夫再從兄弟之子，女在室同。

《禮·緦麻章》"從祖昆弟之子"。注："族父母爲之服。"此族母之報服，當與前"爲再從兄弟之子"竝爲一節。

婦爲夫同堂兄弟之女出嫁者。

此女在室，詳小功條下。

婦爲夫同堂兄弟子之妻。 原註："即堂姪婦。"

此從祖母之報服，當與前"爲同堂兄弟之子妻"竝爲一節。

婦爲夫同堂兄弟之孫，及孫女之在室者。

此族祖母之報服，當與前"爲同堂兄弟之孫"竝爲一節。

婦爲夫兄弟（之）[3]孫之妻。 原註："即姪孫之妻。"

此從祖祖母之報服，當與前"爲兄弟孫之妻"竝爲一節。

婦爲夫兄弟之孫女出嫁者。

此女在室，見小功條下。

婦爲夫之曾孫、玄孫，及曾孫女、玄孫女之在室者。

"曾祖、高祖父母爲曾孫、玄孫，曾孫女、玄孫女同"已見前。此即曾祖母、高祖母也，未審何爲複出。

楷案：《皇朝通典》《通志》均無玄孫、玄孫女，蓋及身而見玄孫、玄孫女者已鮮，又見玄孫、玄孫女之成人者尤鮮。聖人祇道其常也。

婦爲夫兄弟之曾孫， 原註："即曾姪孫。" **曾孫女同。**

---

[1]《儀禮正義》卷24，第440（38a）頁。
[2]《欽定儀禮義疏》卷25，第106-860（24b）頁。
[3]《大清律例》卷3，第79頁；《大清律例會通新纂》卷2，第209頁。

此族曾祖母之報服，當與前"爲兄弟之曾孫"並爲一節。

婦爲夫之小功服外姻親屬。

楷案：小功服外姻親屬，在《禮》惟外祖父母耳、從母耳，舅則緦也。唐加小功外祖父母在夫之諸祖父母章，說已見前。從母者，据《服問》："'有從無服而有服'，公子之妻爲公子之外兄弟。注：'謂爲公子之外祖父母、從母緦麻'"是也。（記）〔傳〕①曰："何如則可謂之兄弟？小功以下爲兄弟。"《欽定義疏》："若外祖父母之尊，皆以兄弟之誼視之〔矣〕。"②在"從祖祖父母、從祖父母，報"節。又云："妻於夫之母黨不從服。"在"夫之所爲兄弟服，妻降一等"節。③不惟與《服問》相違，亦自相矛盾矣。夫之所爲兄弟服，其在外姻，非外祖父母及從母而何？《明史·禮志》曰："緦麻〔三月〕者〔……〕④有爲夫之外祖父母，爲夫之舅及姨。"惟舅之小功是唐所加，餘未爲失也。《皇朝通典》《通志》並遺之。當据律文補。

女出嫁，爲本宗伯叔祖父母及祖姑在室者。

此服其從祖祖父母，其昆弟之服已見小功條下。

女出嫁，爲本宗同堂伯叔父母，及堂姑在室者。

此服其從祖父母，其昆弟之服已見小功條下。

女出嫁，爲本宗堂兄弟之子，女在室者〔同〕。⑤

即從祖姑適人者之報服。

楷案：此節上《皇朝通典》《通志》均有"女出嫁爲本宗堂姊妹之出嫁者"一條。女出嫁爲堂姊妹已見小功條。此以兩出而兩降，非，今律無之，是也。

又案：道光四年於緦麻條內增"子爲父母、妻爲夫、孫爲祖後者改葬"一條，注："既葬除之"，應據補記曰"改葬緦"。注："謂墳墓以他故崩壞，將亡失尸柩者也。改葬者，明棺物毀敗，改設之，如葬時也。其奠如大斂，從廟之廟，從墓之墓，禮宜同也。服緦者，臣爲君也，子爲父也，妻爲夫也。必服緦者，親見尸柩，不可以無服，緦三月而除之。""孫爲祖後"，鄭注所無，《通典》："漢戴德云：'制緦麻具而葬，葬而除。謂子爲父、妻妾爲夫、臣爲君、孫爲祖後也。'"會議增入，蓋據此。戴氏、鄭氏均有"臣爲君"一條。禮部原奏、內閣九卿會議皆不之及也。⑥

---

① 《儀禮注疏》卷 33，第 636 頁。
② 《欽定儀禮義疏》卷 24，第 106-838（59b）頁。
③ 《欽定儀禮義疏》卷 25，第 106-869（42a）頁。
④ 《明史》卷 60，第 1496 頁。
⑤ 《大清律例》卷 3，第 79 頁；《大清律例會通新纂》卷 2，第 209 頁。
⑥ 參見《大清（宣宗）實錄》卷 70，第 117 頁，道光四年七月己卯。

大清律講義前編四之四

律服疏證四

記名御史學部員外郎青島特別高等專門學堂總稽察蔣楷編。

古禮簡簡而賅，今制繁繁而亂。疏律服既訖，因條其闕遺，分列於左，而以答諸生之問附之。

一、補遺

唐五服之制見《唐書·禮樂志》。惟輕於變古爲不愜於人心耳，而正服、義服、加服、降服一目憭然，宋元所不及也。國朝議禮，率本《欽定三禮義疏》，而服制又若相背而馳者，豈非因仍明制，憚於改作乎？今依其例，補禮之所有者三條，律之報服所有、本服所無者一條。

爲孫女適人者。

《禮·小功章》"孫適人者"。注："孫者，子之子，女孫在室，亦大功也。"楷案：經所以必著此條者，以孫不降其祖。嫌於祖亦不降其孫，故特明之。今律孫女在室已附"祖爲衆孫"條下。其適人之見於經者，乃不之及。疏遠如祖姑在室、《禮·緦麻章》有"父之姑"，不言在室與適人也，今小功、緦麻兩見。曾祖姑在室，百不一見者，又不憚其煩。深所不解。

女在室、適人爲其昆弟之妻，及其昆弟之子之妻。

此《小功章》姑姊妹之報服。楷案：姑姊妹在室期，妻降一等應大功。適人者大功，妻降一等應小功。而《禮》不殊者，鄭注謂"因恩輕，略從降。"然則此三女之報亦不分在室、適人可知矣。今律但有出嫁女爲本宗兄弟及兄弟之子，而不及其妻，亦有爲夫之姑及夫姊妹而不言其報。何也？

爲外孫婦。

疏證見前"爲外孫"條下。

爲人後者爲其伯叔父母。

此《禮》之所無。因所後無定，如後父之昆弟，則所後父之昆弟即其父之昆弟，爲人後者爲其世叔父母仍期。《禮》言其姊妹不及其姑，即是此意。今律大功項下有“爲己兄弟之子爲人後者”一條，蓋報也。則此亦應增詳疏證“爲其兄弟及姑、姊妹之在室者”暨“爲其姑及姊妹出嫁者”條下。

二、補尊尊之服

《大傳》：“服術有六：一曰親親，二曰尊尊。”《小記》：“親親，尊尊，人道之大者也。”《喪服經》首曰父，親親也。次曰諸侯爲天子，尊尊也。今律載九族五服之圖，祇及家族可也。《服制總類》於家族以外概不之及，有父子無君臣矣。凌氏廷堪乃以《喪服》尊尊之禮爲封建而設。其然？豈其然乎？

《禮·斬衰三年章》“諸侯爲天子”。

傳曰：“天子至尊也。”《欽定義疏》：“奔喪正也，而修服於國者亦宜有之〔道〕。”[1]《白虎通》曰：“天子崩，遣使者（訃）〔赴告〕諸侯〔……臣子〕悲哀慟怛，（莫）〔無〕不欲（親）〔觀〕君父之棺柩，盡悲哀〔者也〕。又爲天子守（藩）〔蕃〕，不可頓空也。故分爲三部〔……〕七月之間，諸侯有在京師親（共）〔供〕臣子之事者，有號泣〔悲哀〕奔走道路者，有居其國（痛）哭〔痛〕思慕，竭盡所（共）〔供〕以助喪事者。是〔四海之內咸悲，〕臣下若喪考妣之義也”。[2]范氏祖禹云：“君喪三年，古未之改〔也〕。漢文率情變禮，雖欲自損以便人，而〔不知使人入於夷狄也。〕[3]自是以後，民不知戴君之義，而嗣君遂亦不爲三年之服。唐之人主鮮能謹於禮者，故有公除而議昏，亮陰而舉樂。忘父子之親，固不可矣。然如漢文之制，志甯之議，是亦有父子而無君臣也。”朱子曰：“孝宗服高宗既葬，白布衣冠視朝。此〔爲〕甚盛〔之〕德，〔足破千載之繆，前世人君自不爲服，故不能復古，當時有此機會，而〕儒臣禮官不能有所建明，〔以爲一代之制，〕遂至君服於上，臣除於下，〔因陋踵譌，〕[4]深可痛恨。”楷案：晉范宣云：“禮制殘缺，天子之典多不全具，惟國君之禮往往有之。”則未去《國邮》一篇以前已如此。

君。

傳曰：“君至尊也。”注：“天子、諸侯及卿大夫有地者，皆曰君。”

---

[1]《欽定儀禮義疏》卷 22，第 106-741(31a)頁。
[2]《白虎通疏證》卷 11，第 536-538 頁。
[3]《唐鑑》卷 7，摛藻堂本第 236-47（1b）頁。校按：文淵閣四庫全書本第 685-513（1b）頁“夷狄”作“短喪”。
[4]《欽定儀禮義疏》卷 22，第 106-742（33a-33b）頁。朱子原文出自《晦庵集》卷 63，《答余正甫》（見《朱子全書》第 3071 頁），惟兩者文字頗有出入。如“不能復古”，朱子原文作“不能復行古禮”。

《欽定義疏》"公士大夫之臣"，傳曰："君謂有地者〔也〕。此注〔蓋〕本此而言。然古者遞相君臣，則不必有地而後有臣矣。〔……〕《特牲》記：'私臣門東，北面西上'〔，則士自有臣〕。《士喪禮》讀暱有'主人之史'，以別於'公史'。〔……〕①奔喪哭天子九，諸侯七，卿大夫五，士三，皆言臣爲君也。"敖氏兼士言之，於義爲合。楷案：唐五服之制尚有國官爲君，而天子之尊自李義府、許敬宗以"凶事非（天）〔臣〕②子所宜言"後，遂無復有言及之者矣。《魏令》："官長卒〔官〕者，（官）吏皆齊衰，葬訖而除之。"譙周云："大夫受畿內（之）采邑，有家臣，雖又別典鄉遂之事，其下屬皆（止）〔上〕③相屬其吏，非臣也。秦漢無復采邑之家臣，郡縣吏權假斬縗，代至則除之。"《晉喪葬令》："長吏卒官，吏皆齊縗以喪服理事，若代者至，皆除之。"

公士、大夫之眾臣，爲其君布帶、繩屨。注："士，卿士也，公卿大夫厭於天子諸侯，故降其眾臣布帶繩屨，貴臣得伸，不奪其正。"郝氏敬云："公士，謂諸侯之士。"④盛氏謂："公士，公家之士〔……〕⑤公士，君，諸侯、大夫之眾臣。"君、大夫蓋本郝說。秦氏蕙田主之。

傳曰："公卿大夫室老、士，貴臣，其餘皆眾臣也。君，謂有地者也。眾臣杖，不以即位。近臣，君服斯服矣。繩屨者，繩菲也。"注："室老，家相也。士，邑宰也。近臣，閣寺之屬。君，嗣君也。斯，此也。近臣從君（喪服）〔矣，服〕無所降也。繩菲，今時不借也。"方氏觀承云："上以公之士與大夫之眾臣爲非貴臣，〔故〕此〔傳〕謂公之卿、即諸侯之上大夫。大夫之室老與士皆爲貴臣〔也〕，蓋士仕於公家爲賤臣〔者〕，⑥在大夫之家則爲貴臣矣。"

《不杖期章》"爲夫之君"。盛氏世佐云：《雜記》"'外宗爲君、夫人，猶內宗也。'〔鄭〕注〔云〕：'皆謂嫁於國中者〔也〕。爲君服斬，夫人（服）〔齊〕衰，不敢以其（輕）〔親〕服服至尊也。外宗謂姑姊妹之女、（及）舅之女及從母，皆是也。內宗，五屬之女也。其無服而嫁於諸臣者，從爲夫之君。'嫁於庶人，從爲國君。〔然則爲夫之君在〕此章〔者〕謂諸臣之妻本與君無服者耳。不服斬，〔又〕不服夫人，是其異〔於外宗、內宗者〕⑦也。"

《欽定義疏》："諸侯夫人、畿內公卿大夫士之妻爲天子，侯國公卿（士）大夫〔士〕⑧之妻爲國君，凡公卿大夫士之臣之妻爲其君皆是也。"又云："臣妻不服君夫人者，以從服直一從而已，不累從也。"

---

① 《欽定儀禮義疏》卷22，第106-743（35a-35b）頁。
② 《新唐書》卷20，《禮樂十》，第441頁。另可參見《舊唐書》卷82，《李義府傳》，第2768頁。
③ 《通典》卷99，第2646頁。校者按："上"原作"止"，點校本據北宋本等本改。見《通典》第2650頁校勘記〔四一〕。
④ 《儀禮節解》卷11，第695（8b）頁。
⑤ 校按：此處原文字跡模糊難辨。姑據《儀禮集編》卷22，第111-68（71a）頁補定。
⑥ 《五禮通考》卷252，第142-227(41a-41b)頁。
⑦ 《儀禮集編》卷23，第111-121（70a）頁。另可參見《通典》卷81，第2216頁；《禮記訓纂》卷21，第651頁。
⑧ 《欽定儀禮義疏》卷23，第106-787（51b）–788（52a）頁。

爲君之父母、妻、長子、祖父母。

傳曰：“何以期也？從服也。”父母、長子，君服斬。妻則小君也。父卒，然後爲祖後者服斬。注：“此爲君矣，而有父若祖之喪者，謂始封之君也。若是繼體，則其父若祖有廢疾不立（者）。①父卒者，父爲君之孫，宜嗣位而早卒。今君受國於曾祖。”盛氏世佐云：“此君之父與祖父皆謂未嘗爲君（者）〔也〕。若既爲君（而）薨，則臣當爲之服斬，〔不在此例矣〕。君之母謂卒於君之父之後〔者也〕，君之祖母則又卒於君之父若祖之後者也。故君皆〔爲之〕齊衰三年，而臣從服期。若君之父在而母與祖母卒，及父卒祖在而祖母卒，則君但爲之（服）②期，而臣不從服矣。先言君之父母、妻、長子，而後言祖父母者，蓋君爲祖父母三年，而臣從服期，必其君之父先卒者也。君之妻、長子之喪則不因君之父之存歿而異，故其立言之次如此。”

《齊衰三月章》“寄公爲所寓”。注：“寓亦寄也，爲所寄之國君服。”

傳曰：“寄公者何也？失地之君也。何以爲所寓服齊衰三月也？言與民同也。”
注：“諸侯五月而葬，而服齊衰三月者，三月而藏其服，至葬又更③服之，既葬而除之。”《欽定義疏》：“同於民者，寄公之自視則然，所寓之君待之則以賓禮。《喪大記》可據也。”④

〔爲〕舊君、君之母、妻。

傳曰：“爲舊君者，孰謂也？仕焉而已者也。何以服齊衰三月？言與民同也。君之母、妻，則小君也。”注：“仕焉而已者，謂老若〔有〕⑤廢疾而致仕者也。爲小君服者，恩深於民。”《欽定義疏》：“身雖致仕，所食者君之祿也。若大夫，則所乘者君之車也。國政猶與聞焉，恩誼深矣。然一切典禮不可參錯於見爲臣者之班，是以服同於民也〔……〕⑥古人臣進退不苟細故微嫌，有奉身而退者，如楚子文三仕三已，柳下惠爲士師三黜，略可見也。注以老與廢疾者言之，似未賅。”

庶人爲國君。注：“不言民而言庶人，庶人或有在官者。天子畿內之民，服天子亦如之。”

朱子曰：後世“士庶人既無本國之君服，又無至尊服，則是無君，亦不可不示其變。如今涼衫亦不害，此亦只存得些影子。”⑦《欽定義疏》：“敖氏〔又〕謂非在官者不服，非也。民無不服之理，上傳再言與民同，足以見之矣〔……〕⑧侯國之民不服天子者，勢彌遠而分逾尊，故不可制服也。然遏密八音，亦足以致其情矣。

---

① 《儀禮注疏》卷31，第585頁。
② 《儀禮集編》卷23，第111-122（73b）–111-123（74a）頁。
③ “更”，他本或作“反”，見《儀禮注疏》卷31，第592頁腳注①。
④ 《欽定儀禮義疏》卷23，第106-800（76b）頁。
⑤ 《儀禮注疏》卷31，第593頁。
⑥ 《欽定儀禮義疏》卷23，第106-801（79a-79b）頁。
⑦ 《朱子語類》卷89，第2276頁。
⑧ 《欽定儀禮義疏》卷23，第106-801（79b）–106-802（80a）頁。

爲公卿大夫之君無服，諸侯世大夫不世，經特言國君，以此庶人爲君之母、妻無服。”

　　“大夫在外，其妻、長子爲舊國君。” 注：“在外，待放已去者。”

　　傳曰：“何以服齊衰三月也？妻，言與民同也。長子，言未去也。”注：“妻雖從夫而出，古者大夫不外娶，婦人歸宗，往來猶民也。《春秋傳》曰：‘大夫越境逆女，非禮。’君臣有合離之義，長子去，可以（不）〔無〕^①服。”《欽定義疏》：“妻若隨夫去，則不必與民同矣；未去，則雖外娶者，亦與民同，義不繫於歸宗往來也。《士昏禮》有若異邦之文，士且外娶，況大夫乎？《公羊》之言〔亦〕^②不可爲典要。”楷案：鄭氏所云《禮》爲夫之君期。“今夫雖在外，妻尚未去，恐或者嫌猶宜期，故言與民同，則出國無服可知也。”所解至爲明確。敖氏攻傳以爲妻子俱去，盛氏亦以爲俱去，而謂“長子言未去〔也〕者，〔謂此長子〕^③是大夫在國時所生。”亦穿鑿之甚矣。

　　舊君。 注：“大夫待放未去者。”

　　傳曰：“大夫爲舊君，何以服齊衰三月也？大夫去，君掃其宗廟，故服齊衰三月也，言與民同也，何大夫之謂乎？言（以）其〔以〕^④道去君而猶未絕也。”注：“以道去君，謂三諫不從，待放於郊。未絕者，言爵祿尚有列於朝，出入有詔於國。”妻子自若民也。敖氏云：“子思子曰：‘古之君子，進人以禮，退人以禮，故有舊君反服之禮。’孟子曰：‘諫行言聽，膏澤下於民。有故而去，則君使人導之出疆，又先於其所往。去三年不反，然後收其田里。此之謂三有禮焉，如此則爲之服矣。’爲舊君之義，二說盡之。”張氏爾岐云：“此章言爲舊君者三：爲舊君及其母、妻，此昔仕，今已在其故國者也。大夫在外，此其身已去，其子尚存本國者也。此言舊君，則大夫去而未絕。”^⑤《欽定義疏》：鄭氏“‘大夫待放未去者’。案：傳言已去，注何云未去乎？若未去，豈煩君之掃其宗廟邪？注欲與前經‘大夫在外’條區而爲二，故強別之〔……〕又案：爲舊君凡三條：第一條〔大夫士仕焉而已者，在國者也，〕在國故服君，而竝服其母、妻〔也〕。第二條〔大夫身已〕去國而妻〔若長〕子尚留者〔也，妻、長子服君則不服君之母、妻矣；身在外未仕則服，已仕則不服也〕。第三條則〔指言大夫〕去國而未仕者”。^⑥與張氏爾岐之說略同。

　　《緦衰章》“諸侯之大夫爲天子”。

　　傳曰：“何以緦衰也？諸侯之大夫，以時接見乎天子。”注：“接猶會也。諸侯之大夫，以時會見於天子而服之，則其士庶民不服可知。”射氏慈云：“諸侯之大夫，有出朝聘之事，會

---

① 《儀禮注疏》卷31，第594頁。
② 《欽定儀禮義疏》卷23，第106-802（81b）–106-803（82a）頁。
③ 《儀禮集編》卷23，第111-146（121b）頁。
④ 《儀禮注疏》卷31，第596頁。
⑤ 《儀禮鄭注句讀》卷11，第50-888（33b）頁。
⑥ 《欽定儀禮注疏》卷23，第106-806（88a-88b）頁。

見天子，故言（接見）〔時會〕。雖未（接）〔會〕[1]見，猶服此服。"張氏爾岐云："謂諸侯使大夫來見天子，適有天子之喪，則其服如此。〔愚意〕[2]諸侯若來會葬，則其從行者或亦然。"

三、補殤服

《大傳》："服術有六〔……〕[3]五曰長幼。"鄭注："長幼，成人及殤也。"齊衰之殤九月、七月也，而在大功前。大功之殤五月也，而在小功前。雖其文不縟乎，而情之所不容已，即禮之所不可闕也。三殤之制，漢、晉至元莫之敢易。明初《集禮》及令亦仍之。《孝慈錄》出，始一切削去。禮何不幸，而一厄於唐太宗，再厄於明太祖也。今輯殤服經傳而攗儒先之說附焉。

《禮·大功殤服章》"子、女子子之長殤、中殤"。注："殤者，〔男女〕未冠笄而死。可傷者。女子子許嫁，不爲殤也。"

傳曰："何以大功也？未成人也。何以無受也？喪成人者其文縟，〔喪〕未成人者其文不縟，故殤之絰不樛垂，蓋未成人也。年十九至十六爲長殤，十五至十二爲中殤，十一至八歲爲下殤，不滿八歲以下〔皆〕爲無服之殤。無服之殤以日易月，以日易月之殤，殤而無服。故子生三月則父名之，死則哭之，未名則不哭也。注："縟猶數也。其文數者，（爲）〔謂〕[4]變除之節也。不樛垂者，不絞其帶之垂者。《雜記》曰：'大功以上散帶。'以日易月，謂生一月者哭之一日也。殤而無服者，哭之而已。爲昆弟之子、女子子亦如之。凡言子者，可以兼男女。又云女子子者，殊之以子，閫適庶也。"程子曰："無服之殤，更不祭。下殤之祭，父母主之，終父母之身。中殤之祭，兄弟主之，終兄弟之身。上殤之祭，兄弟之子主之，終兄弟之子之身。若成人而無後者，兄弟之孫主之，亦終其身。凡此，皆以義起也。"[5]《欽定義疏》："上中下殤分年而立之限，禮之品節，不得不然。然早冠早婚者古多有之，已冠已昏〔即〕不爲殤，〔又〕世爵而有臣早仕而服官者，亦不爲殤。可見成法一定，〔而〕變而通之，亦存乎其（人）〔中〕矣。孔子謂：'嬖童汪踦能執干戈以衛社稷，可以勿殤。'由此推之，〔則〕[6]凡十六以上，或學通一藝，或勤效一職，似皆可比於勿殤之義。但此變通之法多在上殤，而中殤以下無庸意爲升降，則以上殤之近於成人焉耳。"

---

① 《通典》卷81，第2209頁。
② 《儀禮鄭注句讀》卷11，第50-892（31b）頁。
③ 《禮記訓纂》卷16，第522頁。
④ 《儀禮注疏》卷31，第599頁。
⑤ 《二程集》卷18，第245頁。
⑥ 《欽定儀禮義疏》卷24，第106-812（6a-6b）頁。

楷案：以日易月，古今凡四說：王肅用馬義，欲以本服之月爲月數，則小功惟長殤有服，緦麻竝長殤亦無服，乃於無服之殤爲制五日、三日之哭乎？《欽定義疏》駁之是矣。郝氏以殤服月數爲哭之日數，不知此無服之殤爲應長殤邪？中殤邪？其不通甚於王、馬。孔氏廣森又謂三殤之下應降緦麻，以不足成服，祇制三日哭，是以哭之日易緦之月，視王、馬之八歲以下限以十三日之哭爲尤輕。《義疏》從鄭極允。疏述鄭氏之義，謂惟據父母爲子，較戴氏此獨爲父母爲子與兄弟相爲之說更與傳合。傳言"父名之，死則哭之"，不及餘親也。而秦氏蕙田猶疑之，何也？

"叔父之長殤、中殤，姑姊妹之長殤、中殤，昆弟之長殤、中殤，夫昆弟之子、女子子之長殤、中殤。"

"適孫之長殤、中殤，大夫之庶子爲適昆弟之長殤、中殤，公爲適子之長殤、中殤，大夫爲適子之長殤、中殤。"注："公，君也。諸侯大夫不降適殤者，重適也。天子亦如之。"

《欽定義疏》："適孫，謂適子死而適孫應受重者。大夫以上亦如之。不言者，重適之義一也。不降不絕，如其殤服服之，可依適子而推耳。"又云："天子諸侯不絕正統之服，成人不絕則殤亦不絕矣。摯虞乃謂：'天子無服殤之義'〔……〕[1] 蓋欲羣臣以成人之服服太孫。而惠帝則不服耳。不知臣從君服，惟君服斬者，臣服期。若君服期，則臣不從服，況殤之降而在功緦者乎？"

"其長殤皆九月，纓絰。其中殤七月，不纓絰。"

《小功殤服章》"叔父之下殤，適孫之下殤，昆弟之下殤，大夫庶子爲適昆弟之下殤，爲姑、姊妹、女子子之下殤"。馬氏云："本皆期服，下殤降二等，故小功也。"

"爲人後者爲其昆弟、從父昆弟之長殤。"

傳曰："問者曰：'中殤何以不見也？'大功之殤，中從上；小功之殤，中從下。"注："問者，據從父昆弟之下殤在緦麻也。大功、小功，皆謂服其成人也。大功之殤中從上，則齊衰之殤亦中從上（也）。此主〔謂〕[2]丈夫之爲殤者服也。凡不見者，以此求之也。"楷案：鄭注以大功、小功與緦麻章之齊衰、大功竝成人之服。前謂男子服殤，後謂婦人服夫家之殤。郝氏以爲皆主男子言，前以殤降服言，後以成人本服言。程氏瑤田舉"成人齊衰見〔於〕殤服者十四人"，竝長、中大功，下小功；成人大功見殤服者十一人，竝長小功中下緦。[3]足以證成郝氏以殤服言之義。鄭氏珍云："如鄭說令小功是成人服，成人服小功者，其長殤降服緦〔矣〕，下殤又降，即無服（矣），中殤於何從

① 《欽定儀禮義疏》卷 24，第 106-812（7b）–106-813（8a-8b）頁。
② 《儀禮注疏》卷 32，第 616 頁，影印本第 1116 頁。
③ 見《儀禮喪服文足徵記》卷 6，《殤服中從上中從下辨》，第 206-207 頁；全集本第 308-309 頁。原文謂："凡成人齊衰，見於殤服者十四人……竝長殤中殤大功，下殤小功。以成人服言之，所謂齊衰之殤中從上也。以殤服言之，所謂大功之殤中從上也……成人大功見殤服者十一人……竝長殤小功，其中下殤緦麻。"

之？"又云："傳文依經措辭，當章是殤服小功，自應稱當章之服。讀者但視當章，自知其決非正服，大小功猶之。期有杖、不杖之分，而諸言'何以期'在不杖〔當〕章者，讀者必知其非杖期也。〔自〕康成誤認與《緦麻章》傳同（爲）〔言〕[①]成人服，而凡成人大功之中殤應從下殤服緦者，皆誤爲從長殤服小功，遂不得不謂《緦麻章》'庶孫之中殤'爲'下殤'之誤，而不計由此言之，小功中殤已無卜可從。乃注《緦麻章》從祖父、從祖昆弟之長殤，猶云'不言中殤者，中從下'，蓋亦未思及有例無服也。此康成之偶失也。"

"爲夫之叔父之長殤。"注："不見中殤者，中從下也。"

昆弟之子、女子子、夫之昆弟之子、女子子之下殤。馬氏融云："（世）〔伯〕[②]叔父母爲之服也。成人在期，下殤降二等，故服小功。"

"爲姪、庶孫丈夫婦人之長殤。"馬氏融云："適人（姑）〔故〕[③]還爲姪，祖爲庶孫，成人大功，長殤降一等，故小功也。言丈夫婦人者，明姑與姪、祖與孫疏遠，故以遠辭言之。"

"大夫、公之昆弟、大夫之子爲其昆弟、庶子、姑、姊妹、女子子之長殤。"

注："大夫爲昆弟之長殤小功，謂爲士者若不仕者也。以此知爲大夫無殤服也。公之昆弟不言庶者，此無服，無所見也。大夫之子不言庶者，闓適子亦服此殤也。云公之昆弟爲庶子之長殤，則知公之昆弟猶大夫。"

馬氏云："大夫以尊降，公之昆弟以尊厭，大夫子以父尊厭，各降在大功，長殤復降一等，故小功也。"《欽定義疏》："《不杖期章》有大夫之子为子、昆弟之子为大夫者之服，則大夫不必五十，亦有少年为之者可知。"[④]

"大夫之妾爲庶子之長殤。"注："君之庶子。"

《緦麻章》"庶孫之中殤"。注："庶孫者，成人大功，其殤，中從上。此當爲下殤，言中殤者，字之誤耳。又諸言中者，皆連上下也。"

楷案：馬氏融云："祖爲孫，成人大功，長殤降一等，中下殤降二等，故服緦"是也。盛氏不知《小功殤服章》之"大功小功"指殤服而言，故云馬說與傳例不合。鄭注之誤，辨見前。

"從祖父從祖昆弟之長殤。"注："不見中殤，中從下。"

楷案：鄭注之誤，辨見前。

"從父昆弟姪之下殤。"

《欽定義疏》："《小功章》爲從父昆弟之長殤，據丈夫則此爲其下殤緦者亦丈

① 《儀禮私箋》卷 7，第 319（2a）–320（3b）頁；全集本第 166 頁。
② 《通典》卷 92，第 2500 頁。
③ 《通典》卷 92，第 2501 頁。
④ 《欽定儀禮義疏》卷 24，第 106-836（54b-55a）頁。

夫也。女子子在室者服之亦同，適人則不服。其爲姪則專主婦人耳。"①

"**夫之叔父之中殤、下殤。**"注："言中殤者，中從下。"

"**從母之長殤，報。**"《欽定義疏》："外親之殤服僅有此條。"

"**夫之姑姊妹之長殤。**"

楷案：殤服姊字，馬氏皆以爲闍畏、厭、溺，敖氏皆以爲連文，非也。《欽定義疏》："《雜記》：女雖未許嫁，年二十而笄，〔笄〕則不爲殤矣。或其弟〔年十五六以上〕早昏，而姊未及笄而死者容有之。女年垂成，痼疾數年而死，未及笄〔禮〕②者，亦有之。"

"**從父昆弟之子之長殤，昆弟之孫之長殤。**"

"**長殤、中殤降一等，下殤降二等。**"

"**齊衰之殤中從上，大功之殤中從下。**"注："齊衰、大功，皆服其成人也。大功之殤中從下，則小功之殤亦中從下也。此主謂妻爲夫之親服也，凡不見者，以此求之。"

楷案：鄭注小功之殤以中從下，與注《小功殤服章》同誤。至程氏瑤田痛詆鄭說，以此傳末四語爲本是經文。果是經文，則子夏小功殤服傳不應改經之齊衰、大功爲大功、小功，且"大功之殤中從下"既著於經，中殤何以不見之問亦爲多事矣。然則此章屬婦人之服，決當從鄭無疑也。鄭氏珍云長中殤降一等，下殤降二等，即是爲母家三殤服例。蓋婦人服制起義各別，母家無中殤從下者，未可與服夫家概論。玩《殤小功章》，經云"爲姪、庶孫丈夫、婦人之長殤"，此爲姪者、姑爲庶孫者，一爲祖母姪屬母家，庶孫屬夫家，其長殤降一等，服小功則同。故經合作一條。至中殤、下殤則有別矣。祖母視大功之殤中從下之例，中下皆應總。姑視長殤、中殤降一等之例，則中殤仍小功。故《總麻章》判爲兩條，云庶孫之中殤，夫家中從下也；云姪之下殤，母家中殤降一等，自在小功也。其一言中不連下，一言下不連中，欲使讀者參伍前後三條，自見爲夫家、母家殤服同異。又云傳發男子服殤總例於《殤小功章》，則男子之殤服明；發婦人服殤總例於《總麻章》，則婦人之殤服明。婦人有夫家、母家之異，傳上言中殤降一等，下言中從下，上下文顯別，則爲兩例亦明。

四、補降服

《禮》有加服、降服。加服之義各條詳之矣。降服有三，其以出降者，若爲人

---

① 《欽定儀禮義疏》卷25，第106-851（6a）頁。

② 《欽定儀禮義疏》卷25，第106-858（21b）–106-859（22a）頁。

後、若女子子適人，竝分見各條下。惟尊降、厭降爲今所不講，乃彙而錄之。而以不降先焉。

（一）^①不降

《禮·齊衰三年章》"母爲長子"。

傳曰："父之所不降，母亦不敢降也。"

《不杖期章》"大夫之適子爲妻"。

傳曰："父之所不降，子亦不敢降也。"

"大夫之庶子爲適昆弟。"

傳曰："父之所不降，子亦不敢降也。"

"適孫。"

傳曰："不敢降其適也。"

"公妾、大夫之妾爲其子。"

傳曰："妾不得體君，爲其子得遂也。"

"女子子爲祖父母。"

傳曰："不敢降其祖也。"_{以上疏證竝見前。}

"大夫之子爲世父母、叔父母、子、昆弟之子，姑姊妹女子子無主者爲大夫命婦者，唯子不報。"_{注："命者，加爵服之名，自士至上公，凡九等。君命其夫，則后夫人亦命其妻矣。此所爲者，凡六大夫、六命婦。"}

傳曰："大夫者，其男子之爲大夫者也。命婦者，其婦人之爲大夫妻者也。無主者，命婦之無〔祭〕主者也。何以言惟子不報也？女子子適人者，爲其父母期，故〔言〕不報也。言其餘皆報也。何以期也？父之所不降，子亦不敢降也。大夫曷爲不降命婦？夫尊於朝，妻貴於室矣。"_{注："無主者，命婦之無祭主，謂姑姊妹女子子也。其有祭主者，如衆人。唯子不報，男女同不報爾。傳以爲主謂女子子，似失之矣。大夫曷爲不降命婦，據大夫於姑姊妹女子子，既以出降〔在〕^②大功，其適士者又以尊降在小功也。夫尊於朝，與己同，妻貴於室，從夫爵也。"}

鄭氏珍云："'注：唯子不報，男女同不報爾。傳以爲主謂女子子，似失之矣。'按：經必彼此相爲服正等乃謂之'報'。子於父皆三年，先與期服不等，自不得言'報''不報'。唯女子子適人者，無論父於己降不降，皆服期，與此服正相等。嫌於似報而實不可言報，故經言'唯子不報'，以明自女子子而外皆彼此不降，爲服相等。

---

① 校按：原文此處序號仍誤作"一"，爲避免混同，特加變通，下同。
②《儀禮注疏》卷 31，第 588 頁。

其子爲父三年自不待言。豈嫌於子爲大夫，將（降）〔服〕其父期乎？"①

"大夫爲祖父母、適孫爲士者。"

傳曰："大夫不敢降其祖與適也。"

"（父）〔公〕②妾以及士妾爲其父母。"

傳曰："妾不得體君，得爲其父母遂也。"

《齊衰三月章》"大夫爲宗子"。

傳曰："大夫不敢降其宗也。"楷案：此經上文曰："丈夫、婦人爲宗子、宗子之母、妻。"注："婦人，女子子在室及嫁歸宗者也。宗子，繼別之後，百世不遷，所謂大宗也。"傳曰："何以服齊衰三月也？尊祖故敬宗。敬宗者，尊祖之義也。宗子之母在，則不爲宗子之妻服也。"此條《唐書·禮樂志》已不載，律疏亦無之，蓋宗法之亡久矣。

"曾祖父母爲士者如衆人。"

傳曰："大夫不敢降其祖也。"

"女子子嫁者、未嫁者爲曾祖父母。"

傳曰："不敢降其祖也。"

《大功章》"適婦"。

傳曰："不降其適也。"以上疏證竝見前。

"皆爲其從父昆弟之爲大夫者。"〔注〕③"皆者，言其互相爲服，尊同則不相降。其爲士者，降在小功，適子爲之，亦如之。"

李氏云："皆者，皆公（子）④之庶昆弟、大夫之庶子也。"敖氏云：皆者，"皆大夫公之昆弟、大夫之子也。"兼上兩節言之。

"大夫、大夫之妻、大夫之子、公之昆弟爲姑、姊妹、女子子嫁於大夫者。"

馬氏云："此上四人者，各爲其姑姊妹、女子子嫁於大夫者服也。在室大功，嫁於大夫大功，尊同也。案在室大功，以在大夫尊降之限。"

楷案：大夫之妻爲姑姊妹。賈疏以爲爲其本親，非大夫之姑姊妹是也。褚氏云大夫之妻服其本族與男子同。因嫁而降，雖彼此俱嫁，亦止一降，無再降也。今律之再降者，亟宜刪之。《欽定義疏》："大夫、大夫之子、公之昆弟，於姑姊妹、女子子出適而尊同者，乃不以尊降，則方其在室時已降而大功矣。此見公之姊妹不得比於公之昆弟，大夫之女子子不得比於大夫之子。雖以公女之尊，不能視命婦，

---

① 《儀禮私箋》卷5，第304（16a-16b）頁；全集本第149-150頁。
② 《儀禮注疏》卷31，第590頁。
③ 《儀禮注疏》卷32，第607頁。
④ 《儀禮集釋》卷18，第103-330（18a）頁。

與公子之重，視大夫者迥異。蓋婦人無爵，從夫之爵，必夫尊而後妻貴，父之尊不可據、不可援也。明乎此，乃益著於從夫之義，而不敢以貴加於夫族矣。"①

"君爲姑、姊妹、女子子嫁於國君者。"

傳曰："何以大功也？尊同也。尊同則得服其親服。諸侯之子稱公子，公子不得禰先君。公子之子稱公孫，公孫不得祖諸侯。此自卑（絕）〔別〕②於尊者也。若公子之子孫有封爲國君者，則世世祖是人也，不祖公子。此自尊別於卑者也。"

注："不得禰、不得祖者，不得立其廟而祭之也。卿大夫以下，祭其祖禰，則世世祖是人，不得祖公子者，後世爲君者，祖此受封之君，不得祀別子也。公子若在高祖以下，則如其親服，後世遷之，乃毀其廟爾。因國君以尊降其親，故終說此義云。"《欽定義疏》："楊氏所論甚正，楊氏復云子夏傳云"自尊別於卑，乃（是）以子孫之尊，自別於祖之卑，〔此說〕於理有害"。鄭"〔注〕遂以爲因國君以尊降其親〔……〕沿襲謬誤，愈差愈遠。然傳注未可駁也。蓋自者從也，非謂己也。從卑別於尊，則公子而下不得祖禰先君矣。從尊別於卑，則始封君爲後世之始祖，而公子而下迄乎始封君之父，皆所不祖矣。此以始封君爲立國之始，宜祖之也，所謂諸侯奪宗者也。然不祖公子則與夫不禰先君、不祖諸侯之不立廟而祭之者不同。父爲大夫士，子爲諸侯，則祭當以諸侯，未有不立五廟者。但始封未有始祖則虛之耳。公子若父也則入禰廟，祖也則入祖廟，（高）曾〔高〕也則入（高）曾〔高〕廟，直至五世則祧之，而不入始祖廟。此（所謂）〔爲〕不祖公子矣。逮始封君之五世孫即位，始封君親盡，當祧其始封也。而不祧乃入始祖〔之〕③廟，而世世祀之以爲祖，自後世子孫視之，則以爲從始封君之尊，別於公子之卑云爾。"

（二）尊降

《禮·大功章》"大夫爲世父母、叔父母、子、昆弟、昆弟之子爲士者"。注："子謂庶子。"

傳曰："何以大功也？尊不同也。尊同則得服其親服。"注："尊同謂亦爲大夫者，親服，期。"《小記》："大夫降其庶子。"朱子曰：喪服自期以下，"諸侯絕，大夫降"。謂此。王氏士讓云："子非旁親亦降之者，適爲本，（庶）〔支〕爲（支）〔庶〕，④猶之旁親也。"《欽定義疏》："天子、諸侯，君也；旁親則皆其臣也。故天子、諸侯絕旁親之服，君至尊也。大夫、士雖同爲臣，而服命殊矣，燕射則有堂上、堂下之班，鄉飲則有齒與不齒之異，即五服之喪而哭位別焉。若喪服不爲之減殺，則

---

① 《欽定儀禮義疏》卷 24，第 106-826（35a-35b）頁。
② 《儀禮注疏》卷 32，第 610 頁。
③ 《欽定儀禮義疏》卷 24，第 106-828（38a-39b）頁。
④ 《儀禮糾解》卷 11，第 237（51a-51b）頁。

他禮皆窒礙而不可行。故大夫降其旁親，理當然也。君至尊，則絕其旁親之服，士卑則服其本服。大夫卑於君而尊於士，上比下比而求之。大夫之降也，不亦適得其中乎？"①華氏學泉云："後世士大夫之仕者，離其鄉數千里，故雖入爲公卿、出爲牧伯，而五服之親不聞有所降殺，其時義宜爾也。"②

"大夫之妾爲君之庶子。"

傳曰："妾爲君之黨服，得與女君同。"注："妾爲君之長子亦三年，自爲其子期，異於女君也。士之妾，爲君之眾子亦期。"王氏肅云："大夫之妾爲他妾之子大功〔九月〕，③自諸侯以上不服。"《欽定義疏》："公妾不爲君之庶子服，以庶子皆爲公尊之所厭也。公在，則母子不相服也，況他子乎？公不在，亦無服。以（大）夫〔人〕④不服庶子，妾當同之也。"

《小功章》"大夫、大夫之子、公之昆弟爲從父昆弟、庶孫、姑、姊妹、女子子適士者"。注："從父昆弟及庶孫，亦謂爲士者。"

《欽定義疏》："三者之從父昆弟、姑、姊妹不敢以小功報，而如其大功之本服服之。惟大夫之子，父歿則不降。"⑤

"大夫之妾爲庶子適人者。"注："君之庶子，女子子也。庶女子子在室大功，其嫁於大夫亦大功。"

《欽定義疏》："女君所生之女子子，妾爲之服與庶子同。"⑥

《緦麻章》。傳曰："大夫以上爲庶母無服。"盛氏世佐云："大夫以上固絕緦矣。傳必著之者，嫌其或以母名而不絕也。"

（三）厭降

《禮·齊衰杖期章》"父在爲母"。

傳曰："屈也。"

傳曰："出妻之子爲父後者，則爲出母無服。"

傳曰："與尊者爲一體，不敢服其私親也。"以上疏證竝見前。

《大功章》"公之庶昆弟、大夫之庶子爲母、妻、昆弟"。

傳曰："先君餘尊之所厭，不得過大功也。大夫之庶子，則從乎大夫而降也。"疏證見前。又案：《欽定義疏》："公子於公子敵也，公子於大夫亦敵也。爲其昆弟大功，尊同而相降，公之餘尊所厭也。爲從父昆弟之爲大夫者大功，尊同而不降，餘尊所不厭也。然則餘尊所厭概不及其羣從明矣。經特舉從父昆弟以見其餘耳。

---

① 《欽定儀禮義疏》卷 24，第 106-820（22a-23b）頁。
② 《五禮通考》卷 256，第 12-305（23a）頁。
③ 《通典》卷 91，第 2494 頁。
④ 《欽定儀禮義疏》卷 24，第 106-823（29a）頁。
⑤ 同上書，第 106-843（69a）頁。
⑥ 同上書，第 106-843（69b）頁。

其爲從父昆弟庶孫爲士者見於《小功章》，爲昆弟之子爲士者當大功，爲從祖昆弟、從父昆弟之子及昆弟之孫〔爲士者〕[1]皆無服，以公子之尊降之也。爲世叔父母如其服，以彼亦公子而餘尊不厭之也。餘尊所厭止在公妾與妾所生之子、妾子之妻。而諸孫、羣從、姑、姊妹、女子子之適人者皆不與焉，蓋厭私不厭公，厭內不厭外，可以窺聖人制禮之意矣。"

五、補心喪之禮

古之降非降也，三年之喪降而期，降而小功緦麻，而其飲食居處猶三年也。今之不降亦非不降也，其飲食自若也，居處自若也。賀循《喪服要記》："凡降服，既降，心喪如常月。"劉智謂："小功以下，不稅〔服〕[2]乃無心喪。"自元以來不行久矣。今輯心喪之典與心喪之說爲一篇。

（一）心喪之典

宋元嘉十七年，元皇后崩，皇太子心喪三年。禮，心喪者，有禫無禫，禮無成文，世或兩行。皇太子心喪畢，詔使者博議。有司奏："喪禮有禫，以祥變有漸，不宜便除即吉，故其間服以（纖）〔綅〕縞也。心喪已經十三月，大祥十五月，〔祥〕禫變除，禮畢餘〔情〕一朞，不應復有〔再〕[3]禫"。

孝武大明二年，有司奏："檢元嘉十九年舊事，武康公主出適，二十五月心制終盡，從禮即吉。昔國哀再周，孝建二年二月，其月末，諸公主心制終，則應從吉。於時猶稱心禫素衣，二十七月乃除。二事不同。"以上見《宋書·禮志》。

陳天嘉元年，沈洙議："謂至親期斷，加隆故再期。而再期之喪，斷二十五月。但重服不可頓除，故變之以纖縞，創巨不可便愈，故稱之以祥禫。禫者，淡也，所以漸祛其情。（至）如父在爲母、出適後之子，則屈降之以期。期而除服，無復衰麻，緣情有本同之義，許以心制。心制既無杖経可除，不容復改玄綬〔……〕[4]所以宋元嘉立義，心喪以二十五月爲限。"

隋制，齊衰心喪以上，雖有奪情，竝終喪不弔不賀不預宴。以上見《隋書·禮志》。

唐制，父在爲母，一周除靈，三年心喪。楷案：盧履冰原奏文與此同。第二奏云："《禮》，父在，爲母十一月而練，十三月而祥，十五月而禫。"第三奏："准舊儀，〔父在爲母，〕[5]一周除靈，再周心

① 《欽定儀禮義疏》卷 24，第 106-822（27a-27b）頁。
② 《通典》卷 81，第 2204 頁。
③ 《宋書》卷 15，《禮二》，第 395 頁。另可參見《通典》卷 80，第 2167 頁，文字略有出入。
④ 參見《通典》卷 80，第 2179 頁。
⑤ 《舊唐書》卷 27，《禮儀七》，第 1026-1027 頁。

喪。"又嫁母、出母、妾母、本生父母及父卒祖存爲祖母皆心喪二十五月，竝解官。

《唐書·禮樂志》父卒母嫁，出妻之子爲母，及爲祖後，祖在爲祖母，雖周除，仍心喪三年。

《唐律疏議》："其父卒母嫁，及爲祖後者，祖在爲祖母，若出妻之子，並居心喪之內，未合從吉。若忘哀作樂，自作、遣人等，亦徒三年。"

宋《假甯令》："齊衰杖期及爲人後者爲其父母，若庶子爲後爲其母，亦解官，申心喪；母出及嫁，雖不服，亦伸心喪。"①

《律疏》："心喪〔內〕者，（爲）〔謂〕妾子及出妻之子，合降其服，〔皆〕二十五月內爲心喪。"②後引《刑統》文與此同。

格令："子爲嫁母，雖爲父後者不服，亦當伸心喪。"又稱："居心喪者，釋服從吉，及忘哀作樂、冒哀求仕者，竝同父母正服。"以上三條竝見《宋史·禮志》。

（二）心喪之說

徐邈答謝靜云："庶子父在，爲所生期，心喪三年。"

"殷仲堪答宗氏庶子（爲）〔服〕出母〔：'……〕父在齊縗期，本自心喪，終二十五月，今雖（不）〔無〕③服，當不應減三年之節也。'"

"宋庾蔚之云：'母子至親，本無絕道〔，禮所親者屬也〕。出母得罪於父，猶追服期。若父卒母嫁而反不服，則是子自絕其母，豈天理邪？宜（於）〔與〕出母同制。按晉制，（假）甯〔假〕④二十五月，是終其心喪耳。'"

朱子曰："今國家法爲所生父母皆心喪三年，此意甚好。"

吳氏澄云："凡喪，禮制爲斬、衰、功、緦之服者，其文也；不飲酒、不食肉、不處內者，其實也。中有其實，而外飾之以文，是爲情文之稱。徒服其服而無其實，則與不服等（爾）〔耳〕。⑤雖不服其服而有其實者，謂之心喪。心喪之實，有隆而無殺；服制之文，有殺而有隆，古之道也。"愚嘗謂服制當一以周公之禮爲正，後世有所增改者，皆溺乎其文，昧乎其實，而不究古人制禮之意者也。

答問

問：言律而言禮何也？

曰：出乎禮者入乎刑。禮，律之所由生也。專言服制何也？曰："罪多而刑五，

---

① 校按：此據《宋史》卷125，《禮志》，第2926頁；又見《宋會要輯稿·職官七七》，第5141頁，文字略有出入。
② 校按：《唐律疏議》卷10，第207頁。
③ 《通典》卷94，第2546頁。
④ 《通典》卷89，第2453頁。
⑤ 《宋元學案》卷92，第3045頁。

喪多而服五。上附下附，列也。"

問：律載五服始於何時？

曰：王氏應麟謂五服附於令自後唐始，非也。後唐清泰三年，馬縞言：爲兄之妻給假九月，非是。廢帝下其議。段顒議："嫂（叔）〔服〕[1]給假以大功者，令文也。令與禮異者非一，而喪服之不同者五。《禮》，姨、舅皆服小功，（令）〔今〕皆大功。妻父母、壻、外孫皆服緦，（令）〔今〕皆小功。〔禮、令之不可同如此'。〕"詔集百官議，劉昫等議：竝諸服紀"以《開元禮》爲定，下太常具五服制度，附於令"。是以《開元禮》五服附於令，非令自是始有五服也。顯慶二年，長孫無忌等奏稱："修律疏人不知禮意，舅報甥服，尚止緦麻，〔於例不通，禮須改正，〕今請修改律疏，舅（爲）〔報〕[2]甥亦小功。"則唐律有五服矣。《隋志》有《喪服假寧制》，有《齊五服制》。《通典》引魏《喪葬令》、晉《喪葬令》又在唐前。

問：三綱之說果始於漢儒乎？

曰：非也。《禮·斬衰章》首曰父，次曰君，次曰夫，不言三綱而三綱之義存焉。

問：論者謂秦漢以來君權太重，然與？

曰：君之尊極於無上，民之卑極於無下，非國家之福也。秦漢以前無之。然則何以補尊尊之服？曰：父至親也，然而有尊焉，故《易》曰"嚴君"。君至尊也，然而有親焉，故《詩》曰"民之父母"。

問：《斬衰章》"諸侯爲天子"，《緦衰章》"諸侯之大夫爲天子"，則庶人無服明矣。天無二日，民無二王，無服何也？

曰：不敢也。天子君天下，諸侯君其國，大夫士君其家。君至尊也，天子則至尊之至尊也，故不敢。

問：今制，父爲長子不三年，足以伸父爲子綱之說矣，而非之何也？

曰：父爲長子三年，重其嫡也。重其嫡者，尊其祖也。明太祖責子之不孝，而先自處於不慈，烏乎可？

嘗謂明太祖之變禮甚於唐太宗。自父爲長子不三年，而正體之義亡。祖爲嫡孫與父爲長子同，而定親疏之義亡。父爲長子與舅爲嫡婦同，而別內外之義亡。長子眾子同，而嚴嫡庶之義亡。父在爲母斬衰三年，而家無二尊之義亡。婦爲舅姑斬衰三年，而婦人不貳斬之義亡。庶子爲慈母、爲所生母皆斬衰三年，而尊厭之義亡。長子眾子皆爲庶母期，而父所不服子不敢服之義亡。內寵竝后嬖子匹嫡，

---

① 《新五代史》卷55，第716頁。
② 《舊唐書》卷27，《禮儀七》，第1021頁。

太子其危矣！建文之亡雖曰天乎，亦詒謀之不善耳。

問：斬齊之義？

曰：斬者截也，截者斷也，斷者不可復續，故子爲父斬，臣爲君斬，妻爲夫斬，非是不斬也。齊者緝也，緝者續也，故父在爲母齊，夫爲妻齊。夫爲妻齊，必三年然後娶，達子之志也。父歿爲母三年，不厭於父也，仍齊而不斬，不敢欺其死父也。

問：父在爲母期，可乎？

曰：禮以爲可，斯可矣。顧氏炎武云："父在爲母齊衰三年，起（於）〔自〕《開元禮》，然其時盧懷慎以母憂起復爲兵部侍郎，張九齡以母憂起復中書侍郎同平章事，邠王守禮以母憂起復左金吾衛將軍，嗣鄂王邕以母憂起復衛尉卿。而得終〔禮〕①制者，惟張說、韓休二人，則明皇固已崇其文而廢其實矣。"

問：父在爲母三年，始於武后，顧氏以爲始於《開元禮》何也？

曰：武后此奏雖在高宗朝，當時未有行用，至《垂拱格》始載之。開元七年敕諸服紀一依《喪服》。二十年蕭嵩改修五禮，又請依上元敕爲定。是起於武后而成於玄宗也。

傳曰："禽獸知母而不知父。"武后之表曰："禽獸之情，猶能知母，三年在懷，理宜崇報。"其自居爲何等，高宗從之，不綱甚矣。至神龍元年，韋后又表請出母終者全制服三年，聖母之石纔傾，韋桑之歌又作，唐祚之不移於外族者幸也。

問：嫂叔無服，傳言之，《大傳》言之。今從貞觀之制而不從經，或貞觀之制亦未爲失與？

曰：太宗之聖，不聖於周公、孔子，魏徵之賢，不賢於子夏。夫人而知之矣，而莫之正焉。蓋知有昆弟之親而不知有男女之別也。且亦思太宗之於兄弟何如也？太宗比於同爨之緦，不知同爨緦禮也，嫂叔爲服則非禮。魏徵附會上意，近引馬援之見嫂必冠，遠徵子思之哭嫂爲位。不知爲位禮也，爲服則非禮。生而見之必冠禮也，死而喪之爲服則非禮。《禮》，姊妹服昆弟之妻、昆弟之子之妻，即夫之姑姊妹之報服。而昆弟無服。妻服夫之昆弟之妻、夫之從父昆弟之妻，而其夫則不服。傳曰："名者，人治之大者也，可無慎乎？"《大傳》曰："名著而男女有別。"

問：從母，傳曰："以名加也"，何也？

曰：母之姊妹名曰從母，猶之父之昆弟名曰世父、叔父也。舅不得以母名，猶之姑不得以父名也。古者男女異長，魏徵、韋韜輩何足以知之。

---

① 《日知錄集釋》卷5，第185頁。

問：唐玄宗增舅母服緦麻，堂姨舅袒免，今律無之。宋黃氏榦謂："案〔今〕服制〔令〕〔及〕①《溫公書儀》等書竝不見"，未審此制廢於何時？

曰：《續通〔考〕〔典〕》云："服〔制〕令諸書不〔見〕〔載〕者，蓋前此禮院及刑法司所執姨舅嫂叔皆加至大功，婦翁女壻皆加至小功。至天聖時，學士孫奭請兩制詳定，因竝舅母〔服〕②而削之也。"

問：尊降之禮亦可行邪？

曰：何爲而不可？劉氏炫云："今之貴者，多忽近親，若或降之，民德之疏，自此始矣。"③楷謂不降不能使民德加厚，降之而能使王命加尊，貴貴尊賢，禮不可廢。王氏安石云："先王之時，諸侯大夫各君其父兄，欲尊尊之義有所伸，則宜親親之恩有所屈。〔此其所以降絕之意也。〕自封建之法廢，〔諸侯大夫〕④降絕之禮無所復施。"楷謂宗法雖亡，餼羊斯在？近來中外仕籍自期親以下鮮告假甯，與其懸此虛文，何如分別尊卑，垂爲國典？《欽定義疏》："天子、國君絕其旁親以尊也，大夫之尊次於國君，故爲旁親率降一等，〔以殊於士，〕⑤貴貴之義則然。"

問：今律子爲嫁母期，不與禮之父在爲母同乎？

曰：不同也，祥而不禫也，子服而婦不從服也。袁氏準云："爲父後〔者，〕⑥猶服嫁母。"譙氏周云："父卒母嫁，非父所絕，爲之服周"。天寶六年敕且謂宜終三年。范氏仲淹爲嫁母服三年喪，世亦無議之者。然則禮何以不見也？曰：其義已包於從繼母嫁之中。

問：再嫁可乎？

曰：夫死不嫁，禮也。然禁之使不再嫁，亦未能盡合乎人情。家之貧富不同也，年之老穉不同也，人之淑慎與放誕不同也，有未可一槩論者。且禮稱三年不娶，或朝鼓盆而夕續膠矣。而獨責惸惸孤嫠終其身於凄風苦雨，於情未得，於理亦偏。幸而賢則爲白公之妻，不幸而不賢則爲河間之婦，何如再嫁之猶爲中人也。宋以後之儒好責人以難，而不顧其勢之能否自存，其人之能否自守。新學家遂欲一切破壞，隳萬世男女之防矣。

問：出母？

曰：論出母先論出妻。妻不賢，何不可以去？妻賢而所適非人，何不可以求

---

① 《儀禮經傳通解續》卷 16 下，第 132-245（50b）頁。
② 校注：此處引文見《續通典》卷 80，第 1622 頁，似不見於《續通考》。
③ 《隋書》卷 75，《儒林傳·劉炫》，第 1720 頁。
④ 《王文公文集》卷 31，上海人民出版社，1974 年版，第 362 頁。
⑤ 《欽定儀禮義疏》卷 24，第 106-830（43b）頁。
⑥ 《通典》卷 94，第 2548 頁。

去？妻不可以去，於是有如生附骨之疽者。妻不可以求去，於是有窘若拘囚無可告語者。其人以有生爲苦，其遇乃視無夫無妻而更窮矣。《雜記》有妻去之辭，《喪服》有出妻之子爲母之服。妻可以絕於夫，子不可以絕於母，此禮經所以有喪嫁母、出母。先王殆所以平男女之權與。

孔子曰："三代明王之政，必敬其妻子也，有道。妻也者，親之主也，敢不敬與？子也者，親之後也，敢不敬與？"新學家乃謂從孔子之道則父厭其子、夫厭其妻，甚矣其謬也！

問：今之服制視古加厚，厚亦不可爲邪？

曰：於其薄者而厚之，則其厚者不厚矣。且所謂厚者，名邪？實邪？如以其名，斬衰豈不厚於齊衰，齊衰豈不厚於功緦邪？而一詰其飲食之若何，居處之若何，其不惶愧汗下者無幾人矣。況尊長之服卑幼槩從其殺，而又有不服者乎？

問：禮不可變乎？

曰：禮有其可變者，改正朔、易服色是也，故曰三代不相襲。禮有其不可變者，父子之親、男女之別是也，故曰有禮則安，無禮則危。故律可變也，禮不可變。列朝之《服制令》可變也，而先王之所以定親疏決嫌疑者不可變。今律學館方訂律，禮學館方議禮，將以此說質之。

附　　錄

吉同鈞氏清律講義的版本、

成書過程及其價值

蘇亦工[*] 撰

吉同鈞是中國歷史上最後的一代律學家之一，也是晚清律學大師薛允升的衣缽傳人。近年來，隨著"陝派律學文獻叢書"的陸續整理出版，吉氏的生平著述也引起了學界的密切關注。吉氏生前留下了多種著述，在當今影響較大的當屬他的幾種清律講義，即：《大清律例講義》《大清律講義》和《大清現行刑律講義》。^①這三部講義近年均經點校或影印出版，有的還推出了不同的點校本。關於這幾種講義間的關聯性、成書過程以及各自的價值和特點，整理者們都有所交待，但大都不夠清晰，有的還存在著一些疑點，本文擬就淺見所及，略加考述。

一、吉氏卒年的考訂

吉氏生於清咸豐四年二月二十八日（1854 年 3 月 26 日），見於其《樂素堂主人自敘賦》，^②向無爭議。但是關於他的卒年，記述不同。閆曉君先生在其《樂素堂文集·整理說明》中認定爲 1934 年，月日不詳；但在後來的一部著作中，他又

---

* 清華大學法學院教授。本文係國家社科重點項目《清朝經營西北邊疆成敗得失研究》（批準號：20AFX006）及北京市社科重點項目《清代法制之腹邊文化互動研究》（項目編號：20FXA004）的中期成果。本文撰寫過程中，清華大學法學院博士後邱玉强先生幫助作者查閱核對了許多資料，特此致謝！

① 〔清〕吉同鈞纂輯，閆曉君整理：《大清律例講義》，知識産權出版社 2018 年版；〔清〕吉同鈞著：《大清律講義》，宣統二年上海朝記書莊石印本，影印收入高柯立、林榮輯《明清法制史料輯刊》第三編第 54-55 冊（國家圖書館出版社 2015 年版，下簡稱"國圖影本"）；〔清〕吉同鈞纂輯，閆曉君整理：《大清律講義》，知識産權出版社 2017 年版；〔清〕吉同鈞撰，栗銘徽點校：《大清現行刑律講義》，清華大學出版社，2017 年 1 月版（以下簡稱"栗本"）及吉同鈞纂輯，閆曉君整理：《大清現行刑律講義》，知識産權出版社 2017 年 4 月版。本文徵引綫裝書，凡頁碼後標有 ab 符號者，分別代表每頁之正反面。本文徵引史料，凡有脫訛倒衍者，用"（）"標出，用"〔〕"校正。

② 〔清〕吉同鈞：《樂素堂文集》，北平，中華印書局 1932 年版（以下簡稱"《文集》舊本"或"舊本"），卷 3，第 12b 頁；閆曉君整理：《樂素堂文集》，法律出版社 2014 年版（本文凡引証閆先生整理吉氏著作皆簡稱"閆本"），第 55 頁。

更定爲 1936 年，稱其"八十三歲，卒於北京"。[①]《渭南市志》和《韓城縣誌》也都將吉氏卒年定在 1936 年。[②]曉君先生或許就是根據方志的記載而更改了其先前的認定吧？

近日筆者在《盛京時報》1934 年 6 月 27 日第六版上看到一則訃告，標題是"法界耆宿吉同鈞逝世，享年八十歲"，全文如下：

前清法學名家吉同鈞於前日逝於宣南韓城會館，年八十一歲。吉氏壬午舉人，庚寅進士，曆仕至法部丞參，於歷代法律寢饋至深，尤精於有清律例。清末修訂法律，伍廷芳、沈家本等邀氏總纂《現行律》，融貫中西，詳加案語，精核無比；又屢奏請減輕刑罰，均見實行，爲中國新舊法律過渡中間一重要人物。時初創法律〔、法〕政各校，與日本岡田朝太郎分任教授，每週授課三十余小時，尚修律、讞案，精力過絕，亦近世奇人。清代法學，分陝、豫、浙三派，陝派勢力最大，氏爲領袖，蓋繼長安薛允升之後一人而已。入民國後，隱居宣南，屢卻徵辟。梁啟超長司法，欲邀氏出，均謝絕。《清史》開館，《刑法志》一門難於其人，屢經撰著，均不稱。總裁某致意於氏，但氏夙鄙其人，辭不就。乃爲存董康、許瓞樓，後終成之許氏。二十餘年來，布衣蔬食，艱苦卓絕，有其鄉李二曲之風，一代遺逸，足勵末俗。生平撰著有《大清律講義》《秋審條〔款〕講義》《審判要略》《樂素堂詩文集》，均已先後刊行，爲世之研究法律沿革者所必取資。晚年代嘉興劉氏撰《續皇朝文獻通考·刑法考》一門，約數十萬言，尤爲偉作云。

訃告中的"前日"未知是指登報日（27 日）的前一日，還是俗語中說的"前天"，但可以肯定吉氏卒於民國二十三年（1934）6 月 25 日或 26 日，即夏曆甲戌年五月十四日或十五日，已過了周歲生日 3 個月，故標題稱"享年八十歲"，內文稱"年八十一歲"，皆通。《韓城市志》和《渭南市志》關於吉氏卒年的記載是錯誤的。

二、廿卷本《大清律講義》的發現

關於吉氏的幾種清律講義的相互關係和成書過程，閆曉君先生曾在其《〈大清律例講義〉整理說明》中做過簡要的介紹：

《大清律例講義》是 1906 年冬吉同鈞受邀在律學館主講《大清律例》的講義，

---

① 閆曉君：《陝派律學家事迹紀年考證》，法律出版社 2019 年版，第 927 頁。
② 渭南市地方誌辦公室編：《渭南市志》第 5 卷，三秦出版社 2012 年版，第 182 頁；韓城市志編纂委員會編：《韓城市志》，三秦出版社 1991 年版，第 971 頁。

也是吉同鈞最先編寫的有關《大清律例》的講義，僅止三卷，即《名例律》兩卷，抽出《刑律》中"賊盜"爲一卷……1908 年，律學館又鉛印了數千部，"遠近征索，不數月而空"。此後，吉同鈞在《大清律例講義》的基礎上，又"續著《刑律》人命、鬥毆各項及《吏》、《戶》、《禮》、《兵》、《工》各門"，1910 年脫稿，取名爲《大清律講義》，共十六卷……《大清律講義》脫稿後，《現行刑律》頒佈，吉同鈞在同人協助下，又以《大清律講義》爲基礎，對內容加以調整修改，最後形成《大清現行刑律講義》。

在《大清律講義》和《大清現行刑律講義》的《整理說明》中，曉君先生也都做了類似的說明，並強調說："吉同鈞最先編寫的爲《大清律例講義》，僅止三卷。"

綜上，吉氏生前應總共編撰了三部清律講義，最早的是光緒三十四年（1908）版的三卷本《大清律例講義》，其後是在此基礎上"續著"的宣統二年（1910）版《大清律講義》，最後是以前者爲基礎並加以調整修改而成的《大清現行刑律講義》。

應當說，曉君先生的這個介紹大致反映了當今學界對吉氏清律講義的種類、版本及各本前後成書過程的普遍認知，也符合事物發展的正常邏輯，筆者原本也是這樣認定的。但是不久前，筆者在這三種講義之外，又發現了吉氏的另一種《大清律講義》，該本與十七卷本同名，但卷數不同，刊印者亦不同。

這個版本的發現，說明吉氏編撰的清律講義至少有 4 種，至於其與前述三種版本的關係如何則尚待探究。爲便利起見，這裡先介紹一下這 4 種講義的版本情況。

1）《大清律例講義》，2 冊 3 卷，光緒三十四年法部律學館鉛印本，京師擷華書局印刷。12 行 22 字，白口，四周雙邊，單魚尾。以下簡稱"三卷本"。北京大學圖書館、中國社會科學院法學所圖書館皆有藏。

2）《大清律講義》，8 冊 17 卷，宣統二年五月上海朝記書莊石印本。15 行 34 字，白口，四周雙邊，單魚尾，以下簡稱"十七卷本"。國家圖書館藏。

3）《大清現行刑律講義》，8 冊 8 卷，宣統二年七月法部律學館石印本。13 行 30 字，白口，四周雙邊，單魚尾。以下簡稱"現行律本"。國家圖書館、臺灣大學圖書館有藏。

4）《大清律講義》，5 冊 20 卷，修訂法律館鉛印，刊刻時間不詳。12 行 29 字，白口，四周雙邊，單魚尾。以下簡稱"廿卷本"。首都圖書館藏。

由於新發現的首圖藏廿卷本無封面封底，刊刻時間難以確定，只能推測其大概時間。據現行律本卷首載陳康瑞序稱：

歲戊申，律學館刷印《大清律例講義》三卷，同年友韓城吉君石笙主講是館，所手著以課同人者也，顧僅有《名例》、《賊盜》兩門，其後修訂法律館亦以是編付印，雖卷數較多，均未完備，同人以未窺全豹爲憾，相率請君纂著成書，用資快覩。正擬續爲排編，適值頒佈《現行律》，一切多改從輕。君乃分門別類，反覆推求，抉異參同，重加論説，書成以付同人校訂登版。①

"戊申"即光緒三十四年；"僅有《名例》《賊盜》兩門"，顯指三卷本；"其後修訂法律館亦以是編付印，雖卷數較多，均未完備"，無疑當指廿卷本。

如此説來，廿卷本應完成於宣統二年春季之前是可以肯定的，其卷首所載沈家本序落款時間是宣統元年六月，則其付印時間應該在此之後也是可以確定的。首圖目錄即據沈序認定其爲宣統元年出版，大致也是不錯的。單就刊印的時間上看，應是三卷本在前，廿卷本其後，十七卷本又次，現行律本最晚。但奇怪的是，相關材料都明確提到了三卷本，有的（如陳康瑞序）還間接提到了廿卷本，但都未提及十七卷本。譬如現行律崇芳《序》説：

歲戊申，館中嘗取其《名例律》及《刑律·賊盜》一項鉛印數千部，遠近征索，不數月而一空。續著《刑律·人命》、《鬥毆》各項及《吏》、《戶》、《禮》、《兵》、《工》各門，至今春一體脱稿，學員亟謀合全書付印，而《現行刑律》適值修訂告成，先生乃一依核定修正之本，斟酌而損益之，期有當目前引用，又帀月而始就。②

這裡的"館"指法部律學館。"取其《名例律》及《刑律·賊盜》一項"，即指三卷本。"續著《刑律·人命》……各門"，是説在三卷本印行之後，吉氏又於宣統二年春季完成了"《名例律》及《刑律·賊盜》"以外的部分，正準備編纂成一部完整的《大清律例講義》，迨書稿付印之際，適逢《大清現行刑律》編纂完竣，同鈞即中止了將該書稿付印的計畫，轉而根據新出臺的《大清現行刑律》對原書稿做了相應的修改和調整，僅一個月（帀月）便完成《大清現行刑律講義》的編纂工作。也就是説，這期間並沒有將三卷本和後續完成的書稿合編刊印，更未提及廿卷本和十七卷本事。同書劉敦謹《序》也未明確提及十七卷本付印事：

---

① 栗本第2頁。
② 栗本第1頁。

曩者將先生纂定《名例》、《賊盜》講義付之鉛印，一時爭取求者，洛紙頓貴，然只略見一斑。今年四月，《現行刑律》頒行，其中因革損益，多有變更，先生職總纂修，筆削皆出其手，又將暇時舊著《講義》詳加改定，而續撰全書，一體脫稿。①

所謂"將先生纂定《名例》、《賊盜》講義付之鉛印"亦指三卷本。"今年四月"，即宣統二年四月，吉氏又根據剛剛頒行的《大清現行刑律》對其"暇時舊著《講義》"（其中可能包括三卷本，也可能包括廿卷本或十七卷本的全部或部分內容，但未明言）做了相應的修改，於七月間"續撰全書，一體脫稿"。這"一體脫稿"的"全書"當然指《大清現行刑律講義》而不可能是廿卷本和十七卷本。

前引吉氏《自敘賦》稱："著《現行律講義》及《秋審條款講義》，並《審判要略》《法闈擬墨》各種，均經法部核定，頒行各省。"②這段說得簡略，未提及三卷本和廿卷本，但只能說明在吉氏的幾部清律講義中，作者最滿意也最具代表性的是現行律本。

崇芳在爲吉氏的《上刑部長官減輕刑法書》所做的《跋語》中提到了吉氏的眾多著作：

先生著作有《大清律講義》《現行律講義》《秋審條款講義》《審判要略》《法闈擬作》，均經法部刊印頒行。其未付梓者尚有《新審判要略》《進呈講義》《法學雜俎》《新律簽駁》《判案中外律合參》《駁案僅存》《秋審秘鑰》。③

這裡說的《大清律講義》有可能指的是廿卷本，但更可能指三卷本，畢竟該本才是法部律學館印本，而廿卷本是修訂法律館刊印的。當然兩書書名只有一字之差，人們難免會記混或說混。王正寬爲三卷本所做的跋語中即將其稱作"《大清律講義》"，而沈家本爲廿卷本所做序則稱其爲"《大清律例講義序》"，可見時人將二者混稱也是常有之事。但可以肯定，此處說的"《大清律講義》"不是指十七卷本，因後者不是法部刻本而是坊刻本。

三、十七卷本與廿卷本

如前所述，十七卷本的來歷有點兒不清不楚，撲朔迷離，是何緣故呢？姑且做一大膽推測：該本很可能是廿卷本的坊間盜印本。

---

① 栗本第4頁。
② 《文集》卷3，舊本第16a頁；閆本第59頁。
③ 《文集》卷7。舊本第4b頁此段被墨筆勾刪，故閆本第117頁未收此句。

首先就這兩個版本的內容看，雖然卷數、冊數不同，但內容卻幾乎完全相同的；只是在編排校核上，這兩本略有差異。廿卷本卷首冠以沈家本的《大清律例講義序》，其後是吉同鈞的《大清律講義序》，再後是兩個"大清律講義目錄"和吉氏的《京師法律學堂開學講演》，卷末附有署名"何蔭庭校閱"的"勘誤表"。十七卷本與廿卷本的編排順序基本相同，但卷首誤將兩篇序言排混，詳後述。

根據這兩本的第一個目錄，《賊盜》篇廿卷本分爲上中下三卷，十七卷本則合爲上下兩卷；《鬥毆》篇廿卷本析爲上下兩卷，十七卷本合爲一卷；《斷獄》篇廿卷本拆爲上下兩卷，十七卷本亦合爲一卷。十七卷本因分卷的不同而較廿卷本少了3卷。不過，廿卷本只是在第一個目錄中分了卷，内文並未分卷，因此其條目和內容與十七卷本是完全相同的。

接下來，我們再將這兩個版本與另兩個版本做一比較。

1）三卷本《大清律例講義》封面是"劉敦謹署檢"的題簽："律學館大清律例講義"。書名頁中格題書名"大清律例講義"，右上鐫"光緒戊申嘉平"6字，左下刻"法部律學館付印"7字。該本卷首也載有5篇序言，依次是"光緒戊申嘉平"（光緒三十四年十二月）方連軫《序》、同年十月陳康瑞《序》、同年"仲冬下浣"（十一月下旬）劉敦謹《序》和崇芳《序》，最後是落款同年"小春"的吉氏《自序》。其後是23條《例言》，再後是目錄。正文三卷只有《名例》和《刑律·賊盜》兩篇，其中前兩卷分別爲《名例》上下，卷三是《刑律·賊盜》篇的27門。卷末還載有三篇跋語，依次是光緒三十四年十二月韓文魁《跋》、段振基《跋》和王正寬《跋》。此外，三卷本每卷首頁開篇處除標明"法部律學館教習吉同鈞著"外，下面還標明："監督陳康瑞、提調崇芳、劉敦謹輯印。學員明德、韓文魁、吳本鈞、段振基、王正寬、阿林、陳峻校字，李秉政、周耀宗、劉同元、呂有庚、劉蘇生、李宗沆、韓景忠、方世琪同校。"

2）現行律本封面爲劉敦謹題簽的書名"現行刑律講義"，扉頁中格題書名"現行刑律講義"，右上鐫"宣統二年七月"，左下有"法部律學館版權"數字。該本卷首依次臚列了宣統二年六月的崇芳《序》、同年"季夏"（六月）的陳康瑞《序》、同年七月的劉敦謹《序》、"宣統建元"（即宣統元年）六月沈家本的《大清律例講義原序》和吉氏宣統二年"仲夏"（五月）的《自序》。各序後開列"纂著""總輯""分輯""勘誤""校對"等"職名"數頁，其後是《凡例》10條，再後是目錄及正文。正文依《大清現行刑律》次序排列，每卷後皆附有勘誤表。正文卷末先列宣統二年正月吉氏的《自記》，其後依次是宣統二年"秋七月上弦（初七或初八日）”吳思璘《跋》、同年“孟秋”（七月）韓文魁《跋》和七月十日崇芳《跋》。封底鎸“奏設法部律學館之鈐記”字樣。

應當說，這兩部講義都是法部律學館刻本，正文前皆有序、凡例或“例言”，書後有跋。無論他序、自序還是跋，落款時間都接近，說明這兩部講義的編纂和刊刻過程清晰連貫。儘管在文字上仍不乏脫訛倒衍之疵，但就體例和形式上看，堪稱規範完整。

比較而言，廿卷本和十七卷本就存在著很多不規範甚至反常的現象。

其一，廿卷本開篇兩道序言，前者爲沈家本序，後者實爲吉同鈞的自序，但標題卻未用“自序”而以《大清律講義序》冠名。這就有點兒反常。同是此序，只做了少許的文字改動，在三卷本和現行律本中即題作“自序”。十七卷本卷首也是兩篇序言，但卻以吉氏《大清律講義序》居前，而沈序居後，這就越發有悖慣例和常理。沈序估計應爲吉氏索序，沈氏又是其老上司，無論年資、官階均在自己之上，照理應是《沈序》在前，《自敘》在後，廿卷本即將沈序排在吉序前，可爲一證；《勘誤表》中將吉序稱作“《自敘》”，可爲複證。

那麼，十七卷本何以會亂名倒置呢？細閱之可知兩序的頁面排列發生了嚴重的錯亂。吉序的第二頁實爲沈序的第二頁，而沈序的第一頁又錯與吉序的第二、三、四頁接排。[1]此外，沈序中的“柄”字刻成了“柄”字，[2]真是顛三倒四，錯訛頻出。核對十七卷本書後所附的《勘誤表》，[3]這一訛字並未校出。再核之廿卷本，此字原本無誤。進而比對這兩個版本卷末所附的“勘誤表”，署名都是“何蔭庭校閱”，內容也相同。但廿卷本的《勘誤表》與其內文的訛誤在頁碼和行款上是對應的，而十七卷本則否。由此看來，十七卷本的《勘誤表》並非對其自身的勘誤，而是照錄廿卷本的《勘誤表》。由此可推知，該本吉序和沈序頁面的錯位以及其他獨有的訛字乃刊印者校對疏忽或根本未做校對所致。

其二，兩篇序言之後，廿卷本和十七卷本都沒有類似三卷本的《例言》或現行律本的《凡例》。廿卷本直接兩個目錄，再後則附列了一篇“光緒三十三年秋月”吉同鈞做的《京師法律學堂開學演詞》，有點怪異；十七卷本則將之置於兩個目錄之前，同樣不太合理。吉氏後來出版的《樂素堂文集》亦收入了這篇演講詞，但文字上做了不少的更動，刪去了落款的時間，又增補了四百餘字以說明清末法律

---

[1] 吉序的第一頁（正反面，下同），見國圖影本第 54 冊第 267-268 頁（國圖藏原本亦然，下略），第 269-270 頁是沈序的第二頁，第 271-272 頁是沈序的第一頁，第 273-277 頁實爲吉氏自序的第 2-4 頁。閏本僅收吉序，但其整理之《大清律例講義》卻收入了沈序，未詳其故，亦未知其所據之底本何如。

[2] 見國圖影本第 54 冊第 269 頁倒數第 3 行。核之廿卷本沈序及現行律本沈氏《大清律例講義原序》此字皆無訛。

[3] 國圖影本第 55 冊第 431 頁。

教育之由來及作者擔任法律教習的大致情況。但講義畢竟不是文集，將演講詞列在講義序言的位置或正文之前，多少顯得有點反常。

其三，三卷本和現行律本都是純正的律例講義，而廿卷本和十七卷本的内容則相當駁雜，除律例講義外還羼雜了不少其他的材料。由於廿卷本内文並未分卷，只依律篇和律牌排序，内容與十七卷本相同，故下面只介紹十七卷本的内容。

十七卷本卷 1—卷 16 的前半部分（前 10 頁半）爲《大清律講義》。其中前 4 卷的内容與三卷本的内容對應，卷 5—卷 14 依次爲《刑律》"人命""鬭毆""罵詈""訴訟""受贓""詐僞""犯奸""雜犯""捕亡""斷獄"各門，卷 15 至卷 16 前半部分分別爲《吏律》的"職制"和"公式"兩門，尚缺《户律》《禮律》《兵律》《工律》等門。卷 16 自第 11a 頁後半頁起至該卷末尾雜收《律學館季考擬作》1 篇，《上修律大臣酌除重法説帖》《請減輕刑法説帖》《請減輕竊盜死罪説帖》《規複强盜舊例説帖》《論大清律與刑律草案並行不悖》《上修律大臣（請減輕强奸罪名）説帖》等共 5 篇説帖和一篇"論"。其後是《審判要略》的 5 篇序文，依次爲紹昌序、光緒戊申六月必祿善佺序、崇芳序、劉敦謹序和吉氏《自序》。卷 17 前 10 頁爲《審判要略》正文，後 4 頁爲全書的勘誤表，但卷末無跋。

其四，廿卷本和十七卷本均有兩個目錄，都題作"大清律講義目錄"，前一個目錄實際是簡目或總目，只標出了各卷的序號及其所含内容，但廿卷本卷 19/十七卷本卷 16 只標出了該卷前半部内容——《吏律·公式》並未標出後半部分的内容——"各項説帖"。後一個目錄實際是詳目，列出了各律篇名及其下的各個律牌，但卻未標明所在各卷的序號，亦未逐一臚列"各項説帖"的標題，頗失規範。

清代律例之書，凡有總目和詳目之分的，總目通常即稱"總目"，目下列出各卷序號及其所含主要内容。如四庫全書版《大清律例·總目》標明："卷一律目，卷二諸圖，卷三服制，卷四名例上，卷五名例下"等等。其下之"律目"通常稱作"目錄"，即本文所稱之"詳目"。詳目通常會標明各卷序號及其所含之内容——各律篇名，篇名之下再詳列各個律牌。如四庫版《大清律例·目錄》："《大清律例》卷一，《名例律》目錄：五刑、十惡、八議……"。①廿卷本和十七卷本的兩個目錄均稱作目錄而不加區分，容易導致混淆難辨。詳目之下又不標明各卷序號，致使分析不明，查閲不便。反觀現行律本和三卷本則均只有一個目錄，

---

① 分見清高宗勅撰：《大清律例》，文淵閣四庫全書第 672 册，臺灣商務印書館 1986 年影印版，第 672-403 頁、第 672-408 頁。

即詳目，且都與四庫本《大清律例》的"目錄"相似，二者或先標明篇名及各卷序號，或先標出各卷序號及所含篇名，然後再詳列各門律牌。如此看來，廿卷本和十七卷本的兩個目錄似尚在編纂過程之中，仍待進一步的加工處理。

此外，該兩本總目和詳目的排列也都有些問題。兩個目錄均在名例之後先列《刑律·賊盜》，這與三卷本目錄的排列次序相同。以下依次爲《刑律》其他各篇，即"人命""鬥毆""罵詈""訴訟""受贓""詐僞""犯奸""雜犯""捕亡""斷獄"等篇，再往下爲《吏律》的"職制"和"公式"兩門，這就與《大清律例》的次序大不相同了。查現行律本各篇的次序仍是依照清律的順序排列的。而三卷本之所以在《名例》之後接排《刑律》，是有特別用意的，吉氏在《例言》第4款特加說明："原書目錄《名例律》而外，按次分《吏》《戶》《禮》《兵》《刑》《工》六門，茲編首《名例律》，卽次《刑律》者，以《刑律》爲本署當務之急，是以先之，非故凌躐。"廿卷本和十七卷本沒有《例言》或《凡例》加以說明而如此排列就顯得唐突了，我們只能推斷其編排的用意應該與三卷本相同。但這是否也意味著廿卷本和十七卷本的編纂尚在三卷本之先呢？恐怕不能排除這種可能性。

前面提到，無論是現行律本還是三卷本，卷末都有多人做跋。誠如業內人士所言：

給古書寫跋文的人，常是該書刊刻的實際主持者，或是該書作者的子嗣門生，或是下級僚屬，或是名儒信徒，或是鄉賢後裔。總的是他們不敢躋身於寫序之林，可又是幹實事的人，因此常於書後寫跋，同時刊板，以記其始末由來。[1]

給現行律本做跋的三人：吳思璘、韓文魁均以"受業"自稱，說明都是吉氏學生輩的人。崇芳是吉氏的同事和朋友，故能躋身作序者之列，但年資或輩分均低於吉氏，故亦以學生自居，[2]與吳、韓二人同任校刻之役。爲三卷本做跋的三人中也有韓文魁，另兩人段振基和王正寬也都自稱"受業"，且都明言參與了校對工作。其中的崇芳和韓文魁還都參加了兩本書的校讎工作。惟獨廿卷本和十七卷本竟無一人做跋，是何緣故呢？最直接的推斷，應是這兩本的書稿未經門生親友的校對。

又，《刑律·鬥毆》篇開篇處（廿卷本第3冊、十七卷本卷6）"鬥毆上"皆訛作"鬥殺上"，該頁書口處複訛作"殺鬥上·殺鬥"。類似的低級文字訛誤，

① 李致忠：《古書版本學概論》，北京圖書館出版社1990年版，第144頁。
② 《文集》卷5，舊本第5b頁，閆本第84頁，《五刑源流考》文後崇芳評語落款自稱"遼沈道御史問業崇芳拜讀"。

還有不少，似可進一步支持筆者的猜測：該兩本都未經認真校勘，很可能是書稿付印。

通過上面的比較，還可得出一點認識：廿卷本和十七卷本只是在卷數、刊刻者、刊刻時間及校讎精粗等方面稍有差異而已，實際可視爲同一底本。甚至不妨說，十七卷本其實是廿卷本的翻版。那麼，爲什麼十七卷本刻意要將原本 20 卷的相同內容改爲 17 卷呢？是不是故意要使其看上去與廿卷本不同呢？不得而知。這裡，不妨再贅言幾句十七卷本版面的情況：

十七卷本書名頁中格題書名"大清律講義"，右格鐫"韓城吉同鈞著"，左格偏下有"上海朝記書莊印行"數字。封底版權頁上半印有"版權所有"4 字，其右側鐫："宣統二年五月印刷，宣統二年六月出版。同頁下半欄自右至左印有如下字樣："《大清律講義》八本）（定價洋一元六角）。著作者：韓城 吉同鈞；印刷者：_{上海虹口}澄衷印書處；總發行：_{青島路九號}朝記書莊，發行所：_{京都}鴻文齋書莊；發行所：_{上海棋盤街}集成圖書公司，發行所：_{上海棋盤街}掃葉山房。"

從這個封底來看，是個比較典型的坊間圖書，商業氣息濃郁。聯想到前引劉敦謹序中所言，三卷本印行後，"一時爭取求者，洛紙頓貴"。會不會是有書商垂涎商機，未經作者同意，故意將廿卷本改頭換面，販賣牟利呢？抑或雖經知會作者，但未及作者本人或指定親友弟子編校處理，擅自編排發售了呢？在此只能妄加推斷，難以確認。

四、自序所反映之刊刻時間

廿卷本和十七卷本書前的吉序與其他兩本的自序內容幾乎相同，只有個別文字上的差異。另外，民國二十一年（1932）出版的《樂素堂文集》卷 5 也收入了這篇《大清律例講義序》，但文字上與其他三本都略有出入，且刪去了落款的時間，因而形成了 4 種不同版本的自序。詳見下表 I 。

表 I 《大清律例講義序》比較表：[①]

序號	A=三卷本	B =十七卷本	C =《樂素堂》本	D =《現行律》本	比較結論
1	p1b1 行 "奏除蠶室"	p1a 倒 3 行 "奏蠶除室"	p 6b 倒 4 行，同 A	p1b3 行，同 A	ACD 同，B 倒
2	p1b8 行 "穎"	p1b4 行 "潁"	p7a3 行，同 B。	p1b 倒 4 行，同 A	AD 同訛，BC 同正
3	p2a 倒 1 行 "矯"	p 2b3 行 "改"	p8a 倒 1 行，同 A	p3a8 行，同 A	ACD 同，B 獨異

① 廿卷本與十七卷本相同，僅因校讎精粗不同而文字小有出入，故僅指出其訛脫之處，不再列入本比較表；如無特異之處，亦不再單獨提出。"p"指代頁碼。

续表

序號	A=三卷本	B=十七卷本	C=《樂素堂》本	D=《現行律》本	比較結論
4	p3a7 行"將來書成更當"	p2b9 行，同 A	p8a5 行，同 A	p3b2 行無此 6 字。"刪繁就簡"後有"較前更爲切當" 6 字	ABC 同，D 因時宜調整文字
5	p3a5 行"去年"	p2b7 行，同 A	p8b4 行，"上年"	p3a 倒 1 行，同 C	AB 同，CD 同。因時宜調整措辭
6	p3a8 行"其刑有死刑、徒刑……死刑則止於絞"	p2b10 行，同 A	p8b6 行"其法死刑用絞不斬，生刑分徒刑……數種"	p3b2 行，同 A	ABD 同，C 獨異且簡潔
7	p3a10 行"其刑分處決……並銷奪公權數種，而處決用斬，間有用鎗斃者"	p2b12 行"銷奪"作"剝奪"，餘同 A	p8b8 行："死刑用斬處決，生刑分作苦工……死刑間有用鎗斃者"	p3b6 行，同 A	AD 同作"銷奪"，B 作"剝奪"。C 文字簡潔
8	p3a 倒 1 行"其刑分死刑、徒刑、流……其弒親應死者，於刑場使跪足首蒙黑絹而已"	p2b 倒 1 行，同 A	p8b 倒 2 行"死刑亦斬不絞，其弒親應死者，于刑場使跪足首蒙黑絹……"	p3b 倒 4 行，同 A	ABD 同，C 異且簡潔
9	p3b2 行："《日本刑法》四百三十條，其主刑分死刑、無期徒刑……倣德法也"	p3a1 行，同 A	p9a1 行："日本刑法初亦用中國《唐律》，後仿法國變爲四百三十條……近又改照德律縮減……"	p3b 倒 2 行，同 A	ABD 同，C 異且簡潔
10	p3b8 行"主刑爲禁錮、拘留、罰金三項，附加刑爲剝奪權利、工役場入監……而均無死刑"	p3a6 行，同 A。	p9a5 行"主刑爲禁錮、拘留、罰金三項，而均無死刑"	p4a6 行"工役場"作"工藝場"，餘同 A	AB 作"役"，D 作"藝"。C 異且簡潔。
11	p3b10 行"論者謂"	p3a8 行"謂"字脫。廿卷本（=F）同 A	p9a7 行，同 A	p4a7 行同 A	AFCD 同。B 脫字
12	p4a5 行"近來已有"	p3b1 行"議者謂其多所"	p9b4 行，同 A	p4b4 行，同 A	ACD 同，B 措辭不同
13	p4a6 行"再，外國"	p3b2 行"無論東西各國"	p9b4 行，同 A	p4b5 行，同 A	ACD 同，B 措辭不同
14	p4a 倒 2 行"字梳句櫛"	p3b8-9 行"節解支分"	p9b 倒 3 行，同 A	p4b 倒 1 行，同 A	ACD 同，B 措辭小異
15	p4a 倒 1 行"深奧之處"	p3b9 行"深奧之地"/F 同 A	p9b 倒 3 行，同 A	p5a1 行，同 A	AFCD 同，B 訛
16	p4b6 行"粗成《名例》、《刑律》十二卷，幸不爲當世所棄，而外省法政學堂羣相購取以爲範模"	p3b 倒 2 行，同 A	p10a4 行："粗成二十四卷……而外省各學堂……"	p5a6 行"現在修訂法律大臣將舊律刪繁就簡……故《講義》照此改定，與舊律大有不同，從時尚也"	AB 同，CD 因講義稿卷數不同而相應調整措辭

续表

序號	A=三卷本	B=十七卷本	C=《樂素堂》本	D=《現行律》本	比較結論
17	p4b7 行"今秋律學館諸同志因紙印含糊欲付鉛印"	p3b 倒1行"今秋律學館學員因紙印含糊欲付石印"	p10a5 行"今秋法政、法律學堂並律學館各付鉛印，頒行外省"	p5a10 行"今春律學館諸同志欲付石印"	各本措辭皆有變化。但 AD 皆作"諸同志"，獨 B 作"學員"
18	p4b8 行"拂其所請"	p4a 1 行"違其所請"	p10a6 行"拂其美意"	p5a 倒3 行，同 A	AD 同，BC 個別文字改動
19	p4b10 行"光緒戊申小春"	p4a 2 行"戊申中秋"	落款未敘明時間	p5a 倒1 行"宣統庚戌仲夏"	三本落款時間先後不同
20	p4b10 行"吉同鈞序"	p4a 2 行"吉同鈞石笙氏序"	落款無署名	p5a 倒1 行"吉同鈞序"	B 較 AD 本多3字

　　表 I 中，各版本自序最大的差異在於落款的時間，這是我們需要特別注意的。

　　三卷本《自序》的落款時間是"光緒戊申小春"。所謂"小春"，非指春天，乃指夏曆十月（1908 年 10 月 25 日—11 月 23 日）。十月之稱"小春"，以其溫暖有如小陽春之意。宋人歐陽修《漁家傲》詞曰："十月小春梅蕊綻，紅爐畫閣新裝遍。"① 廿卷本/十七卷本《自敘》的落款時間是"光緒戊申中秋"，即光緒三十四年八月十五日（1908 年 9 月 10 日）。現行律本《自序》落款時間是宣統二年"仲夏"，即五月。如以自序的落款時間斷定三部講義的刊刻時間，則廿卷本/十七卷本最早，在三十四年八月十五日。三卷本稍後，在光緒三十四年十月。現行律本最晚，在宣統二年五月。現行律本在各本中最遲，沒有異議，可不論。樂素堂本集因其晚出，故得以對收入文集的各文章加以文字潤色並刻意刪去落款時間。

　　那麼，三卷本自序落款時間晚於廿卷本/十七卷本《自敘》的落款時間，是否意味著三卷本的成書也在廿卷本和十七卷本之後呢？從邏輯上看好像有點怪異，但至少應該承認存在著這種可能性。當然，筆者不是簡單地以自序完成的時間作爲各書付印的時間，同時還考慮了下面的因素。

　　其一，上表 20 個比較項中，十七卷本與三卷本相同者有 7 項，相異者 13 項，這其中有 3 項是因十七卷本的脫訛倒誤所致，而這 3 處錯誤中廿卷本只有 1 處同訛，其他兩處無誤。說明這兩處錯訛是十七卷本在翻刻時新生成的錯誤。也就是說，廿卷本與三卷本相同者有 9 項，相異者有 11 項。現行律本與三卷本相同者有 13 項半，其中有一處相同者是訛字；相異者 6 項半。樂素堂本與三卷本相同者有 8 項，與廿卷本/十七卷本相同者 1 項，與現行律本相同者 1 項，其餘 10 項與各本

① 〔宋〕歐陽修：《文忠集》卷 132，第 5b 頁，摛藻堂四庫全書薈要本，臺灣世界書局影印 1988 年版。

皆不同。可見廿卷本/十七卷本與三卷本相異者多於現行律本，相同者則少於現行律本。

一般說來，後出之本得以校正先前版本的訛誤，這是常理。現行律本和樂素堂本均較晚出，故二者得以有選擇地校正前幾個版本的錯訛並根據時勢變化而相應調整措辭。樂素堂本較現行律本更晚出，故校選擇校正的機會最多。

廿卷本/十七卷本緊隨三卷本之後刊印，論理應與前者有較多的相同並能校正前者的錯訛，但實際情形卻相反。現行律本和樂素堂較晚出，除因應時宜外，照理應更多沿襲後出之廿卷本/十七卷本，但實際卻多從三卷本而不從廿卷本/十七卷本，除非前者有誤而後者無訛，譬如高頻之"頻"字，樂素堂本即從廿卷本/十七卷本而舍三卷本及現行律本。這是否可作爲三卷本較廿卷本/十七卷本晚出的又一旁證呢？至少可以肯定的是：三卷本較之廿卷本/十七卷本在文字校訂上更爲精審。

其二，廿卷本/十七卷本在書後勘誤表中校正過的訛字在三卷本中基本已納入正文（因未作完全比勘，只能說"基本"）。

客觀地說，吉氏的這幾種清律講義錯訛都比較多。儘管三卷本和現行律本經過多人校霙，還是沒能避免許多錯誤。譬如前面提到的"高頻"，三卷本和現行律本均訛作"高頻"。有些錯訛是正常的，正如崇芳在現行律本《跋》中所說：

昔人謂校書至難，訛字如風掃落葉，隨掃隨落，此殆指鈔胥梓匠而言耳。茲集之有牴牾則不儘然，《講義》起於舊律，無何而《現行刑律草案》出矣，無何而《核訂案語》出矣，無何而《修正清單》而《勘誤表》又相繼出矣，其間凡歷數變，每值一變，著者輒隨時檢查，逐條更改，每有更改，分輯勘誤，校對諸館友，輒重檢底本，作累日忙，新槀一來，舊者難免成誤，舊槀再易新者，又復成訛。[1]

但有些錯誤則可能是作者和校勘者的知識局限所致。譬如《晉書·刑法志》中的劉劭，在各個版本的《自序》中均訛引作"劉部"。又如"顯德"是後周世宗的年號，各本均稱"宋顯德時"。尤其不能理解的是，該序在收入《文集》時是經過作者訂補的，還是未能校正過來，這就很難說成是主觀上的疏忽了。不過，比較而言，在幾種講義中廿卷本/十七卷本的錯誤最多，該兩本書後雖附有《勘誤表》，但未能校正者仍複比比皆是。

由於十七卷本實爲廿卷本的翻版，筆者據《勘誤表》對十七卷本中的一些錯訛加以抽檢，發現它們在三卷本正文中均已更正。譬如十七卷本《自敘》第 1a 頁

---

[1] 栗本第 482 頁。

（p267 頁）①倒 3 行中的 "奏蠶除室"，三卷本《自序》第 1b 頁 1 行校正爲 "奏除蠶室"；十七卷本正文卷 1 第 6b 頁（p310）倒 2 行 "行無同賴"，三卷本卷 1 第 11a 頁倒 4 行校正爲 "行同無賴"；十七卷本卷 2 第 8b 頁（p342）倒 3 行 "又罪減罪"，三卷本卷 2 第 12a 頁第 5 行校正爲 "又聽減罪"；十七卷本卷 3 第 27b 頁（p432）第 5 行 "殺及至"，三卷本卷 3 第 37 頁第 5 行校正爲 "殺人及聚至"。如此等等，不煩詳舉。還應指出的是，這些改正之處，晚出的現行律本皆同三卷本。我們從上表中還能看出，現行律本《自序》的措辭也多沿襲三卷本，包括錯訛之處，此似可爲廿卷本/十七卷本早於三卷本之又一佐證。

至於十七卷本之較廿卷本錯訛更多，應是在排印過程中新生成的，譬如該本《自敘》第 3a 頁（p275）第 8 行 "論者" 後漏 "謂" 字，三卷本和廿卷本皆無誤。這些十七卷本獨有的錯訛未列入書後的《勘誤表》，再次印證了筆者的推斷：該《勘誤表》是廿卷本的《勘誤表》而非十七卷本的《勘誤表》。

其三，廿卷本/十七卷本《自敘》和三卷本《自序》均稱 "起自丙午秋日，閱兩寒暑，粗成《名例》《刑律》十二卷"，樂素堂本則稱 "粗成二十四卷"。但三卷本只有《名例》2 卷和《刑律》1 卷，而廿卷本/十七卷本則除《名例》2 卷和《刑律》15/12 卷外，還有《吏律》2 卷，另外還有課藝、說帖及《審判要略》等一卷半，均與《自序》所說的 12 卷不合；與樂素堂本所說的 24 卷就更不符，是何緣故呢？

據吉氏自述："從前國家以帖括取士，法律並不設科。自光緒末年變法，廢科舉而設學堂，始立法律專門。京師講習法律之地有四"。這四處學堂即修訂法律館設立的法律學堂、學部設立的法政學堂、法部的律學館及大理院講習所。

餘專任大清律一門。每月分雙單日輪講，每日分講兩處，每處共講三堂，合六堂，爲三大時，下余三時入署辦公，夜分三時以作講義，閱課卷，古稱一月得四十五日者，其即餘功課之數乎？自光緒三十二年起至宣統三年止，共主講席六年，前後學成卒業者二千餘人。②

吉氏的清律講義，自開始編撰到成書再到刊刻，卷數處於不斷的動態積累之中，這可能就是幾種自序所稱的卷數與實際成書後的卷數不相對應的緣故吧？三卷本在《例言》中曾特別說明：

《刑律》本分《賊盜》《人命》《鬥毆》《罵詈》《訴訟》《受贓》《詐僞》《犯奸》

---

① 指在國圖影本中頁碼，下同。
② 吉同鈞：《京師法律學堂開學演詞》，載《文集》卷 5，舊本第 18b-19a 頁，閏本第 95 頁。

《雜犯》《捕亡》《斷獄》十一門。茲編以館課發至《賊盜》，先盡所有者付印，其《人命》《鬭毆》以下各門，明春當可出版，至《吏》《戶》《禮》《兵》《工》五門，俟刑律印齊，仍一體續出，公諸同志。[①]

結合《自序》和《例言》的這個解釋可知，三卷本是從業已完成的講義稿中抽出了《名例》和《刑律·賊盜》等門，編爲三卷先行刊印的。廿卷本雖確切的刊印時間不詳，但大致應在宣統元年下半年。十七卷本付印於宣統二年五月，有封底版權頁爲證。但奇怪的是，吉氏爲什麼沒有更新《自序》和《例言》，卻用了早在光緒三十四年中秋即已撰成的《自敘》再外加上沈序即草草付印了呢？還有，廿卷本/十七卷本《自敘》落款的時間雖然是光緒三十四年中秋，但沈序落款的時間卻是宣統元年六月，二者相去近一年，而十七卷本印刷的時間是宣統二年五月，與兩序完成的時間又相去一兩年，三者相隔這麼長的時間是何原因？還有，《沈序》的標題是《大清律例講義序》，而廿卷本/十七卷本的書名卻是《大清律講義》。現行律本也收入了《沈序》，但卻題作"大清律例講義原序"。那麼，《沈序》究竟是爲吉氏的哪部清律講義寫的序言呢？

以上種種曲折，難得其詳，只能略作推斷。事情的原委或許如下：光緒三十四年秋季，吉氏撰寫之《大清律講義》稿已有 12 卷。當時"外省法政學堂羣相購取以爲範模"而"律學館學員因紙印含糊，欲付鉛印，以廣流傳"。吉氏遂於中秋日撰成《大清律講義序》，即後來之廿卷本序言，但並未即刻付印。同年十月底至十一月初，吉氏從已有之 12 卷講義稿中抽出一部分，編爲 3 卷，將此前撰成之《序言》稍稍改動幾字即交付法部律學館刊印，由眾多學員負責校勘，此即本文所稱之三卷本。翌年夏季，修訂法律館擬將吉氏講義稿付印，修訂法律大臣沈家本特爲之撰寫了《大清律講義序》。其時講義稿正如沈氏序言所說："所編講義積成二十冊"。注意，這裡所說的二十冊，可能就是廿卷本的 20 卷。其所付印之底稿，仍是最初 12 卷的底稿而非改訂成三卷本之後的底稿，包括吉氏《自敘》之原稿，加上其後形成的 6 卷（或冊）半講義稿，另外還附上了幾道說帖及《審判要略》，共計 20 卷（或冊）。此即現存廿卷本之由來。該本不像三卷本那樣有眾多學員參與校對，只是在書稿印出後由何蔭庭做了一個《勘誤表》附於書後。十七卷本將廿卷本改頭換面後，連同其書後的《勘誤表》一同刷印。可惜該本的頁碼與廿卷本相錯，故後者的《勘誤表》所注明的頁碼行款皆不對應。筆者因而更疑其爲盜版。

---

① 閆本第 16 頁將"仍一體讀出"訛作"一齊讀出"。

至於廿卷本何以不用三卷本校訂好的成稿及三卷本書前的方連軫等 4 篇序言？筆者猜測，可能是因爲三卷本成稿乃法部刊印之稿；而方連軫、陳康瑞、崇芳、劉敦謹等 4 人皆法部人士。光緒三十三年年初，沈家本調任大理院正卿，與繼任法部長官戴鴻慈、紹昌、張仁黼發生了部院權限之爭，鬧得沸沸揚揚，不可開交。①故廿卷本可能刻意要摒除三卷本的痕跡。迨吉氏編纂《樂素堂文集》時，已是民國紀元後多年，其時吉氏的清律例講義稿已積累至 24 卷，故《文集》收入的《大清律例講義序》也做了相應的文字調整。

五、史料價值

吉氏的四部清律講義，論簡練精審當推三卷本，論完備應時則屬現行律本。廿卷本內容駁雜，既不詳贍，又多錯訛，不是一部純粹的講義，更像是一部講義稿和相關資料合成的大雜燴。就其講義部分而言，除了可供後人研究吉氏撰著清律講義的過程外，似乎沒有太大的意義。但該本最後一卷半所收錄的課藝、說帖及《審判要略》等材料，可能尚有獨立的價值。十七卷本作爲廿卷本的翻版或盜版，本可略而不提，但因該本現已影印再版，覈對起來比較方便，故此處仍以該本爲廿卷本之代表或媒介。

表Ⅱ 17 卷本卷 16 及卷 17 所載講義以外內容詳表

序號	標題/時間	頁碼	《樂素堂文集》	《審判要略》/排序/頁碼	備註
1	《律學館季考擬作》附作者及戴鴻慈等 6 篇讚語/？	11a-14a	未收	未收	
2	《上修律大臣酌除重法說帖》/光緒三十年五月	15a-20b	未收	09/p1a-8b	
3	《請減輕刑法說帖》/光緒三十年八月	21a-22a	卷 7p1a/閆本 p115，《上刑部長官減輕刑法書》	11/p1a-2b	《文集》所收多有增刪修改，文字出入甚大
4	《請減輕竊盜死罪說帖》/光緒三十三年四月十二日—三十四八月間	23a-23b	未收	10/p1a-2a	
5	《請照覆吳御史規複強盜舊例說帖》/宣統元年閏二月	24a-26a	未收	12/p1a-4a	
6	《論大清律與刑律草案並行不悖》/？	27a-28a	卷 7p20b/閆本 p130，《論舊律與新刑律草案中律與外律可並行不悖》	13/p1a-3a	兩文標題及內容略有出入

① "沈（家本）公調任大理院正卿，繼長法部者爲戴公鴻慈、紹公昌、張公仁黼，三公皆翰林起家，不諳刑法。時沈公組織大理院新官制，與法部爭執權限"，見《上刑部長官減輕刑法書》，載《文集》卷 7，舊本第 3b-4a 頁，閆本第 116 頁；另可參見孫寶瑄：《忘山廬日記》，上海古籍出版社 1983 年版，第 1116 頁。

续表

序號	標題/時間	頁碼	《樂素堂文集》	《審判要略》/排序/頁碼	備注
7	《上修律大臣說貼》（請減輕強姦罪名）/？	29a-30a	未收	08/p1a-3a	
8	紹昌《〈審判要略>序》/？	31a	閆本 p146	01/p1a	閆本未言所據底本
9	善佺（《審判要略》）序/光緒三十四年六月	32a-32b	閆本 p147	02/p2a-2b	閆本漏 32a 頁，並缺落款最後 7 字
10	崇芳（《審判要略》）序/光緒三十四年六月	33a-33b	閆本 p148	03/p3a-3b	
11	劉敦謹（《審判要略》）序/？	34a-	閆本 p149	04/p4a-4b	
12	（《審判要略》）自序/光緒三十四年四月	35a-35b	閆本 p150-	05/p5a-5b	
13	《審判要略》	卷 17，1a-9b	閆本 p151-160	06/p1a-13b	
14	《審判要略》（崇芳）《跋》/？	卷 17，10a	閆本 p160	07/p1a-1b	閆本缺"半天下"以下 171 字
15	勘誤表	卷 17，p11a-14a			

　　據表Ⅱ知十七卷本卷 16 後半部分收錄的 1 篇課藝及 4 篇說帖未收入吉氏的《樂素堂文集》。《請減輕刑法說帖》雖然收入《文集》，但標題改作"上刑部長官減輕刑法書"，內文也有增刪改動，出入很大。《論大清律與刑律草案並行不悖》一文也收入了《文集》，但文字上亦不盡同。譬如十七卷本卷 16 第 27b 頁倒數第 2 行"《刑律草案》者，乃預備治外法權"，但《文集》卷 7 第 22 頁第 3 行卻改作"《刑律草案》者，乃預備外人，收回治外法權"。十七卷本第 28a 頁倒數第 1 行"《大清律》與《刑律草案》之從違也"。《文集》卷 7 第 22b 頁第 8 行改作"舊律與新律草案、中律與外律並行不悖也"，文後又附有戴鴻慈、于式枚、定成等三人讚語。

　　顯然，十七卷本（廿卷本亦然，下同）所收者爲原件，或更接近原件者；《文集》所收者乃經過文字潤色或爲適應時宜而調整過的文本，與最初的面貌已有所不同。

　　至於《審判要略》，除收入十七卷本外，尚有幾種單行本存世。其中國圖藏有兩種，一爲法部律學館光緒三十四年油印本，1 冊，14 行 23 字，前爲自序，中爲正文，後爲跋。另一爲清宣統二年法部律學館石印本，1 冊，白口，四周雙邊，單魚尾，13 行 30 字，前爲各序，然後正文，再後是跋，最後是各說帖，內容與十七卷本所收相同，惟說帖置於跋後，順序亦稍異。①首都圖書館也藏有一種光緒三十四年法部律學館油印本，題爲"吉石笙比部審判要略三十則"，該本只有自序和正文，無他序及跋，與國圖藏油印本似非同本。首圖還藏有一種鉛印本《審判要略》，正文、各序及跋皆同國圖藏本，但紹昌序居於他序之末位，且無各說帖等文件。北大圖書館也藏有兩套宣統二年法部律學館石印本，尚未及見，料應與國圖藏本相同。

與吉氏交往極深的崇芳曾說："先生（按指吉氏）著作多種……惟生平雅不欲以法學自名，故集（按指《樂素堂文集》）中略載數篇，以存梗概。"②

看來，十七卷本最後這一卷半所收的材料，因許多屬於法學而未被《樂素堂文集》收入。但居今日來看，文獻價值卻都很高，不僅有助於對吉氏生平著述的研究，更是研究清末法制改革的緣起、過程、結局及其對後世的影響的重要史料。

衆所周知，沈家本是清末法律改革最重要的主持人，但是作爲如此重大的一次法律變革運動，單靠一兩位主持人的運籌謀劃是遠遠不夠的。須知沈氏受命之際已逾 62 周歲，③年事較高，精力有限，若無一班年富力強的專業人士相輔弼，難免會心有餘而力不足。據史料記載，修訂法律館當年曾招攬了不少堪爲一時之選的精英人士參與修律，④許多改革理念的萌生、動議的提出、計畫的落實當亦不乏此輩的努力，吉同鈞就是其中非常重要的一員，他在清末法律改革中發揮的重要作用，可能被長期低估和漠視了，亟待正名。

吉氏曾在《法律館第三集課藝序》中說：

且夫新舊過渡之際，正聚訟紛起之時。侈言新法而守舊者詬爲喪心病狂，執言舊法而維新者鄙其頑固不化。修律大臣沈公適當其衝，因酌時勢之宜，平新舊之爭，而有修訂《現行律例》之舉，奏派同鈞充總纂官，編次雖仍舊律，而去其陳腐繁重有礙新政各項，以爲他日實行憲政基礎。⑤

在《論〈新刑律〉之顛末流弊並始終維持舊律之意》一文中，吉氏也說：

庚子而後開館修訂，欽派法部侍郎沈家本、外務部侍郎伍廷芳兩先生爲修律大臣，鄙人承乏提調，與江西饒君昌麟同任其事，酌量刪除嚴刑，並減繁文，一仿《唐律》之平恕，參用外國之新法，舉舊日淩遲、梟示、戮屍盡爲廢除，一切

---

① 該本現已影印收入楊一凡編：《古代折獄要覽》，社會科學文獻出版社 2015 年版。

② 《文集》卷 7，舊本第 4b-5a 頁；闓本第 117 頁。

③ 生於道光二十年七月二十二日（1840 年 8 月 19 日），光緒二十八年四月二十一日（1902 年 5 月 28 日）受命與伍廷芳主持修律。

④ 參見陳煜：《清末新政中的修訂法律館——中國法律近代化的一段往事》，中國政法大學出版社 2009 年版，第95-108 頁。

⑤ 《文集》卷 5，舊本第 15b 頁，闓本第 92 頁。"修訂"闓本作"新訂"，誤。

身體之刑如枷號、笞杖等刑分別改用外國監禁、工作、罰金。從前斬、絞、流、徒、軍、遣俱酌量輕減裁併，而流、徒多不實發，半改爲本地作工，共刪除律文二十餘條，例文四百餘條，於宣統二年書成，名曰《現行刑律》。外雖參用洋法，內容保存國粹，一時新學之士不察內容，徒以外面之名詞形式不類各國，羣群指爲不合文明，於是又有《新刑律》之編，延用東人起草，舉中國數千年之禮教、服制、名分劃除殆盡，其表面之文法、名詞、條類盡用外式，草案甫成，交修律大臣討論。①

上述材料透露出幾個重要資訊：

第一，《現行刑律》的修訂雖由沈家本等修律大臣提議，但他們只是領銜署名者，實際承擔編纂工作的卻是吉氏和饒昌麟。吉氏《自敘賦》也說：

時新開修訂法律館，經沈大臣奏派充總纂兼編修。集歷代之舊章，參外洋之新令。辭削冗繁，義求歸併。合英法德而貫通，分民刑商而互證。裒成一代良規，籍作千秋法鏡。書成則歸美沈、俞，奏御則名先徐、慶。《現行律》告成入奏，沈家本、俞廉三以大臣列首，徐世昌、慶王以軍機領頭銜。未升半級之階，徒積一身之病。②

吉氏的說法與前引《訃告》中所謂"伍廷芳、沈家本等邀氏總纂《現行律》，融貫中西，詳加案語，精核無比"可以相互印證。

清季曾在修訂法律館任職的董康回憶，當時參與修訂《現行刑律》的"爲王世琪、許受衡、羅維垣、吉同鈞、周紹昌及（董）康六人"。③

董康人品多有瑕疵，有學者懷疑他的回憶有貪功自誇之嫌，認爲"沈家本與吉同鈞作爲《現行刑律》修訂的最核心人物，應該沒有太大的異議。"④就人格、品行、才學而言，筆者亦寧願採信吉氏的說法。

第二，清末法律改革的綱領性文件——《刪除律例內重法折》，⑤雖由伍廷芳、沈家本領銜，但其中之奏請刪除凌遲、緣坐、刺字等提議，最初可能來自吉氏的《上修律大臣酌除重法說帖》，或受其啓發。

吉氏在光緒三十年五月呈上的該說帖中提出了"緣坐之法宜酌改""凌遲、梟示、剉屍、戮屍諸刑宜刪除""死刑宜酌減""笞杖之刑宜酌改……照東西各

---

① 《文集》卷7，舊本第5a-5b頁，閆本第118頁。
② 《文集》卷3，舊本第16-17a頁，閆本第59頁。
③ 何勤華、魏瓊編：《董康法學文集》，中國政法大學出版社2004年版，第462頁。
④ 見前引陳煜氏著第133-134頁，並參見陳頤點校：《欽定大清現行刑律（點校本）·序》，北京大學出版社2017年版，第7-8頁。
⑤ 參見拙著《明清律典與條例》，商務印書館2020年版，第492頁。

國工作、罰金之法而變通之""刺字之條宜刪減"等十條建議,請求"參酌各國法律,按照中律,損益增刪,並擬將正刑名目分爲斬、絞、遣、流、監禁、作工、罰款共七等"。十個月後,即光緒三十一年三月二十日,伍、沈領銜的《刪除律例内重法折》提議刪除三項重刑,一爲"淩遲、梟首、戮屍"與前引吉氏說帖第2條相應;二爲"緣坐",與吉氏說帖第1條相應;三爲"刺字",與吉氏說帖第6條對應。

在《請減輕刑法說帖》中,吉氏寫道:

彼(日本)之新訂刑法僅四百三十餘條,死罪不過二十項,且止(較)〔絞〕而不斬。雖以故殺與強盜之犯,亦不處死。以視中例,多至二千數百條,死罪多至一千五六百項者,其輕重繁簡,詎可以道裡計哉?然彼之國勢日進強盛,而民之犯法者逐年減少。此可見嚴威之不可止亂,而史遷所謂"法令滋章,盜賊多有"者,非虛語也。①

《刪除律例内重法折》在批評淩遲等重法時也說:

顧有唐三百年不用此法,未聞當日之兇惡者獨多。且貞觀四年斷死罪二十九,開元二十五年才五十八,其刑簡如此。乃自用此法以來,兇惡者仍接踵於世,未見其少,則其效可睹矣。化民之道,固在政教,不在刑威也。②

兩者的論證邏輯也是相同的,這是否意味著吉氏的建議得到了採納呢?抑或吉氏是否也參與了該折的起草呢?非無可能。

吉氏在《請減輕竊盜死罪說帖》中指出:"不以民人之生命而爲財物抵償,非但東西各國法學家所共論,亦即中國數千年來自唐虞以至元明相傳不易之定法";而《大清律》規定的"竊盜一百二十兩以上擬絞"之制乃"古今中外刑法"所獨有之重刑,因建議"現逢明詔,修改律例,此等竊盜死罪正可趁此機會奏明刪除,採日本歐美之法以尊重人格,複三代唐明之規,以洗滌積弊。"③這篇說帖未注明時間,但後面附有:"右堂沈(家本)批:'原原本本,所論極是,修律時當採入之。'"另有"左堂紹(昌)批""正堂戴(鴻慈)批"。查沈氏任法部右侍郎、紹昌任左侍郎、戴鴻慈任法部尚書的時間是在光緒三十三年四月十二日—三十四年八月。④據此可斷定這篇說帖應在這個時段内呈上,沈氏也明確表示修律時將予"採入"。可見在修律過程中,吉氏的許多建議受到了重視和採納。

---

① 國圖影本第 55 冊,第 381-382 頁。
② 〔清〕沈家本:《歷代刑法考》,鄧經元、駢宇騫點校,中華書局 1985 年版,總第 2025 頁。
③ 國圖影本第 55 冊,第 386 頁。
④ 趙爾巽等撰:《清史稿》卷 196,《部院大臣年表十》,中華書局 1977 年版,第 7045-7048 頁;錢實甫編:《清季新設職官年表》,中華書局 1961 年版,第 32-33 頁。

第三，吉氏一向背負保守的名聲，被視爲中國近代法制變革中守舊派的代表人物，乃至成爲沈家本的對立面。有學者指出：

舊律學者中有一部分人堅決反對新法學，法律學堂有一位擔任《大清律例》講習的教習，叫做吉同鈞……他的結論是：舊律絕不可變。持這種觀點的人可以稱之爲律學者中的守舊派。[1]

這個看法，未免失之片面和絕對。依吉氏自陳，《新刑律草案》公佈後：

當時館員十餘人列座公議，鄙人首以不適實用面相爭論，並上書斥駁。無如口眾我寡，勢力不敵，隨即刷印散佈，外而各省督撫，內而六部九卿，群相攻擊，舉國譁然。時有大學堂監督劉廷琛奏參交館修改，僅改正數條，並舉舊日服圖列諸篇首，以爲掩飾，其實內容與服圖全不吻合也。又有勞乃宣極力痛駁，複交法部會議。尚書廷傑亦極反對，即派鄙人總司修改之事。鄙人調和其間，以爲逐條改正不惟勢有不能，亦且時有不給。因另擬章程五條附於律後，藉爲抵制彌縫之計，從此定局。[2]

按照此說，當時吉氏雖對草案持反對和批評態度，但並非極端守舊的一方，仍屬"調和其間"的中庸派，由吉氏擬具的《暫行章程》五條就是居中調和的產物。劉廷琛、廷傑、勞乃宣等人才是最激烈的反對派。吉氏在《調和部院核覆陝西殺弟案說貼》後面的跋語中寫道：

此系宣統二年之案，當時大理院、法部各執意見，幾致決裂。雖交修律大臣酌定。時修律大臣爲沈子惇先生，系大理院長，兼充修律大臣，乃偏袒大理院，駁改擬流。法部三堂均不畫稿，致案久懸不決。時同鈞任法部郎中兼修律館總辦，並充大理院教習，調停其間，折衷辦理。因具此帖呈請三面和衷共濟。其事始定。[3]

沈氏素來倚重吉氏，還曾爲其清律講義作序，可見兩人個人關係不錯。在法部與大理院對立之際，吉氏是當時雙方都能接受的人選，這是否也可說明吉氏自稱"居中"的說法是可信的呢？

從眾多史料看，吉氏對包括法律在內的外來文化和學說的基本態度是：勤於學習、善於比較、勇於自責且能擇善而從，並非盲目排斥，一味拒絕。他在光緒三十年八月上呈的《請減輕刑法說帖》中即主張參考外人的批評，改革舊律，減輕刑罰：

---

① 吳建璠：《清代律學及其終結》，載《法律史研究》編委會編：《中國法律史國際學術討論會論文集》，陝西人民出版社 1990 年版，第 389-390 頁。
② 《文集》卷 7，舊本第 5b-6a 頁，閭本第 118 頁。
③ 同上书，舊本第 20b 頁，閭本第 130 頁。

近年中外交通，外人之入我中國者，均不受我範圍，以爲中國刑法過於嚴酷。初聞是言，疑其無理取鬧，及詳考歷代刑章，博覽外國律書，始知其言非盡無理，而現今中國法網之密、刑罰之重，誠爲歷代所未有也！①

崇芳在收入《樂素堂文集》的該說帖之後的跋語中說：

嘗謂秦人鐘太華嚴肅之氣，代出法家，長安薛大司寇爲其大宗，所著《讀例存疑》一書風行海內，然亦止貫穿古今。若云博通中外，尚須讓作者獨出頭地。統觀各著，始知餘言非虛譽也。②

吉氏少沈家本 14 歲，在講授《大清律例》、編纂《大清現行刑律》和幾部清律講義的過程中，曾經大量閱讀過當時翻譯過來的各國刑法典，並做過認真的比較研究。他對西方法學的知悉和瞭解雖未必能與今人比肩，但肯定遠在薛允升、沈家本等前輩律學家之上。正是因此，吉氏對西方文化和西方法學的弊端較沈氏看得更深、更透；對中國固有文化和法律也更有自信。在他看來：“中外宗教不同，故刑法各別，未可以中律爲盡是，而外律盡非也。中國尊崇孔教，注重明倫，故刑律以維持倫理爲主。”③

在吉氏看來：舊律的具體條文，絕非不可更動。事實上，在改革舊律、取締重刑方面，吉氏甚至較沈氏走得更遠。新刑律草案頒佈後，輿論大嘩，各省督撫紛紛提出尖銳批評。吉氏的態度則比較折中，既有批評，也有回護。在《請照覆吳御史規複強盜舊例說帖》中，吉氏建議大幅減輕強盜罪的刑罰。他指出：“有謂現在新訂《刑律草案》諸從輕減，外省紛紛指駁”。吉氏認爲，新刑律草案的問題不在於其所規定的刑罰普遍較舊律爲輕，而在於“關於禮教、倫常、服制者而亦減之”，故不可“因彼之噎並廢此之食也。”④

在《上修律大臣說帖》中，他也指出：“新訂《刑律草案》已將強姦死罪減輕擬徒，而外省多不謂然者，蓋以中國禮教之邦，不可以外律雜糅其間。豈知強姦不處死刑是即我中國唐宋盛時成法，並非取資外洋。曲士一孔之見，昧於考古，並昧於觀今，無怪有此議論。”⑤

但吉氏又認爲：“禮教、服制、名分”等傳統倫理道德，乃中國固有文化之精髓，一如西方基督教社會之宗教信條，理宜堅守而不可貿然廢棄。中國最近百

---

① 國圖影本第 55 冊，第 381 頁。
② 收入《文集》之該說帖改題爲“上刑部長官減輕刑法書”，大意相同，但文字稍有變動。見卷 7，舊本第 4b-5a 頁；閆本第 117 頁。
③《刑律緣宗教而生與宗教相表裏論》，載《文集》卷 7，舊本第 9a 頁，閆本第 120-121 頁。
④ 國圖影本第 55 冊，第 390 頁。
⑤ 同上書，第 399 頁。

餘年來的法律變革歷史也不斷證明，吉氏的這一見解是非常深刻也極有遠見的。當然，茲事體大，這裡不便展開，需待另文專論。

清末光宣之際，與吉氏的幾部清律講義同時流傳的還有徐象先的《大清律講義》和蔣楷的《大清律講義前編》。筆者認爲，這三人的講義各有千秋。雖然講解的對象都是《大清律例》，但並不雷同。

徐氏講義成書最早，其書僅有《緒論》和《總論》兩編，系從《大清律例》及與之密切相關的清代制度中抽象出若干規則並加以綜合闡發，條理清晰，高度概括，最便於今人理解。

蔣氏的講義分爲《聖訓》《經義》《歷代律目沿革表》《律服疏證》四編，濃墨重彩之處在第四編。蔣氏之學術功力在經學，注重義理闡發，因能深悉西方法理學之根脈。觀其所引述之儒家經典，均與中國傳統法制息息相關，不妨稱之爲中國固有之法理學。惟西方之法理學多出於邏輯推理，非如中國之法理學乃寓於古代聖賢經驗體悟之中，此即經學之真諦，不可不察。

吉氏講義略倣薛允升之《讀例存疑》，依照律典篇目次序，追根溯源，條分縷析，兼能旁征外國法制以爲參照。其講義之最大特色在於作者身居刑部郎官二十年，熟悉清代刑法制度運作之實況和機理，清亡前又曾參與變法修律，故能據其切近觀察體會現身說法，良可貴也。

總之，上述三種講義皆各具特色，與我們當今"三千兩化"（千部一腔、千篇一律、千人一面，公式化、臉譜化）式的法制史教材不同，最宜結合閱讀，相互參證，不可顧此失彼。如此，則不僅可藉以透視《大清律例》，亦將爲洞悉中國固有法制之全貌奠定堅實基礎。